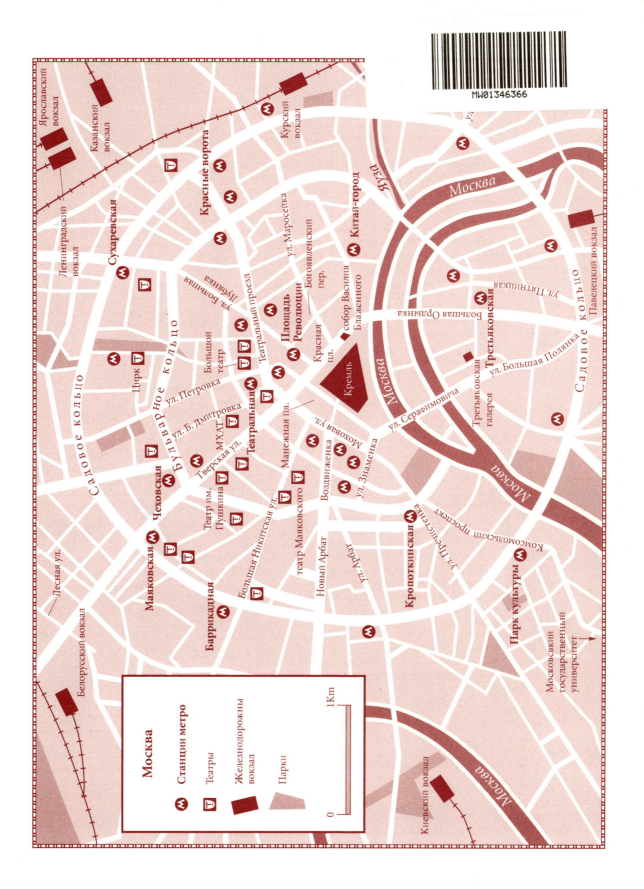

BOOK TWO

Second Edition

Gerard L. Ervin
Ohio State University, Emeritus

Larry McLellan
University of California, Santa Barbara

Sophia Lubensky
University at Albany, SUNY

Donald K. Jarvis
Brigham Young University

Boston   Burr Ridge, IL   Dubuque, IA   Madison, WI   New York   San Francisco   St. Louis
Bangkok   Bogotá   Caracas   Kuala Lumpur   Lisbon   London   Madrid   Mexico City
Milan   Montreal   New Delhi   Santiago   Seoul   Singapore   Sydney   Taipei   Toronto

McGraw-Hill Higher Education
*A Division of The **McGraw-Hill** Companies*

This is an  book

NACHALO, Book 2

Published by McGraw-Hill, an imprint of The McGraw-Hill Companies, Inc., 1221 Avenue of the Americas, New York, NY 10020. Copyright © 2002, 1996, by The McGraw-Hill Companies, Inc. All rights reserved. No part of this publication may be reproduced or distributed in any form or by any means, or stored in a database or retrieval system, without the prior written consent of The McGraw-Hill Companies, Inc., including, but not limited to, in any network or other electronic storage or transmission, or broadcast for distance learning.

This book is printed on acid-free paper.

1 2 3 4 5 6 7 8 9 0 DOW DOW 0 9 8 7 6 5 4 3 2 1

ISBN 0-07-365514-7 (Student Edition)

ISBN 0-07-230943-1 (Instructor's Edition)

Vice president/Editor-in-chief: *Thalia Dorwick*
Senior sponsoring editor: *Leslie Oberhuber*
Senior marketing manager: *Nick Agnew*
Project manager: *David Sutton*
Senior production supervisor: *Richard DeVitto*
Director of design: *Stuart Paterson*
Cover design: *Andrew Ogus*
Photo research coordinators: *Nora Agbayani, Alexandra Ambrose*
Photo researcher: *Susan Friedman*
Compositor: *Interactive Composition Corporation*
Senior supplements producer: *Louis Swaim*
Typeface: *10/12 Minion*
Printer: *RR Donnelley & Sons Company*

Because this page cannot legibly accommodate all the copyright notices, page 522 constitutes an extension of the copyright page.

Library of Congress Cataloging-in-Publication Data

[Nachalo] / Sophia Lubensky ... [et al.].—2nd ed.
    p. cm.
  1st ed. by Sophia Lubensky, Gerard L. Ervin, and Donald K. Jarvis.
  Includes index.
  ISBN 0-07-365515-5
  ISBN 0-07-365514-7
  1. Russian language—Textbooks for foreign speakers—English. I. Lubensky, Sophia.
PG2129.E5 L8   2000
491.782'421—dc21   00-061676

http://www.mhhe.com

CONTENTS

Scope and sequence   iv
Preface   xxi
Guided tour through НАЧАЛО   xxiii
Program components   xxvii
Cast of characters   xxix
Acknowledgments   xxxi

УРОК 8   Моско́вская жизнь   1
УРОК 9   Е́дем и́ли идём?   68
УРОК 10   С Но́вым го́дом!   133
УРОК 11   Язы́к — э́то не всё!   188
УРОК 12   Скоре́е выздора́вливайте!   240
УРОК 13   8 Ма́рта   286
УРОК 14   Мы идём в Большо́й теа́тр!   340
EPILOGUE   До свида́ния, Москва́, до свида́ния!   394

Appendices   408
Russian-English glossary   428
English-Russian glossary   464
Index   505
About the authors   520

iii

УРОК 8 МОСКОВСКАЯ ЖИЗНЬ 1

ЧАСТЬ	С ЧЕГО НАЧАТЬ?	КОММУНИКАТИВНЫЕ И ЛИНГВИСТИЧЕСКИЕ ЦЕЛИ	ЧТЕНИЕ
1	Куда́ идти́? 2	Asking questions Talking about going somewhere by foot or by vehicle Expressing destination and location	Ле́на идёт на свида́ние 3
2	Туристи́ческое аге́нтство 16	Expressing in which month or year something happened Talking about arriving, leaving, and coming back Talking about getting married and being married	Кого́ что интересу́ет 17
3	В о́фисе 30	Talking about computers and office equipment Making suggestions with *Let's . . .* Discussing prices in Russia and North America Expressing *how much* and *how many* Making purchases	Дава́йте ку́пим вам но́вый компью́тер 31
4	Городско́й тра́нспорт 48	Reading a city map Making requests Talking about one's own items	Мой а́дрес: \<jimrich@usex.msk.ru\> 50
ИТАК . . .	Но́вые слова́ 60 Что я зна́ю, что я уме́ю 64 Э́то на́до знать: Uses of the Dative case 65 Дополни́тельные те́ксты: (А) Poem: Е. Са́вченко 66; (Б) Airline advertisement: **Транса́эро Авиакомпа́ния** 66; (В) Song: Була́т Окуджа́ва «Пе́сенка об Арба́те» 66		

ГРАММАТИКА И ПРАКТИКА	КУЛЬТУРА РЕЧИ
Making inquiries: спра́шивать / спроси́ть and задава́ть / зада́ть вопро́с 5 Going places: идти́ / пойти́ and е́хать / пое́хать 8 Destination and location: Я иду́ к ба́бушке, Я был (была́) у ба́бушки 9 reVERBerations: 1. Use of present tense to describe future actions; 2. <ве́рить / пове́рить + Dative>; 3. Distinguishing узнава́ть / узна́ть; 4. List of aspectual pairs from Book 1 12	Так говоря́т: Как . . . ? 13 Диало́ги 14 • Куда́ вы идёте? (Asking where someone is going) • Куда́ ты идёшь? (Asking where someone is going)
In which month? В како́м ме́сяце . . . ? 18 Going places: *to leave* and *to arrive, come back* 19 Getting married 23 In which year? В како́м году́? and ordinals 40th–99th 25 reVERBerations: 1. Biaspectual verbs (жени́ться, организова́ть); 2. Expressing *to be interested in* 26	Так говоря́т: Idiomatic uses of идти́ 27 Диало́ги 29 • Ты ухо́дишь? (Discussing a departure) • Како́й прия́тный сюрпри́з! (Sharing personal news)
Inclusive imperatives: *Let's . . .* Дава́й(те) . . . 33 Prices in Russian and U.S./Canadian currencies: Ско́лько сто́ит . . . ? 37 Genitive plural of nouns 39 Genitive plural of nouns: variations 41 Genitive with quantity words (ско́лько, мно́го, ма́ло, нет) 42 reVERBerations: Verbs based on -каза́ть 45	Так говоря́т: Ведь 45 Диало́ги 47 • В кио́ске (Making purchases) • В магази́не (Making purchases)
Making requests: проси́ть / попроси́ть 52 Genitive plural of adjectives and possessives 52 Accusative plurals of nouns, adjectives, and possessives 53 One's own (third person): свой 55 reVERBerations: 1. бежа́ть; 2. брать / взять; 3. <отвеча́ть / отве́тить + Dative>; 4. присыла́ть / присла́ть; 5. называ́ть / назва́ть 57	Так говоря́т: Rhetorical devices in questions and answers 57 Диало́ги 59 • На у́лице (Asking directions) • По и́мени и́ли по фами́лии? (Discussing student-teacher relationships)

О РОССИИ

Getting married in Russia 22
Shopping in Russia 33
Russian currency: рубль, копе́йка 36
Student/teacher relationships 51

СЛОВА, СЛОВА, СЛОВА. . .

Vocabulary building: -ость nouns 7
Marriage and wedding vocabulary 22
Neuter nouns in -мя: вре́мя and и́мя 35
Hundreds, thousands 35
Count vs. noncount nouns 42
The many faces of «по» 56

УРОК 9   ЕДЕМ ИЛИ ИДЁМ?   68

ЧАСТЬ	С ЧЕГО НАЧАТЬ?	КОММУНИКАТИВНЫЕ И ЛИНГВИСТИЧЕСКИЕ ЦЕЛИ	ЧТЕНИЕ
1	**В метро́** 69	Telling where someone is from Expressing doing something *with* someone Describing something as the *most* interesting, beautiful, etc. Asking directions in the metro	**Джим в метро́** 70 **Моско́вское метро́** 71
2	Morning routine 84	Talking about arriving and leaving Comparing people or things Describing the color of what someone is wearing	**Ба́бушка зна́ет всё** 85
3	**Рабо́та и обуче́ние** 98	Talking about which occupation or profession one might choose Talking about doing something with someone Talking about the activities one is engaged in Telling how long ago something happened Expressing how often something occurs: *every week, once a day,* etc. Talking about teaching and learning to do something Agreeing or disagreeing with someone	**Настоя́щий бизнесме́н** 99
4	**Зна́ки зодиа́ка** 115	Talking about superstitions Talking about having good or bad luck Describing travel by vehicle Expressing *anyone, anything*	**Чёрная ко́шка** 116 **Суеве́рия и приме́ты** 117
ИТАК...	Но́вые слова́ 128 Что я зна́ю, что я уме́ю 131 Э́то на́до знать: Plurals of possessives, adjectives, and nouns in the Prepositional, Dative and Instrumental cases 131 Дополни́тельные те́ксты: Anecdote: Барто́ «Тру́дный переу́лок» 132		

ГРАММАТИКА И ПРАКТИКА	КУЛЬТУРА РЕЧИ

Where are you from? **Откуда вы?** 75
The Instrumental case: **Он говорит с акцентом** 75
Superlative adjectives: **самое красивое** 79
reVERBerations:
  1. Perfective verbs with the stressed prefix **вы́-**;
  2. **Пойдёмте**;
  3. The generic *you* 80
	Так говорят: Язык и городской транспорт 81
	Диалоги 83
	• **Скажите, пожалуйста, когда ...** (Asking for directions in the metro)
	• **Хотите пойти ... ?** (Making sightseeing plans)

Directional prefixes and combining forms 87
Simple comparatives: **больше/меньше** and **лучше/хуже** 90
Prepositional plurals 92
reVERBerations: 1. Reversible actions;
  2. **Выходить / выйти** vs. **уходить / уйти**;
  3. Perfectivization through prefixation 94
	Так говорят: Разве and **неужели** 96
	Диалоги 97
	• **Кто это?** (Discussing someone's activities)
	• **Когда вы видите друг друга?** (Discussing work schedules)

Being and *becoming*: the Instrumental with **быть** and **стать** 102 Joint action: <**мы с** + Instrumental> 104 Doing things: <**заниматься** + Instrumental> 104 Time expressions: **через** and **назад** 106 Expressing frequency: **как часто?** 107 Teaching and learning *to do* things 108 reVERBerations: Verbs that take the Instrumental case 110	**Так говорят:** Agreeing and disagreeing 111 **Диалоги** 114 • **Тебе нужно ...** (Offering advice) • **Ни пуха ни пера!** (Wishing good luck)

Going by vehicle: **Вы тоже едете автобусом?** 118
Anyone/someone; anything/something: **кто-нибудь, что-нибудь** 121
Dative plural of nouns, adjectives, and possessives 122
reVERBerations: 1. **бояться**; 2. <**верить** + Dative> vs. <**верить в** + Accusative>;
  3. Single-infinitive verbs;
  4. Expressing wishes with **желать** 124
	Так говорят: Good luck, bad luck 125
	Диалоги 126
	• **Какая будет погода?** (Discussing the weather)
	• **Я хочу вас пригласить ...** (Invitation to a sports event)

О РОССИИ

Виды городского транспорта 74
Новые слова 101
Суеверия и приметы 118
История на улицах 119
Старая Москва 120

СЛОВА, СЛОВА, СЛОВА...

Prepositions that take the Instrumental case 78
Colors and clothing 93
Nouns in **-тель** 103
Спорт 105
Uses of «**и**» 120
Declensional details of some "people" nouns 123

УЧИСЬ УЧИТЬСЯ

Learn phrases, not just words 127

УРОК 10 С НОВЫМ ГОДОМ! 133

ЧАСТЬ	С ЧЕГО НАЧАТЬ?	КОММУНИКАТИВНЫЕ И ЛИНГВИСТИЧЕСКИЕ ЦЕЛИ	ЧТЕНИЕ
1	Но́вый год 134	Linking ideas via relative clauses Talking about going to get something Using impersonal Dative constructions Giving a list	А у нас бу́дет ёлка? 135
2	Ру́сская ку́хня 146	Expressing *oneself* Describing things using soft adjectives Making comparisons	С наступа́ющим! 147
3	За ва́ше здоро́вье! 158	Making wishes and toasts Referring to a specific person or thing Saying what one would like to do Talking about doing something on one's own/by oneself Talking about eating and drinking	Скоре́е за стол! 159
4	Напи́тки 169	Talking about one's age in the past or future Expressing where one is sitting or where one will sit down Talking about one's plan of action	Дава́йте споём! 170
ИТАК...	Но́вые слова́ 182 Что я зна́ю, что я уме́ю 185 Э́то на́до знать: (**А**) Translating *for* 185; (**Б**) Irregular verb conjugations 186 Дополни́тельные те́ксты: (**А**) Article excerpt: **Компью́тер в пода́рок?** 187; (**Б**) Advertisement: **Гости́ница «Националь»** 187		

ГРАММАТИКА И ПРАКТИКА	КУЛЬТУРА РЕЧИ
More on **кото́рый** clauses: *who, which,* and *that* 137 *Going to get* something: <**за** + Instrumental> 140 Impersonal Dative constructions: **Во́ва, как тебе́ не сты́дно!** 141 reVERBerations: Verbs that take the Dative 143	**Так говоря́т**: Listing things in order 143 **Диало́ги** 145 • **У вас есть ёлка?** (Discussing plans at home for a holiday) • **У меня́ ёлки не бу́дет** (Discussing travel plans for a holiday)
The reflexive *oneself*: **себя́** 149 Soft adjectives: **нового́дний** and **дома́шний** 151 Comparatives of adverbs and predicate adjectives: **интере́снее** and **вкусне́е** 153 reVERBerations: Verbs based on the <**-дава́ть**> root 154	**Так говоря́т**: Holiday (and other) greetings 155 **Диало́ги** 156 • **Что ещё ну́жно купи́ть?** (Making shopping lists) • **О́чень вку́сно!** (Discussing food preferences)

Wishes and toasts 160
Someone and *something*: **кто́-то** and **что́-то** 161
Softening **хоте́ть** 163
The emphatic pronoun **сам** 163
reVERBerations:
  1. Variation in aspectual pairs;
  2. **убега́ть / убежа́ть**;
  3. **пить** vs. **петь** 165
	Так говоря́т: **Чуть не** (*almost*) 166
	Диало́ги 168
	• **Я чуть не опозда́л** (Explaining a late arrival)
	• **Пирожки́!** (Offering and accepting food)

Declining forms of **Э.Т.О.В.**-words 171 Age in the past and future 174 Location vs. motion: *sitting* (**где**) and *sitting down* (**куда́**) 175 Volunteering or expressing a plan of action: *Let me . . .* 178 reVERBerations: Subjectless **они́** forms 179	**Так говоря́т**: **Предста́вь(те) себе́** 180 **Диало́ги** 181 • **Ты зна́ешь слова́ . . . ?** (Discussing music) • **То́лько я!** (Soliciting and giving opinions)

О РОССИИ

New Year's in Russia 137
Как ру́сские встреча́ют Но́вый год 161

СЛОВА, СЛОВА, СЛОВА…

The many faces of «**за**» 140
Уже́ не (*no longer*) vs. **ещё не** (*not yet*) 151
More soft adjectives: the seasons 152
To eat: **есть / пое́сть (съесть)** 164

УРОК 11   ЯЗЫК — ЭТО НЕ ВСЁ!   188

ЧАСТЬ	С ЧЕГО НАЧАТЬ?	КОММУНИКАТИВНЫЕ И ЛИНГВИСТИЧЕСКИЕ ЦЕЛИ	ЧТЕНИЕ
1	Который час? 189	Giving commands Expressing approximate time, quantity, and amount Telling the time	Вы знаете, как к нам ехать? 190
2	Как к вам ехать? 201	Getting or giving directions Making indirect requests Telling what should have been done Expressing what one needed or will need Talking about *the wrong one*	Это трудное число девятнадцать 202
3	Курсы английского языка 213	Describing how long something takes Expressing the duration of an action Declining first names Selecting a better course of action	Вы так хорошо выучили язык за один год? 214
4	На рынке 224	Talking about measurements of weight, distance and volume Telling in which year something occurred Talking about going or living abroad Asking for advice	Им нас не понять! 225

ИТАК . . . Новые слова 235
Что я знаю, что я умею 237
Это надо знать: The many faces of «на» 237
Дополнительные тексты: Movie review «Проект Ведьма Блейр» 238

ГРАММАТИКА И ПРАКТИКА	КУЛЬТУРА РЕЧИ

Imperatives: **-ь** (**Бу́дьте добры́**) type and summary 192
Approximate time and quantity 194
Telling time: conversational forms 195
reVERBerations: *To bring* 198
	Так говоря́т: *Visits and invitations* 198
	Диало́ги 199
	• **В кото́ром часу́?**
	  (Extending an invitation)
	• **Приходи́ за́втра ве́чером**
	  (Inviting someone to a social gathering)

Indirect requests: **Я хочу́, что́бы . . .** 204
Obligation in the past: *She should have, she was supposed to . . .* 205
Expressing need in the past and the future 206
reVERBerations: Multidirectional verbs of motion (consolidation) 209
	Так говоря́т: *Wrong: the wrong one* (**не тот**) 210
	Диало́ги 211
	• **Вы зна́ете, как туда́ е́хать?**
	  (Getting/giving directions)
	• **Он е́дет к нам в пе́рвый раз**
	  (Problem solving: a lost person)

How long something takes: <**за** + Accusative time expression> 216
How long an action lasts: Accusative time expressions 217
Consolidation: The Accusative and time expressions 217
Nested case constructions 218
Names: Declension of first names 220
reVERBerations: *To try:* **про́бовать** vs. **пыта́ться** 221
	Так говоря́т: **Лу́чше** 221
	Диало́ги 223
	• **Како́й язы́к ты учи́ла в шко́ле?**
	  (Discussing language study)
	• **Ско́лько лет вы изуча́ли ру́сский язы́к?**
	  (Discussing language study)

Cardinal numerals with the metric system 227
Ordinal numerals with four-digit years 230
reVERBerations: Variation in key forms (**сади́ться / сесть; привыка́ть / привы́кнуть; умира́ть / умере́ть**) 232
	Так говоря́т: **За грани́цу** vs. **за грани́цей** 233
	Диало́ги 234
	• **Что вы мо́жете мне посове́товать?**
	  (Asking for advice)
	• **Где вы рабо́таете в Москве́?**
	  (Getting acquainted)

О РОССИИ

Новостро́йки 192
Стоя́нка такси́ 204
Стихи́ Пу́шкина 215
На ры́нке 227
В ко́смосе 232

СЛОВА, СЛОВА, СЛОВА…

More on short forms: **Э́то я винова́та** 207
Nondeclining nouns of foreign origin 208
Comparatives with **по-** 226
A touch of "class" 229

УЧИСЬ УЧИТЬСЯ

Reducing miscommunication 203

УРОК 12 СКОРЕЕ ВЫЗДОРАВЛИВАЙТЕ! 240

ЧАСТЬ	С ЧЕГО НАЧАТЬ?	КОММУНИКАТИВНЫЕ И ЛИНГВИСТИЧЕСКИЕ ЦЕЛИ	ЧТЕНИЕ
1	Parts of the body 241	Talking about being sick and getting well Describing the means by which something is accomplished	Домашний доктор 242
2	Кинотеатр «Иллюзион» 251	Describing where one is going Asking for *some* food or drink Making comparisons	Ура, у нас эпидемия! 252
3	Being sick 262	Giving commands and invitations to do something Telling when something begins or ends, opens or closes	Картошка — лучшее лекарство 263
4	Cold remedies 271	Talking about cold symptoms and remedies Using third-person imperatives Talking about coming *from* somewhere Talking about plans in the future Discussing having *enough* or *not enough* of something	Какая у вас температура? 272
ИТАК . . .	Новые слова 281 Что я знаю, что я умею 283 Это надо знать: Instrumental case review 284 Дополнительные тексты: Anecdote: Л. Пантелеев «Как поросёнок говорить научился» 285		

ГРАММАТИКА И ПРАКТИКА	КУЛЬТУРА РЕЧИ

On being sick and getting well 243
Means and instruments: **Домашними средствами** 245
reVERBerations:
   Болеть vs. **болеть** 247
	Так говорят: When someone has a cold 248
	Диалоги 249
	• **Что с тобой?**
	   (Inquiring about health)
	• **Как ты себя чувствуешь сегодня?**
	   (Inquiring about health)

Destination or location? 253
Direct objects and negation: **Этого она ещё не умеет** 255
The partitive Genitive: **Чаю** 256
Comparisons without **чем**: **Лучше любых лекарств** 257
reVERBerations:
   Кончаться / кончиться 259
	Так говорят: Любой 259
	Диалоги 261
	• **Уроков не будет!**
	   (Making plans; asking permission)
	• **Дай мне чаю с лимоном!**
	   (Requesting and offering assistance)

Aspect and imperatives 264
Transitive and reflexive verbs: **Когда начинается лекция?** 266
reVERBerations:
   Passive voice via reflexive verbs 268
	Так говорят: Что с вами? 268
	Диалоги 269
	• **У неё насморк и кашель**
	   (Discussing health and treatment)
	• **Не бойтесь, это не опасно**
	   (Discussing medicine)

Third-person imperatives: **Пусть** 274
Expressing *from*: <**из, с, от** + Genitive> 274
Planning the future: **Когда Вова пойдёт в аптеку …** 276
reVERBerations:
   <**хватать** + Genitive> 277
	Так говорят: Скорее! 278
	Диалоги 279
	• **У меня всё болит**
	   (Telling symptoms to a doctor)
	• **Вот вам рецепт**
	   (Getting a medical examination and prescription)

О РОССИИ

По Фаренгейту, по Цельсию 245
Health care in Russia 265
Больничный лист 273

СЛОВА, СЛОВА, СЛОВА…

Comparatives 258
The medical profession 277

УРОК 13 8 МАРТА 286

ЧАСТЬ	С ЧЕГО НАЧАТЬ?	КОММУНИКАТИВНЫЕ И ЛИНГВИСТИЧЕСКИЕ ЦЕЛИ	ЧТЕНИЕ
1	Цветы́ 287	Talking about one out of a group Writing dates Expressing when something happened or will happen	Оди́н из са́мых лу́чших пра́здников 288
2	Shopping for presents 299	Using adjectives as nouns and adjectival surnames Talking about *going from place to place* vs. *going in one direction*	Пода́рок к 8 Ма́рта 300
3	Пода́рки 311	Describing what could have happened or what could possibly happen Asking for suggestions or advice	Пода́рок купи́ть всегда́ нелегко́ 312
4	Place settings on the table 321	Talking about putting something somewhere	С пра́здником! 322
ИТАК…	Но́вые слова́ 333 Что я зна́ю, что я уме́ю 335 Э́то на́до знать: Prepositions 335 Дополни́тельные те́ксты: Excerpt from В. Ко́стиков «Рома́н с президе́нтом» 339		

ГРАММАТИКА И ПРАКТИКА	КУЛЬТУРА РЕЧИ	О РОССИИ
One (out of several): <один из + Genitive plural> 290 Writing dates 291 Telling when: **Когда́ э́то случи́лось? Когда́ э́то бу́дет?** 292 reVERBerations: **Э́то был (была́, бы́ло, бы́ли) . . .** 295	Так говоря́т: Прия́тно 296 Диало́ги 298 • У вас в Аме́рике пра́зднуют . . . ? (Discussing cultural differences) • Подари́те ей . . . (Asking for advice on presents)	**8 Ма́рта и 23 февраля́** 290 **Календа́рь** 291 Convenience shopping 314 **Чай и заку́ски** 325
Adjectives as nouns and adjectival surnames 302 Motion verbs with <по + Dative> 305 Use of the Dative case: Summary 306 reVERBerations: **Стоя́ть в о́череди** vs. **стать в о́чередь** 308	Так говоря́т: Интере́сно, . . . ? 308 Диало́ги 310 • Купи́ть хоро́ший пода́рок тру́дно (Planning for shopping) • Интере́сно, где Ди́ма (Planning for shopping)	**СЛОВА, СЛОВА, СЛОВА…** "One (thing)" = **одно́** 291 Seasonal words 295 **Почему́** vs. **заче́м** 301 **Тако́й же** 327 Russian word formation 329
The conditional-hypothetical mood: **Е́сли бы я знал . . .** 315 Asking for suggestions or advice: **Что мне де́лать?** 317 reVERBerations: **По́льзоваться** 317	Так говоря́т: When you have something in mind 318 Диало́ги 319 • Цветы́ мо́жно купи́ть во́зле метро́ (Asking for advice about where to buy something) • Э́то тебе́ цветы́ (Extending holiday greetings)	
Verbs of placement 326 Russian word order: Statements 327 reVERBerations: Perfective aspect: Sequences of actions 330	Так говоря́т: Наде́юсь 331 Диало́ги 332 • С 8 [восьмы́м] Ма́рта! (Giving holiday greetings) • Мне ну́жен ваш сове́т (Asking for advice)	

УРОК 14 МЫ ИДЁМ В БОЛЬШОЙ ТЕАТР! 340

ЧАСТЬ	С ЧЕГО НАЧАТЬ?	КОММУНИКАТИВНЫЕ И ЛИНГВИСТИЧЕСКИЕ ЦЕЛИ	ЧТЕНИЕ
1	Билеты 341	Declining proper nouns Expressing one's interests	Scene A: **Я оперу не очень люблю** 342 Scene B: **Договорились!** 343
2	Меню 354	Ordering from a menu Talking about dining in Russia Expressing *to stop by* or *to pick someone up*	Мир тесен! 355
3	Большой театр 365	Describing people and their professions, occupations and pastimes Describing different types of motion and travel	Век живи, век учись 366
4	Хоккей 379	Expressing what remains Declining surnames	Лучше поздно, чем никогда 380
ИТАК . . .	Новые слова 389 Что я знаю, что я умею 391 Это надо знать: Prefixed vs. nonprefixed verbs of motion 391 Дополнительные тексты: (А) Anecdote: «Апельсины из Чикаго» 393; (Б) Article: «Звёзды среди нас» 393; (В) Excerpt from the autobiography «Я, Майя Плисецкая» 392		

ГРАММАТИКА И ПРАКТИКА	КУЛЬТУРА РЕЧИ

Proper nouns—declined or not declined?: **Я читáю «Прáвду»** 346
Special uses of **всё, все, весь, всегó, всех** 347
Expressing interest: **Чем вы интересýетесь?** 349
reVERBerations: To have enough time, to manage: **Успéть** 350
	Так говорят: Additional uses of **бы: Я бы не возражáл** 351
	Диалóги 353
	• **У меня есть билéты на хоккéй . . .**
	  (Discussing preferences: sports)
	• **Не знáю, что дéлать**
	  (Giving advice on dating)

Additional uses of **«на»** 359
reVERBerations:
  To stop by, to drop in, to pick up:
  Заходи́ть / зайти́ and **заезжáть / заéхать** 361
	Так говорят: Modifiers with **чтó-нибудь** 362
	Диалóги 363
	• **Давáй закáжем . . .**
	  (Selecting something from a menu)
	• **Слишком мнóго калóрий!**
	  (Selecting something from a menu)

Review of multidirectional and unidirectional verbs of motion 370
reVERBerations:
  Past tense of motion verbs 375
	Так говорят: В пéрвый раз 376
	Диалóги 377
	• **Ты ведь по суббóтам не хóдишь в университéт**
	  (Asking where someone is going)
	• **Хóчешь пойти́?**
	  (Arranging a theater date)

Remaining time or quantity: **остáться** 381
Declension of surnames 382
Special uses and declined forms of **оди́н** 383
reVERBerations:
  More hints on aspect choice 385
	Так говорят: <Из-за + Genitive> 386
	Диалóги 388
	• **Плохóй день**
	  (Making excuses)
	• **У вхóда в Большóй теáтр**
	  (Selling and buying extra tickets)

О РОССИИ

Спорт 345
Где едят в Росси́и 357
Вéчер в хорóшем ресторáне 358
Вéчер в теáтре 368

СЛОВА, СЛОВА, СЛОВА...

Diminutives 358
The productive suffix **-ист** 369

УЧИСЬ УЧИТЬСЯ

Survival Russian 360

EPILOGUE ДО СВИДАНИЯ, МОСКВА, ДО СВИДАНИЯ! 394

SCENE	ЧТЕНИЕ	ДИАЛОГИ
A	Когда́ вы уезжа́ете? 395	• У меня́ больши́е пла́ны 397 (Discussing summer plans)
B	Нам пора́! 398	• Могу́ я заказа́ть такси́…? 401 (Ordering a cab)
C	Всё хорошо́; что хорошо́ комча́ется 402	• Такси́ опа́здывает 406 (Checking on a late cab)
ИТАК…	Но́вые слова́ 407	

О РОССИИ

Арха́нгельск 395
Пе́ред отъе́здом 399
Назва́ния вокза́лов 404

APPENDICES   408

A	Common Uses of Russian Cases 409
B	Spelling Rules 411
C	Declensions: Nouns 412
D	Declensions: Pronouns 415
E	Declensions: Adjectives 418
F	Numerals 420
G	Declensions: Cardinal Numerals 421
H	Conjugations 422
I	American States, Canadian Provinces, American and Canadian Cities 424
J	Selected Events in Russian and Western History 425
K	Info-Gap Activities 427

RUSSIAN-ENGLISH GLOSSARY   428

ENGLISH-RUSSIAN GLOSSARY   464

INDEX   505

ABOUT THE AUTHORS   520

PREFACE

Welcome to the Second Edition of **НАЧАЛО**.

This is Book 2 in a complete package of instructional materials for students who are beginning Russian. Response to the first edition of **НАЧАЛО** was overwhelmingly positive. **НАЧАЛО** was the first Russian program to integrate video into the teaching of language and culture. The program struck a chord with instructors and students around the world who were drawn in to the engaging storyline of an American student, Jim, and his Russian friends. **НАЧАЛО** has been used by thousands of beginning Russian students since it was first published in 1996.

НАЧАЛО provides a balanced approach, integrating current and useful vocabulary with functionally based grammar explanations derived directly from the storyline. In addition, grammar is "spiraled" in its presentation. That is, a grammar point is treated in a limited way when it first occurs, then is expanded upon when it appears in more advanced forms in later readings. Throughout the text, small-group and partner/pair activities encourage students to use Russian in meaningful, communicative situations because, in our experience, students' proficiency in Russian develops better and faster when there is a true balance between structure and communication.

❖ CHANGES IN THE SECOND EDITION

In responding to feedback about the first edition of **НАЧАЛО**, we have endeavored to incorporate suggested changes that will enhance the text's approach while retaining the key features that were praised by reviewers. The visual *Guided Tour through* **НАЧАЛО** (pages xxiii–xxvi) explains all major features, some of which are new. Changes in the Second Edition of Book 2 include the following:

- The new design and four-color photographs enhance students' learning experience.
- The text has been streamlined by reducing the number of lessons in Book 1 and Book 2. Now each book consists of seven lessons, and Book 2 ends with a video epilogue that students can view on their own.
- The Second Edition offers extensively revised grammar explanations and exercises based on user feedback, including a more consolidated and comprehensive presentation of case forms. Much of the grammar has been resequenced to provide a more holistic initial presentation of forms than was offered in the First Edition.

Exercises have been modified to move from form-focused, mechanical activities to open-ended, communicative activities following each grammar point.

- Each lesson now ends with tinted pages (**ИТАК**) containing an active vocabulary list, a grammar checklist, a grammar consolidation, and one or more optional supplemental reading texts.
- Each of the four Parts is now marked with a colored tab for easy reference.
- New thematic, visual openers (**С ЧЕГО НАЧАТЬ?**) begin each Part with a short visual display related to a theme of that Part. This feature, which reinforces vocabulary acquisition through lexical association, should be of particular help to more visual learners.
- **КУЛЬТУРА РЕЧИ** (along with **ЧТЕНИЕ** and **ГРАММАТИКА И ПРАКТИКА**) is now a major section in each Part. It includes several new repeating rubrics that focus on development of speaking skills.
- Book 2 contains a new **reVERBerations** rubric in the grammar sections to help students focus on the complexities of the Russian verbal system.
- Notes about contemporary Russian culture and society (**О РОССИИ**) have been revised and enhanced to reflect recent developments and current issues in Russia.
- Exciting new ancillaries include a colorful and engaging CD-ROM and a text-specific Web site. See *Program Components* for a description of all the ancillaries.

GUIDED TOUR THROUGH НАЧАЛО

❖ ORGANIZATION OF THE STUDENT TEXT

The fourteen lessons in **НАЧАЛО** are divided into Book 1 (Lessons 1–7) and Book 2 (Lessons 8–14 and Epilogue). Lesson 1 of Book 1 is an introduction to the Russian language. It uses simple greetings, basic vocabulary, visual displays, and classroom phrases to present the basic sound and writing systems of the language. The lessons in Book 1 and Book 2 follow a consistent format:

- **LESSON OPENER.** This page introduces the lesson through photographs and a summary of the story line in each Part as well as a general description of what students will be learning to say and do.

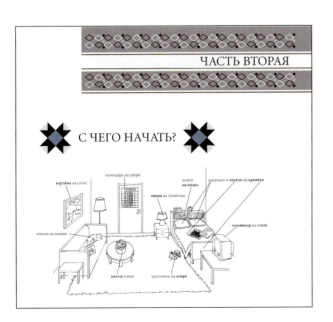

- **ЧАСТИ** (*Parts*). There are four Parts to each lesson, each essentially containing the following:

- **С ЧЕГО НАЧАТЬ?** (*Visual Opener*). A new thematic visual opener introduces each Part with a short display related to a theme of that Part.

xxiii

- **ЧТЕНИЕ** (*Reading*). The reading material is presented in the form of a play, an ongoing story that helps tie together each of the four Parts within the lesson. In many lessons, one of the readings is in prose form.

- **ПОД МИКРОСКОПОМ** (*Under the Microscope*). New exercises follow each reading and focus on a grammatical or lexical feature from an earlier lesson or as an introduction for the current lesson.

- **ГРАММАТИКА И ПРАКТИКА** (*Grammar and Practice*). Grammar topics are generally introduced with examples from the readings. Additional examples often accompany the explanations, which are deliberately short and uncomplicated. Each is followed by at least one exercise suitable for in-class use, including form-focused mechanical exercises, interactive "information gap" activities, and open-ended, communicative activities.

  Each **ГРАММАТИКА И ПРАКТИКА** section in Book 2 ends with **reVERBerations**, a new rubric designed to help students focus on the complexities of the Russian verbal system.

Icons identify audio and video recordings, pair/group activities, and information gap activities.

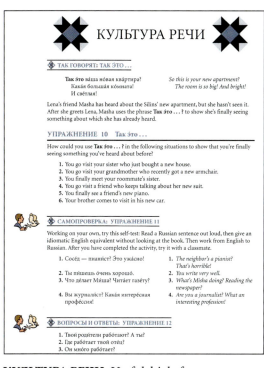
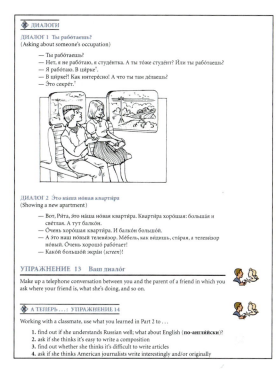

- **КУЛЬТУРА РЕЧИ.** Useful, high-frequency conversational elements focus on the development of speaking skills. Each **КУЛЬТУРА РЕЧИ** section includes **ТАК ГОВОРЯТ, САМОПРОВЕРКА, ВОПРОСЫ И ОТВЕТЫ, ДИАЛОГИ, ВАШ ДИАЛОГ,** and **А ТЕПЕРЬ . . .**

- **ИТАК . . .** Each lesson ends with tinted pages containing:
  - **НОВЫЕ СЛОВА.** A list of all active vocabulary presented in the lesson.
  - **ЧТО Я ЗНАЮ, ЧТО Я УМЕЮ.** A grammar checklist for students to use to review the major grammar topics of the lesson.

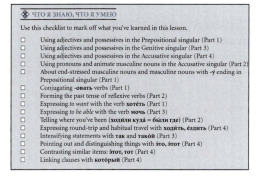

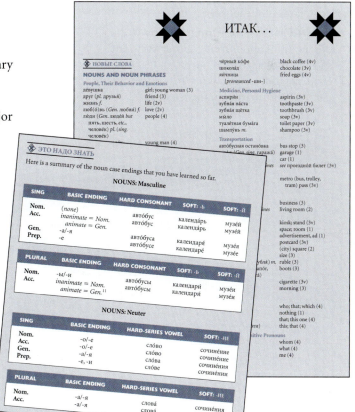

- **ЭТО НАДО ЗНАТЬ.** Periodic grammar consolidations of nouns, adjectives, verbs, and other forms and uses presented to date.

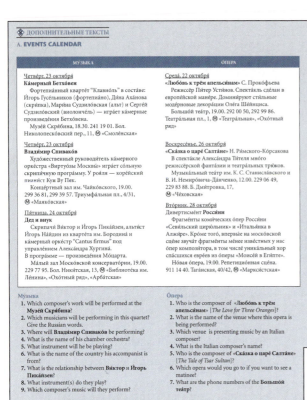

- **ДОПОЛНИТЕЛЬНЫЕ ТЕКСТЫ.** Optional supplemental texts including schedules for performing arts or sporting events, maps, diagrams, tongue twisters, short magazine articles and reviews, poems, songs, cartoons and advertisements.

In addition, the following special features appear at various places in the lessons:

- **О РОССИИ** (*About Russia*). Concise cultural observations about contemporary Russian societal and behavioral norms and formal elements of Russian culture that expand on the cultural information in the readings.

- **СЛОВА, СЛОВА, СЛОВА . . .** (*Words, Words, Words . . .*). Offers a special focus section on word families and vocabulary items needing commentary or clarification.

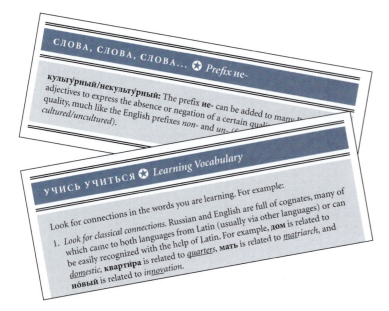

- **УЧИСЬ УЧИТЬСЯ** (*Learn to Study*). These study tips provide students with hints about effective language-learning practice.

PROGRAM COMPONENTS

Available to adopters and to students:

- The *Student Edition* of both Books 1 and 2 is packaged with the *Listening Comprehension Program,* a free audiocassette or audio CD that contains the readings of each lesson.
- The *Video Guide* provides pre- and postviewing exercises to keep students actively involved as they watch the video dramatization.
- The combined *Workbook/Laboratory Manual* has been extensively revised by Ruth Warner, Windsor High School (Colorado); University of Northern Colorado. It now offers an increased emphasis on contextualized and open-ended activities. Intended for use as homework, the Workbook portion presents written exercises for each grammar point in the text. The Laboratory Manual portion contains listening and speaking exercises.
- The *Student Audio Program,* available on either audio CD or audiocassette, correlates with the Laboratory Manual portions of the *Workbook/Laboratory Manual.*
- A multimedia *CD-ROM* offers a variety of innovative exercises focusing on the storyline as well as functional activities with the linguistic and cultural information contained in each lesson.
- A text-specific *Web site* provides links to other culturally authentic sites and expands upon the themes of each lesson.
- A *Practical Guide to Language Learning,* by H. Douglas Brown, San Francisco State University, provides beginning foreign-language students with a general introduction to the language-learning process.
- The *Rand-McNally New Millennium World Atlas on CD-ROM,* available for student purchase, contains detailed maps along with visuals and textual information (in English) about key events in history, famous figures, important cities, and so on. The detail and information provided significantly enhance the foreign language experience from a cultural, historical, and geographical perspective.

Available to adopters only:

- The *Annotated Instructor's Edition* for each book includes teaching hints, Reading Introduction—three or four factual questions in Russian about each reading that students can be expected to answer, expansions on grammar topics and usage, and helpful ideas for classroom activities that enrich the exercises. In addition, answer keys are provided for some of the form-focused activities that are intended for classroom use.
- The *Video Program,* professionally filmed on location in Moscow, presents selected scenes from the storyline comprising the readings in the lessons, offering students an engaging way to hear and see the story they are following in the text.
- The two-volume *Instructor's Manual/Testing Program/Audioscript/Answer Key* offers an extensive *Methodological Guide for Teaching with* **НАЧАЛО**, transparency masters of selected illustrations from the Student Edition, a Testing Program (consisting of two alternate tests with answer keys for each lesson), audioscripts for the listening comprehension exercises, and an Answer Key to the written exercises in the *Workbook/Laboratory Manual.*
- *A Manual and Practical Guide to Directing Foreign Language Programs and Training Graduate Teaching Assistants,* by James F. Lee, Indiana University–Bloomington, offers practical advice for beginning language instructors and language coordinators.

CAST OF CHARACTERS

Characters in the framework of the storyline include the following:

Professor Petrovsky and his American graduate student, **Jim**. Jim already speaks Russian fairly well because this is not his first trip to Russia. But as you'll see, he still has a lot to learn ... and is having a good time doing so!

The **Silin Family**, consisting of **Mr. and Mrs. Silin**, their daughter, **Lena,** who studies journalism, her little brother, **Vova**, and their dog, **Belka**.

Grandma and **Grandpa Kruglov** and their grandson, **Sasha**, a piano student at a Moscow conservatory, whose tastes run from classical to jazz.

xxx Cast of characters

Tatyana Dmitrievna, who rents out a room in her apartment to two young women, **Tanya** and **Sveta**.

Viktor, an ambitious young entrepreneur of the post-Soviet era, who always seems to know how to provide hard-to-find goods and services.

ACKNOWLEDGMENTS

Many organizations and individuals made significant contributions to the production of **НАЧАЛО** and its ancillary materials. Early funding was received from the Geraldine Dodge Foundation, the National Endowment for the Humanities, the U.S. Department of Education, and the Defense Language Institute. These funds were administered through the Office of the Vice President for Research, University at Albany, State University of New York; we are grateful to Dr. Jeanne Gullahorn for her unwavering support. The College of Humanities at Brigham Young University and the Department of Slavic and East European Languages and Literatures at the Ohio State University were very generous with research assistance and logistical and communications support. Substantial funding specifically for the video, whose enhancement to this set of materials will immediately be clear to all, was received from the Film Committee of Brigham Young University.

The authors would like to thank many of our colleagues for their numerous contributions to the development of textbook and ancillary materials. Special thanks to Audra Starcheus for her many hours of careful editing and cross-checking; and to Todd Patrick Armstrong, Jennifer Marks Bown, Natalya Bragina, Erin Diehm, Arlene Forman, Stacy Gordon, Vera Kas'janova, Julia Kas'janova, Elena Katsaros, Lisa and Michael Kelly, Sonja Kerby, William G. Koseluk, Betty Lou Leaver, Katia McClain, Dianna L. Murphy, Irina Odintsova, Slava Paperno, David Patton, Christopher Putney, Benjamin Rifkin, Anelya Rugaleva, Vladimir Savransky, Adonica Sendelbach, Igor Sharanov, Ruth Warner, and Nelly Zhuravlyova.

In addition, the publishers wish to acknowledge the suggestions received from the following instructors and professional friends who reviewed parts of the manuscript:

Valentina Abdelrahim-Soboleva
   Lincoln University
Tatiana Akishina
   University of Southern California
Deborah L. Barshay
   Bridgewater State College
Daniel Bayer
   University of Southern California
Yelena Belyaeva-Standen
   St. Louis University

Kathleen E. Dillon
   University of California at Davis
Svetlana Elnitsky
   St. Michael's College
W. G. Fiedorov
   Knox College
Melissa Frazier
   Sarah Lawrence College
Carol A. Hart
   Ohio State University

Alexandra G. Kostina
  Rhodes College
Lisa Little
  University of California, Berkeley
Elena Litvinenko
  Defense Language Institute, Monterey, California
Lawrence K. Mansour
  United States Military Academy
Rebecca E. Matveyev
  Lawrence University
Mark D. McLean
  North Harris College
Frank J. Miller
  Columbia University
Gerorge Mitrevski
  Auburn University
Frederick Patton
  West Chester University
Eric D. Roston
  Columbia University
Louise Rozwell
  Monroe Community College
Caroline Scielzo
  Montclair State University
Margaret Simontor
  Albertson College
Daniel Stearns
  University of Chicago
Harry Walsh
  University of Houston
Irina I. Wood
  Skagit Valley College

The appearance of their names in this list does not necessarily constitute their endorsement of the text or of its methodology.

It would be impossible for us to overstate the contribution to the project that was provided at McGraw-Hill by Thalia Dorwick, whose patience, encouragement, guidance, and sound advice sustained us throughout our work. Special thanks are also due to the editorial, design, and production staff at McGraw-Hill, especially Leslie Oberhuber, Gregory Trauth, Diane Renda, Francis Owens, David Sutton, Rich DeVitto, Nora Agbayani, and Louis Swaim for all of their patience and dedication to a complex project.

Finally, to family and friends who listened to us, supported us, and tolerated us during the years of planning, writing, and revising, we offer the deepest gratitude of all.

МОСКОВСКАЯ ЖИЗНЬ

УРОК 8

В магазине электроники

In this lesson you will learn

- ✪ to make inquiries and requests
- ✪ more about going places: *setting out, going away, arriving*
- ✪ to express *getting married* and *being married*
- ✪ to say in which month or what year something happened
- ✪ to suggest doing something (*Let's . . .*)
- ✪ hundreds and thousands
- ✪ how to ask and give prices
- ✪ more about expressing quantity
- ✪ about shopping in Russia
- ✪ about Russian currency
- ✪ about student/teacher relationships in Russia

In Part 1, which you will see on video, Lena's impending date leads to a family argument. In Part 2, also on video, Lena's social life causes some parental musings about her future. In Part 3, Jim and Professor Petrovsky go to an electronics store to buy a new computer for the professor. And in Part 4, Jim sends some e-mail home to his Russian teacher, telling about his experiences in Moscow.

Куда идёт твоя сестра?

ЧАСТЬ ПЕРВАЯ

 # С ЧЕГО НАЧАТЬ?

С чего начать? Suggested Activities. Below are some possible places to go on a date. Have students mark off the three or four places in the list to which they would most like to go on a date, then take a class poll to find the most popular (and least popular) destinations or activities. As a review of «в» vs. «на», ask students to explain the use of the two prepositions with the various destinations listed here. Have students suggest additional destinations.

КУДА́ ИДТИ́?

- [ ] в **кино́**
- [ ] в **зоопа́рк**†
- [ ] на **бале́т**
- [ ] в **бар**†
- [ ] на **футбо́льный матч**†
- [ ] на **дискоте́ку**†
- [ ] на **о́перу**
- [ ] в **рестора́н**
- [ ] в **музе́й**
- [ ] в **клуб**
- [ ] на **конце́рт**
- [ ] в **кафе́**

ЧТЕНИЕ

❖ ЛЕ́НА ИДЁТ НА СВИДА́НИЕ°

идёт... *goes on a date*

(*The phone rings. Lena answers.*)

ЛЕ́НА.	Алло́... Э́то я. Приве́т... я тебя́ не **узна́ла**°... Хорошо́... хорошо́... де́сять мину́т, и я бу́ду **гото́ва.**° Пока́! (*Hangs up.*)
НАТА́ЛЬЯ ИВ.	Ле́на, ты **ухо́дишь**°?
ЛЕ́НА.	Да, а что°?
НАТА́ЛЬЯ ИВ.	Куда́, **е́сли не секре́т**†?
ЛЕ́НА.	Ма́ма, я же тебя́ **проси́ла**° не задава́ть мне э́тот **вопро́с.**°
НАТА́ЛЬЯ ИВ.	Но ведь ты моя́ **дочь**°! **В конце́ концо́в**° я **име́ю пра́во**° знать, куда́ ты идёшь, с кем° и когда́ придёшь. Тебе́ ещё то́лько два́дцать лет.
ЛЕ́НА.	Мне уже́ два́дцать лет, ма́ма, и я име́ю пра́во име́ть свои́° секре́ты. Ну почему́ ты вот всегда́° хо́чешь всё знать?
НАТА́ЛЬЯ ИВ.	Я хочу́ знать не всё, а то́лько то, что° **каса́ется**° мое́й до́чери.
СЕРГЕ́Й ПЕТР.	Ле́на, Ната́ша, вы опя́ть **ссо́ритесь**°!
ВО́ВА.	Ле́на, ма́ма, вы опя́ть ссо́ритесь!
НАТА́ЛЬЯ ИВ.	Вас э́то не каса́ется.
ЛЕ́НА.	(*Sarcastically.*) **Мужска́я**° солида́рность†!
СЕРГЕ́Й ПЕТР.	**Как** не каса́ется°? Ле́на, ме́жду про́чим, и моя́ дочь то́же.
ВО́ВА.	И вообще́, ма́ма, на́до спра́шивать не Ле́ну, а меня́.
НАТА́ЛЬЯ ИВ.	Мо́жет быть, ты зна́ешь, куда́ идёт твоя́ сестра́?
ВО́ВА.	Зна́ю. Она́ идёт на свида́ние.
НАТА́ЛЬЯ ИВ.	Мо́жет быть, ты зна́ешь, с кем она́ идёт на свида́ние?
ВО́ВА.	Зна́ю. С Джи́мом. (*Lena smiles.*) Ле́на, а куда́ вы **пойдёте**°?
ЛЕ́НА.	**Како́е твоё де́ло**°?
ВО́ВА.	Мо́жет быть, вы пойдёте в рестора́н?

Reading Introduction (See also WB/LM).
1. Как вы ду́маете, с кем Ле́на говори́т по телефо́ну? С Джи́мом? С Са́шей? С Ви́ктором?: (Note: The Instrumental case is not introduced until 9/1, so be sure to provide needed forms within any questions you ask.)
2. Как вы ду́маете, Во́ва действи́тельно зна́ет, куда́ идёт Ле́на?

не... *didn't recognize*
ready
are leaving
а... *why do you ask?*
have asked / задава́ть... *ask me that question*
ведь... *you're my daughter, you know!* / В... *After all* / име́ю... *have the right* / с... *with whom*
my
почему́... *why is it that you always*
то... *what* / *concerns*
are arguing
Male
Как... *What do you mean, it doesn't concern me?*

вы... *are you going to go?*
Како́е... *What business is it of yours?*

	ЛЕ́НА.	Мо́жет быть. А что?
something / Poor	ВО́ВА.	Принеси́ что́-нибудь° вку́сное для Бе́лки. Бе́дная° соба́ка уже́ второ́й день ничего́ не ест. Принесёшь?
	ЛЕ́НА.	Принесу́. Коне́чно, принесу́. (*She leaves.*)
believe	ВО́ВА.	(*To Belka.*) Соба́ка, ты ей **ве́ришь**°? Нет? Я то́же не ве́рю.
	НАТА́ЛЬЯ ИВ.	Свида́ние с Джи́мом? Э́то интере́сно…

Свида́ние

Упр. 1. АК. 1 Ten minutes and I'll be ready.; *бу́ду*: imperfective future, быть; 2 Lena, are you leaving?; *ухо́дишь*: (*impfv.*) present, уходи́ть; 3 I have a right to know when you'll get home.; *придёшь*: perfective future, прийти́; 4 Why do you always want to know everything?; *хо́чешь*: (*impfv.*) present, хоте́ть; 5 Maybe you know where your sister is going?; *идёт*: (*impfv.*) present, идти́; 6 The poor dog hasn't eaten anything for a second day. Will you bring (something)?; *Принесёшь*: perfective future, принести́.

УПРАЖНЕ́НИЕ 1 Под микроско́пом: Aspect and tense

Here are selected sentences from the reading. Translate each sentence, indicate the aspect and tense of the italicized verb, then give its infinitive.

ОБРАЗЕ́Ц: Приве́т … я тебя́ не *узна́ла*.
→ *Hi, I didn't recognize you.* (perfective past, узна́ть)

1. Де́сять мину́т, и я *бу́ду* гото́ва.
2. Ле́на, ты *ухо́дишь*?
3. Я име́ю пра́во знать, когда́ ты *придёшь*.
4. Ну почему́ ты вот всегда́ *хо́чешь* всё знать?
5. Мо́жет быть, ты зна́ешь, куда́ *идёт* твоя́ сестра́?
6. Бе́дная соба́ка уже́ второ́й день ничего́ не ест. *Принесёшь*?

ГРАММАТИКА И ПРАКТИКА

8.1. MAKING INQUIRIES: СПРА́ШИВАТЬ / СПРОСИ́ТЬ AND ЗАДАВА́ТЬ / ЗАДА́ТЬ ВОПРО́С

Са́ша **спра́шивает,** как насчёт новосе́лья.	Sasha's asking about the housewarming.
Вчера́ мы вме́сте жда́ли авто́буса, и он **спроси́л** меня́, люблю́ ли я литерату́ру.	Yesterday we were waiting for a bus together, and he asked me whether I like literature.
И вообще́, ма́ма, на́до **спра́шивать** не Ле́ну, а меня́.	And besides, Mom, you should be asking not Lena, but me.
Джим, мо́жно **зада́ть** вам **вопро́с?**	Jim, may I ask you a question?
Ма́ма, я же тебя́ проси́ла не **задава́ть** мне э́тот **вопро́с.**	Mom, I've asked you not to ask me that question.

To talk about making inquiries (i.e., asking questions, as distinct from making requests, which will be treated later in this lesson), Russian uses the following constructions:

<**спра́шивать / спроси́ть** (+ Acc.)> = *to ask, to inquire of* (someone)

<**задава́ть / зада́ть вопро́с** (+ Dat.)> = *to pose a question* (to someone)

As in English, **спра́шивать / спроси́ть** is often followed by an embedded question.

Ната́лья Ива́новна **спроси́ла** Ле́ну, куда́ она́ идёт.	Natalya Ivanovna asked Lena where she was going.

> *... куда́ она́ идёт. ... where she was going.* Remind students (cf. 7/4) that in reported speech Russian preserves the tense of the original speaker, whereas English may require a change.

As a reminder, here are the key forms of these verbs (remember that the nonpast forms of perfective verbs have a future meaning: *I'll ask, you'll ask,* etc.).

спра́шивать: спра́шива-ю, спра́шива-ешь, . . . спра́шива-ют
  pfv. **спроси́ть:** спрош-у́, спро́с-ишь, . . . спро́с-ят
задава́ть: зада-ю́, зада-ёшь, . . . зада-ю́т
  pfv. **зада́ть:** зада́–м, зада́–шь, зада́–ст, задад–и́м, задад–и́те, задад–у́т

УПРАЖНЕ́НИЕ 2 Задава́ть / зада́ть вопро́с

Underline the appropriate imperfective or perfective form of **задава́ть / зада́ть.**

— Мо́жно (задава́ть / зада́ть)¹ тебе́ вопро́с?
— Мо́жно.
— Когда́ ты учи́лась в шко́ле, ты ча́сто (задава́ла / зада́ла)² вопро́сы на уро́ках англи́йского (*in your English classes*)?
— Я (задава́ла / зада́ла)³ учи́телю вопро́сы ка́ждый день. Я не люби́ла отвеча́ть (*answer*) на вопро́сы, но люби́ла (задава́ть / зада́ть)⁴ их. А моя́ подру́га Та́ня никогда́ не (задава́ла / зада́ла)⁵ вопро́сы, потому́ что она́ боя́лась (*was afraid*) сде́лать оши́бку.

> Упр. 2. AK. 1 зада́ть; 2 задава́ла; 3 задава́ла; 4 задава́ть; 5 задава́ла.

УПРАЖНЕНИЕ 3   Мама спроси́ла...

Упр. 3. АК. 1 б *or* г; 2 б *or* г; 3 а; 4 в; 5 д.

Who's asking what of whom? Select the most likely completions for the following statements.

1. Ма́ма спроси́ла Ле́ну, _____
2. Ма́ма спроси́ла Ле́ну, _____
3. Ма́ма спроси́ла Во́ву, _____
4. Во́ва спроси́л Ле́ну, _____
5. Во́ва спроси́л Бе́лку, _____

а. с кем у Ле́ны свида́ние.
б. куда́ она́ идёт.
в. пойдёт ли она́ в рестора́н.
г. ухо́дит ли она́.
д. ве́рит ли она́, что Ле́на действи́тельно принесёт что-нибудь вку́сное из рестора́на.

УПРАЖНЕНИЕ 4   Спра́шивать / спроси́ть

Упр. 4. АК. 1 спроси́ла; 2 спра́шиваю; 3 спра́шивать; 4 спрошу́; 5 спроси́л.

Fill in each of the blanks with one of the following forms of **спра́шивать / спроси́ть**.

спроси́л   спроси́ла
спрошу́   спра́шивать
спра́шиваю

Пе́тя смотре́л телеви́зор. Ма́ма _____¹ его́, что он смо́трит, но Пе́тя не слы́шал (*hear*). «Пе́тя, я тебя́ _____²!» — сказа́ла ма́ма. Пе́тя не слы́шал. «Пе́тя, ско́лько раз ну́жно тебя́ _____³?» — сказа́л па́па. Пе́тя не слы́шал — он смотре́л хокке́й. «Како́й у́жас! Наш ма́льчик ничего́ не слы́шит, — сказа́л па́па. — Сейча́с я его́ _____,⁴ хо́чет ли он десе́рт†». «А что бу́дет на десе́рт?» — _____⁵ Пе́тя.

УПРАЖНЕНИЕ 5   Моя́ мла́дшая сестра́

Упр. 5. АК. 1 задава́ть; 2 задаёт; 3 спроси́ла; 4 спрошу́; 5 Спроси́; 6 задаю́; 7 спроси́.

Fill in the blanks with the appropriate form of **спра́шивать / спроси́ть** or **задава́ть / зада́ть**.

Моя́ мла́дшая (*younger*) сестра́ лю́бит _____¹ вопро́сы. Она́ _____² вопро́сы ма́ме, па́пе, мне. Сего́дня у́тром она́ _____³ ма́му, когда́ ма́ма пода́рит ей соба́ку. Ма́ма сказа́ла, что не хо́чет говори́ть о соба́ке. Тогда́ сестра́ сказа́ла: «Я _____⁴ па́пу». Но па́па опа́здывал на рабо́ту. Он сказа́л сестре́: «_____⁵ ма́му». «И так всегда́, — сказа́ла сестра́. — Когда́ я _____⁶ вопро́с па́пе, он говори́т: _____⁷ ма́му».

УПРАЖНЕНИЕ 6   Опро́с (*Survey*)

Упр. 6. Advise students that adverbs are usually placed before the verb, and remind them that **никогда́** requires a negated verb.

You are conducting a survey for a class project on the lives of your fellow students and how frequently or infrequently they do certain things. Poll one or two classmates by reading each of the following statements to them. They should repeat your statement, inserting one of the following time phrases: **всегда́, ча́сто, иногда́** (*sometimes*), **ре́дко, никогда́**. Record their responses in the following chart.

ОБРАЗЕ́Ц: — Я игра́ю в те́ннис.
                — Я ча́сто игра́ю в те́ннис.
                и́ли
                — Я никогда́ не игра́ю в те́ннис.

	ВСЕГДА́	ЧА́СТО	ИНОГДА́	РЕ́ДКО	НИКОГДА́
1. Я занима́юсь в библиоте́ке.					
2. Я задаю́ вопро́сы преподава́телю.					
3. Я звоню́ роди́телям.					
4. Роди́тели спра́шивают, нра́вится ли мне моя́ кварти́ра (ко́мната).					
5. Ма́ма спра́шивает меня́, куда́ я иду́ и когда́ я приду́.					
6. Я слу́шаю рок-му́зыку.					
7. Я смотрю́ телеви́зор.					
8. Я игра́ю в те́ннис.					
9. Я игра́ю на гита́ре.					
10. Я гото́влю пи́ццу до́ма.					
11. Мои́ друзья́ и я ссо́римся (*argue*).					

СЛОВА́, СЛОВА́, СЛОВА́ . . . ✪ *Vocabulary Building: -ость Nouns*

-ость **Nouns.** The saying Ста́рость не ра́дость (*It's no fun getting old*) fits well here.

Мужска́я солида́рность!   *Male solidarity!*

Thousands of Russian nouns, all of which are feminine, end in **-ость**. Most are formed from adjectives and denote a quality or characteristic (**ста́рый — ста́рость, оригина́льный — оригина́льность**). Many nouns of this type are cognates. What do the following mean?

агресси́вность
аккура́тность
акти́вность
индивидуа́льность
интенси́вность
национа́льность

наи́вность
пасси́вность
претенцио́зность
продукти́вность
пунктуа́льность

❖ 8.2. GOING PLACES: ИДТИ́ / ПОЙТИ́ AND Е́ХАТЬ / ПОЕ́ХАТЬ

Во́ва, я **иду́** в апте́ку.	Vova, I'm going to the drugstore.
В конце́ концо́в я име́ю пра́во знать, куда́ ты **идёшь.**	After all, I have a right to know where you're going.
А куда́ вы **пойдёте**?	So where will you be going?
Лари́сы нет. Она́ **пошла́** домо́й.	Larisa's not here. She's gone home.
— Джим, куда́ вы сейча́с? В университе́т?	"Jim, where are you going now? To the university?"
— Нет, Илья́ Ильи́ч, я **е́ду** в аэропо́рт.	"No, Ilya Ilyich, I'm going to the airport."
Полчаса́ наза́д Джим взял такси́ и **пое́хал** в аэропо́рт.	Half an hour ago Jim caught a cab and left for the airport.
Ме́жду про́чим, в ноябре́ она́ **пое́дет** в Аме́рику.	By the way, in November she'll go to America.

Идти́ / пойти́: Combining Form <-йти́>. Ask if students remember the other perfective verbs that use this combining form (cf. 7/4 past tense of -ти́ verbs: найти́, прийти́). Remind them that the nonpast conjugation of найти́ is just like that of пойти́ (but nonpast forms of прийти́ have no -й-).

Forms of идти́. Future forms of unidirectional imperfective verbs (e.g., я бу́ду идти́) have such restricted usage that students at this level will have little use for them.

You already know **идти́** (*to go, to be going*); now you see its perfective form, **пойти́**. Like **идти́**, **пойти́** refers to travel by foot or to travel in general when no vehicle is stated or implied. The key forms of **пойти́** are just like those of other verbs that use the combining form <**-йти́**>.

    идти́: ид-у́, ид-ёшь, . . . ид-у́т (*past* шёл, шла, шло, шли)
    pfv. **пойти́:** пойд-у́, пойд-ёшь, . . . пойд-у́т (*past* пошёл, пошла́, пошло́, пошли́)

You also know the verb **е́хать**, which is used to refer to travel that involves a vehicle (either stated or implied by the length of the trip). Its perfective form is **пое́хать.**

    е́хать: е́д-у, е́д-ешь, . . . е́д-ут
    pfv. **пое́хать:** пое́д-у, пое́д-ешь, . . . пое́д-ут

The perfectives **пойти́** and **пое́хать** commonly express *setting off for* some destination.

Ни́ны нет. Она́ **пошла́** в библиоте́ку. За́втра у неё экза́мен.	Nina's not here. She's gone to the library. She has an exam tomorrow.

In the preceding example, the speaker is saying that Nina has gone to the library. The speaker doesn't really know where Nina is, but does know where Nina was headed when she left. The same is true with **пое́хать**. In the following example, the speaker is telling us that his uncle has left for Europe.

Неде́лю наза́д мой дя́дя **пое́хал** в Евро́пу на конфере́нцию.	A week ago my uncle went to Europe for a conference.

The perfective verbs **пойти** and **поехать** are commonly used to express change of direction or new destination during a trip already under way.

Мы сейчас **идём** в аптеку. Потом мы **пойдём** в универсам.	*We're going to the drugstore now. Then we'll go to the supermarket.*

In the first sentence, the speaker is just about to leave for the drugstore (or is on his way). He then tells us that once he has been at the drugstore, he will set out for a new destination.

8.3. DESTINATION AND LOCATION: Я ИДУ́ К БА́БУШКЕ, Я БЫЛ (БЫЛА́) У БА́БУШКИ

Вади́ма нет. Он пошёл **в университе́т** (в магази́н, в кино́).	*Vadim is out. He's gone to the university (to the store, to the movies).*
Ле́на идёт **на свида́ние** (на рабо́ту, на конце́рт).	*Lena's going on a date (to work, to a concert).*
Мы идём **к ба́бушке** (к дру́гу, к Ле́не).	*We're going to Grandma's (to our friend's, to Lena's).*

To express *destination*, Russian uses either <в or на + Acc.> or, for going to someone's place, <к + Dat.>. Recall that *location* is expressed with <в or на + Prep.> or, for being at someone's place, <у + Gen.>.

DESTINATION	КУДА́ ПОШЛА́ ЛЕ́НА?	**LOCATION**	ГДЕ ЛЕ́НА?
<в + Accusative> Она́ пошла́ **в университе́т**. Она́ пошла́ **в библиоте́ку**.		<в + Prepositional> Она́ **в университе́те**. Она́ **в библиоте́ке**.	
<на + Accusative> Она́ пошла́ **на балко́н**. Она́ пошла́ **на рабо́ту**.		<на + Prepositional> Она́ **на балко́не**. Она́ **на рабо́те**.	
<к + Dative> Она́ пошла́ **к профе́ссору**. Она́ пошла́ **к Све́те**.		<у + Genitive> Она́ **у профе́ссора**. Она́ **у Све́ты**.	

Destination and Location. Begin by reviewing the motion/destination constructions learned in 3/3. Show students how those constructions are integrated here with <к + person in Dat.>, and with past tense and perfective aspect.

Destinations. Make large-scale visuals (either pictures or placards with words on them) of several different destinations: КИНО́, ТЕА́ТР, БА́БУШКА, РАБО́ТА, СТАДИО́Н, ДРУГ, ПОДРУ́ГА, МУЗЕ́Й, БИБЛИОТЕ́КА, and so on. Give these visuals to students standing in various parts of the room. Then have other students narrate their movements as they go from one destination to another: *Сюза́н. Сейча́с я у ба́бушки.* (*Moving*) *А сейча́с я иду́ в кино́.* When the student has arrived, ask another student *Где была́ Сюза́н?* (*Answer*) *А куда́ она́ пото́м пошла́?* Try variations on this activity over several days: Use student leaders, let students make up their own location/destination visuals, have students move around in pairs (to elicit мы and они forms), etc.

УПРАЖНЕНИЕ 7   Куда?

Two friends meet on the street. Indicate how you would render in English each underlined verb in the dialogue.

— Алёша, куда ты <u>идёшь</u>[1]? На стадион?
— Нет, я <u>иду</u>[2] в аптеку. Нужно купить бабушке витамины.†
— А куда ты потом <u>пойдёшь</u>[3]?
— Сначала (*first*) я <u>пойду</u>[4] домой, потом к бабушке, а потом на стадион. А ты куда <u>идёшь</u>[5]?
— В книжный магазин (*bookstore*), а потом в библиотеку. Знаешь, я тоже хочу <u>пойти</u>[6] на стадион. Давай пойдём (*Let's go*) вместе.
— Отлично!

УПРАЖНЕНИЕ 8   Где была Лена?

Fill in the blanks with the appropriate preposition: «в», «на», «к», «у».

Упр. 8. AK. 1 в; 2 на; 3 на; 4 в; 5 В; 6 на; 7 На; 8 к; 9 в; 10 в.

Вчера Лена была весь день _____[1] университете. Она была _____[2] лекции, потом _____[3] семинаре†. Потом она пошла _____[4] библиотеку. _____[5] библиотеке она была два часа, а потом она пошла _____[6] стадион. _____[7] стадионе было очень интересно, и Лена была там три или четыре часа. Потом она пошла _____[8] подруге, и они вместе пошли _____[9] парк. Но когда они шли _____[10] парк, пошёл дождь (*it started raining*), и они быстро пошли домой.

УПРАЖНЕНИЕ 9   Новый магнитофон

Fill in the blanks with the appropriate case endings to indicate destination or location. If no ending is required, leave it blank.

Упр. 9. AK. 1 в магазин; 2 в мою комнату; 3 к нашему соседу Владимиру Васильевичу; 4 у Владимира Васильевича; 5 в университете; 6 на стадионе; 7 в библиотеке; 8 к Антону; 9 на нашей улице.

Вчера я пошёл в магазин_____[1] и купил магнитофон. Когда я пришёл домой, я пошёл в мо_____ комнат_____.[2] Я включил (*turned on*) магнитофон, но он не работал. Я ничего не знаю о технике†, и я пошёл к наш_____ сосед_____ Владимир_____ Васильевич_____.[3] Он знает о технике всё. Но у Владимир_____ Васильевич_____[4] были гости. Я начал звонить друзьям, но их не было: Олег был в университет_____,[5] Саша — на стадион_____,[6] а Борис — в библиотек_____.[7] Тогда я пошёл к Антон_____.[8] Он живёт рядом, на наш_____ улиц_____.[9] Антон был дома, и мы вместе пошли к нам.

УПРАЖНЕНИЕ 10   На вокзале (*At a train station*)

Two families run into each other at a train station. The mothers know each other and they talk about where their families are going for vacation. Indicate how you would render in English each underlined verb in the dialogue.

НИНА ПЕТРОВНА.	Здравствуйте, Лилия Семёновна!
ЛИЛИЯ СЕМЁНОВНА.	Нина Петровна! И вы тоже <u>едете</u>[1]? Куда?
НИНА ПЕТРОВНА.	Муж и я <u>едем</u>[2] в Новгород. Познакомьтесь, это мой муж Степан Васильевич. А это наша дочь Светлана. Она не <u>едет</u>[3] с нами (*with us*). Завтра у неё экзамен, а потом она <u>поедет</u>[4] в Крым к бабушке. Коля, наш сын, уже там. Он не хотел ждать Светлану, и <u>поехал</u>[5] в Крым неделю назад. А куда <u>едете</u>[6] вы?
ЛИЛИЯ СЕМЁНОВНА.	Муж <u>едет</u>[7] к отцу в Ярославль.
НИНА ПЕТРОВНА.	И вы тоже <u>едете</u>[8]?
ЛИЛИЯ СЕМЁНОВНА.	Не сегодня. К сожалению, я ещё на работе. Но скоро я тоже туда <u>поеду</u>[9]. Я уже купила билеты.
НИНА ПЕТРОВНА.	Кажется, нам пора. До свидания!
ЛИЛИЯ СЕМЁНОВНА.	До свидания!

Упр. 10. In some of these sentences, certain speakers would find both **ехать** and **поехать** acceptable. The contrast is not always clear-cut because the present imperfective **ехать** may also be used to denote planned future actions (and not necessarily actions in the immediate future).

УПРАЖНЕНИЕ 11   Кто куда едет?

For each destination or location phrase, fill in the first blank with the appropriate preposition: «**в**», «**на**», «**к**», «**у**». Then fill in the second blank with the appropriate form of the noun in parentheses.

ОБРАЗЕЦ: Володя едет __в__ __Москву__ (Москва).

Скоро (*soon*) у нас последний (*last*) экзамен. Что делать летом? Куда поехать? Вадим едет ____ _____[1] (Санкт-Петербург). А его сестра Катя уже была ____ _____[2] (Санкт-Петербург) в прошлом году и в этом году она хочет поехать ____ _____[3] (бабушка) ____ _____[4] (Одесса). Она говорит, что будет ____ _____[5] (бабушка) два месяца. Сосед Вадима, Олег, будет ____ _____[6] (сестра) ____ _____[7] (Ростов). Сергей ещё не знает, куда он поедет, может быть ____ _____[8] (Владивосток), а может быть даже ____ _____[9] (Аляска). Нина и Вера, кажется, вместе едут ____ _____[10] (Европа), ____ _____[11] (Словакия) или ____ _____[12] (Польша). Только я никуда (*nowhere*) не поеду — я буду дома, ____ _____[13] (Москва), ____ _____[14] (мама и папа).

Упр. 11. АК. 1 в Санкт-Петербург; 2 в Санкт-Петербурге; 3 к бабушке; 4 в Одессу; 5 у бабушки; 6 у сестры; 7 в Ростове; 8 во Владивосток; 9 на Аляску; 10 в Европу; 11 в Словакию; 12 в Польшу; 13 в Москве; 14 у мамы и папы.

Санкт-Петербург

Упр. 12. AK. **поéхать**, pfv. infinitive; **éдет**, impfv. present tense; **поéхать**, pfv. infinitive; **поéдет**, pfv. future tense; **éдут**, impfv. present tense; **поéду**, pfv. future tense.

УПРАЖНЕНИЕ 12

Go back to УПРАЖНЕНИЕ 11 and determine the aspect and tense of each instance of **éхать / поéхать** in the exercise.

reVERBerations ⭐

1. Remember that speakers of both English and Russian commonly use the present tense of motion verbs when talking about *going* in the future, especially if the trip is viewed as imminent.

   За́втра Са́ша идёт на конце́рт.   *Tomorrow Sasha is going to a concert.*

2. The aspectual pair **ве́рить / пове́рить** (*to believe*) requires the Dative case.

   Ты ей ве́ришь?   *Do you believe her?*

3. Nonpast forms of the verb **узнава́ть / узна́ть** (*to recognize*) are distinguished only by their stress pattern: the imperfective is end-stressed, while the perfective is stem-stressed.

   узнава́ть: узна-ю́, уна-ёшь, . . . узна-ю́т
   pfv. **узна́ть:** узна́-ю, уна́-ешь, . . . узна́-ют

4. In Lesson 7, you were introduced to verbal aspect and you learned a number of imperfective/perfective verb pairs. Throughout the Book 1 readings, you encountered some additional verbs of either imperfective or perfective aspect. The following is a list of those verbs and their corresponding aspectual partners. Key forms for these verbs are given in the end-of-lesson vocabulary list.

гуля́ть / погуля́ть	to walk; to go for a walk; to take a walk
ду́мать / поду́мать	to think
отдава́ть / отда́ть	to return; to give (*back*)
отдыха́ть / отдохну́ть	to rest
открыва́ть / откры́ть	to open
пить / вы́пить	to drink; *usu. pfv.* to drink up
плати́ть / заплати́ть	to pay (*for*)
получа́ть / получи́ть	to get; to receive
принима́ть / приня́ть	to accept
продава́ть / прода́ть	to sell
расти́ / вы́расти	to grow up
сдава́ть / сдать	to rent out (*an apartment*)
слы́шать / услы́шать	to hear
смотре́ть / посмотре́ть	to look (*at*); to watch
собира́ться / собра́ться	to plan (*to do something*)
чини́ть / почини́ть	to fix

УПРАЖНЕНИЕ 13 Куда́ он (она́) идёт?

Working with a classmate, answer the following questions using the proper preposition («в», «на», «к») with some of the indicated destinations. Then add some of your own.

1. Ваш друг встреча́ет (*meets*) вас на у́лице. Он спра́шивает: «Куда́ вы идёте?» (банк, по́чта, кино́, рестора́н, кафе́, стадио́н . . .)
2. В воскресе́нье вы не рабо́таете. К кому́ вы пойдёте? (ста́рый друг, ру́сский студе́нт, ста́рший брат, ба́бушка . . .)
3. Вы ви́дите дру́га в библиоте́ке. Он говори́т, что у него́ за́втра семина́р,† а пото́м два экза́мена. Спроси́те его́, куда́ он пое́дет ле́том. (Санкт-Петербу́рг, Крым, экспеди́ция, Фра́нция, круи́з,† По́льша . . .)
4. Ва́шему бра́ту звони́т его́ друг, но бра́та нет до́ма. Скажи́те, куда́ он пошёл. (по́чта, университе́т, кино́, стадио́н, кафе́, библиоте́ка, магази́н . . .)
5. Сего́дня суббо́та, но ва́шей ма́мы нет до́ма. Ей звони́т её подру́га. Скажи́те ей, куда́ пошла́ ма́ма. (магази́н электро́ники, о́фис, лаборато́рия, теа́тр, парк, литерату́рный семина́р . . .)
6. Ваш друг спра́шивает, каки́е у вас сего́дня дела́ в университе́те. Скажи́те ему́, что вы пойдёте (библиоте́ка, ле́кция, консульта́ция,† кни́жный магази́н, спортза́л . . .).
7. ???

 # КУЛЬТУ́РА РЕ́ЧИ

❖ ТАК ГОВОРЯ́Т: КАК . . . ?

— Вас э́то не каса́ется.
— **Как** не каса́ется? Ле́на, ме́жду про́чим, и моя́ дочь то́же.

"That doesn't concern you."
"What do you mean, it doesn't concern me? Lena's my daughter too, by the way."

The interrogative **Как . . . ?** (*What do you mean, . . . ?*) followed by a portion of a statement made by the preceding speaker expresses displeasure, indignation, or bewilderment about that part of the statement. Use it with caution! It is informal and often impolite.

— Э́то не твоё де́ло.
— **Как** не моё де́ло?

"This is none of your business."
"What do you mean, it's none of my business?"

— Ты, наве́рно, не уме́ешь гото́вить.
— **Как** не уме́ю гото́вить?

"You probably don't know how to cook."
"What do you mean, I don't know how to cook?"

Упр. 14. АК. Sample responses: 1 Как я пло́хо гото́влю! Все говоря́т, что я прекра́сно (замеча́тельно, хорошо́, о́чень хорошо́ ...) гото́влю! (и́ли Я о́чень хорошо́ гото́влю!); 2 Как ужа́сная! Кварти́ра о́чень хоро́шая (замеча́тельная, прекра́сная ...); 3 Как несимпати́чная! У меня́ замеча́тельная сосе́дка!; 4 Как не хо́чешь? А заче́м я его́ гото́вила? (и́ли Ты же проси́л/а, что́бы я его́ пригото́вила.); 5 Как нет маши́ны? У него́ есть маши́на. У него́, ме́жду про́чим, «мерседе́с».; 6 Как нет до́ма? Ле́на сказа́ла, что обяза́тельно бу́дет до́ма.

УПРАЖНЕНИЕ 14 Как ... ?

Working with a classmate, take turns responding to the following statements with **Как ... ?**, as in the preceding examples. Be sure to explain why you're displeased with or surprised at what you hear.

1. Ты пло́хо гото́вишь.
2. Кака́я ужа́сная кварти́ра!
3. У тебя́ несимпати́чная сосе́дка.
4. Я не хочу́ карто́фельный (*potato*) сала́т.
5. У Анато́лия Па́вловича нет маши́ны.
6. Валенти́на Ива́новна сказа́ла, что Ка́ти нет до́ма.

◆ САМОПРОВЕРКА: УПРАЖНЕНИЕ 15

Working on your own, try this self-test: Read a Russian sentence out loud, then give an idiomatic English equivalent without looking at the book. Then work from English to Russian. After you have completed the activity, try it with a classmate.

1. Джим, мо́жно зада́ть вам вопро́с?
2. Са́ша спра́шивает, когда́ бу́дет новосе́лье.
3. Ната́лья Ива́новна спроси́ла Ле́ну, куда́ она́ идёт.
4. — Мо́жет быть, ты зна́ешь, куда́ идёт твоя́ сестра́?
   — Зна́ю. Она́ идёт на свида́ние.
5. Мари́ны нет. Она́ пошла́ домо́й.

1. *Jim, may I ask you a question?*
2. *Sasha's asking when the housewarming will be.*
3. *Natalya Invanovna asked Lena where she was going.*
4. *"Maybe you know where your sister's going?"*
   "I do know. She's going on a date."
5. *Marina's not here. She's gone (or: she went) home.*

◆ ВОПРОСЫ И ОТВЕТЫ: УПРАЖНЕНИЕ 16

Working with a classmate, take turns asking and answering the following questions.

1. Когда́ оте́ц (мать) ви́дит, что ты ухо́дишь, он (она́) спра́шивает тебя́, куда́ ты идёшь?
2. Как ты ду́маешь, твои́ роди́тели име́ют пра́во задава́ть тебе́ тако́й вопро́с?
3. Что ты говори́шь, когда́ тебя́ спра́шивают, с кем у тебя́ свида́ние?
4. Куда́ ты идёшь сего́дня ве́чером?
5. Что ты бу́дешь де́лать сего́дня ве́чером?

◆ ДИАЛОГИ

ДИАЛОГ 1 Куда́ вы идёте?
(Asking where someone is going)

ИРА.   Ве́ра, Серёжа, куда́ вы идёте?
СЕРЁЖА. На стадио́н.
ИРА.   А что там сего́дня?
СЕРЁЖА. Баскетбо́л.
ВЕРА. Игра́ет на́ша кома́нда (*team*).

ДИАЛОГ 2 Куда́ ты идёшь?
(Asking where someone is going)

— Мари́на, ты ухо́дишь?
— Да, ухожу́. А что?
— А куда́ ты идёшь?
— В университе́т, пото́м в библиоте́ку, а пото́м на стадио́н. Ме́жду про́чим, э́то не твоё де́ло (*it's none of your business*).

УПРАЖНЕНИЕ 17   Ваш диало́г

Create a dialogue in which you stop by to visit a friend at her apartment. Her roommate answers the door and says that she has gone to [*pick a destination*]. The roommate asks where you're going, and you answer.

❖ А ТЕПЕРЬ . . . : УПРАЖНЕНИЕ 18

Working with a classmate, use what you learned in Part 1 to . . .

1. find out if you can ask him a question
2. find out where he was yesterday
3. ask whether he will be going to the library today
4. find out when he will be going home today
5. ask where (at whose home, i.e., use «у») he'll be studying tonight

ЧАСТЬ ВТОРАЯ

С ЧЕГО НАЧАТЬ?

ТУРИСТИ́ЧЕСКОЕ АГЕ́НТСТВО

С чего нача́ть? Suggested Activity. As a preliminary activity, have students look at the ad and find Russian equivalents for the following cognate terms: travel agency (туристи́ческое аге́нтство), tour (тур), (sightseeing) excursion (экску́рсия), cruise (круи́з).

Упр. 1. АК. 1 Еги́пет; 2 Фра́нция, Че́хия; 3 Финля́ндия, Шве́ция; 4 Ту́рция, Мала́йзия, Сингапу́р, ОАЭ [Объединённые Ара́бские Эмира́ты]; 5 А́встрия, Испа́ния; 6 Кипр, Испа́ния, Ита́лия; 7 Гре́ция.

УПРАЖНЕ́НИЕ 1 Туристи́ческое аге́нтство (*Travel agency*)

You work at the travel agency sponsoring this ad. Various couples have come to get advice on where to go for their honeymoon. Based on the information in this ad, name the country or countries where each couple might consider going.

1. Ната́ша и Бо́ря хотя́т пое́хать в А́фрику.
2. Мари́на и Воло́дя хотя́т пое́хать на **экску́рсии**[†] в за́мки (*castles*).
3. Анто́н и Са́ша лю́бят **круи́зы.**[†]
4. Та́ня и Же́ня хотя́т пое́хать в А́зию.
5. Ми́ша и Ла́ра хотя́т пое́хать на куро́рт (*resort*).
6. Лари́са и Па́вел хотя́т жить на **о́строве** (*island*).
   [Note: **о́стров** is often abbreviated as **о-в** when the name of the island follows.]
7. Ди́ма и Ми́ла хотя́т быть в Евро́пе 14 дней (= 2 неде́ли), но у них ма́ло де́нег (*money*).

ЧТЕНИЕ

Reading Introduction (see also WB/LM).
1. Что говорит Наталья Ивановна о дочери Веры Николаевны? (Она вышла замуж за американского бизнесмена.)
2. Что делает Сергей Петрович? (Он читает.) Он слушает свою жену? (Нет.)
3. Как вы думаете, Сергей Петрович может организовать русско-американскую фирму?

❖ КОГО ЧТО ИНТЕРЕСУЕТ°

interests

(*Natalya Ivanovna and Sergei Petrovich are sitting in their living room. He is engrossed in his newspaper.*)

НАТАЛЬЯ ИВ.	Серёжа, у нашей Лены свидание с Джимом.
СЕРГЕЙ ПЕТР.	(*Reading.*) Интересно . . .
НАТАЛЬЯ ИВ.	Ты помнишь нашу соседку Веру Николаевну? Два года назад её дочь поехала в Ленинград, то есть, в Санкт-Петербург, **познакомилась°** там с американским бизнесменом и **вышла за него замуж.°** Теперь она живёт в Калифорнии,† в Лос-Анджелесе.† Недавно у них родился сын, и теперь у Веры Николаевны внук в Лос-Анджелесе. (*Sympathetically.*) Правда, она его редко видит . . . Между прочим, в ноябре она поедет туда. А мы там никогда не были. Серёжа, ты меня не слушаешь.
СЕРГЕЙ ПЕТР.	(*Not listening.*) Слушаю, Наташа.
НАТАЛЬЯ ИВ.	Но Лос-Анджелес — это так далеко! Когда у нас день, у них ещё **ночь°**! Вера Николаевна звонит туда, а внук ещё спит. Или уже спит. Серёжа, ты меня не слушаешь.
СЕРГЕЙ ПЕТР.	(*Not listening.*) Ну что ты, Наташа. Конечно, слушаю.
НАТАЛЬЯ ИВ.	Кроме того, билеты туда стоят очень дорого. Муж Веры Николаевны **организовал°** русско-американскую° фирму. Теперь у него **дела°** в Америке, и **за** билеты платит фирма. Но Джим не бизнесмен, он историк. Ты можешь организовать русско-американскую фирму, которая будет изучать историю?

познакомилась . . . *met an American businessman there*
вышла . . . *got married to him*

night

organized / Russian-American
за . . . *the company pays for the tickets*

18 уро́к 8 ✦ Моско́вская жизнь

	СЕРГЕ́Й ПЕТР.	Могу́. Я всё могу́ . . .
Тебя́. . . doesn't interest you at all / the future	НАТА́ЛЬЯ ИВ.	Серёжа, ты меня́ не слу́шаешь. Тебя́ **соверше́нно** не интересу́ет° бу́дущее° твое́й до́чери. Тебя́ интересу́ет то́лько футбо́л!
	СЕРГЕ́Й ПЕТР.	Не то́лько футбо́л. **Хокке́й**† меня́ то́же интересу́ет.

УПРАЖНЕ́НИЕ 2   Под микроско́пом: Time expressions

This reading contains several time expressions (**два го́да наза́д, ре́дко**, etc.). In two columns list the time expressions that refer to a specific event at a specific time and those that refer to general time.

SPECIFIC TIME	GENERAL TIME
_____	_____
_____	_____
_____	_____
_____	_____

Упр. 1. Once students have made their lists, consolidate them on the board. Then have the students look back at the reading and determine the aspect and tense of the verb associated with each time expression. Specific: два го́да наза́д, в ноябре́; General: тепе́рь, неда́вно, ре́дко, никогда́.

✦ ГРАММА́ТИКА И ПРА́КТИКА ✦

◆ 8.4. IN WHICH MONTH? В КАКО́М МЕ́СЯЦЕ?

Ме́жду про́чим, она́ **в ноябре́** пое́дет туда́.

By the way, she's going there in November.

In Which Month? Introduce this topic by asking и́ли questions such as: — В како́м ме́сяце мы игра́ем в футбо́л — в январе́ и́ли в сентябре́? and — В како́м ме́сяце мы игра́ем в бейсбо́л — в ноябре́ и́ли в ию́ле?

To express the month in which something occurs, use <**в** + the month in the Prepositional case>. The names of all the months are masculine and are never capitalized in Russian, except when they begin a sentence. Notice, too, that the stress shifts to the ending for the fall and winter months.

янва́рь	в январе́
февра́ль	в феврале́
март	в ма́рте
апре́ль	в апре́ле
май	в ма́е
ию́нь	в ию́не
ию́ль	в ию́ле
а́вгуст	в а́вгусте
сентя́брь	в сентябре́
октя́брь	в октябре́
ноя́брь	в ноябре́
дека́брь	в декабре́

УПРАЖНЕ́НИЕ 3   В како́м ме́сяце вы роди́лись?

Someone in your class almost certainly was born in the same month as you were. Find out who by asking **В како́м ме́сяце твой день рожде́ния?** or **В како́м ме́сяце ты роди́лся (родила́сь)?**

❖ 8.5. GOING PLACES: *TO LEAVE* AND *TO ARRIVE, COME BACK*

Лёна, ты **ухо́дишь**? Когда́ ты **придёшь**? *Lena, are you leaving? When will you come back?*

Note the similarities in the forms of the verbs below. The difference in meaning is due to the prefixes, about which you will learn more later.

уходи́ть: ухож-у́, ухо́д-ишь, . . . ухо́д-ят   *to leave*
pfv. **уйти́:** уйд-у́, уйд-ёшь, . . . уйд-у́т
(*past* ушёл, ушла́, ушло́, ушли́)

приходи́ть: прихож-у́, прихо́д-ишь, . . . прихо́д-ят   *to come, to arrive,*
pfv. **прийти́:** прид-у́, прид-ёшь, . . . прид-у́т   *to come back*
(*past* пришёл, пришла́, пришло́, пришли́)

Приходи́ть / прийти́ is used to focus on arriving somewhere or coming (back) to some destination. **Уходи́ть / уйти́** is used when the speaker wants to focus specifically on leaving or going *away*; a destination may not be mentioned. By contrast, **пойти́** (perfective of **идти́**) usually refers to setting out for, leaving for, or going *to* some particular destination, which is usually mentioned. Compare the following:

FOCUS ON DEPARTURE

Лёна, ты **ухо́дишь**? *Lena, are you leaving?*
Когда́ мы **уйдём**? *When will we leave?*

FOCUS ON DESTINATION

Мо́жет быть, вы **пойдёте** в рестора́н? *Do you think you'll be going to a restaurant?*
Лёны нет. Она́ **пошла́** домо́й. *Lena's not here. She's gone home.*

УПРАЖНЕНИЕ 4   Дневни́к (*diary*) Та́ни

Tanya has written the following entry in her diary. Read through it and underline all the motion verbs she has used. Then indicate the aspect and (except for infinitives) the tense of each verb form.

25 октября́. Вчера́ у меня́ был тру́дный день. У́тром я пошла́ на по́чту. Там бы́ло мно́го люде́й (*people*). У меня́ бы́ло ма́ло вре́мени, и я ушла́, потому́ что меня́ ждала́ ба́бушка. Когда́ я пришла́ к ба́бушке, у неё была́ её подру́га Валенти́на Петро́вна. Она́ прихо́дит к ба́бушке ка́ждый день. Пото́м Валенти́на Петро́вна сказа́ла, что ей пора́ идти́ на рабо́ту, и ушла́. Я помогла́ ба́бушке пригото́вить обе́д и пошла́ на заня́тия. Когда́ я шла в университе́т, пошёл дождь (*it started raining*), и я опозда́ла на ле́кцию† по ру́сской исто́рии. Я пошла́ в библиоте́ку, а пото́м на семина́р.† Пото́м я позвони́ла Све́те. Она́ спроси́ла, когда́ я приду́, и сказа́ла, что ве́чером пойдёт в кино́. А я в кино́ пойти́ не могла́: мне ну́жно бы́ло занима́ться . . . И так всегда́!

Going Places (1). These two prefixed verbs of motion should be learned and practiced lexically, along with the few other forms of prefixed verbs of motion that have been encountered in context (приноси́ть / принести́, приезжа́ть / прие́хать), thus setting the stage for a later systematic treatment.

Going Places (2). This presentation of the directionally prefixed motion verbs is meaning-based. Emphasize the distinction from идти́ / пойти́.

Going Places (3). Use of приходи́ть. Приходи́ть has only an iterative meaning (Он обы́чно прихо́дит домо́й в пять часо́в [*He usually gets home at five o'clock*]), never a progressive meaning. The progressive sense of Он сейча́с ухо́дит (*He's leaving now*) has no counterpart in приходи́ть.

Упр. 4. AK. пошла́, pfv. past tense; ушла́, pfv. past tense; пришла́, pfv. past tense; прихо́дит, impfv. present tense; идти́, impfv. infinitive; ушла́, pfv. past tense; пошла́, pfv. past tense; шла, impfv. past tense; пошёл, pfv. past tense; пошла́, pfv. past tense; приду́, pfv. future tense; пойдёт, pfv. future tense; пойти́, pfv. infinitive.

представи́тель = *representative*

УПРАЖНЕ́НИЕ 5   Olya's party

Упр. 5. AK. 1 пришёл; 2 прихо́дит; 3 ухо́дит; 4 пришла́; 5 уйду́т; 6 приду́; 7 придёт; 8 пришла́; 9 уйдёт.

Olya is having a party. It's 7:15 in the evening and her roommate, who's out of town, calls and wants to hear all about who's there. Read the paragraph to get a general sense of what Olya is telling her roommate. Then, fill in the blanks with the appropriate form of the verbs given in parentheses.

Ми́ша уже́ здесь. Он _____¹ (*arrived:* прийти́) в 6 часо́в: ты же зна́ешь, он всегда́ _____² (*comes:* приходи́ть) ра́но (*early*), а _____³ (*leaves:* уходи́ть) по́здно (*late*). Пото́м _____⁴ (*came:* прийти́) Са́ра. Ты слы́шишь гита́ру? Это она́ игра́ет. Марк и Стив то́же уже́ тут, но они́ ско́ро (*soon*) _____⁵ (*will leave:* уйти́), потому́ что за́втра у них контро́льная. Ма́ша сего́дня весь день на рабо́те. Она́ позвони́ла и сказа́ла: «Я _____⁶ (*will come:* прийти́) в 7 часо́в», но её ещё нет. Я ду́маю, она́ ско́ро _____⁷ (*will come:* прийти́). Да, и ещё _____⁸ (*came:* прийти́) на́ша но́вая сосе́дка Светла́на и принесла́ краси́вые цветы́. Но она́ говори́т, что то́же ско́ро _____⁹ (*will leave:* уйти́). Я ду́маю, что у неё сего́дня ве́чером свида́ние.

УПРАЖНЕНИЕ 6   Он уйдёт, пойдёт, придёт ...

Fill in the blanks of the following dialogues, choosing from the verbs given in parentheses.

1. — Здравствуйте. Марк дома?
   — Нет, он _____ (ушёл, пришёл). Он (пришёл, пошёл) _____ в библиотеку.
   — А когда он _____ (пойдёт, придёт)?
   — Он сказал, что _____ (пойдёт, придёт) через два часа.
2. — Что вы делали вчера?
   — Сначала я была в магазине, потом _____ (пойду, пошла) на почту. Потом я _____ (пришла, приду) домой и приготовила обед.
3. — Завтра суббота. Куда вы _____ (пойдёте, придёте)?
   Вы _____ (пойдёте, придёте) в кино?
   — Нет, я _____ (приду, пойду) в ресторан.
   — А я _____ (приду, пойду) на стадион.

Упр. 6. AK. 1 ушёл, пошёл, придёт, придёт; 2 пошла, пришла; 3 пойдёте, пойдёте, пойду, пойду.

УПРАЖНЕНИЕ 7   Мой дневник

Using Tanya's diary (УПРАЖНЕНИЕ 4) as a model, work with another student to prepare a short diary entry of your own for a recent day when you were busy going from place to place. Modify her diary entry to mention places you went (or may have gone).

на почту	в магазин	в аптеку
к бабушке	к подруге	к врачу
на работу	на стадион	в театр
на занятия	в кафе	в оперу
на лекцию	на балет	на концерт
в библиотеку	в спортзал	в университет
на семинар	в кино	

УПРАЖНЕНИЕ 8   Когда ты обычно приходишь в университет?

Find out when your classmates usually arrive on campus, when they leave, and where they go. Then ask about yesterday and tomorrow.

1. Когда ты обычно приходишь в университет? А когда ты обычно уходишь? А куда ты идёшь? Домой?
2. Когда ты вчера пришёл (пришла) в университет? А когда ты вчера ушёл (ушла)? Ты пошёл (пошла) домой или на работу?
3. Когда ты завтра придёшь в университет? А когда ты уйдёшь? Куда ты пойдёшь?

Упр. 8 (1). The use of **приходить / прийти** in this context does not specify that students have walked; it is neutral on the question of conveyance. Tell students to use "vehicle verbs" only if a vehicle is stated or clearly implied.

Упр. 8 (2). Conclude this exercise with an all-class poll. Ask Кто раньше всех приходит в университет? Вера, когда вы обычно приходите? etc., writing names on the board of the top students for each question.

О РОССИИ

GETTING MARRIED IN RUSSIA

Два года назад её дочь познакомилась с американским бизнесменом и вышла за него замуж.

In many respects marriage customs in Russia are similar to those in North America. Before the marriage can take place, the couple must secure a wedding license and complete a short waiting period. Some couples are married in civil ceremonies (at a **Дворец бракосочетания** [*wedding palace*]), but church ceremonies are also popular. The traditional wedding gown is white, with a veil; the groom usually wears a business suit. Couples wear their wedding rings on the fourth finger of the right hand, as is the custom in most European countries. After the ceremony there is often a banquet at a restaurant, café, or private home. Periodically guests interrupt the eating, drinking, and merriment with shouts of **Горько!** (*Bitter!*). In response the newlyweds must kiss to "sweeten away" the "bitterness." After the banquet the couple may leave for a honeymoon trip.

Getting Married in Russia. Students might enjoy the following quote from the 1782 play «Недоросль» (*The Minor*) by the Russian writer Денис Иванович Фонвизин (1744–1792). The main character Mitrofanushka says: «Не хочу учиться, хочу жениться!» Фонвизин is considered the founder of Russian social comedy, satirically portraying life among the gentry.

Свадьба

СЛОВА, СЛОВА, СЛОВА... ★ *Marriage and Wedding Vocabulary*

букет (цветов)	bouquet (of flowers)
фата	bridal veil
невеста/жених	bride/groom
медовый месяц	honeymoon
новобрачные, молодожёны	newlyweds
плакать	to cry
обручаться	to get engaged
(уезжать в) свадебное путешествие	(to go on a) honeymoon trip
целовать(ся) / поцеловать(ся)	to kiss
свадьба (день свадьбы)	wedding (wedding day)
свадебное платье	wedding gown
обручальное кольцо	wedding ring
свидетель, свидетельница	witness

8.6. GETTING MARRIED

Два го́да наза́д дочь Ве́ры Никола́евны **вы́шла за́муж за** америка́нского бизнесме́на.	*Two years ago Vera Nikolaevna's daughter married an American businessman.*
Ва́ня **жени́лся на** симпати́чной аспира́нтке.	*Vanya married a nice graduate student.*

To marry, to get married, and *to be married* are expressed differently for men, women, and couples. Study the following table and think about the forms you would use for people you know who have gotten or will be getting married. When talking about men, note that the verb **жени́ться** is both imperfective and perfective; when discussing couples, it has a prefixed perfective, **пожени́ться**.

Getting Married (1). Когда́ они́ собира́ются пожени́ться? Note that perfectives are used in this context with the verb собира́ться, hence жени́ться is required when talking about the groom, while пожени́ться is required when discussing a couple.

Getting Married (2). жена́т(ы). Point out that жена́т and жена́ты are short-form adjectives. Ask students which other short-form adjectives they know.

Getting Married (3). вы́йти. Ask students if they can see any differences between вы́йти and other <-йти́> verbs. (The stress is on the first syllable; endings are spelled with -е- rather than -ё-).

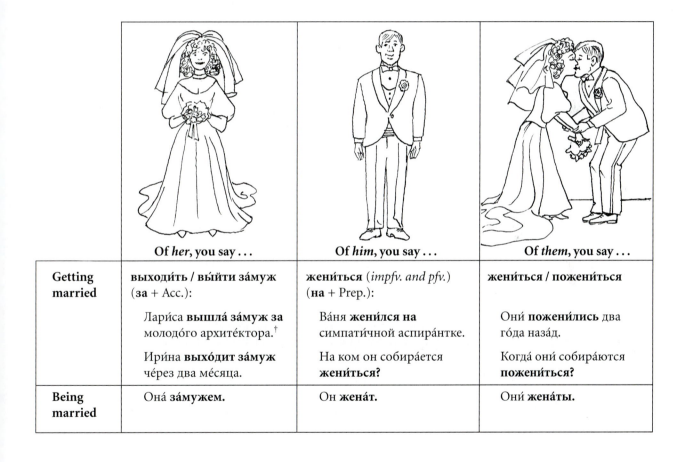

	Of *her*, you say . . .	Of *him*, you say . . .	Of *them*, you say . . .
Getting married	выходи́ть / вы́йти за́муж (за + Acc.): Лари́са **вы́шла за́муж за** молодо́го архите́ктора.† Ири́на **выхо́дит за́муж** че́рез два ме́сяца.	жени́ться (*impfv. and pfv.*) (на + Prep.): Ва́ня **жени́лся на** симпати́чной аспира́нтке. На ком он собира́ется **жени́ться**?	жени́ться / пожени́ться Они́ **пожени́лись** два го́да наза́д. Когда́ они́ собира́ются **пожени́ться**?
Being married	Она́ **за́мужем**.	Он **жена́т**.	Они́ **жена́ты**.

Here are the key forms of the verbs meaning *to get married*.

of a woman **выходи́ть:** выхож-у́, выхо́д-ишь, ... выхо́д-ят + за́муж
pfv. **вы́йти:** вы́йд-у, вы́йд-ешь, ... вы́йд-ут + за́муж
(*past* вы́шла, вы́шли)

Note the difference in word order when using a noun vs. a pronoun with this idiom:

Лари́са не хо́чет выходи́ть *за́муж за Вале́рия*
vs.
Лари́са не хо́чет выходи́ть *за него́ за́муж*.

of a man **жени́ться:** жен-ю́сь, же́н-ишься, ... же́н-ятся
pfv. [*same as impfv.*]

of a couple **жени́ться:** (*used in pl. only*)
pfv. **пожени́ться**

УПРАЖНЕНИЕ 9   Мой внук

Мари́я Степа́новна and **Мари́я Влади́мировна** are discussing their grandchildren. Fill in the blanks with appropriate forms chosen from the table on the preceding page.

Упр. 9. AK. 1 жени́ться; 2 жени́ться; 3 жена́т (*or* жени́лся); 4 жени́лся; 5 же́нится; 6 выхо́дит за́муж; 7 выхо́дит за́муж за.

(*Мари́я Степа́новна звони́т свое́й подру́ге Мари́и Влади́мировне в Санкт-Петербу́рг.*)

— Ма́ша, мой внук собира́ется _____¹!
— Поздравля́ю (*congratulations*)! Но ведь (*after all*) у тебя́ четы́ре вну́ка. Кто собира́ется _____²? Ко́ля?
— Что ты, Ма́ша! Ко́ля уже́ _____.³ Ты забы́ла (*forgot*): он _____⁴ два го́да наза́д. У него́ уже́ сын роди́лся! Не Ко́ля, а Са́ша.
— Са́ша? Ма́ша, а на ком он _____⁵?
— Я её не зна́ю, но зна́ю, что её зову́т Ната́ша. Она́ студе́нтка, живёт в Санкт-Петербу́рге.
— Как интере́сно! У меня́ есть вну́чка, и её то́же зову́т Ната́ша. Она́ живёт здесь, в Санкт-Петербу́рге. Она́ _____.⁶
Я зна́ю, что его́ зову́т Са́ша. Он аспира́нт, живёт в Москве́. Его́ ба́бушку зову́т ... Ма́ша, моя́ вну́чка Ната́ша _____⁷ твоего́ вну́ка Са́шу!

УПРАЖНЕНИЕ 10   Знамени́тые па́ры (*Famous couples*)

Has there been a recent marriage in your family or one that you have read about in the news? Using pictures from a photo album, a magazine, or a family tree that you've drawn, make up sentences such as the following: **Э́то мой брат. Он жени́лся два го́да наза́д** (or: **в ноябре́**). **А э́то** [*name of a famous actress*]. **Она́ вы́шла за́муж за** [*husband's name in Accusative*]. After having shown three or four such couples to a classmate, mix up the pictures and see if your classmate can name them and tell you about them.

◆ 8.7. IN WHAT YEAR? В КАКО́М ГОДУ́? AND ORDINALS 40TH–99TH

Мои́ роди́тели пожени́лись **в 71-ом** (семидеся́том) году́.   *My parents got married in '71.*

Russian uses ordinal numbers to indicate the year in which something happened. For twentieth-century years, two-digit numbers can be used so long as the 1900s context is clear or can be reasonably assumed; for years before 1900 and after 1999, the full numbers are usually used. (You will learn to express hundreds and thousands later in this lesson.) Note that Russians say "in the *75th year.*" Only the last element of the numeral shows the ordinal ending: <**в** + ordinal in Prep. + **году́**>.

— Когда́ (**В како́м году́**) твоя́ сестра́ зако́нчила медици́нский институ́т?
"When (in what year) did your sister finish medical school?"

— В **97-о́м** (девяно́сто седьмо́м) году́.
"In '97."

— Неуже́ли? А когда́ она́ начала́ учи́ться?
"No kidding? And when did she start?"

— В **93-ем** (девяно́сто тре́тьем) году́.
"In '93."

<В + ordinal in Prep. + году́>. Some speakers may delete году́ from this phrase and simply say: в **96-ом**.

You learned the ordinal numerals through 30 in Lesson 6, Part 3; here are the "round tens" ordinals through 90.

	Ordinals	*Cardinals (for reference)*
40th	**сороково́й**	со́рок
50th	**пятидеся́тый**	пятьдеся́т
60th	**шестидеся́тый**	шестьдеся́т
70th	**семидеся́тый**	се́мьдесят
80th	**восьмидеся́тый**	во́семьдесят
90th	**девяно́стый**	девяно́сто

УПРАЖНЕ́НИЕ 11   Вы хорошо́ зна́ете совреме́нную (*modern*) исто́рию?

Match the events on the left with their years on the right and be prepared to read your answers out loud.

1. ____ Когда́ состоя́лся (*took place*) пе́рвый «Су́пер Бол» по америка́нскому футбо́лу?
2. ____ Когда́ состоя́лся пе́рвый рок-конце́рт «Ву́дсток» в Аме́рике?
3. ____ Когда́ ко́нчилась Втора́я мирова́я война́ (*World War II*)?
4. ____ Когда́ был пе́рвый полёт (*flight*) челове́ка в ко́смос (*space*)?
5. ____ Когда́ вы́шел (*came out*) пе́рвый фильм «Star Wars»?

а. В 45-ом году́.
б. В 61-ом году́.
в. В 67-о́м году́.
г. В 69-ом году́.
д. В 77-о́м году́.

Упр. **11. AK.** 1 в; 2 г; 3 а; 4 б; 5 д.

Упр. 12. 1 восьмидеся́том; 2 семидеся́том; 3 сороково́м; 4 со́рок пя́том; 5 двадца́том; 6 два́дцать пе́рвом; 7 девяно́сто восьмо́м; 8 девяно́стом.

УПРАЖНЕНИЕ 12   Моя́ семья́

Diana is telling about her family. Fill in the missing ordinal numerals, giving the final two digits of the dates.

Диа́на расска́зывает о свое́й (*her*) семье́: Я родила́сь в _____¹ ('80) году́, а моя́ ста́ршая (*older*) сестра́ Ве́ра в _____² ('70). Па́па роди́лся в _____³ ('40) году́, а ма́ма в _____⁴ ('45). Ба́бушка родила́сь в _____⁵ ('20) году́, а де́душка в _____⁶ ('21). Я зако́нчила шко́лу в _____⁷ ('98) году́. А Ве́ра уже́ зако́нчила университе́т в _____⁸ ('90) году́. Она́ ге́ний†!

УПРАЖНЕНИЕ 13   Кто когда́ роди́лся?

When were you and members of your family born? Write out a few sentences telling which year you and three or four other family members were born. Then move about the classroom and see if you or your family members share birthdates with other classmates.

reVERBerations ⭐

1. In this Part you learned that **жени́ться** (used to describe a man) is both imperfective and perfective. **Организова́ть** is another example of a "bi-aspectual" verb, that is, one that is both imperfective and perfective.

   В про́шлом году́ муж Ве́ры Никола́евны **организова́л** ру́сско-америка́нскую фи́рму.   *Last year Vera Nikolaevna's husband organized a Russian-American company.*

2. Expressing *to be interested in*

   — Тебя́ **интересу́ет** то́лько футбо́л!   *"You're only interested in football!"*

   — Не то́лько футбо́л. Хокке́й меня́ то́же **интересу́ет**.   *"Not just football. I'm interested in hockey too."*

   Note that whereas in English the common "interest" construction has "person [subject] interested in something [direct object]," the corresponding Russian construction switches the roles of subject and object: "something [Nom.] interests the person [Acc.]."

Expressing *to be interested in*. Students who have studied Spanish, French, or German will recognize that this Russian construction has parallels in those languages.

КУЛЬТУРА РЕЧИ

❖ ТАК ГОВОРЯТ: IDIOMATIC USES OF ИДТИ́

Идти́ is used frequently in constructions that do not mean *to go*.

Идёт дождь.	*It's raining.*
Идёт снег.	*It's snowing.*
Что **идёт** в кино́?	*What's playing at the movies?*
Дела́ **иду́т** хорошо́!	*Things are going well!*
Твои́ часы́ **иду́т**?	*Is your clock* (or *watch*) *working?*
Идёт уро́к.	*The class is in progress.*

УПРАЖНЕНИЕ 14   Где идёт дождь? Где идёт снег?

Using the weather map, practice asking and answering questions about where it's raining and snowing. Note the word order in the answer (new information last).

ОБРАЗЕЦ: — Где идёт дождь?
— Дождь идёт в Кандала́кше.
— А где ещё?

28   Урок 8   Московская жизнь

УПРАЖНЕНИЕ 15   Что идёт в театре имени Вахтангова?

Using the theater listings, work with a classmate to practice asking what is being performed in different theaters. Titles of plays are given in quotation marks. The abbreviation **им.** stands for **имени** (*named in honor of,* which is followed by the Genitive of the person's name). Note the word order in the answer (new information last).

ОБРАЗЕЦ: — Что идёт в театре имени Вахтангова?
            — В театре имени Вахтангова идёт «Принцесса Турандот».

ТЕАТР ИМ. МАЯКОВСКОГО.
Ул. Большая Никитская, 19, тел. 290-46-58.

В помещении гастроли Театра Антона Чехова.

ул. Арбат, 26   Телефон: 241-07-28

ТЕАТР ИМ. ВАХТАНГОВА.
Ул. Арбат, 26, тел. 241-07-28.

Начало вечерних спектаклей: 18.00
1 (чт), 6 (вт), 23 (пт) К. Гоцци «Принцесса Турандот»
2 (пт), 7 (ср), 4 (вс) П. Шено «Будьте здоровы!»
3 (сб), 16 (пт) «Принцесса Турандот» «Будьте здоровы!»
8 (чт) М. Горький «Варвары», 19.00.
9 (пт), 11 (вс), 13 (вт), 17 (сб), 22 (чт), 28 (ср) Ж. Мольер «Проделки Скапена».
10 (сб), 18 (вс) М. Цветаева «Три возраста Казановы» «Наша любовь», 14.00, (малый зал)
14 (ср), 21 (ср) М. Булгаков «Зойкина квартира», 19.00.
15 (чт), 20 (вт) А. Островский «Женитьба Бальзаминова», 19.00.
22 (чт) А. Островский «Без вины виноватые», 14.00.
24 (сб), 25 (вс) Т. Реттиган «Дама без камелий»

Начало вечерних спектаклей: 19.00
1 (чт) «Сверчок на печи»
6 (вт) «Влияние гамма-лучей на бледно-желтые ноготки»
7 (ср), 14 (ср) «Свадьба. Юбилей»
8 (чт) «Зачем пойдешь, то и найдешь»
13 (вт), 28 (ср) «Клоуны»
15 (чт) «Калигула»
Закрытие сезона

Шереметьевская ул., 8   Телефон: 218-10-19

ТЕАТР «САТИРИКОН».
Шереметьевская улица, 8, тел. 289-78-44

Начало вечерних спектаклей: 19.00
1 (чт), 8 (чт), 27 (вт) «Мнимый больной»
2 (пт), 5 (пн), 18 (вс), 23 (пт), 25 (вс), 28 (ср) «Такие свободные бабочки»
3 (сб), 10 (сб), 19 (пн), 21 (ср), 29 (чт) «Хозяйка гостиницы»
3 (сб), 4 (вс), 10 (сб), 12 (пн) (19.30), 23 (пт) «Превращение», 15.00 (малая сцена).
4 (вс), 6 (вт), 11 (вс), 15 (чт), 20 (вт), 24 (ср), 26 (пн) «Сатирикон-шоу»
7 (ср), 14 (ср), 22 (чт), 30 (пт) «Багдадский вор»
9 (пт), 13 (вт), 16 (пт), 17 (ср) «Сирано де Бержерак»
18 (вс), 25 (вс), 28 (ср) «Великий рогоносец», 15.00 (малая сцена)
20 (вт), 29 (чт) «Совсем недавно», 19.30 (малая сцена).

ТЕАТР ИМ. ПУШКИНА.
Тверской бульвар, 23, тел. 203-85-82, 203-85-14

Начало вечерних спектаклей: 19.00
3 (сб) А. Мерлин, А. Белинский «Красотки кабаре»
4 (вс) А. Аверченко «Комната смеха»
5 (вс) Манье «Блэз»
6 (пн), 7 (вт), 10 (сб) А. Платонов «Семья Иванова»
8 (ср) 9 (чт) А. Гарин «Красные сны»
15 июня закрытие сезона.

Суворовская пл., 2   Телефон: 281-51-20

ЦЕНТРАЛЬНЫЙ ТЕАТР РОССИЙСКОЙ АРМИИ.
Суворовская площадь, 2, тел. 281-51-20

Начало вечерних спектаклей: 19.00
1 (чт) «Боже, храни короля!» (малый зал)
2 (пт), 4 (вс) (18.00), 9 (пт), 24 (сб) (18.00) «Ваша сестра и пленница» (премьера), (малый зал)
7 (ср), 21 (ср), 25 (вс) (18.00) «Загнанная лошадь» (премьера), (малый зал)
3 (сб) (18.00), 16 (пт), 22 (чт) «Цветные сны о черно-белом».
6 (вт), 15 (чт), 23 (пт) «Идиот» (малый зал)
8 (чт), 17 (сб) (18.00) «Шарады Бродвея» (малый зал)

◆◆ САМОПРОВЕРКА: УПРАЖНЕНИЕ 16

Working on your own, try this self-test: Read a Russian sentence out loud, then give an idiomatic English equivalent without looking at the book. Then work from English to Russian. After you have completed the activity, try it with a classmate.

1. В четверг её дочь поехала в Санкт-Петербург на конференцию, а оттуда она поедет в Торонто на кинофестиваль.†

2. Мама, я ухожу. Я приду в 8 часов.

1. *On Thursday her daughter went to Saint Petersburg for a conference, and from there she'll be going to Toronto for a film festival.*

2. *Mom, I'm leaving. I'll be back at 8:00 o'clock.*

3. Лари́са вы́шла за́муж за молодо́го архите́ктора.
4. Ва́ня жени́лся на симпати́чной аспира́нтке.
5. Мои́ роди́тели пожени́лись в 75-ом году́.

3. *Larisa married a young architect.*
4. *Vanya married a nice graduate student.*
5. *My parents got married in '75.*

❖ ВОПРО́СЫ И ОТВЕ́ТЫ: УПРАЖНЕ́НИЕ 17

1. Ты хо́чешь рабо́тать в ру́сско-америка́нской фи́рме? Ты мо́жешь организова́ть ру́сско-америка́нскую фи́рму?
2. Ты хо́чешь жить и рабо́тать в Аме́рике и́ли в Росси́и?
3. Тебя́ интересу́ет футбо́л? А хокке́й? А что ещё тебя́ интересу́ет?
4. Ты лю́бишь смотре́ть спорти́вные переда́чи (*programs*) по телеви́зору? Когда́ ты обы́чно смо́тришь телеви́зор?

❖ ДИАЛО́ГИ

ДИАЛО́Г 1 Ты ухо́дишь?
(Discussing a departure)

— Сла́ва, ты ухо́дишь? Куда́ ты идёшь?
— На по́чту. Мне на́до купи́ть ма́рки.
— А пото́м куда́ ты пойдёшь?
— К дру́гу. Он неда́вно жени́лся.
— Как зову́т его́ жену́?
— Ири́на, И́ра. Она́ о́чень симпати́чная. Бо́же мой, уже́ четы́ре часа́! Я опа́здываю! Пока́!

ДИАЛО́Г 2 Како́й прия́тный сюрпри́з†!
(Sharing personal news)

— Приве́т, Сла́ва! Как я ра́да тебя́ ви́деть!
— О́ля! Како́й прия́тный сюрпри́з! Что у тебя́ но́вого?
— Зна́ешь, я вы́шла за́муж.
— Что ты говори́шь! За кого́?
— За Воло́дю Васи́льева. Сейча́с мы живём в Оренбу́рге, неда́вно у нас родила́сь дочь.
— Поздравля́ю (*congratulations*)! Рад за тебя́!

УПРАЖНЕ́НИЕ 18 Ваш диало́г

Create a dialogue in which you and a friend meet after not seeing each other for a long while. Exchange news of family, studies, job, and so on.

❖ А ТЕПЕ́РЬ...: УПРАЖНЕ́НИЕ 19

Working with a classmate, use what you learned in Part 2 to . . .

1. find out what time she generally arrives at school
2. find out what time she usually leaves
3. find out what time she usually arrives home
4. ask what year her parents (brother, sister, grandparents) got married
5. ask about other important dates in her life

ЧАСТЬ ТРЕТЬЯ

С ЧЕГО НАЧАТЬ?

В ÓФИСЕ†

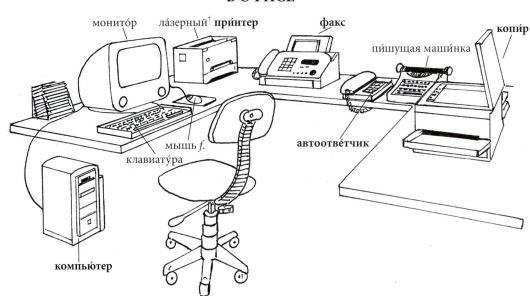

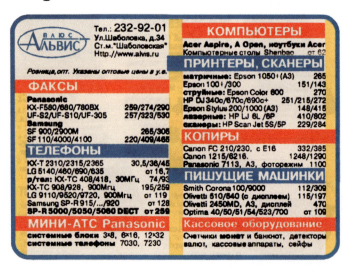

С чего начать? Suggested Activities. Based on the visuals, have students make a list of items that they own themselves. Compare lists of different students and figure out who has the best home office. Ask them to look at the sales ad and determine which items they could buy from this company and which they would have to buy elsewhere if they wanted a complete home office setup as shown in the visuals. Have pairs of students write up a list of what would have to be purchased elsewhere.

ЧТЕНИЕ

Reading Introduction (see also WB/LM).
1. Какой у Ильи Ильича компьютер? (Обычный. Старый.)
2. Сколько лет у Ильи Ильича этот компьютер? (Лет восемь.)
3. Что Илья Ильич должен купить? (Новый компьютер, модём и лазерный принтер.)
4. Что говорит Джим о компьютерах в Москве? (Они дешевле, чем в Америке.)

❖ **ДАВА́ЙТЕ°** КУ́ПИМ ВАМ НО́ВЫЙ КОМПЬЮ́ТЕР — *Let's*

(*At Ilya Ilyich's.*)

ПРОФЕ́ССОР. Джим, вчера́ на симпо́зиуме† колле́га° из° А́нглии попроси́ла а́дрес мое́й **электро́нной по́чты.°** Мне ста́ло о́чень сты́дно, что я — челове́к° про́шлого ве́ка.° Вы не пока́жете° мне, как рабо́тает электро́нная по́чта? — *colleague / from* / электро́нной... *e-mail* / Мне... *I became* / *person / century / show*

ДЖИМ. С удово́льствием. А како́й у вас компью́тер?

ПРОФЕ́ССОР. У меня́ ... **обы́чный°** компью́тер. Он у меня́ уже́ лет во́семь. **Прекра́сно°** рабо́тает. — *normal* / *great*

ДЖИМ. Лет во́семь?! Илья́ Ильи́ч, но **ведь** э́то° диноза́вр,† а не компью́тер! Вам ну́жен но́вый компью́тер. И ну́жен **моде́м.†** — ведь... *that is really*

ПРОФЕ́ССОР. Моде́м? А что э́то тако́е?

ДЖИМ. Э́то ... Э́то така́я шту́ка,° кото́рая нужна́ для электро́нной по́чты. А при́нтер у вас есть? — така́я... *a kind of thing*

ПРОФЕ́ССОР. Есть, но он то́же о́чень ста́рый.

ДЖИМ. Дава́йте ку́пим вам но́вый компью́тер и ла́зерный при́нтер. Кста́ти, в но́вом магази́не электро́ники **о́коло°** ва́шей авто́бусной остано́вки большо́й **вы́бор°** компью́теров и при́нтеров. У вас сейча́с есть вре́мя? — *near* / *selection*

ПРОФЕ́ССОР. Вы же зна́ете, Джим, что у меня́ никогда́ нет вре́мени. Но **без°** вас я компью́тер не куплю́, поэ́тому ... (*He puts on his raincoat and hat.*) — *without*

По доро́ге° в магази́н Джим расска́зывает Илье́ Ильичу́, что его́ друг Том познако́мился по **Интерне́ту**† с де́вушкой.° Они́ перепи́сывались° по Интерне́ту ка́ждый день и ... Но вот и магази́н электро́ники. Тут всегда́ **мно́го°** люде́й.° — *On the way* / познако́мился... *met a woman on the Internet* / *corresponded* / *many / people*

урок 8 ✪ Московская жизнь

it would be better *как... what do you think?*	ПРОФЕ́ССОР.	(*Looking at notebooks.*) Мне, наве́рно, **лу́чше**° купи́ть обы́чный компью́тер. Джим, **как вы счита́ете**°?
absolutely *screen*	ДЖИМ.	Вам **безусло́вно**° ну́жен обы́чный компью́тер, Илья́ Ильи́ч. Посмотри́те, како́й большо́й **экра́н**.° Отли́чный компью́тер!
sales clerk / price	ПРОДАВЕ́Ц.°	(*Overhearing the end of the conversation.*) И **цена́**° хоро́шая.
	ПРОФЕ́ССОР.	Скажи́те, ско́лько всё э́то сто́ит?
	ПРОДАВЕ́Ц.	(*Tells him the price.*)
	ПРОФЕ́ССОР.	Вы ведь принима́ете **креди́тные ка́рточки**†? Вот, пожа́луйста (*hands his credit card to the sales clerk*). Как всё **измени́лось**°!
changed / Before		**Ра́ньше**° в Москве́ нельзя́ бы́ло купи́ть компью́тер, а тепе́рь ...
cheaper / than	ДЖИМ.	...а тепе́рь они́ здесь да́же немно́го **деше́вле**,° **чем**° у нас!

(*Ilya Ilyich pays for the computer, printer, and delivery, and he and Jim head home.*)

about *beginning*	ПРОФЕ́ССОР.	Джим, вы на́чали расска́зывать **про**° ва́шего дру́га То́ма. О́чень интере́сное **нача́ло**.°
happy / ending / soon / *wedding*	ДЖИМ.	И **счастли́вый**° **коне́ц**°: ско́ро бу́дет **сва́дьба**.°
я... I wouldn't mind *with colleagues*	ПРОФЕ́ССОР.	Вы зна́ете, Джим, я бы не **возража́л**° научи́ться перепи́сываться ... гм ... **с колле́гами**°... по Интерне́ту.

Чте́ние: счита́ть. The imperfective verb счита́ть is similar in meaning to the verb ду́мать in phrases expressing opinion: Джим, как вы счита́ете, мне ну́жен но́вый компью́тер?

Интерне́т. At the time of this writing web terminology in Russia is still developing. At present, it appears that Интерне́т is usually capitalized, is pronounced -тэ-, and is stressed on the last syllable. Here are some useful idioms: броди́ть по Интерне́ту (*to surf the Internet*), в Интерне́те (*on the Internet*), на Интерне́т — са́йте (*at a web site*).

Упр. 1. AK. Computer terms: Интерне́т, компью́тер, ла́зерный при́нтер, моде́м, при́нтер. **Other cognates:** а́дрес, диноза́вр, колле́га, креди́тные ка́рточки, симпо́зиум, электро́ники.

УПРАЖНЕ́НИЕ 1   Под микроско́пом: Cognates

This reading contains a number of cognate computer terms from English. Make a list of the ones you recognized without having to look them up (you may find a half-dozen or more), then make a list of other cognates you were able to guess from context.

COMPUTER TERMS	OTHER COGNATES
_____	_____
_____	_____
_____	_____
_____	_____
_____	_____

ГРАММАТИКА И ПРАКТИКА

О РОССИИ

SHOPPING IN RUSSIA

Вы ведь принима́ете креди́тные ка́рточки?

The development of a market economy in Russia has led to many innovations in retailing, such as supermarkets, fast-food franchises, specialty electronic stores, and self-service bakeries. Even credit cards (including the major western cards) can now be used in many stores, especially in the larger cities. In many other stores, however, things have been slower to change and traditional practices remain, such as the three-step purchasing system:

1. Find out the prices of the items you wish to buy. Note what sections of the store they are sold in.
2. Go to the cashier (**ка́сса**) and tell her or him the prices of your items and the section each is sold in. Pay the total. The cashier gives you a receipt for each section.
3. Return to each section of the store where your desired items are displayed, give the clerk the receipt, and state what you wish to purchase.

As you might expect in a three-line system, service slows down and lines in each step are common. And while many stores in Russia now stock bags that customers can buy, experienced shoppers never go anywhere without a bag.

8.8. INCLUSIVE IMPERATIVES: *LET'S* . . . ДАВА́Й(ТЕ) . . .

Дороги́е сосе́ди, **дава́йте познако́мимся!**	*Dear neighbors, let's get acquainted!*
Дава́й говори́ть друг дру́гу «ты»!	*Let's use «ты» with each other.*
Дава́йте ку́пим вам но́вый компью́тер и ла́зерный при́нтер.	*Let's buy you a new computer and laser printer.*

Constructions with **Дава́й(те)...**, like those with *Let's...* in English, are used to suggest a joint course of action (i.e., one that includes the speaker and the listener(s)). **Дава́й** is used in «**на ты**» situations (where you are addressing one person whom you know well); **дава́йте** is used in «**на вы**» situations (where you are addressing one person formally, or a group of people). **Дава́й(те)** is used with a *perfective future* **мы**-form for specific, one-time suggestions (Дава́йте ку́пим вам но́вый компью́тер) or with an *imperfective infinitive* for general suggestions (Дава́й говори́ть друг дру́гу «ты»!).

GENERAL SUGGESTIONS	SPECIFIC SUGGESTIONS
⟨Давáй(те) + impfv. infinitive⟩	⟨Давáй(те) + pfv. future мы-form⟩
Давáй писáть друг дрýгу кáждую недéлю. Давáйте звонúть друг дрýгу кáждый день.	Давáй напúшем письмó Мáрку в Амéрику. Давáйте позвонúм Антóну и приглáсим егó на новосéлье.

УПРАЖНЕНИЕ 2 «Давáй» úли «давáйте»?

Упр. 2. AK. 1 давáй; 2 давáйте; 3 Давáй; 4 давáйте.

Fill in the blanks with either **давáй** or **давáйте,** according to the context («**на ты**» or «**на вы**»).

1. Кóстя, ты бýдешь занимáться сегóдня вéчером? Нет? Хорошó, _____ пойдём в кинó!
2. Мáша, Óля, _____ приглáсим на новосéлье нáшу нóвую сосéдку.
3. Ты знáешь, я купúл нóвый вúдео-магнитофóн (вúдик). _____ ещё раз (*once again*) посмóтрим «Титáник».
4. Нúна Сергéевна, вы пóмните нáшу сосéдку Марúну? Полгóда (*six months*) назáд онá поéхала в Лос-Áнджелес и там вы́шла зáмуж. У меня есть её телефóн — _____ позвонúм ей в Амéрику и поздрáвим (*congratulate*).

УПРАЖНЕНИЕ 3 Что вы скáжете?

Упр. 3. AK. 1 Давáй приготóвим сегóдня вéчером пúццу! 2 Давáй учúться лéтом в Россúи! 3 Давáйте парковáть машúну на ýлице! 4 Давáй пойдём в пя́тницу на концéрт! 5 Давáй продадúм твой стáрый компью́тер! 6 Давáйте рабóтать в ресторáне!

Provide a **давáй(те)** construction you might use in the following situations. The verb you will need to use is given in parentheses. Be sure to think about whether it is imperfective or perfective as you produce the appropriate **давáй(те)** construction.

ОБРАЗÉЦ: You think it would be a good idea for you and Sveta to study together tonight. (занимáться)
→ Свéта, давáй занимáться вмéсте сегóдня вéчером!

1. You suggest that you and a friend prepare a pizza together tonight. (приготóвить)
2. You think it would be fun if you and a friend studied in Russia this summer. (учúться)
3. You're starting a band and want to use the garage at home for rehearsal space. You speak to your parents and suggest parking the car on the street. (парковáть)
4. You invite a friend to go with you to a concert on Friday. (пойтú)
5. Your dorm room is getting crowded because your roommate has bought a new computer. You offer to help him sell his old one. (продáть)
6. In need of spending money, you propose that you and some friends get jobs in a restaurant. (рабóтать)

СЛОВА, СЛОВА, СЛОВА . . . ⭐ Neuter Nouns in -мя: время and имя

A very small number of neuter nouns end in **-мя**, and you already know the only two you are likely to need at this time: **время** and **имя**. Like all neuter nouns, the Accusative looks like the Nominative; note that the syllable **-ен-** is inserted before any other case endings. As the following chart shows, there is a great deal of overlap in the endings.

	SINGULAR	PLURAL
NOM.	и́мя	им-ен-а́
ACC.	и́мя	им-ен-а́
GEN.	и́м-ен-и	
PREP.	и́м-ен-и	(not given at present)
DAT.	и́м-ен-и	

СЛОВА, СЛОВА, СЛОВА . . . ⭐ Hundreds, Thousands

Here are the forms needed to express hundreds and thousands.

100	сто	1000	ты́сяча
200	две́сти	2000	две ты́сячи
300	три́ста	3000	три ты́сячи
400	четы́реста	4000	четы́ре ты́сячи
500	пятьсо́т	5000	пять ты́сяч
600	шестьсо́т	6000	шесть ты́сяч
700	семьсо́т	7000	семь ты́сяч
800	восемьсо́т	8000	во́семь ты́сяч
900	девятьсо́т	9000	де́вять ты́сяч

УПРАЖНЕНИЕ 4 Но́мер телефо́на

Now that you know how to say numbers in the hundreds, you can give your own telephone number Russian-style (XXX-XX-XX) and can understand others' telephone numbers when they give them to you. Write your telephone number on a slip of paper, fold it, and exchange it with someone. Without looking at the number you receive, exchange that number with someone else, then make a third exchange. Now try to find the person to whom the phone number you are holding belongs.

ОБРАЗЕ́Ц: 451-78-94—чей э́то но́мер телефо́на? Твой?

→ Нет, э́то не мой но́мер телефо́на.
  и́ли
→ Да, э́то мой но́мер телефо́на.

Hundreds, Thousands (1). The spelling of numerals is not particularly important at this stage. For oral numeral practice, use arithmetic problems. Students work in pairs (using hand-held calculators if they have them): one student dictates a problem (173 + 210 =), the other solves it. This student then reads the answer back in Russian (= 383), which the first student writes down. They then compare answers. Teach students плюс, ми́нус, бу́дет. Avoid the linguistic challenges of multiplication and division problems for now. Point out that Russians do not use commas to separate groups of three digits (thousands from hundreds, for example), though a space may be used. Examples:

173 + 210 = 383   сто се́мьдесят три плюс две́сти де́сять бу́дет три́ста во́семьдесят три

1504 − 862 = 642   ты́сяча пятьсо́т четы́ре ми́нус восемьсо́т шестьдеся́т два бу́дет шестьсо́т со́рок два

Hundreds, Thousands (2). If students ask about the variation in forms of ты́сяча, explain that it takes the same endings as any other feminine noun, with -и in the Genitive singular and (as they will learn in this Part) zero ending in the Genitive plural.

Hundreds, Thousands (3). Students who are interested in mastering these large numbers might be encouraged to get together in groups of 3 or 5 and count as quickly as possible to 500, 1,000, etc. (Avoiding an even number of students gives everyone practice with both odd and even numbers.) Another activity they can do individually is to read aloud 2-digit and 3-digit combinations of numbers on the license plates of parked cars as they walk to class, trying to read the number before they pass the car.

36 Урок 8 ✪ Московская жизнь

О РОССИИ

RUSSIAN CURRENCY: РУБЛЬ, КОПЕЙКА

Скажите, сколько всё это стоит?

Russian currency (*money:* **деньги**) consists of the ruble, **рубль** (*m.*), and the kopeck, **копейка.** A ruble equals one hundred kopecks. For a time in the early 1990s inflation in Russia was so high that small numbers of rubles, to say nothing of kopecks, became almost worthless. As a result, in early 1998 the ruble was devalued so that 1,000 rubles became 1 ruble. The fluctuating value of the currency prompts many advertisers to publish their prices in American dollars. Here are some representative prices from various years.

	1990	1994	2000
A liter of gasoline	2.5 rubles	4,000 rubles	6.5 rubles
A metro ticket	5 kopecks	400 rubles	5 rubles

Russian Currency. One way that the Russian consumer economy has been coping with fluctuating prices includes quoting them in **условные единицы** (*conditional units*), where each "unit" represents the rate at which the ruble is currently converted into hard currency, usually the U.S. dollar. (Refer students to the office supply ad that uses **у.е.** in the visuals.) Another possibility is simply not putting a price on the item at all, instead referring to **цена-договорная** (*agreed price*).

8.9. PRICES IN RUSSIAN AND U.S./CANADIAN CURRENCIES: СКОЛЬКО СТОИТ . . . ?

These are the forms you need to express prices in Russian and U.S./Canadian currencies.

Prices (1). Have students look at the endings on the words that are printed on the coins.

Prices (2). Last Word in a Numeral. Ensure that students understand this refers to the final word, not to the final figure; that is, 14 ends with the figure 4, but not with the word четыре.

IF THE LAST WORD IN THE NUMERAL IS . . .	A NOUN USED WITH IT WILL BE IN THE . . .	FORMS	EXAMPLES
один, одна	Nom. sing.	рубль копейка доллар цент	один рубль одна копейка один доллар один цент
	Acc. sing. (with стоит)		одну копейку
два (две) три четыре	Gen. sing.	рубля копейки доллара цента	два (три, четыре) рубля две (три, четыре) копейки два (три, четыре) доллара два (три, четыре) цента
Any other numeral	Gen. pl.	рублей копеек долларов центов	пять (десять, двенадцать) рублей пять (десять, двенадцать) копеек пять (десять, двенадцать) долларов пять (десять, двенадцать) центов

Prices (3). When expressing prices in Canadian dollars, the adjective канадский (канадские доллары, канадских доллара/долларов) is usually used, lest American dollars be assumed.

Note that a numeral given in response to the question **Сколько стоит . . . ?** is in the Accusative case. In practice, however, the Accusative is apparent only when the price ends in the numeral "one" and the currency is feminine, as with kopeck (Accusative forms are underlined in the following examples): Этот карандаш стоит сорок одну копейку. In all other instances the Accusative forms are masked by the fact that they look like Nominative forms: this holds for masculine nouns such as **рубль** (Этот журнал стоит сорок один рубль) as well as numerals greater than one (Этот журнал стоит сорок три рубля). Numerals that do not end in "one" require the item being counted to appear in the Genitive case (hence **рубля** in the preceding example). The same rules apply to other foreign currencies: those that are masculine in Russian such as **доллар, франк, фунт** (*pound*) follow the pattern of **рубль**, while feminine currencies such as **марка, иена** (*yen*) exhibit the same endings as **копейка**. Note that indeclinable currencies such as **евро** *euro* are generally masculine.

Prices (4). It may be opportune to remind students that like the Accusative with prices, the Accusative with time expressions is apparent only with feminine nouns in the singular: Я буду там через неделю or Ты не можешь подождать ещё одну минуту?

Case Forms of Numerals. The Nominative/Accusative forms of numerals and nouns that follow them are basically all that students need to know at this point. One exception is the Accusative одну: Дай мне одну копейку. Один is treated fully in 10/4. Instances where other declined numerals may be required are not taken up in this textbook.

Американские цены. Have students bring in or sketch an advertisement from an American newspaper and, working with a classmate, practice asking Сколько стоит [*name of object*]? The classmate should respond Это стоит [*price of object using* доллар, доллара, долларов *and* цент, цента, центов].
Variation: Play a version of "The Price Is Right" by having students show one another pictures of items for which the prices have been recorded and then removed. The student who gets closest to the advertised price without exceeding it wins.

Упр. 5. Have students work in pairs or small groups to guess at unfamiliar vocabulary, using cognates and the budgeted amounts to help them guess correctly. Solicit guesses for various items or ask students to look them up in a dictionary. Have students read aloud each item and the amount budgeted to practice learning and reading numbers. Then have individuals, pairs, or groups make up their own monthly budgets and compare their results with the rest of the class.

УПРАЖНЕНИЕ 5   Куда́ ухо́дят твои́ де́ньги (*money*)?

Look at the four monthly budgets and try to figure out as many of the items as possible. Then make up you own monthly budget and compare it with that of your classmates.

КУДА́ УХО́ДЯТ ДЕ́НЬГИ?

$250

Татья́на Горде́ева, врач

$100	оде́жда
$30	парикма́херская
$30	косме́тика
$20	журна́лы, кни́ги
$20	кафе́, теа́тр
$50	оста́ток (откла́дывается на о́тпуск)

$500

Окса́на Пономарёва, студе́нтка

$50	оде́жда
$50	парикма́херская, косме́тика
$40	ночны́е клу́бы, кино́
$40	кафе́
$20	кассе́ты, кни́ги
$300	оста́ток (откла́дывается на маши́ну)

$1000

На́стя Пастухо́ва, комме́рческий представи́тель

$200	развлече́ния
$140	пита́ние
$100	амортиза́ция маши́ны
$100	спорт
$60	ухо́д за соба́кой
$40	косме́тика
$30	журна́лы, кни́ги
$30	коммуна́льные услу́ги
$300	оста́ток (откла́дывается на о́тпуск и оде́жду)

$1500

Зо́я Труно́ва, продю́сер BBC

$500	пита́ние
$350	кварти́ра
$200	оде́жда
$100	кафе́, де́тские развлече́ния
$100	амортиза́ция маши́ны
$80	верхова́я езда́
$50	кино́
$50	парикма́херская
$50	де́тский сад
$20	косме́тика
0	оста́ток

УПРАЖНЕНИЕ 6 Ско́лько сто́ит…?

Keep this page open while a classmate turns to Appendix K, finds the corresponding list of items, and asks the price of an item. Then you consult the ad below and give the price in Russian, which your classmate writes down. After doing four items, compare what your classmate has written down with the prices in the ad; then switch roles. (Note that many model numbers of imported goods bear non-Russian designations; in these cases Russians themselves often use the foreign—frequently English—words and letter names.)

Упр. 6. Once students have worked through this exercise and are fairly comfortable with it, have them dictate other prices to one another and/or to students at the board.

ОБРАЗЕ́Ц: — Ско́лько сто́ит монито́р Sony GS MM?
— Э́тот монито́р сто́ит 425 (четы́реста два́дцать пять) до́лларов.

◆ 8.10. GENITIVE PLURAL OF NOUNS

Пять **мину́т** наза́д у нас на́чал рабо́тать телефо́н!	Five minutes ago our phone began to work!
В семь **часо́в** — э́то удо́бно.	At 7:00—that'll work (that's convenient).
У всех **аспира́нтов** до́ма мно́го **книг.**	All graduate students have lots of books at home.
Я не пойду́ на конце́рт — у меня́ мно́го **дел.**	I won't be going to the concert. I have a lot of things to do.
На́до купи́ть компью́теры для всех **преподава́телей.**	We have to buy computers for all the teachers.

You already learned Genitive singular noun endings in Lesson 4: masculine and neuter nouns take the ending **-а/-я**; feminine nouns take the ending **-ы/-и**: Нет ду́ша, нет окна́, нет воды́, нет две́ри. In Lesson 6, Part 3 you learned that items being counted appear in the Genitive *singular* after два (две), три, or четы́ре. All larger numerals that do not end in the words два (две), три, or четы́ре require items being counted to appear in the Genitive *plural*, which you will now learn. The Genitive plural has a wider variety of endings than other Russian cases, but there are many underlying regularities.

Genitive Plural (1). Introduce this section by reviewing age (год/го́да/лет) and time (час/часа́/часо́в) expressions from 6/1 and 7/2, respectively.

Genitive Plural (2). Illustrate and practice this topic graphically either with pictures or—better yet—by making large vs. small groupings of actual items in the room: мно́го/ма́ло книг, калькуля́торов, компа́кт-ди́сков, преподава́телей, пи́сем, ру́чек, газе́т, журна́лов, студе́нтов/студе́нток, карандаше́й, и т. д. Present the items first in groups by type of ending (see table: zero, -ий, -ей, -ов/-ев), then randomize them. Practice this over several days, adding a few more items each day.

Genitive Plural (3). The use of Genitive singular and plural after ско́лько for noncount and count nouns, respectively, is treated later in this Part.

Genitive Plural (4). For the most part, numerals in oblique cases and adjectives in numeral- and quantity-governed noun phrases are not treated in this textbook.

Genitive Plural Ending -ий. One can think of **-й** as a zero ending since it represents the soft consonant **-й** remaining after the underlying final vowel *sound* drops off. The vowel **е** is made up of two sounds й+э, and **я** is й+а; words ending in **-ие** and **-ия** lose only the final vowel sounds -э and -а, leaving -й: -ие — э = -ий; -ия — а = -ий.

NOMINATIVE SINGULAR ENDING	GENITIVE PLURAL ENDING	GENITIVE PLURAL FORMS
1. **-а**	"zero ending"	
кни́га		книг
-о		
де́ло		дел
2. **-ия**	**-ий**	
ле́кция†		ле́кц**ий**
-ие		
упражне́ние		упражне́н**ий**
3. **-ь** (*m. or f.*)	**-ей**	
преподава́тель		преподава́тел**ей**
дверь		двер**е́й**
-ж, -ш, -щ, -ч (*hushers*)		
эта́ж		этаж**е́й**
врач		врач**е́й**
4. Masculine nouns not covered above	**-ов** (**-ев**)	
стол		стол**о́в**
ме́сяц		ме́сяц**ев**
музе́й		музе́**ев**

For the last group, note that **-ов** is spelled **-ев** after **-ц** or **-й** if the ending is not stressed: оди́н ме́сяц/пять ме́сяцев, оди́н музе́й/пять музе́ев (the -й- disappears between two vowels); end-stressed nouns take **-ов:** оте́ц/отцо́в.

УПРАЖНЕ́НИЕ 7 В на́шем го́роде...

Упр. 7. АК. 1 ко́лледжей; 2 школ; 3 студе́нтов; 4 преподава́телей; 5 общежи́тий; 6 этаже́й; 7 кварти́р; 8 книг; 9 журна́лов; 10 газе́т; 11 видеокассе́т; 12 компа́кт-ди́сков; 13 уче́бников; 14 страни́ц; 15 уро́ков; 16 упражне́ний; 17 фотогра́фий.

Fill in the blanks with the correct Genitive plural form of the words in parentheses.

В на́шем го́роде пять _____¹ (ко́лледж†) и мно́го _____² (шко́ла). В на́шем ко́лледже две ты́сячи _____³ (студе́нт) и мно́го _____⁴ (преподава́тель). У нас шесть _____⁵ (общежи́тие). Я живу́ не в общежи́тии, а в большо́м до́ме: в на́шем до́ме де́вять _____⁶ (эта́ж) и пятьдеся́т _____⁷ (кварти́ра). В ко́лледже хоро́шая библиоте́ка: там мно́го _____⁸ (кни́га), _____⁹ (журна́л) и _____¹⁰ (газе́та). Ещё в на́шей библиоте́ке мно́го _____¹¹ (видеокассе́та†) и _____¹² (компа́кт-диск†), но там нет _____¹³ (уче́бник [*textbook*]). Э́то мой уче́бник ру́сского языка́. В нём три́ста _____¹⁴ (страни́ца [*page*]). В уче́бнике семь _____¹⁵ (уро́к), и в ка́ждом уро́ке мно́го _____¹⁶ (упражне́ние) и _____¹⁷ (фотогра́фия).

❖ 8.11. GENITIVE PLURAL OF NOUNS: VARIATIONS

| Тут всегда́ **мно́го люде́й**. | There are always a lot of people here. |
| Тебе́ ско́лько **лет**? | How old are you? |

In addition to the basic endings given in the preceding section, you'll need to know a few other common variations in the Genitive plural. The spelling rules are helpful for learning these forms. Note also shifting stress. Irregularities such as these will be indicated in the glossaries.

1. "Fill-vowel" nouns. Words with a zero ending in the Genitive plural—mainly feminines and neuters—often insert a vowel to break up a consonant cluster. This "fill vowel" is generally -е- when the «хоро́шее» spelling rule applies (**ба́буш-к-а/ба́буш-е-к**) or when the consonant cluster contains -ь- (**письм-о́/пи́с-е-м**); otherwise the "fill vowel" is usually -о- (**окн-о́/о́к-о-н**). Here are some other examples:

ру́чка — ру́чек	блу́зка — блу́зок
де́душка — де́душек	окно́ — о́кон
письмо́ — пи́сем	сестра́ — сестёр [Note the stressed ё.]

2. "Kill-vowel" (also known as "fleeting vowel") nouns. Some masculines delete the vowel in the final syllable when an ending is added. This is the same change you already know from other endings (*sing.* **от-е́-ц**/ *pl.* **отц-ы́**, and so on).

   | оте́ц — отцо́в | пода́рок — пода́рков |
   | америка́нец — америка́нцев | пирожо́к — пирожко́в |

3. <u>Family, friends, and neighbors.</u> You already know that many of these nouns have a different stem in the plural (compare the Nominative plural form in parentheses below). The plural stem is maintained in all plural forms, including the Genitive plural.

мать (ма́тери)	—	матере́й	сын (сыновья́) — сынове́й
дочь (до́чери)	—	дочере́й	друг (друзья́) — друзе́й
ребёнок (*child*) (де́ти)	—	дете́й	муж (мужья́) — муже́й
сосе́д (сосе́ди)	—	сосе́дей	брат (бра́тья) — бра́тьев

   Genitive Plural Variations. #3. Most nouns with Nom. pl. ending in stressed -ья́ have Gen. pl. in stressed -е́й (мужья́ — муже́й), while those with Nom. pl. ending in unstressed -ья have Gen. pl. in unstressed -ьев (бра́тья — бра́тьев).

   Irregular Genitive Plural Forms. Point out that it is often the most common words that most strongly resist regularization in languages.

4. "Zero-ending" masculine nouns. There are a few masculine nouns for which the Genitive plural is identical to the Nominative singular. You know only two of them so far.

   | челове́к — челове́к | раз — раз |

   Note that the equivalent of *people* after numerals and the words **ско́лько** and **не́сколько** (*a few, several*) is **челове́к**. After **мно́го** and **ма́ло** the equivalent is **люде́й**.

   — Ско́лько челове́к?
   — Семь челове́к.
   — Мно́го/ма́ло люде́й.

5. <u>Other nouns.</u> You should memorize the Genitive plural of words that are not used in the singular, such as:

   де́ньги — де́нег

   and of words that use completely different forms:

   год (*Gen. sing.* го́да) — лет

Упр. 8. АК. 1 бра́тьев, сестёр, друзе́й; 2 дете́й, сынове́й, дочере́й; 3 футбо́лок, блу́зок, ю́бок; 4 муже́й, дете́й; 5 америка́нцев; 6 ба́бушек, де́душек; 7 отцо́в, матере́й; 8 сосе́дей, де́нег; 9 пи́сем.

УПРАЖНЕНИЕ 8   Ско́лько?

Fill in the blanks with the correct Genitive plural form of the words in parentheses.

1. У Анто́на пять _____ (брат), пять _____ (сестра́) и мно́го _____ (друг).
2. У мое́й сестры́ нет _____ (ребёнок), ни _____ (сын), ни _____ (дочь).
3. В чемода́не у неё бы́ло во́семь _____ (футбо́лка), семь _____ (блу́зка) и не́сколько (*a few, several*) _____ (ю́бка).
4. У мое́й люби́мой актри́сы бы́ло шесть _____ (муж), но не́ бы́ло _____ (ребёнок).
5. В Москве́ всегда́ мно́го _____ (америка́нец).
6. У них нет ни _____ (ба́бушка), ни _____ (де́душка).
7. На собра́нии бы́ло мно́го _____ (оте́ц) и _____ (мать).
8. У на́ших _____ (сосе́д) больша́я кварти́ра и мно́го _____ (де́ньги).
9. У почтальо́на нет для нас _____ (письмо́) сего́дня.

СЛОВА, СЛОВА, СЛОВА . . .   ✪ *Count vs. Noncount Nouns*

Count vs. Noncount Nouns. It may help students to recall that in English they quantify count nouns with a number or *many;* they quantify noncount nouns with *much*. (The phrase *a lot of* is used with both count and noncount nouns, and the count/noncount distinction between *few/little* is often not observed.) Ensure students recognize that when they quantify noncount substances in units of measure (*two quarts of milk, three loaves of bread*), they count the units of measure, not the substance itself.

Many languages—including English and Russian—recognize a distinction between things you can quantify by counting (*cars, armchairs, postage stamps*) and things you can quantify but not count (*talent, milk, history*).

COUNT NOUNS	NONCOUNT NOUNS
авто́бус	шокола́д
окно́	вре́мя
пробле́ма	пра́ктика

◆ 8.12. GENITIVE WITH QUANTITY WORDS: СКО́ЛЬКО, МНО́ГО, МА́ЛО, AND НЕТ

Genitive with Quantity Words. The quantity word **немно́го** is used only with noncount nouns (hence, only Genitive singular). Similarly, the quantity word **не́сколько** is used only with count nouns (hence, only Genitive plural).

Сейча́с **нет вре́мени,** на́до мно́го занима́ться.   *There's no time now; (I) have to study a lot.*

Тут всегда́ **мно́го люде́й.**   *There are always a lot of people here.*

Count nouns associated with the quantity words **ско́лько, мно́го, ма́ло,** and **нет** appear in the Genitive plural; noncount nouns associated with them appear in the Genitive singular.

QUANTITY WORDS	COUNT NOUNS (Gen. pl.)	NONCOUNT NOUNS (Gen. sg.)
ско́лько? мно́го ма́ло нет (*i.e., zero quantity*)	ско́лько (мно́го, ма́ло, нет) **авто́бусов** ско́лько (мно́го, ма́ло, нет) **о́кон** ско́лько (мно́го, ма́ло, нет) **пробле́м**	ско́лько (мно́го, ма́ло, нет) **шокола́да** ско́лько (мно́го, ма́ло, нет) **вре́мени** ско́лько (мно́го, ма́ло, нет) **пра́ктики**

УПРАЖНЕНИЕ 9 Count vs. noncount nouns

Which of the following are count nouns and which are noncount nouns? In the "**МНО́ГО**-form" column, provide the Genitive singular form for the noncount nouns, the Genitive plural form for the count nouns.

	COUNT	NONCOUNT	МНО́ГО-FORM
ОБРАЗЕ́Ц: вода́	☐	☒	мно́го воды́
1. день	☐	☐	_____
2. дире́ктор	☐	☐	_____
3. пра́ктика	☐	☐	_____
4. фотогра́фия	☐	☐	_____
5. объявле́ние	☐	☐	_____
6. кни́га	☐	☐	_____
7. му́зыка	☐	☐	_____
8. молоко́	☐	☐	_____
9. уро́к	☐	☐	_____
10. о́пыт	☐	☐	_____
11. электри́чество†	☐	☐	_____
12. ка́рточка	☐	☐	_____

Упр. 9. **АК.** The count nouns are: 1, 2, 4, 5, 6, 9, 12. Forms: 1 мно́го дней; 2 мно́го директоро́в; 3 мно́го пра́ктики; 4 мно́го фотогра́фий; 5 мно́го объявле́ний; 6 мно́го книг; 7 мно́го му́зыки; 8 мно́го молока́; 9 мно́го уро́ков; 10 мно́го о́пыта; 11 мно́го электри́чества; 12 мно́го ка́рточек.

УПРАЖНЕНИЕ 10 Genitive plural expressions

By making good guesses (and, if necessary, using a process of elimination), match these common Russian phrases—all of which use one or more Genitive plural forms—with their English counterparts.

1. _____ В конце́ концо́в . . .
2. _____ Не име́й сто рубле́й, а име́й сто друзе́й.
3. _____ поворо́т на сто во́семьдесят гра́дусов
4. _____ после́дний из могика́н
5. _____ Ско́лько лет, ско́лько зим!

а. *an about-face; a 180-degree turnaround*
б. *Friends are worth more than money.*
в. *Long time no see!*
г. *the last of the Mohicans*
д. *After all*

Упр. 10. **АК.** 1 д; 2 б; 3 а; 4 г; 5 в.

Не имей сто рублей, а имей сто друзей.

УПРАЖНЕНИЕ 11   Genitive case noun endings

Упр. 11. АК. 1 студентов; 2 людей; 3 друзей; 4 американцев; 5 книг и открыток; 6 журналистов; 7 писем.

Fill in the blanks with Genitive case forms.

1. В нашем университете много (студенты) _____.
2. На автобусной остановке было много (люди) _____.
3. У меня много (друзья) _____.
4. В метро всегда много (американцы) _____.
5. У нашего соседа много (книги и открытки) _____.
6. У нас слишком много (журналисты) _____.
7. У меня нет (письма) _____.

УПРАЖНЕНИЕ 12   Социолог† спрашивает

Упр. 12. After dividing the class into groups of five to ten students, assign each student one or two of these questions to ask of all the other students in the group. Then have a group spokesperson report to the class a "group profile."

You are taking a survey for a sociologist. Ask your classmates the following questions.

1. Сколько у вас братьев и сестёр? Сколько им лет?
2. У вас есть друзья в университете (в школе)? У вас много друзей?
3. У вас есть дети? Если да, то сколько? Сколько сыновей и сколько дочерей?
4. Сколько у вас дома книг?
5. Сколько фильмов вы смотрите каждую неделю?
6. Сколько часов в день (per day) вы смотрите телевизор? Как вы думаете, это много времени или мало?
7. Сколько у вас дома телефонов?
8. Сколько машин в вашей семье?
9. Сколько журналов вы получаете?
10. Сколько газет вы получаете?
11. Сколько у вас в семье компьютеров?
12. Сколько раз (times) в день вы проверяете (check) электронную почту?

reVERBerations ★ *Verbs Based on -Казать*

The perfective verb in the aspectual pair **пока́зывать / показа́ть** (*to show*) is declined like other perfectives ending in **-казать.** This is a common pattern that you have already seen in the perfective verbs **говори́ть / сказа́ть** (*to say, to tell*) and **расска́зывать / рассказа́ть** (*to tell, to relate*). Here are the key forms of this verb.

pfv. **показа́ть:** покаж-у́, пока́ж-ешь, . . . пока́ж-ут

 # КУЛЬТУРА РЕЧИ

ТАК ГОВОРЯТ: ВЕДЬ

Ра́зве э́то тру́дная те́ма? **Ведь** все зна́ют, что тако́е цирк.	*Is that such a difficult topic? Why, everyone knows what a circus is.*
Но ты **ведь** у́чишься то́лько на второ́м ку́рсе?	*But you're only a second-year student, aren't you?*
Но **ведь** ты моя́ дочь! Я име́ю пра́во знать, куда́ ты идёшь. . .	*But after all, you're my daughter! I have a right to know where you're going. . .*
Илья́ Ильи́ч, но **ведь** э́то диноза́вр, а не компью́тер!	*But Ilya Ilyich, this is really a dinosaur, not a computer!*

The highly conversational word **ведь** defies any single translation. It appears in statements as a marker of facts or ideas that the speaker is reasonably sure the addressee is aware of and/or should be in agreement with.

САМОПРОВЕРКА: УПРАЖНЕНИЕ 13

Working on your own, try this self-test: Read a Russian sentence out loud, then give an idiomatic English equivalent without looking at the book. Then work from English to Russian. After you have completed the activity, try it with a classmate.

1. Дава́йте ку́пим вам но́вый компью́тер и ла́зерный при́нтер.
2. Дава́й говори́ть то́лько по-ру́сски!

1. *Let's buy you a new computer and laser printer.*
2. *Let's speak only Russian!*

3. Мы купи́ли мно́го пода́рков: пять книг, пять ру́чек и шесть компа́кт-ди́сков.
4. В но́вом магази́не электро́ники большо́й вы́бор компью́теров и при́нтеров.
5. Тут всегда́ мно́го люде́й.
6. — У вас сейча́с есть вре́мя?
   — Вы же зна́ете, что у меня́ никогда́ нет вре́мени.

3. *We bought a lot of presents: five books, five pens, and six CDs.*
4. *In the new electronics store there is a good selection of computers and printers.*
5. *There are always a lot of people here.*
6. *"Do you have time now?" "You know I never have any time."*

❖ ВОПРОСЫ И ОТВЕТЫ: УПРАЖНЕНИЕ 14

1. У тебя́ до́ма есть компью́тер? А в университе́те есть компью́теры?
2. Расскажи́, пожа́луйста, како́й у тебя́ компью́тер. А каки́е компью́теры в университе́те?
3. Ско́лько компью́теров у тебя́ до́ма? А в университе́те мно́го компью́теров?
4. У тебя́ до́ма есть при́нтер? Како́й у тебя́ при́нтер? Стру́йный (*ink-jet*)? Ла́зерный†? Каки́е при́нтеры в университе́те?
5. Ско́лько часо́в в день (*per day*) ты рабо́таешь на компью́тере до́ма? А в университе́те?
6. У тебя́ до́ма ста́рый и́ли но́вый компью́тер? Когда́ ты купи́л (купи́ла) его́? А в университе́те каки́е компью́теры — ста́рые и́ли но́вые?
7. Каки́е популя́рные моде́ли† компью́теров ты зна́ешь?

Почему́ здесь мно́го люде́й?

❖ ДИАЛОГИ

ДИАЛОГ 1   В киоске
(Making purchases)

— Скажите, у вас есть карта Москвы?
— Карта Москвы? Есть.
— Сколько она стоит?
— Есть карта за 17 рублей и есть за 29.
— Покажите, пожалуйста, за 29.

ДИАЛОГ 2   В магазине
(Making purchases)

— Покажите, пожалуйста, альбом (*picture book*) «Москва».
— Этот?
— Нет, вон тот, маленький.
— Пожалуйста. [Продавец показывает альбом.]
— А сколько он стоит?
— Сейчас скажу. [Pause.] 200 рублей.
— Я беру его (*I'll take it*). Где касса (*cashier station*)?
— Касса там.

УПРАЖНЕНИЕ 15   Ваш диалог

Create a dialogue in which you are helping a friend buy a new computer setup. One of you knows nothing about computers, the other is fairly knowledgeable. Here are some sample phrases you might use.

— У меня компьютер ДЕЛЛ. Он стоит . . .
— А у меня — ГЕЙТУЭЙ 2001. Он стоит . . .
— У меня — пентиум. Он стоит . . .
— А у меня — старый компьютер, 486. Он стоит . . .
— А у меня — совсем старый, 386. Он ничего не стоил. Мне его подарил мой сосед.

❖ А ТЕПЕРЬ . . . : УПРАЖНЕНИЕ 16

Working with a classmate, use what you learned in Part 3 to . . .

1. ask how many brothers and sisters he has
2. find out how many CDs (cassettes, videocassettes, . . .) he has
3. find out how many people live in his dorm (apartment, house, . . .)
4. suggest buying a present for someone in the class
5. suggest speaking only Russian today

ЧАСТЬ ЧЕТВЁРТАЯ

С чего начать? Suggested Activities. Have students work together to write a two- or three-sentence description of what they see in the intersection, then compare descriptions by having students read them aloud or write them on the board. **Variation:** Have students each write one sentence about something in the visual display, then work together in groups of 3–4 to put their sentences together in a paragraph that can be written on the board.

С ЧЕГО НАЧАТЬ?

ГОРОДСКО́Й ТРА́НСПОРТ

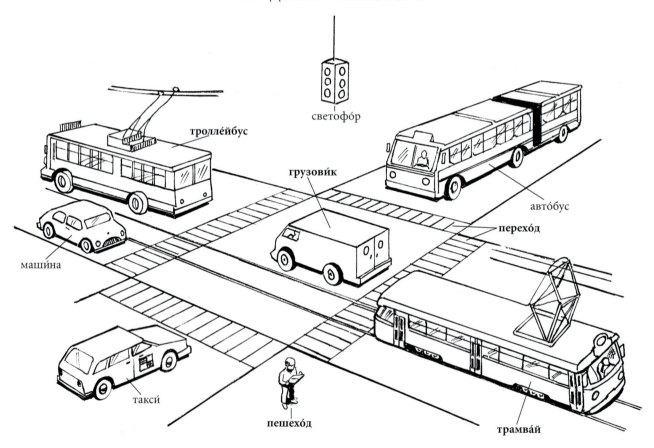

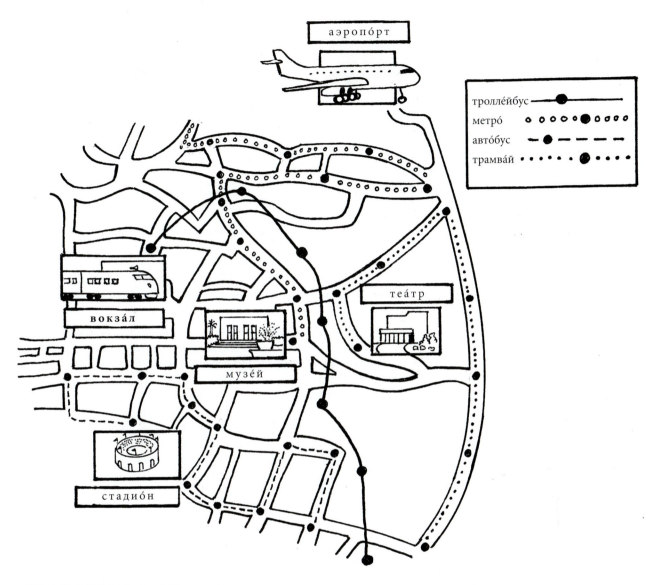

УПРАЖНЕНИЕ 1   Ка́рта го́рода

Consult the map above to complete the following sentences:

1. В музе́й на́до е́хать _____
2. На вокза́л на́до е́хать _____
3. В теа́тр на́до е́хать _____
4. В аэропо́рт на́до е́хать _____
5. На стадио́н на́до е́хать _____

а. на авто́бусе.
б. на метро́.
в. на такси́.
г. на трамва́е.
д. на тролле́йбусе.

Упр. 1. АК. 1 б; 2 д; 3 г; 4 в; 5 а.

Урок 8 ❖ Московская жизнь

ЧТЕНИЕ

Reading Introduction (see also WB/LM).
1. Кому Джим пишет письмо? (Фре́ду, своему́ преподава́телю ру́сского языка́.)
2. Что нра́вится Джи́му в Москве́? (Ему́ нра́вится, что лю́ди лю́бят чита́ть.)
3. У Джи́ма мно́го свобо́дного вре́мени? (Нет, ма́ло.)
4. Что он обы́чно но́сит с собо́й? (Ка́рту го́рода.)
5. Как Джим называ́ет своего́ преподава́теля? По фами́лии? (Нет, по и́мени.)

Связь... *There's a connection!*
иду́т... *take a long time*

Я... *I'm often*

newspaper
sometimes / dictionaries

free / гуля́ю...
walk around town
Although / *take*
с... *along* / на... *just in case*
Все... *Everyone was hurrying / running / slowly / passersby stopped* / Вы... *Could you tell me / pay phone / answer stopped*

я... *I showed him how to get there / myself / got lost*
как... *as luck would have it was left*
У... *I have a favor to ask you / send*

не... *don't be surprised*
совсе́м... *there are no mistakes at all / to check*
называ́ю... *call you by your first name*
разреша́ете... *only let your grad students do that*

❖ **МОЙ А́ДРЕС** <jimrich@usex.msk.ru>

Дорого́й Фред!

Я получи́л Ва́ше письмо́, большо́е спаси́бо. **Связь есть!°** Э́то замеча́тельно: обы́чные пи́сьма иду́т о́чень **до́лго.°**

Вы про́сите написа́ть Вам, что мне понра́вилось и что не понра́вилось в Москве́. Мне нра́вится, что лю́ди лю́бят чита́ть. Я ча́сто быва́ю° в большо́м До́ме кни́ги на Арба́те¹ — там всегда́ мно́го люде́й. Лю́ди чита́ют в метро́, в авто́бусе. Здесь мно́го газе́тных° кио́сков, где продаю́т газе́ты, журна́лы, кни́ги. У всех мои́х друзе́й и знако́мых до́ма мно́го книг. Я иногда́° покупа́ю кни́ги и словари́° — они́ здесь деше́вле, чем у нас.

У меня́ ма́ло **свобо́дного°** вре́мени, но когда́ есть вре́мя, я **гуля́ю по го́роду.°** **Хотя́°** я уже́ непло́хо зна́ю Москву́ и моско́вский **тра́нспорт,**† я обы́чно **беру́°** с собо́й° ка́рту го́рода — **на вся́кий слу́чай.°** Вчера́ я до́лго гуля́л по го́роду. Все **спеши́ли°** — не шли, а **бежа́ли,°** а я шёл **ме́дленно,°** и прохо́жие° ча́сто остана́вливали° меня́ и спра́шивали: «Вы не ска́жете,° где остано́вка авто́буса?» «Куда́ идёт э́тот тролле́йбус²?» «Вы не зна́ете, где тут **телефо́н-автома́т°**?» Е́сли я не знал, что **отве́тить,°** я говори́л: «Извини́те, я не москви́ч». Оди́н води́тель **останови́лся°** и спроси́л, где у́лица Лесна́я. Я зна́ю, где э́та у́лица, там живу́т мои́ друзья́. И я показа́л ему́ **доро́гу.°** А пото́м я сам° **заблуди́лся.°** Я смотре́л на назва́ния у́лиц и номера́ домо́в, но не мог поня́ть, где я. А ка́рта, как назло́,° **оста́лась°** до́ма. И тут я поду́мал. When in Russia... и то́же останови́л прохо́жего!

У меня́ к Вам про́сьба:° **пришли́те°** мне, пожа́луйста, Ва́шу статью́ про вампи́ров.† Мо́жно присла́ть её по электро́нной по́чте. Мой а́дрес у Вас есть, но мо́жно присла́ть и на а́дрес Ильи́ Ильича́: petrii@msuhi.msk.ru

....

P.S. Фред, не удивля́йтесь,° что в э́том письме́ **совсе́м нет оши́бок°**: я попроси́л Та́ню (по́мните, я уже́ писа́л Вам о ней?) **прове́рить°** его́. Ме́жду про́чим, она́ о́чень удиви́лась, что я **называ́ю** Вас **по и́мени.°** Я объясни́л ей, что Вы разреша́ете э́то то́лько **свои́м** аспира́нтам.° Здесь э́то не при́нято, здесь все называ́ют свои́х профессоро́в по и́мени и о́тчеству.

УПРАЖНЕ́НИЕ 2   Под микроско́пом: Verbal aspect

The third paragraph of the reading (which begins with **У меня́ ма́ло свобо́дного вре́мени...**) contains a number of past-tense verbs. Circle those that are imperfective and underline those that are perfective. Note the point in the narrative at which Jim switches from using primarily one aspect to the other. Why does he do it?

---

¹**Дом кни́ги** is the name of a large bookstore located on a major street called **Но́вый Арба́т**. This street is near another old Moscow street called **Арба́т**. In this context, Jim uses the phrase **на Арба́те** to refer to the general neighborhood where these streets are located.

²**Куда́ идёт э́тот тролле́йбус?** *Where does this trolley bus go?* The verb **идти́** is used here to describe the movement of a bus (tram, trolley) itself, while the verb **е́хать** is used to describe travel by people via these forms of transportation.

ГРАММАТИКА И ПРАКТИКА

Упр. 2. AK. All past-tense verbs through говори́л are imperfective to reflect habitual actions in the past. The next three sentences contain past-tense perfective verbs: останови́лся, спроси́л, показа́л, заблуди́лся. Jim switches to the perfective because he is no longer describing habitual actions, but instead is relating a series of one-time completed actions. The next two imperfective verbs reflect action over a period of time (смотре́л) and uncompleted action (не мог). Perfective verbs in the last two sentences again express a series of one-time completed events: оста́лась, поду́мал, останови́л.

Заня́тия по англи́йскому языку́

О РОССИИ

STUDENT/TEACHER RELATIONSHIPS

Ме́жду про́чим, она́ о́чень удиви́лась, что я называ́ю Вас по и́мени.

Tanya is surprised that Jim addresses his professor by his first name, for Russian students are generally not that familiar with their professors. In fact, to American students, many things about the Russian educational setting may seem rather more formal than that to which they are accustomed. In schools, for example, pupils stand up when the instructor enters the classroom. Russian students do not wear hats or coats, chew gum, eat, or drink in class. Both high school and college students use **и́мя и о́тчество** when addressing their instructors, and do not use informal phrases like **Приве́т!, Пока́!,** or **Как дела́?** with them. College-level students are addressed by instructors «**на вы**». As instructors return tests, it is not unusual for them to announce the grade of each student aloud. In general, instructors in Russian schools and colleges remain in complete control of all classroom policies and procedures. It might seem, therefore, that Ilya Ilyich is on unusually friendly terms with Jim. But Jim is not the typical student: He's an advanced **аспира́нт** and a foreigner.

> Проси́ть / попроси́ть. Clearly distinguish between проси́ть / попроси́ть and спра́шивать / спроси́ть. Because the English verb *to ask* covers both of these meanings, students should learn to make the distinction overtly between *inquiries* vs. *requests*.

8.13. MAKING REQUESTS: ПРОСИ́ТЬ / ПОПРОСИ́ТЬ

Мо́жно **попроси́ть** Та́ню?	*May I speak with Tanya? (Could I ask [that] Tanya [come to the phone]?)*
Вы **про́сите** меня́ написа́ть Вам, что мне понра́вилось и что не понра́вилось в Москве́.	*You've asked me to write to you what I've liked and what I've not liked in Moscow.*
Я **попроси́л** Та́ню прове́рить моё письмо́.	*I asked Tanya to check my letter.*
Колле́га из А́нглии **попроси́ла** а́дрес мое́й электро́нной по́чты.	*A colleague from England requested my e-mail address.*

How to render the English verb *to ask* in Russian is often a source of difficulty for students. If, however, you divide the notion of *ask* into *inquire* and *request,* you can minimize this difficulty. **Проси́ть / попроси́ть** (*to request*) is used to seek help in doing something, to request that someone be called to the phone, to ask for something, and so on. **Спра́шивать / спроси́ть** (*to inquire*) (see Lesson 8, Part 1) is used when seeking information. Here are the key forms of **проси́ть / попроси́ть**.

проси́ть: прош-у́, про́с-ишь, . . . про́с-ят
pfv. **попроси́ть:** попрош-у́, попро́с-ишь, . . . попро́с-ят

Also note that in the phrase **У меня́ к вам про́сьба** (*I have a request of you, I have a favor to ask you*), the noun **про́сьба** (*a request, a favor*) has the same root as the verb **проси́ть** (*to request, to ask*).

УПРАЖНЕ́НИЕ 3 Кто помо́жет?

> Упр. 3. AK. 1 попроси́л; 2 Попроси́; 3 попроси́л; 4 про́сишь; 5 Попроси́; 6 прошу́.

Fill in the blanks with the appropriate forms of **проси́ть / попроси́ть**.

Вчера́ ве́чером, когда́ мой брат Сла́ва де́лал дома́шнее зада́ние, он _____¹ меня́ помо́чь ему́. Но я был за́нят (*busy*) и сказа́л: «_____² ма́му.» Тогда́ Сла́ва _____³ ма́му помо́чь, но она́ сказа́ла: «А почему́ ты _____⁴ меня́? Я гото́влю обе́д. _____⁵ Ди́му. Он твой брат и всегда́ до́лжен тебе́ помога́ть.» «Ди́ма говори́т, что он за́нят», — сказа́л Сла́ва. Ма́ма спроси́ла, где па́па. Сла́ва сказа́л: «Па́па рабо́тает на компью́тере и, ка́жется, то́же о́чень за́нят. Кро́ме того́, я всегда́ _____⁶ па́пу и он всегда́ мне помога́ет.» И тогда́ я реши́л (*decided*), что я до́лжен помо́чь Сла́ве. Ведь я замеча́тельный брат!

8.14. GENITIVE PLURAL OF ADJECTIVES AND POSSESSIVES

Здесь мно́го **газе́тных** кио́сков, где продаю́т газе́ты, журна́лы, кни́ги.	*There are a lot of newspaper stands here where they sell newspapers, magazines, and books.*
У **мои́х** друзе́й и **знако́мых** до́ма мно́го книг.	*My friends and acquantances have lots of books at home.*

Genitive plural adjectives (including those used as nouns) are highly regular. They have the ending **-ых/-их** for all genders (**но́в-ых, хоро́ш-их,** and so on). All possessives (except **его́, её, их,** which never change) have the ending **-их** (**мо-и́х, ва́ш-их,** and so on).

УПРАЖНЕНИЕ 4 В нашем районе много новых зданий

Vova has been assigned to write a composition about his new neighborhood. Help him by providing adjective endings as needed.

Я живу в большом новом доме. В нашем микрорайоне много так_____[1] домов. В нашем доме двенадцать этажей, а в доме, который рядом, — шестнадцать. В нашем микрорайоне много маленьк_____[2] детей. Собак тоже много, но я не видел так_____[3] красив_____[4] собак, как наша Белка. У нас много больш_____[5] нов_____[6] магазинов. Вчера я был в магазине электроники. Там много фирменн_____[7] (brand-name) компьютеров и отличн_____[8] лазерн_____[9] принтеров. Много американск_____[10] компьютеров. Но все они дорогие... Недорог_____[11] компьютеров там нет, а дорогой компьютер папа мне не купит.

Упр. 4. АК. 1 таких; 2 маленьких; 3 таких; 4 красивых; 5 больших; 6 новых; 7 фирменных; 8 отличных; 9 лазерных; 10 американских; 11 Недорогих.

Упр. 4. Once students have done this exercise and the following one, they can be assigned to write a similar composition about the area in which they live. Help get them started by asking what kinds of phrases they think they'll need.

УПРАЖНЕНИЕ 5 У меня много... У меня мало...

Working with a classmate, complete the sentences with adjective + noun phrases, paying close attention to the Genitive plural adjective and noun endings.

ОБРАЗЕЦ: У меня много <u>больших, серьёзных† проблем</u>.

1. У меня (у нас) дома много _____.
2. Мы не знаем, сколько _____ живёт в этом доме.
3. У моего друга нет _____.
4. Моя подруга вчера купила десять _____.
5. В нашем городе много _____.
6. В университете много _____.
7. В нашей группе мало _____.
8. Сколько на этой карте _____?

Упр. 5. Do a few of these as a whole-class activity to start the exercise, then allow students to work in small groups. Finally, elicit a few sample completions from each group and/or have students write them on the board.

◆ 8.15. ACCUSATIVE PLURAL OF NOUNS, ADJECTIVES, AND POSSESSIVES

Здесь все называют **своих профессоров** по имени и отчеству.

Here everyone addresses their professors by first name and patronymic.

Accusative plural nouns, adjectives, and possessives *of all genders* follow the same principle that you learned for masculine nouns, adjectives, and possessives in the Accusative singular: If inanimate, they take the same endings as Nominative; if animate (including animals), they take the same endings as Genitive.

	NOMINATIVE PLURAL	ACCUSATIVE PLURAL	GENITIVE PLURAL
INANIMATE (all genders)	Где **мои книги**?	(like Nominative) Ты видишь **мои книги**?	У меня пять **новых книг**.
ANIMATE (all genders)	Где мои братья?	(like Genitive) Ты видишь **моих братьев**?	У меня пять **старших братьев**.

УПРАЖНЕНИЕ 6   Accusative plural contest

Working in small groups, select appropriate words from the table below—or use your own—to make up ten sentences with Accusative plurals. Then challenge another group to see if they can translate your sentences correctly, and you theirs.

SUBJECTS	VERBS	OBJECTS (SHOWN IN NOM. PL.)
моя сестра	понимать	длинные (*long*) письма
Лена и Виктор	читать	симпатичные соседи
я	видеть	молодые специалисты
мы	слушать	интересные статьи
наш преподаватель	знать	большие собаки
???	любить	русские журналы
	помнить	талантливые журналисты
	???	старые преподаватели
		???

УПРАЖНЕНИЕ 7   Что ты купила?

First make a list of five things you might have been likely to buy had you gone shopping yesterday. Then, working with a classmate, make up a dialogue of your own, using plurals wherever possible.

ОБРАЗЕЦ: — Я вчера был (была) в магазине электроники (в супермаркете,† в универмаге [*department store*], на рынке [*market*]...). Потратил (Потратила) (*I spent*) очень много денег.
— А что ты купил (купила)?
— Я купил (купила)...
— Сколько ты заплатил (заплатила) за...?
— _____ рублей (долларов). Это не очень дорого. (Это недорого.)
— Что ты! Это очень дорого!

УПРАЖНЕНИЕ 8   Кого вы видели в театре?

Create a dialogue similar to the following one, mentioning people you might have run into at the theater (or a movie, a basketball game, or . . . ?). Practice with some Accusative plural <adjective + noun> combinations. Some possible answers are given below.

ОБРАЗЕЦ: — Где вы вчера были?
— Мы были в театре.
— Кого вы там видели?
— Мы видели там . . .

| мои подруги Аня и Света | наши преподаватели | твои друзья |
| американские туристы | японские школьники | ваши соседи |

УПРАЖНЕНИЕ 9   Кого́ вы ви́дели в зоопа́рке?

Create a dialogue similar to the following one, using the adjectives and animal vocabulary provided. (Feel free to use a dictionary to look up other animals that interest you.)

ОБРАЗЕ́Ц: — Вчера́ мы бы́ли в зоопа́рке!
— Кого́ вы там ви́дели?
— Мы ви́дели ...
— А ещё кого́?
— Ещё мы ви́дели ...

> краси́вый/некраси́вый
> симпати́чный/несимпати́чный
> большо́й/небольшо́й [= не о́чень большо́й]

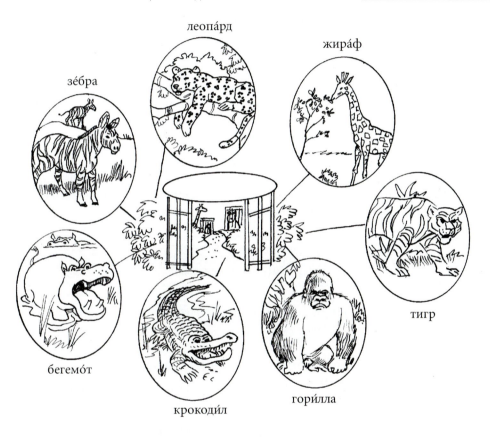

❖ 8.16. ONE'S OWN (THIRD PERSON): СВОЙ

Вади́м лю́бит **свою́** жену́.   *Vadim loves his (own) wife.*
Вади́м лю́бит **его́** жену́.   *Vadim loves his (someone else's) wife.*

The sentence *Vadim loves his wife* (or *Julie loves her husband* or *The Smiths love their children*) is ambiguous in English: the *his/her/their* can refer back to the subject (Vadim, Julie, the Smiths) or to someone else entirely. Russian usually omits possessives when the context is clear. However, you can avoid ambiguity with third-person forms by rendering *one's own* with the reflexive possessive **свой** (which declines just like **мой**, **твой**). Using **его́, её, их** in sentences like this renders *someone else's*. Note that **свой** refers only to the subject of *its own* clause. Compare the following:

Джон ча́сто пи́шет **своему́** бра́ту,   *Jim writes to his brother frequently,*
  и **его́** брат то́же пи́шет ему́   *and his brother also writes to him*
  ча́сто.   *frequently.*

Use of свой (1). Practice свой in class by using students' own objects and stressing the difference between Ли́нда чита́ет свою́ кни́гу and Ли́нда чита́ет её кни́гу.

Use of свой (2). Some Russians use свой in place of first- and second-person possessives.

Вадим любит свою жену.   Вадим любит его жену?

УПРАЖНЕНИЕ 10   Мой друг Джон

Упр. 10. AK. 1 своему; 2 моё; 3 его; 4 своих; 5 Его.

Fill in the blanks with correct forms of **свой** or other possessives.

Вчера вечером позвонил мой друг Джон. Он сказал, что написал письмо _____¹ (*to his*) преподавателю русского языка. «Проверь, пожалуйста, _____² (*my*) письмо», — попросил Джон. Он сказал, что _____³ (*his*) преподаватель хорошо знает русский язык и всегда просит всех _____⁴ (*his*) студентов писать ему. Джон пишет ему часто. _____⁵ (*His*) письма очень интересные.

Слова, слова, слова . . . Have students offer various translations of the examples using **по**, highlighting the fact that a single Russian expression may have a number of possible English equivalents.

СЛОВА, СЛОВА, СЛОВА . . .   ⭐ The Many Faces of «по»

One of the more common prepositions in Russian is «**по**», which, as you have seen by now, has a variety of uses. Here are some that will become familiar to you.

1. Forms of communication:
    by, via, over   по электронной почте, по Интернету, по телевизору, по телефону, по радио

2. Physical movement:
    along (up, down) a certain route   по дороге в магазин
    Может быть, ты знаешь, кто сейчас бежит (*is running*) **по улице?**

    around (about, within) a given area   Когда есть время, я гуляю **по городу.**

3. Other uses:
    taking turns   Муж и жена часто готовят обед **по очереди.**
    on business   Он пришёл к Татьяне Дмитриевне **по делу.**
    by, in accordance with   Здесь все называют своих профессоров **по имени и отчеству.**

In addition to constructions using the preposition <**по** + Dat.>, you have also seen two types of adverbs that begin with a hyphenated prefix **по-**:

Doing something in a certain way   Джим немного говорит **по-русски,** бизнес **по-московски**

Offering an opinion
— Кто выигрывает (*is winning*)?
— **По-моему,** Вова.

reVERBerations ⭐

1. The verb **бежа́ть** (*to run*) is one of the few truly irregular verbs in Russian, combining endings from both **-ешь** and **-ишь** conjugations.

бег-у́	беж-и́м
беж-и́шь	беж-и́те
беж-и́т	бег-у́т

2. Note the unpredictable stems of the verb pair **брать / взять** (*to take*): (бер- / возьм-). Feminine past-tense forms are end-stressed. Here are the key forms.

   брать: бер-у́, бер-ёшь, . . . бер-у́т (*past* брал, брала́, бра́ло, бра́ли)

   pfv. **взять:** возьм-у́, возьм-ёшь, . . . возьм-у́т (*past* взял, взяла́, взя́ло, взя́ли)

3. The verb **отвеча́ть / отве́тить** (*to answer*) requires the Dative case when indicating to whom an answer is given. The answer to a letter, a question, a telephone call, and so on is expressed by <**на** + Acc.>.

   Почему́ ты не отве́тила Ната́ше на её письмо́?   Why didn't you answer Natasha's letter?

4. Note the unusual conjugation of the perfective verb in the pair **присыла́ть / присла́ть**. It is an end-stressed **-ёшь** verb, but the **я** and **они́** endings are spelled with **-ю** rather than **-у** even though the stem ends in a consonant.

   pfv. **присла́ть:** пришл-ю́, пришл-ёшь, . . . пришл-ю́т

5. In the verbal pair **называ́ть / назва́ть** (*to call*), the perfective **назва́ть** is conjugated like **звать**, from which you know the form **зову́т**.

   pfv. **назва́ть:** назов-у́, назов-ёшь, . . . назов-у́т

 # КУЛЬТУРА РЕЧИ

 ### ТАК ГОВОРЯ́Т: RHETORICAL DEVICES IN QUESTIONS AND ANSWERS

Russians use several conversational devices for framing questions and answers. These devices, which exist in most languages, are not hard-and-fast rules; but failure to observe them can result in your being perceived as brusque or crude.

Asking for information. If it is likely that the person you are asking will know the answer (for example, a salesclerk in a store, a ticket seller at a train station, or a police officer on the street), start your question with **Скажи́те, пожа́луйста . . .**

Скажи́те, пожа́луйста,   *Tell me, please, how much*
  ско́лько сто́ит э́та кни́га?   *does this book cost?*

Rhetorical Devices in Questions and Answers. Encourage students to begin using these highly conversational devices with you and their classmates.

If, on the other hand, you cannot assume the person has the information you need, a better way to start is with **Вы не скáжете (Вы не знáете) . . . ?**

Вы не скáжете (Вы не знáете), где останóвка автóбуса?	*Could you tell me (Do you happen to know) where the bus stop is?*

Repeating the question. When asked for information, Russians often repeat part of the question before they answer.

— Вы не скáжете, где метрó?	*"Could you tell me where the subway station is?"*
— **Метрó?** Метрó вон там.	*"The subway? The subway's over there."*

Answering "It depends." The Russian equivalent of "It depends" is **Смотря́ . . . ,** followed by a question word or phrase.

— Ты кýпишь э́тот телеви́зор?	*"Are you going to buy that TV?"*
— **Смотря́** скóлько он стóит.	*"It depends on how much it costs."*
— Ты лю́бишь смотре́ть баскетбóл?	*"Do you like to watch basketball?"*
— **Смотря́** каки́е комáнды игрáют.	*"It depends on which teams are playing."*

❖ САМОПРОВЕ́РКА: УПРАЖНЕ́НИЕ 11

Working on your own, try this self-test: Read a Russian sentence out loud, then give an idiomatic English equivalent without looking at the book. Then work from English to Russian. After you have completed the activity, try it with a classmate.

1. Пáпа, я же тебя́ проси́ла не задавáть мне э́тот вопрóс.
2. Мóжно попроси́ть Свéту?
3. У меня́ к вам прóсьба.
4. Здесь мнóго газéтных киóсков.
5. Здесь все называ́ют свои́х профессорóв по и́мени и óтчеству.
6. Джон чáсто пи́шет своемý брáту, и егó брат тóже пи́шет емý чáсто.

1. *Dad, I've asked you not to ask me that question.*
2. *May I speak with Sveta?*
3. *I have a favor to ask you.*
4. *There are a lot of newspaper stands here.*
5. *Here everyone addresses their professors by first name and patronymic.*
6. *Jim writes to his brother frequently, and his brother also writes to him frequently.*

❖ ВОПРÓСЫ И ОТВÉТЫ: УПРАЖНÉНИЕ 12

You are studying in Saint Petersburg and getting acquainted with Russian students at your institution. Here are some questions you and they might ask one another. Working with another student, take turns asking and answering the questions.

1. Как ты называ́ешь твои́х преподавáтелей? По и́мени? По и́мени и óтчеству? По фами́лии?
2. Ты когдá-нибудь (*ever*) писáл (писáла) твоемý преподавáтелю? О чём ты писáл (писáла)?

3. Когда ты пишешь по-русски, кто-нибудь (*anyone*) тебе помогает, исправляет (*correct*) твои ошибки? Ты делаешь много ошибок, когда ты пишешь по-русски? А когда ты пишешь по-английски?
4. В твоём городе есть автобусы? А троллейбусы? Есть ли остановка троллейбуса или автобуса близко от вашего дома?
5. Ты хорошо знаешь твой город? Если прохожий (*passerby*) тебя спрашивает, где улица [*name*] или магазин [*name*], ты можешь ответить?

◈ ДИАЛОГИ

ДИАЛОГ 1 На улице
(Asking directions)

— Простите, вы не скажете, где метро?
— Метро? Метро недалеко. Видите большой книжный магазин? Рядом газетный (*newspaper*) киоск, а справа — метро.
— Спасибо.
— Пожалуйста.

ДИАЛОГ 2 По имени или по фамилии?
(Discussing student-teacher relationships)

— Как американские преподаватели называют своих студентов?
— У нас есть разные преподаватели. Наш преподаватель математики называет нас по фамилии, а преподаватель истории хорошо знает всех своих студентов и называет их по имени.
— А у вас есть преподаватели, которые не знают своих студентов?
— Можно я не буду отвечать на этот вопрос?
— Вы уже ответили!

УПРАЖНЕНИЕ 13 Ваш диалог

Create a dialogue in which you have just returned from a trip and are telling a friend about the things you saw. Try to mix in both animate and inanimate "sightings."

◈ А ТЕПЕРЬ...: УПРАЖНЕНИЕ 14

You have a friend, played by a classmate, who runs a computer store. Use what you learned in Part 4 to . . .

1. ask to speak to her (over the phone)
2. say you have a favor to ask her
3. find out if she sells a lot of American computers in her store
4. ask if she remembers your American friends, Steve and Jordan
5. tell her they are starting to sell their own computers
6. ask whether she wants to sell their computers in her store
7. if so, ask whether she wants to call them or if you should call them

 # ИТАК...

◆ НОВЫЕ СЛОВА

NOUNS AND NOUN PHRASES

Office, Business, Electronics

автоотве́тчик	answering machine (3v)
де́ло (*pl.* дела́)	matter; business (2)
де́ньги (*Gen.* де́нег, *Dat.* деньга́м) *pl.*	money (3)
Интерне́т [*pronounced* -тэ-]	Internet (3)
компью́тер	computer (3v)
копи́р	copier (3v)
креди́тная ка́рточка	credit card (3)
моде́м [*pronounced* -дэ-]	modem (3)
при́нтер [*pronounced* -тэ-]	printer (3)
продав(е́)ц (*Gen. sing.* продавца́)	salesman (3)
связь *f.*	connection (4)
телефо́н-автома́т	pay phone (4)
факс	fax (3v)
цена́ (*Acc.* це́ну, *pl.* це́ны)	price (3)
электро́нная по́чта	e-mail (3)

Relaxation, Leisure

бар	bar (1v)
дискоте́ка	discotheque (1v)
зоопа́рк	zoo (1v)
кино́ *neut. indecl.*	(the) movies (1v)
круи́з	cruise (2v)
свида́ние	date (social); appointment (1)
футбо́льный матч	soccer game (1v)
хокке́й	hockey (2)
экску́рсия	excursion; tour (2v)

Transportation, Getting Around Town

вокза́л	train station; (railroad) station (4v)
грузови́к (*Gen. sing.* грузовика́)	truck (4v)
доро́га	way; road (4)
перехо́д	pedestrian crossing (4v)
пешехо́д	pedestrian (4v)
трамва́й	streetcar (4v)
тра́нспорт	transportation (4)
тролле́йбус	trolleybus (electric bus) (4v)

Other Nouns

век (*pl.* века́)	century (3)
дождь (*Gen. sing.* дождя́) *m.*	rain (2)
кон(е́)ц (*Gen. sing.* конца́)	end (3)
нача́ло	beginning; start (3)
ночь (*Gen. pl.* ноче́й) *f.*	night (2)
о́стров (*pl.* острова́)	island (2v)
оши́бка (*Gen. pl.* оши́бок)	mistake (4)
пра́во (*pl.* права́)	right (1)
сва́дьба (*Gen. pl.* сва́деб)	wedding (3)
секре́т	secret (1)
слова́рь (*Gen. sing.* словаря́) *m.*	dictionary (4)
снег (*Prep. sing.* в снегу́)	snow (2)

ADJECTIVES

гото́в (гото́ва, гото́во, гото́вы)	ready (1)
моско́вский	Moscow (4)
обы́чный	1. usual, customary; 2. ordinary (3)
свобо́дный (свобо́ден, свобо́дна, свобо́дно, свобо́дны)	free (4)
счастли́вый (сча́стлив, сча́стлива, сча́стливы)	happy (3)

VERBS[3]

YOU ARE FAMILIAR WITH THE FOLLOWING VERBS AND SHOULD NOW LEARN THEIR ASPECTUAL PAIRS	
гуля́ть[3] *pfv.* погудя́ть	to walk; to go for a walk; to take a walk (1)
ду́мать (о + *Prep.*) *pfv.* поду́мать	to think (about) (1)
éхать (éд-у, éд-ешь, . . . éд-ут) *unidir.* *pfv.* поéхать	to go (by vehicle); to ride; to drive (1) *pfv. only* to set out (*by vehicle*) (1)

идти́ (ид-у́, ид-ёшь, . . . ид-у́т; *past* шёл, шла, шло, шли) *unidir.*
   pfv. пойти́ (пойд-у́, пойд-ёшь, . . . пойд-у́т;
      past пошёл, пошла́, пошло́, пошли́)
	1. to go; 2. to walk (1)
	pfv. only to set out (1)

отдава́ть (отда-ю́, отда-ёшь, . . . отда-ю́т)
   pfv. отда́ть (отда́-м, отда́-шь, отда́-ст, отдад-и́м,
      отдад-и́те, отдад-у́т;
      past о́тдал, отдала́, о́тдало, о́тдали)
	to return; to give (back) (1)

отдыха́ть *pfv.* отдохну́ть (отдохн-у́, отдохн-ёшь, . . . отдохн-у́т)	to rest (1)
открыва́ть *pfv.* откры́ть (откро́-ю, откро́-ешь, . . . откро́-ют)	to open (1)
пить (пь-ю, пь-ёшь, . . . пь-ют) *pfv.* вы́пить (вы́пь-ю, вы́пь-ешь, . . . вы́пь-ют)	to drink (1) *usu. pfv.* to drink up (1)
плати́ть (плач-у́, пла́т-ишь, . . . пла́т-ят) (за + *Acc.*) *pfv.* заплати́ть	to pay (for) (1)
получа́ть *pfv.* получи́ть (получ-у́, получ-ишь, . . . получ-ат)	to receive; to get (1)

принима́ть
   pfv. приня́ть (прим-у́, при́м-ешь, . . . при́м-ут;
      past при́нял, приняла́, при́няло, при́няли)
	to accept; to take (1)

продава́ть (прода-ю́, прода-ёшь, . . . прода-ю́т) (+ *Dat.* + *Acc.*)
   pfv. прода́ть (прода́-м, прода́-шь, прода́-ст, продад-и́м,
      продад-и́те, продад-у́т;
      past про́дал, продала́, про́дало, про́дали)
	to sell (1)

расти́ (раст-у́, раст-ёшь, . . . раст-у́т; *past* рос, росла́, росло́, росли́)
   pfv. вы́расти (вы́раст-у, вы́раст-ешь, . . . вы́раст-ут;
      past вы́рос, вы́росла, вы́росло, вы́росли)
	1. to grow; 2. to grow up (1)

---

[3]Henceforth, key forms of **чита́ть**–type and **гуля́ть**–type verbs (both reflexive and non-reflexive) will not be shown.

сдава́ть (сда-ю́, сда-ёшь, … сда-ю́т) *pfv.* сдать (сда-м, сда-шь, сда-ст, сдад-и́м, сдад-и́те, сдад-у́т; *past* сдал, сдала́, сда́ло, сда́ли)	to rent out (an apartment) (1)
слы́шать (слы́ш-у, слы́ш-ишь, … слы́ш-ат) *pfv.* услы́шать	to hear (1)
смотре́ть (смотр-ю́, смо́тр-ишь, … смо́тр-ят) *pfv.* посмотре́ть	1. to look (at); 2. to watch (1)
собира́ться *pfv.* собра́ться (собер-у́сь, собер-ёшься, … собер-у́тся; *past* собра́лся, собрала́сь, собрало́сь, собрали́сь)	1. to be planning to go somewhere; 2. (+ *infin.*) to intend, to be about (to do something) (1)
чини́ть (чин-ю́, чи́н-ишь, … чи́н-ят) *pfv.* почини́ть	to fix; to repair (1)

NEW VERBS ENCOUNTERED IN THIS LESSON

бежа́ть (бег-у́, беж-и́шь, беж-и́т, беж-и́м, беж-и́те, … бег-у́т) *unidir.* *pfv. not introduced at this time*	to run (4)
брать (бер-у́, бер-ёшь, … бер-у́т; *past* брал, брала́, бра́ло, бра́ли) *pfv.* взять (возьм-у́, возьм-ёшь, … возьм-у́т; *past* взял, взяла́, взя́ло, взя́ли)	to take (4)
ве́рить (ве́р-ю, ве́р-ишь, … ве́р-ят) (+ *Dat.*) *pfv.* пове́рить	to believe (1)
выходи́ть (выхож-у́, выхо́д-ишь, … выхо́д-ят) за́муж (за + *Acc.*) *pfv.* вы́йти (вы́йд-у, вы́йд-ешь, … вы́йд-ут; *past* вы́шла, вы́шли)	(of a woman) to marry; to get married (to) (2)
жени́ться (жен-ю́сь, же́н-ишься, … же́н-ятся) (на + *Prep.*) *impfv.* & *pfv.*	(of a man) to marry; to get married (to) (2)
жени́ться *used in pl. only* *pfv.* пожени́ться	(of a couple) to marry; to get married (2)
заблужда́ться *pfv.* заблуди́ться (заблуж-у́сь, заблу́д-ишься, … заблу́д-ятся)	to get lost (4)
знако́миться (знако́мл-юсь, знако́м-ишься, … знако́м-ятся) (с + *Instr.*) *pfv.* познако́миться	to get acquainted (with); to meet (2)
изменя́ться *pfv.* измени́ться (измен-ю́сь, измен-и́шься, … измен-я́тся)	to change (3)
интересова́ть (интересу́-ю, итересу́-ешь, … интересу́-ют) *pfv.* заинтересова́ть	to interest (2)

каса́ться (+ *Gen.*) (3rd pers. only) *pfv.* косну́ться (косн-ётся, косн-у́тся)	to concern; to have to do with (1)
называ́ть *pfv.* назва́ть (назов-у́, назов-ёшь, ... назов-у́т; *past* назва́л, назвала́, назва́ло, назва́ли)	to call; to name (4)
организова́ть (организу́-ю, организу́-ешь, ... организу́-ют) *impfv.* & *pfv.*	to organize (2)
остава́ться (оста-ю́сь, оста-ёшься, ... оста-ю́тся) *pfv.* оста́ться (оста́н-усь, оста́н-ешься, ... оста́н-утся)	1. to remain; to stay 2. to be left; to remain (4)
остана́вливаться *pfv.* останови́ться (остановл-ю́сь, остано́в-ишься, ... остано́в-ятся)	to stop; to come to a stop (4)
отвеча́ть (+ *Dat.*) *pfv.* отве́тить (отве́ч-у, отве́т-ишь, ... отве́т-ят)	to answer (4)
пока́зывать (+ *Dat.* + *Acc.*) *pfv.* показа́ть (покаж-у́, пока́ж-ешь, ... пока́ж-ут)	to show (3)
присыла́ть *pfv.* присла́ть (пришл-ю́, пришл-ёшь, ... пришл-ю́т)	to send (4)
проверя́ть *pfv.* прове́рить (прове́р-ю, прове́р-ишь, ... прове́р-ят)	to check (4)
проси́ть (прош-у́, про́с-ишь, ... про́с-ят) (+ *Acc.* + *infin.*) *pfv.* попроси́ть	to ask; to request (1)
спеши́ть (спеш-у́, спеш-и́шь, ... спеш-а́т) *pfv.* поспеши́ть	to hurry (4)
узнава́ть (узна-ю́, узна-ёшь, ... узна-ю́т) *pfv.* узна́ть	to recognize (1)
уходи́ть (ухож-у́, ухо́д-ишь, ... ухо́д-ят) *pfv.* уйти́ (уйд-у́, уйд-ёшь, ... уйд-у́т; *past* ушёл, ушла́, ушло́, ушли́)	to leave; to go away (1)

COMPARATIVES (ADJ. and ADV.)

деше́вле	cheaper (3)
лу́чше	better; it would be better (3)
ра́ньше	before (3)

ADVERBS

до́лго	for a long time; long (4)
иногда́	sometimes (4)
ме́дленно	slowly (4)
мно́го (+ *Gen.*)	many; much (3)
прекра́сно	wonderfully; (it's/that's) wonderful (3)
соверше́нно	completely (2)

NUMERALS

Cardinal Numerals

две́сти	two hundred (3)
три́ста	three hundred (3)
четы́реста	four hundred (3)

пятьсо́т	five hundred (3)	Вы не ска́жете . . . ?	Could you tell me . . . ? (4)
шестьсо́т	six hundred (3)	дава́й(те) *particle*	let's . . . (3)
семьсо́т	seven hundred (3)	е́сли не секре́т	if you don't mind my asking (1)
восемьсо́т	eight hundred (3)		
девятьсо́т	nine hundred (3)	задава́ть (зада-ю́, зада-ёшь, . . . зада-ю́т) / зада́ть (зада́-м, зада́-шь, зада́-ст, задад-и́м, задад-и́те, задад-у́т; *past* за́дал, задала́, за́дало, за́дали) вопро́с (+ *Dat.*)	to ask (someone) a question (1)
ты́сяча	thousand (3)		
две (три, че́тыре) ты́сячи	two (three, four) thousand (3)		
пять (шесть . . . де́вять) ты́сяч	five (six . . . nine) thousand (3)		

Ordinal Numerals

сороково́й	fortieth (2)	идёт дождь	it's raining (2)
пятидеся́тый	fiftieth (2)	идёт снег	it's snowing (2)
шестидеся́тый	sixtieth (2)	идти́ на свида́ние	to go on a date (1)
семидеся́тый	seventieth (2)	име́ть (име́-ю, име́-ешь, . . . име́-ют) пра́во	to have the right (1)
восьмидеся́тый	eightieth (2)		
девяно́стый	ninetieth (2)	Как вы счита́ете?	What do you think? (What's your opinion?) (3)

OTHER

без (+ *Gen.*)	without (3)	Как (+ *the word or phrase to which the speaker is reacting*) *informal*	What do you mean, . . . ? (1)
за (+ *Acc.*)	for (e.g., to pay for) (2)		
из (+ *Gen.*)	from (3)		
к (ко) (+ *Dat.*)	to (someone's place) (1)	Како́е твоё де́ло?	What business is it of yours? (1)
о́коло (+ *Gen.*)	near; close to (3)	на вся́кий слу́чай	just in case (4)
по (+ *Dat.*)	1. along; 2. around; 3. by; on (4)	по доро́ге	on the way; along the way (3)
про (+ *Acc.*)	about (3)	по и́мени	by first name (4)
свой	one's; one's own (my, your, *etc.*) (4)	совсе́м нет	not at all (4)
		У меня́ к тебе́ (вам) про́сьба.	I have a favor to ask (of) you; I have a request of you. (4)
хотя́	although (4)		
чем	than (3)	Что идёт в кино́?	What's showing (playing) at the movies? (2)

IDIOMS AND EXPRESSIONS

в конце́ концо́в	after all (1)
ведь *particle* (*used for emphasis; often omitted in translation*)	you know; why; after all (3)

❖ ЧТО Я ЗНАЮ, ЧТО Я УМЕЮ

Use this checklist to mark off what you've learned in this lesson:

- ☐ Making inquiries: **спра́шивать / спроси́ть** and **задава́ть / зада́ть вопро́с** (Part 1)
- ☐ Making requests: **проси́ть / попроси́ть** (Part 4)
- ☐ Going places: **идти́ / пойти́** and **е́хать / пое́хать** (Part 1)
- ☐ Going places: *to leave* (**уходи́ть / уйти́**) and *to arrive, come back* (**приходи́ть / прийти́**) (Part 2)
- ☐ Indicating destination, including going to someone's place (Part 1)
- ☐ Using nouns ending in **-ость** (Part 1)
- ☐ Using neuter nouns in **-мя: вре́мя** and **и́мя** (Part 3)
- ☐ Constructions for *getting married* and *being married* (Part 2)

- ☐ Indicating in which month or what year something happened: **В каком месяце? В каком году?** (Part 2)
- ☐ Inclusive imperatives (*Let's . . .*): **Давай(те)** . . . (Part 3)
- ☐ Using ordinal numerals through 99th (Part 2)
- ☐ Hundreds and thousands (Part 3)
- ☐ Asking and giving prices: **Сколько стоит . . . ?** (Part 3)
- ☐ Using nouns in the Genitive plural with numbers and quantity words (Part 3)
- ☐ Recognizing count vs. noncount nouns (Part 3)
- ☐ Using adjectives and possessives in the Genitive plural (Part 4)
- ☐ Using nouns, adjectives and possessives in the Accusative plural (Part 4)
- ☐ Distinguishing *one's own*: **свой** (Part 4)
- ☐ Meanings of «**по**» (Part 4)

❖ ЭТО НАДО ЗНАТЬ

USES OF THE DATIVE CASE

So far you have seen many uses of the Dative case. The following chart reviews those uses, including some you learned in this lesson. (See Lesson 6, Part 1 for a review of Dative pronouns, nouns, and adjective/possessive endings.)

1.	Indirect object (*to* or *for someone*)	Давайте купим **вам** новый компьютер.
2.	Object of the prepositions «**к**» and «**по**»	Он пришёл к **Татьяне Дмитриевне** по делу.
3.	As the object of certain verbs, including **верить / поверить, отвечать / ответить, звонить / позвонить, мешать / помешать, помогать / помочь,** and so on	Она должна ответить **Джиму**. Я **тебе** позвоню. Ты **ей** веришь?
4.	With the verb **нравиться**	**Нам** нравится комната и нравится хозяйка.
5.	With constructions containing **нужно (нужен), надо, пора,** and so on	**Вам** нужен новый компьютер. **Нам** даже не надо покупать мебель. **Мне** пора в институт.
6.	The person whose age is given	**Лене** двадцать лет, а **Вове** двенадцать.
7.	The person to whom an envelope is addressed	**Силину** В. С.

❖ ДОПОЛНИТЕЛЬНЫЕ ТЕКСТЫ

А. СТИХИ́: Е. СА́ВЧЕНКО (EXCERPT)

Try reading this short poem aloud.

Кто по у́лице идёт?
Ну коне́чно, пешехо́д.
Ну, а что ещё идёт?
Дождь идёт, и снег идёт.

Да́же ма́ленькие де́ти
Мо́гут пра́вильно отве́тить,
Что идёт и дождь, и снег,
И уро́к, и челове́к.

У́тром в шко́лу, на рабо́ту,
В магази́н идёт наро́д.°   *people*
И у всех свои́ забо́ты°:   *concerns*
Э́то зна́чит — жизнь идёт!

— Еле́на Са́вченко

Б. ТРАНСА́ЭРО АВИАКОМПА́НИЯ

1. Which aircraft (**самолёты**) are mentioned in this ad?
2. From which Russian city do the advertised flights leave?
3. Which cities do you recognize among the destinations of this company's flights?
4. What phone number would you call to get flight information?
5. What is the Russian word for *airline company* used in this ad?

Выполняет регулярные рейсы на самолетах Ил-86, DC-10, Боинг-757 и Боинг-737 из Москвы в

Алма-Ату, Баку, Берлин, Владивосток, Екатеринбург, Иркутск, Караганду, Киев, Кишинев, Красноярск, Лондон, Лос-Анджелес, Львов, Минск, Нижневартовск, Новосибирск, Норильск, Одессу, Омск, Париж, Ригу, Санкт-Петербург, Сочи, Ташкент, Тель-Авив, Франкфурт, Эйлат (Израиль), Южно-Сахалинск

Информация и бронирование билетов
В Москве: Охотный ряд, 2 (г-ца «Москва»); 2-й Смоленский переулок, 3/4; аэропорт Шереметьево терминал 1; Центральный аэровокзал, касса № 46, 47, тел. (095) 241-48-00/76-76

Транса́эро авиакомпа́ния **Ad. #1.** ИЛ refers to the Илью́шин aircraft, named after С. В. Илью́шин (1894–1977), a war hero who became a member of the Academy of Sciences and during his career designed many types of both military and civilian aircraft.

Транса́эро авиакомпа́ния **Ad. #4.** The (095) is the city code for Moscow, used when placing a long-distance call from outside the city.

Транса́эро авиакомпа́ния **Ad. AK.**
1 IL-86, DC-10, Boeing-757, Boeing-737; 2 From Moscow; 3 Refer to ad; 4 (095) 241-48-00 *or* (095) 241-76-76; 5 авиакомпа́ния.

В. БУЛА́Т ОКУДЖА́ВА: ПЕ́СЕНКА ОБ АРБА́ТЕ

1. Ты течёшь, как река́. Стра́нное назва́ние!
   И прозра́чен асфа́льт, как в реке́ вода́.
   Ах, Арба́т, мой Арба́т,
       ты — моё призва́ние.   (2 ра́за)
   Ты — и ра́дость моя́, и моя́ беда́.

2. Пешехо́ды твои́ — лю́ди не вели́кие,
   каблука́ми стуча́т — по дела́м спеша́т.
   Ах, Арба́т, мой Арба́т,
       ты — моя́ рели́гия,   (2 ра́за)
   мостовы́е твои́ подо мно́й лежа́т.

3. От любо́ви твое́й во́все не изле́чишься,
   со́рок ты́сяч други́х мостовы́х любя́.
   Ах, Арба́т, мой Арба́т,
       ты — моё оте́чество,   (2 ра́за)
   никогда́ до конца́ не пройти́ тебя́!

1. You flow like a river with your strange name
   And your asphalt transparent like water in a river.
   Oh my Arbat,
       you are my vocation,
   You are my joy and my misfortune.

2. Your pedestrians are not exalted people,
   Their heels pound, they hurry on their way.
   Oh, my Arbat,
       you are my religion,
   Your roadway lies beneath me.

3. I will never get over loving you,
   Even loving forty thousand other roadways.
   Oh, my Arbat,
       you are my native land,
   No one could ever come to the end of you.

На Арба́те

УРОК 9

ЕДЕМ ИЛИ ИДЁМ?

Станция метро Комсомольская

Living in a city means being on the go, and living in Moscow is no exception. Part 1 (on video) finds Jim getting acquainted with some Muscovites in the metro. Part 2 shifts to Grandma and Grandpa Kruglov, who seem to take considerable interest in the comings and goings of their neighbors. In Part 3 (partly on video), Lena learns more about Viktor, who has a transportation-related business that turns out to be of direct interest to her. And in Part 4 (also on video), Professor Petrovsky is about to take his neighbors on a tour of Moscow when an unexpected turn of events crosses their path.

In this lesson you will learn

- ✪ to ask and answer *Where are you from?*
- ✪ to express *with*
- ✪ more about verbs of motion
- ✪ to use some comparatives
- ✪ to use superlatives
- ✪ to say what someone is wearing
- ✪ to say what you want to be
- ✪ to say how often you do something
- ✪ to express teaching and learning to do things
- ✪ about public transportation in Russia
- ✪ about Russian superstitions and customs
- ✪ about historical Moscow

Джим в метро

ЧАСТЬ ПЕРВАЯ

 # С ЧЕГО НАЧАТЬ?

В МЕТРО

следующая	next	Осторо́жно!	Be careful!
ста́нция	station	закрыва́ются	are closing
выхо́дите	are getting off		
Разреши́те пройти́.	(Would you) let me by (please).		

С чего начать? Suggested Activity. Have students line up as if they were on the metro and use the exchanges from the visuals to role-play getting off at a certain stop (see subway map for names).

Vocabulary. An effective way to review vocabulary is to have a class pictionary game. On each of several index cards, write a sentence using new vocabulary like those used in **С чего начать?** Ask a student volunteer to choose one of the cards, then come to the board and draw a picture of what is written on the card. He should not tell his classmates what the card says, but he may draw (next to his picture) a number of write-on lines of equal length to indicate how many words make up the sentence. As he draws the picture, other students have to guess the exact words in the sentence. When he hears a correct word (with correct endings!) he writes that word on the appropriate blank line on the board. The student who guesses the final word gets to pick another card and draw the next picture. This activity encourages students to pay close attention to new vocabulary and to make connections between word and image, and it offers good artists a chance to show their skills to the class.

 ЧТЕНИЕ

Reading Introduction (see also WB/LM).
1. Как вы ду́маете, что у Джи́ма в портфе́ле? (Наве́рно, кни́ги — ведь он аспира́нт.)
2. Как вы ду́маете, почему́ Джи́му нра́вится разгова́ривать с же́нщинами в метро́? (Он лю́бит говори́ть по-ру́сски, и ему́ нужна́ пра́ктика.)
3. На како́й ста́нции выхо́дит Джим? (На пло́щади Ногина́.) Это ста́рое и́ли но́вое назва́ние э́той ста́нции? (Это ста́рое назва́ние.) Как сейча́с называ́етея э́та ста́нция? (Кита́й-го́род.)

  ❖ ДЖИМ В МЕТРО́

(*At a metro station. Jim bumps his briefcase against one of two women waiting for a train.*)

	ДЖИМ. Извини́те, пожа́луйста.
briefcase	РА́Я. Ничего́, ничего́. Молодо́й челове́к, у вас тяжёлый портфе́ль°?
Put	Поста́вьте° его́ сюда́.
	ДЖИМ. Спаси́бо.
вы. . . where are you from	РА́Я. (*She puts his briefcase next to her.*) А вы отку́да°, молодо́й челове́к?
From / говорю́. . . have an accent	ДЖИМ. Из° Аме́рики. А что, я говорю́ с акце́нтом°?†
	РА́Я. По-мо́ему, у вас почти́ нет акце́нта. Пра́вда, Тама́ра?
	ТАМА́РА. Пра́вда. Вы зна́ете, моя́ сестра́ Ра́я — настоя́щий Ше́рлок Холмс.
foreigners	Она́ всегда́ узнаёт иностра́нцев°, да́же е́сли у них нет никако́го акце́нта.
	РА́Я. Мы лю́бим разгова́ривать с иностра́нцами, слу́шать, как они́ живу́т, что де́лают. Пра́вда, Тама́ра?
	ТАМА́РА. Это ты, Ра́я, лю́бишь разгова́ривать — и не то́лько с иностра́нцами.
unpleasant / things	РА́Я. Ой, как ты лю́бишь говори́ть неприя́тные° ве́щи°. (*To Jim.*) Вы зна́ете, молодо́й челове́к, я действи́тельно люблю́ разгова́ривать с
especially	людьми́, осо́бенно° в метро́. А в метро́ всегда́ мно́го иностра́нцев. Зна́ете, почему́? Потому́ что иностра́нцы зна́ют, что в Москве́ краси́вое метро́. Все хотя́т его́ посмотре́ть. Кро́ме того́, в метро́ есть
maps	схе́мы°, поэ́тому там невозмо́жно заблуди́ться.
всё. . . keep forgetting	ДЖИМ. Невозмо́жно заблуди́ться, е́сли зна́ешь ста́рые и но́вые назва́ния ста́нций. Я всё вре́мя забыва́ю°, каки́е назва́ния ста́рые, а каки́е но́вые.
	(*A train pulls in.*)
Let's go	РА́Я. Пойдёмте°.

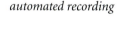

(*They board the train.*)

АВТОМА́Т.°	ОСТОРО́ЖНО, ДВЕ́РИ ЗАКРЫВА́ЮТСЯ. СЛЕ́ДУЮЩАЯ СТА́НЦИЯ — ТРЕТЬЯКО́ВСКАЯ.
РА́Я.	На како́й ста́нции вы выхо́дите?
ДЖИМ.	На пло́щади Ногина́.
РА́Я.	Э́то ста́рое назва́ние, а тепе́рь э́то Кита́й-го́род. (*While they are talking, the train stops and people get in and out.*)
АВТОМА́Т.	ОСТОРО́ЖНО, ДВЕ́РИ ЗАКРЫВА́ЮТСЯ. СЛЕ́ДУЮЩАЯ СТА́НЦИЯ — КИТА́Й-ГО́РОД.
ТАМА́РА.	Ме́жду про́чим, Ра́я, э́то была́ на́ша остано́вка.

automated recording

Чте́ние (1): **автома́т**. The loudspeaker announcements are not heard on the video.

Чте́ние (2): **Ме́жду про́чим, Ра́я, э́то была́ на́ша остано́вка**. Note that in constructions of this type, the verb (**была́**) agrees with the noun in terms of gender and number, not with **э́то**.

МОСКО́ВСКОЕ МЕТРО́

Когда́ **тури́сты**† **приезжа́ют**° в Москву́, они́ хотя́т уви́деть и **Кремль,**° и **Кра́сную пло́щадь,**° и собо́р Васи́лия Блаже́нного,° и Третьяко́вскую галере́ю.° И, коне́чно, они́ хотя́т уви́деть моско́вское метро́.

Москвичи́° гордя́тся° свои́м метрополите́ном° и лю́бят его́. Им нра́вится, когда́ **иностра́нные**° тури́сты говоря́т им, что моско́вское метро́ — **са́мое**° краси́вое в **ми́ре.**° И действи́тельно, моско́вское метро́ — э́то подзе́мный° го́род с краси́выми архитекту́рными† анса́мблями.† Тут всегда́ **чи́сто,**° не **жа́рко.**° А гла́вное — э́то са́мый бы́стрый° и удо́бный **вид**° **городско́го тра́нспорта.**°

Моско́вское метро́ — э́то кольцева́я **ли́ния**° и радиа́льные ли́нии.° На ста́нциях кольцево́й ли́нии мо́жно сде́лать переса́дку.° Кольцева́я ли́ния соединя́ет° семь вокза́лов Москвы́.

come / the Kremlin
Кра́сную. . . *Red Square /*
собо́р. . . *St. Basil's Cathedral /*
Третьяко́вскую. . . *the Tretyakov Gallery*
Muscovites / are proud of / subway
foreign / the most
world / underground
it's clean / hot
са́мый. . . *fastest / type /*
городско́го. . . *public transportation*
кольцева́я. . . *ring line /*
радиа́льные. . . *cross-town lines*
transfer / connects

Москва́. Кра́сная пло́щадь.

Упр. 1. AK. GENITIVE SINGULAR: Из Аме́рики; у вас почти́ нет акце́нта; у них нет никако́го акце́нта; Собо́р Васи́лия Блаже́нного; вид городско́го тра́нспорта; На ста́нциях кольцево́й ли́нии. GENITIVE PLURAL: мно́го иностра́нцев; назва́ния ста́нций; семь вокза́лов Москвы́.

УПРАЖНЕ́НИЕ 1   Под микроско́пом: Genitive case forms

Make two columns on a sheet of paper, one labeled GENITIVE SINGULAR, the other labeled GENITIVE PLURAL. Then find as many Genitive nouns as you can in the Part 1 readings and write them down in the correct column. (You should be able to locate at least six Genitive singular nouns and three Genitive plural nouns.)

Собо́р Васи́лия Блаже́нного.

Благове́щенский (*Annunciation*) собо́р в Кремле́.

Москва́-река́ и Кремль.

Metro Map (1): Metro Contest. Students compete to see who can most quickly list—in order—all the stops from station A to station B. **Variation:** Students compete to find the route from station A to station B hitting the *fewest* stations.

Metro Map (2). Students may want to look at a Web site for the Moscow metro system such as http://www.metro.ru. It has a collection of old and current subway maps, historical information about the metro system, metro cars, fares, and many individual stations, some of which include interior photographs.

Билéт. In addition to subway tokens (жетóны) for individual rides, magnetic tickets (магни́тные ка́рты) are now used in the Moscow metro. Tickets can be purchased at various prices and give the passenger a specific number of trips. Each time a card is used, a stamp is recorded on the reverse side so the passenger always knows how many trips are left on the ticket.

О РОССИИ

ВИ́ДЫ ГОРОДСКО́ГО ТРА́НСПОРТА

Метро́ — э́то са́мый бы́стрый и удо́бный вид городско́го тра́нспорта.

Most Russians depend heavily on public transportation. In most large cities the following types of transportation are usually available:

Метро́ (*subway*): Fast where available, clean, easy for visitors to use. Stations are marked with a large **M**.

Авто́бус (*bus*): A mainstay, especially for new and outlying areas not served by other means of public transportation.

Тролле́йбус (*electric trolley bus*): Nonpolluting and quiet transportation in city centers and some outlying areas.

троллейбус

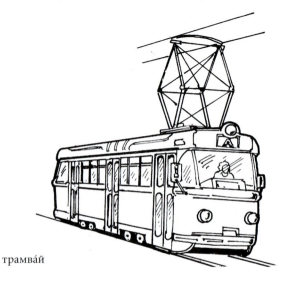

трамва́й

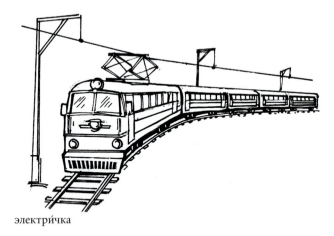

электри́чка

Трамва́й (*streetcar*): Slow but clean, efficient rail transportation.

Такси́ (*taxi*): Taxi stands are usually found near airports, railroad stations, hotels, and many metro stations. Because demand for taxis often far exceeds supply, many owners of private cars provide rides for a fee.

Электри́чка (*electric commuter train*): Main transportation for connections to and from city suburbs.

ГРАММАТИКА И ПРАКТИКА

❖ 9.1. WHERE ARE YOU FROM? ОТКУ́ДА ВЫ?

— А вы **отку́да**, молодо́й челове́к? "And where are you from, young man?"
— **Из Аме́рики.** "From America."

Use <**из** + Gen.> to tell where someone is from. If the place name ends in a consonant or **-а/-я**, like most Russian nouns, it will decline; otherwise, it is not likely to change. In such a case (or in any case where the name may be unfamiliar to a Russian speaker), you can say **из го́рода** (**из шта́та, из прови́нции**) followed by the place name in the Nominative case.

Я из шта́та Миссу́ри. *I'm from the state of Missouri.*
Я из го́рода Сент-Лу́ис. *I'm from the city of St. Louis.*
Я из прови́нции Онта́рио. *I'm from the province of Ontario.*

УПРАЖНЕ́НИЕ 2   Отку́да ты?

To complete this activity, refer to Appendix I, which contains a list (in Russian alphabetical order) of American states, Canadian provinces, and major cities in the United States and Canada as they would appear on a Russian map of North America. Note that spellings and stresses in Russian sometimes differ from those in English. Find out where your classmates and/or their relatives are from.

ОБРАЗЕ́Ц: — Скажи́, отку́да ты?
— Я из шта́та Нью-Ме́ксико. А ты отку́да?
— Я из шта́та Делаве́р, из го́рода Уи́лмингтон.
и́ли
— Я из го́рода Уи́лмингтон, штат Делаве́р.

❖ 9.2. INSTRUMENTAL CASE: ОН ГОВОРИ́Т С АКЦЕ́НТОМ

Мо́жет быть, ты зна́ешь **с кем** у неё свида́ние? *Maybe you know who she has a date with?*

А что, я говорю́ **с акце́нтом**? *What, do I speak with an accent?*

Мы лю́бим разгова́ривать **с иностра́нцами**. *We love to speak with foreigners.*

The last of the six cases in Russian is the Instrumental. It occurs in a variety of contexts, including after the preposition «**с**» (*with*) and others that you will learn shortly. The endings of the Instrumental case are very consistent. Here is a table of Instrumental case forms:

Часть пе́рвая

Отку́да ты? Have students prepare отку́да? quiz items for one another, using the names of currently popular national and international figures in sports, the arts, show business, politics, and so on.

Упр. 2 (1): **Optional Answers in ОБРАЗЕ́Ц.** There is a growing tendency to use the second construction in which the state is given as an appositive and not declined: Я из го́рода Уи́лмингтон, штат Делаве́р.

Упр. 2 (2). If any students are from Alaska or Hawai'i, have them say Я из шта́та Аля́ска, Я из шта́та Гава́йи since these states require «с» rather than «из»; alternatively, teach them с Аля́ски, с Гава́йев (the corresponding location phrases are на Аля́ске, на Гава́йях). The same holds true for Canadian provinces that are islands.

Упр. 2 (3). The spelling of non-Russian geographic names—especially states, provinces, or cities that do not appear frequently in Russian—is likely to vary in dictionaries and other reference books.

Instrumental Case. Point out to students that they already know many Instrumental noun endings, having learned the adverbs у́тром, днём, ве́чером, но́чью, ле́том, о́сенью, зимо́й, весно́й, which have the same form as the Instrumental case of the corresponding nouns.

INSTRUMENTAL CASE FORMS

PRONOUNS

INTERROGATIVES		PERSONAL PRONOUNS			
Nom.	Instr.	Nom.	Instr.	Nom.	Instr.
кто	(с) кем	я	(со) мной	мы	(с) нáми
что	(с) чем	ты	(с) тобóй	вы	(с) вáми
		он, онó	(с) ним	они́	(с) ни́ми
		онá	(с) ней		

OTHERS

	NOMINATIVE CASE (dictionary form)	INSTRUMENTAL CASE ENDING	EXAMPLES
NOUNS			
Masculine and neuter	музыкáнт музéй роя́л-ь окн-ó упражнéни-е	-ом/-ем	(с) музыкáнт-**ом** (с) музé-**ем** (с) роя́л-**ем** (с) окн-**óм** (с) упражнéни-**ем**
Feminine -а/-я (and "masquerading masculines")	сестр-á кýхн-я Сáш-а	-ой/-ей	(с) сестр-**óй** (с) кýхн-**ей** (с) Сáш-**ей**
Feminine -ь	двер-ь мат-ь[2] доч-ь[2]	-ью[1]	(с) двéр-**ью** (с) мáтер-**ью** (с) дóчер-**ью**
Plural, all genders	музыкáнт-ы музé-и роя́л-и óкн-а упражнéни-я сёстр-ы кýхн-и	-ами/-ями	(с) музыкáнт-**ами** (с) музé-**ями** (с) роя́л-**ями** (с) óкн-**ами** (с) упражнéни-**ями** (с) сёстр-**ами** (с) кýхн-**ями**
ADJECTIVES (including adjectives used as nouns)			
Masculine and neuter	нóв-ый-ое дорог-óй-óе хорóш-ий-ее	-ым/-им	(с) нóв-**ым** (с) дорог-**и́м** (с) хорóш-**им**
Feminine	нóв-ая контрóльн-ая хорóш-ая	-ой/-ей	(с) нóв-**ой** (с) контрóльн-**ой** (с) хорóш-**ей**
Plural, all genders	нóв-ые контрóльн-ые хорóш-ие	-ыми/-ими	(с) нóв-**ыми** (с) контрóльн-**ыми** (с) хорóш-**ими**
POSSESSIVES			
Masculine and neuter	мо-й, мо-ё ваш, вáш-е	-им	(с) мо-**и́м** (с) вáш-**им**
Feminine	мо-я́ вáш-а	-ей	(с) мо-**éй** (с) вáш-**ей**
Plural, all genders	мо-и́ вáш-и	-ими	(с) мо-**и́ми** (с) вáш-**ими**

[1] This ending appears on only a few nouns you presently know (**гость, нóвость, солидáрность, дверь, ночь, óсень**), but it actually is encountered often because of the large number of Russian nouns ending in **-ость**. (See **Словá, словá, словá** . . . in Lesson 8, Part 1.)

[2] The nouns **мать** and **дочь** insert the syllable **-ер-** before adding the ending **-ью**.

Some common nouns have irregular or unusual Instrumental forms.

NOMINATIVE CASE (dictionary form)	INSTRUMENTAL SINGULAR	INSTRUMENTAL PLURAL
брат	(с) бра́том	(с) бра́тьями
друг	(с) дру́гом	(с) друзья́ми
мать	(с) ма́терью	(с) матеря́ми
дочь	(с) до́черью	(с) дочерьми́
челове́к (*sing.*)/лю́ди (*pl.*)	(с) челове́ком	(с) людьми́
ребёнок (*sing.*)/де́ти (*pl.*)	(с) ребёнком	(с) детьми́

Note that **подру́га**—unlike **друг**—is regular in both singular and plural in all cases.

подру́га   (с) подру́гой   (с) подру́гами

Это ста́нция метро́ и́ли музе́й?

УПРАЖНЕ́НИЕ 3   С кем...? С чем...?

Fill in the blanks with correct forms of the nouns and pronouns in parentheses.

1. — С _____ (кто) разгова́ривает Джон?
   — Со _____ (Са́ра) и с _____ (А́ня).

2. — С _____ (кто) лю́бит разгова́ривать Ра́я?
   — С _____ (иностра́нцы).

3. — С _____ (кто) Джим ча́сто разгова́ривает по телефо́ну?
   — С _____ (Та́ня) и с _____ (профе́ссор).

4. На у́лице стои́т авто́бус с _____ (тури́сты).

5. Поста́вьте портфе́ль (*briefcase*) с _____ (кни́ги) сюда́.

6. Кто э́тот челове́к с _____ (газе́та)?

7. Вон стои́т же́нщина с _____ (соба́ка)?

8. Хоти́те ко́фе с _____ (молоко́)?

9. Мне, пожа́луйста, бутербро́д с _____ (колбаса́).

10. Ве́ра игра́ет в те́ннис с _____ (подру́ги).

Irregular or Unusual Instrumental Forms. Students may benefit from seeing some generalities in these irregular forms: masculine plurals in -ья (бра́тья, друзья́, and so on) retain that extended soft stem throughout most plural forms; мать and дочь insert -ер- before any endings are added; other than the infix, мать has completely regular endings and дочь is irregular only in the Instrumental plural.

Instrumental Case Forms (1). Со мной. Point out the buffer vowel; refer students to 3/1 and 4/3 to review the concept of buffer vowels and consonants.

Instrumental Case Forms (2). Neuter nouns like вре́мя and и́мя have Instrumental forms in -ем: вре́менем and и́менем.

Упр. 3. АК. 1 кем; Са́рой; А́ней; 2 кем; иностра́нцами; 3 кем; Та́ней; профе́ссором; 4 тури́стами; 5 кни́гами; 6 газе́той; 7 соба́кой; 8 молоко́м; 9 колбасо́й; 10 подру́гами.

Упр. 4. AK. 1 больши́м портфе́лем; 2 но́выми назва́ниями; 3 краси́вым иностра́нцем; 4 небольши́м акце́нтом; 5 ру́сскими тури́стами; 6 симпати́чной де́вушкой.

УПРАЖНЕНИЕ 4   С како́й...? С каки́м...? С каки́ми...?

Fill in the blanks with correct forms of the adjectives and nouns in parentheses.

1. Кто э́тот челове́к с _____ _____ (большо́й портфе́ль [*briefcase*])?
2. Вот ка́рта с _____ _____ (но́вые назва́ния) ста́нций моско́вского метро́.
3. Ири́на разгова́ривает с _____ _____ (краси́вый иностра́нец).
4. Том говори́т по-ру́сски с _____ _____ (небольшо́й акце́нт).
5. Мы ча́сто разгова́риваем с _____ _____ (ру́сские тури́сты).
6. — С кем вы идёте в кино́?
   — С _____ _____ (симпати́чная де́вушка), кото́рую зову́т Ве́ра.

Упр. 5. Variation: Pairs of students interview each other using ссо́риться. С кем ты ссо́ришься? С бра́том? С сестро́й? С роди́телями? С друзья́ми? Ты ча́сто с ним (с ней, с ни́ми) ссо́ришься?

УПРАЖНЕНИЕ 5   С кем...? С чем...?

Answer the following questions, putting the suggested answers (or answers of your own) in the Instrumental case.

1. С кем ты лю́бишь игра́ть в те́ннис — с сестро́й, с бра́том, с...?
2. С кем ты обы́чно обе́даешь (*have dinner, have lunch*) — с друзья́ми, с роди́телями, с...?
3. С чем америка́нцы пьют ко́фе³ — с молоко́м, с лимо́ном, с...?
4. С чем америка́нцы пьют чай — с лимо́ном, с молоко́м, с...?
5. С кем ты хо́дишь в кино́ — с друзья́ми, со свои́м профе́ссором ру́сского языка́, с...?
6. С кем ты лю́бишь говори́ть по телефо́ну — с дру́гом, с подру́гой, с...?
7. С кем ты разгова́риваешь по-ру́сски?
8. С кем ты перепи́сываешься (*correspond*)?

Prepositions That Take the Instrumental Case. Practice these positional prepositions by using simple classroom objects—a book, a table, a pencil, a pen—and having students describe the locations of the objects as you manipulate them: — Где кни́га? — Кни́га за ру́чкой. — А где ру́чка? — Ру́чка под кни́гой. — А где сейча́с ру́чка? — Ру́чка ме́жду карандашо́м и рюкзако́м., etc. Then have a student replace you and lead the class. Finally, try a contest: Give two or three students the same set of three or four items to manipulate in response to your or other students' location statements. (They take turns, sitting down when they make a mistake.) The winner is the student who can go the longest without making a mistake. (To make it even more instructive, have each contestant repeat the phrase after moving the objects.) **Variation:** Have students work in small groups, manipulating items of their own.

СЛОВА, СЛОВА, СЛОВА... ⭐ *Prepositions That Take the Instrumental Case*

In addition to «**с**» meaning *with*, several other prepositions that show location relative to someone or something else also take the Instrumental case. Some of the more common of these are the following:

ме́жду	between, among
за	behind
пе́ред	in front of
над	above
под	underneath

(Note the use of the buffer vowel before **мной** when the preposition ends in a consonant: **со мной, пе́редо мной, на́до мной, по́до мной**.)

---

³**Ко́фе**, like some other nouns of foreign origin, never changes form. Its masculine gender is shown in adjectives that modify it: **Де́душка лю́бит чёрный ко́фе**.

УПРАЖНЕНИЕ 6 Вы за кем?

With four or five classmates, imagine you're in line for theater tickets. Practice the following:

1. — Вы за кем?
   — Я за э́той же́нщиной.
2. — А вы за кем?
   — Я за тем мужчи́ной.
3. — Вы пе́редо мной?
   — Нет, я за ва́ми.
4. — Кто перед ва́ми?
   — Вот э́та же́нщина.
5. — Вы пе́редо мной?
   — Да, я с ним.

Кака́я бу́дет сле́дующая ста́нция?

9.3. SUPERLATIVE ADJECTIVES: СА́МОЕ КРАСИ́ВОЕ

Моско́вское метро́ — **са́мое краси́вое** в ми́ре.

The Moscow subway is the most beautiful in the world.

А гла́вное — э́то **са́мый бы́стрый** и **удо́бный** вид городско́го тра́нспорта.

And the main thing is, it's the fastest and most comfortable mode of public transportation.

To say that something is *the most interesting, the fastest, the most beautiful,* and so on, Russian places the adjective **са́мый** before the existing adjective, in the same gender, number, and case.

Упр. 7. Have students work in pairs to make up additional general information questions like these—stressing the са́мый construction—for other students to answer.

УПРАЖНЕ́НИЕ 7 Televизио́нное шо́у «По́ле чуде́с»[4]

Work with a classmate to answer as many of the following questions as you can.

1. Како́й го́род са́мый большо́й в Аме́рике?
2. Кака́я прови́нция[†] са́мая ма́ленькая в Кана́де?
3. Кака́я река́ са́мая дли́нная (*longest*) в ми́ре?
4. Како́е зда́ние (*building*) са́мое высо́кое (*tallest*) в ми́ре?
5. Пра́вда ли, что Филаде́льфия — са́мый ста́рый го́род в Аме́рике?
6. Кака́я страна́ са́мая больша́я в ми́ре?
7. Кто са́мый бога́тый (*richest*) челове́к в ми́ре? А в Аме́рике?

УПРАЖНЕ́НИЕ 8 Как по-ва́шему . . . ?

Russians are always curious about foreign countries and foreigners' cities and lifestyles. Working in pairs, decide how you would answer the following questions; then work with another pair of students to see if you share any answers.

1. Како́й магази́н в ва́шем го́роде са́мый дорого́й? А како́й рестора́н са́мый дорого́й?
2. Како́й вид городско́го тра́нспорта са́мый бы́стрый (*fastest*) и удо́бный — метро́, авто́бус и́ли тролле́йбус?
3. Кака́я америка́нская газе́та са́мая интере́сная? Како́й америка́нский журна́л са́мый популя́рный[†]?
4. Како́й вид спо́рта са́мый популя́рный в Аме́рике?
5. Кто из америка́нских теннисистов (баскетболи́стов, бейсболи́стов, . . .) са́мый изве́стный (*well known*)?
6. Како́й америка́нский актёр[†] са́мый тала́нтливый[†]? А кака́я америка́нская актри́са[†] са́мая тала́нтливая?
7. Кака́я америка́нская маши́на са́мая дорога́я?

reVERBerations: #3: Ты-forms and the Generic *you*. Point out that in this context, English often uses *you* but the *you* is generic: in this usage "You can't get lost" means "One can't get lost"; it doesn't refer specifically to the people being addressed.

reVERBerations ⭐

1. Perfective verbs with the prefix **вы-** (such as **выходи́ть / вы́йти**) are always stressed on the prefix, so endings will contain the vowel **-e-** rather than **-ё-**. Compare key forms of this verb with those of **уйти́**.

   выходи́ть: выхож-у́, выхо́д-ишь, . . . выхо́д-ят   **уходи́ть:** ухож-у́, ухо́д-ишь, . . . ухо́д-ят
   pfv. **вы́йти:** вы́йд-у, вы́йд-ешь, . . . вы́йд-ут   *pfv.* **уйти́:** уйд-у́, уйд-ёшь, . . . уйд-у́т
   (*past* вы́шел, вы́шла, вы́шло, вы́шли)   (*past* ушёл, ушла́, ушло́, ушли́)

2. When making suggestions to go somewhere, as in **Дава́й(те) пойдём . . .** , the **Дава́й(те)** is often omitted. In this case, the «на вы» ending (**-те**) can be added directly to the motion verb: **Пойдёмте!** (*Let's go!*).

3. **Ты-forms and the generic *you***

   Невозмо́жно заблуди́ться, е́сли   *You can't get lost if you know the old*
   зна́ешь ста́рые и но́вые назва́ния ста́нций.   *and the new names of the stations.*

   When Jim uses **зна́ешь** in speaking with the women in the metro, he's not being familiar. **Ты** forms are normally reserved for use with family and friends, but they also occur in sayings, proverbs, and (as in this case) when generalizing rather than speaking directly *to* someone. In this usage, the subject pronoun **ты** is usually omitted.

---

[4]Quiz shows were among the earliest innovations to appear on Russian television when Soviet state control relaxed. One of the most popular was «По́ле чуде́с» ("Field of Wonders"). By answering general questions such as these, contestants could win items that were extremely difficult to acquire, such as microwave ovens, stereo equipment, and cars.

УПРАЖНЕНИЕ 9 Ру́сские посло́вицы

There are many parallels between Russian and English proverbs (**посло́вицы**). In Russian, generic **ты** forms are common. By making good guesses, match the Russian proverbs with their English counterparts.

1. ____ Живи́ и жить дава́й други́м.
2. ____ Ме́ньше говори́, да бо́льше де́лай.
3. ____ Не име́й сто рубле́й, а име́й сто друзе́й.
4. ____ Не откла́дывай на за́втра то, что мо́жешь сде́лать сего́дня.
5. ____ Не покупа́й кота́ в мешке́.
6. ____ Скажи́ мне, кто твой друг, и я скажу́ тебе́, кто ты.
7. ____ Ти́ше е́дешь — да́льше бу́дешь.
8. ____ Ты — мне, я — тебе́.

а. A man is known by the company he keeps.
б. Don't buy a pig in a poke.
в. Don't put off till tomorrow what you can do today.
г. Live and let live.
д. They are rich who have true friends.
е. Haste makes waste.
ж. Speak less, but do more.
з. You scratch my back, and I'll scratch yours.

Упр. **9. АК.** 1 г; 2 ж; 3 д; 4 в; 5 б; 6 а; 7 е; 8 з.

 КУЛЬТУРА РЕЧИ

❖ ТАК ГОВОРЯ́Т: ЯЗЫ́К И ГОРОДСКО́Й ТРА́НСПОРТ

Here are some signs you may see when using public transportation in Russia.

ВХОД	*Entrance*
НЕТ ВХО́ДА ВХОД ВОСПРЕЩЁН ВХОД ВОСПРЕЩА́ЕТСЯ	*No entry* (*no admittance*).
ВЫ́ХОД	*Exit*
КА́ССА	*Cashier*
ПРОДА́ЖА ЖЕТО́НОВ	*Tokens* (lit. *sale of tokens*)
ПЕРЕХО́Д	*Crosswalk* (also designates a pedestrian underpass or a pedestrian transfer walkway in a metro station)

В метро́. Перехо́д.

❖ САМОПРОВЕ́РКА: УПРАЖНЕ́НИЕ 10

Working on your own, try this self-test: Read a Russian sentence out loud, then give an idiomatic English equivalent without looking at the book. Then work from English to Russian. After you have completed the activity, try it with a classmate.

1. Познако́мьтесь, э́то мой друг Хито́ши. Он из Япо́нии, из го́рода Наго́я.
2. Мы лю́бим разгова́ривать с иностра́нцами.
3. Я сейча́с перепи́сываюсь по Интерне́ту с дру́гом в Росси́и.
4. Москва́ — э́то са́мый большо́й го́род в Росси́и.
5. Невозмо́жно заблуди́ться, е́сли зна́ешь ста́рые и но́вые назва́ния ста́нций.

1. *I'd like you to meet my friend Hitoshi. He's from Japan, from the city of Nagoya.*
2. *We like talking with foreigners.*
3. *I'm corresponding via the Internet with a friend in Russia.*
4. *Moscow is the largest city in Russia.*
5. *You can't get lost if you know the old and new names of the stations.*

❖ ВОПРО́СЫ И ОТВЕ́ТЫ: УПРАЖНЕ́НИЕ 11

Working with a partner, role-play the following interview: A Russian guest is asking about foreign visitors in your city.

1. В ва́шем го́роде мно́го люде́й, кото́рые говоря́т по-англи́йски с акце́нтом?
2. Вы лю́бите разгова́ривать с иностра́нцами?
3. В ваш го́род ча́сто приезжа́ют иностра́нцы?
4. Отку́да они́ приезжа́ют?
5. Что иностра́нцы осо́бенно (*especially*) лю́бят смотре́ть в ва́шем го́роде?
6. А в ва́шей стране́?
7. В ва́шем го́роде есть метро́? Е́сли да, то како́е оно́? (Краси́вое, но́вое . . . ?)

◆ ДИАЛОГИ

ДИАЛОГ 1 Скажи́те, пожа́луйста, когда́...
(Asking for directions in the metro)

— Скажи́те, пожа́луйста, когда́ бу́дет ста́нция Пу́шкинская?
— Че́рез две остано́вки.[5]
— Мои́ друзья́ сказа́ли мне, что э́то о́чень краси́вая ста́нция. Я хочу́ её посмотре́ть.
— А отку́да вы?
— Из Аме́рики, из Сиэ́тла.

ДИАЛОГ 2 Хоти́те пойти́...?
(Making sightseeing plans)

— Что вы хоти́те посмотре́ть в Москве́?
— Кра́сную пло́щадь, собо́р Васи́лия Блаже́нного, Кремль, Третьяко́вскую галере́ю.
— Я то́же хочу́ пойти́ в Третьяко́вскую галере́ю. Я о́чень хочу́ посмотре́ть ру́сские ико́ны.†
— Хоти́те пойти́ туда́ за́втра?
— С удово́льствием.

УПРАЖНЕ́НИЕ 12   Ваш диало́г

Create a dialogue that you might use on a subway. Ask for a station, directions, where to get off, and so on.

Упр. 12. If you have students perform their original dialogues in class, also have them prepare questions for other students to answer based on their understanding of the performances.

◆ А ТЕПЕ́РЬ...: УПРАЖНЕ́НИЕ 13

Working with a classmate, use what you learned in Part 1 to...

1. ask where he's from
2. find out with whom he corresponds on the Internet
3. find out with whom he talks on the phone
4. ask if he drinks coffee or tea; if so, find out if he drinks them with milk, sugar, or lemon
5. find out which American city he thinks is most expensive
6. ask which American actors (**актёры**) he thinks are the most talented (**тала́нтливые**)

---

[5]In this context, the preposition **че́рез** (*through*) means *after*. The speaker here is saying that **ста́нция Пу́шкинская** will be the *third* stop.

ЧАСТЬ ВТОРАЯ

С чего начать? Suggested Activity. Have students use these and other constructions to describe their daily routine.

С ЧЕГО НАЧАТЬ?

MORNING ROUTINE

Я **встаю** в 7 часов утра́.

Пото́м я **принима́ю душ**...

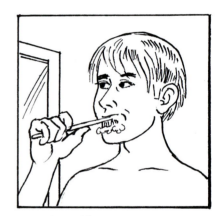

...и **чи́щу зу́бы**.

Я **за́втракаю**.

А пото́м, в 8 часо́в, я **выхожу́** из кварти́ры.

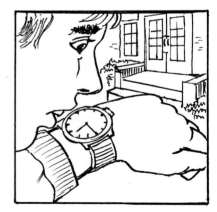

В 8.30 я **прихожу́** в университе́т.

С чего начать? Students can use constructions such as во́семь три́дцать for clock time at this point.

ЧТЕНИЕ

Reading Introduction (see also WB/LM).
1. Кто смотрит в окно? (Дедушка.)
2. У кого есть машина? (У Силиных.)
3. Что делает Вова? (Он выходит на улицу с Белкой.)
4. Как вы думаете, с кем идёт Саша? (С девушкой.) А кто она? (Мы не знаем, кто она.)

Чтение (1): прогноз погоды. Point out that this is a good example of using the Genitive to link two nouns. Ask students to come up with the idiomatic English equivalent of the phrase (*weather forecast*).

Чтение (2): всё меньше и меньше. In constructions like this, the second comparative (и меньше) can be dropped with little effect on the meaning of the phrase.

❖ БАБУШКА ЗНАЕТ ВСЁ

(*At the Kruglovs'. Grandpa is at the window while Grandma is setting the table.*)

ДЕДУШКА. На улице людей **всё меньше и меньше.°**
БАБУШКА. **Время такое.°** **Скоро°** зима, **погода°** плохая, каждый день идёт дождь. Ты прогноз погоды° слышал?
ДЕДУШКА. Слышал. По радио сказали, что завтра будет хороший день, **гораздо°** лучше, чем сегодня.
БАБУШКА. **Посмотрим.°** Все, наверно, домой спешат.
ДЕДУШКА. Верно. Все идут домой.
БАБУШКА. Все идут, а Силины едут.
ДЕДУШКА. Уже приехали. Вон их машина.
БАБУШКА. Сергей Петрович всегда в это время **возвращается.°** **Один°** приехал?
ДЕДУШКА. С женой.
БАБУШКА. Вот увидишь, сейчас Вова из подъезда выйдет. С Белкой.
ДЕДУШКА. Действительно, вон он идёт. С собакой. Ты угадала.°
БАБУШКА. Не «угадала». Я **точно°** знаю.
ДЕДУШКА. Откуда ты знаешь?
БАБУШКА. А Вова говорил мне, что **больше°** любит смотреть телевизор, чем гулять с собакой. **Пока°** родителей нет, он смотрит телевизор, а с Белкой выходит,° когда видит, что родители возвращаются с° работы.
ДЕДУШКА. Понятно.

всё... *fewer and fewer*
Время... *It's that time of year /*
Soon / weather
прогноз... *weather forecast*
much
We'll see.

comes home / Alone

Ты... *You guessed right*
for sure

more
While
с... *takes Belka out / from*

less	БА́БУШКА. Ты всё вре́мя газе́ты чита́ешь, а ну́жно **ме́ньше**° до́ма сиде́ть и бо́льше с сосе́дями разгова́ривать. Я газе́т не чита́ю, но о на́ших сосе́дях всё зна́ю.
Неуже́ли. . . *So you really think you know everything?*	ДЕ́ДУШКА. (*Sarcastically.*) **Неуже́ли** всё зна́ешь°? Мо́жет быть, ты зна́ешь, кто сейча́с бежи́т по у́лице?
	БА́БУШКА. Коне́чно, зна́ю. Э́то Никола́й Ива́нович из два́дцать четвёртой кварти́ры. В кра́сной футбо́лке, в **труса́х**° и в **нау́шниках**,° да?
shorts / earphones	ДЕ́ДУШКА. Да! Бежи́т в нау́шниках — наве́рно, му́зыку слу́шает. То́лько почему́ ве́чером?
early	БА́БУШКА. А потому́ что он не лю́бит **ра́но**° встава́ть.
Since	ДЕ́ДУШКА. Поня́тно. **Раз**° ты всё зна́ешь, скажи́ мне, с кем сейча́с наш Са́ша по у́лице идёт.
	БА́БУШКА. С И́горем. Э́то друг его́, виолончели́ст. Они́ ча́сто вме́сте возвраща́ются.
	ДЕ́ДУШКА. А вот и не угада́ла. Э́то де́вушка!
	БА́БУШКА. Кака́я де́вушка?! (*Runs over to the window.*)
It turns out / all the same	ДЕ́ДУШКА. **Ока́зывается**,° са́мого интере́сного ты **всё-таки**° не зна́ешь!

УПРАЖНЕ́НИЕ 1   Под микроско́пом: Aspect recognition

Упр. 1. **AK.** Perfective futures are #2, #5, and #6.

The following sentences were taken from the reading. For each sentence, indicate whether the underlined nonpast verb form is imperfective present or perfective future.

IMPFV. PRESENT	PFV. FUTURE	
[ ]	[ ]	1. Ка́ждый день <u>идёт</u> дождь.
[ ]	[ ]	2. <u>Посмо́трим</u>. Все, наве́рно, домо́й спеша́т.
[ ]	[ ]	3. Посмо́трим. Все, наве́рно, домо́й <u>спеша́т</u>.
[ ]	[ ]	4. Серге́й Петро́вич всегда́ в э́то вре́мя <u>возвраща́ется</u>.
[ ]	[ ]	5. Вот <u>уви́дишь</u>, сейча́с Во́ва из подъе́зда вы́йдет.
[ ]	[ ]	6. Вот уви́дишь, сейча́с Во́ва из подъе́зда <u>вы́йдет</u>.
[ ]	[ ]	7. Во́ва с Бе́лкой <u>выхо́дит</u>, когда́ ви́дит, что роди́тели возвраща́ются с рабо́ты.
[ ]	[ ]	8. Во́ва с Бе́лкой выхо́дит, когда́ <u>ви́дит</u>, что роди́тели возвраща́ются с рабо́ты.
[ ]	[ ]	9. Мо́жет быть, ты зна́ешь, кто сейча́с <u>бежи́т</u> по у́лице?

ГРАММАТИКА И ПРАКТИКА

Directional Prefixes. The concept of "combining forms" of motion verbs was introduced in 7/4. As a way of reintroducing this topic, have one or two students summarize what *they* remember about **приходи́ть / прийти́** and **уходи́ть / уйти́**.

Combining Forms: Other Prefixed Motion Verbs. Students may remember encountering **Что принести́?** and/or **Сего́дня прилета́ют на́ши тенниси́сты**. If asked, confirm that these verbs, too, fit into the pattern. Going into greater detail, however, is not advised at this time.

❖ 9.4. DIRECTIONAL PREFIXES AND COMBINING FORMS

You already know that both English and Russian have verbs of motion showing direction (see Lesson 8, Part 2). In English most of these verbs are distinct and unrelated to one another; in Russian these verbs are clearly related, being composed of directional prefixes (such as **при-, у-,** or **вы-**) and imperfective/perfective stems, which will be referred to here as *combining forms*. This is done in a very consistent way.

<directional prefix + combining form of motion verb> = new directional verb

Here is a summary of directional motion verbs with which you are already familiar.

DIRECTIONAL MOTION VERBS

	IMPERFECTIVE/PERFECTIVE COMBINING FORMS	
DIRECTIONAL PREFIXES	**-ходи́ть / -йти́** (*where no vehicle is implied*)	**-езжа́ть / -éхать** (*where a vehicle is implied*)
при- *motion toward, arrival*	**приходи́ть / прийти́** *to arrive, to come (back)* Я име́ю пра́во знать, когда́ ты **придёшь.** *I have a right to know when you'll be back.*	**приезжа́ть / прие́хать** *to arrive, to come (back)* Джим **прие́хал** в Москву́ на год. *Jim has come to Moscow for a year.*
у- *motion away from*	**уходи́ть / уйти́** *to leave, to go away* Ле́на, ты **ухо́дишь?** *Lena, are you leaving?*	**уезжа́ть / уе́хать** *to leave, to go away* Они́ **уе́хали** в Москву́. *They've left for Moscow.*
вы- *motion out of, from within*	**выходи́ть / вы́йти** *to go out, to come out; to leave* На како́й ста́нции вы **выхо́дите?** *What station are you getting off at?* Во́ва **выхо́дит** с Бе́лкой, когда́ роди́тели возвраща́ются с рабо́ты. *Vova goes out with Belka when his parents come home from work.*	**выезжа́ть / вы́ехать** *to go out, come out; to leave* Когда́ мы **выезжа́ли** из гаража́, мы уви́дели профе́ссора Петро́вского. *As we were pulling out of the garage, we saw Professor Petrovsky.*

УПРАЖНЕНИЕ 2 Когда ты приезжаешь . . . ?

Working with a classmate, take turns asking and answering the following questions.

1. Когда ты сегодня приехал (приехала) или пришёл (пришла) в университет? А вчера?
2. Ты всегда приезжаешь (приходишь) так рано (так поздно [*late*])?
3. Когда ты обычно приезжаешь (приходишь) в университет?
4. Когда ты вчера уехал (уехала) или ушёл (ушла) домой?
5. Ты всегда уезжаешь (уходишь) домой так поздно (так рано)?
6. Когда ты обычно уезжаешь (уходишь) домой?
7. Ты работаешь? Ты едешь на работу или идёшь пешком (*on foot*)?
8. Что ты обычно делаешь вечером — сидишь (*stay*) дома или куда-нибудь (*somewhere*) уходишь? Если уходишь, то куда — к другу, в кино, в библиотеку?
9. К тебе часто приезжают друзья из других городов?
10. К тебе кто-нибудь (*anyone*) приезжал в прошлом году?

УПРАЖНЕНИЕ 3 Arriving, leaving

Упр. 3. АК. Where there are multiple possible answers, be sure students understand the differences in meaning. 1 ушла *or* уехала; 2 уехал; 3 приехал; 4 приехали *or* пришли; 5 приехал *or* пришёл; 6 уехала. For #6, ask students how the meaning would change if приехала were used in this sentence instead of уехала (The neighbor's daughter arrived in Los Angeles with her husband.).

Supply the correct form of the perfective verbs **прийти, уйти, приехать, уехать** to render the meanings indicated.

1. Мы не знаем, дома ли Лена или она уже _____ (*left*) в университет.
2. Джим ещё не _____ (*left*) из Москвы.
3. Когда Джим _____ (*arrived*) в Москву, он написал письмо своему профессору.
4. Бабушка видела, что Силины _____ (*had arrived*) домой.
5. Саша _____ (*arrived*) домой с девушкой.
6. Дочь соседей _____ (*departed*) с мужем в Лос-Анджелес.

УПРАЖНЕНИЕ 4 More verbs of motion

Упр. 4. АК. Where there are multiple possible answers, be sure students understand the differences in meaning. 1 ухожу; придёшь; *or* уезжаю; приедешь; 2 ушла; придёт; *or* уехала; приедет; 3 уходите; приезжайте *or* приходите; приедем *or* придём; 4 приезжают; приезжали (if they have already left) *or* приехали (if they are still on campus).

Supply the correct form of the verbs **приходить / прийти, приезжать / приехать, уходить / уйти, уезжать / уехать** to render the meanings indicated.

1. — Мама, я _____ (*am leaving*) в университет.
   — А когда ты _____ (*will come back*)?
   — Часов в 8.
2. — Ира дома?
   — Нет, она _____ (*has left*) в университет.
   — А когда она _____ (*will come back*)?
   — Сказала, что часов в 8.
3. — Дорогие гости, вы уже _____ (*are leaving*)? Ещё рано! _____ (*come over*) к нам завтра.
   — Спасибо, обязательно _____ (*we'll come*).
4. В наш университет каждый год _____ (*come*) студенты из Москвы. В этом году _____ (*came*) студенты из Москвы и из Петербурга.

УПРАЖНЕНИЕ 5   Куда́ вы уезжа́ете?

You are an American student in Moscow getting ready to leave for spring vacation. You run into a group of your classmates standing in front of an electronic timetable at the train station. Using the list below, pick a destination and a departure time for yourself. Find out if your friends are also leaving and if so, where they're going. See if you can find anyone else who will be on the same train as you.

ОБРАЗЕ́Ц:
— Приве́т, Э́рик. Ты то́же уезжа́ешь?
— Да, в Новосиби́рск.
— В кото́ром часу́?
— В 10.35 (де́сять три́дцать пять).

№ ПО́ЕЗДА	КУДА́	ВРЕ́МЯ ОТПРАВЛЕ́НИЯ
№ 074	Санкт-Петербу́рг	09.23
№ 219	Новосиби́рск	10.35
№ 518	Каза́нь	11.48
№ 3096	Омск	12.19
№ 967	Санкт-Петербу́рг	13.00
№ 2375	Новосиби́рск	16.07
№ 132	Каза́нь	18.26
№ 702	Омск	19.20
№ 833	Санкт-Петербу́рг	21.56
№ 084	Новосиби́рск	22.35
№ 1348	Каза́нь	23.44

Упр. 5 (1). Have students locate these cities and those in Упр. 6 on the map of Russia inside the back cover of the textbook.

Упр. 5 (2). Note that if a given time ends in the number 1 in this context, its form must be одна́ (мину́ту). Likewise, if a number ends in 2, it must be две (мину́ты).

Упр. 5 (3). In transportation timetables a period is usually used to separate hours and minutes.

УПРАЖНЕНИЕ 6   Отку́да вы прие́хали?

You've just arrived at a Moscow train station and have discovered you picked up the wrong suitcase as you left the train. Pick a city of origin and an arrival time for yourself from the list below; then see if you can find anyone else in the room who was on that same train and might have picked up your bag. (Notice that из requires the Genitive case. Каза́нь is *feminine*; Яросла́вль is *masculine*.)

ОБРАЗЕ́Ц:
— Отку́да вы прие́хали?
— Из Каза́ни.
— В кото́ром часу́?
— В 8.24 (во́семь два́дцать четы́ре).

№ ПО́ЕЗДА	ОТКУ́ДА	ВРЕ́МЯ ПРИБЫ́ТИЯ
№ 175	Каза́нь	08.24
№ 318	Омск	09.33
№ 617	Яросла́вль	10.47
№ 3195	Магада́н	11.18
№ 066	Каза́нь	12.00
№ 2274	Омск	15.06
№ 231	Яросла́вль	17.25
№ 801	Магада́н	18.19
№ 932	Каза́нь	20.57

Упр. 6. For variety, have students pick other cities off a map and apply the question/answer pattern to them, both for arrival and departure. As another variation, change the setting to an airport, provide a list of international capitals as they would be written in Cyrillic (see I/2, Упр. 1), and teach the forms улета́ю, улета́ешь, and прилете́л (прилете́ла) lexically. For further practice, cue students (or have them cue each other) with picture cards of a plane or train combined with city-name cards, arrival/departure icons, and digital time cards.

9.5. SIMPLE COMPARATIVES: БО́ЛЬШЕ/МЕ́НЬШЕ AND ЛУ́ЧШЕ/ХУ́ЖЕ

Simple Comparatives (1). Point out that English also has some overlapping adj.–adv. comparatives; for example, the comparative of *good* and *well* is *better* and the comparative of *bad* and *badly* is *worse*.

Simple Comparatives (2). The regular -ee comparative formation pattern is given in 10/2, where it is first seen in context.

Simple Comparatives (3). Students have seen other short-form comparatives as well: Ра́ньше в Москве́ нельзя́ бы́ло купи́ть компью́тер, а тепе́рь они́ здесь да́же немно́го деше́вле, чем у нас!

Simple Comparatives (4). The saying Ти́ше е́дешь — да́льше бу́дешь (*Haste makes waste*) fits well here. Point out that да́льше is the comparative form of далеко́ and that ти́ше is the comparative from ти́хо (which is related to ти́хий, as in Ти́хий океа́н).

Мне, наве́рно, **лу́чше** купи́ть обы́чный компью́тер.	*It would probably be better for me to buy an ordinary computer.*
За́втра бу́дет хоро́ший день, гора́здо **лу́чше,** чем сего́дня.	*Tomorrow will be a good day, much better than today.*
Во́ва говори́л мне, что **бо́льше** лю́бит смотре́ть телеви́зор, чем гуля́ть с соба́кой.	*Vova told me that he likes watching television better than walking the dog.*
Ну́жно **ме́ньше** до́ма сиде́ть и **бо́льше** с сосе́дями разгова́ривать.	*You should sit at home less and talk with the neighbors more.*

Comparatives of many predicate adjectives and adverbs are rendered by single-word "simple" forms that do not change. The translation of these forms depends on their use in context.

COMPARATIVE FORM	PREDICATE ADJECTIVAL USE	ADVERBIAL USE
бо́льше (*comparative of* большо́й, мно́го)	Твоя́ ко́мната **бо́льше,** чем моя́. *Your room is larger than mine.*	Моя́ сестра́ чита́ет **бо́льше,** чем я. *My sister reads more than I do.*
ме́ньше (*comparative of* ма́ленький, ма́ло)	Наш университе́т **ме́ньше,** чем ваш. *Our university is smaller than yours is.*	Год наза́д я мно́го слу́шала рок-му́зыку, а тепе́рь я её слу́шаю намно́го **ме́ньше.** *A year ago I listened to rock music a lot, but nowadays I listen to it a lot less.*
лу́чше (*comparative of* хоро́ший, хорошо́)	Э́ти пирожки́ **лу́чше,** чем те. *These pirozhki are better than those.*	Ва́ня хорошо́ игра́ет на гита́ре, а Ла́ра игра́ет ещё **лу́чше.** *Vanya plays guitar well, but Lara plays even better.*
ху́же (*comparative of* плохо́й, пло́хо)	Мо́жет быть, мои́ анекдо́ты плохи́е, а твои́ ещё **ху́же!** *Maybe my jokes are bad, but yours are even worse!*	— Ты хорошо́ игра́ешь в баскетбо́л? — Не о́чень. Наве́рное **ху́же,** чем ты. *"Do you play basketball well?" "Not really. Probably worse than you."*

Note the following:

1. To intensify a comparative (for example, *much better, far better*), place either **гора́здо** or **намно́го** before the single-word comparative form.

    гора́здо (намно́го) бо́льше   *much bigger, much more*
    гора́здо (намно́го) ме́ньше   *much smaller, much less*
    гора́здо (намно́го) лу́чше   *much better*
    гора́здо (намно́го) ху́же   *much worse*

2. To say that something is *even better, even worse,* and so on, use **ещё** before the single-word comparative form.

    ещё лу́чше/ху́же   *even better/worse*
    ещё бо́льше/ме́ньше   *even bigger/smaller*

3. To render *than*, use **чем** preceded by a comma: **Ле́на говори́т по-ру́сски (гора́здо) лу́чше, чем Джим.**

4. For other predicate adjectives and adverbs, one way of making comparative forms is to use **бо́лее** with the basic form of the adjective or adverb.

    Обы́чно ста́рые лю́ди **бо́лее**   *Usually old people are more*
    суеве́рные, чем молодёжь.   *superstitious than young people.*

    Моя́ сестра́ занима́ется **бо́лее**   *My sister studies more seriously*
    серьёзно, чем мой брат.   *than my brother.*

УПРАЖНЕ́НИЕ 7 Бо́льше..., ме́ньше..., лу́чше..., ху́же...?

Complete the following sentences with a contrasting comparative statement using **бо́льше, ме́ньше, лу́чше,** or **ху́же**. Include intensifiers in some of your answers (**ещё, намно́го, гора́здо**).

    ОБРАЗЕ́Ц: Бо́ря хорошо́ говори́т по-англи́йски, а...
                  → ... Мари́на говори́т ещё лу́чше.

1. Мой оте́ц пло́хо гото́вит, а...
2. Мои́ нау́шники хоро́шие, а...
3. Моя́ соба́ка больша́я, а...
4. Моя́ сестра́ ма́ло чита́ет, а...
5. Твоя́ маши́на плоха́я, а...
6. Твоя́ кварти́ра ма́ленькая, а...
7. Наш сосе́д мно́го рабо́тает, а...
8. Моя́ мать хорошо́ говори́т по-испа́нски, а...

Упр. 8. Variation: Have one student pretend to be from Locale A (city, state, country) and his or her classmate to be from Locale B. No matter what Student A says about Locale A, Student B replies with, — А у нас лу́чше… and goes on to sing the praises of Locale B.

УПРАЖНЕ́НИЕ 8 Кто лу́чше? Кто ху́же?

Whatever your classmate says, try to top his or her statement.

ОБРАЗЕ́Ц: — Я мно́го рабо́таю.
— А я рабо́таю гора́здо бо́льше, чем ты!

1. — Моя́ сестра́ мно́го чита́ет.
2. — Я хорошо́ гото́влю пи́ццу.
3. — У них больша́я кварти́ра.
4. — Мой брат пло́хо пи́шет.
5. — Ва́ша ко́шка ма́ленькая.
6. — Мой друг хорошо́ говори́т по-ру́сски.
7. — Мой сосе́д мно́го игра́ет на роя́ле.
8. — Оди́н наш студе́нт сде́лал 30 оши́бок в упражне́нии.
9. — Ми́ша игра́ет в баскетбо́л пло́хо.
10. — У Све́ты ма́ло де́нег.
11. — Мой друг хорошо́ зна́ет у́лицы Москвы́.

◆ 9.6. PREPOSITIONAL PLURALS

Это Никола́й Ива́нович из два́дцать четвёртой кварти́ры. В кра́сной футбо́лке, в **труса́х** и в **нау́шниках,** да?

Я газе́т не чита́ю, но о **на́ших сосе́дях** всё зна́ю.

That's Nikolai Ivanovich from apartment 24. In a red T-shirt, shorts, and earphones, right?

I don't read newspapers, but I know everything about our neighbors.

Prepositional plurals are very regular: nouns of all genders end in **-ах/-ях,** while adjectives end in **-ых/-их,** identical to the Genitive plural adjectival endings.

PREPOSITIONAL PLURAL FORMS

	NOMINATIVE PLURAL	PREPOSITIONAL PLURAL ENDING	EXAMPLES
NOUNS			
Plural, all genders	музыка́нт-ы музе́-и роя́л-и о́кн-а упражне́ни-я сёстр-ы ку́хн-и две́р-и	-ах/-ях	музыка́нт-**ах** музе́-**ях** роя́л-**ях** о́кн-**ах** упражне́ни-**ях** сёстр-**ах** ку́хн-**ях** двер-**я́х**
ADJECTIVES (including adjectives used as nouns)			
Plural, all genders	но́в-ые контро́льн-ые хоро́ш-ие	-ых/-их	но́в-**ых** контро́льн-**ых** хоро́ш-**их**
POSSESSIVES			
Plural, all genders	мо-и́ ва́ш-и	-их	мо-**и́х** ва́ш-**их**

СЛОВА, СЛОВА, СЛОВА . . . ⭐ Colors and Clothing

Это Николай Иванович из двадцать четвёртой квартиры. В **красной** футболке, в трусах и в наушниках, да?

That's Nikolai Ivanovich from apartment 24. In a red T-shirt, shorts, and earphones, right?

The verb **быть** is used with <в + Prep.> to say what someone is wearing.

Colors and Clothing (1). Синий will be activated when soft adjectives are treated as a class in 10/2.

Colors and Clothing (2). Make sure that students use the <в + Prep.> construction only to express what someone is wearing at a specific time. The verb носить will be introduced in 13/2 to express wearing something on a regular basis.

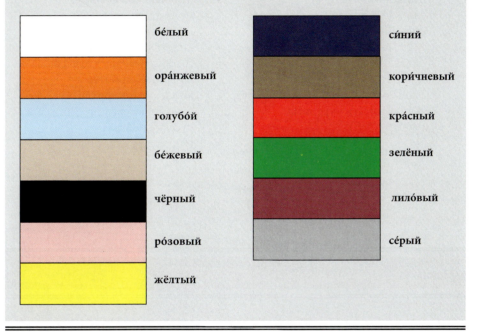

белый
оранжевый
голубой
бежевый
чёрный
розовый
жёлтый

синий
коричневый
красный
зелёный
лиловый
серый

УПРАЖНЕНИЕ 9   В чём они?

Working with a classmate, describe what some of your friends and classmates are wearing using colors and the following list of names and clothing.

ОБРАЗЕЦ: Анна   жёлтые   кроссовки
→ Анна в жёлтых кроссовках.

Слава
Том
Таня
Костя
Сара
Саша   {choose color from above}
Игорь
Марина
Ирина
Джон
???

джинсы
туфли
очки (*glasses*)
ботинки (*shoes*)
колготки (*tights*)
брюки
шорты†
перчатки (*gloves*)
кроссовки
сапоги
???

Тсс! Только не о деньгах!

УПРАЖНЕНИЕ 10 **О чём вы говорите (думаете, знаете...)?**

Working with a classmate, complete the following sentences in as many different ways as you can using plurals (not all combinations make sense). Then add your own examples.

1. Моя бабушка всё знает о (об)...
2. Мы с друзьями часто говорим о (об)...
3. Моя сестра много думает о (об)...
4. Мой брат всегда спрашивает о (об)...
5. Моя мама всегда хочет знать о (об)...
6. Я много говорю о (об)...
7. Наш сосед ничего не знает о (об)...
8. Я буду писать курсовую работу о (об)...
9. ???

иностранные студенты
футбольные матчи
импортные машины
наши квартиры
итальянские фильмы
мой (наши, etc.)
новые друзья
динозавры† и вампиры†
сотовые (*cellular*) телефоны
лазерные† принтеры
японские (американские) компьютеры
русские поэты†
???

---

reVERBerations ⭐

1. Reversible actions

In the past tense, the choice between imperfective and perfective often depends on whether the result of an action is still in effect (perfective) or whether that action has been reversed (imperfective). Note that the English equivalent is often vague and depends on context or additional information to make this distinction.

В прошлом году **приезжали** студенты из Москвы.	*Last year students came from Moscow.*	Imperfective **приезжали** indicates they came, then that action was reversed: they left. They're no longer here.
А в этом году **приехали** студенты из Томска.	*And this year students came from Tomsk.*	Perfective **приехали** indicates they came and that action is still in effect: they're still here.
Зачем ты **открыла** окно? Закрой, здесь очень холодно.	*Why did you open the window? Close it, it's really cold in here.*	Perfective **открыла** indicates that someone opened the window and it is still open.
Почему здесь так холодно? Ты **открывала** окно?	*Why is it so cold in here? Did you have the window open?*	Imperfective **открывала** indicates that someone opened the window, but then it was closed.

2. Выходи́ть / вы́йти vs. уходи́ть / уйти́

Ле́на, ты **ухо́дишь?**

Lena, are you leaving?

Во́ва **выхо́дит** с Бе́лкой, когда́ ви́дит, что роди́тели возвраща́ются с рабо́ты.

Vova takes Belka out when he sees that his parents are returning from work.

Уходи́ть / уйти́ (*to leave*) means to depart definitively from a given location. **Выходи́ть / вы́йти** (*to go or come out* [*of*], *to leave*) is used to describe movement out of some location (a metro car, one's apartment, and so on). This verb is often associated with specific times and with phrases that indicate the location one is leaving (**Я выхожу́ из кварти́ры в 8 часо́в**). In addition, **выходи́ть / вы́йти** also means *to step out temporarily*. Compare the following, which the secretary in Professor Petrovsky's department may have occasion to say.

Профе́ссора Петро́вского нет.   *Professor Petrovsky's not here.*

1. Он ушёл.   *He's left.* (*We do not expect him back soon.*)
2. Он вы́шел.   *He's out.* (*He's likely to return soon.*)

3. Perfectivization through prefixation

In most cases the imperfective infinitive is the base form from which perfectives are derived. The most common perfectivizing process is the addition of a prefix.

вы-	учи́ть / вы́учить
на-	писа́ть / написа́ть, учи́ть / научи́ть
по-	смотре́ть / посмотре́ть, звони́ть / позвони́ть, идти́ / пойти́
с-	де́лать / сде́лать

reVERBerations: Perfectivization with по-. This is the most common perfectivizing prefix. Ask students what по- perfectives they already know.

Prefixes do not always have a perfectivizing effect, however. The **вы-** prefix has another meaning: motion out of a place (**выходи́ть / вы́йти**). In this meaning, it occurs in both members of an imperfective/perfective pair (in such cases, perfectivization is realized through other means).

УПРАЖНЕНИЕ 11   Выходи́ть / вы́йти and уходи́ть / уйти́

Fill in the blanks with the correct forms of **выходи́ть / вы́йти** and **уходи́ть / уйти́**.

Де́душка смо́трит в окно́ и говори́т ба́бушке:

— Ты всё зна́ешь — угада́й (*guess*), кто сейча́с _____¹ (*is going out*) на у́лицу?

Ба́бушка смо́трит на часы́ и говори́т:

— Сейча́с во́семь часо́в — зна́чит, э́то Си́лин.

— Нет, э́то не Си́лин. Си́лин _____² (*went out*) полчаса́ наза́д, но ещё не _____³ (*left*): он стои́т и разгова́ривает с профе́ссором.

— Тогда́, наве́рно, э́то Та́ня. Она́ всегда́ _____⁴ (*leaves*) в университе́т в э́то вре́мя.

— Нет, э́то не Та́ня. Та́ня _____⁵ (*left*) мину́т де́сять наза́д. Я ви́дел, как она́ _____⁶ (*going out* [use present tense]) из подъе́зда.

— Наве́рно, э́то Ната́лья Ива́новна. Она́ всегда́ _____⁷ (*goes out*) вме́сте с Си́линым.

— Опя́ть не угада́ла. Э́то твой внук Са́ша!

— Са́ша? А почему́ он _____⁸ (*is going out*) так ра́но?

— Не зна́ю. Э́то ты у нас всё зна́ешь.

Упр. 11 AK. 1 выхо́дит; 2 вы́шел; 3 ушёл; 4 ухо́дит; 5 ушла́; 6 выхо́дит; 7 выхо́дит; 8 выхо́дит.

Упр. 11 (1). Refer students to the key forms of these two verbs in Part 1 reVERBerations.

Упр. 11 (2). Point out that the English construction "We saw her leaving, we heard him playing" (verb of perception + gerund) is rendered in Russian as <verb of perception + как + conjugated verb> мы слы́шали, как он игра́ет). When the speaker sees or hears someone in the process of doing some action, imperfective present verb forms are usually used to describe that action: Я ви́дел, как она́ выхо́дит. *I saw her* [*in the process of*] *going out.*

КУЛЬТУРА РЕЧИ

❖ ТАК ГОВОРЯТ: РА́ЗВЕ **AND** НЕУЖЕ́ЛИ

«В ци́рке»? **Ра́зве** э́то тру́дная те́ма?	"At the circus"? Is that really a difficult topic?
Лю́ди бу́дут звони́ть днём и но́чью! **Ра́зве** мо́жно так жить?!	People are going to be calling day and night. How can one live like that?
Неуже́ли всё зна́ешь?	So, you really think you know everything?

Ра́зве and **неуже́ли** overlap in expressing doubt about the statement that follows, with **неуже́ли** being more emphatic and reflecting more astonishment than **ра́зве.**

❖ САМОПРОВЕ́РКА: УПРАЖНЕ́НИЕ 12

Working on your own, try this self-test: Read a Russian sentence out loud, then give an idiomatic English equivalent without looking at the book. Then work from English to Russian. After you have completed the activity, try it with a classmate.

1. Как ты ду́маешь, кто лу́чше игра́ет в хокке́й — ру́сские и́ли кана́дцы?
2. В больши́х города́х нужна́ хоро́шая систе́ма городско́го тра́нспорта.
3. Моско́вское метро́ гора́здо бо́льше, чем метро́ в Сан-Франци́ско.
4. — Отку́да вы прие́хали?
   — Из Владивосто́ка.
5. — Когда́ уезжа́ют твои́ друзья́?
   — Не «уезжа́ют», а уже́ уе́хали!
6. Ла́ра была́ в чёрных джи́нсах и жёлтой футбо́лке.
7. Врача́ нет. Он вы́шел.

1. What do you think, who plays hockey better, the Russians or the Canadians?
2. In large cities a good public transportation system is necessary.
3. The Moscow subway is much larger than the subway in San Francisco.
4. "Where did you come from?"
   "From Vladivostok."
5. "When are your friends leaving?"
   "They're not 'leaving.' They've already left!"
6. Lara was wearing black jeans and a yellow T-shirt.
7. The doctor's not here. He stepped out.

❖ ВОПРОСЫ И ОТВЕТЫ: УПРАЖНЕНИЕ 13

1. Когда́ ты обы́чно возвраща́ешься домо́й?
2. Как ты возвраща́ешься домо́й — ты идёшь пешко́м (*on foot*) и́ли е́дешь на маши́не (на авто́бусе . . .)?
3. У тебя́ есть соба́ка? Ты с ней гуля́ешь?
4. Ты лю́бишь чита́ть газе́ты? А разгова́ривать с друзья́ми?
5. Ты лю́бишь встава́ть ра́но?
6. Ты уме́ешь игра́ть на гита́ре? А на роя́ле?
7. Что ты обы́чно де́лаешь ве́чером?
8. Ты ча́сто разгова́риваешь с сосе́дями?

❖ ДИАЛОГИ

ДИАЛОГ 1 Кто э́то?
(Discussing someone's activities)

— Посмотри́ в окно́. Кто э́то бежи́т?
— Э́то наш сосе́д Серге́й, аспира́нт университе́та.
— А почему́ он в нау́шниках?
— Он всегда́ в нау́шниках — слу́шает францу́зские те́ксты, у него́ ско́ро экза́мен по францу́зскому языку́.

ДИАЛОГ 2 Когда́ вы ви́дите друг дру́га?
(Discussing work schedules)

— Уже́ шесть часо́в. Мой муж обы́чно возвраща́ется с (*from*) рабо́ты в э́то вре́мя.
— А мой муж рабо́тает но́чью. Он рабо́тает на «ско́рой по́мощи».
— Твой муж рабо́тает но́чью, ты рабо́таешь днём — когда́ же вы ви́дите друг дру́га?
— То́лько в суббо́ту и в воскресе́нье.

УПРАЖНЕНИЕ 14   Ваш диало́г

Working with a classmate, create a dialogue in which you discuss the habits, activities, or behaviors of a third person whom you both know.

❖ А ТЕПЕРЬ . . . : УПРАЖНЕНИЕ 15

Working with a classmate, use what you learned in Part 2 to . . .

1. find out what time she usually gets up in the morning
2. ask when she usually leaves her apartment and arrives at the university
3. ask when she arrived today
4. ask her opinion about whether [*athlete's name*] plays tennis (basketball, baseball . . .) better than [*another athlete's name*]
5. describe what the other person is wearing, including colors

> Диало́ги. As a variation on these dialogues, students could assume the roles of ба́бушка and де́душка observing the neighbors. Have students comment on the habits of people they see, using patterns in the reading selection.

ЧАСТЬ ТРЕТЬЯ

 С ЧЕГО НАЧАТЬ?

РАБОТА И ОБУЧЕНИЕ

С чего начать? Suggested Activities. Have students (individually or in pairs) go to the library, find a Russian newspaper, and photocopy three ads for things they would like to do. Students can submit an ad, and a volunteer "classifieds editor" can put them together in a newspaper-style column like the one used here. Then the entire class can look at them.

РАБОТА И ОБУЧЕНИЕ

- ◆ Автошкола. 233-40-65
- ◆ Автошкола. 279-94-39
- ◆ Курсы англ. яз. 236-21-38 с 16-20
- ◆ Р-та 1480$. 314-23-10, 315-48-25
- ◆ Помощь шк. в учебе. Подг. в ВУЗ. Курсы ин. яз. 498-95-07
- ◆ Фирме требуются коммерческие агенты для торгово-закупочной деятельности. 233-11-49

- ◆ Еженедельник "Вести для Вас" приглашает рекламных агентов с опытом работы. Собеседование по будням (кр. пон., вт.) в 15.00 по адресу редакции.
- ◆ Еженедельник "Вести для Вас" приглашает курьеров для распространения газеты по офисам коммерческих организаций. 499-89-10, 362-89-68
- ◆ Еженедельнику "Вести для Вас" требуются энергичные люди для работы в качестве бригадиров. 499-89-10, 362-89-68

Russian	English
обучение	training, study
курс†	
еженедельник	weekly publication
вести	news
будни	weekdays
рекламный (*from* **реклама**)	advertising
распространение	distribution

УПРАЖНЕНИЕ 1   Работа и обучение

Look at the ads and find answers to these questions. Use Russian to answer where you can.

1. What kind of schools placed the first two advertisements here?
2. Which specific foreign language has courses advertised here?
3. What number would you call to get more information about help with foreign language courses in general?
4. What is the Russian title of the weekly publication that has placed two ads? How would you translate that title into English?
5. Look at the publication's first ad. What kind of agents do they need? Give the Russian and English terms.
6. What are applicants expected to have?
7. Applicants can meet with company representatives most days during the week. If **будни** means *weekdays*, find the Russian phrase for *on weekdays, during the week*.
8. On which weekdays are meetings not possible? [*Hint:* **кр.** = **кроме** *except*]
9. Whom are they looking for in their second ad?
10. What will these employees do, and where will they do it?

Упр. 1. **AK.** 1 автошкола; 2 курсы английского языка; 3 498-95-07; 4 Вести для Вас (*News for You*); 5 рекламные агенты (*advertising agents*); 6 опыт работы (*work experience*); 7 по будням; 8 понедельник, вторник; 9 курьеров (*couriers*); 10 distribute newspapers to the offices of various commercial organizations.

Упр. 1 (1). **#3.** Remind students they learned how to say "foreign" in Part 1. This adjective is abbreviated in the ad.

Упр. 1 (2). **#8.** Remind students they learned кроме in 8/2. This preposition is abbreviated in the ad.

ЧТЕНИЕ

Reading Introduction (see also WB/LM).

1. Зачем Лене нужна хорошая автошкола? (Она хочет научиться водить машину.)
2. Сколько времени Лена должна учиться, чтобы стать хорошим водителем? (Виктор говорит, что она будет хорошим водителем через два месяца.)
3. Как часто Виктор даёт уроки вождения? (Два раза в неделю.)

Чтение: Ты сразу догадалась? Make sure students understand Viktor's question. He is asking Lena if she knew right away (back when they first met) that he was just trying to find a way to get acquainted with her.

❖ НАСТОЯЩИЙ БИЗНЕСМЕН

(*Lena and Viktor are taking a walk.*)

ЛЕНА. Видишь, у нашего дома теперь чисто, везде асфальт. (*Smiling.*) Резиновые сапоги уже не° нужны.

ВИКТОР. (*Also smiling.*) Ты **сразу** догадалась?° Мы с тобой никогда об этом не говорили ... Сейчас я действительно **занимаюсь**° бизнесом, а тогда я **просто**° хотел с тобой познакомиться.

уже... *no longer*
Ты... *Did you figure things out right away?*
занимаюсь... *am involved in*

just	ЛÉНА.	А какúм бúзнесом ты тепéрь занимáешься?
	ВÍКТОР.	Я обязáтельно расскажý тебé об э́том, но не сегóдня.
	ЛÉНА.	Скажú, тебé нрáвится занимáться бúзнесом?
так... *just as interesting as*	ВÍКТОР.	Óчень нрáвится. (*Defensively.*) Э́то **так же** интерéсно, **как**° игрáть на роя́ле úли изучáть рýсскую истóрию.
right / *some advice*	ЛÉНА.	Мóжет быть, ты **прав**.° Послýшай, Вúктор, дай мне **совéт**.°
	ВÍКТОР.	С удовóльствием.
научúться... *to learn how to drive*	ЛÉНА.	Я хочý **научúться водúть** машúну.° Ты не знáешь, где есть хорóшая автошкóла†?
	ВÍКТОР.	Знáю. Онá пéред тобóй.
	ЛÉНА.	Не понимáю.
teach / *In*	ВÍКТОР.	Я могý тебя́ **научúть**.° **Чéрез**° два мéсяца ты бýдешь хорóшим водúтелем.
	ЛÉНА.	Ты рабóтаешь в автошкóле†?
два... *twice a week* / урóки... *driving lessons* / одúн... *one of*	ВÍКТОР.	Да, два **рáза в недéлю**° я даю урóки вождéния.° Э́то одúн из° мойх бúзнесов.
	ЛÉНА.	А скóлько стóят такúе урóки?
	ВÍКТОР.	Для тебя́ э́то бýдет бесплáтно.
	ЛÉНА.	Но ведь ты бизнесмéн, а бизнесмéны ничегó не дéлают бесплáтно.
something	ВÍКТОР.	Настоя́щий бизнесмéн всегдá **что́-нибудь**° дéлает бесплáтно.
	ЛÉНА.	Скажú, а трýдно занимáться бúзнесом⁶?
дéло... *something new especially* / *to become*	ВÍКТОР.	Бúзнес — э́то риск.† В нáшей странé бúзнес — э́то **дéло нóвое**,° поэ́тому занимáться бúзнесом особенно° трýдно. Но я хочý **стать**° настоя́щим бизнесмéном и вéрю, что для настоя́щего бизнесмéна нет ничегó невозмóжного.
Желáю... *Good luck*	ЛÉНА.	**Желáю тебé удáчи**.°
	ВÍКТОР.	Спасúбо, удáча мне нужнá!

УПРАЖНÉНИЕ 2 Под микроскóпом: Instrumental case forms

Упр. 2. АК. с тобóй, бúзнесом, с тобóй, какúм бúзнесом, бúзнесом, с удовóльствием, пéред тобóй, хорóшим водúтелем, бúзнесом, бúзнесом, настоя́щим бизнесмéном.

There are several examples in this reading of Instrumental case forms: nouns, pronouns, and <adjective + noun> phrases. Underline as many as you can find. (Depending on how you count, you may find as many as eleven, including repeated forms.)

---

[6] One way to translate this phrase is *to be a businessman*.

ГРАММАТИКА И ПРАКТИКА

О РОССИИ

НÓВЫЕ СЛОВÁ

В нáшей странé бúзнес — дéло нóвое.

Toward the end of the Communist era and as Russians started to transform their economy to a free-enterprise system, the mass media began using hundreds of English commercial and technical terms. It remains to be seen how much of this vocabulary will become a permanent part of standard Russian.

УПРАЖНЕНИЕ 3   Нóвые словá

Sort the following words into three groups: (1) *Computers and technology,* (2) *Business and the economy,* and (3) *Other.* Some words may fit into more than one category.

автóбусный тур	копúр	персонáльный
вáучер	ламинáтор	компьютер
вентсистéма	линóлеум	прúнтер
видеоплéйер	мéнеджер	процéссор
дúлер	монитóр	сáйдинг
дисплéй	мультимедúйный	сейф
кáбельное телевúдение	компьютер	скáнер
кáртридж	нóутбук	тóнер
кондиционéр	óфис	факс
контáктные лúнзы	пéйджер	

Упр. 3. АК. Computers and technology: видеоплéйер, кáбельное телевúдение, мультимедúйный компьютер, пéйджер, процéссор, скáнер, кáртридж, копúр, нóутбук, персонáльный компьютер, тóнер, монитóр, дисплéй, прúнтер, факс. Business and the economy: вáучер, дúлер, мéнеджер, óфис, сейф. Other: автóбусный тур, контáктные лúнзы, линóлеум, сáйдинг, вентсистéма, кондиционéр, ламинáтор.

9.7. BEING AND BECOMING: INSTRUMENTAL WITH БЫТЬ AND СТАТЬ

Being and Becoming. Sometimes the Nominative is used for adjectives (especially those that are not followed by a noun), usually in colloquial register. This happens most often in the past tense: Когда́ я была́ ма́ленькая, мы жи́ли в Ми́нске.

Я хочу́ стать **настоя́щим бизнесме́ном.**	I want to become a real businessman.
Че́рез два ме́сяца ты бу́дешь (ста́нешь) **хоро́шим води́телем.**	In two months you'll be a good driver.

When used with nouns or adjective phrases, the past, future, and infinitive forms of **стать** and **быть** are usually followed by the Instrumental case. (However, when the adjective **ма́ленький** in the meaning *young* is used alone after these verbs, it typically appears in the Nominative.)

Моя́ сестра́ хо́чет стать **врачо́м.**	My sister wants to become a doctor.
В а́рмии Степа́н Евге́ньевич Кругло́в был **офице́ром.**	While in the service, Stepan Evgenyevich Kruglov was an officer.
Когда́ я была́ **ма́ленькой де́вочкой,** мы жи́ли в Ки́еве.	When I was a little girl, we lived in Kiev.
Как вы ду́маете, Во́ва ста́нет **космона́втом?**	What do you think—will Vova become a cosmonaut?

УПРАЖНЕНИЕ 4   Когда́ я была́ ма́ленькой де́вочкой...

As you read the descriptions below, underline the Instrumental case forms. Then prepare a similar short narrative about yourself, a sister, brother, or someone else you know.

1. Я был шко́льником, сейча́с я студе́нт, а че́рез два го́да я бу́ду инжене́ром.
2. Когда́ Во́ва был ма́леньким ма́льчиком, он хоте́л стать футболи́стом. Пото́м он хоте́л стать космона́втом. Сейча́с он хо́чет стать исто́риком, как Джим.
3. Когда́ Ле́на была́ ма́ленькой де́вочкой, она́ не зна́ла, кем она́ ста́нет. Она́ хоте́ла стать актри́сой,† а ста́ла журнали́сткой.
4. В де́тстве (*childhood*) ба́бушка была́ про́сто де́вочкой. Пото́м ста́ла де́вушкой, пото́м — жено́й, пото́м — ма́терью, а тепе́рь она́ ба́бушка.

Упр. 4. Variation: Have students interview each other. Selected students can then tell about the person they interviewed; and/or each student can write a short essay about the person interviewed. If summary interviews are presented orally in class, ensure that other students listen to the presentation by asking a few content questions after each presentation. If a student is unable to answer a question you pose, have him or her elicit the information from the original interviewee.

Упр. 4. AK. 1 шко́льником, инжене́ром; 2 ма́леньким ма́льчиком, футболи́стом, космона́втом, исто́риком; 3 ма́ленькой де́вочкой, кем, актри́сой, журнали́сткой; 4 де́вочкой, де́вушкой, жено́й, ма́терью.

УПРАЖНЕНИЕ 5   Кем вы хотите стать?

Which of your classmates will become a doctor, a teacher, or a musician? Make a list of some of your classmates and their "possible" future occupations. Then circulate around the room to find out how many (if any) of your guesses were correct.

ОБРАЗЕЦ: — Кем ты хочешь стать — космонавтом?
           — Нет, я хочу стать музыкантом.

актёр, актриса	медсестра
архитектор	милиционер (*police officer*)
балерина	музыкант
биолог	переводчик (*translator, interpreter*)
врач	преподаватель
журналист	тренер (*coach*)
зубной врач (*dentist*)	физик
инженер	химик
историк	шофёр такси
космонавт	юрист

Упр. 5 (1). Variation: Personalize the question by having students pick an actual occupation of interest to them and learn to say it in Russian. Then use this question as a warm-up activity in future classes. Have students ask and tell about other students' intended occupations.

Упр. 5 (2). Variation: Combine the future occupations with things the students need to learn or do in connection with those occupations: Чтобы стать журналистом, надо писать интересно, оригинально or Чтобы стать инженером, надо изучать математику or Чтобы стать врачом (инженером, и т.д.), надо хорошо учиться.

Упр. 5 (3). Occupations, Professions. Relatively few occupations and professions have specific feminine forms, and even among those that do, the masculine form is often used generically unless there's a particular reason to designate that the person is female. A list of common occupations and professions was given in 4/4.

СЛОВА, СЛОВА, СЛОВА . . . ⭐ *Nouns in* -тель

Nouns ending in **-тель** that are derived from verbs are always masculine. They have the meaning of *one who does* the action described by the verb, such as the English *write-writer* and *teach-teacher*. Some **-тель** nouns for which you may already know the underlying verb include

водитель	преподаватель
любитель	родители (*used mostly in plural*)
писатель	слушатель
покупатель	учитель

❖ 9.8. JOINT ACTION: <МЫ С + INSTRUMENTAL>

Мы с тобо́й никогда́ об э́том не говори́ли . . .   *You and I have never talked about that . . .*

When a Russian wants to talk about doing something with someone else, the custom is to use <**мы с** + Instrumental>.

Мы с сы́ном о́чень лю́бим кни́ги.   *My son and I like books a lot.*
Мы со Све́той идём в похо́д.   *Sveta and I are going camping.*
Мы с сестро́й жи́ли в Ки́еве.   *My sister and I lived in Kiev.*

УПРАЖНЕ́НИЕ 6   С кем ты . . . ?

Indicate with whom you might do (or did) the following things:

1. Мы с (со) _____ лю́бим ходи́ть на конце́рты.
2. Мы с (со) _____ жи́ли в э́том до́ме год наза́д.
3. Мы с (со) _____ ча́сто игра́ем в баскетбо́л.
4. Мы с (со) _____ ча́сто гото́вим обе́д.
5. Мы с (со) _____ разгова́ривали всю ночь.
6. Мы с (со) _____ за́втра пое́дем в центр.
7. Мы с (со) _____ сейча́с и́щем рабо́ту.
8. ???

❖ 9.9. DOING THINGS: <ЗАНИМА́ТЬСЯ + INSTRUMENTAL>

Сейча́с у меня́ нет вре́мени, на́до мно́го **занима́ться**.   *I don't have time now— I have to study a lot.*

Каки́м би́знесом ты тепе́рь **занима́ешься**?   *What (kind of) business are you engaged in now?*

The first example illustrates the familiar *study* meaning (see Lesson 7, Part 4); if the academic subject is mentioned, it appears in the Instrumental case.

— Вчера́ ве́чером я **занима́лась** три часа́.   *"I studied for three hours last night."*
— А чем ты **занима́лась**?   *"And what were you studying?"*
— Ру́сским языко́м.   *"Russian."*

In a more general, nonacademic context, **занима́ться** means *to engage in, to be occupied* or *to be busy with*. This meaning is frequently used when discussing sports: **занима́ться спо́ртом** means *to play sports*.

— Ты **занима́ешься** спо́ртом?   *"Do you play sports?"*
— Да, я о́чень люблю́ спорт.   *"Yes, I really like sports."*
— А каки́ми ви́дами спо́рта ты **занима́ешься**?   *"What kinds of sports do you do?"*
— Я мно́го **занима́юсь** пла́ванием и те́ннисом. (Я о́чень люблю́ пла́вать и игра́ть в те́ннис.)   *"I swim and play tennis a lot." ("I really like to swim and play tennis.")*
— А как насчёт волейбо́ла?   *"And how about volleyball?"*
— Волейбо́лом я то́же **занима́юсь**. (Волейбо́л я то́же люблю́. *or* В волейбо́л я то́же игра́ю.)   *"I play volleyball, too." ("I like/play volleyball, too.")*

Упр. 6. For interactive practice in class, pass out visuals to pairs of students as a symbol of what each pair is doing. Have them see if other pairs of students can tell what their visual represents (for example, a pair of students holds a picture of a tennis racket: Мы с Али́сой игра́ем в те́ннис.) Better still, have students provide their own visuals from magazine cutouts.

<**Занима́ться** + **Instr.**> (1): Изве́стные спортсме́ны. Have students bring in pictures of famous athletes (including local campus athletes) mounted on index card stock. Using their pictures, have students ask one another questions such as Ты зна́ешь, кто э́то? Он (она́) игра́ет в футбо́л? Нет? А каки́м ви́дом спо́рта он (она́) занима́ется? А ты то́же занима́ешься [*name of sport*]? Нет? А каки́е ви́ды спо́рта ты лю́бишь? etc. You may first want to demonstrate with one or two students the range of questions/answers possible, and if you can include pictures of some current Russian athletes, so much the better.

<**Занима́ться** + **Instr.**> (2): Спорт, ви́ды спо́рта. Use this dialogue as a springboard to get students talking to one another about the sports in which they engage. Return to the topic frequently as a class warm-up. Constructions with *sport* or *sports* take considerable practice both because English uses plural when Russian often uses the singular, and because the Russian plural—when it is called for—is rendered with the phrase ви́ды спо́рта. Also, while the familiar <игра́ть в + [*name of sport in Acc.*]> is commonly used for competitive games (игра́ть в те́ннис, ша́хматы, футбо́л), for nongame activities one uses <**занима́ться** + [*name of sport in Instr.*]> (занима́ться пла́ванием, аэро́бикой, фигу́рным ката́нием). In some instances both constructions are acceptable. With practice, students will become comfortable with these variations.

УПРАЖНЕНИЕ 7 Вы хоро́шие студе́нты?

Find out about your classmates' study habits.

1. Чем ты занима́лся (занима́лась) вчера́ ве́чером?
2. Где ты занима́лся (занима́лась) вчера́ ве́чером — до́ма и́ли в библиоте́ке?
3. Ско́лько (*how long*) ты вчера́ ве́чером занима́лся (занима́лась)?
4. Чем ты бу́дешь занима́ться сего́дня ве́чером?
5. Где ты обы́чно занима́ешься — в библиоте́ке и́ли до́ма?
6. Когда́ ты обы́чно занима́ешься — у́тром, днём, ве́чером и́ли но́чью?
7. Ско́лько вре́мени ты обы́чно занима́ешься?
8. Ты обы́чно мно́го занима́ешься?

Упр. 7. #8. Be sure мно́го is the intonational peak of this question.

СЛОВА, СЛОВА, СЛОВА... ✪ *Спорт*

You already know the construction <игра́ть в + Acc.> (*to play a particular sport or game*): **Мой сосе́д игра́ет в футбо́л (в те́ннис, в ша́хматы, ...).** The generic phrase *to play sports* is **занима́ться спо́ртом: Ты занима́ешься спо́ртом?** Note that **спорт** is singular in Russian. To render the plural of **спорт**, use **ви́ды спо́рта: Каки́ми ви́дами спо́рта ты занима́ешься?** Many activities such as **аэро́бика,**† **гимна́стика,**† **пла́вание** (*swimming*) also combine with this verb: **Моя́ сестра́ занима́ется аэро́бикой (гимна́стикой, пла́ванием, ...).** Specific verbs are also used for some activities, such as **пла́вать** (*to swim*) and **бе́гать** (*to run, to go running, to jog*). The terms for *athlete* are **спортсме́н / спортсме́нка.**

Упр. 8. АК. 1 люблю; 2 занима́юсь; 3 занима́лась; 4 занима́ться; 5 игра́ть; 6 игра́ем; 7 занима́юсь; 8 бе́гаю; 9 люблю́.

УПРАЖНЕ́НИЕ 8   Я люблю́ занима́ться спо́ртом!

Complete the following text with the correct form of **люби́ть, занима́ться, игра́ть,** or **бе́гать**.

Я о́чень _____¹ спорт. Я _____² спо́ртом три и́ли четы́ре ра́за в неде́лю. Когда́ я была́ ма́ленькая и мы ещё жи́ли в Москве́, я ходи́ла в де́тский спорти́вный клуб. Там я _____³ пла́ванием и гимна́стикой. Пото́м моя́ семья́ перее́хала (*moved*) в Санкт-Петербу́рг, и здесь я ко́нчила шко́лу и тепе́рь учу́сь в институ́те. Коне́чно, я должна́ мно́го _____,⁴ но я не забыва́ю о спо́рте. Мой друг Серге́й — хоро́ший тенниси́ст. Он у́чит меня́ _____⁵ в те́ннис, и ка́ждую сре́ду и пя́тницу мы с ним _____⁶ в те́ннис. А в суббо́ту и воскресе́нье я _____⁷ аэро́бикой и́ли _____⁸, что́бы (*in order*) быть в фо́рме (*shape*). Я совсе́м не собира́юсь стать спортсме́нкой — про́сто я о́чень _____⁹ спорт!

❖ 9.10. TIME EXPRESSIONS: ЧЕ́РЕЗ AND НАЗА́Д

Че́рез мину́ту стол уже́ стои́т у нас!	*A minute later the table was already at our place!*
Перезвони́ **че́рез полчаса́**, хорошо́?	*Call back in a half hour, okay?*
Че́рез два ме́сяца ты бу́дешь хоро́шим води́телем.	*In two months you'll be a good driver.*
Пять мину́т наза́д у нас на́чал рабо́тать телефо́н!	*Five minutes ago our phone started working!*
Два го́да наза́д её дочь пое́хала в Ленингра́д.	*Two years ago her daughter went to Leningrad.*

Time Expressions. Наза́д by itself is more conversational than тому́ наза́д.

Time expressions meaning *ago* and *in* or *after* (a certain amount of time) are rendered by combining the time span with the words **наза́д** (*ago*), which follows the time span, and **че́рез** (*in*), which precedes the time span. The time span is in the Accusative, but except for feminine time spans (**че́рез мину́ту, неде́лю наза́д**) the Accusative is not evident because it looks like the Nominative. When a numeral higher than one is involved, the obvious feminine Accusative endings disappear. Note, for example, this "nesting" of case requirements:

Че́рез   четы́ре   неде́ли мы уже́ хорошо́ говори́ли по-ру́сски.

1. The preposition **че́рез** requires that the governed word or phrase be in the Accusative case; hence **четы́ре** is in the Accusative case (which looks like the Nominative).
2. The numeral **четы́ре** requires that the governed word or phrase be in the Genitive singular; hence **неде́ли** is in the Genitive singular.

УПРАЖНЕ́НИЕ 9   Что вы де́лали (бу́дете де́лать) . . . ?

Using the following phrases or your own, make up five sentences about things you have done or will be doing.

Два (три, четы́ре) го́да наза́д . . .	я рабо́тал (рабо́тала) в . . .
Че́рез пять лет . . .	моя́ семья́ жила́ в . . .
Год наза́д . . .	я бу́ду жить в . . .
Че́рез неде́лю . . .	я бу́ду рабо́тать . . .
Ме́сяц наза́д . . .	я учи́лся (учи́лась) в . . .
???	я пое́ду домо́й.
	я прие́хал (прие́хала) в университе́т.
	???

9.11. EXPRESSING FREQUENCY: КАК ЧА́СТО?

Два ра́за в неде́лю я даю́ уро́ки вожде́ния.	*Twice a week* I give driving lessons.
Мой би́знес рабо́тает так: **ка́ждое у́тро** я жду вас здесь.	My business works this way: *every morning* I wait for you here.
Они́ перепи́сывались по Интерне́ту **ка́ждый день.**	They corresponded via the Internet *every day*.

To express frequency such as *every day, twice a week, once a month, four times a year*, and so on, use this pattern:

FREQUENCY (in Accusative) . . .	**PER**	**. . . UNIT OF TIME** (in Accusative)
ка́ждый	—	день (вто́рник, ме́сяц, год)
ка́ждую		мину́ту (суббо́ту, неде́лю, зи́му)
ка́ждое		у́тро (воскресе́нье, ле́то)
(оди́н) раз	в	день (неде́лю, ме́сяц, год)
два (три, четы́ре) ра́за	в	день (неде́лю, ме́сяц, год)
пять (шесть, . . .) раз[7]	в	день (неде́лю, ме́сяц, год)

---

[7]The Genitive plural form of **раз** is identical to the Nominative singular.

Упр. 10. Here and elsewhere, encourage students to respond in accordance with their real-life experiences and habits. If a student does not engage in one of these activities, have him or her express that, e.g., Я никогда не смотрю новости по телевизору. To express *once every three years,* etc., use раз в три года, раз в два месяца.

УПРАЖНЕНИЕ 10   Каждый вечер . . .

Complete the statements on the left with frequency expressions on the right as they apply to you. You may use a given frequency statement more than once, or you may have to make up one of your own.

1. Я проверяю электронную почту . . .
2. У нас контрольная по русскому языку . . .
3. Я смотрю новости по телевизору . . .
4. Я обычно принимаю душ . . .
5. Я встаю в 8 часов утра . . .
6. Я завтракаю . . .
7. Зубные врачи (*dentists*) говорят, что надо чистить зубы . . .
8. Я получаю письма от родителей (от друга) . . .
9. Я звоню родителям . . .
10. ???

каждый день
каждую неделю
каждое утро
раз в год
два раза в месяц
три раза в день
пять раз в неделю
каждую субботу
каждое лето
???

Упр. 11. Follow this with a communicative activity in which each student tries to learn something that other students do on a regular basis—and with what frequency—throughout the week. Periodically ask individuals what they've learned about their classmates.

УПРАЖНЕНИЕ 11   Как часто?

How often do you, your friends, or your family do the following things? Ask questions such as the following.

ОБРАЗЕЦ: звонить родителям
→ — Как часто ты звонишь родителям?
— Два раза в неделю.

1. играть в волейбол, баскетбол и т.д.[8]
2. готовить пиццу
3. играть в карты
4. смотреть телевизор
5. ходить в ресторан
6. покупать новую машину
7. заниматься русским языком
8. приходить в университет
9. опаздывать на занятия

Verbs of Teaching and Learning (1). As you introduce this section, emphasize the distinction between teaching and learning *to do* things, as presented here, vs. teaching and learning (studying) *about* things, which was presented in 7/3. Keep this distinction foremost in students' minds to help reduce the difficulties that Anglophones experience with the Russian teaching/learning/studying verbs.

Verbs of Teaching and Learning (2). Unless students specifically ask, "How do you say . . . ?" we recommend that the following constructions not be introduced at this time: учить кого чему (*to teach someone something*), учиться чему (*to learn something*), and учиться на кого (*to study to become* [*a doctor, a technician,* etc.]).

9.12. TEACHING AND LEARNING *TO DO* THINGS

А как ты **научился** готовить?   How did you learn to cook?

Джим, я бы хотел **научиться** переписываться по Интернету.   I wouldn't mind learning to do correspondence on the Internet.

— Я хочу **научиться** водить машину.   "I want to learn to drive a car."
— Я могу тебя **научить.**   "I can teach you."

---

[8]The abbreviation **и т.д.** stands for **и так далее** (*and so forth*), equivalent to the abbreviation *etc.* used in English.

Teaching and learning *to do* something (as distinguished from studying or learning *about* things, which was presented in Lesson 7, Part 3) involves the verb **учи́ть / научи́ть** (*to teach*) and its reflexive variant **учи́ться / научи́ться** (*to learn*, i.e., *to teach oneself* or *to be taught*).

1. Teaching someone else *to do* something = <**учи́ть / научи́ть** + Acc. of person + imperfective infinitive>

Ва́ня **у́чит** Га́лю води́ть маши́ну.	Vanya is teaching Galya to drive a car.
Кто тебя́ **научи́л** игра́ть на роя́ле?	Who taught you to play the piano?

2. Learning *to do* something = <**учи́ться / научи́ться** + imperfective infinitive>

Моя́ сестра́ **у́чится**[9] води́ть маши́ну.	My sister is learning to drive a car.
Во́ва и Са́ша **у́чатся** игра́ть в бейсбо́л.	Vova and Sasha are learning to play baseball.
Они́ **нау́чатся** игра́ть в футбо́л.	They will learn to play soccer.

Verbs of Teaching and Learning (3). Use short personalized question-answer activities (warmups, transitions, fillers) over several class periods to help students get used to the contexts in which each expression is appropriate (e.g., Кто из вас хо́чет учи́ться игра́ть на гита́ре? ог Том, вы игра́ете на гита́ре, пра́вда? Кто вас научи́л?).

труд = рабо́та

---

[9]The difference in pronunciation between the infinitive ending **-ться** and the **он/она́** ending **-тся** is minimal. Therefore, be attentive to stress to distinguish between infinitive forms like **учи́ться** and conjugated forms like **он/она́ у́чится**.

Упр. 12. АК. А. 1 научиться; 2 учили; 3 научили; 4 учится; 5 научит.
Б. 6 научиться (focus on successfully learning to play the guitar) or учиться (focus on learning process); 7 научит (if научиться used in #6); будет учить or научит (if учиться used in #6); 8 научил; 9 учить; 10 учусь; 11 научусь; 12 учиться.

УПРАЖНЕНИЕ 12   Teaching and learning to do things

Fill in the blanks with forms of **учить / научить** and **учиться / научиться** as required by context.

А. Моя сестра живёт в центре города. Её работа далеко. Ей обязательно нужно _____¹ водить машину. Сейчас у неё нет машины. В прошлом году мы все — папа, мама и я — _____² её водить машину, но не _____.³ Сейчас она _____⁴ водить машину в автошколе. Её инструктор говорит, что он обязательно _____⁵ её хорошо водить машину.

Б. Я очень хочу _____⁶ играть на гитаре. Мой друг Юра играет очень хорошо. Он сказал, что _____⁷ меня играть на гитаре. Он уже _____⁸ меня играть одну красивую мелодию.† Он сказал, что будет _____⁹ меня каждый день. Я уже сказал своим друзьям, что _____¹⁰ играть на гитаре. Когда я _____¹¹ играть на гитаре, я начну (*will start*) _____¹² играть на саксофоне.

---

reVERBerations ⭐ *Verbs That Take the Instrumental Case*

A number of verbs that you have seen are associated with the Instrumental case when used with nouns or noun phrases.

1. **быть** (*to be*) and **стать** (*to become*) in the infinitive, past and future (i.e., where a change of state is implied).

   Через два месяца ты будешь **хорошим водителем**.   *In two months you'll be a good driver.*

   Но я хочу стать **настоящим бизнесменом**.   *But I want to become a real businessman.*

   The verb pair **становиться / стать** is unusual in that the imperfective is reflexive, while the perfective is not. Note that the perfective stem is **стан-**. Here are the key forms for this verb pair.

   становиться: становл-юсь, станов-ишься, ... станов-ятся
   pfv. **стать:** стан-у, стан-ешь, ... стан-ут

2. **гордиться** (*to be proud [of]*)

   Москвичи гордятся **своим метрополитеном** и любят его.   *Muscovites take pride in their metro system and love it.*

3. **заниматься** (*to be occupied with; to be engaged in; to study*)

   Сейчас я действительно занимаюсь **бизнесом**.   *Now I really am engaged in business.*

4. And though you've not yet seen an example of it, <**интересоваться** + Instr.> (*to be interested in*) is also a fairly common construction.

   Ты интересуешься **политикой**?   *Are you interested in politics?*

УПРАЖНЕНИЕ 13 Teaching and learning to do things

1. Ты уме́ешь води́ть маши́ну (гото́вить пи́ццу, игра́ть в ша́хматы)? Е́сли да, когда́ ты научи́лся (научи́лась)? Кто тебя́ научи́л?
2. Ты хо́чешь научи́ться игра́ть на гита́ре? Е́сли да, кто мо́жет тебя́ научи́ть?
3. Ты уме́ешь танцева́ть (*to dance*) ру́сские та́нцы (*dances*)? Е́сли нет, хо́чешь научи́ться? Кто мо́жет тебя́ научи́ть?
4. Ты уме́ешь игра́ть в футбо́л (в баскетбо́л, в ракетбо́л, в те́ннис, в бадминто́н)? Е́сли да, когда́ ты научи́лся (научи́лась)? Кто тебя́ научи́л?

 # КУЛЬТУРА РЕЧИ

ТАК ГОВОРЯТ: AGREEING AND DISAGREEING

Мо́жет быть, ты **прав**. — *Maybe you're right.*

One way to express agreement and disagreement is to say **Э́то ве́рно/Э́то неве́рно** (*That's right/That's not right*). Another way is to use the common short-form adjectives **прав** and **не прав**. Note the shifting stress.

он (я, ты)	прав/не прав
она́ (я, ты)	права́/не права́
они́ (мы, вы)	пра́вы/не пра́вы

The forms of **прав** are used not only to signal acceptance of someone else's statement (**Да, вы пра́вы, Михаи́л Серге́евич**), but also, when referring to yourself in the negative, as a conversational device to soften an assertion you are about to make: **Мо́жет быть, я не пра́в (не права́), но мне ка́жется, что . . .** (*Maybe I'm wrong, but it seems to me that . . .*).

Agreeing and Disagreeing. If need be, clarify the agreement of short-form adjectives when used with **вы**: one says **Вы пра́вы**, regardless of the gender/number of the addressee (whereas long forms agree in gender/number with the addressee: **Вы суеве́рный/суеве́рная/суеве́рные?**).

Рису́нок Анато́лия АНДРЕ́ЕВА (Херсо́н)

УПРАЖНЕНИЕ 14   Прав и́ли не прав? Права́ и́ли не права́?

Working with a classmate, agree or disagree with the following statements by using **ты прав (права́), вы пра́вы, он прав, она́ не права́,** and so on.

ОБРАЗЕ́Ц: — Моя́ сестра́ говори́т, что Мадри́д — ма́ленький го́род.
— Она́ не права́. Э́то о́чень большо́й го́род.

1. Ми́тя говори́т, что жира́фы† живу́т в А́зии.
2. Мои́ друзья́ говоря́т, что Санкт-Петербу́рг — краси́вый го́род.
3. Же́ня говори́т, что Люксембу́рг — больша́я страна́.
4. Я говорю́, что «Касабла́нка» — хоро́ший фильм.
5. Сестра́ говори́т, что тигр† — э́то больша́я ко́шка.
6. Мы говори́м, что в А́фрике холо́дный кли́мат.†
7. Мой сосе́д говори́т, что на Аля́ске всегда́ жа́рко.

УПРАЖНЕНИЕ 15   А как ты ду́маешь?

Try to find something that you and at least two of your classmates can agree on. Make statements by beginning with phrases like **По-мо́ему . . . Мне ка́жется, что . . . Я ду́маю, что . . . Мо́жет быть, я не прав (не права́), но . . .** Then invite another's comment: **А как ты ду́маешь? А как по-тво́ему?** To agree or disagree, use phrases like **Да, ты прав (права́) . . . Да, ве́рно . . . Нет, э́то непра́вильно . . . По-мо́ему, э́то не так . . .** and state your own position.

ОБРАЗЕ́Ц: — Я ду́маю, что Э́лвис Пре́сли ещё жив (*alive*)!
— Ве́рно! Я его́ ви́дела вчера́ на авто́бусной остано́вке!
и́ли
— Нет, э́то неве́рно!

Other possible assertions might be these:

По-мо́ему, са́мый интере́сный вид спо́рта — гольф.
Я ду́маю, что Ни́на поёт (игра́ет на гита́ре, игра́ет в те́ннис) лу́чше, чем И́горь.
Я ду́маю, что са́мый бога́тый (*richest*) челове́к в ми́ре — . . .
По-мо́ему, занима́ться би́знесом так же интере́сно, как . . .
???

❖ САМОПРОВЕРКА: УПРАЖНЕНИЕ 16

Working on your own, try this self-test: Read a Russian sentence out loud, then give an idiomatic English equivalent without looking at the book. Then work from English to Russian. After you have completed the activity, try it with a classmate.

1. Мои́ роди́тели ду́мают, что я ста́ну юри́стом, а я хочу́ стать музыка́нтом.
2. Э́то моя́ подру́га Ра́я. Мы с ней занима́емся ка́ждое у́тро аэро́бикой. И три ра́за в неде́лю мы игра́ем в те́ннис.
3. — Когда́ прие́хали твои́ друзья́?
   — Неде́лю наза́д.
   — А когда́ уезжа́ют?
   — Че́рез три дня.
4. — Я о́чень хочу́ научи́ться игра́ть на гита́ре.
   — Я игра́ю на гита́ре. Могу́ тебя́ научи́ть.

1. *My parents think I'm going to be a lawyer, but I want to be a musician.*
2. *That's my friend Raya. She and I do aerobics every morning. And three times a week we play tennis.*
3. *"When did your friends arrive?"*
   "A week ago."
   "And when are they leaving?"
   "In three days."
4. *"I really want to learn to play the guitar."*
   "I play guitar. I can teach you."

❖ ВОПРОСЫ И ОТВЕТЫ: УПРАЖНЕНИЕ 17

1. Ты хорошо́ во́дишь маши́ну?
2. Ско́лько тебе́ бы́ло лет, когда́ ты научи́лся (научи́лась) води́ть маши́ну?
3. Ты учи́лся (учи́лась) води́ть маши́ну в автошко́ле? Кто тебя́ учи́л води́ть маши́ну?
4. Как ты ду́маешь, ско́лько вре́мени на́до учи́ться, чтобы (*in order to*) стать хоро́шим води́телем?
5. Что трудне́е (*more difficult*) — стать хоро́шим води́телем и́ли дава́ть уро́ки вожде́ния (*driving*)?
6. Как ты ду́маешь, занима́ться би́знесом интере́сно?
7. Ты когда́-нибудь (*ever*) занима́лся (занима́лась) би́знесом?
8. Как ты ду́маешь, тру́дно занима́ться би́знесом?

Каки́м би́знесом он занима́ется?

ДИАЛОГИ

ДИАЛОГ 1 Тебе́ ну́жно . . .
(Offering advice)

— Я хочу́ научи́ться води́ть маши́ну.
— Тебе́ ну́жно брать уро́ки вожде́ния (*driving*). Я зна́ю о́чень хоро́шую автошко́лу.
— А где э́та автошко́ла?
— Вот но́мер телефо́на и а́дрес. Там хоро́шие инстру́кторы. Они́ тебя́ нау́чат хорошо́ води́ть маши́ну.

ДИАЛОГ 2 Ни пу́ха ни пера́![10]
(Wishing good luck)

— До́брое у́тро, Та́ня. Я тебе́ звони́л не́сколько раз вчера́ ве́чером, но тебя́ не́ было до́ма.
— Да, я была́ в библиоте́ке.
— Весь ве́чер?
— Да, я там занима́лась. Учи́ла исто́рию. У меня́ за́втра экза́мен.
— Ни пу́ха ни пера́!
— К чёрту!

УПРАЖНЕНИЕ 18   Ваш диало́г

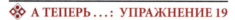

Create a dialogue in which you and a friend discuss something one of you would like to learn to do. The other, it turns out, knows how to do that and can teach you. You make arrangements for lessons (how often they'll be, where you'll meet, and so on).

Упр. 18. Additional Suggestion. Create a dialogue in which a friend suggests that the two of you go to a movie. You turn down the invitation because you have an exam tomorrow morning. Your friend wishes you luck on the exam, and the two of you agree to go out tomorrow night.

А ТЕПЕРЬ . . . : УПРАЖНЕНИЕ 19

Working with a classmate, use what you learned in Part 3 to . . .

1. find out if he plays sports and if so, if he plays basketball (tennis, soccer, . . .)
2. ask how often he plays some of these sports
3. find out how old he was when he learned to play [*name of sport*]
4. find out who taught him to play [*name of sport*]
5. ask what he wants to become
6. find out where he wants to be living in five years

---

[10]When students wish each other luck on a test, rather than say **Жела́ю уда́чи!,** they usually use the phrase **Ни пу́ха ни пера́!,** whose literal translation is nonsensical: *Neither fluff nor feather!* This derives from a good-luck wish for hunters and is analogous to the actors' wish *Break a leg.* The obligatory answer is **К чёрту!** (lit. *To the devil!*).

ЧАСТЬ ЧЕТВЁРТАЯ

 **С ЧЕГО НАЧАТЬ?**

С чего начать? Suggested Activity. Have students survey their classmates to find out how many students believe in astrology, how many read their horoscope (and how often), and which zodiac sign is most common in the group.

ЗНА́КИ (*Signs*) ЗОДИА́КА[†]

	Рак (*crawfish*)	Cancer		**Козеро́г** (*ibex*)	Capricorn
	Близнецы́ (*twins*)	Gemini		**Стреле́ц** (*cf.* стрела́ *arrow*)	Sagittarius
	Теле́ц (*calf*)	Taurus		**Скорпио́н** (*scorpion*)	Scorpio
	Ове́н (*ram*)	Aries		**Весы́** (*scales*)	Libra
	Ры́бы (*fish*)	Pisces		**Де́ва** (*maiden*)	Virgo
	Водоле́й (*cf. water pourer*)	Aquarius		**Лев** (*lion*)	Leo

— Я — Ове́н, а ты?
— А я — Водоле́й.

Како́й твой знак зодиа́ка?

Ты **ве́ришь** в астроло́гию[†]?

Ты чита́ешь гороско́п[†] ка́ждый день (ка́ждую неде́лю, ка́ждый ме́сяц)?

116 Урок 9 ✪ Едем или идём?

Чтение (1): экскурсия по Москве. Given a list of some major tourist spots in Moscow and the metro stations that serve them. Have students plan an excursion hitting those sites. Refer students to the metro map on p. 73 in 9/1.

Не думаю... *I don't think so* / Прогноз... *Weather forecast*
sky

Unknown

Reading Introduction (see also WB/LM).
1. Кто идёт на экскурсию? (Профессор Петровский, Татьяна Дмитриевна, Джим, Саша, Света и Таня.) Почему Силины не идут на экскурсию? (Потому что они идут на футбол.) *game*
2. Кто говорит, что он не суеверный? (Профессор Петровский.)
3. Почему Джим говорит, что он должен идти первым? (Потому что Джим американец, а американцы должны бояться только американских чёрных кошек.) Кто в конце концов идёт первым? (Саша.)
4. Кто говорит, что не верит в чёрных кошек? (Силин.) Как вы думаете, он действительно не верит в чёрных кошек?

Чтение (2): Кто пойдёт первым? The use of an Instrumental predicate with идти / пойти is parallel to that of Instrumental predicates with certain other verbs, e.g., я буду первым; он работает главным инженером, etc.

Чтение (3): у себя дома. Students haven't encountered forms of себя actively, but you tell them that it refers to *oneself*, they should be able to figure out that the phrase means "At home (in America)" in this context

bad luck
того... *the one who*
superstitious

be afraid of

У... *At home*

❖ **ЧЁРНАЯ КОШКА**

(*Natalya Ivanovna and Sergei Petrovich step out of the apartment building.*)

НАТАЛЬЯ ИВ.	По-моему, опять будет дождь.
СЕРГЕЙ ПЕТР.	Дождь? **Не думаю.°** Прогноз погоды° хороший.
НАТАЛЬЯ ИВ.	Прогноз, может быть, и хороший, но посмотри на небо.°

(*The professor, Tatyana Dmitrievna, Jim, Sasha, Sveta, and Tanya come out of the entrance. They greet each other and talk while walking.*)

НАТАЛЬЯ ИВ. Какая большая компания!
ТАТЬЯНА ДМ. Да, у нас будет экскурсия.
ДЖИМ. Это будет экскурсия «Неизвестная° Москва».
НАТАЛЬЯ ИВ. Да, это очень интересно.
СЕРГЕЙ ПЕТР. Очень!
ПРОФЕССОР. Может быть, вы тоже хотите...
СЕРГЕЙ ПЕТР. (*Interrupts him.*) Спасибо, мы очень хотим, но, к сожалению, сегодня не можем. У нас билеты на футбол. Сегодня **финальный**† **матч**° сезона.†
ТАТЬЯНА ДМ. Жаль.
СВЕТА. Мы идём на автобусную остановку. Вы тоже едете автобусом?
НАТАЛЬЯ ИВ. Нет, мы едем на машине.

(*A black cat appears and runs in front of everyone.*)

ТАНЯ. Чёрная кошка! Теперь у нас будет **неудача.°**
САША. Неудача будет только у того, кто° пойдёт первым. Я готов.
ПРОФЕССОР. Можно, я буду первым? Я не **суеверный.°**
ДЖИМ. Извините, Илья Ильич, но я думаю, я должен идти первым. Это русская чёрная кошка, а американцы должны **бояться°** американских чёрных кошек.
САША. Нет, Джим, мы не можем рисковать.† Ты гость. У себя дома° ты можешь идти первым, а у нас... (*Goes forward.*)

(*Everyone laughs and follows Sasha, except the Silins.*)

ТАТЬЯ́НА ДМ.   А вы не идёте?
НАТА́ЛЬЯ ИВ.   Нам на́до идти́ в другу́ю сто́рону,° на́ша маши́на — там.
ВСЕ.   До свида́ния... **Жела́ем хорошо́ провести́ вре́мя**...° Спаси́бо... **Всего́ хоро́шего**...° **И вам та́кже**...°

идти́... *to go the other direction*
Жела́ем... *Have a good time...*
Всего́... *Take care.* / И... *The same to you.*

(*Ilya Ilyich and the others leave.*)

СЕРГЕ́Й ПЕТР.   Я в чёрных ко́шек не ве́рю.
НАТА́ЛЬЯ ИВ.   А я ве́рю.

(*The black cat appears again and runs across the Silins' path.*)

СЕРГЕ́Й ПЕТР.   Опя́ть она́... И́ли бу́дет дождь и́ли° на́ши **проигра́ют**.°
НАТА́ЛЬЯ ИВ.   Ты же сказа́л, что не ве́ришь в чёрных ко́шек!

И́ли... *Either it'll rain or / will lose*

СУЕВЕ́РИЯ° И ПРИМЕ́ТЫ°

superstitions / omens

У всех **наро́дов**° есть суеве́рия и приме́ты. Есть они́ и у ру́сских люде́й. И есть суеве́рные лю́ди, кото́рые ве́рят в них. Обы́чно ста́рые лю́ди бо́лее суеве́рные,° чем **молодёжь**.° Вот не́которые° **популя́рные**† приме́ты:
Чёрная ко́шка перебежа́ла вам доро́гу.°
   Вам не повезёт.[11]
Вы **встре́тили**° челове́ка, кото́рый **несёт**° по́лное° ведро́° и́ли корзи́ну.°
   Вам повезёт.
Вы встре́тили челове́ка, кото́рый несёт пусто́е° ведро́ и́ли корзи́ну.
   Вам не повезёт.
Вы забы́ли до́ма **каку́ю-нибудь**° вещь и верну́лись за° ней.
   Вам не повезёт.
У вас па́дает° нож.°
   У вас бу́дет гость — мужчи́на.
У вас па́дает ви́лка.°
   У вас бу́дет го́стья° — же́нщина.
Вы ви́дите паука́.°
   Вы полу́чите письмо́.
Вы рассы́пали° соль за столо́м.°
   Бу́дет ссо́ра.°
Вы поздоро́вались за́ руку° че́рез° поро́г.°
   Бу́дет ссо́ра.

peoples

бо́лее... *more superstitious*
young people / a few
перебежа́ла... *crossed your path*
met / is carrying / full / bucket / basket

empty

some
for

falls / knife

fork
guest
spider

spilled / за... *at the table*
quarrel
поздоро́вались... *greeted (someone) with a handshake / across / threshold*

УПРАЖНЕ́НИЕ 1   Под микроско́пом: Using «в» and «на»

Look back at **Чёрная ко́шка** and find the six phrases containing «**в**» or «**на**» that correspond to the following:

1. Look at the sky.
2. We have tickets to the soccer game.
3. We're going to the bus stop.
4. We're going by car.
5. We have to go in the other direction.
6. I don't believe in black cats.

Упр. **1. АК.** 1 посмотри́ на не́бо; 2 У нас биле́ты на футбо́л; 3 Мы идём на авто́бусную остано́вку; 4 Мы е́дем на маши́не; 5 Нам на́до идти́ в другу́ю сто́рону; 6 Я в чёрных ко́шек не ве́рю.

---

[11]The past tense of this expression is more common: **Вам не повезло́.** (*You had bad luck.*)

ГРАММАТИКА И ПРАКТИКА

О РОССИИ

СУЕВЕРИЯ И ПРИМЕТЫ

Чёрная кошка! Теперь у нас будет неудача.

Russians as a people are probably no more superstitious than people in any other industrialized nation. But there are superstitions that virtually every Russian knows about—and that some actually believe in. Many Russian superstitions about good and bad luck have their roots in ancient religious beliefs and deal with ways to avoid tempting the devil. Astrology is popular with some people, and since the late 1980s many newspapers have carried a daily or weekly **гороскоп** column.

9.13. GOING BY VEHICLE: ВЫ ТОЖЕ ЕДЕТЕ АВТОБУСОМ?

— Мы идём на автобусную остановку. Вы тоже едете **автобусом**?
— Нет, мы едем **на машине**.

"We're going to the bus stop. Are you going by bus too?"
"No, we're going by car."

As you have learned, Russians use **ехать / поехать** when use of a vehicle is stated or implied (for example, when going to another city or country: **Мы едем во Францию**). **Идти / пойти** has a much broader range of use, including not only going by foot and/or to nearby places, but also going to functions or activities (even those far away) where the speaker's emphasis is on "attending" rather than on physically going somewhere (for example, **Завтра я иду на концерт Йо-Йо-Ма,** even if the concert is taking place at a location that can only be reached by car or bus).

To express the means of transportation, Russian uses <**на** + Prep.>.

на машине	на автобусе	на поезде	by train
на такси	на троллейбусе	на самолёте	by airplane
на метро	на трамвае	на электричке	by commuter train

In certain contexts, some Russian speakers express the means of transportation by using the Instrumental case without a preposition, most frequently with **поездом, самолётом,** and **автобусом.**

To emphasize going *by foot,* use **идти пешком** unless it is clear from context.

— Андрей, ты куда?
— В магазин «Электроника».
— Ты **идёшь пешком**?
— Да, это не так далеко, погода хорошая, и я не хочу ждать троллейбуса.

Going by Vehicle (1). There is great deal of variation among native speakers with regard to using Instrumental with no preposition. It depends on the particular form of transportation, the context of the utterance, personal preference, and so on.

Going by Vehicle (2). For in-class practice, place placards with city names (Москва, Санкт-Петербург, Новосибирск, etc.) around the room; have students move from "city" to "city" and narrate their movements (Я еду в Москву) and/or describe where they and others have gone (Сначала Линда поехала в Санкт-Петербург, потом она поехала в Новосибирск). Have students travel in pairs to elicit the мы and они verb forms. As an additional activity, give each student a picture of a conveyance (a bus, a car, a plane, a train) and have him or others describe both the destination and the means of transportation.

УПРАЖНЕНИЕ 2 Идти или ехать?

Fill in the blanks with the correct present-tense forms of **идти** or **ехать**.

1. Са́ша _____ в консервато́рию на метро́ и́ли на авто́бусе?
2. Сего́дня днём Ви́ктор _____ в кино́.
3. [Во́ва ви́дит дру́га на у́лице.]
   — Эй, Ми́тя! Куда́ ты _____?
4. [Ле́на разгова́ривает с подру́гами о пла́нах на ле́то.]
   — В ию́ле мы _____ в Петербу́рг.
5. [На ста́нции метро́.]
   — Серге́й, ты _____ домо́й?
6. Си́лины _____ на стадио́н на маши́не.
7. Илья́ Ильи́ч, Са́ша, Та́ня, Све́та и Джим _____ на авто́бусную остано́вку.

> **Упр. 2. AK.** 1 е́дет; 2 идёт; 3 идёшь; 4 е́дем; 5 е́дешь; 6 е́дут; 7 иду́т.
>
> **Упр. 2.** Remind students that in Russian as in English, the present tense is often used to convey a planned future action—especially in the case of motion verbs: Куда́ ты идёшь сего́дня ве́чером? *Where are you going tonight?*

УПРАЖНЕНИЕ 3 На метро́? На такси́? Пешко́м?

How would you most likely get to the following locations? More than one answer may be correct.

ОБРАЗЕ́Ц: в кинотеа́тр
  → В кинотеа́тр мо́жно идти́ пешко́м и́ли е́хать на метро́ и́ли на авто́бусе.

в университе́т
в центр го́рода
к ба́бушке
к роди́телям
в Нью-Йо́рк
на авто́бусную остано́вку
в Торо́нто

в парк
на по́чту
в библиоте́ку
в Лос-А́нджелес
в магази́н, где ты обы́чно покупа́ешь проду́кты
в спортза́л

> **Упр. 3. Going by Vehicle.** If students indicate vehicular travel to a place that doesn't necessarily imply distance (e.g., в спортза́л, на по́чту), it would be appropriate to ask, А почему́ вы е́дете туда́ на маши́не? Э́то о́чень далеко́?
>
> **Исто́рия на У́лицах.** As a supplemental assignment, give each student (or have each student select) a biographical name from a street or metro map of Moscow or St. Petersburg, and have students research the individuals in the library to find out why they have been honored.

О РОССИИ

ИСТО́РИЯ НА У́ЛИЦАХ

У нас бу́дет экску́рсия «Неизве́стная Москва́».

Many street names in Russia reflect Russians' deep respect for art, literature, music, science, and history. It is not uncommon for cities and towns to have streets, squares, metro stations, and the like named for composers (**ул. Му́соргского** in Moscow, **ул. Чайко́вского** in St. Petersburg), writers (**Пу́шкинская пл.** in Moscow, **ул. Достое́вского** in St. Petersburg), scientists (**ста́нция Менделе́евская** and **Ломоно́совский проспе́кт** in Moscow), and other figures. There are, of course, streets named for political and military figures and movements. Until the overthrow of Soviet power in the early 1990s almost every town, no matter how small, had at least one street, square, or other public facility named for Marx, Lenin, and—depending on the size of the town—other persons of significance to the regime. Some names from that era still remain, though most have been replaced.

Пу́шкинская пло́щадь

О РОССИИ

СТА́РАЯ МОСКВА́

Когда́ тури́сты приезжа́ют в Москву́, они́ хотя́т уви́деть . . .

Moscow has existed for over 800 years. Like many ancient cities, it grew out from the center, and its successive concentric rings of construction are still plainly apparent in the layout of contemporary Moscow. At the very center is the historic fortified compound called **Кремль** (*the Kremlin*). Next to it are **Кра́сная пло́щадь** (*Red Square*) and the colorful **Собо́р Васи́лия Блаже́нного** (*St. Basil's Cathedral*). Nearby is an assortment of tiny chapels three to four centuries old, czarist palaces, gardens, museums, the neoclassical **Большо́й теа́тр,** dozens of cathedrals, nineteenth-century hotels and merchants' residences, the elaborate shopping structure known as **ГУМ (Госуда́рственный универса́льный магази́н** [*State Department Store*]), and communist-era structures like **мавзоле́й Ле́нина** (*Lenin's mausoleum*).

ГУМ

Ста́рая Москва́. Refer students to the map of Moscow on the inside front cover.

СЛОВА́, СЛОВА́, СЛОВА́ . . . Uses of «и»

У всех наро́дов есть суеве́рия и приме́ты.	All peoples have superstitions and omens.

The most common meaning for «и» is *and,* used to connect two or more items. When used to connect many items in a series, «и» may be placed before the first item as well as between succeeding items.

Тури́сты хотя́т уви́деть **и** Кремль, **и** Кра́сную пло́щадь, **и** . . .	Tourists want to see the Kremlin and Red Square and . . .

«И» is used in other ways as well.

Прогно́з, мо́жет быть, **и** хоро́ший, но посмотри́ на не́бо.	The forecast may indeed be good, but look at the sky.

How best to render it in English is a matter of context.

9.14. ANYONE/SOMEONE, ANYTHING/SOMETHING: КТО́-НИБУ́ДЬ, ЧТО́-НИБУ́ДЬ

Принеси́ **что́-нибу́дь** вку́сное для Бе́лки.	Bring something tasty for Belka.
Настоя́щий бизнесме́н всегда́ **что́-нибу́дь** де́лает беспла́тно.	A real businessman always does something for free.
Ты **когда́-нибу́дь** жила́ в Санкт-Петербу́рге?	Have you ever lived in St. Petersburg?
Кто́-нибу́дь звони́л?	Did anyone call?
Мне ну́жно купи́ть **каку́ю-нибу́дь** кни́гу с фотогра́фиями Москвы́.	I need to buy some kind of book with photos of Moscow.

The particle **-нибу́дь** turns interrogatives like **кто** and **что** from *who* and *what*, respectively, into the more indefinite *anyone/someone* and *anything/something*. Other question words also combine with **-нибу́дь**: the pronouns and adjectives (**кто, что, како́й**) decline; the adverbs (**где, куда́, когда́, как**) and the particle (**-нибу́дь**) are unchanging. Here is a list of common **-нибу́дь** compounds.

First element declines	кто́-нибу́дь	anyone/someone
	что́-нибу́дь	anything/something
	како́й-нибу́дь	any kind of/some kind of
Indeclinable adverbial forms	где́-нибу́дь	anywhere/somewhere
	куда́-нибу́дь	(to) anywhere/somewhere
	ка́к-нибу́дь	somehow
	когда́-нибу́дь	ever/sometime

УПРАЖНЕНИЕ 4 Здесь кто́-нибу́дь говори́т по-ру́сски?

Match the phrases on the left with appropriate phrases on the right. Then select five questions to ask a classmate.

Упр. **4. АК.** 1 д; 2 в; 3 ж; 4 г; 5 е; 6 а; 7 б.

1. Ты сего́дня получи́л (получи́ла) . . .
2. Ты ви́дел (ви́дела) . . .
3. Ты вчера́ купи́ла в магази́не . . .
4. Сего́дня бу́дет . . .
5. Ты сего́дня ве́чером . . .
6. Ты игра́ешь . . .
7. Ты был (была́) . . .

а. на како́м-нибудь музыка́льном инструме́нте?
б. когда́-нибудь в Москве́?
в. кого́-нибудь в столо́вой (*cafeteria*) вчера́ ве́чером?
г. како́й-нибудь рок-конце́рт?
д. каки́е-нибудь пи́сьма?
е. куда́-нибудь идёшь?
ж. что́-нибудь?

9.15. DATIVE PLURAL OF NOUNS, ADJECTIVES, AND POSSESSIVES

Культу́рные лю́ди говоря́т **ста́ршим** «вы».	Educated people address their elders using «*вы*»
Вы разреша́ете э́то то́лько **свои́м аспира́нтам.**	You permit only your graduate students (to do) that.
Москвича́м нра́вится, когда́ тури́сты говоря́т им, что моско́вское метро́ — са́мое краси́вое в ми́ре.	Muscovites like it when tourists tell them that the Moscow metro is the most beautiful in the world.

The plural forms of the Dative case are very consistent: they all end in **-м** (which is also true of the Dative plural pronouns **нам, вам, им**). Here is a table of Dative plural forms.

DATIVE PLURAL FORMS

	NOMINATIVE CASE	DATIVE PLURAL ENDING	EXAMPLES
NOUNS			
Plural, all genders	музыка́нт-ы музе́-и роя́л-и окн-а́ упражне́ни-я сёстр-ы ку́хн-и две́р-и	-ам/-ям	музыка́нт-**ам** музе́-**ям** роя́л-**ям** о́кн-**ам** упражне́ни-**ям** сёстр-**ам** ку́хн-**ям** двер-**я́м**
ADJECTIVES (including adjectives used as nouns)			
Plural, all genders	но́в-ые контро́льн-ые хоро́ш-ие	-ым/-им	но́в-**ым** контро́льн-**ым** хоро́ш-**им**
POSSESSIVES			
Plural, all genders	мо-и́ ва́ш-и	-им	мо-**и́м** ва́ш-**им**

УПРАЖНЕ́НИЕ 5   Кому́ профе́ссор Смит пи́шет пи́сьма?

Упр. 5. AK. он пи́шет ... ру́сским исто́рикам, но́вым юри́стам, иностра́нным студе́нтам, америка́нским журнали́стам, други́м профессора́м, но́вым знако́мым, свои́м роди́телям, вну́кам и вну́чкам.

Use the list below to tell whom Professor Smith writes letters to.

ОБРАЗЕ́Ц: Он пи́шет пи́сьма свои́м сёстрам.

Он пи́шет ... ру́сские исто́рики   други́е профессора́
              но́вые юри́сты   но́вые знако́мые
              иностра́нные студе́нты   свои́ роди́тели
              америка́нские журнали́сты вну́ки и вну́чки

СЛОВА, СЛОВА, СЛОВА... ⭐ Declensional Details of Some "People" Nouns

Now that you know the complete singular and plural declension patterns, you are better able to recognize underlying regularities in some forms that may have heretofore looked irregular.

1. **Брат** and **друг** display similar stem changes in their plural declensions.

Nom.	бра́ть-я	друзь-я́
Acc.	бра́ть-ев	друз-е́й (!)
Gen.	бра́ть-ев	друз-е́й (!)
Prep.	бра́ть-ях	друзь-я́х
Dat.	бра́ть-ям	друзь-я́м
Instr.	бра́ть-ями	друзь-я́ми

   Брат and друг. Stem-stressed nouns like бра́ть-я and сту́ль-я have Acc./Gen. plural in -ев, while end-stressed nouns like друзь-я́, мужь-я́ and сыновь-я́ have Acc./Gen. plural in -ей. Note that the soft sign is no longer present with the -ей ending.

   Both **муж** (*pl.* **мужь-я́**) and **сын** (*pl.* **сыновь-я́**) display the same endings as **друг**. **Подру́га** does not follow the pattern of **друг**, but rather is regular—like **кни́га**—in both singular and plural declensions.

2. **Мать** and **дочь**, like all feminine -ь nouns, have an Accusative singular that looks the same as the Nominative singular. In other forms, the syllable **-ер-** is inserted before endings are added. Note the stress shifts.

	SINGULAR	PLURAL		SINGULAR	PLURAL
Nom.	мать	ма́т-ер-и		дочь	до́ч-ер-и
Acc.	мать	ма́т-ер-и		дочь	доч-ер-е́й
Gen.	ма́т-ер-и	мат-ер-е́й		до́ч-ер-и	доч-ер-е́й
Prep.	ма́т-ер-и	мат-ер-я́х		до́ч-ер-и	доч-ер-я́х
Dat.	ма́т-ер-и	мат-ер-я́м		до́ч-ер-и	доч-ер-я́м
Instr.	ма́т-ерью (!)	мат-ер-я́ми		до́ч-ерью (!)	доч-ер-ьми́ (!)

3. **Челове́к** and **ребёнок** have completely different forms in the plural.

   SINGULAR: челове́к SINGULAR: ребёнок
   PLURAL   PLURAL

Nom.	лю́д-и	де́т-и
Acc.	люд-е́й	дет-е́й
Gen.	люд-е́й	дет-е́й
Prep.	лю́д-ях	де́т-ях
Dat.	лю́д-ям	де́т-ям
Instr.	люд-ьми́ (!)	дет-ьми́ (!)

Ри́та занима́ется с друзья́ми.

УПРАЖНЕ́НИЕ 6   Dative endings

Fill in the blanks with the correct form of the words in parentheses.

1. Он помога́ет то́лько _____ (бе́дные [*poor*] аспира́нты).
2. Мы ча́сто звони́м _____ (свои́ бра́тья и сёстры).
3. _____ (Мы и на́ши но́вые друзья́) о́чень понра́вился Большо́й теа́тр.
4. Мы должны́ сказа́ть _____ (иностра́нные го́сти), что за́втра бу́дет интере́сная экску́рсия.
5. Что вы сказа́ли _____ (неме́цкие тури́сты)?
6. _____ (Ру́сские бизнесме́ны) ну́жно мно́го рабо́тать.
7. _____ (Молоды́е лю́ди) интере́сно смотре́ть футбо́л.

Упр. 6. АК. 1 бе́дным аспира́нтам; 2 свои́м бра́тьям и сёстрам; 3 Нам и на́шим но́вым друзья́м; 4 иностра́нным гостя́м; 5 неме́цким тури́стам; 6 Ру́сским бизнесме́нам; 7 Молоды́м лю́дям.

УПРАЖНЕНИЕ 7   Опро́с (*Survey*)

Working with one or two classmates, role-play a situation in which one of you plays a journalist conducting a survey on student life. Take turns playing the journalist.

1. Кому́ вы ча́ще (*more often*) звони́те по телефо́ну — друзья́м и́ли преподава́телям?
2. Кому́ вы ча́ще покупа́ете пода́рки — бра́тьям и сёстрам и́ли роди́телям?
3. Что вы говори́те профе́ссору, когда́ опа́здываете на заня́тия?
4. Что вам бо́льше нра́вится — чита́ть кни́ги и́ли смотре́ть телеви́зор? А что бо́льше нра́вится ва́шим друзья́м?
5. Вы помога́ете роди́телям и друзья́м, когда́ им нужна́ по́мощь (*help*)?
6. Кому́ вы ча́ще пи́шете пи́сьма — роди́телям и́ли друзья́м?
7. Что вы говори́те де́вушке, с кото́рой вы хоти́те познако́миться (молодо́му челове́ку, с кото́рым вы хоти́те познако́миться)?
8. Ва́ши роди́тели посыла́ют (*send*) вам де́ньги? А вы им?
9. Вы всегда́ говори́те пра́вду (*the truth*) друзья́м? А роди́телям? А профессора́м?

reVERBerations: #1. Боя́ться is usually followed by the Genitive. This is always the case with inanimate objects (Я бою́сь э́того ме́ста/больши́х городо́в). With animate objects, the Accusative may now be used in colloquial Russian instead of Genitive. (Я бою́сь э́того челове́ка/э́ту же́нщину). As a practical matter, however, most objects of боя́ться *appear* to be in the Genitive because only singular animate feminine nouns show the Accusative distinctly.

---

reVERBerations ★

1. The verb **боя́ться** (an **-ишь** verb!) (*to fear, to be afraid*) is followed by the Genitive case when you want to say what you are afraid of.

   Я бою́сь **воды́** (соба́к . . .).   I'm afraid of water (dogs . . .).

2. As you saw in Lesson 8, Part 1, the verb **ве́рить** (*to believe*) is followed by the Dative case when you want to say that you believe someone.

   Ты **ей** ве́ришь?   Do you believe her?

   To say that you believe *in* something, use <**ве́рить в** + Acc.>.

   Я не ве́рю **в астроло́гию** (**в чёрных ко́шек** . . .).   I don't believe in astrology (in black cats . . .).

3. Single-infinitive verbs

   Though most imperfective verbs have perfective counterparts, not all of them do. Some verbs, like **боя́ться**, **знать**, and **уме́ть**, describe continuing actions, processes, or states that cannot have a perfective (resultative) meaning. Other single-infinitive imperfective verbs that you have encountered include **занима́ться** (*to be engaged in* and *to study, to do homework*) and **разгова́ривать** (*to converse*). Still other verbs are biaspectual: One form serves in both imperfective and perfective contexts. Examples of biaspectual verbs are **атакова́ть** (*to attack*), **жени́ться** (*to marry* [said of a man]), and **телеграфи́ровать** (*to send a telegram*).

4. Expressing wishes with **жела́ть**

   Жела́ю тебе́ уда́чи.   I wish you luck!
   Жела́ю вам здоро́вья.   I wish you good health.
   Жела́ем хорошо́ провести́ вре́мя.   Have a good time!

   When using **жела́ть,** note the following:
   - The person(s) to whom the wish is extended, if expressed at all, is in the Dative (**тебе́** and **вам** in the examples above).
   - The thing wished, if a noun, is in the Genitive (**уда́чи** and **здоро́вья** in the examples above).
   - If the wish comprises a verbal phrase, the verb is in the infinitive (**провести́** in the example above).

УПРАЖНЕНИЕ 8 Что сказать?

What could you say in the following situations? Choose from the following phrases or use your own.

Спасибо, с удовольствием!
Желаю удачи!
Большое спасибо!
С днём рождения! (*Happy birthday!*)
Желаю хорошо провести время!
Ни пуха ни пера!

ОБРАЗЕЦ: Ваш друг говорит, что он начал новый бизнес.
→ Желаю удачи!

1. Родители вашего друга (вашей подруги) приглашают вас на обед.
2. Ваш друг даёт вам два билета в театр.
3. Ваш друг говорит: — У меня сегодня день рождения.
4. Ваша подруга говорит: — Мы с Верой завтра едем в Москву.
5. Ваш друг говорит: — У меня завтра экзамен.
6. Ваш друг говорит, что стол — это подарок вам.

Упр. 8. АК. 1 Спасибо, с удовольствием! *от* Большое спасибо!; 2 Большое спасибо!; 3 С днём рождения!; 4 Желаю хорошо провести время!; 5 Ни пуха ни пера! *от* Желаю удачи!; 6 Большое спасибо!

© Irina Iskrinskaya/Licensed by VAGA, New York, NY

 # КУЛЬТУРА РЕЧИ

❖ ТАК ГОВОРЯТ: **GOOD LUCK, BAD LUCK**

Нам необыкновенно **повезло**.	We really lucked out.
Наверно, номера похожи. Не **повезло** ей.	Evidently the [phone] numbers are similar. That's tough luck for her.
Вы встретили человека, который несёт полное ведро или корзину: Вам **повезёт**.	You've met a person carrying a full bucket or basket. You're in for some good luck.
Чёрная кошка! Теперь у нас будет **неудача**.	A black cat! Now we're going to have bad luck.
— Желаю тебе **удачи**.	"I wish you good luck."
— Спасибо, **удача** мне нужна!	"Thanks, I need luck."

These two good luck/bad luck expressions are roughly equivalent in meaning, but note how different they are in construction.

1. **Нам (ей, мне, Вадиму,** etc.**) повезло.** The formula is <Dat. + **повезло**> in the past, <Dat. + **повезёт**> in the future. If you want to describe someone who's constantly lucky, you can say <Dat. + **везёт**>: **Тебе всегда везёт!** *You're always lucky!*

2. **Удача.** Remember to use the Genitive **удачи** with **желать**.

126 Урок 9 ❖ Едем или идём?

❖ САМОПРОВЕРКА: УПРАЖНЕНИЕ 9

Working on your own, try this self-test: Read a Russian sentence out loud, then give an idiomatic English equivalent without looking at the book. Then work from English to Russian. After you have completed the activity, try it with a classmate.

1. — Через три недели мы едем на море.
   — А как вы туда едете? На машине?
   — Нет, это очень далеко. Мы едем поездом (на поезде).

2. Ах, это ужасно! У меня сегодня урок вождения и я опаздываю! Кто-нибудь видел мой рюкзак?

3. И старым и молодым американцам нравится музыка Билли Холлидей.

4. — Я боюсь чёрных кошек. А чего ты боишься?
   — Я ничего не боюсь.

5. Желаю вам удачи.

1. "In three weeks we're going to the seashore."
   "How are you traveling? By car?"
   "No, it's quite far. We're going by train."

2. Oh, this is awful! I have a driving lesson today and I'm late. Has anyone seen my backpack?

3. Both old and young Americans like the music of Billie Holliday.

4. "I'm afraid of black cats. What are you afraid of?"
   "I'm not afraid of anything."

5. I wish you luck.

Упр. 10. #1. When addressing an individual directly, the adjective form matches the addressee in gender and number:
(to a man)   Вы суеверный?
(to a woman) Вы суеверная?
(to a group) Вы суеверные?

❖ ВОПРОСЫ И ОТВЕТЫ: УПРАЖНЕНИЕ 10

Are you superstitious? How about your friends? Your family? Try to find three classmates who will answer **да** to the following questions:

1. Ты суеверный (суеверная)?
2. Ты веришь, что чёрная кошка — это примета (*sign*) неудачи?
3. Твой отец (твоя мать) верит, что если человек рассыпал (*spilled*) соль за столом, то будет ссора?
4. Ты веришь, что если ты разбил (разбила) зеркало (*broke a mirror*), то будет несчастье (*misfortune*)?
5. Твои друзья верят, что если они поздоровались за руку (*shook hands*) через порог (*threshold*), то будет ссора?
6. Ты веришь, что если падает (*falls*) нож, то будет гость?
7. Ты боишься пауков (*spiders*)? Кошек? Вампиров†? Высоты (*heights*)? Аккордеонистов†?

Прогноз погоды. Ask pairs of students to figure out as much information as they can from weather forecast below: the date (**шестое апреля**); time of sunrise (**восход солнца**, 6.48); time of sunset (**заход солнца**, 20.18); the hours of daylight (**долгота дня**, 13.30); the area covered by this forecast (**Москва и Московская область**); the weather forecast (**небольшой снег**); the daytime temperature in the capital (**плюс 1–3**) and in the region (**0 — плюс 5**).

❖ ДИАЛОГИ

ДИАЛОГ 1 Какая будет погода?
(Discussing the weather)

— Как вы думаете, завтра будет хорошая погода?
— Думаю, что да. Вы не слышали прогноз (*forecast*) погоды?
— Слышал. Прогноз хороший. Но прогноз погоды на сегодня тоже был хороший, а погода плохая, идёт дождь.
— Завтра не будет дождя. Будет хороший день.
— Будем надеяться (*let's hope*), что вы правы.

ДИАЛОГ 2 Я хочу́ вас пригласи́ть . . .
(Invitation to a sports event)

— Вы лю́бите футбо́л?
— Я бо́льше люблю́ хокке́й.
— Жаль. У меня́ есть ли́шний биле́т на фина́льный матч, и я хоте́л вас пригласи́ть.
— Я с удово́льствием пойду́! Я люблю́ хокке́й бо́льше, чем футбо́л, но футбо́л я то́же люблю́.

УПРАЖНЕ́НИЕ 11 Ваш диало́г

Create a dialogue in which a friend invites you to go to a sporting event. You discuss the weather, tickets, time and place to meet, and your hopes for the result of the event. Work in good/bad luck vocabulary if you can.

❖ А ТЕПЕ́РЬ . . . : УПРАЖНЕ́НИЕ 12

Working with a classmate, use what you learned in Part 4 to . . .

1. find out if she comes to the university by bus (metro, car)
2. ask if she ever walks to the university; if so, how often
3. find out whether she has ever gone to Russia; if so, when; if not, ask if she has ever gone to **Ме́ксика, Евро́па, А́зия, А́фрика, Австра́лия** . . .
4. ask whether she has brothers or sisters; if so, how often she calls them
5. find out how often she writes (or calls) her parents

УЧИ́СЬ УЧИ́ТЬСЯ ⭐ *Learn Phrases, Not Just Words*

Although it is useful to make flash cards to learn individual words, sometimes it's necessary to learn phrases. A good example concerns the preposition *for*, which is rendered in different ways in Russian.

<для + Gen.>   intended for: **Э́то пода́рок для моего́ бра́та.**
　　　　　　　　　　　This is a gift for my brother.
<за + Acc.>   in exchange for: **Ско́лько вы заплати́ли за э́ту кни́гу?**
　　　　　　　　　　　How much did you pay for that book?
<за + Instr.> (in order) to get: **Мы верну́лись за кни́гой.**
　　　　　　　　　　　We returned home for the book.

Other Russian renderings of English *for* will appear in later lessons.

ИТАК...

◆ НОВЫЕ СЛОВА

NOUNS AND NOUN PHRASES

Transportation, Getting Around Town

вход	entrance (1)
выход	exit (1)
городской транспорт	public transportation (1)
Красная площадь	Red Square (1)
Кремль (*Gen. sing.* Кремля́) *m.*	the Kremlin (1)
по́езд (*pl.* поезда́)	train (4)
ста́нция	station (1v)
схе́ма	map (1)

Relaxation, Leisure

аэро́бика	aerobics (3)
вид спо́рта	kind of sports (3)
гимна́стика	gymnastics (3)
матч	match; game (4)
пла́вание	swimming (3)
спорт	sports (3)

"People" Words

иностра́н(е)ц/иностра́нка (*Gen. pl.* иностра́нок)	foreigner (1)
молодёжь *f.*	young people (4)
наро́д	a people (4)
спортсме́н/спортсме́нка (*Gen. pl.* спортсме́нок)	athlete (3)
тури́ст/тури́стка (*Gen. pl.* тури́сток)	tourist (1)

Business and Personal Dealings

неуда́ча	bad luck (4)
рекла́ма	1. advertising; 2. commercial; advertisement (3v)
сове́т	advice (3)
ссо́ра	quarrel; argument (4)
уда́ча	success; (good) luck (3)

Things Around the House

вещь (*Gen. pl.* веще́й) *f.*	thing (1)
ви́лка (*Gen. pl.* ви́лок)	fork (4)
ло́жка (*Gen. pl.* ло́жек)	spoon
нау́шники *pl.*	earphones; headphones (2)
нож (*Gen. sing.* ножа́)	knife (4)
трусы́ (*Gen.* трусо́в) *pl.*	shorts (2)

Other Nouns

акце́нт	accent (1)
вид	type; kind; sort (1)
зуб	tooth (2v)
курс	course; class (3v)
ли́ния	line (1)
мир (*pl.* миры́)	world (1)
пого́да	weather (2)
раз (*Gen. pl.* раз)	time; occasion (3)

PRONOUNS

Instrumental Pronouns

кем (*Instr. of* кто)	whom
чем (*Instr. of* что)	what
мной (*Instr. of* я)	me
тобо́й (*Instr. of* ты)	you (*informal sing.*)
им (ним) (*Instr. of* он, оно́)	him, it
ей (ней) (*Instr. of* она́)	her, it
на́ми (*Instr. of* мы)	us
ва́ми (*Instr. of* вы)	you (*formal or pl.*)
и́ми (ни́ми) (*Instr. of* они́)	them

ADJECTIVES

Colors

бе́жевый	beige (2)
бе́лый	white (2)
голубо́й	light blue (2)
жёлтый	yellow (2)
зелёный	green (2)
кори́чневый	brown (2)
кра́сный	red (2)
лило́вый	purple (2)
ора́нжевый	orange (2)
ро́зовый	pink (2)
се́рый	gray (2)
чёрный	black (2)

Other Adjectives

иностра́нный	foreign (1)
неприя́тный	unpleasant (1)
оди́н (одна́, одно́, одни́)	alone (2)
популя́рный	popular (4)
прав (права́, пра́во, пра́вы)	right; correct (3)
са́мый	the most ... (1)
	used to form superlatives
сле́дующий	next (1v)
суеве́рный	superstitious (4)
фина́льный	final (4)

VERBS

бе́гать *multidir.* *unidir.* and *pfv.* not introduced at this time	to run, to go running, to jog (3)
боя́ться (бо-ю́сь, бо-и́шься, ... бо-я́тся) (+ *Gen.*) *no resultative pfv.*	to be afraid (of); to fear (4)
води́ть (вож-у́, во́д-ишь, ... во́д-ят) маши́ну (такси́, ...) *multidir.* *unidir.* and *pfv.* not introduced at this time	to drive a car (taxi, ...) (3)
возвраща́ться *pfv.* верну́ться (верн-у́сь, верн-ёшься, ... верн-у́тся)	to return; to come back; to go back (2)
встава́ть (вста-ю́, вста-ёшь, ... вста-ю́т) *pfv.* встать (вста́н-у, вста́н-ешь, ... вста́н-ут)	to get up (2v)
встреча́ть *pfv.* встре́тить (встре́ч-у, встре́т-ишь, ... встре́т-ят)	to meet (4)
выходи́ть (выхож-у́, выхо́д-ишь, ... выхо́д-ят) *pfv.* вы́йти (вы́йд-у, вы́йд-ешь, ... вы́йд-ут; *past* вы́шел, вы́шла, вы́шло, вы́шли)	1. to go out (of); to come out (of) (2v); 2. to get off (a bus) (1v)
жела́ть (+ *Dat.* + *Gen.*) *pfv.* not introduced at this time	to wish (someone something) (4)
забыва́ть *pfv.* забы́ть (забу́д-у, забу́д-ешь, ... забу́д-ут)	to forget (1)
за́втракать *pfv.* поза́втракать	to have breakfast; to have lunch (2v)
занима́ться (+ *Instr.*) *pfv.* not common in this meaning	to be occupied with; to be engaged in (3)
нести́ (нес-у́, нес-ёшь, ... нес-у́т; *past* нёс, несла́, несло́, несли́) *unidir.* *multidir.* and *pfv.* not introduced at this time	to carry (4)
пла́вать *multidir.* *unidir.* and *pfv.* not introduced at this time	to swim (3)
приезжа́ть *pfv.* прие́хать (прие́д-у, прие́д-ешь, ... прие́д-ут)	to come (by vehicle); to arrive (1)
прои́грывать *pfv.* проигра́ть	(of a game, etc.) to lose (4)
ста́вить (ста́вл-ю, ста́в-ишь, ... ста́в-ят) *pfv.* поста́вить	to put; to stand; to place (in a standing position) (1)
станови́ться (становл-ю́сь, стано́в-ишься, ... стано́в-ятся) (+ *Instr.*) *pfv.* стать (ста́н-у, ста́н-ешь, ... ста́н-ут)	to become (3)

уезжа́ть *pfv.* уе́хать (уе́д-у, уе́д-ешь, … уе́д-ут)	to leave (by vehicle); to depart (2)
учи́ть (уч-у́, у́ч-ишь, … у́ч-ат) (+ *Acc. and + infin.*) *pfv.* научи́ть	to teach (someone to do something) (3)
учи́ться (уч-у́сь, у́ч-ишься, … у́ч-атся) (+ *infin.*) *pfv.* научи́ться	to learn (to do something) (3)

COMPARATIVES (ADJ. and ADV.)

бо́льше	(*compar. of* большо́й) bigger, larger; (*compar. of* мно́го) more (2)
ме́ньше	(*compar. of* ма́ленький) smaller; (*compar. of* ма́ло) less; fewer (2)
ху́же	(*compar. of* плохо́й, пло́хо) worse (2)

ADVERBS

гора́здо (+ *compar.*)	much; far (2)
жа́рко	(it's) hot (1)
намно́го (+ *compar.*)	much; far (2)
пешко́м	on foot (4)
про́сто	simply; (it's/that's) simple (3)
ра́но	early (2)
ско́ро	soon (2)
сра́зу	immediately; at once (3)
то́чно	exactly; for sure (2)
чи́сто	cleanly; (it's/that's) clean (1)

OTHER

в (+ *Acc.*)	per; a (два ра́за в неде́лю) (3)
всё-таки	all the same; still; nevertheless (2)
за (+ *Instr.*)	behind (1)
из (+ *Gen.*)	from (из Москвы́) (1)
како́й-нибудь	some (kind of); any (kind of) (4)
когда́-нибудь	ever; sometime (4)
кто́-нибудь	someone; somebody; anyone; anybody (4)
ме́жду (+ *Instr.*)	between (1)
Неуже́ли?	Really? (2)
пе́ред (пе́редо) (+ *Instr.*)	in front of; before (1)
пока́	while (2)
с (со) (+ *Instr.*)	1. with; 2. and Мы с тобо́й … You and I … (1)
че́рез (+ *Acc.*)	1. across (4); 2. (*indicates time from the present or from the indicated moment*) in, after (3)
что́-нибудь	something; anything (3)

IDIOMS AND EXPRESSIONS

ве́рить / пове́рить в (+ *Acc.*)	to believe in (4v)
всё ме́ньше и ме́ньше	less and less (2)
Всего́ хоро́шего!	All the best!; Take care!; Best wishes! (4)
говори́ть с акце́нтом	to have an accent (1)
две́ри закрыва́ются	(the) doors are closing (1v)
Жела́ю (Жела́ем) хорошо́ провести́ вре́мя!	Have a good time! (4)
Жела́ю (тебе́; вам) уда́чи!	Good luck! (3)
за столо́м	at the table (4)
занима́ться спо́ртом	to play sports (3)
И вам (тебе́) та́кже.	The same to you! (4)
Не ду́маю.	I don't think so. (4)
ока́зывается (оказа́лось), что …	it turns (turned) out that … (2)
Осторо́жно!	Careful!; Be careful! (1v)
Посмо́трим.	We'll see. (2)
принима́ть / приня́ть душ	to take (a shower) (2v)
Разреши́те пройти́.	(Would you) let me by (please) (1v)
так же … как …	just as … as … (3)
чи́стить (чи́щ-у, чи́ст-ишь, … чи́ст-ят) / почи́стить зу́бы	to brush one's teeth (2v)

❖ ЧТО Я ЗНАЮ, ЧТО Я УМЕЮ

Use this checklist to mark off what you've learned in this lesson:

- ☐ Asking and saying where someone is from (Part 1)
- ☐ Forms of nouns, pronouns, adjectives, and possessives in the Instrumental case (Part 1)
- ☐ Prepositions that take the Instrumental case (Part 1)
- ☐ Describing joint action with <мы с + Instrumental> (Part 3)
- ☐ Using <занима́ться + Instrumental> (Part 3)
- ☐ Superlative adjectives (Part 1)
- ☐ Using short-form comparatives (Part 2)
- ☐ Speaking about generic "you" actions (Part 1)
- ☐ Using directional prefixes with combining forms (Part 2)
- ☐ Distinguishing between **выходи́ть / вы́йти** and **уходи́ть / уйти́** (Part 2)
- ☐ Describing movement by vehicle and on foot (Part 4)
- ☐ Plural forms of nouns, adjectives, and possessives in the Prepositional case (Part 2)
- ☐ Plural forms of nouns, adjectives, and possessives in the Dative case (Part 4)
- ☐ Discussing what you want to be or become (Part 3)
- ☐ Expressing how long from now or how long ago with **че́рез** and **наза́д** (Part 3)
- ☐ Indicating how frequently something happens (Part 3)
- ☐ Expressing *teaching* and *learning* to do things (Part 3)
- ☐ Expressing *someone/anyone, something/anything* (Part 4)
- ☐ Expressing wishes (Part 4)

❖ ЭТО НАДО ЗНАТЬ

PLURALS OF POSSESSIVES, ADJECTIVES, AND NOUNS IN THE PREPOSITIONAL, DATIVE, AND INSTRUMENTAL CASES

Although it might not have seemed so immediately, the plural forms of these three cases are among the easiest to learn in Russian. They are so consistent that they can be summarized in one short table. Note that the possessive endings and the soft variant of the adjective endings are identical to the Prepositional, Dative, and Instrumental plural pronouns.

"PDI" ENDINGS			
	POSSESSIVE ENDINGS	ADJECTIVE ENDINGS	NOUN ENDINGS
Prepositional	-их	-ых/-их	-ах/-ях
Dative	-им	-ым/-им	-ам/-ям
Instrumental	-ими	-ыми/-ими	-ами/-ями

Трýдный переýлок (1). In standard Russian, на троллéйбусе and на маши́не are used to indicate mode of transportation rather than в троллéйбусе and в маши́не. The use of the preposition «в» here is one of the indicators that the narrator is a child: he is visualizing his uncle *inside* the car, getting excited about the prospect of being there himself, seeing things as very physical, concrete. In the phrase там четы́ре человéка помещáются, the boy's word order reflects that of conversational language. In many words and phrases, such as éсли не он óчень крýпный, the child's language mimics that of the adult speech he hears.

Трýдный переýлок (2). The Москви́ч is a small Russian-made car similar to a Fiat that has been produced since 1946. This story reflects a time when few Russians could aspire to owning any kind of car, so a relative with a Москви́ч would have been notable for a child.

Трýдный переýлок АК. 1. boy; 2. троллéйбус, маши́на, автóбус; 3. к нам, к бáбушке; 4. води́ть маши́ну по гóроду, милиционéр, óпытный води́тель; 5. Let students decide; 6. дя́дя Ми́ша, тётя Óля, пáпа, мáльчик.

✦ ДОПОЛНИ́ТЕЛЬНЫЕ ТЕ́КСТЫ

ТРУ́ДНЫЙ ПЕРЕУ́ЛОК[1]

The following is a slightly adapted version of a story written by **Áгния Львóвна Бартó** (1906–1981), a children's author who wrote in the 1950s–1970s. The story is written from a child's point of view; as you read it, try to pick out phrasing that tells you that the narrator is a child. What indications are there that this child is describing an early family experience with a personal car?

К нам в воскресéнье приéхал дя́дя Ми́ша, не в троллéйбусе, а в своéй маши́не. Он получи́л прéмию,[2] и у негó тепéрь есть «Москви́ч».[3] Там четы́ре человéка помещáются[4] и ещё[5] ребёнок, éсли он не óчень крýпный.[6] Я не крýпный, и меня́ дя́дя Ми́ша взял с собóй.[7] Мы сéли в маши́ну[8] и поéхали к бáбушке.

Води́ть маши́ну по гóроду трýдно, потомý что вездé вися́т[9] знаки, что сюдá éхать нельзя́. К бáбушке нáдо в переýлок налéво, но налéво нельзя́, и мы проéхали ми́мо.[10] А в сосéднем переýлке висéл хорóший знак, но дя́дя Ми́ша растеря́лся[11] и егó проéхал, а потóм опя́ть налéво нельзя́. Дя́дя Ми́ша так расстрóился,[12] но мы сказáли, что не нáдо нéрвничать,[13] не обязáтельно éхать к бáбушке. Мóжно вообщé[14] éхать пря́мо,[15] глáвное — чтóбы у нас нé было нарушéний.[16] Мой пáпа дя́дю Ми́шу подбадривал,[17] чтóбы он не пáдал дýхом.[18] А тётя Óля сказáла, когдá мы к милиционéру подъезжáли,[19] чтóбы дя́дя Ми́ша сдéлал вид,[20] что он óпытный води́тель.

Мы всё врéмя éхали пря́мо и никáк не могли́ реши́ть,[21] где же нам прáвильно развернýться.[22] Наконéц, у застáвы[23] мы развернýлись и поéхали опя́ть ми́мо бáбушки. Дя́дя Ми́ша реши́л, что её переýлок óчень трýдный, лýчше он нас довезёт до[24] музéя, он тудá ужé ýтром éздил по этой дорóге и ужé её знáет.

Мы доéхали до[25] музéя и поéхали обрáтно.[26] Все дя́дю Ми́шу óчень благодари́ли,[27] потомý что он для пéрвого рáза хорошó спрáвился.[28]

А бáбушка сказáла, что éсли у неё такóй трýдный переýлок, то онá лýчше зáвтра самá[29] к нам приéдет на автóбусе.

---

1. *side street;* 2. *bonus;* 3. *«Москви́ч»: a make of car;* 4. *can fit;* 5. *и... and also;* 6. *big;* 7. *меня́... took me along;* 8. *сéли... got in the car;* 9. *there are;* 10. *проéхали... drove by;* 11. *became confused;* 12. *got upset;* 13. *to be nervous;* 14. *just;* 15. *straight ahead;* 16. *чтóбы... that we not get a ticket;* 17. *was cheering up;* 18. *чтóбы... so that he wouldn't lose heart;* 19. *were approaching;* 20. *чтóбы... that Uncle Misha should pretend;* 21. *никáк... simply couldn't decide;* 22. *to turn around;* 23. *у... near the gates;* 24. *нас... will take us to;* 25. *Мы... We drove as far as ...;* 26. *back;* 27. *thanked;* 28. *хорошó... had done a good job;* 29. *herself*

FOLLOW-UP QUESTIONS

1. Is the child narrating this story a boy or a girl?
2. What forms of transportation are mentioned in the story?
3. Which two destinations are given in the first paragraph using the construction that indicates going *to someone's place?*
4. Find Russian equivalents in the second paragraph for *driving a car around town, policeman,* and *experienced driver.*
5. Дя́дя Ми́ша óпытный води́тель и́ли нет?
6. Which characters mentioned in this story were definitely riding in the car?

С НОВЫМ ГОДОМ!

Новый год на Красной площади

In this lesson you will learn

- ✪ more about using который
- ✪ to express *going to get* something
- ✪ to say you're *cold* (*bored, interested, allowed, forbidden,* ...)
- ✪ to refer to oneself using себя
- ✪ to use comparatives
- ✪ to make wishes and toasts
- ✪ to say you *feel like* doing something
- ✪ to express that you will do something *yourself*
- ✪ to give your age in the past and future
- ✪ about the distinction between *sitting* and *sitting down*

УРОК 10

It's the middle of winter and the holiday season is here. In Part 1, Vova is worried that his family won't have a New Year's tree, but then things take a surprising turn. In Part 2 (partly on video), it's New Year's Eve. Tanya and Sveta are preparing for the New Year's Eve dinner they're having, and when Jim arrives he learns about some of the Russian traditions associated with the celebration. In Part 3 (partly on video), the festivities continue and the clock (What a clock!) strikes midnight. And in Part 4, things wind down after the party.

С Новым годом!

ЧАСТЬ ПЕРВАЯ

С ЧЕГО НАЧАТЬ?

С чего начать? Suggested Activities. Have all students write a one-sentence statement based on the visuals. Then have groups of three to five students combine their one-sentence statements into paragraphs, encouraging them to make necessary changes so the sentences can be logically linked together. Have a representative from each group write his or her group's paragraph on the board and another student read it aloud. Compare each group's composition. Example: Сегодня 30-ое декабря. Идёт снег. По у́лице иду́т Дед Моро́з и Снегу́рочка. Дед Моро́з несёт ёлку. Они́ иду́т в дом № 3. Из подъе́зда выхо́дит Во́ва с Бе́лкой.

НО́ВЫЙ ГОД

ЧТЕНИЕ

Reading Introduction (see also WB/LM).
1. Кто работает Дедом Морозом? (Саша.) А кто работает Снегурочкой? (Лена.)
2. Какую ёлку купил Силин? (Маленькую.)
3. Кто купил большую ёлку? (Виктор.) Кому он отдал эту ёлку? (Лене.)

 **А У НАС БУ́ДЕТ ЁЛКА?**

(It's early evening on December 30. Vova has taken Belka out for a walk.)

ВО́ВА. За́втра Но́вый год, а у нас ещё нет ёлки и, **скоре́е всего́**,° не бу́дет. Па́па пое́хал **за**° ёлкой у́тром. Уже́ шесть часо́в, а его́ ещё нет. Наве́рное, ему́ не повезло́. **Тебе́ хорошо́**,° Бе́лка, тебе́ ёлка не нужна́ . . . — *most likely* / *to get* / *Тебе́ . . . It's fine for you*

(Sasha and Lena, dressed as Ded Moroz and Snegurochka, approach from the other direction.)

СА́ША. Ле́на, ты не замёрзла°? — *ты . . . aren't you freezing?*
ЛЕ́НА. Нет, мне совсе́м не **хо́лодно**.° — *cold*

(Belka barks on recognizing Sasha and Lena.)

ВО́ВА. Что, Бе́лка, **в чём де́ло**°? Ой, Са́ша, Ле́нка, э́то вы! Я вас не узна́л. А что э́то за ёлка? — *в . . . what's the matter?*

Чтение (1): что за. . . The phrase что за. . . may be used as a replacement for какой. The case of the item described is not affected, so что за. . . may occur in any case form: Что это за ёлка? or Какая это ёлка? // Что за ёлку он купил? or Какую ёлку он купил?

СА́ША. Э́та ёлка — пода́рок от фи́рмы. Нам её подари́ла фи́рма, в кото́рой мы рабо́тали.
ВО́ВА. Кто «мы»?
ЛЕ́НА. Мы с Са́шей! Мы сего́дня **весь**° день рабо́тали. У́тром в одно́м **де́тском саду́**,° а днём — в друго́м. Са́ша был Де́дом Моро́зом, а я — Снегу́рочкой. И вот — получи́ли ёлку. — *all* / *де́тском . . . kindergarten*

Чтение (2): детский сад. Once students know that сад means *garden*, those who know German may notice that детский сад (*kindergarten*) is a calque from German.

ВО́ВА. А почему́ то́лько одну́?
ЛЕ́НА. Потому́ что у них бы́ло ма́ло ёлок, и ка́ждая **па́ра**° — Дед Моро́з и Снегу́рочка — получи́ла то́лько одну́ ёлку. Я уве́рена, что па́па ку́пит нам ёлку, поэ́тому э́ту ёлку мы отдади́м Са́ше. — *pair*

ВО́ВА. **Во-пе́рвых**,° па́па ещё не верну́лся. **Во-вторы́х**,° я уве́рен, что он вернётся без ёлки. Поэ́тому я **счита́ю**,° что Са́ша как Дед Моро́з и джентльме́н† до́лжен отда́ть э́ту ёлку нам, то́ есть, тебе́. — *In the first place / In the second place* / *think*

ЛЕ́НА. Во́ва, **как тебе́ не сты́дно**°! — *как . . . shame on you!*
СА́ША. Ле́на, Во́ва прав, ёлка твоя́! *(Smiling.)* То есть, ва́ша.

(The Silins' car drives up.)

Чтение (3): Мне показалось. In most contexts, the Dative is required with this past-tense verb form. In the present tense, however, the Dative is normally omitted: Кажется, он не врёт. // Кажется, будет дождь.

ВО́ВА. Смотри́те, вон па́па! Но без ёлки.

(Silin gets out of the car and opens the trunk.)

СИ́ЛИН. Ёлка есть, но ма́ленькая. Была́ **всего́**° одна́ больша́я ёлка. О́чень краси́вая. Её купи́л како́й-то молодо́й челове́к. Он стоя́л **во́зле**° э́той ёлки, ждал свое́й **о́череди**° и проси́л всех не покупа́ть её. И меня́ попроси́л. Он сказа́л, что ёлка ему́ нужна́ для люби́мой де́вушки. — *just* / *next to* / *ждал . . . was waiting his turn*

ВО́ВА. Наве́рно, **совра́л**.° — *he lied*
СИ́ЛИН. Мо́жет быть. Но я ему́ пове́рил. **Мне показа́лось**,° что он сказа́л **пра́вду**.° — *Мне . . . It seemed to me* / *truth*

(Another car drives up with a huge tree tied to the top of it.)

ВО́ВА. **Вот э́то да!**° Вот э́то ёлка!°
ЛЕ́НА. **Подожди́те**,° э́то же Ви́ктор! — *Вот . . . Look at that! / Вот . . . That's what I call a tree! / Wait a minute*

Чтение (4). Have students work in pairs to make up three to five false statements from or about the reading. Then have pairs read their statements to other pairs of students for the latter to correct. Example: — Во́ва несёт ёлку. — Нет, ёлку несёт Дед Моро́з (или Са́ша). Direct students' attention to appropriate word order; that is, important information (in this case, the corrected element in the response) will usually come last.

	СИ́ЛИН.	Ви́ктор? Како́й Ви́ктор? (*Viktor gets out of the car.*) Э́то же молодо́й челове́к, кото́рому я уступи́л° са́мую краси́вую ёлку!
gave up		
New Year's	ВИ́КТОР.	Здра́вствуйте! Ле́на, (*points to the tree*) э́то тебе́ ма́ленький **нового́дний**° пода́рок! (*Sees the other two trees.*) Я **наде́юсь**,° не все э́ти ёлки твои́?
hope		
	СИ́ЛИН.	(*To himself.*) «Ёлка для люби́мой де́вушки»? Интере́сно! На́до сказа́ть Ната́ше.

Он рабо́тает Де́дом Моро́зом.

УПРАЖНЕ́НИЕ 1 Под микроско́пом: Case recognition

Упр. 1. АК. 1 Dat. sing.; 2 Acc. sing.; 3 Gen. sing.; 4 Prep. sing.; 5 Instr. sing.; 6 Gen. pl.; 7 Dat. sing.; 8 Gen. sing.

Indicate the case and number of the underlined word or phrase in the following sentences taken from the reading.

ОБРАЗЕ́Ц: Па́па пое́хал за <u>ёлкой</u> (*Instr. sing.*) у́тром.

1. Тебе́ хорошо́, Бе́лка, <u>тебе́</u> (_____) ёлка не нужна́.
2. Ка́ждая па́ра получи́ла то́лько <u>одну́ ёлку</u> (_____).
3. Э́та ёлка — пода́рок от <u>фи́рмы</u> (_____).
4. У́тром в <u>одно́м де́тском саду́</u> (_____), а днём — в друго́м.
5. Са́ша был <u>де́дом Моро́зом</u> (_____), а я — Снегу́рочкой.
6. У них бы́ло ма́ло <u>ёлок</u> (_____).
7. Но я <u>ему́</u> (_____) пове́рил.
8. Он сказа́л, что ёлка ему́ нужна́ для <u>люби́мой де́вушки</u> (_____).

ГРАММАТИКА И ПРАКТИКА

О РОССИИ

NEW YEAR'S IN RUSSIA[1]

Завтра Новый год, а у нас ещё нет ёлки.

© Irina Iskrinskaya/Licensed by VAGA, New York, NY

The New Year's celebration in Russia looks like a combination of Christmas (**Рождество**) and New Year's customs in the West. Religious motifs were forbidden during most of the Soviet period (until the late 1980s) but have again become an important part of the holiday season. Among the popular customs is getting a fir tree (**ёлка**) and decorating it. New Year's gifts are exchanged, and there's even a Santa Claus–like figure, **Дед Мороз**. Assisted by the beautiful **Снегурочка**, **Дед Мороз** distributes gifts to the children. Traditional secular greetings include **С Новым годом!** (*Happy New Year!*) and **Желаю вам здоровья и счастья в новом году!** (*I wish you health and happiness in the new year!*) The seasonal religious greeting is **С Рождеством Христовым!** (*lit: [Greetings] with Christ's birth!*) or simply **С Рождеством!**

10.1. MORE ON КОТОРЫЙ CLAUSES: WHO, WHICH, AND THAT

Видите высокого парня, **который** открывает бутылку?	*Do you see the tall guy who's opening the bottle?*
Это английские слова, **которые** я учу.	*These are English words that I'm learning.*
Мы наконец нашли комнату, **которая** нам очень понравилась.	*We finally found a room that we liked a lot.*

Up to now all the examples of **который** clauses that you have seen—like the three examples above—have used **который** in the Nominative or in a form of the Accusative that looks like the Nominative. But **который** can appear in any gender/number/case combination depending on what it refers back to (its *antecedent*) in the main clause and on its use (such as *subject, object of a verb,* or *object of a preposition*) in the subordinate clause. There are no new forms for you to learn: even though **который** is a pronoun, its endings are the same as those of adjectives that you already know.

> **Который Clauses.** This topic was originally presented in 5/4, but students have encountered only Nominative forms and Accusative forms that look like the Nominative. After analyzing the examples with students, have them provide examples from the readings or—better yet—of their own and describe in their own words the reasons for the gender, number, and case of **который**. It may be helpful to review the unstressed hard adjective endings (e.g., **новый**) in all three genders and the plural (cf. Appendix E).

---

[1] Hanukkah (**Ханука**) is also formally observed at this time of year by increasing numbers of Jews in Russia.

The most important thing to remember is that like the English *who, which,* and *that,* **который** is a way of combining two simple sentences into one complex sentence. It does so by taking its *gender* and *number* from its antecedent in the main clause and its *case* from its use in the subordinate clause. Thus you can think of **который** as a hybrid that is the product of the two "parent" sentences. Here is an example.

1. Two simple sentences

   Джим америка́нец.
   Джим у́чится в Москве́.

   Jim is an American.
   Jim is studying in Moscow.

2. Two simple sentences using a pronoun to avoid repetition

   Джим америка́нец.
   Он у́чится в Москве́.

   Jim is an American.
   He's studying in Moscow.

3. One complex sentence using **который** to link them

   Джим америка́нец, **кото́рый** у́чится в Москве́.

   Jim is an American who's studying in Moscow.

In the complex sentence (#3) **который** is *masculine singular* because it refers to Jim in the main clause; it is *Nominative* because it is the subject of **у́чится** in the subordinate clause. Here is another example.

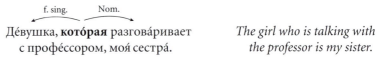

Де́вушка, **кото́рая** разгова́ривает с профе́ссором, моя́ сестра́.

The girl who is talking with the professor is my sister.

Кото́рая here is *feminine singular* because it refers to **де́вушка**; it is *Nominative* because it functions as the subject of **разгова́ривает**. Here is a different example.

Вот идёт челове́к, о **кото́ром** я вам говори́л.

There goes the person I was telling you about (about whom I was telling you).

Кото́ром is *masculine singular* because it refers to **челове́к**; it is in the *Prepositional* case because it functions as the object of the preposition «**о**». Note that prepositions precede forms of **который**; they cannot come at the end of the sentence as they sometimes do in English.

Лю́ди, **кото́рых** ты там ви́дел, на́ши но́вые сосе́ди.

The people (whom) you saw there are our new neighbors.

Here, **кото́рых** is *plural* because it refers to **лю́ди**; it is in the *Accusative* case because it functions as the object of **ви́дел**.[2] Note that whereas English sometimes omits *who, which,* and *that* in relative clauses, **который** is never omitted in Russian.

УПРАЖНЕ́НИЕ 2 Э́то кварти́ра, в кото́рой . . .

Each of the following sentences has a missing form of **который**. Determine the necessary form by first underlining the word it refers back to and indicating the gender and number; then decide and indicate which case is required. After providing the necessary form, translate each sentence.

---

[2]Remember to set off with commas all subordinate clauses (**где, почему́, как,** and so on), including relative clauses (**кото́рый**).

ОБРАЗЕЦ: Вот кварти́ра, в кото́рой (*fem. sing.; Prep.*) живёт студе́нт консервато́рии.
Here's the apartment in which the conservatory student lives.

1. Это мои́ друзья́, _____ (_____ _____) у́чатся в консервато́рии.
2. Где де́вушка, с _____ (_____ _____) неда́вно познако́мился Вади́м?
3. Это брат и сестра́, о _____ (_____ _____) вы мне расска́зывали?
4. Покажи́ мне часы́, _____ (_____ _____) тебе́ подари́л па́па!
5. Где живу́т де́вушки, с _____ (_____ _____) ты перепи́сываешься (*correspond*) по Интерне́ту?
6. Как зову́т молодо́го челове́ка, _____ (_____ _____) ты про́дал твой ста́рый компью́тер?

УПРАЖНЕ́НИЕ 3   Вот мои́ друзья́, с кото́рыми . . .

Combine the two simple sentences into a complex one, using a **кото́рый** clause. You may find it helpful to first translate the two simple sentences, then think about how you'd combine them in English. Finally, indicate the gender/number and case used for **кото́рый** and translate your resulting sentence.

ОБРАЗЕЦ: Вот мои́ друзья́. Я ходи́ла с ни́ми в теа́тр.
→ Вот мои́ друзья́, с кото́рыми (*pl.; Instr.*) я ходи́ла в теа́тр.
These are my friends with whom I went to the theater.

1. Это дом. В нём живу́т музыка́нты.
2. Вот те́ннисная раке́тка. Её мне подари́ла ма́ма.
3. Это аспира́нт Джим. Ему́ о́чень нра́вится наш университе́т.
4. Вот фотогра́фии. Моя́ сестра́ расска́зывала вам о них.
5. Это наш лифт. Он никогда́ не рабо́тает!
6. Вот мои́ подру́ги. Я ча́сто посыла́ю (*send*) им электро́нную по́чту.

УПРАЖНЕ́НИЕ 4   Вот ёлка, кото́рую . . .

Working with a classmate, combine the two noun phrases with a **кото́рый** clause to create a sentence for each pair of phrases. Then, using nouns of your own choosing, make up one or two additional sentences with **кото́рый** clauses to share with the class.

ОБРАЗЕЦ: Ма́ленькая ёлка — оте́ц
→ Вот ма́ленькая ёлка, кото́рую оте́ц купи́л Ле́не.

1. де́тский сад — Са́ша и Ле́на
2. пода́рок — фи́рма
3. сапоги́ — Ви́ктор
4. де́вушка — Ле́на
5. пиани́ст — Са́ша
6. молодо́й челове́к — больша́я ёлка
7. же́нщины — нового́дние пода́рки

Упр. 2. AK. Ensure that students can choose the correct referent and explain the reason for the gender, number, and case of each instance of **кото́рый**. 1 кото́рые (друзья́; pl.; Nom.) *These are my friends who study at the conservatory*; 2 кото́рой (де́вушка; fem. sing.; Instr.) *Where is the girl (whom) Vadim met not long ago?*; 3 кото́рых (брат и сестра́; pl.; Prep.) *Is this the brother and sister (whom) you told me about?*; 4 кото́рые (часы́; pl.; Acc.) *Show me the watch (that) dad gave you!*; 5 кото́рыми (де́вушки; pl.; Instr.) *Where do the girls live with whom you correspond on the Internet?*; 6 кото́рому (молодо́го челове́ка; masc. sing.; Dat.) *What is the name of the young man to whom you sold your old computer?*

Упр. 2 and 3. Кото́рый Clause Exercises. Have students work in pairs on these two exercises in turn. When they have finished Упр. 2, correct it as a class activity to ensure that they grasped the concept. Have students explain their case choice in the кото́рый clause. Remind them that кото́рый cannot be deleted and that prepositions must precede кото́рый rather than coming at the end of the sentence. After students are clear on Упр. 2, have them do Упр. 3.

Упр. 3. AK. Ensure that students can explain the reason for the gender, number, and case of each instance of кото́рый. For sentences with a preposition, you might ask students for a more formal and a more casual translation. For example, #1: *This is the building in which the musicians live* and *This is the building the musicians live in.* 1 Это дом, в кото́ром (masc. sing.; Prep.) живу́т музыка́нты. 2 Вот те́ннисная раке́тка, кото́рую (fem. sing.; Acc.) мне подари́ла ма́ма. *There's the tennis racket that Mom gave me.* 3 Это аспира́нт Джим, кото́рому (masc. sing.; Dat.) о́чень нра́вится наш университе́т. *This is the grad student Jim who really likes our university.* 4 Вот фотогра́фии, о кото́рых (pl.; Prep.) моя́ сестра́ вам расска́зывала. *Here are the photographs that my sister was telling you about.* 5 Это наш лифт, кото́рый (masc. sing.; Nom.) никогда́ не рабо́тает! *This is our elevator that never works!* 6 Вот мои́ подру́ги, кото́рым (pl.; Dat.) я ча́сто посыла́ю электро́нную по́чту. *These are my girlfriends to whom I often send e-mail.*

Упр. 4. Since many correct answers are possible, let students work in pairs to complete this exercise. Then have them share their answers with the rest of the class. See how many variations the class can provide for each given item.

10.2. GOING TO GET SOMETHING: <ЗА + INSTRUMENTAL>

Па́па пое́хал **за ёлкой** у́тром.   *Dad went to get a tree this morning.*

In Lesson 9, Part 1, you learned that <**за** + Instr.> can be used to describe location *behind* (**Я за э́той же́нщиной**). As the example shows, <**за** + Instr.> is also used to express *going to get* something (or *going for* something).

УПРАЖНЕНИЕ 5   Я иду́ в магази́н за ...

Упр. 5. АК. 1 ма́рками; 2 хле́бом и молоко́м; 3 схе́мой метро́; 4 ла́зерным при́нтером; 5 ло́жками и ви́лками.

Complete the following sentences, using <**за** + Instr.> to indicate what people are going somewhere to get. Choose logical items from the list or provide other items yourself.

ОБРАЗЕ́Ц: газе́та → Я иду́ в магази́н за *газе́той*.

| хлеб и молоко́ | схе́ма метро́ | ло́жки и ви́лки |
| ла́зерный при́нтер | ма́рки | |

1. Я иду́ на по́чту за _____.
2. Ва́ня пошёл в универса́м за _____.
3. Ната́ша пошла́ в Дом кни́ги за _____.
4. Ко́стя идёт в магази́н электро́ники за _____.
5. Ма́ма пошла́ на ку́хню за _____.

СЛОВА, СЛОВА, СЛОВА ...   ⭐ The Many Faces of «за»

Слова, слова, слова ... (1). You may wish to point out that #3 (поздоро́ваться за́ руку) is a set phrase using the Accusative. Item #5 is closest in meaning to the sentences in the preceding section. In #6, the Instrumental location phrase **за столо́м** ([*to be seated*] *at the table*) may also appear as an Accusative directional phrase **за стол** ([*to sit down*] *at the table*). This contrast will be discussed in Part 4. If students ask about **что за** ... meaning **како́й**, explain that the case used after this **за** phrase may vary (see the TN accompanying the Part 1 reading). The construction <**за** + Acc.> for making a toast is presented in Part 3.

Слова, слова, слова ... (2). For review of preposition usage, have students look back through the text and make charts similar to this for all the prepositions they have encountered to date. This can be done as a class project by assigning each student (or a pair of students) a given preposition. You (or a volunteer student) can collate all the individual responses and, after proofing them, distribute them to the class.

You've encountered the preposition «**за**» in a number of different contexts, with different cases used for its different meanings. Here is a short summary of examples seen so far. (This is truly an instance when learning the whole phrase is highly recommended; that way you'll learn the case that goes with each meaning.) Which of the examples below is closest to those above?

1. Её дочь познако́милась с америка́нским бизнесме́ном и вы́шла **за него́** за́муж.	<**за** + Acc.>	1. *Her daughter met an American businessman and married him.*
2. **За биле́ты** пла́тит фи́рма.	<**за** + Acc.>	2. *The company pays for the tickets.*
3. Вы поздоро́вались **за́ руку** че́рез поро́г.	<**за** + Acc.>	3. *You've shaken hands across a threshold.*
4. **За мной** стоя́л высо́кий па́рень в кра́сной футбо́лке.	<**за** + Instr.>	4. *A tall guy in a red T-shirt was standing behind me.*
5. Вы забы́ли до́ма каку́ю-нибудь вещь и верну́лись **за ней**.	<**за** + Instr.>	5. *You've forgotten something at home and have gone back for it.*
6. Вы рассы́пали соль **за столо́м**.	<**за** + Instr.>	6. *You've spilled salt at the table.*

◆ 10.3. IMPERSONAL DATIVE CONSTRUCTIONS: ВО́ВА, КАК ТЕБЕ́ НЕ СТЫ́ДНО!

You have already seen many examples in which Russian creates sentences using the Dative with predicate forms, many of which look just like adverbs. Here is a list of some predicate forms that are used in this way.

интере́сно	Мое́й сестре́ **интере́сно** разгова́ривать с иностра́нцами.	*My sister always finds it interesting to talk to foreigners.*
легко́ (*easy*)/ **тру́дно**	Вам **тру́дно** понима́ть, когда́ мы говори́м бы́стро?	*Is it difficult for you to understand when we speak quickly?*
прия́тно	Ба́бушке о́чень **прия́тно** слу́шать, когда́ Са́ша игра́ет Ге́ршвина.	*Grandma always enjoys listening when Sasha plays Gershwin.*
сты́дно	Ле́не **сты́дно,** что у неё тако́й «культу́рный» брат.	*Lena's ashamed that she has such a "cultured" brother.*
удо́бно/ неудо́бно	Вам **удо́бно** прийти́ к нам в суббо́ту ве́чером?	*Is it convenient for you to come to our place on Saturday evening?*
хо́лодно/жа́рко	Хотя́ идёт снег, мне совсе́м не **хо́лодно.**	*Although it's snowing, I'm not at all cold.*
мо́жно/нельзя́	Нам **нельзя́** опа́здывать на заня́тия.	*We can't be late to class.*
на́до (ну́жно)	Мне **на́до (ну́жно)** узна́ть её но́мер телефо́на!	*I have to find out her telephone number!*

In the past and the future these <Dat. + predicate form> sentences make use of the unchanging forms **бы́ло** and **бу́дет,** respectively.

Мое́й сестре́ **бы́ло (бу́дет) интере́сно** разгова́ривать с иностра́нцами.

Ле́не **бы́ло (бу́дет) сты́дно,** что у неё тако́й «культу́рный» брат.

Вам **бы́ло (бу́дет) удо́бно** прийти́ к нам в суббо́ту ве́чером?

Finally, note that when used with certain forms—notably **мо́жно – нельзя́** and **на́до/ну́жно**—the forms **бы́ло** and **бу́дет** usually follow the adverb.

> Нам **нельзя́ бы́ло (бу́дет)** опа́здывать на заня́тия.
> Мне **на́до бы́ло (бу́дет)** узна́ть (*find out*) её но́мер телефо́на!

УПРАЖНЕ́НИЕ 6   Ле́не на́до бы́ло (бу́дет) купи́ть . . .

Place the following sentences in the past and the future.

> ОБРАЗЕ́Ц: Ле́не **на́до** купи́ть нового́дний пода́рок.
> *Past:*   Ле́не **на́до бы́ло** купи́ть нового́дний пода́рок.
> *Future:* Ле́не **на́до бу́дет** купи́ть нового́дний пода́рок.

1. Джи́му хо́лодно.
2. Ле́не тру́дно писа́ть статью́ о городско́м тра́нспорте.
3. Ви́ктору интере́сно занима́ться би́знесом.
4. Джи́му ну́жно пригото́вить карто́фельный сала́т.
5. Во́ве ну́жно написа́ть сочине́ние о моско́вском метро́.
6. Ната́лье Ива́новне ску́чно чита́ть газе́ту.

Упр. 6. АК. 1 Джи́му бы́ло/бу́дет хо́лодно; 2 Ле́не бы́ло/бу́дет тру́дно писа́ть статью́ о городско́м тра́нспорте; 3 Ви́ктору бы́ло/бу́дет интере́сно занима́ться би́знесом; 4 Джи́му ну́жно бы́ло/бу́дет пригото́вить карто́фельный сала́т; 5 Во́ве ну́жно бы́ло/бу́дет написа́ть сочине́ние о моско́вском метро́; 6 Ната́лье Ива́новне бы́ло/бу́дет ску́чно чита́ть газе́ту.

УПРАЖНЕ́НИЕ 7   Вам бы́ло ве́село?

You're telling a classmate about some things you and/or your other friends have done recently. Your classmate asks questions about those events (some suggestions are given) and you provide answers.

> ОБРАЗЕ́Ц: — Мы с друзья́ми встреча́ли Но́вый год у мои́х роди́телей.
> — Вам там бы́ло ве́село?
> — Нет, нам бы́ло о́чень ску́чно.

1. В про́шлом году́ я забы́л поздра́вить ба́бушку с днём рожде́ния (*wish my grandmother happy birthday*).
2. Я неда́вно прочита́ла пи́сьма Че́хова.
3. На про́шлой неде́ле я был на ле́кции по археоло́гии.†
4. Моя́ подру́га е́здила про́шлым ле́том в Евро́пу.
5. Я помо́г своему́ дру́гу почини́ть компью́тер.
6. Вчера́ я весь день смотре́л ста́рые фи́льмы.†
7. Вчера́ мы ходи́ли в го́сти к ру́сским студе́нтам.

Вам (тебе́, ей, и т.д.) бы́ло
. . . тру́дно?
. . . интере́сно?
. . . ску́чно?
. . . легко́ (*easy*)?
. . . удо́бно?
. . . сты́дно?
. . . поня́тно?
. . . ве́село?

УПРАЖНЕНИЕ 8 Вам интересно?

Working with a classmate, complete the following sentences about yourself and others whom you know.

ОБРАЗЕЦ: Вчера мне надо было . . .
→ Вчера мне надо было <u>прийти очень рано на работу</u>.

1. Мне было интересно узнать, что . . .
2. Мне было скучно, когда . . .
3. Моему другу будет трудно . . .
4. Преподавателю будет приятно узнать, что . . .
5. Мне было стыдно, когда . . .
6. Завтра мне надо будет . . .

reVERBerations. Encourage students to think of alternative English phrases containing an indirect object (*to someone*): to call = *to make a call to someone*; to bother = *to be a bother to someone*; to answer = *to give an answer to someone*; to help = *to give help to someone.*

reVERBerations ★ Verbs That Take the Dative

A number of verbs that you may not think of as having an indirect object nevertheless take the Dative case. Here are some that you have already encountered.

верить / поверить	Я **ему поверил.**	*I believed him.*
звонить / позвонить	Я **позвоню тебе** сегодня вечером.	*I'll call you tonight.*
мешать / помешать	Ладно, девочки, не хочу **вам мешать.**	*Fine, girls, I don't want to bother you.*
отвечать / ответить	Когда мы спросили их, они **нам ответили,** что не знают, когда приедут.	*When we asked them, they told us that they don't know when they'll arrive.*
помогать / помочь	Тогда я **помог Косте.** Ведь я замечательный брат!	*Then I helped Kostya. After all, I'm a wonderful brother!*

 КУЛЬТУРА РЕЧИ

❖ ТАК ГОВОРЯТ: LISTING THINGS IN ORDER

Во-пе́рвых, папа ещё не вернулся. **Во-вторых,** я уверен, что он вернётся без ёлки.

In the first place, Dad hasn't come back yet. In the second place, I'm sure he'll return without a New Year's tree.

You'll find the phrases **во-пе́рвых. . . , во-вторых. . .** useful to introduce an enumeration of certain points you are going to make. (If you choose to make a third point, you can say **в-тре́тьих;** higher numbers are not usually encountered.)

Упр. 9. #1. Ру́сское Бистро́ is a fast-food restaurant chain specializing in traditional Russian food and drink. Макдо́налдс opened its first branch in Moscow in 1990. Пи́цца хат and Да́нкин до́натс also have branches in Moscow.

УПРАЖНЕ́НИЕ 9   Stating your reasons

Respond to your friend's inquiries, giving at least two reasons for your response.

ОБРАЗЕ́Ц: — Ты не хо́чешь пойти́ с на́ми сего́дня ве́чером на рок-конце́рт гру́ппы «Электри́ческий пингви́н»?
— Извини́, но не могу́. Во-пе́рвых, у меня́ нет де́нег. Во-вторы́х, я до́лжен (должна́) занима́ться.

1. — Я хочу́ есть. А ты?
   — Я то́же. Куда́ пойдём — в «Макдо́налдс» и́ли в «Ру́сское Бистро́»?
2. — Что ты предпочита́ешь (prefer) смотре́ть — зи́мние (winter) олимпи́йские† и́гры и́ли ле́тние (summer)?
3. — Ты лю́бишь фи́льмы у́жасов?
4. — Как ты ду́маешь, стать бизнесме́ном интере́сно и́ли нет?
5. — Ле́том ты бу́дешь рабо́тать и́ли учи́ться?

◆ САМОПРОВЕ́РКА: УПРАЖНЕ́НИЕ 10

Working on your own, try this self-test: Read a Russian sentence out loud, then give an idiomatic English equivalent without looking at the book. Then work from English to Russian. After you have completed the activity, try it with a classmate.

1. Лю́ди, с кото́рыми я рабо́таю, о́чень интересу́ются спо́ртом.
2. Ты не по́мнишь, как называ́ется рестора́н, в кото́ром мы за́втракали, когда́ бы́ли в Хе́льсинки?
3. Тебе́ хо́лодно, а мне жа́рко. Как э́то мо́жет быть?
4. Е́сли мы хоти́м хоро́шие места́, нам на́до бу́дет прие́хать о́чень ра́но.
5. Ско́лько ты заплати́л за но́вый компью́тер, е́сли не секре́т?
6. — Где Ми́ша?
   — Его́ сейча́с нет. Он пошёл в универса́м за хле́бом и молоко́м.
7. Сла́ва говори́т, что не зна́ет, где живёт Мари́на. Я ему́ не ве́рю.

1. *The people I work with are very interested in sports.*
2. *Do you remember the name of the restaurant we had breakfast in when we were in Helsinki?*
3. *You're cold and I'm hot. How can that be?*
4. *If we want good seats we'll have to arrive very early.*
5. *How much did you pay for your new computer, if you don't mind my asking?*
6. *"Where's Misha?"*
   "He's not here right now. He's gone to the supermarket for bread and milk."
7. *Slava says that he doesn't know where Marina lives. I don't believe him.*

❖ ВОПРОСЫ И ОТВЕТЫ: УПРАЖНЕНИЕ 11

Working with a classmate, take turns asking and answering the following questions.

1. У тебя дома на Новый год покупают ёлку? А на Рождество (*Christmas*)? А на Хануку†?
2. Тебе больше нравятся большие или маленькие ёлки?
3. Сколько стоит большая ёлка? А маленькая? У тебя была ёлка в прошлом году? Сколько ты заплатил (заплатила)?
4. От кого ты обычно получаешь подарки на Рождество? А на день рождения?
5. Что ты получил (получила) на Рождество (на Хануку)? А на день рождения?
6. Кому ты даришь подарки на Рождество (на Хануку)? А на день рождения?

❖ ДИАЛОГИ

ДИАЛОГ 1 У вас есть ёлка?
(Discussing plans at home for a holiday)

— Петя, у вас дома есть ёлка?
— Пока нет (*not yet*), но будет.
— Ты уверен? Сейчас трудно купить хорошую ёлку — ведь завтра Новый год.
— Папа всегда покупает ёлку в последний (*last*) день.

ДИАЛОГ 2 У меня ёлки не будет
(Discussing travel plans for a holiday)

— Оля, привет!
— Митя, это ты? Я тебя не узнала. Куда ты идёшь?
— Мне очень повезло: фирма, в которой я работал, подарила мне ёлку. Мне надо её принести.
— А у меня ёлки в этом году не будет.
— Почему?
— Я уезжаю на Новый год к друзьям в Крым (*Crimea*).

УПРАЖНЕНИЕ 12   Ваш диалог

Create a dialogue in which you and a friend discuss plans for the holiday season (vacation travel, purchases you'll make, gifts you may receive, and so on).

❖ А ТЕПЕРЬ…: УПРАЖНЕНИЕ 13

Working with a classmate, use what you learned in Part 1 to . . .

1. find out if he had a Christmas/New Year's tree last year
2. ask if he's going to have a tree this year
3. ask him why he will or won't have a tree this year
   [*he should provide two or three reasons*]
4. find out if there's a store in his neighborhood that sells trees
5. ask how much you have to pay for a tree

ЧАСТЬ ВТОРАЯ

С чего начать? Suggested Activities. Have students complete Упр. 1 so they can figure out all items shown in the visuals. Then have them make a list of foods they would serve at a party, incorporating some of these as well as other foods they may know.

РУ́ССКАЯ КУ́ХНЯ

1. ма́сло
2. чёрный хлеб
3. сыр
4. бутербро́д
5. карто́фельный сала́т
6. винегре́т
7. смета́на
8. блины́
9. сала́т из огурцо́в и помидо́ров
10. соси́ски
11. гусь
12. пельме́ни
13. баклажа́нная икра́
14. пирожки́ с капу́стой
15. пирожки́ с карто́шкой
16. пирожки́ с мя́сом
17. ки́слая капу́ста
18. солёные огурцы́
19. кра́сная икра́, чёрная икра́
20. паште́т
21. солёные грибы́
22. солёные помидо́ры

С чего начать? (1). A large amount of food vocabulary is activated in Part 2 so students can use it throughout the rest of the lesson. Part 3 contains substantially less new vocabulary.
С чего начать? (2). Баклажа́нная икра́, known as *eggplant caviar*, is a vegetable dip made with finely chopped eggplant and other vegetables; it is traditionally served chilled with black bread. Пельме́ни are noodle dumplings similar to ravioli and usually filled with meat; they are traditionally served with sour cream. Винегре́т is a chopped vegetable salad that contains beets.

УПРАЖНЕНИЕ 1   Русская кухня

Упр. 1. АК. 1 г; 2 р; 3 н; 4 д; 5 л; 6 о; 7 м; 8 и; 9 ж; 10 з; 11 в; 12 е; 13 к; 14 п; 15 б; 16 а.

Match the foods that you might find at a holiday gathering in Russia. Then go back and circle those that might also be served at your holiday gathering.

1. _____ баклажанная икра
2. _____ блины с маслом
3. _____ винегрет
4. _____ гусь
5. _____ картофельный салат
6. _____ кислая капуста
7. _____ красная или чёрная икра
8. _____ паштет
9. _____ пельмени со сметаной
10. _____ пирожки с капустой, с картошкой или с мясом
11. _____ салат из огурцов и помидоров
12. _____ солёные грибы
13. _____ солёные огурцы
14. _____ сосиски
15. _____ сыр
16. _____ чёрный хлеб с маслом

a. black bread with butter
б. cheese
в. cucumber and tomato salad
г. eggplant dip
д. goose
e. marinated mushrooms
ж. noodle dumplings with sour cream
з. pastries stuffed with cabbage, potato, or meat
и. paté
к. pickles
л. potato salad
м. red or black caviar
н. salad with beets
о. sauerkraut
п. frankfurters
р. thin pancakes with butter

Упр. 1. #6. The phrase кислая капуста is another calque from German.

Reading Introduction (see also WB/LM).
1. Что уже есть у Светы и Тани? (Пирожки, салаты, паштет, гусь.)
2. Кто принёс гуся? (Высокий парень в маске Деда Мороза or Какой-то высокий парень.)

3. Кто пришёл к Тане и Свете первым? (Саша.)
4. Что принёс Джим? (французское шампанское.)

С... Happy New Year!

ЧТЕНИЕ

(*It's about 11 p.m., December 31. Sveta and Tanya's guests are about to arrive.*)

СВЕТА.	Новый год на носу,° а мы ещё не знаем, что у нас будет на столе.
ТАНЯ.	Но мы ведь так договорились: каждый **принесёт с собой**° что-нибудь вкусное. Так даже интереснее°.
СВЕТА.	Вот увидишь, все принесут **одно и то же.**° Будем есть один° винегрет.
ТАНЯ.	Ну зачем ты так говоришь! У нас уже есть пирожки с мясом, пирожки с капустой, пять разных салатов, паштет, (*turning toward the kitchen, sniffing*) гусь почти готов ...
СВЕТА.	Кстати о гусе. Кто его принёс?
ТАНЯ.	**Кто-то**° позвонил в дверь.° Я открыла и увидела парня в маске† Деда Мороза. Он сказал: «Это вам новогодний подарок. От Деда Мороза» — и сразу же убежал.°
СВЕТА.	Очень интересно!

на... *is almost here*
принесёт... *will bring along*
более *interesting*
одно... *the same thing / only*

Somebody / позвонил... *rang at the door*
ran away

(*The doorbell rings. Sveta opens the door. In walks Sasha carrying a huge basket.*)

САША.	Привет!
СВЕТА.	Привет! Что это у тебя?

Чтение (1). *The doorbell rings.* The video segment begins at this point.

Урок 10 ✦ С Новым годом!

herself	САША.	Это новогодние подарки от бабушки. Всё **сама**° делала. (*Begins pulling canning jars from the basket and putting them on the table.*) Это солёные огурцы. Это помидоры. Это кислая капуста. Это солёные грибы.
gourmet	СВЕТА.	Саша, а ты гурман°!
	ТАНЯ.	Это, наверно, очень вкусно!
even tastier	САША.	(*Putting something else on the table.*) А это ещё вкуснее°! Пирожки!
	(*The doorbell rings. In walks Jim.*)	
поздравляю...*Happy New Year!*	ДЖИМ.	Здравствуйте! Я **поздравляю** вас с наступающим **Новым годом**°!
	ТАНЯ.	Спасибо.
	САША.	Спасибо.
formally	ТАНЯ.	И тебя. Только почему так **официально**°?
	ДЖИМ.	А как надо?
	ТАНЯ.	Привет! С наступающим!
буду...*I'll remember that.*	ДЖИМ.	Ну, спасибо, **буду знать.**° Я принёс ... (*Places two bottles of champagne on the table.*) Это — вам.
	СВЕТА И	
French / champagne	САША.	**Французское**° **шампанское**°!
	(*The doorbell rings. In walks Lena.*)	
	ЛЕНА.	Привет! С наступающим!
	ВСЕ.	С наступающим! Спасибо!
	ДЖИМ.	Привет. Как дела?
	СВЕТА.	Лена, а где твой Виктор?
He promised	ЛЕНА.	Мой? Почему мой? Просто Виктор. Скоро приедет. **Обещал**° быть точно к° Новому году. **Деловой**° человек.
by / Businesslike	САША.	Просто Виктор? (*Everyone laughs.*)
see out	СВЕТА.	Значит, будем **провожать**° старый год без него.
А что...*what does...mean?*	ДЖИМ.	А **что** это **значит**° — «провожать старый год»?
say good-bye	ТАНЯ.	Это русская **традиция**.† Мы должны **попрощаться**° со старым годом, **поблагодарить**° его за всё хорошее, **поднять**° **бокалы**° и ...
thank / raise / glasses		
eat / таким...just as	САША.	... и вкусно **поесть.**° Тогда Новый год будет **таким же**° вкусным.
	ДЖИМ.	Это прекрасная традиция. Мне она очень нравится.
Прошу...*Everyone please come to the table!*	ТАНЯ.	Мы тоже очень любим эту традицию. **Прошу всех к столу**°!

Чтение (2): Спасибо, буду знать. Note this exchange, where Jim graciously accepts a correction (*Thanks, I'll remember that.*). Point out to students that they will surely make mistakes in Russian, and Russians—to be helpful—will probably offer corrections.

Чтение (3): Деловой человек. Having students try to define or describe phrases like this in Russian is good practice. Example: Деловой человек много работает. Деловой человек никогда не опаздывает. Деловой человек . . . .

УПРАЖНЕНИЕ 2 Под микроскопом: Recognizing aspect

The following are sentences from the reading. Indicate in the blanks provided the aspect of each underlined verb and its infinitive. Then translate each sentence.

ОБРАЗЕЦ: Но мы ведь так договорились: каждый <u>принесёт</u>
(*pfv: принести*) с собой что-нибудь вкусное.
But we agreed: each person will bring something delicious.

1. Вот <u>увидишь</u> (_____), все <u>принесу́т</u> (_____) одно́ и то́ же.
2. <u>Бу́дем есть</u> (_____) оди́н винегре́т.
3. Кто́-то <u>позвони́л</u> (_____) в дверь.
4. Я <u>откры́ла</u> (_____) и <u>уви́дела</u> (_____) па́рня в ма́ске† Де́да Моро́за.
5. «Э́то вам нового́дний пода́рок. От Де́да Моро́за» — и сра́зу же <u>убежа́л</u>. (_____)
6. Всё сама́ <u>де́лала</u>. (_____)
7. Про́сто Ви́ктор. Ско́ро <u>прие́дет</u>. (_____)

Упр. 2. АК. 1 pfv., уви́деть; pfv., принести́; 2 impfv., есть; 3 pfv., позвони́ть; 4 pfv., откры́ть; pfv., уви́деть; 5 pfv., убежа́ть; 6 impfv., де́лать; 7 pfv., прие́хать.

ГРАММАТИКА И ПРАКТИКА

❖ 10.4. THE REFLEXIVE *ONESELF*: СЕБЯ

У **себя́** до́ма ты мо́жешь идти́ пе́рвым.
When you're at home you can go first.

Я обы́чно беру́ с **собо́й** ка́рту го́рода.
I usually take along a map of the city.

Ка́ждый принесёт с **собо́й** что́-нибудь вку́сное.
Everyone will bring something delicious.

Себя́ (*oneself, myself, yourself, himself,* and so on) always refers back to the subject and is neither gender- nor number-specific. Since it refers back to the subject, it cannot *be* the subject, hence it has no Nominative form. Three forms cover the five cases in which it is used: **себя́, себе́,** and **собо́й.** Note that **у себя́** means *in one's office, home,* and so on; **с собо́й** means *along* when combined with verbs of taking or bringing.

ACCUSATIVE	себя	Мы видели **себя** на фотографии.	We saw ourselves in the photo.
GENITIVE		Дима принёс две чашки кофе — для меня и для **себя.**	Dima brought two cups of coffee — (one) for me and (one) for himself.
PREPOSITIONAL	себе	Наши соседи говорят только о **себе** и о своих планах.	Our neighbors talk only about themselves and their plans.
DATIVE		Володя говорил **себе,** что не надо волноваться.	Volodya kept telling himself that he shouldn't worry.
INSTRUMENTAL	собой	Каждый принесёт с **собой** какую-нибудь кассету.	Everybody will bring along some kind of cassette.

Рисунок Александра Зубина

Кого он видит? Он видит себя?

УПРАЖНЕНИЕ 3   Джон принёс...

Упр. 3. **AK.** 1 собой; 2 себя; 3 Себе; 4 себя; 5 собой; 6 себя; 7 себе; 8 себе.

Fill in the blanks with the correct form of **себя.**

1. Джон принёс с _____ две бутылки французского шампанского.
2. — Где папа?
   — У _____ в кабинете (*office*).
3. — Кому ты купила эти журналы?
   — _____ и сестре.
4. Маша купила вино для гостей. Для _____ она купила яблочный (*apple*) сок, потому что она не пьёт вина.
5. Сегодня будет дождь. Возьмите с _____ зонтик (*umbrella*).
6. Марины не было на кухне, она была у _____ в комнате.
7. Ира сказала, что она купила теннисные ракетки _____ и Жене.
8. Антон большой эгоист.† Он думает только о _____.

Упр. 4. **Variation:** Perform this in groups of 3–4 as a chain activity where Student A says what she brought; Student B repeats what Student A brought and then adds what he brought, and so on. See who can remember the longest list of items.

УПРАЖНЕНИЕ 4   А что вы принесли с собой?

Who brought what to class today? Without looking around the room, work in small groups to list from memory as many things as possible that classmates brought with them today. See who can give the longest list.

ОБРАЗЕЦ: — Я принёс (принесла) с собой книги и ручки.
— Джон принёс с собой рюкзак. Сара принесла с собой...

Часть вторая 151

Some doors in public areas of English speaking countries are marked PUSH and PULL; in Russia, doors are marked **ОТ СЕБЯ** (*from yourself*) and **К СЕБЕ** (*toward yourself*).

СЛОВА, СЛОВА, СЛОВА . . . ★ Уже́ не (*no longer*) vs. ещё не (*not yet*)

Рези́новые сапоги́ **уже́ не** нужны́.	*Rubber boots are no longer necessary.*
Во-пе́рвых, па́па **ещё не** верну́лся.	*In the first place, Dad hasn't returned yet.*
Но́вый год на носу́, а мы **ещё не** зна́ем, что у нас бу́дет на столе́.	*New Year's is just about here, and we still don't know what we're going to have on the table.*

You already know the adverbs **уже́** (*already*) and **ещё** (*yet, still*). Their meanings change somewhat when used with a negation: **уже́ не** refers to a condition that existed in the past (or to an activity that was taking place), but has since ended. It can be translated *no longer, not any more.* By contrast, **ещё не** refers to an event or situation that is expected, but has not yet happened. It can be translated *not yet, still not.*

❖ 10.5. SOFT ADJECTIVES: НОВОГО́ДНИЙ AND ДОМА́ШНИЙ

Э́то моё **дома́шнее** зада́ние.	*This is my homework.*
Мо́жет быть, у них есть **ли́шний** стол.	*Maybe they have an extra table.*
Э́то **нового́дние** пода́рки от ба́бушки.	*These are New Year's presents from my grandmother.*

Some adjectives, most of them with dictionary forms ending in **-ний,** are known as "soft" adjectives because in all forms their endings begin with soft-series vowels. This softness is not related to spelling rules, but rather is inherent in the soft adjectives themselves. These adjectives have endings similar to the endings you already know, with four consistent differences.

Soft Adjectives (1). Nearly all soft adjectives end in -ний and denote time (ле́тний, нового́дний, сего́дняшний) or location (бли́жний, дома́шний, сосе́дний). Students already know the base words from which many of these are formed. Distinguishing among "hard" (e.g., но́вый), "soft" (e.g., дома́шний), and "spelling-rule" (e.g., хоро́ший, ру́сский) types of adjectives may help avoid confusion about endings. The soft adjectival noun пере́дняя was encountered in 5/2.

Soft Adjectives (2). Remind students of adjectives like интере́сный so they don't make the assumption that all adjectives with stems ending in н- are soft.

WHERE THE ENDINGS OF *HARD* ADJECTIVES (LIKE интере́сный) HAVE HARD-SERIES VOWELS...	...THE ENDINGS OF *SOFT* ADJECTIVES (LIKE дома́шний) ALWAYS HAVE SOFT-SERIES VOWELS	EXAMPLES
-ы- (-ый, -ые, -ых, -ым, -ыми)	-и- (-ий, -ие, -их, -им, -ими)	Э́то **дома́шние** солёные помидо́ры.
-о- (-ое, -ого, -ом, -ому, -ой)	-е- (-ее, -его, -ем, -ему, -ей)	У тебя́ есть **ли́шнее** кре́сло?
-а- (-ая)	-я- (-яя)	Кака́я краси́вая **нового́дняя** ёлка!
-у- (-ую)	-ю- (-юю)	Фи́рма, в кото́рой я рабо́тал, подари́ла мне **нового́днюю** ёлку.

Do not confuse soft adjectives (of which you now have encountered several: **дома́шний, ли́шний, нового́дний, после́дний, си́ний**) with "spelling-rule" adjectives like **хоро́ший** and **ру́сский**. True soft adjectives, which you should learn individually as you encounter them, have soft-series vowels in *all* their endings (**дома́шн-ий, -ее, -яя, -ие,** etc.); spelling rules are irrelevant for them.

Нового́дний банке́т

Soft Adjectives: The Seasons. These adjectives are based on the nouns ле́то, о́сень, зима́, весна́.

СЛОВА́, СЛОВА́, СЛОВА́... ● More Soft Adjectives: The Seasons

Many soft adjectives are based on words that refer to time or location. Here are four useful ones describing the seasons. What are the nouns from which these adjectives are derived?

| ле́тний | осе́нний | зи́мний | весе́нний |

УПРАЖНЕНИЕ 5   Hard and soft adjectives

Complete the sentences with adjective endings. Then mark all the soft adjectives with an asterisk.

1. У меня́ есть ли́шн_____ ру́чка, я могу́ дать её тебе́.
2. У тебя́ о́чень ма́ло оши́бок в после́дн_____ зада́нии.
3. Мы лю́бим смотре́ть францу́зск_____ фи́льмы.†
4. Вы по́няли после́дн_____ предложе́ние (sentence)?
5. Вам нра́вится моско́вск_____ метро́?
6. Ка́тя вы́учила но́в_____ пе́сню.
7. Мы лю́бим дома́шн_____ пи́ццу.
8. Зи́му я не люблю́ — зимо́й мне всегда́ хо́лодно. А ле́тн_____ пого́ду я о́чень люблю́.
9. Нам понра́вилась больш_____ нового́дн_____ ёлка, кото́р_____ принёс де́душка.
10. Ба́бушка сде́лала солён_____ огурцы́, кисл_____ капу́сту и бел_____ грибы́ на Но́в_____ год.

10.6. COMPARATIVES OF ADVERBS AND PREDICATE ADJECTIVES: ИНТЕРЕ́СНЕЕ AND ВКУСНЕ́Е

Э́та ёлка краси́вая, но та — **краси́вее**.

This New Year's tree is pretty, but that one's prettier.

Та́ня говори́т бы́стро, а Све́та говори́т ещё **быстре́е**.

Tanya speaks fast, but Sveta speaks even faster.

The comparative adverb and predicate adjective forms that you have already learned (**бо́льше, ме́ньше, ху́же, лу́чше**) are actually irregular (though very common) formations. Most Russian adverbs and predicate adjectives form their comparatives using the ending **-ee**.

As you learned in Lesson 9, Part 2, **ещё** is used to say that "X is *even* bigger (newer, taller, colder, etc.) than Y":

У нас сего́дня хо́лодно, а в Москве́, наве́рно, ещё **холодне́е**.

It's cold here today, but it's probably even colder in Moscow.

— Быстре́е, быстре́е!

УПРАЖНЕ́НИЕ 6   . . . а там ещё удо́бнее

Work with a classmate to form comparative statements.

ОБРАЗЕ́Ц: Здесь удо́бно, а . . .
→ Здесь удо́бно, а там ещё удо́бнее.

1. Ру́сский язы́к тру́дный, а . . .
2. Мой рюкза́к тяжёлый, а . . .
3. Ва́ша кни́га интере́сная, а . . .
4. Мой брат симпати́чный, а . . .
5. Сего́дня хо́лодно, а . . .
6. Моя́ ба́бушка гото́вит вку́сно, а . . .
7. Пари́ж краси́вый го́род, а . . .

Упр. 5. АК. 1 ли́шняя*; 2 после́днем*; 3 францу́зские; 4 после́днее*; 5 моско́вское; 6 но́вую; 7 дома́шнюю*; 8 ле́тнюю*; 9 больша́я нового́дняя*; кото́рую; 10 солёные; ки́слую; бе́лые; Но́вый.

Comparatives (1). By way of introduction, have students review the comparative presentation in 9/2.

Comparatives (2). Rather than deal with the issue of stress at this point, students should simply learn the -ee comparative forms they need. ventually you may want to point out that when a comparative form contains only three syllables, the stress usually moves to the ending (быстре́е, вкусне́е). Most longer comparatives involve no stress shift (интере́снее, краси́вее), although a few exceptions do occur (холодне́е, тяжеле́е). Students do not yet have enough background to make productive use of the generalization that short-form adjectives whose feminine form is end-stressed have end-stressed comparative forms.

Comparatives (3): да́льше. Having encountered the phrase на носу́ (*nearly here, just around the corner*), students might enjoy the phrase не ви́деть да́льше своего́ но́са (*to see no farther than the end of one's nose*). Да́льше is encountered in 10/4.

Comparatives (4). Proverbs are a rich source of simple comparatives: Ста́рый друг лу́чше но́вых двух (*There's no friend like an old friend*). В гостя́х хорошо́, а до́ма лу́чше (*East or west, home is best*). Ум хорошо́, а два лу́чше (Одна́ голова́ хорошо́, а две лу́чше) (*Two heads are better than one*). Своя́ руба́шка бли́же к те́лу (*Charity begins at home*). Ти́ше е́дешь, да́льше бу́дешь (*Haste makes waste*). Лу́чше по́здно, чем никогда́ (*Better late than never*).

reVERBerations ⭐ Verbs Based on the <-давáть> Root

You have encountered a number of verbs built on the <-давáть> root. In some instances you can see how the verbs are related in meaning to the notion of *giving;* in other instances the connection is not so apparent. They are, however, all conjugated similarly. Here are the key forms of **давáть / дать,** followed by some examples from the readings. Note the perfective future has a very irregular conjugation and the past has end-stressed feminine forms.

давáть: да-ю́, да-ёшь, … да-ю́т
  pfv.: **дать:** да-м, да-шь, да-ст, дад-и́м, дад-и́те, дад-у́т (*past* дал, далá, дáло, дáли)

давáть / дать	Кáждое у́тро он ждёт вас здесь. Он **даёт** вам сапоги́.	*Every morning he waits for you here. He gives you boots.*
продавáть / продáть	Я их не **продаю́**.	*I'm not selling them.*
отдавáть / отдáть	Вы, мужчи́ны, **отдаёте** друг дру́гу газéты.	*You guys give your newspapers to each other.*
задавáть / задáть (вопрóс)	Мáма, я же тебя́ проси́ла не **задавáть** мне э́тот вопрóс.	*Mom, I've asked you not to ask me that question.*
преподавáть (*impfv. only in this meaning*)	Илья́ Ильи́ч **преподаёт** у Тáни на факультéте.	*Ilya Ilyich teaches in Tanya's department.*
сдавáть(ся) / сдáть(ся)	Я ви́дел объявлéние, что **сдаётся** кóмната в дóме, где живёт Илья́ Ильи́ч.	*I saw an ad that there's a room for rent in the building where Ilya Ilyich lives.*

One more *giving*-related verb that occurs in this reading is **дари́ть / подари́ть** (*to give as a gift*) (cf. **подáрок**):

дари́ть: дар-ю́, дáр-ишь, … дáр-ят
  pfv. **подари́ть**

	Нам её **подари́ла** фи́рма, в котóрой мы рабóтали.	*The company where we were working gave it to us.*

Verbs Based On the <-давáть> Root. Invite students to give examples of the <-давáть> verbs in the perfective aspect, either from readings and dialogues, or of their own creation. Передавáть / передáть will also be introduced in Part 3 of this lesson.

Упр. 7. AK. 1 задаёт, задалá, задáст; 2 даём, дáли, дади́м; 3 сдаёт, сдал, сдаст; 4 отдаю́, óтдал (отдалá), отдáм; 5 преподаю́т, преподавáли, бу́дут преподавáть.

УПРАЖНÉНИЕ 7 Verbs based on the <-давáть> root

Using verbs based on the <-давáть> root, complete the following sentences. For each sentence, give the appropriate form for the present, past, and future tenses.

ОБРАЗÉЦ: Вы (*selling, sold, will sell*) ваш стáрый при́нтер?
  → Вы продаёте ваш стáрый при́нтер?
  Вы прóдали ваш стáрый при́нтер?
  Вы продади́те ваш стáрый при́нтер?

1. Валенти́на (*is asking, asked, will ask*) своéй мáтери серьёзный вопрóс.
2. Мы вам (*are giving, gave, will give*) свой нóмер телефóна.
3. Наш сосéд (*is renting out, rented out, will rent out*) одну́ кóмнату.
4. Я тебé дéньги (*am giving back, gave back, will give back*).
5. Михаи́л Петрóвич и Áнна Никола́евна (*teach, taught, will teach*) у нас в университéте.

КУЛЬТУРА РЕЧИ

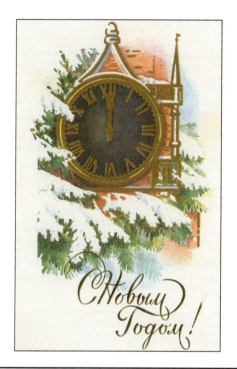

ТАК ГОВОРЯТ: HOLIDAY (AND OTHER) GREETINGS

| Поздравля́ю вас с наступа́ющим Но́вым го́дом! | *Happy New Year!* (lit. *I congratulate you with the approaching New Year!*) |

Jim used this formal greeting when he arrived at the party. Tanya offered him an alternative: the shorter, more conversational **Приве́т! С наступа́ющим!** Here are some other celebratory greetings.

GREETING	MEANING	RESPONSE

Holiday:
  С Но́вым го́дом!
  С Рождество́м!
  С пра́здником![3]
	Happy New Year!
	Merry Christmas!
	Happy holiday!
		И вас та́кже!

Other:
  С днём рожде́ния!
  С прие́здом!
  С новосе́льем!
	Happy birthday!
	Welcome! (*when someone arrives after traveling*)
	Happy housewarming!
		Спаси́бо!

---

[3] **С пра́здником!** This is a helpful general expression for use with holidays that have no Russian equivalent, hence no established Russian greeting (for example, Thanksgiving, 4th of July).

❖ САМОПРОВЕРКА: УПРАЖНЕНИЕ 8

Working on your own, try this self-test: Read a Russian sentence out loud, then give an idiomatic English equivalent without looking at the book. Then work from English to Russian. After you have completed the activity, try it with a classmate.

1. Новый год на носу, а мы ещё не знаем, что принесут наши гости.
2. Дедушка на пенсии; он уже не работает.
3. Когда вампир смотрит в зеркало, он себя не видит.
4. У нас дома лишний стол и лишнее кресло. Вы их не хотите?
5. У меня мотоцикл новый, а у него ещё новее!
6. — Мы снимаем квартиру в центре.
   — Мы тоже хотим жить в центре. Может быть, у вас в доме сдаётся ещё одна квартира?

1. New Year's is just about here, and we still don't know what our guests are bringing.
2. Grandpa is retired; he's no longer working.
3. When a vampire looks in a mirror, he doesn't see himself.
4. We have an extra table and an extra armchair at home. Do you want them?
5. My motorcycle is new, but his is even newer!
6. "We're renting an apartment downtown."
   "We want to live downtown, too. Do you think there might be another apartment for rent in your building?"

❖ ВОПРОСЫ И ОТВЕТЫ: УПРАЖНЕНИЕ 9

1. Где ты был (была) на Новый год — дома? У друзей? У родителей?
2. У американцев есть традиция провожать старый год? А у русских?
3. Что вы едите на Новый год?
4. Что вы пьёте на Новый год?
5. Кого ты поздравляешь с Новым годом?
6. С кем ты любишь встречать (celebrate) Новый год?
7. Когда ты идёшь в гости, что ты приносишь с собой?
8. Когда к тебе приходят гости, они что-нибудь приносят с собой?
9. Как ты думаешь, что вкуснее — пирожки с мясом или пирожки с грибами (капустой, картошкой)?

❖ ДИАЛОГИ

ДИАЛОГ 1 Что ещё нужно купить?
(Making shopping lists)

— Что вы уже купили и что ещё нужно купить?
— Мы купили вино, минеральную воду, сыр, колбасу и конфеты (candy). Нужно ещё купить хлеб и солёные огурцы.
— Сейчас я сделаю салат, а потом пойду в магазин и всё куплю.
— Посмотри, есть ли там пирожки с капустой.
— Я не буду покупать пирожки в магазине, я их сама сделаю.

ДИАЛОГ 2 Óчень вкýсно!
(Discussing food preferences)

— Что э́то?
— Э́то солёные помидóры. А вот э́то — ки́слая капу́ста.
— А что вкуснéе?
— А вы попрóбуйте (taste).
— Помидóры óчень вкýсные, но ки́слая капу́ста ещё вкуснéе.

УПРАЖНЕНИЕ 10   Ваш диалóг

Create a dialogue in which you and a friend are planning to host a party. Discuss what you've already done and what you still have to do (invite people, shop, clean, etc.). Think about what foods you will serve, using comparatives such as **вкуснéе** and **интерéснее** when possible.

❖ А ТЕПЕРЬ . . . : УПРАЖНЕНИЕ 11

Working with a classmate, use what you learned in Part 2 to . . .

1. find out if she usually takes along a credit card when she goes to the store
2. ask how often she buys gifts for her friends and for herself
3. ask if she has already finished her term papers (graduated from college . . .)
   [see if you can come up with something she has not yet done]
4. ask if she used to dance (sing, play baseball . . .) when she was little
   [see if you can come up with something she no longer does]
5. find out if she has an extra pen (pencil, dictionary . . .)
6. find out what she thinks tastes better: potato salad or cucumber and tomato salad? what's harder to cook: bread or pirozhki?
7. ask what is more interesting: watching movies or watching TV

ЧАСТЬ ТРЕТЬЯ

С чего начать? Suggested Activity. Review the <за + Acc.> construction and have students practice making toasts. Новый год has not been included here with за... because the phrase С новым годом! is the standard, even with glasses raised for a toast.

 # С ЧЕГО НАЧАТЬ?

ЗА ВАШЕ ЗДОРОВЬЕ!

За ваше здоровье!	Here's to your health!
мир	peace
дружба	friendship
счастье	happiness

ЧТЕНИЕ

Reading Introduction (see also WB/LM).
1. Кто пришёл последним? (Виктор.)
2. Почему Виктор опоздал? (Потому что не было такси.)
3. Когда Света, Таня и их гости пьют шампанское — когда провожают старый год, или когда встречают Новый год? (Когда встречают Новый год.)

❖ СКОРЕЕ ЗА СТОЛ!°

Everyone to the table!

(*The New Year's Eve party continues.*)

ТАНЯ. Прошу всех к столу! До Нового года десять минут!

(*Everyone sits down at the table and begins passing around and serving the food.*)

ЛЕНА. **Передай,**° пожалуйста, салат. — *Pass*
ТАНЯ. Предлагаю всем **попробовать**° пирожки, очень вкусные. — *taste*
СВЕТА. Неужели это солёные помидоры?
САША. Не просто солёные помидоры, а домашние солёные помидоры. Тебе **положить**°? — *Тебе... Would you like some?*
ДЖИМ. (*Asking Sasha for mineral water.*) **Налей** мне,° пожалуйста. — *Налей... Would you pour me some*
САША. А когда мы будем пить шампанское?
ТАНЯ. Шампанское мы будем пить за Новый год, а сейчас мы выпьем вино — за старый.
СВЕТА. **Ребята,**° наливайте!° — *Guys / fill your glasses!*

(*The doorbell rings.*)

ЛЕНА. Это Виктор!
ВИКТОР. (*Walks in.*) Привет, с наступающим.
ТАНЯ И ДРУГИЕ. Спасибо, **и тебя также.**° — *и... the same to you*
ВИКТОР. Я **чуть не**° опоздал — не было такси. — *чуть... almost*
ТАНЯ. **Таксистам** тоже **хочется**° **встретить**° Новый год. — *Таксистам... Cab drivers also want / to celebrate*
ВИКТОР. **Что-то**° очень вкусно **пахнет.**° (*Sveta brings in the goose.*) — *Something / smells*
ТАНЯ. Гусь от Деда Мороза.
ВИКТОР. (*Pulls out the Ded Moroz mask and puts it on.*) От *этого* Деда Мороза!

(*Everyone laughs.*)

СВЕТА. До Нового года пять минут. Кто умеет открывать шампанское?
ДЖИМ. **Давай я** открою.° (*Opens the bottle; the cork pops out.*) Всё **нормально.**° — *Давай... Let me open it. / okay*

(*Television broadcasts the ringing of the bells in the Spassky Tower of the Kremlin. Everyone counts down the final seconds to midnight.*)

ВСЕ. ...Девять, десять, одиннадцать, двенадцать!
СВЕТА. **С Новым годом!**° — *С... Happy New Year!*
ВСЕ. С новым счастьем! (*They raise their glasses.*)

160 Урок 10 ✪ С Новым годом!

Упр. 1. АК. Those mentioned in the reading are (in the order they appear): сала́т, пирожки́, солёные помидо́ры, шампа́нское, вино́, гусь.

УПРАЖНЕНИЕ 1   Под микроско́пом: Что едя́т, что пьют?

In Part 2 many food and beverage items were mentioned as guests were arriving at the party. Place a checkmark by the food and beverage items that are mentioned in the Part 3 reading. Place an asterisk after those that you think you'd like to try.

— баклажа́нная икра́	— ки́слая капу́ста	— сала́т
— бифште́кс†	— ко́фе	— солёные грибы́
— блины́	— кра́сная икра́	— солёные помидо́ры
— бутербро́д	— ма́сло	— соси́ски
— варе́нье (*jam*)	— огурцы́	— сыр
— винегре́т	— пельме́ни	— чёрная икра́
— вино́	— пирожки́	— чёрный хлеб
— гусь		— шампа́нское

Wishes and Toasts (1). Mark your calendar with upcoming Russian and American holidays—and possibly students' birthdays — to exploit opportunities to use these and other congratulatory greetings in class.

Wishes and Toasts (2). Point out that many greetings are quite fixed in most languages; for example, in English one says "Happy Thanksgiving, Happy Hanukkah, Happy New Year, Happy Birthday," but rarely, if ever, does one hear "Happy Christmas."

Wishes and Toasts (3). The wishes Прия́тного аппети́та! and Счастли́вого пути́! also reflect the <жела́ю вам + Gen.> construction, though жела́ю вам is not usually expressed.

ГРАММАТИКА И ПРАКТИКА

❖❖ 10.7. WISHES AND TOASTS

In addition to raising one's glass and making toasts with <за + Acc.> (see **С чего нача́ть?** on page 158), here's another way to express good wishes using the verb **жела́ть** *to wish*.

	+ DATIVE OF PERSON	+ GENITIVE OF THING WISHED OR INFINITIVE PHRASE
Жела́ю Жела́ем	вам (*to you*) тебе́ (*to you*) всем (*to everyone*)	счастли́вого Но́вого го́да! (*a Happy New Year!*) здоро́вья! (*good health!*) сча́стья! (*happiness!*) всего́ хоро́шего (*all the best*) хорошо́ провести́ вре́мя (*to have a good time*)

УПРАЖНЕНИЕ 2 Making wishes and offering toasts

Working in groups of 3–4, imagine you are celebrating the New Year and are each asked to give a toast. Use the elements below to make up some suitable wishes or toasts. Some people to honor may include **муж, жена, родители, мама, папа, друзья, преподаватели, хозяйка, гости,** and so on.

- Желаю вам . . . (+ *adjective and/or noun in Genitive*): хорошего здоровья, счастья, удачи, всего хорошего)
- За ваш/вашу/ваше/ваши . . . (+ *noun in Accusative*): успехи (*success*), здоровье, счастье
- За . . . (+ *noun in Accusative*): маму, папу, нашу хозяйку

О РОССИИ

КАК РУССКИЕ ВСТРЕЧАЮТ НОВЫЙ ГОД

Прошу всех к столу! До Нового года десять минут.

Food, drink, music, singing, dancing, and good conversation are central to many Russian parties. At a New Year's Eve party this is especially so. Toasts are also common. Anyone may propose a toast, and gallantry reigns: Women are toasted for their charm and beauty, guests (especially if foreign) are singled out in toasts to friendship and future cooperation. Even if you don't drink alcoholic beverages, it is good manners to raise a glass of something and join in the toast.[4] As midnight approaches, many revelers in Moscow gather in Red Square; those at home may turn on the television to watch the nationwide broadcast of the chiming of the bells from the Kremlin's Spassky Tower, marking the start of the new year.

Спасская башня Кремля

---

[4]Social pressure to drink alcohol at Russian parties can be fairly strong, but if you do not care to imbibe, you can say **Извините, пожалуйста, я спиртного не пью** (*Please excuse me, I don't drink alcohol*) before joining toasts with your preferred beverage. If you want to stop after a few drinks, you may say **Спасибо, я больше не хочу** (**не могу, не буду**).

❖ 10.8. *SOMEONE* AND *SOMETHING*: КТО́-ТО AND ЧТО́-ТО

Кто́-то позвони́л в дверь.	Someone rang the doorbell.
Что́-то о́чень вку́сно па́хнет.	Something smells very good.
Ёлку купи́л **како́й-то** молодо́й челове́к.	Some young man bought the fir tree.

Most question words (**кто, что, како́й, где, куда́, когда́,** and **как**) can be followed by **-то** to express that the speaker has in mind a certain person (thing, location, time, and so on), but does not know (or recall) the specific details. Contrast **-то** with **-нибудь,** in which the speaker does not have in mind a specific person (thing, location, time, and so on). Questions and commands often require **-нибудь.**

— **Кто́-нибудь** звони́л?	"Did anyone call?"
— Да, **кто́-то** звони́л, но я не зна́ю кто.	"Yes, someone did, but I don't know who."

The pronoun and adjective forms (**кто, что, како́й**) change case according to how they are used in the sentence.

— Ты не зна́ешь, у **кого́-нибудь** есть ла́зерный при́нтер?	"Do you happen to know if anyone has a laser printer?"
— Да, ка́жется, у **кого́-то** есть, но не по́мню у кого́!	"Yes, it seems like someone does, but I don't remember who!"

УПРАЖНЕ́НИЕ 3   -нибудь и́ли -то?

Two friends are deciding how to spend their evening. Fill in the blanks with either **-нибудь** or **-то,** depending on context.

— Мы весь день сиде́ли (*sat*) до́ма. Ты не хо́чешь куда́-_____¹ пойти́?
— Мо́жно пойти́ в кино́, е́сли идёт что-_____² интере́сное.
— Где-_____³ идёт «Дра́кула», но я не зна́ю где.
— Я не хочу́ смотре́ть фильм о вампи́рах†.
— Позвони́ Ни́не: она́ всегда́ зна́ет, где что идёт.
— Ни́ны нет до́ма: она́ куда́-_____⁴ уе́хала.
— Мо́жно позвони́ть кому́-_____⁵ друго́му.
— А заче́м нам вообще́ идти́ в кино́, когда́ мы мо́жем посмотре́ть телеви́зор?
— А по телеви́зору сего́дня есть что-_____⁶ интере́сное?
— Вот програ́мма. Так . . . Поли́тика, спорт, бале́т . . . А что э́то?
— Кака́я-_____⁷ но́вая переда́ча (*program*).
— Я не хочу́ смотре́ть телеви́зор. Дава́й лу́чше пойдём в рестора́н.
— В како́й?
— В како́й-_____⁸.

Ру́сская тро́йка.
Вы когда́-нибудь е́здили на тро́йке?

УПРАЖНЕ́НИЕ 4   Настоя́щий Ше́рлок Холмс

Working with a classmate, decide who will play which part and role play the following situation: There has been fraud in your office. Answer the investigator's questions.

1. Что вы де́лали неде́лю наза́д?
2. Где вы бы́ли в про́шлую суббо́ту? А где вы бы́ли вчера́ днём?
3. Кто́-нибудь приходи́л к вам вчера́ у́тром? Кто?
4. Кто́-нибудь был на рабо́те, когда́ вы уходи́ли вчера́ ве́чером? Кто?
5. Когда́ вы уходи́ли домо́й вчера́ ве́чером, вы взя́ли каки́е-нибудь докуме́нты? Каки́е?
6. Кто́-нибудь звони́л вам вчера́ и́ли сего́дня? Кто?

Упр. 4. Note that negative responses will contain double negatives, i.e. a ни- form with a negated verb: Я ничего́ не де́лал.

◆ 10.9. SOFTENING ХОТЕ́ТЬ

Такси́стам то́же **хо́чется** *Cab drivers also want to celebrate*
встре́тить Но́вый год. *New Year's Eve.*

The construction <Dat. + **хо́чется** + infinitive> expresses feeling like doing something without sounding abrupt or demanding. For example, **Мне хо́чется пить** (*I'd like something to drink*) is gentler than and therefore generally preferable to **Я хочу́ пить.** The verb form **хо́чется** is unchanging; the past-tense form is **хоте́лось.** (The most conversational way to render *I'm thirsty,* **Пить хо́чется,** is simply a variation of this construction.)

УПРАЖНЕ́НИЕ 5   Что сказа́ть?

What would you say in the following situations?

ОБРАЗЕ́Ц: You've arrived home after a long trip. Your roommate wants to stay up and tell you about everything that happened while you were gone; you just want to go to sleep.
→ Извини́, но мне хо́чется спать.

1. Your friends are going shopping and they invite you to go along. You want to watch a football game on TV.
2. At a party there's a lively political discussion going on in one room, but after a while you've had enough; you don't feel like talking about politics (**поли́тика**).
3. You and some friends are planning to meet at the beach. Your roommate suggests the two of you go by car; not wanting to worry about parking, you say you'd like to go by bus.
4. After years of living in the country, you tell your family one morning that you'd like to live in the city.
5. You and your roommate have been studying late at night. You're hungry and you ask your roommate if he feels like having something to eat.

Упр. 5. AK. Sample responses: 1 Мне хо́чется смотре́ть телеви́зор; 2 Мне не хо́чется разгова́ривать о поли́тике; 3 Мне хо́чется е́хать на авто́бусе; 4 Мне хо́чется жить в го́роде; 5 Тебе́ хо́чется есть?

10.10. THE EMPHATIC PRONOUN САМ

Это новогодние подарки от бабушки. Всё **сама** делала.

These are New Year's gifts from my grandmother. She made everything herself.

Я показал ему дорогу, а потом я **сам** заблудился.

I showed him the way, and then I got lost myself.

The pronoun **сам** is used to emphasize the word it modifies. It agrees in gender, number, and case with that word. Most frequently, this is a noun or pronoun in the Nominative case (as in the previous examples). These Nominative forms are similar to those of short-form adjectives (**готов, рад, женат, похож, должен,** and so on). Note the shifting stress and the soft ending -и in the plural.

Masc. **сам**   Neut. **само**   Fem. **сама**   Pl. **сами**

Сам. This emphatic pronoun may highlight the fact that someone is performing an action on his own, or it may indicate that he and no one else is performing that action.

УПРАЖНЕНИЕ 6   Сам, само, сама, сами

Fill in the blanks with the correct form of **сам**.

1. Не звоните ей. Я _____ ей позвоню.
2. Она сказала что придёт? Вы _____ это слышали?
3. — Кто вам сказал об этом?
   — _____ директор.
4. Они попросили вас помочь им или вы _____ предложили?
5. Не надо им ничего говорить. Они _____ знают, что нужно делать.
6. — Купить тебе газету?
   — Не надо, я _____ куплю.
7. Не говори маме о лотерее†, Миша ей _____ скажет.
8. Мне пора на работу. Бабушка сможет _____ приготовить обед?

Упр. 6. АК. 1 сам (сама); 2 сами; 3 Сам; 4 сами; 5 сами; 6 сам (сама); 7 сам; 8 сама.

СЛОВА, СЛОВА, СЛОВА... ✪ *To Eat: есть / поесть (съесть)*

Будем **есть** один винегрет.

Мы должны попрощаться со старым годом, поблагодарить его за всё хорошее, поднять бокалы и... вкусно **поесть!**

We'll have only vinegret to eat.

We have to say farewell to the old year, thank it for all the good things, raise our glasses, and... eat well!

The imperfective **есть** has a highly irregular conjugation.

есть: ем, ешь, ест, ед-им, ед-ите, ед-ят (*past* ел, ела, ело, ели)

This verb has two common perfectives, **съесть** and **поесть,** which are conjugated like **есть.** The difference in meaning between the two perfectives is that **съесть,** which usually takes a direct object, means *to eat up, to finish (a whole serving or dish of something).*

На столе были пирожки, но, кажется, их **съела** Белка!

There were pirozhki on the table, but it looks like Belka ate them all up!

By contrast, **поесть** may function as a simple resultative perfective (*to finish eating*); it may also convey the sense of *to have a bite, to have something to eat.* **Поесть** is usually *not* used with an object.

Прежде всего мы **поедим;** потом мы сделаем домашнее задание.

First we'll have something to eat, hen we'll do tour homework.

УПРАЖНЕНИЕ 7   Нет, я сам (сама́) . . .

Working with a classmate, answer the following questions using a form of **сам**.

1. Хо́чешь, я пригото́влю обе́д?
2. Хо́чешь, я скажу́ ма́ме, что случи́лось?
3. Хо́чешь, я позвоню́ твоему́ профе́ссору?
4. Я встре́чу твою́ подру́гу на авто́бусной остано́вке.
5. Я напишу́ ба́бушке о твоём общежи́тии.
6. Я помогу́ твоему́ бра́ту написа́ть сочине́ние.
7. Я встре́чу твои́х роди́телей о́коло ста́нции метро́.

reVERBerations ⭐

1. **Variation in aspectual pairs**

   Most aspectual pairs consist of verbs with variations on the same stem; this may be done with prefixes (**писа́ть / написа́ть**), infixes (**открыва́ть / откры́ть**), stem changes (**приглаша́ть / пригласи́ть**), and so on. Occasionally, however, the verbs making up an aspectual pair have completely unrelated forms. You have already seen this with **говори́ть / сказа́ть** and **брать / взять**; another pair of this type was introduced in Lesson 9, Part 3: **класть / положи́ть.**

   As you saw in Lesson 8, Part 2, other verbs such as **организова́ть** and **жени́ться** (when referring to a man) have identical forms for both the imperfective and the perfective; these verbs are called *biaspectual,* since one form serves for both aspects. Context is especially important for interpreting these verbs correctly. Another verb of this type was introduced in Lesson 10, Part 2: **обеща́ть** (*to promise*).

   Some verbs such as **наде́яться** (*to hope*) have no perfective counterpart at all, since no resultative meaning is associated with them.

2. **убега́ть / убежа́ть** (*to run away*)

   The perfective verb **убежа́ть**, like **бежа́ть**, has an irregular conjugation that mixes endings from both patterns: the **я** and **они́** forms have **-ешь** verb endings, while the **ты, он/она́, мы,** and **вы** forms have **-ишь** verb endings. Note the **-г-/-ж-** alternation in the stem as well. Here are the key forms.

   pfv. **убежа́ть:** убег-у́, убеж-и́шь, убеж-и́т, убеж-и́м, убеж-и́те, убег-у́т

3. **пить** vs. **петь**

   It's easy to mix up the nonpast conjugations of these two imperfective verbs; the stem of **пить** is **пь-**, while the stem of **петь** is **по-**. Here are the forms side by side.

пить *to drink*		петь *to sing*	
pfv. вы́пить		*pfv.* спеть	
пь-ю	пь-ём	по-ю́	по-ём
пь-ёшь	пь-ёте	по-ёшь	по-ёте
пь-ёт	пь-ют	по-ёт	по-ю́т
imperative пе́й(те) / вы́пей(те)		*imperative* по́й(те) / спо́й(те)	

   Петь. A humorous mnemonic device to help students remember the **петь** stem (**по-**) is to imagine someone singing the sound "o." The singer's mouth will be open in the shape of the letter -о- that appears in the stem of **петь: по-**.

Урок 10 ❖ С Новым годом!

УПРАЖНЕНИЕ 8 Что едя́т, что пьют, что пою́т

You're creating a Russian version of *Hollywood Squares*. To prepare for the game, work with a classmate to create statements with which others in the class will clearly agree or disagree.

ОБРАЗЕЦ: — Пингви́ны в Анта́рктике едя́т солёные помидо́ры.
            — Что ты! Это неве́рно. Пингви́ны в Анта́рктике едя́т ры́бу.

Америка́нские студе́нты		ки́слая капу́ста
Ру́сские студе́нты		ко́фе с молоко́м
На Но́вый год америка́нцы		ко́фе с са́харом (*sugar*)
На Но́вый год ру́сские		конфе́ты (*candy*)
Когда́ я бо́лен (больна́) (*sick*)	есть	молоко́
У́тром мы с друзья́ми	пить	мя́со
Когда́ де́душка бо́лен бабушка даёт ему́	петь	пирожки́ с мя́сом
Ти́гры в зоопа́рке		пи́цца
Пингви́ны в Анта́рктике		ры́ба
Ру́сские де́ти		сок
		солёные огурцы́
		солёные помидо́ры
		чай с лимо́ном
		чай с мёдом (*honey*)
		чай с варе́ньем (*jam*)
		«Auld Lang Syne»
		«В лесу́ роди́лась ёлочка»

 # КУЛЬТУРА РЕЧИ

❖ ТАК ГОВОРЯ́Т: ЧУТЬ НЕ (*ALMOST*)

Я **чуть не** опозда́л — не́ было такси́.

I was almost late—there weren't any taxis.

The construction <**чуть не** + past-tense perfective verb> expresses something significant or serious that almost occurred, but did not; in many cases this may be something negative or undesirable. Depending on the context it can be translated as *almost, nearly,* and so on.

УПРАЖНЕНИЕ 9   Я чуть не заблудился…

How would you express the italicized parts of the following situations using <**чуть не** + past-tense perfective verb>? Don't translate the entire sentence.

ОБРАЗЕЦ: You overslept and were in such a hurry *that you almost forgot your term paper at home.*
→ … что я чуть не забы́л до́ма курсову́ю рабо́ту.

1. *You almost got lost yesterday in a new neighborhood,* but fortunately you ran into someone you know.
2. *You had almost rented an apartment,* but this morning you got a job as a dorm resident.
3. *You almost bought a new computer yesterday,* but it turned out there wasn't enough money on your credit card.
4. Your neighbor is a doctor, but when he was young he played soccer and *almost became a professional soccer player.*
5. Last year *you almost won a thousand dollars in the lottery* (**вы́играть в лотере́ю**), but you were one number off.
6. You came home tired late at night and sat down on the couch without even turning on the light. *You almost sat* (**сесть на** + Acc.) *on the cat.*
7. You picked up what you thought was a glass of juice and *almost drank it,* but it turned out to be vinegar.
8. You were getting ready to fly to Moscow and hurrying to get your things together at the last minute, and *you almost left for the airport without your passport.*
9. *Your friend almost married a Russian businessman,* but then decided she didn't want to live the rest of her life in Ulyanovsk.

Упр. **9. АК.** 1 Я чуть не заблуди́лся (заблуди́лась) вчера́ в но́вом райо́не…; 2 Я чуть не снял (сняла́) кварти́ру…; 3 Вчера́ я чуть не купи́л (купи́ла) но́вый компью́тер…; 4 …он чуть не стал профессиона́льным футболи́стом; 5 …я чуть не вы́играл (вы́играла) в лотере́ю ты́сячу до́лларов…; 6 Я чуть не сел (се́ла) на ко́шку; 7 …я чуть не вы́пил (вы́пила) его́…; 8 …я чуть не уе́хал (уе́хала) в аэропо́рт без па́спорта; 9 Моя́ подру́га чуть не вы́шла за́муж за ру́сского бизнесме́на….

◆ САМОПРОВЕРКА: УПРАЖНЕНИЕ 10

Working on your own, try this self-test: Read a Russian sentence out loud, then give an idiomatic English equivalent without looking at the book. Then work from English to Russian. After you have completed the activity, try it with a classmate.

1. Кто́-нибудь уме́ет открыва́ть шампа́нское?
2. Вы когда́-нибудь встреча́ли Но́вый год в Росси́и?
3. Что́-то о́чень вку́сно па́хнет.
4. — Ты не хо́чешь пое́сть?
   — Нет, спаси́бо, но пить хо́чется.
5. Шампа́нское мы бу́дем пить за Но́вый год, а сейча́с мы вы́пьем вино́.
6. Я чуть не забы́л — за́втра твой день рожде́ния!
7. Па́па лю́бит смотре́ть футбо́л, хокке́й и баскетбо́л по телеви́зору, но он сам никогда́ не занима́лся спо́ртом.

1. *Does anyone know how to open a champagne bottle?*
2. *Have you ever celebrated New Year's Eve in Russia?*
3. *Something smells very good!*
4. *"Would you like something to eat?" "No thanks, but I am a little thirsty."*
5. *We'll drink champagne in honor of the New Year, but now we'll drink the wine.*
6. *I almost forgot—tomorrow's your birthday!*
7. *Dad likes to watch soccer, hockey, and basketball on television, but he himself never played sports.*

◈ ВОПРОСЫ И ОТВЕТЫ: УПРАЖНЕНИЕ 11

You're studying in Moscow and a Russian sociology student whom you don't know well is asking you about holiday customs in your country.

1. Какой праздник (*holiday*) вам нравится больше всего (*most of all*)?
2. С кем вы обычно встречаете Новый год — с родителями или с друзьями?
3. Где вы в прошлом году праздновали Новый год? Как вы встретили Новый год?
4. Вы когда-нибудь ели пирожки? С чем? Они вам понравились?
5. Что вы обычно пьёте: минеральную воду, вино, шампанское?
6. Вы умеете открывать шампанское?

◈ ДИАЛОГИ

ДИАЛОГ 1 Я чуть не опоздал
(Explaining a late arrival)

— Где вы встречали Новый год?
— У друзей. Я чуть не опоздал туда — не было такси.
— Это понятно. Таксистам тоже хочется встретить Новый год.
— Но я всё-таки не опоздал. Мне повезло; один таксист ехал на ту улицу, где живут мои друзья. Оказалось, что он тоже там живёт.

ДИАЛОГ 2 Пирожки!
(Offering and accepting food)

— Обязательно попробуйте пирожки.
— А с чем они?
— Эти — с грибами, эти — с мясом, эти — с капустой, а эти — с картошкой.
— Положите мне один пирожок с грибами и один с капустой. И с картошкой тоже.

Упр. 12. Instead of having pairs of students create this particular dialogue, it may be preferable to have groups of three to six students work together to create a more typical "party" scene.

УПРАЖНЕНИЕ 12 Ваш диалог

Create a dialogue in which you are at a Russian party and your Russian host is urging you to try the various dishes and partake in toasts.

◈ А ТЕПЕРЬ . . . : УПРАЖНЕНИЕ 13

Working with a classmate, use what you learned in Part 3 to . . .

1. find out if anyone in your class knows how to make eggplant caviar (pirozhki, potato salad . . .) [*he should say that someone knows how to make it, but he doesn't remember who*]
2. ask if he himself knows how to cook [*some type of food*]
3. ask what you'll be eating and what you'll be drinking at a party the two of you are planning for tonight
4. find out if you'll be singing; if so, find out what you'll be singing
5. ask him what toast (**тост**) he'll propose tonight
6. say that you feel like getting something to eat; find out if he does too

ЧАСТЬ ЧЕТВЁРТАЯ

 ## С ЧЕГО НАЧАТЬ?

С чего начать? Suggested Activity. Have students look carefully at the labels and find as much information as they can, relying on cognates, numbers, etc. Where are the drinks produced? Which languages are on the mineral water label? (Georgian and Russian.) Where is Гру́зия? What are the sizes of the containers? Which drinks are nonalcoholic? What is the alcohol content of the others? How are the light and dark beers described? What other information (advertising, etc.) can be found on the labels?

НАПИ́ТКИ (*Beverages*)

Квас is a refreshing, slightly alcoholic cold drink prepared from sugar, yeast, water, and rye bread. It is sold in bottles as well as from large tanks set up by street vendors. What are све́тлое пи́во and тёмное пи́во? Have you heard of any other brands of во́дка?

Урок 10 ❖ С Новым годом!

ЧТЕНИЕ

Reading Introduction (see also WB/LM).

1. Когда у Джима последний раз была ёлка? (Когда ему было двенадцать лет.)
2. Что поют в Америке на Новый год? ("Auld Lang Syne.") А в России? («В лесу родилась ёлочка».)
3. Где Джим нашёл эту песню? (В Интернете.)
4. Кто знает все слова песни «В лесу родилась ёлочка»? (Лена.)

sing ❖ **ДАВАЙТЕ СПОЁМ!°**

(*It's an hour later. Some people are still sitting around the table; Jim is sitting on the floor playing his guitar.*)

familiar	ТАНЯ.	Ты играешь что-то очень **знакомое,°** Джим. Что это?
wonderful / holiday	ДЖИМ.	Это музыка из **фильма**† «Танго» . . . Какой **чудесный° праздник°** — Новый год!
Чтение (1): праздник, The -д- in this word is not pronounced.	ТАНЯ.	Это мой самый любимый праздник!
мне... *I was twelve years old*	ДЖИМ.	Последний раз у меня была ёлка, когда мне было двенадцать лет.°
	ВИКТОР.	Ребята, давайте споём!
are sitting / на... on the floor / Come sit	ТАНЯ.	Джим, а почему ты **сидишь°** на полу? **Садись°** на диван, тут есть место.
чувствую... *feel at home*	ДЖИМ.	Спасибо, но я люблю сидеть на полу. Дома я всегда сижу на полу. Когда я сижу на полу, я **чувствую себя как дома.°** А что мы будем петь?
Чтение (2): чувствую. The first -в- in this word is not pronounced.	САША.	Что у вас поют на Новый год?
Scottish	ДЖИМ.	На Новый год? На Новый год . . . Мои родители очень любят старую **шотландскую°** песню "Auld Lang Syne" (*Starts to sing* "Should old acquaintance be forgot . . .")
	ТАНЯ.	Джим, а ты знаешь эту песню по-русски? (*Jim shakes his head. Tanya pulls a book off her shelf.*) Вот тебе новогодний подарок — Роберт Бёрнс по-русски. Тут есть **перевод°** этой песни.
translation		
turn down	ДЖИМ.	Спасибо, от такого подарка я не могу **отказаться°**!
	СВЕТА.	Джим, но это не американская песня. Кроме того, она не **современная.°** И текст† трудный!
modern		
At least	ДЖИМ.	Это верно. Но её все знают. **По крайней мере,°** все знают **мелодию**†.

СВЕ́ТА.	А есть кака́я-нибудь америка́нская пе́сня, кото́рую зна́ют все?	
ДЖИМ.	**Бою́сь, что нет.°** А у вас?	Бою́сь... *I'm afraid not.*
ТА́НЯ.	У нас есть пе́сня, кото́рую зна́ют и де́ти, и **взро́слые.°** Э́то, наве́рное, **еди́нственная°** пе́сня, кото́рую в Росси́и зна́ют **абсолю́тно**† все. Мо́жет быть, и ты её зна́ешь, Джим. Э́то...	*grown-ups* / *the only*
ВСЕ.	«В **лесу́°** роди́лась **ёлочка°**»! (*Laughter.*)	*forest* / *diminutive of* ёлка
ДЖИМ.	**Предста́вьте себе́,°** что я зна́ю э́ту пе́сню. Я нашёл её в Интерне́те — не то́лько слова́, но и мело́дию! (*He starts playing the melody.*)	Предста́вьте... *Believe it or not*
ЛЕ́НА.	**Вперёд°**!	*Here goes!*

Чте́ние (3): Вперёд! Other speakers may say Нача́ли! in this context.

(*Everyone sings.*)

В лесу́ роди́лась ёлочка,
В лесу́ она́ росла́.
Зимо́й и ле́том стро́йная,°   *slender*
Зелёная была́...

Чте́ние (4): роди́лась is an alternate stress for родила́сь.

СА́ША.	А как **да́льше°**? Кто по́мнит?	А... *What comes next?*
ЛЕ́НА.	Я по́мню коне́ц:	
	И вот она́ наря́дная° (*Everyone joins her.*)	*decorated*
	На пра́здник к нам пришла́	
	И мно́го-мно́го ра́дости°	*joy*
	Дети́шкам° принесла́!	*kids*

УПРАЖНЕ́НИЕ 1   Под микроско́пом: У вас и́ли в Росси́и?

Чте́ние (5): ёлочка. Note the use of the diminutive here. Diminutives are very common in children's songs and stories.

Which of the following customs are practiced at a New Year's Eve party in your country? Which in Russia? Which customs are practiced in both countries?

1. _____ Провожа́ют ста́рый год.
2. _____ Пьют шампа́нское.
3. _____ Едя́т гу́ся, солёные помидо́ры, пирожки́.
4. _____ Пою́т пе́сню о ёлке.
5. _____ Пою́т ста́рую шотла́ндскую (*Scottish*) пе́сню.
6. _____ Да́рят и получа́ют нового́дние пода́рки.

ГРАММА́ТИКА И ПРА́КТИКА

◆ 10.11. DECLINED FORMS OF Э.Т.О.В.-WORDS

Ле́на, а вы живёте здесь, в **э́том** подъе́зде, да?	Lena, you live here, at this entrance, right?
Неуда́ча бу́дет то́лько у **того́**, кто пойдёт пе́рвым.	The only one who gets bad luck will be the one who goes first.
Мы сего́дня весь день рабо́тали. У́тром в **одно́м** де́тском саду́, а днём — в друго́м.	We worked all day today. In the morning in one kindergarten, and in the afternoon in another.
Нам **всем** нра́вится э́та иде́я!	We all like that idea!

The four words э́тот, тот, оди́н, and весь (which will be referred to here as **Э.Т.О.В.**-words) make up a collection of adjective-like modifiers that also function as pronouns. They have many declensional similarities that use nounlike endings in Nominative and Accusative and adjective-like endings in the other cases; in the following tables these forms are separated by a line. All endings for **весь** use soft-series vowels; э́тот, тот, and оди́н use soft-series vowels in the plural and the masculine/neuter Instrumental singular. Soft endings are shaded in the tables. Note that soft endings for **тот** and **весь** contain the vowel **-e-** rather than **-и-**. Compare the following:

	MASC.	NEUT.	FEM.	PL.
э́тот				
NOM.	э́тот	э́то	э́та	э́ти
ACC.	Nom./Gen.	э́то	э́ту	Nom./Gen.
GEN.	э́того		э́той	э́тих
PREP.	э́том		э́той	э́тих
DAT.	э́тому		э́той	э́тим
INSTR.	э́тим		э́той	э́тими
тот				
NOM.	тот	то	та	те
ACC.	Nom./Gen.	то	ту	Nom./Gen.
GEN.	того́		той	тех
PREP.	том		той	тех
DAT.	тому́		той	тем
INSTR.	тем		той	те́ми
оди́н				
NOM.	оди́н	одно́	одна́	одни́
ACC.	Nom./Gen.	одно́	одну́	Nom./Gen.
GEN.	одного́		одно́й	одни́х
PREP.	одно́м		одно́й	одни́х
DAT.	одному́		одно́й	одни́х
INSTR.	одни́м		одно́й	одни́ми
весь				
NOM.	весь	всё	вся	все
ACC.	Nom./Gen.	всё	всю	Nom./Gen.
GEN.	всего́		всей	всех
PREP.	всём		всей	всех
DAT.	всему́		всей	всем
INSTR.	всём		всей	все́ми

УПРАЖНЕНИЕ 2   Forms of Э.Т.О.В.-words: э́тот

Fill in the needed form of **э́тот** and indicate the gender, number, and case that you have used.

ОБРАЗЕ́Ц: Предста́вьте себе́, что я зна́ю *э́ту* (*fem. sing. Acc.*) пе́сню.

1. Гусь от _____ Де́да Моро́за! (_____)
2. Он подари́л _____ стол нам. (_____)
3. Нам нра́вится _____ иде́я! (_____)
4. Он стоя́л во́зле _____ ёлки, ждал свое́й о́череди и проси́л всех не покупа́ть её. (_____)
5. Отли́чная мысль! Но об _____ ни сло́ва. (_____)
6. Тут есть перево́д _____ пе́сни. (_____)
7. Фред, не удивля́йтесь, что в _____ письме́ совсе́м нет оши́бок. (_____)
8. Это моя́ ко́мната, а _____ ко́мнату я сдаю́. (_____)
9. Я наде́юсь, не все _____ ёлки твой? (_____)
10. Мы ча́сто хо́дим в _____ кафе́. (_____)

Упр. 2–5. Since almost all of these sentences are from the readings, they are good review activities. If you do them in class, consider assigning them as pair work, with one member of the pair doing the odd-numbered items and the other member doing the even-numbered items. Then students can share their work with each other. **Variation:** Ask students to identify the character who spoke each line; this will encourage them to read and understand the whole sentence and relate it to the context from which it came.

Упр. 2. АК. 1 э́того: masc. sing. Gen.; 2 э́тот: masc. sing. Acc.; 3 э́та: fem. sing. Nom.; 4 э́той: fem. sing. Gen.; 5 э́том: neut. sing. Prep.; 6 э́той: fem. sing. Gen.; 7 э́том: masc. sing. Prep.; 8 э́ту: fem. sing. Acc.; 9 э́ти: pl. Nom.; 10 э́то: neut. sing. Acc.

УПРАЖНЕ́НИЕ 3   Forms of Э.Т.О.В.-words: тот

Fill in the needed form of **тот** and indicate the gender, number, and case that you have used.

1. Эта ка́рта о́чень краси́вая, а _____ о́чень некраси́вая. (_____)
2. Нет, Илья́ Ильи́ч, не э́тот официа́нт наш, а вон _____. (_____)
3. Эти пирожки́ вку́сные, а _____ не о́чень вку́сные. (_____)
4. Кро́ме _____, на́до писа́ть интере́сно, оригина́льно, а э́то нелегко́. (_____)

Упр. 3. АК. 1 та: fem. sing. Nom.; 2 тот: masc. sing. Nom.; 3 те: pl. Nom.; 4 того́: neut. sing. Gen.

УПРАЖНЕ́НИЕ 4   Forms of Э.Т.О.В.-words: оди́н

Fill in the needed form of **оди́н** and indicate the gender, number, and case that you have used.

1. И да́йте ещё _____ минда́льное пиро́жное. (_____)
2. Са́ша, _____ мину́ту! (_____)
3. Мой друг Джеф, я и _____ де́вушка, Нико́ль, вме́сте снима́ли кварти́ру. (_____)
4. Мы сего́дня весь день рабо́тали в _____ де́тском саду́. (_____)
5. Ка́ждая па́ра получи́ла то́лько _____ ёлку. (_____)
6. Вот уви́дишь, все принесу́т _____ и то́ же. (_____)
7. Был ещё _____ гость — бизнесме́н Ви́ктор. (_____)
8. _____ води́тель останови́лся и спроси́л, где у́лица Лесна́я. (_____)
9. Бу́дем есть _____ винегре́т. (_____)

Упр. 4. АК. 1 одно́: neut. sing. Acc.; 2 одну́: fem. sing. Acc.; 3 одна́: fem. sing. Nom.; 4 одно́м: masc. sing. Prep.; 5 одну́: fem. sing. Acc.; 6 одно́: neut. sing. Acc.; 7 оди́н: masc. sing. Nom.; 8 оди́н: masc. sing. Nom.; 9 оди́н: masc. sing. Acc.

Упр. 5. AK. 1 все: pl. Acc.; 2 всех: pl. Acc.; 3 всё: neut. sing. Nom.; 4 всех: pl. Acc.; 5 всем: pl. Dat.; 6 всех: pl. Gen.; 7 всё: neut. sing. Nom.

УПРАЖНЕНИЕ 5   Forms of Э.Т.О.В.-words: весь

Fill in the needed form of **весь** and indicate the gender, number, and case that you have used.

1. Илья Ильич очень хорошо знает Москву, _____ улицы и площади. (_____)
2. Мы часто ходим в это кафе, и я здесь _____ знаю. (_____)
3. Значит, _____ в порядке. (_____)
4. Прошу _____ к столу! (_____)
5. Предлагаю _____ попробовать пирожки, очень вкусные. (_____)
6. У _____ моих друзей и знакомых дома много книг. (_____)
7. В комнате есть почти _____, что нужно. (_____)

10.12. AGE IN THE PAST AND FUTURE

Последний раз у меня была ёлка, когда мне **было** 12 лет.
The last time I had a New Year's tree was when I was 12 years old.

Когда ей **был** 21 (двадцать один) год, она училась в Англии.
When she was 21, she studied in England.

To tell age in the past, use **был** with **год** for any numeral ending in **один,** and use **было** with all other numerals. To tell age in the future, always use **будет** regardless of the numeral.

Когда мне **будет** 30 лет, моему мужу **будет** 31 год, а нашему сыну **будет** два года.
When I'm thirty, my husband will be 31 and our son will be two.

Age in the Past and Future. Refer students to 6/1 to review age in the present.

УПРАЖНЕНИЕ 6   Когда мне было пять лет . . .

What were you doing at certain times in your life? What do you want to be doing in the future? Tell a classmate about your life, linking your statements to your age at the time. Then ask about the events your classmate remembers or looks forward to, also linking your questions to age.

ОБРАЗЕЦ: — Где ты жил/жила, когда тебе было пять лет?
— Когда мне было пять лет, я жил (жила) в городе Миннеаполис.

1. Где ты жил/жила, когда тебе было (5 лет, 10 лет, 15 лет, . . .)?
2. Где ты хочешь жить, когда тебе будет (22 года, 50 лет, 70 лет, . . .)?
3. Сколько тебе было лет, когда ты (научился/научилась водить машину, начал/начала изучать русский язык, увидел/увидела в первый раз океан, . . .)?
4. Чем ты хочешь заниматься, когда тебе будет (25 лет, 30 лет, 50 лет, . . .)?
5. Какие книги ты читал, когда тебе было (8 лет, 15 лет, . . .)? А когда тебе было 21 год?
6. Каким спортом ты занимался, когда тебе было (10 лет, 15 лет, 20 лет, . . .)?
7. Каким спортом ты будешь заниматься, когда тебе будет (50 лет, 70 лет, 90 лет, . . .)?
8. Какие фильмы тебе нравились, когда тебе было (4 года, 13 лет, 18 лет, . . .)?
9. Сколько тебе было лет, когда ты (начал/начала заниматься спортом, научился/научилась читать . . .)?

❖ 10.13. LOCATION VS. MOTION: *SITTING* (ГДЕ) AND *SITTING DOWN* (КУДА)

— Джим, **садись** на диван, тут есть место.
— Спасибо, но я люблю **сидеть** на полу. Дома я всегда **сижу** на полу.

"Jim, (come) sit on the couch, there's room here."
"Thanks, but I like to sit on the floor. At home I always sit on the floor."

Location vs. Motion (1). Use questions such as the following as warm-ups over several days to provide personalized/contextualized practice with these verbs:

Джон, где вы обычно сидите, когда вы делаете домашнее задание? Моника, где вы обычно сидите, когда вы смотрите телевизор? Том, встаньте. Идите туда (*pointing to another chair*). Садитесь. Куда сел Джим, когда он начал играть на гитаре?

Location vs. Motion (2). These verbs and the «Давайте...» topic can be practiced in an integrated, active fashion, that is, through role-plays and descriptions in which students make suggestions and describe their own and others' actions. This can be repeated over several class periods to provide repeated referential context.

As you probably have already noticed, the location/motion (**где/куда**) distinction is widely reflected in Russian. Sometimes there is only a change in case; at other times there is a change in prepositions accompanied by a change in case. Here are some familiar examples:

CHANGE IN CASE

	LOCATION: ГДЕ?	**MOTION: КУДА?**
PREP. VS. ACC.	Они живут **в Москве**. *They live in Moscow.*	Они едут **в Москву**. *They're going to Moscow.*
	Мама **на работе**. *Mom's at work.*	Мама пошла **на работу**. *Mom has gone to work.*
INSTR. VS. ACC.	Вы рассыпали соль **за столом**. *You've spilled salt at the table.*	Скорее **за стол**! *Quick, (everyone) to the table!*

Change in Case: Instr. vs. Acc. Students learned за столом and Скорее за стол! as set phrases, but you may point out that they still follow the basic distinction of location (где) vs. motion (куда).

За столом

CHANGE IN PREPOSITION AND CASE

	LOCATION: ГДЕ?	**MOTION: КУДА?**
GEN. VS. DAT.	Мы были **у бабушки.** *We were at Grandmother's.*	Мы ездили **к бабушке.** *We went to Grandmother's.*

In this reading you encounter the **где/куда** distinction with the "sitting" verbs. Note the English equivalents, which often make this distinction by using *sit down* to indicate motion.

	LOCATION: ГДЕ? сидеть / *(no resultative pfv.)* *(Describes a state)*	**MOTION: КУДА?** садиться / сесть *(Describes an action)*
PREP. VS. ACC.	Лена **сидит на диване.** *Lena is sitting on the couch.*	**Садись на диван,** тут есть место. *Sit (down) on the couch, there's room here.*
	Джим **сидел на полу** и играл на гитаре. *Jim was sitting on the floor playing the guitar.*	Джим **сел на́ пол** и начал играть на гитаре. *Jim sat (down) on the floor and began playing the guitar.*

На́ пол. In certain combinations of <preposition + noun>, the stress moves from the first syllable of the noun onto the preposition. Other common examples include на́ год, и́з дому, за́ город, за́ руку, etc.

Here are the key forms of the "sitting" verbs:

LOCATION: ГДЕ? сидеть / *(no resultative perfective)*	**MOTION: КУДА?** садиться / сесть
сидеть: сиж-у́, сид-и́шь, . . . сид-я́т; *past:* сидел, сидела, сидели; *imperative:* **Сиди́(те).** *Remain seated.* *pfv. not introduced at this time*	садиться: саж-у́сь, сад-и́шься, . . . сад-я́тся *imperative:* **Сади́(те)сь.** *(Please) sit down; have a seat.* *pfv.* сесть: ся́д-у, ся́д-ешь, . . . ся́д-ут; *past:* сел, села, сели; *imperative:* **Ся́дь(те).** *Sit down. (very abrupt)*

УПРАЖНЕНИЕ 7   Садитесь, пожалуйста!

Fill in the blanks with the appropriate forms of the verbs in parentheses and then translate the sentences. Which ones describe location (**где**) and which ones describe motion (**куда**)?

1. Вы любите _____ (сидеть) на полу?
2. Дедушка _____ (сесть) на диван и начал читать газету.
3. Почему вы стоите? _____ (Садиться), пожалуйста.
4. Когда бабушка жила с нами, она обычно _____ (сидеть) на этом месте.
5. Стульев не было, и мы _____ (сесть) на пол.
6. Тебе удобно _____ (сидеть) на стуле?

> **Упр. 7. AK.** 1 сидеть, *Do you like to sit on the floor?*; 2 сел, *Grandpa sat (down) on the couch and began to read the paper*; 3 Садитесь, *Why are you standing? Please sit down*; 4 сидела, *When grandma lived with us, she usually sat in that seat*; 5 сели, *There weren't any chairs and we sat (down) on the floor*; 6 сидеть, *Are you comfortable sitting in the chair?* #1, 4, and 6 describe location (где); #2, 3, and 5 describe motion (куда).

УПРАЖНЕНИЕ 8   Кто где сидит

Fill in the blanks with the appropriate forms of **сидеть** or **садиться / сесть,** as required by context.

Вчера мой брат Саша опоздал в школу на первый урок. Когда он пришёл в класс, все ребята уже _____¹ на своих местах. Саша стоял у двери и не знал, что делать. Учительница сказала: «Саша, не стой у двери. _____² на место. Где ты всегда _____³?» Саша вошёл (*went*) в класс, но на его месте уже _____⁴ другой мальчик. «Почему ты не _____⁵ на место?» — опять спросила учительница. Саша ответил: «На моём месте _____⁶ Миша.» «Ну, хорошо», — сказала учительница. — «Вон там у окна есть свободное место. Можешь пока (*for the time being*) _____⁷ туда, а после урока мы решим (*we'll decide*), кто где должен _____⁸».

> **Упр. 8. AK.** 1 сидели; 2 Сядь or Садись; 3 сидишь; 4 сидел; 5 садишься; 6 сидит; 7 сесть; 8 сидеть.
>
> **Упр. 8. #2 Сядь or Садись.** Сядь is more of a command that is not unlikely in the teacher-student (школьник) situation. On the other hand, садись is equally likely as a blend of invitation/permission/encouragement, even impatience, on the part of the teacher.

 УПРАЖНЕНИЕ 9 Что они́ говоря́т, что они́ де́лают?

Look at the scene above.

1. With your book open, make up one- or two-line phrases that the various characters could be saying: — **Сади́сь, пожа́луйста!** — **Спаси́бо, я люблю́ сиде́ть на полу́.** — **Спой свою́ люби́мую пе́сню.**
2. Without looking at your book, describe the scene from memory, as accurately as you can, to a classmate. Your classmate, with book open, may prompt you with questions such as **Где Джим? Кто сиди́т на дива́не? Кто стои́т в углу́?** and **Кто стои́т у окна́?**

◆ 10.14. VOLUNTEERING OR EXPRESSING A PLAN OF ACTION: *LET ME* ... ДАВА́Й Я ...

Дава́й я откро́ю.	*Let me open* (it).
Ты пригото́вишь пи́ццу? Хорошо́, тогда́ **дава́й мы** ку́пим вино́.	*You're going to make the pizza? Okay, then let us buy the wine.*

Volunteering. The speaker may propose activities for other people, but must typically include herself: — Дава́й ты погуля́ешь с соба́кой, а я пригото́влю за́втрак. // — Дава́йте я бу́ду игра́ть на гита́ре, а вы все бу́дете петь «В лесу́ роди́лась ёлочка».

Use the construction <дава́й (дава́йте) + я/мы + future verb form> when you want to volunteer to do something or indicate a plan of action. In these constructions (*Let me* ..., *Let us* ...), the pronoun subject **я** or **мы** is included. Contrast this with the inclusive imperative used to suggest doing something together (*Let's* ...; see Lesson 8, Part 3), in which a subject is not expressed.

As the examples above show, perfective verbs are used for one-time planned actions. Imperfective verbs may be used for repeated actions or when there is a focus on process.

Дава́й я бу́ду ка́ждый день гуля́ть с соба́кой у́тром, а ты ве́чером.	*Let me take the dog out for a walk each morning and you (do it) each evening.*
Дава́й я бу́ду чита́ть э́ти слова́ по-ру́сски, а ты по-англи́йски.	*Let me read these words in Russian, and you (read them) in English.*

УПРАЖНЕ́НИЕ 10 Что вы ска́жете?

What would you say in the following situations? (They all require perfective verbs to indicate one-time planned actions).

1. Natasha is having a party. You volunteer to bring a pizza.
2. You and a friend are discussing the party, but cannot remember what time it starts. You offer to call Natasha.
3. Natasha wasn't home when you called. You offer to call her back (**перезвони́ть**) tomorrow.
4. When you talk to her, Natasha is worried there won't be enough variety on the menu. You and your roommate volunteer to make pirozhki.
5. When you get to the party you're the only one with a corkscrew on your Swiss Army knife. You volunteer to open the wine.
6. After dinner everyone decides to end the evening playing charades. You volunteer to begin.
7. The day after the party you and your friend decide it would be nice to send Natasha a note. You offer to do it.

> Упр. 10. AK. 1 Дава́й я принесу́ пи́ццу. 2 Дава́й я позвоню́ Ната́ше. 3 Дава́й я ей перезвоню́ за́втра. 4 Дава́й мы пригото́вим пирожки́. 5 Дава́й я откро́ю вино́. 6 Дава́й я начну́. 7 Дава́й я э́то сде́лаю.

---

reVERBerations ★ *Subjectless они́ Forms*

Здра́вствуйте, меня́ **зову́т** Джим Ри́чардсон.	Hello, my name is (they call me) Jim Richardson.
Здесь мно́го газе́тных кио́сков, где **продаю́т** газе́ты, журна́лы, кни́ги.	There are a lot of newsstands here where newspapers, magazines, and books are sold.
Тепе́рь нам **бу́дут** звони́ть днём и но́чью.	Now we'll be getting calls constantly.
Что у вас **пою́т** на Но́вый год?	What do they sing in your country on New Year's Eve?

Contemporary Russian frequently uses subjectless verbs in the **они́** form to express passive voice–like statements with no specific subject.

Говоря́т, что за́втра бу́дет дождь.	It's supposed to rain tomorrow. (They say it will rain tomorrow.)
В Росси́и о́чень **лю́бят** футбо́л.	Soccer is very popular in Russia. (In Russia they really like soccer.)
Что об э́том **пи́шут** в газе́тах?	What's being written (what are they writing) about this in the papers?

УПРАЖНЕНИЕ 11   Немного об Америке

As a foreign student in Russia you'll be asked many questions about your country. Working with a classmate, practice making some of the following general statements.

1. В американских газетах сейчас много пишут о(б) _____.
2. У нас любят смотреть _____ по телевизору.
3. В Америке играют в _____, но не играют в _____.
4. Говорят, что в Америке много _____, но это не так.
5. У нас часто дарят _____ на Рождество.
6. У нас по телевизору часто показывают _____.

КУЛЬТУРА РЕЧИ

ТАК ГОВОРЯТ: ПРЕДСТАВЬ(ТЕ) СЕБЕ

Представьте себе, что я знаю эту песню. *Believe it or not, I know this song.*

It is difficult to provide a single best translation for the expression **представь(те) себе**, which is actually the imperative of **представить себе** (*to imagine*). It suggests that you are about to make a statement that your listener may find surprising or even hard to believe (*just imagine . . .*).

УПРАЖНЕНИЕ 12   Представь(те) себе

How would translate the following statements into English?

1. Представь себе, что Ира вышла замуж за американца.
2. Представьте себе, что я умею готовить настоящий борщ.
3. Представьте себе, что я буду работать в Москве в рекламном агентстве (*advertising agency*).
4. Представь себе, что Слава познакомился со своей будущей женой по Интернету.
5. Представьте себе, Дима чуть не стал профессиональным теннисистом.

САМОПРОВЕРКА: УПРАЖНЕНИЕ 13

Working on your own, try this self-test: Read a Russian sentence out loud, then give an idiomatic English equivalent without looking at the book. Then work from English to Russian. After you have completed the activity, try it with a classmate.

1. Мы недавно переехали в этот город.   1. *We recently moved to this town.*

2. В э́той кварти́ре живу́т студе́нты, а в той — профе́ссор университе́та.
3. Ско́лько тебе́ бы́ло лет, когда́ у тебя́ в пе́рвый раз была́ нового́дняя ёлка?
4. Медсестра́ мне сказа́ла: «Сади́тесь, пожа́луйста. Врач сейча́с придёт.» Я се́ла и начала́ ждать. Я сиде́ла и сиде́ла, наве́рно мину́т со́рок, а врач не шёл и не шёл, поэ́тому я ушла́.
5. Тебе́ за́втра бу́дет 21 год. Дава́й я приглашу́ всех на́ших друзе́й и мы отпра́зднуем твой день рожде́ния у меня́!
6. Когда́ я тебе́ позвони́л, мне сказа́ли, что ты рабо́таешь.

2. *There are students living in this apartment, and in that one there's a university professor.*
3. *How old were you when you had a New Year's tree for the first time?*
4. *The nurse said to me, "Sit down, please. The doctor will be here in a minute." I sat down and started waiting. I sat there and sat there, probably for about forty minutes, and the doctor didn't come and didn't come, so I left.*
5. *You're going to be 21 tomorrow. Let me invite all our friends over and we'll celebrate your birthday at my place!*
6. *When I called you, they told me that you were working.*

ВОПРОСЫ И ОТВЕТЫ: УПРАЖНЕНИЕ 14

1. Како́й твой люби́мый пра́здник?
2. Вы с друзья́ми поёте пе́сни на Но́вый год? На Ха́нуку? На Рождество́?
3. Ты бо́льше лю́бишь традицио́нные† или совреме́нные пе́сни? Есть пе́сни, кото́рые зна́ют абсолю́тно все? Каки́е?
4. Есть ли каки́е-нибудь традицио́нные фи́льмы, кото́рые пока́зывают по телеви́зору на Рождество́? А на други́е пра́здники? Как они́ называ́ются (*are called*)?
5. В про́шлом году́ у тебя́ была́ ёлка? Где продаю́т ёлки? А где они́ расту́т? Ско́лько сто́ит ёлка?
6. Ты по́мнишь, ско́лько тебе́ бы́ло лет, когда́ у тебя́ в пе́рвый раз бы́ли го́сти на день рожде́ния? А в после́дний раз?
7. Когда́ твои́ друзья́ прихо́дят к тебе́, кто́-нибудь сиди́т на полу́? А когда́ ты у друзе́й, где ты предпочита́ешь сиде́ть — на дива́не и́ли на полу́?

Упр. 14. #4. Movies associated with the Christmas holiday include *A Christmas Carol* and *Miracle on 34th Street*. Neither of these is shown in Russia, but students may want to provide Russian versions of the titles. The standard translation for Dickens' *A Christmas Carol* is «Рожде́ственская песнь», although «Рожде́ственская пе́сня» is also possible. A possible Russian version of *Miracle on 34th Street* would be «Чу́до на 34-ой стрит» (not «у́лице»).

ДИАЛОГИ

ДИАЛОГ 1 Ты зна́ешь слова́...?
(Discussing music)

— Тебе́ нра́вится пе́сня «Кали́нка»?
— О́чень. Я о́чень люблю́ ру́сские пе́сни.
— Ты зна́ешь слова́ э́той пе́сни?
— Нет, я зна́ю то́лько мело́дию.
— А игра́ть «Кали́нку» ты уме́ешь?
— Нет, но хочу́ научи́ться.
— Я обяза́тельно напишу́ тебе́ слова́.

ДИАЛОГ 2   Только я!
(Soliciting and giving opinions)

— Серёжа, какой твой самый любимый праздник?
— Мой день рождения, потому что я получаю много подарков.
— Но на Новый год ты тоже получаешь много подарков.
— Новый год — это праздник для всех. На Новый год все получают подарки, а на мой день рождения — только я!

УПРАЖНЕНИЕ 15   Ваш диалог

Create a dialogue in which you ask a friend about her preferences in music or holidays.

❖ А ТЕПЕРЬ . . . : УПРАЖНЕНИЕ 16

Working with a classmate, use what you learned in Part 4 to . . .

1. ask how old she was when she learned to drive a car (saw the ocean for the first time, entered college . . .)
2. find out where she likes sitting in class: near (<y + *Gen.*>) the window, the door, the board . . .)
3. find out if all her friends study Russian
4. ask where friends sit when they come to her apartment or dorm room
5. ask her what's being written in the papers about the president (a famous athlete, some other current event . . .)
6. have her volunteer to do something (fix dinner, explain a translation, open a window . . .)

ИТАК . . .

❖ НОВЫЕ СЛОВА

NOUNS AND NOUN PHRASES
Food and Drink

баклажанная икра	eggplant caviar (a vegetable dish) (2v)
блин (*pl.* блины)	crêpe (2v)
бокал	wineglass (2)
винегрет	salad with beets (2v)
водка	vodka (4v)
гриб (*Gen. sing.* гриба)	mushroom (2v)
икра	caviar (2v)
капуста	cabbage (2v)
кислая капуста	sauerkraut (2v)
масло	butter (2v)
огур(е)ц (*Gen. sing.* огурца)	cucumber (2v)
пельмени	pelmeni (noodle dumplings) (2v)
помидор	tomato (2v)
солёные огурцы	pickles (2v)
сосиски	frankfurters (2v)
шампанское *noun, declines like adj.*	champagne (2)

Holidays, Celebrations

Дед Мороз	Grandfather Frost (1v)
ёлка (*Gen. pl.* ёлок)	New Year's tree (1v)

пра́здник [pronounced -зн-]	holiday (4)	о́чередь (Gen. pl. очередéй) f.	turn (1)
Рождество́	Christmas (1)	перево́д	translation (4)
Снегу́рочка	Snegurochka (Snow Maiden) (1v)	пра́вда	truth (1)
тради́ция	tradition (2)	текст	text (4)
Ха́нука	Hanukkah (1)	фильм	film; movie (4)

People and Personal Words

взро́слые noun, declines like adj.	grown-ups; adults (4)		
дру́жба	friendship (3v)		
здоро́вье	health (3v)		
па́ра	pair; couple (1)		
ребя́та (Gen. ребя́т) pl.	guys, colloquial (3)		
сча́стье	happiness (3v)		
такси́ст	cab driver (3)		

Other Nouns

де́тский сад (Prep. sing. в де́тском саду́)	kindergarten (1)
лес (Prep. sing. в лесу́, pl. леса́)	forest (4)
мело́дия	melody, tune (4)
мир	peace (3v)

ADJECTIVES

весь (вся, всё, все)	all; the whole; all of (1)
делово́й	businesslike (2)
дома́шний	home; homemade, homecooked (2)
еди́нственный	(the) only (4)
знако́мый	familiar (4)
ли́шний	spare; extra (2)
нового́дний	New Year's (1)
после́дний	last (in a series) (2)
си́ний	dark blue (2)
совреме́нный	modern (4)
солёный	pickled; salted (2v)
тёмный	dark (4v)
францу́зский	French (2)
чуде́сный	wonderful; gorgeous (4)

VERBS

благодари́ть (благодар-ю́, благодар-и́шь,… благодар-я́т) pfv. поблагодари́ть	to thank (2)
врать (вр-у, вр-ёшь,… вр-ут; past врал, врала́, вра́ло, вра́ли) pfv. совра́ть	to lie (1)
есть (ем, ешь, ест, ед-и́м, ед-и́те, ед-я́т; past ел, е́ла, е́ло, е́ли) pfv. 1. съесть pfv. 2. пое́сть	to eat (2) 1. to eat up 2. to have something to eat; to have a bite
зна́чить (зна́ч-у, зна́ч-ишь,… зна́ч-ат) impfv. only	to mean (2)
класть (клад-у́, клад-ёшь,… клад-у́т; past клал, кла́ла, кла́ло, кла́ли) pfv. положи́ть (полож-у́, поло́ж-ишь,… поло́ж-ат)	to lay; to put (3)
наде́яться (наде́-юсь, наде́-ешься,… наде́-ются) impfv. only	to hope (1)
налива́ть pfv. нали́ть (наль-ю́, наль-ёшь,… наль-ю́т)	to pour (3)
обеща́ть impfv. and pfv. (+ Dat.)	to promise (2)
передава́ть (переда-ю́, переда-ёшь,… переда-ю́т) pfv. переда́ть (переда́-м, переда́-шь, переда́-ст, передад-и́м, передад-и́те, передад-у́т; past переда́л, передала́, пе́редало, пе́редали)	to hand (something to someone); to pass (3)

184   Урок 10 ✪ С Новым годом!

петь (по-ю́, по-ёшь, ... по-ю́т) *pfv.* спеть	to sing (4)
поздравля́ть (+ *Acc.* + с + *Instr.*) *pfv.* поздра́вить (поздра́вл-ю, поздра́в-ишь, ... поздра́в-ят)	to congratulate; to extend greetings (to); to wish (someone) a happy (holiday) (2)
про́бовать (про́бу-ю, про́бу-ешь, ... про́бу-ют) *pfv.* попро́бовать	to taste (3)
проща́ться (с + *Instr.*) *pfv.* попроща́ться	to say good-bye (to someone) (2)
сади́ться (саж-у́сь, сад-и́шься, ... сад-я́тся) *pfv.* сесть (ся́д-у, ся́д-ешь, ... ся́д-ут; *past* сел, се́ла, се́ло, се́ли)	to sit down; to take a seat (4)
сиде́ть (сиж-у́, сид-и́шь, ... сид-я́т) no resultative perfective	to sit; to be sitting (4)
счита́ть *pfv. not introduced at this time.*	to believe; to think; to feel (1)
чу́вствовать (чу́вству-ю, чу́вству-ешь, ... чу́вству-ют) [*pronounced* чуст-] себя́ *impfv. only*	to feel (some way) (4)

ADVERBS

абсолю́тно	absolutely (4)
всего́	only; just (1)
норма́льно	okay; (it's/that's) not unusual; (it's/that's) pretty normal (3)
официа́льно	formally; officially (2)
хо́лодно	(it's) cold (1)

OTHER

все	everybody; everyone (1)
во́зле (+ *Gen.*)	near; by; beside; next to (1)
за (+ *Instr.*)	for; to get (1)
за (+ *Acc.*)	(*in a toast*) (here's) to (3v)
кто́-то	someone; somebody (2)
сам (сама́, само́, са́ми)	*emphatic pronoun* oneself; myself, yourself, *etc.* (2)
себя́ (*Acc.* and *Gen.*; *Dat.* and *Prep.* себе́; *Instr.* собо́й)	*reflexive pronoun* oneself; myself, yourself, *etc.* (2)
что́-то	something (3)

IDIOMS AND EXPRESSIONS

А как да́льше?	(And) what comes next? (4)
Бою́сь, что нет.	I'm afraid not. (4)
Бу́ду знать.	I'll remember that. (2)
in response to receiving some information	
В чём де́ло?	What's the problem?; What's the matter? (1)
Во-вторы́х ...	Secondly, ...; In the second place ... (1)
Во-пе́рвых ...	In the first place ...; To begin with ... (1)
Вот э́то да!	Now *that's* a ...! (1)
встреча́ть / встре́тить Но́вый год	to celebrate New Year's Eve (3)
Дава́й(те) я (мы) ...	Let me ... (Let us ...) *when offering to do something* (3)
И вас (тебя́) та́кже. *in response to* С Но́вым го́дом! *and similar greetings*	The same to you; And you, too. (3)
Как тебе́ (вам) не сты́дно!	Shame on you! (1)

мне (ему́, ей, *etc.*) показа́лось ...	it seemed to me (him, her, *etc.*) ... (1)	С наступа́ющим (Но́вым го́дом)! С Но́вым го́дом!	Happy New Year! (2) Happy New Year! (3)
одно́ и то же	the same thing (2)	скоре́е всего́	most likely (1)
по кра́йней ме́ре	at least (4)	Тебе́ хорошо́.	(It's/That's) fine for you. (1)
Подожди́те.	Wait a moment. (1)		
Предста́вьте себе́, ...	Just imagine, ...; Believe it or not ... (4)	хоте́ться (хо́чется) (+ *Dat.* + *infin.*)	*impersonal* to want (3)
приноси́ть / принести́ (с собо́й)	to bring (along) (2)	Что зна́чит ...?	What does ... mean? (2)
		Что́-то вку́сно па́хнет.	Something smells good. (3)
провожа́ть / проводи́ть (провож-у́, прово́д-ишь, ... прово́д-ят) ста́рый год	to see out the old year (2)	чу́вствовать себя́ как до́ма	to feel at home (4)
Прошу́ всех к столу́!	Everyone please come to the table! (2)	чуть не	nearly; almost (3)

❖ ЧТО Я ЗНАЮ, ЧТО Я УМЕЮ

Use this checklist to mark off what you've learned in this lesson:

- ☐ Using the relative pronoun **кото́рый** in all cases (Part 1)
- ☐ Referring to oneself using the reflexive pronoun **себя́** (Part 2)
- ☐ Using the emphatic pronoun **сам** (Part 3)
- ☐ Referring to someone/something using -**то** (vs. -**нибудь**) (Part 3)
- ☐ Going to get something <**за** + Instr.> (Part 1)
- ☐ Interpreting meanings of **за** (Part 1)
- ☐ Using Dative impersonal constructions (Part 1)
- ☐ Softening **хоте́ть: хо́чется** (Part 3)
- ☐ Giving age in the past and future (Part 4)
- ☐ Verbs that take the Dative case (Part 1)
- ☐ Using soft adjectives (Part 2)
- ☐ Comparatives of adverbs and predicate adjectives (Part 2)
- ☐ Making wishes and toasts (Part 3)
- ☐ To eat: multiple perfective forms (Part 3)
- ☐ Using **пить** and **петь** (Part 3)
- ☐ Using forms of **Э.Т.О.В.**-words (Part 4)
- ☐ Indicating location vs. motion for "sitting" verbs (Part 4)
- ☐ Volunteering to do something (Part 4)
- ☐ Expressing *they* do something (Part 4)

❖ ЭТО НАДО ЗНАТЬ

A. TRANSLATING *FOR*

The preposition *for* in English has many different senses (look in a dictionary!) and no single word in Russian corresponds to them all. Here are some of the different senses that you've learned so far; you should modify and add to this list so that it becomes meaningful to you.

ENGLISH MEANING	RUSSIAN EQUIVALENT	EXAMPLES
in exchange for (in payment for)	<за + Acc.>	За биле́ты пла́тит фи́рма. *The company's paying for the tickets.*
thanks for	<за + Acc.>	Спаси́бо за приглаше́ние. *Thanks for the invitation.*
intended for	<для + Gen.>	Для тебя́ э́то бу́дет беспла́тно. *For you it will be free.*
for an appointment or event	<на + Acc.>	Ты опозда́ешь на ле́кцию. *You'll be late for the lecture.*
for a planned period of time	<на + Acc.>	Джим прие́хал в Москву́ на́ год. *Jim has come to Moscow for a year.*
to leave for, go to	<в/на + Acc.> or <к + Dat.>	Они́ уезжа́ют в Вашингто́н (на Аля́ску, к роди́телям). *They're leaving for Washington (for Alaska, for their parents').*
to fetch, to get	<за + Instr.>	Вы забы́ли до́ма каку́ю-нибудь вещь и верну́лись за ней. *You've forgotten something at home and have returned for it.*
indirect object	Dat. noun phrase; no preposition	Я купи́ла ма́ме интере́сную кни́гу. *I bought an interesting book for my mother.*
duration of time	Acc. quantity phrase; no preposition	Ле́том я рабо́тала два ме́сяца. *In the summer I worked for two months.*
to wait for (*await*)	Gen. or Acc. noun phrase; no preposition	Вчера́ мы вме́сте жда́ли авто́буса. *Yesterday we were waiting for a bus together.*
to ask for (*request*)	Gen. or Acc. noun phrase; no preposition	Колле́ги из А́нглии попроси́ли а́дрес мое́й электро́нной по́чты. *Colleagues from England asked for my e-mail address.*

Б. IRREGULAR VERB CONJUGATIONS

You have now encountered the four Russian verbs with truly irregular nonpast endings. Prefixed forms of these verbs (such as **убежа́ть, прода́ть,** and **пое́сть**) follow the same patterns as the unprefixed verbs. Here is a summary of the forms.

хоте́ть	бежа́ть	дать	есть
я хочу́	я бегу́	я дам	я ем
ты хо́чешь	ты бежи́шь	ты дашь	ты ешь
он/она́ хо́чет	он/она́ бежи́т	он/она́ даст	он/она́ ест
мы хоти́м	мы бежи́м	мы дади́м	мы еди́м
вы хоти́те	вы бежи́те	вы дади́те	вы еди́те
они́ хотя́т	они́ бегу́т	они́ даду́т	они́ едя́т

Translating *for*. As suggested earlier in connection with the "Many faces of за," students can productively review prepositions by making charts similar to this one. In addition to looking back through the text and compiling a list of the various meanings, case governance, etc., of a given Russian preposition, they can provide a list of Russian equivalents for a given English preposition. This can be done as a class project by assigning each student (or a pair of students) a given preposition. You (or a volunteer student) can collate all the individual responses and, after proofing them, distribute them to the class.

❖ ДОПОЛНИТЕЛЬНЫЕ ТЕКСТЫ

А. КОМПЬЮТЕР В ПОДАРОК?

> Рождество и Новый год задолго до прихода[1] начинают жить у нас в душе[2] мыслями[3] о подарках, которые так интересно выбирать,[4] представляя при этом засветившиеся радостью глаза наших близких.[5] Среди прочего,[6] в новом году принято желать успехов[7] в делах. А непременным спутником[8] делового человека сегодня стал компьютер. Если семья ваших друзей или вы сами ещё не обзавелись[9] компьютером, то лучшего подарка, пожалуй,[10] не придумать.[11]

1. задолго... *long before their arrival;* 2. у... *in our heart;* 3. *with thoughts;* 4. *to pick out;* 5. представляя... *imagining all the while our relatives' eyes, lit up with joy;* 6. Среди... *Among other things;* 7. *success;* 8. непременным... *essential companion;* 9. *set yourself up with;* 10. *quite likely;* 11. не... *you won't be able to think of.*

Б. ГОСТИНИЦА «НАЦИОНАЛЬ»

УРОК 11

ЯЗЫК — ЭТО НЕ ВСЁ!

На ры́нке (*market*) хоро́шие проду́кты.

Even in your native language (let alone in a foreign language) it is easy to experience miscommunication. This lesson has two examples of it: In Part 1 (partly on video), Lena invites Tanya, Sveta, and Jim over to meet a foreign journalist who's visiting the university, and she asks Vova to go meet him at the bus stop. In Part 2 (on video), a problem occurs, owing solely to language. Then in Part 3, Sveta starts to tell her friends about another instance of miscommunication, but she decides to let her friend tell the story himself—which occurs in Part 4.

Тут никого́ нет!

In this lesson you will learn

- more about giving commands
- to express approximate quantity
- conversational ways to tell time
- how to make indirect requests
- to express past obligations
- about using non-Russian words and first names
- more about verbs of motion
- to say how long something takes or lasts
- using the metric system
- Russian equivalents of *class*
- more about saying what year something happened

ЧАСТЬ ПЕРВАЯ

 ## С ЧЕГО НАЧАТЬ?

С чего начать? Suggested Activity. Review the labeled clock times with students before they do Упр. 1. Note that this topic is covered in detail in Part 4.

КОТОРЫЙ ЧАС?

Сейча́с пять часо́в.   Сейча́с **че́тверть** шесто́го.   Сейча́с **полови́на** шесто́го. (*Conversational:* Сейча́с **пол**шесто́го.)   Сейча́с **без че́тверти** шесть.

а   б   в   г

д   е   ж   з

УПРАЖНЕНИЕ 1 Который час?

Look at the time-telling pattern of the four clocks shown in the first row. If you can figure out the pattern, match the times shown on the other clock faces with the times expressed in words below.

Упр. 1. AK. 1 з; 2 г; 3 д; 4 ж; 5 в; 6 а; 7 е; 8 б.

1. _____ без че́тверти де́сять
2. _____ без че́тверти четы́ре
3. _____ де́вять часо́в
4. _____ полдеся́того
5. _____ полчетвёртого
6. _____ три часа́
7. _____ че́тверть деся́того
8. _____ че́тверть четвёртого

Reading Introduction (see also WB/LM).
1. Кого Лена пригласила в гости? (Шведского журналиста.) А кого ещё? (Свету, Таню и Джима.)
2. Кого Лена просит встретить шведского журналиста? (Вову.)
3. Где Вова должен его встретить? (На остановке автобуса.)

Я... *I'll introduce you to* / *Swedish*
в... *to come over*
Часов... *At about six*

ЧТЕНИЕ

◆◆ **ВЫ ЗНАЕТЕ, КАК К НАМ ЕХАТЬ?**

ЛЕНА. (*On the phone.*) Таня, привет, это Лена. Вы со Светой свободны завтра вечером? Приходите ко мне.[1] Я вас **познакомлю со**° шведским° журналистом. Он был у нас в университете, и я пригласила его **в гости.**° Он неплохо говорит по-русски. Придёте? Часов в шесть.° У вас будет Джим? Очень хорошо. Приходите с Джимом. Попросите его принести гитару. Пока.

(*At the Silins', next evening. Lena and Tanya are setting the table.*)

ТАНЯ. Он знает, как сюда ехать?
ЛЕНА. Никаких проблем. Я рассказала ему, как ехать. Когда он приедет на нашу остановку, он позвонит из телефона-автомата, и кто-нибудь его встретит. (*The phone rings.*) Это, наверно, он. (*Answers.*) Алло, да, это я. Здравствуйте, Карл. Вы уже здесь? Хорошо, **будьте добры,**° стойте у телефона-автомата и **никуда** не уходите.°[2] Сейчас мой брат вас встретит.

будьте... *if you don't mind*
никуда... *don't go anywhere*

Чтение: footnotes. Use of aspect with imperatives will be treated in more detail in 12/3.

---

[1] Imperfective imperatives are often used when extending an invitation.
[2] Imperfective verbs are often used in negative commands.

(*Hangs up the phone.*)

ЛЕ́НА. Во́ва!
ВО́ВА. Да? В чём де́ло?
ЛЕ́НА. У меня́ к тебе́ про́сьба. Там на на́шей авто́бусной остано́вке стои́т **высо́кий**° краси́вый иностра́нец. Его́ зову́т Карл. Пойди́ туда́, скажи́, что ты мой брат и **приведи́**° его́ сюда́, пожа́луйста. — *tall* / *bring*
ВО́ВА. Почему́ я? У меня́ вре́мени не́ту,³ у меня́ за́втра контро́льная . . . .
ЛЕ́НА. Во́ва, Во́ва. Но э́то у тебя́ **займёт**° всего́ пятна́дцать мину́т. Сейча́с шесть часо́в, а в че́тверть седьмо́го ты уже́ бу́дешь до́ма. Кста́ти, вот, возьми́ Бе́лку, ей пора́ погуля́ть. — *э́то. . . it'll take you*
ВО́ВА. Ну ла́дно, то́лько **ра́ди**° Бе́лки. — *for*

УПРАЖНЕ́НИЕ 2   Под микроско́пом: Ве́рно и́ли неве́рно?

The following is a series of statements about the reading. Mark them as true or false. For those that are false, cross out the incorrect part(s) of the statement and write in the correct words to make the statement true to the story.

Ве́рно	Неве́рно	
☐	☐	1. Та́ня приглаша́ет Джи́ма и Ле́ну к себе́ в го́сти.
☐	☐	2. Карл — шве́дский журнали́ст.
☐	☐	3. Ле́на познако́милась с ним в Стокго́льме.
☐	☐	4. Джим принесёт пи́ццу.
☐	☐	5. Карл прие́дет на такси́.
☐	☐	6. Карл звони́т Ле́не из телефо́на-автома́та.
☐	☐	7. У Во́вы за́втра нет уро́ков.
☐	☐	8. Во́ва с Бе́лкой пойду́т встре́тить Ка́рла.

Упр. **2. AK.** The following statements are false: #1, 3, 4, 5, 7. To render them true to the story, #1 would be changed to read Ле́на приглаша́ет Та́ню, Све́ту и Джи́ма к себе́ в го́сти. #3 в университе́те; 4 гита́ру; 5 на авто́бусе; 7 контро́льная.

---

³ **У меня́ вре́мени не́ту** (*I don't have any time*). **Не́ту** is a colloquial variant of **нет.** Like **нет,** it takes the Genitive case.

Урок 11 ❖ Язык — это не всё!

ГРАММАТИКА И ПРАКТИКА

О РОССИИ

НОВОСТРОЙКИ

Он знает, как сюда ехать?

When Tanya asks if Karl knows how to get to Lena's place, the question is not simply academic. During the Soviet years, large areas of new apartment buildings (**новостройки**) on the outskirts of large cities were constructed very quickly, and they all looked very much alike. Many still do: Visiting someone who lives in an area one does not know well can be a challenge even for Russians living in the same city. In some areas, no matter which direction you look when getting off a bus or emerging from a metro stop, the buildings in all directions may appear pretty much the same and it can be difficult to orient yourself. Hence, Lena's suggestion to Karl that he call her from a pay phone when he reaches the bus stop, so that someone can come to meet him.

Новостройки play a major role in a famous Russian romantic comedy called «**Ирония судьбы, или С лёгким паром!**» (*The Irony of Fate, or Hope You Enjoyed Your Bath!*), directed by **Эльдар Рязанов**, 1975. A group of friends have a bit too much to drink while visiting the public baths in Moscow on New Year's Eve, and one of them accidentally ends up on a plane to Leningrad. Not realizing where he is, he takes a cab to the same address as his own in Moscow. Located in a neighborhood with many **новостройки**, the building looks the same as his own. His key opens the door and a hilarious adventure begins . . .

Новостройки в Москве

11.1. IMPERATIVES: -ь TYPE (БУДЬТЕ ДОБРЫ) AND SUMMARY

Imperatives. If students ask about the absence of -л- in forms like **готовьте** and **познакомьтесь**, point out that the inserted -л- in the я-form is a mutation and not really part of the stem. The imperative is based on the stem of the **они**-form.

Будьте добры, стойте у телефона-автомата и никуда не уходите.	*If you don't mind, stay at the pay phone and don't go anywhere.*
Познакомьтесь, это Джим, мой аспирант.	*Meet Jim, my graduate student.*
Напишите объявление и **повесьте** в подъезде.	*Write a note and hang it in the entryway.*
Молодой человек, у вас тяжёлый портфель? **Поставьте** его сюда.	*Young man, is your briefcase heavy? Put it down here.*

In Lesson 6, Part 2, you learned to form the most common types of imperatives. You first find the verb stem by dropping the **-ют/-ут** or **-ят/-ат** ending from the **они**-form: чита́-ют, пи́ш-ут. Verbs with stems ending in a vowel form the imperative by adding **-й(те): чита́- → чита́й(те)**. Now you will learn more details about consonant-stem verbs. Those that end in double consonants always add **-и(те): жд- → жди́(те)**. As you saw in Lesson 6, Part 2, most verbs that end in a single consonant also add **-и(те): пиш- → пиши́(те)**; these are, in fact, verbs with *end stress* in the **я**-form (**я пишу́**). However, single consonant stem verbs with *stem stress* form the imperative by adding **-ь(те)**. You can tell whether the verb is stem-stressed or end-stressed by looking at the **я**-form.

> **Imperatives.** Perfective verbs with the prefix **вы́-** (such as **вы́йти**) form the imperative with the ending **-и(те)**, but stress remains on the prefix **вы́-**, not on the ending: **вы́йди(те)**.

IF THE VERB STEM ENDS IN . . .	EXAMPLES OF VERB STEMS	ADD . . .	EXAMPLES OF IMPERATIVES
a vowel	чита́- (они́ чита́-ют)	+ й(те)	чита́й(те)
two consonants	по́мн- (они́ по́мн-ят)	+ и(те)	по́мни(те)
one consonant and has *end stress* in the **я**-form	пиш- (они́ пи́ш-ут) (*stress:* я пишу́)		пиши́(те)
one consonant and has *stem stress* in the **я**-form	пригото́в- (они́ пригото́в-ят) (*stress:* я пригото́влю)	+ ь(те)	пригото́вь(те)

Imperatives in **-ь(те)** are the least common type, so you'll see many more forms in **-й(те)** and **-и(те)**. But many high-frequency verbs have the **-ь(те)** ending, including those in the introductory examples and the following:

пригото́вь(те)	На за́втра **пригото́вьте** упражне́ние 3. *Prepare exercise 3 for tomorrow.*
пове́рь(те)	**Пове́рьте**, я его́ действи́тельно зна́ю! *Believe me, I really do know him!*
отве́ть(те)	**Отве́тьте**, пожа́луйста, на все вопро́сы. *Answer all the questions, please.*
вста́нь(те)	**Вста́ньте**, когда́ с ва́ми разгова́ривает офице́р! *Stand up when an officer is speaking with you!*
забу́дь(те)	Э́то нева́жно. **Забу́дьте** об э́том. *It doesn't matter. Forget about it.*
ся́дь(те)	**Ся́дьте** на стул. Сними́те руба́шку. *Sit down on the chair. Take off your shirt.*

Note the imperative form **поезжа́й(те)**, which serves as the imperative for both **е́хать** and **пое́хать**. Similarly, the **-езжа́й(те)** form is used as the imperative for other pairs of verbs based on the **-ехать** root: **приезжа́й(те)** is the imperative for both **приезжа́ть** and **прие́хать**.

Упр. 3. АК. 1 Приготóвь пи́ццу, пожа́луйста. 2 Приходи́ ко мне в суббóту. 3 Заходи́те! 4 Сади́сь. 5 Принеси́, пожа́луйста, гита́ру. 6 Позвони́ мне за́втра.

УПРАЖНЕ́НИЕ 3 Imperatives

Which imperatives would you use with your Russian friends in the following situations? Use the verbs given in parentheses.

ОБРАЗЕ́Ц: Ва́ши ру́сские друзья́ говоря́т о́чень бы́стро, и вы не понима́ете их. (говори́ть)
→ Пожа́луйста, не говори́те так бы́стро.
(Пожа́луйста, говори́те ме́дленнее.)

1. Вы не уме́ете гото́вить пи́ццу, а ваш друг уме́ет. (пригото́вить)
2. У вас бу́дет новосе́лье в суббо́ту. Вы звони́те подру́ге. (приходи́ть)
3. Ва́ши друзья́ пришли́ в го́сти. Вы открыва́ете им дверь. (заходи́ть)
4. Ваш друг вошёл в гости́ную и стои́т ря́дом с дива́ном. (сади́ться)
5. Ве́чером к вам приду́т ва́ши друзья́. Они́ о́чень лю́бят петь. У вас нет гита́ры, но она́ есть у ва́шего дру́га Де́йва. Он придёт ве́чером, поэ́тому вы звони́те ему́. (принести́)
6. Вам звони́т ваш друг. Он хо́чет знать, узна́ли (*found out*) ли вы расписа́ние экза́менов (*exam schedule*). Вы отвеча́ете, что узна́ете расписа́ние за́втра. (позвони́ть)

◆ 11.2. APPROXIMATE TIME AND QUANTITY

Approximate Time and Quantity. Introduce this topic by reviewing approximate age with numeral/quantity noun inversion, which was encountered in 6/1.

To render an approximate time or quantity, place the noun being counted (**часо́в, килогра́мма, лет,** and so on) in front of the numeral *and* preposition, if one is present.

Они́ прие́дут		в 10 **часо́в.**	*They'll arrive at 10 o'clock.*
Они́ прие́дут	**часо́в** в 10.		*They'll arrive at about 10 o'clock.*[4]
Ей		50 **лет.**	*She's 50 years old.*
Ей	**лет** 50.		*She's about 50.*
На ле́кции бы́ло		25 **челове́к.**	*There were 25 people at the lecture.*
На ле́кции бы́ло	**челове́к** 25.		*There were about 25 people at the lecture.*
	три **килогра́мма**		*three kilograms*
	килогра́мма три		*about three kilograms*

УПРАЖНЕ́НИЕ 4 Жизнь америка́нских студе́нтов

A Russian student is asking you questions about student life. Answer with approximations when appropriate.

1. Ско́лько часо́в в день (в неде́лю) занима́ются америка́нские студе́нты? А ско́лько часо́в в день (в неде́лю) вы занима́етесь?
2. Ско́лько часо́в в день вы смо́трите телеви́зор? А ва́ши друзья́ смо́трят телеви́зор бо́льше и́ли ме́ньше, чем вы? Вы лю́бите смотре́ть бейсбо́л (америка́нский футбо́л, гольф) по телеви́зору?

---
[4]Note, however, **о́коло ча́са** *at about one* (*o'clock*).

3. Вы работаете? Где вы работаете? Вам нравится ваша работа? Вам больше нравится работать или учиться?
4. Сколько часов в день (в неделю) вы работаете? Вы думаете, что это много? Вы работаете только летом или зимой тоже?
5. Сколько обычно зарабатывает (*earns*) американский студент в час (в неделю, в месяц)?
6. Вы занимаетесь спортом? Каким видом спорта вы занимаетесь? Вы занимаетесь спортом каждый день? Сколько раз в неделю вы занимаетесь спортом?
7. Вы любите ходить в рестораны? Как часто вы ходите в рестораны?
8. Вы любите ходить в музеи? Какие музеи есть в вашем городе?
9. Сколько стоят джинсы? А юбка? А футболка? А кроссовки?

На карте показано (*shown*), сколько минут в день люди проводят (*spend*) у телевизора в разных странах.

❖ 11.3. TELLING TIME: CONVERSATIONAL FORMS

В **четверть седьмого** ты уже = В **шесть пятнадцать** ты уже
будешь дома.   будешь дома.

Conversationally, Russian expresses *quarter past* and *half past* by using **четверть** (*quarter*) and **половина** (*half*) followed by the Genitive *ordinal* numeral of the coming hour. Think of these times as being a quarter of the way (or halfway) into the coming hour. In the shorter form the first syllable of **половина** is attached to the ordinal.

четверть шестого   5:15
половина шестого *or* **пол**шестого   5:30

To express *at quarter past* or *at half past,* use the preposition «**в**». If the full word **половина** is used, it is in the Prepositional case.

в четверть шестого   at 5:15
в половине шестого *or* **в пол**шестого at 5:30

Telling Time (4). Have students drill one another on times. Pass out cards with clock faces or digital times on them (4:00, 4:15, 4:30, 4:45, 5:00, 5:15, and so on). Each student can have two or three cards. Students circulate around the room showing their cards to one another and asking Который час? On another day distribute the cards again but change the question format to В котором часу. . .? (В котором часу начинается лекция? Когда/В котором часу ты поедешь домой? and so on.) This exercise makes a good warm-up and can be used repeatedly over several weeks.

Telling Time (5). Declined numbers are not covered in this text, but students may want to know that numbers ending in soft signs take the same endings as feminine soft-sign nouns, e.g., без четверти. An equivalent of четверть седьмого is пятнадцать минут седьмого; other "minutes" leading up to the half hour are expressed in the same way (e.g., десять минут седьмого). An equivalent of без четверти семь is без пятнадцати семь; other "minutes" between the half hour and the next full hour are expressed in the same way (e.g., без десяти семь, без двадцати пяти семь).

To express *a quarter to* or *at a quarter to,* Russian uses **без четверти** plus the *cardinal* numeral of the coming hour. Think of this time as being the coming hour minus a quarter.

    без четверти шесть   5:45 *or* at 5:45

In addition to these conversational forms, one can tell time with hours and minutes—for example, **семь пятнадцать** for 7:15.

SAMPLE TIMES	КОТОРЫЙ ЧАС? (*What time is it?*)	КОГДА? В КОТОРОМ ЧАСУ? (*When? At what time?*)
5:15	четверть шестого	в четверть шестого
5:30	половина шестого *or* полшестого	в половине шестого *or* в полшестого
5:45	без четверти шесть	

КОТОРЫЙ ЧАС?		В КОТОРОМ ЧАСУ? (КОГДА?)
Сейчас пять часов.		В пять часов.
Сейчас четверть шестого.		В четверть шестого.
Сейчас половина шестого. (*Conversational:* Сейчас полшестого.)		В половине шестого. (*Conversational:* В полшестого.)
Сейчас без четверти шесть.		Без четверти шесть.

УПРАЖНЕНИЕ 5 Когда́...?

How would you describe your daily life? Decide on answers to the following questions; then, working with a classmate, ask and answer them using conversational forms for telling time. Write down each other's answers to check your comprehension when you're finished.

1. В кото́ром часу́ ты обы́чно встаёшь? А в кото́ром часу́ ты встал (вста́ла) сего́дня у́тром?
2. В кото́ром часу́ ты обы́чно прихо́дишь в университе́т? А когда́ ты пришёл (пришла́) сего́дня?
3. Ско́лько сейча́с вре́мени?
4. Когда́ передаю́т (*broadcast*) но́вости по телеви́зору?
5. Когда́ у тебя́ начина́ется (*begins*) пе́рвая ле́кция? А на́ши заня́тия по ру́сскому языку́?
6. Когда́ ты обы́чно ухо́дишь из университе́та? А когда́ ты уйдёшь сего́дня?
7. В кото́ром часу́ ты обы́чно идёшь (е́дешь) домо́й?

УПРАЖНЕНИЕ 6 День Ле́ны

Lena has told some friends about her day yesterday. Working with a classmate, assign logical times (on the hour or the half or quarter hour) to the things she says she did, then arrange them in chronological order.

ОБРАЗЕ́Ц: В <u>полседьмо́го</u> она́ вста́ла.

а. _____ В _____ она́ верну́лась домо́й.
б. _____ В _____ она́ пошла́ в университе́т.
в. _____ В _____ она́ се́ла за́втракать.
г. _____ В _____ она́ легла́ спать (*went to bed*).
д. _____ В _____ она́ пошла́ в спортза́л.
е. _____ В _____ она́ начала́ де́лать дома́шнее зада́ние.
ж. _____ В _____ она́ ко́нчила де́лать дома́шнее зада́ние.
з. _____ В _____ она́ пришла́ на заня́тия по англи́йскому языку́.

Упр. 6. Following this exercise, have students complete a similar set of sentences about what they did the day before. Collect the sentences and redistribute them so that no student receives his or her own schedule. Finally, have students find the writer of the schedule they have received by asking other students questions based on that schedule: **Ты вчера́ ходи́л (ходи́ла) в спортза́л? В кото́ром часу́ ты пришёл (пришла́) туда́? А когда́ ушёл (ушла́)?**

reVERBerations: To Bring

| Скажи́, что ты мой брат и **приведи́** его сюда́, пожа́луйста. | Tell him you're my brother and bring him back here please. |

You already know the verb **приноси́ть / принести́** (*to bring [something]*). Now you have encountered a related verb **приводи́ть / привести́** (*to bring [someone]*). If you are describing a party, for example, you may need both of these verbs.

| Ле́на пригласи́ла друзе́й на день рожде́ния. Та́ня **привела́** Джи́ма, а он **принёс** пи́ццу. | Lena invited her friends for her birthday. Tanya brought Jim, and he brought a pizza. |

Here are the key forms of the new verb. Note that the perfective infinitive is spelled **-вес-**, while the conjugated forms have the stem **-вед-** and the past has no stem consonant at all before the **-л**.

приводи́ть (привож-у́, приво́д-ишь, ... приво́д-ят)
pfv. **привести́** (привед-у́, привед-ёшь, ... привед-у́т;
past привёл, привела́, привели́)

КУЛЬТУРА РЕЧИ

ТАК ГОВОРЯ́Т: VISITS AND INVITATIONS

В гостя́х. The saying *В гостя́х хорошо́, а до́ма лу́чше* (*There's no place like home*) could be presented here.

Take note of the following expressions for visiting someone or having someone visit you. The **куда́** vs. **где** distinction seen in the constructions **К кому́?** <к + Dat.> and **У кого́** <у + Gen.> is also maintained in the phrases **в го́сти** (to express destination) and **в гостя́х** (to express location).

Куда́? К кому́?
 Приходи́те ко мне. — *Come over to my house.*
 Я пригласи́ла его́ **в го́сти**. — *I've invited him over for a visit.*

Где? У кого́?
 У вас бу́дет Джим? — *Jim will be at your place?*
 Они́ бы́ли у нас **в гостя́х**. — *They were visiting us.*

❖ САМОПРОВЕРКА: УПРАЖНЕНИЕ 7

Working on your own, try this self-test: Read a Russian sentence out loud, then give an idiomatic English equivalent without looking at the book. Then work from English to Russian. After you have completed the activity, try it with a classmate.

1. Ди́ма, нале́й, пожа́луйста, вино́. Том, пригото́вь пи́ццу. А я бу́ду отдыха́ть!
2. У нас в институ́те у́чатся челове́к ты́сяча. А в на́шей гру́ппе всего́ 15 студе́нтов.
3. Я должна́ быть на рабо́те без че́тверти во́семь, а моя́ подру́га начина́ет рабо́тать то́лько в полови́не девя́того (в полдевя́того).

1. *Dima, please pour the wine. Tom, fix the pizza. And I'll take it easy!*
2. *At our institute there are about 1,000 students, but in my class there are only 15 altogether.*
3. *I have to be at work at 7:45, but my friend doesn't start working until 8:30.*

❖ ВОПРОСЫ И ОТВЕТЫ: УПРАЖНЕНИЕ 8

A Russian sociology student is taking a survey of students in your country to find out about what they do in their free time. Working with a classmate, decide who will play which part and take turns asking and answering the following questions.

1. Вы свобо́дны сего́дня ве́чером? Е́сли нет, то что вы бу́дете де́лать?
2. А вчера́ ве́чером вы бы́ли свобо́дны? Е́сли нет, что вы де́лали, е́сли э́то не секре́т?
3. А за́втра ве́чером вы бу́дете свобо́дны? У вас есть пла́ны на суббо́ту на ве́чер?
4. Кого́ вы приглаша́ете (вчера́ пригласи́ли) к себе́ в го́сти? Когда́ у вас в про́шлый раз бы́ли го́сти?
5. Ва́ши друзья́ зна́ют, как к вам е́хать? Как они́ к вам е́дут?
6. У вас есть со́товый (*cellular*) телефо́н и́ли вы звони́те друзья́м из телефо́на-автома́та?
7. Есть ли остано́вка авто́буса недалеко́ от ва́шего до́ма? Ско́лько мину́т на́до идти́ туда́?

Упр. 8. Encourage students to follow up one another's responses. For example, if in response to the second part of #1 a student says — Я бу́ду занима́ться, another student might ask — Чем ты бу́дешь занима́ться? or — А что, у тебя́ за́втра контро́льная? If the first student says — Я бу́ду смотре́ть телеви́зор, another student might ask — Что ты бу́дешь смотре́ть? Stress that this is not only good linguistic practice, but also good social/conversational practice.

❖ ДИАЛОГИ

ДИАЛОГ 1 В кото́ром часу́?
(Extending an invitation)

— Ка́тя, приходи́ ко мне за́втра ве́чером. Приду́т мои́ друзья́ Ми́ша и И́горь. Я давно́ (*for a long time*) хочу́ тебя́ с ни́ми познако́мить.
— Спаси́бо, с удово́льствием. В кото́ром часу́?
— Часо́в в семь.

ДИАЛОГ 2 Приходи завтра вечером
(Inviting someone to a social gathering)

— Завтра у меня в гостях будут русские студенты. Если ты хочешь поговорить по-русски, приходи завтра вечером.
— Обязательно приду. Что принести?
— Спасибо, ничего не нужно. Я сделаю пиццу и картофельный салат.
— Я принесу минеральную воду и пиво.

УПРАЖНЕНИЕ 9   Ваш диалог

Create a dialogue in which you invite a friend to your place for a party on Saturday night at 9:00 P.M. Tell who else will be there, what you will be doing, and so on, to convince your friend to come.

◆ А ТЕПЕРЬ...: УПРАЖНЕНИЕ 10

Working with a classmate, use what you learned in Part 1 to . . .

1. ask what time it is
2. find out at what time he usually does certain things (arrives at school, goes home, starts work, finishes work, starts studying . . .)
3. ask if he'll be going to a friend's this weekend, and if so, what he thinks they'll do
4. find out approximately how many students there are in his various classes
5. find out about how many hours a week he studies (works, watches television . . .)

ЧАСТЬ ВТОРАЯ

 ## С ЧЕГО НАЧАТЬ?

КАК К ВАМ ЕХАТЬ?

Вам нужно **сесть на** пя́тый автобус . . .

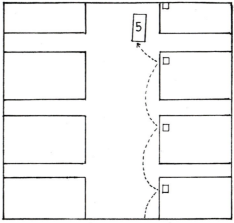

. . . и **прое́хать** три остано́вки.

На **углу́** Лесно́й у́лицы и Пу́шкинского **проспе́кта** вам **на́до сде́лать переса́дку** на два́дцать тре́тий трамва́й . . .

. . . и прое́хать ещё три остано́вки. Когда́ вы вы́йдете из трамва́я, вы уви́дите о́коло остано́вки высо́кий дом, двена́дцать этаже́й. Это наш дом, дом 5. Второ́й подъе́зд, кварти́ра № 76, четвёртый эта́ж.

С чего начать? Suggested Activities. Verify that students understand the meaning of the new vocabulary used in the visuals, especially the verbs. Ask pairs or groups of students to retell the directions. Have some students give directions to a friend (singular forms); others can give directions to a roommate's parent or an instructor (formal forms); and still others can give directions to a group of people (plural forms). Have them change the variables such as the means of transportation (**автобус, троллейбус, трамвай**), the number of the bus (trolley, tram), the number of stops to pass, where to do the transfer, how many additional stops to go, how many floors the apartment building has, which entryway to use, which apartment number, and which floor. Students may wish to refer to the Moscow map inside the front cover.

С чего начать? Additional Activities. To review imperatives, have students return to the visuals the next day and practice giving directions again, replacing the **нужно** or **надо** constructions with imperatives. Review **ся́дь(те), сде́лай(те) переса́дку,** and **проезжа́й(те).** Vary singular and formal/plural forms by changing the identity of the people giving/getting directions.

С чего начать? Apartment numbers in Russia do not correspond to the floor on which they are located (in this situation, for example, apartment 76 is not on the 7th floor).

202 Урок 11 ❖ Язык — это не всё!

Reading Introduction (see also WB/LM).
1. В котором часу Карл звонит Лене? (В половине седьмого.) Сколько времени он уже стоит на автобусной остановке? (Полчаса.)
2. В котором часу Карл должен был прийти к Лене? (В шесть часов.)
3. Почему Карл приехал в другой район? (Он должен был сесть на автобус № 19, а он сел на автобус № 12.)

Чтение (1). **они с собакой**. Point out to students that **они с собакой** (*the dog and he*) is analogous to **мы с сестрой** (*my sister and I*), which was encountered in 9/3. In the same manner (that is, pluralizing the pronoun) Russians say **вы с мужем**, **вы с женой** (*you and your husband, you and your wife*).

❖ ЧТЕНИЕ ❖

number

❖ ЭТО ТРУДНОЕ **ЧИСЛО**° ДЕВЯТНАДЦАТЬ

ЛЕНА. (*Sitting anxiously by the phone.*) Уже полседьмого. Ничего не понимаю. Где они? (*The phone rings.*) Алло!

КАРЛ. Алло, Лена!

Чтение (2). Лена, извините меня.... Извините and простите are synonymous, both as expressions of apology and as polite forms of address. Это я виноват (виновата) is used only as an apology, to accept blame or responsibility for something that has gone wrong.

ЛЕНА. Карл! Карл, что случилось? Никого нет?... Не может быть.... Мой брат пошёл за вами полчаса назад. С ним белая собака. Вы никуда не уходили?... Нет?... Хорошо. Позвоните мне, пожалуйста, через пять минут. Если его не будет, я приду сама. Мм-хм. (*Hangs up. The phone immediately rings again.*) Алло!... Вовка, ну, где ты?

ходим... *have been walking around on the street*

ВОВА. Мы уже двадцать минут **ходим по улице**° около автобусной остановки. Тут никого нет!

ЛЕНА. Как это нет? Ничего не понимаю. Только что звонил Карл, он всё время стоит на остановке, около телефона-автомата.

какая-то... *some fat woman*

ВОВА. Около какого телефона? Здесь только один телефон, и по нему пятнадцать минут разговаривала какая-то **толстая** тётка.° (*Sarcastically.*) Может быть, это Карл?

Повесь... *Hang up*

ЛЕНА. Ладно, я сейчас сама приду. **Повесь трубку,**° он мне сейчас позвонит. (*Hangs up. The phone rings again.*) Алло!... Карл!... Мне только что звонил брат, они с собакой уже **давно**° ходят по улице около телефона-автомата.

for a long time

carefully

КАРЛ. Извините меня, я смотрю очень **внимательно,**° но я не вижу **ни мальчика, ни** собаки.°... Никого нет. Я вижу только **табличку** «Автобус № 12».

я... *I don't see either a kid or a dog / sign*

ЛЕНА. Как «двенадцать»? Вы хотите сказать «девятнадцать»?

КАРЛ. Почему «девятнадцать»? Вы же мне сами сказали: «Последняя остановка автобуса номер двенадцать». Я знаю этот автобус: я иногда езжу на нём к своим друзьям. Вот, я приехал, всё **правильно.**° Всё так, как вы мне сказали.... Рядом стоит высокий

correct

	дом. Я **посчитáл**° этажи́ — действи́тельно, шестнáдцать.... Всё так, как вы мне сказáли. Ря́дом телефóн-автомáт.	counted
ЛЁНА.	Бóже мой, вы приéхали в другóй райóн! **Э́то я виновáта.**°... Да.... Я должнá былá° написáть вам áдрес.	Э́то... It's my fault. должнá... should have
КАРЛ.	Лёна, не волнýйтесь. Здесь ря́дом **стоя́нка такси́.**° **Шофёр,**° навéрное, знáет, где послéдняя останóвка автóбуса нóмер девятнáдцать.	стоя́нка... taxi stand / The driver
ЛЁНА.	(*Relieved.*) Да, конéчно, конéчно. Шофёры такси́ знáют всё. Приезжáйте **скорéе,**° я самá вас встрéчу.... Да, шофёру скáжете, **чтóбы** он останови́лся° на углý Леснóй и Пýшкинского проспéкта.... (*Meekly.*) Прости́те меня́, что так **получи́лось.**° (*Hangs up.*) Бóже мой, какóй стыд°, какóй позóр°!	as quickly as possible шофёру... you'll tell the driver to stop turned out какóй... how embarrassing / какóй... how humiliating!
СЕРГЕ́Й ПЕТР.	Э́то ещё не всё. Подожди́. Сейчáс Вóвка вернётся....	

УПРАЖНЕ́НИЕ 1 Под микроскóпом: Missing words

Provide the words necessary to complete each sentence. Choose from the words below, putting them into the proper forms.

Упр. 1. АК. 1 телефóна–автомáта; 2 Бéлкой; 3 останóвки; 4 посчитáл; 5 автóбус; 6 приéхал; 7 мóжет.

автóбус	мочь	останóвка	приéхать
Бéлка	нóмер	посчитáть	телефóн-автомáт

1. Карл звони́т Лёне из _____.
2. Вóва с _____ пошли́ встрéтить Кáрла.
3. Карл ждёт Вóву óколо _____ автóбуса № 12.
4. Там стои́т высóкий дом. Карл _____ этажи́ — прáвильно, шестнáдцать этажéй.
5. Карл дóлжен был сесть на _____ № 19.
6. Лёна понимáет, что Карл _____ не в тот (*to the wrong*) райóн.
7. Карл говори́т, что он _____ поéхать к Лёне на такси́.

УЧИ́СЬ УЧИ́ТЬСЯ ★ Reducing Miscommunication

Misunderstandings like Karl's happen often enough in one's native language; in a foreign language they are virtually inevitable. Here are some steps you can take to try to avoid them.

1. *Expect misunderstandings.* The most serious barrier to effective communication is the presumption that such communication is occurring when in fact it is not.
2. *Mention generalities, then place specifics in context.* Lena might have first told Karl what general part of the city she lived in and then told him which specific bus to take. Had he known the general direction in which he should have been going, he might have been alerted to his misunderstanding when the bus moved off in another direction.
3. *Use several methods to communicate.* Lena could have written the bus number down for Karl as well as spoken it. The more methods you use to communicate, the more likely your message will get through. Notes, gestures, maps, restatement, and repetition all can help.
4. *Verify comprehension.* If Karl had repeated the directions (**Давáйте я повторю́. Автóбус № 12...?**), Lena would have corrected his mistake. Or, Lena herself could have asked something like **Вы пóняли, на какóй автóбус вам нáдо сесть** (*which bus you have to take*)?

О РОССИИ

СТОЯНКА ТАКСИ

Лёна, не волнуйтесь. Здесь рядом стоянка такси.

Although mass public transportation (**метро, автобус, троллейбус, трамвай**) in the large cities is extensive and reliable, these conveyances follow fixed routes; you may still need to walk a mile or more from the nearest stop to your destination, especially in the suburbs. If you're lucky, however, a taxi stand (**стоянка такси**) may be located near your subway or bus stop, and you can complete your journey that way. Failing that, some people just stand at the edge of a busy street and flag down a passing car: Many owners of private cars (**частные машины** or **частники**) will pick up pedestrians and—for a fee negotiated on the spot—take them somewhere if it's not too far out of the driver's way and the price is right. It is essential, of course, to find out ahead of time what the right price might be. One should keep in mind that while getting rides in private cars is very common, it is certainly not the safest form of transportation. Taking private cars alone, especially for women, is not recommended.

А где же шофёр?

ГРАММАТИКА И ПРАКТИКА

11.4. INDIRECT REQUESTS: Я ХОЧУ, ЧТОБЫ...

Я **хочу, чтобы** ты его **встретил.**	*I want you to meet him.*

When one person makes a request of another or relays a request through a third party, Russian often uses <**чтобы** + past tense>.

Скажи сестре, **чтобы** она **написала** письмо бабушке.	*Tell your sister to write a letter to Grandma.*

With **просить / попросить** and a few other verbs, a simple infinitive construction (without **чтобы**) is also possible.

Попросите Джима, **чтобы он принёс** гитару. =
Попросите Джима **принести** гитару.

УПРАЖНЕНИЕ 2 Wishes and commands with чтобы

Working with a classmate, complete the following sentences in as many ways as you can.

1. Я хочу, чтобы ты . . .
2. Ты хочешь, чтобы я . . . ?
3. Наш профессор сказал нам, чтобы мы . . .
4. Моя подруга просит (попросила), чтобы я . . .
5. Ты не хочешь сказать своим друзьям, чтобы они . . . ?

УПРАЖНЕНИЕ 3 Imperatives

Working with a classmate, take turns giving imperatives for the following situations.

ОБРАЗЕЦ: Ты хочешь, чтобы друг позвонил тебе сегодня вечером.
→ Позвони мне сегодня вечером.

1. Ты хочешь, чтобы друг помог тебе с новым компьютером.
2. Ты хочешь, чтобы мама поставила на стол вазу с цветами.
3. Ты хочешь, чтобы сестра познакомила тебя со своей подругой.
4. Ты хочешь, чтобы твоя знакомая сыграла (*play*) прелюд Шопена на рояле.
5. Ты хочешь, чтобы твои братья и сёстры встали в 6 часов завтра утром.
6. Ты хочешь, чтобы отец не забыл, что завтра у мамы день рождения.
7. Ты хочешь, чтобы твои русские друзья говорили с тобой только по-русски.

11.5. OBLIGATION IN THE PAST: *SHE SHOULD HAVE, SHE WAS SUPPOSED TO* . . .

| Я **должна была написать** вам адрес! | *I should have written down the address for you!*
 or
 I was supposed to write down the address for you! |

The past tense of a <**должен** + infinitive> phrase is made by inserting, after the **должен** form, the appropriate form of **был** (**была, было, были**) that agrees with the subject.

| Они **должны были** приехать час назад. | *They should have arrived (were supposed to arrive) an hour ago.* |
| Виктор **должен был** ждать Сашу в гостинице. | *Viktor was supposed to wait (should have waited) for Sasha at the hotel.* |

Упр. 2. Variation (1). "Simon Says" pantomime activity: Make up a set of index cards, each of which contains one verb phrase (сказать что-нибудь по-испански, потанцевать, спеть песню, открыть окно, закрыть дверь, написать что-нибудь на доске, играть на гитаре, познакомить меня с [the name of another student, etc.]. After reviewing чтобы constructions, have Student A choose an index card from you. She calls on Student B to perform the activity indicated on the card (Джон, я хочу, чтобы ты открыл дверь). John opens the door, then chooses another index card from the teacher (or from Student A, who could take on the job of cardholder) and John (Student B) calls on Student C to perform the activity indicated on the card. In a large class, this can be done in smaller groups.

Упр. 2. Variation (2). Students with imagination and a sense of the ironic may enjoy composing lyrics to a rock song in Russian based on the чтобы construction, e.g., *You want me to love you, you want me to buy you pretty things, you want me to dance with you, but you never tell me that you love me . . .*

Упр. 3. AK. 1 Помоги мне с новым компьютером! 2 (Будьте добры), говорите со мной только по-русски! 3 Познакомь меня с твоей (со своей) подругой! 4 Сыграй прелюд Шопена! 5 Встаньте завтра утром в 6 часов! 6 Не забудь, что завтра у мамы день рождения! 7 Поставь на стол вазу с цветами!

УПРАЖНЕНИЕ 4 Трудная жизнь студента

You and some friends are commiserating about your busy lives. Using elements suggested below (or other ideas of your own), create sentences about things you were supposed to do but did not. Be sure to give a reason why.

ОБРАЗЕЦ: На прошлой неделе я должен был (должна была) написать курсовую по истории, но у меня не было времени.

В понедельник (во вторник, в среду и т.д.)	я должен был я должна была мы должны были	написать курсовую купить подарок сестре	но у меня не было денег. но у меня не было времени.
Вчера вечером		снять новую квартиру	
На прошлой неделе		сделать домашнее задание	но я совсем забыл (забыла) об этом.
Три дня назад		позвонить бабушке	
Сегодня утром		заплатить за телефон (*pay my telephone bill*)	но я просто не мог (не могла).
В прошлом году		пойти с другом в спортзал	но его (её) не было дома.
???		заниматься в библиотеке	но ко мне пришли друзья.
		помочь брату с уроками	но друзья пригласили меня в гости.
		поехать в Россию ???	???

❖ 11.6. EXPRESSING NEED IN THE PAST AND THE FUTURE

Свете и Тане **нужен был** (**будет**) стол.
Sveta and Tanya needed (will need) a table.

Им **нужна была** (**будет**) новая машина.
They needed (will need) a new car.

Тебе **нужны были** (**будут**) очки.
You needed (will need) glasses.

The past tense of a <Dat. + **нужен** (**нужна, нужно, нужны**) + noun> phrase is expressed by inserting the appropriate form of **был** (**была, было, были**) after the **нужен** form. The future is formed by inserting **будет** or **будут.** Remember that **нужен** agrees with the item needed, not the person who needs it.

If one needed or will need *to do* something, the unchanging neuter forms **нужно было** and **нужно будет** are used with the infinitive; these are synonyms of **надо было** and **надо будет.**

Мне **нужно было** (**будет**) работать.
I needed (will need) to work.

УПРАЖНЕНИЕ 5   Мне нужна́ была́ …

Упр. 5 and 6. After students have completed these exercises expressing need in the past, have them redo them using future forms: What will you and your family members need in your new apartment? What will you need to do to prepare for a party?

You are telling your host family what things you and your family members needed when you moved to your new apartment. Working with a classmate, make up a few sentences using the items below.

ОБРАЗЕЦ: Мое́й сестре́ ну́жен был но́вый автоотве́тчик.

Мне		удо́бная крова́ть
Нам		но́вый холоди́льник
Мое́й сестре́	ну́жен был	большо́е кре́сло
Моему́ бра́ту	нужна́ была́	но́вый автоотве́тчик
Ма́ме	ну́жно бы́ло	стира́льная маши́на
Па́пе	нужны́ бы́ли	сту́лья
На́шей соба́ке		гара́ж

УПРАЖНЕНИЕ 6   Нам ну́жно (на́до) бы́ло …

Think about a party that you recently had. What did you need to do to get ready? Working with two or three classmates, make up a chain of tasks that you needed to take care of.

ОБРАЗЕЦ: Студе́нт А: Мне ну́жно (на́до) бы́ло купи́ть проду́кты.
Студе́нт Б: Тебе́ ну́жно (на́до) бы́ло купи́ть проду́кты, а мне ну́жно (на́до) бы́ло пригото́вить пирожки́.
Студе́нт В: Тебе́ ну́жно (на́до) бы́ло пригото́вить пирожки́, ей ну́жно (на́до) бы́ло купи́ть проду́кты, а мне ну́жно (на́до) бы́ло …

СЛОВА, СЛОВА, СЛОВА … ⭐ *More on Short Forms:* Э́то я винова́та

Вы со Све́той **свобо́дны** за́втра ве́чером?	*Are you and Sveta free tomorrow evening?*
Э́то я **винова́та**.	*That's my fault.*

You have already learned several short-form adjectives (**до́лжен, похо́ж, рад, уве́рен**). Now you have encountered two more, **свобо́ден** and **винова́т** (and their corresponding feminine, neuter, and plural forms). Short-form adjectives are usually used predicatively: **Ты гото́ва?** (*Are you ready?*). In addition, they often refer to a delimited or temporary state: **Вчера́ она́ была́ больна́** (*She was ill yesterday*), whereas their corresponding long forms, which may also be used predicatively, often describe long-term or inherent conditions: **Она́ больна́я** (*She's in ill health*). Some words, like **рад** and **до́лжен,** have no long form at all.

Also behaving like short-form adjectives are forms called *participles,* made from some verbs. For example, from the perfective verbs **откры́ть** and **закры́ть** come the participial forms **откры́т** (*open*) and **закры́т** (*closed*).

Окно́ **откры́то**.	*The window is open.*
Все магази́ны и рестора́ны **закры́ты**.	*All the stores and restaurants are closed.*

УПРАЖНЕНИЕ 7   Я о́чень рад (ра́да)!

How might you respond to the statements on the left? Work with a classmate to decide on one or two appropriate answers for each statement given. Some ideas are provided at right.

1. — Мне сказа́ли, что за́втра не бу́дет заня́тий.
2. — Я вчера́ звони́л (звони́ла) тебе́, но, ка́жется, ты мне дал (дала́) не тот но́мер.
3. — У нас сего́дня бу́дет контро́льная по ру́сскому языку́.
4. — Ты не хо́чешь пойти́ за́втра в кино́ (на конце́рт, на футбо́л, …)?
5. — Конце́рт (матч, …) начина́ется (*begins*) в 7 часо́в.
6. — Нам ну́жно купи́ть молоко́.
7. — За́втра у нас бу́дут го́сти.

— Я о́чень рад (ра́да).
— Винова́т (винова́та).
— Но уже́ по́здно! Все магази́ны закры́ты!
— Э́то ужа́сно!
— Э́то замеча́тельно!
— Хорошо́, я бу́ду гото́в (гото́ва).
— Ты ду́маешь, что магази́ны ещё откры́ты?
— Я не уве́рен (уве́рена).
— Ты уве́рен (уве́рена)?
— Ты гото́в (гото́ва)?
— Мы должны́ вы́йти и́з дому в 6.
— ???

СЛОВА́, СЛОВА́, СЛОВА́ … ✪ *Nondeclining Nouns of Foreign Origin*

Шофёры городски́х **такси́** зна́ют всё.   *City cab drivers know everything.*
(*Drivers of city cabs know everything.*)

Russian has borrowed a large number of words from foreign languages and continues to do so; you've already learned many of them. In most cases (e.g., **компью́тер, о́пера**) these borrowed words are treated just like Russian words, taking a full range of endings; but in many other cases, usually with words ending in a vowel, the borrowed words are not declined (although adjectives used with them are regularly declined). When used as the subject of a past-tense verb, the noun determines the ending of that verb, so you need to know the gender of these nouns:

Here are some generalizations about indeclinable nouns that may help you:

Nondeclining Nouns: шофёры городски́х такси́. Make sure students understand that in this example такси́ is Gen. pl.; point out the Gen. pl. adjective that modifies it.

1. Most that denote animals and birds are *masculine*.
2. Most that denote inanimate objects are *neuter*.
3. Those that refer to people are *masculine* or *feminine*, reflecting an assumed biological gender.
4. Foreign geographical names usually conform to the gender of their "category" noun.

Here are some examples (Hint: it's a good idea to learn adjectives to go with these nouns):

MASCULINE	NEUTER	FEMININE
кенгуру́: австрали́йский кенгуру́ **ко́фе:** чёрный ко́фе **рефери́:** у́мный (*intelligent*) рефери́ **флами́нго:** ро́зовый флами́нго **Cities** (*cf.* го́род): То́кио **States** (*cf.* штат): Кенту́кки **Islands** (*cf.* о́стров): Таи́ти	**кафе́:** краси́вое кафе́ **кино́:** но́вое кино́ **меню́:** большо́е меню́ **метро́:** моско́вское метро́ **ра́дио:** хоро́шее ра́дио **такси́:** ма́ленькое такси́ **шоссе́:** широ́кое (*wide*) шоссе́ **Lakes** (*cf.* о́зеро): Э́ри (*Lake Erie*)	**ле́ди:** «Моя́ прекра́сная ле́ди» (*My Fair Lady*) **Rivers** (*cf.* река́): широ́кая Миссиси́пи

reVERBerations ⭐ Multidirectional Verbs of Motion (Consolidation)

Мы уже́ пятна́дцать мину́т **хо́дим** по э́той у́лице.	We've been walking around on this street for fifteen minutes already.
Я иногда́ **е́зжу** на э́том авто́бусе к свои́м друзья́м.	Sometimes I take this bus to my friends' place.

You are already familiar with the imperfective-only motion verbs **ходи́ть** and **е́здить**.

1. Multiple round-trips or habitual trips

Мы **е́здим** туда́ ка́ждый год.	We go there every year.
Авто́бусы туда́ не **хо́дят**.[5]	Buses don't go there.

2. In the past tense only, they can refer to a single round-trip (essentially synonymous with **быть у кого́** or **быть где**). The effect is to state simply that the trip took place, without going into any detail.

Вчера́ я **ходи́л** к друзья́м (= я был у друзе́й).	Yesterday I visited my friends.
В про́шлом году́ мы **е́здили** во Фра́нцию (= мы бы́ли во Фра́нции).	Last year we went to France.

3. Now you see the third use of these verbs, which is to describe motion in general, without any particular direction, or with multiple directions. By extension, the verb **ходи́ть** may refer to the ability to walk or the action of walking in general.

Си́лины неда́вно купи́ли маши́ну и бо́льше не **е́здят** на метро́.	The Silins bought a car recently and don't ride the subway anymore.
Вам ну́жно мно́го **ходи́ть**.	You have to do a lot of walking.

УПРАЖНЕ́НИЕ 8 Ходи́ть и́ли е́здить?

For each question in the left-hand column, choose an appropriate response from the right-hand column.

1. Ва́ши друзья́ е́здят на метро́? _____
2. Вы лю́бите е́здить на метро́? _____
3. Вы бы́ли вчера́ у врача́? _____
4. Что вам сказа́л врач? _____
5. Вы хорошо́ зна́ете Фра́нцию и Герма́нию? _____
6. Вы идёте в кино́? На како́й сеа́нс (*showing*)? _____
7. Вам ну́жно мно́го ходи́ть. _____
8. Вы ча́сто е́здите в Калифо́рнию? _____

а. На после́дний. Я всегда́ хожу́ на са́мый после́дний сеа́нс.
б. Да, я ходи́л к нему́ вчера́ у́тром.
в. Нет, я предпочита́ю е́здить на авто́бусе.
г. Но я не люблю́ ходи́ть пешко́м, я люблю́ е́здить на маши́не.
д. Да, мы ча́сто е́здим в Евро́пу.
е. Да, я е́зжу туда́ ка́ждый год.
ж. Нет, они́ е́здят то́лько на такси́.
з. Он сказа́л, что мне ну́жно мно́го ходи́ть.

---

reVERBerations: Multidirectional Verbs of Motion. Review with students the uses of **ходи́ть** and **е́здить** as encountered in 5/4. Elicit examples from them.

Упр. 8. АК. 1 ж; 2 в; 3 б; 4 з; 5 д; 6 а; 7 г; 8 е.

Упр. 8. Волко́в боя́ться — в лес не ходи́ть (*Nothing ventured, nothing gained*) and **В чужо́й монасты́рь со свои́м уста́вом не хо́дят** (*When in Rome, do as the Romans do*) can be taught to help students develop a sense of **ходи́ть**. Similarly, the saying **В Ту́лу со свои́м самова́ром не е́здят** (*Don't carry water to the river*) can help illustrate **е́здить** (it can also serve to introduce cultural references to **Ту́ла** and **самова́р**). Most elements (**боя́ться, свой, лес, чужо́й**) in these sayings are encountered elsewhere in the text.

---

[5]Note that one says **Я е́зжу на авто́бусе** (*I travel by bus*) but **Авто́бусы туда́ не хо́дят**.

УПРАЖНЕНИЕ 9 Моё детство (*childhood*)

Where did you go as a child? Find someone else in the class who has at least two childhood experiences similar to yours.

Когда я был маленький (была маленькая) . . .

. . . я часто ходил (ходила) в кино. (А ты? Ты тоже часто ходил / ходила в кино?)

. . . я ездил (ездила) в школу на велосипеде (*bicycle*). (А ты? . . .)

. . . мы ездили каждое воскресенье на пляж (*beach*). (А ты? . . .)

. . . я любил (любила) ходить в гости к бабушке. (А ты? . . .)

. . . я не любил (любила) ходить к врачу. (А ты? . . .)

. . . я ходил (ходила) в ту же (*the same*) школу, в которую ходил мой папа/брат (ходила моя мама/сестра) (А ты? . . .)

КУЛЬТУРА РЕЧИ

ТАК ГОВОРЯТ: **WRONG: THE WRONG ONE** (НЕ ТОТ)

Это **не та** улица. Я уверен, что она живёт не здесь.	This isn't the right street. I'm sure she doesn't live here.
Карл сел **не** на **тот** автобус.	Karl got on (took) the wrong bus.

Не тот. In sentences using the phrase **не тот** (не то, не та, не те), sentential stress is placed on the pronoun (Это **не та** улица.).

The phrase <**не тот** + noun> expresses something that is wrong. The second element agrees in gender, number, and case with the noun it describes: **не та книга, не ту книгу, не то письмо, не те автобусы,** and so on. Note that prepositions, if present, come between **не** and **тот: не на тот автобус** (*on the wrong bus*). See Lesson 10, Part 4 to review forms of **тот**.

УПРАЖНЕНИЕ 10 That's the wrong one!

What might one say in the following instances?

Упр. 10. Encourage students to come up with various answers. For example, in #4 the pianist might say Это не те слова, while the singer might say Это не та мелодия!

Упр. 10. AK. Sample answers: 1 Это не тот ресторан. 2 Это была не та книга. 3 Это не тот велосипед. 4 Это не те слова. 5 Это не тот водитель.

ОБРАЗЕЦ: Your roommate has left her backpack in the library. You think you've spotted it and start to pick it up for her, but she sees it's not hers.
→ Это не тот рюкзак!

1. You agree to meet a friend at a restaurant. When you get there, your friend is nowhere to be seen.
2. You stayed up all night finishing a book for your literature class. The next day the teacher leads a discussion on a different book.
3. Your little brother has his heart set on a new bicycle (**велосипед**) that he saw in a store. When you bring it home, he gets upset and starts crying.
4. A friend asks you to play a certain tune on the piano and she'll sing along. You start to play, but her words don't match your melody.
5. You've accidentally left something in a cab and call the company to track down the driver. They tell you to meet him at a certain corner. When you get there, you realize it's not the driver you're looking for.

❖ САМОПРОВЕРКА: УПРАЖНЕНИЕ 11

Working on your own, try this self-test: Read a Russian sentence out loud, then give an idiomatic English equivalent without looking at the book. Then work from English to Russian. After you have completed the activity, try it with a classmate.

1. Ты хо́чешь, что́бы я ему́ позвони́л (позвони́ла)? Я его́ приглашу́ в го́сти.
2. — Како́й стыд! Мы должны́ бы́ли вспо́мнить, что сего́дня твой день рожде́ния!
   — Но ведь сего́дня не тот день!
3. Ско́лько тебе́ бы́ло лет, когда́ ты на́чал (начала́) ходи́ть?
4. Мой дя́дя о́чень лю́бит ходи́ть по магази́нам.

1. *Do you want me to call him? I'll invite him over.*
2. *"How embarrassing! We should have remembered that today is your birthday!"*
   "But today is the wrong day!"
3. *How old were you when you started walking?*
4. *My uncle really likes to go shopping (walk around in stores).*

❖ ВОПРОСЫ И ОТВЕТЫ: УПРАЖНЕНИЕ 12

Working with a classmate, take turns asking and answering the following questions.

1. Ты ча́сто е́здишь на авто́бусе? А на такси́? Когда́ ты после́дний раз е́здил (е́здила) на такси́?
2. Что ты де́лаешь, когда́ тебе́ ну́жно такси́?
3. Как ты обы́чно е́здишь к свои́м друзья́м — на авто́бусе? На маши́не? На метро́?
4. О́коло твоего́ до́ма есть авто́бусная остано́вка?
5. Ты когда́-нибудь сади́лся (сади́лась) не на тот авто́бус? Е́сли да, куда́ ты прие́хал (прие́хала)?
6. О́коло твоего́ до́ма есть телефо́н-автома́т? Где в Аме́рике обы́чно нахо́дятся (*are located*) телефо́ны-автома́ты? А в Росси́и?

❖ ДИАЛОГИ

ДИАЛОГ 1 Вы зна́ете, как туда́ е́хать?
(Getting/giving directions)

— Мне ну́жно за́втра пое́хать в телеце́нтр.[6]
— Вы зна́ете, как туда́ е́хать?
— Не уве́рен (уве́рена).
— Снача́ла на метро́ до ста́нции «Ботани́ческий сад», а пото́м на девятна́дцатом авто́бусе.
— А где остано́вка авто́буса?
— О́коло ста́нции метро́, совсе́м ря́дом.

---

[6]телеце́нтр = телевизио́нный центр (includes TV tower, buildings, studios, and so on.)

ДИАЛОГ 2 Он е́дет к нам в пе́рвый раз
(Problem solving: a lost person)

— Дя́дя Ми́ша до́лжен был прие́хать час наза́д.
— Он зна́ет, как к нам е́хать? Ведь он е́дет к нам в пе́рвый раз.
— Да. И ещё я сказа́ла ему́, что́бы он позвони́л с на́шей авто́бусной остано́вки.
— Мо́жет быть, он заблуди́лся? Ведь в на́шем микрорайо́не все дома́ одина́ковые (*the same*).
— А мо́жет быть, телефо́н-автома́т не рабо́тает. Наве́рно, ну́жно пойти́ на остано́вку и встре́тить его́.

УПРАЖНЕ́НИЕ 13 Ваш диало́г

Create a dialogue in which you invite a friend over for dinner. Your friend asks for directions. Use some of the strategies for reducing miscommunication mentioned in this Part.

❖ А ТЕПЕ́РЬ...: УПРАЖНЕ́НИЕ 14

Working with a classmate, use what you learned in Part 2 to . . .

1. find out if she wants you to open the window (or close the door)
2. have her tell someone else in the class to do something
3. find out what she did yesterday and then what she was supposed to do
4. find out if she often travels to [*name of a nearby city*]
5. ask whether she likes walking
6. find out how often she rides the bus

ЧАСТЬ ТРЕТЬЯ

С ЧЕГО НАЧАТЬ?

С чего начать? **AK.** 1 студéнтам, котóрые начинáют изучéние английского языкá и́ли хотя́т улýчшить свои́ знáния; 2 англи́йский; 3 в пя́тницу; 4 беспла́тно; 5 на ул. Николоя́мской; 6 компью́терные прогрáммы, áудио и ви́део материáлы, CD-ROMs; 7 по телефóну 234-0202 и по áдресу <information@britishcouncil.ru>.

1 *More than*; 2 *Study*; 3 **нахóдятся** *are located*; 4 **изучéние** (< изучáть); 5 *improve*; 6 *knowledge*; 7 *will fascinate*; 8 **лýчшие** *best*; 9 **носи́тели языкá** *native speakers*; 10 *fun*; 11 *easy*; 12 *access*; 13 **компью́терные прогрáммы**

УПРАЖНЕНИЕ 1   Кýрсы англи́йского языкá

Skim this advertisement to find answers to the following questions.

1. Комý Брита́нский Совéт предлагáет кýрсы англи́йского языкá?
2. Какóй пéрвый язы́к у преподавáтелей, котóрые там рабóтают?
3. В какóй день предлагáют тести́рование?
4. Скóлько стóит тести́рование, éсли у студéнта есть купóн?
5. На какóй ýлице нахóдится Брита́нский Совéт в Москвé?
6. Каки́е материáлы мóжно найти́ в Multi-media цéнтре?
7. Как ещё мóжно получи́ть информáцию об э́тих кýрсах?
8. Вы хоти́те рабóтать в такóм цéнтре? В какóй странé?

Урок 11 — Язык — это не всё!

ВЫ ТАК ХОРОШО ВЫ́УЧИЛИ ЯЗЫ́К ЗА° ОДИ́Н ГОД?

за... *in one year*

(*Sasha and Jim are visiting Sveta and Tanya.*)

ДЖИМ. Са́ша, в консервато́рии есть иностра́нные студе́нты?

СА́ША. Коне́чно. Мно́гие из них ста́ли **изве́стными°** музыка́нтами. *famous*

ДЖИМ. А у вас, Све́та?

СВЕ́ТА. У нас мно́го иностра́нцев. В мое́й **гру́ппе°** у́чатся два студе́нта из Инди́и,† оди́н из Вьетна́ма† и оди́н из Брази́лии.† *class*

ДЖИМ. Они́ зна́ли ру́сский язы́к, когда́ они́ прие́хали сюда́?

СВЕ́ТА. Нет, они́ зна́ли то́лько «Спаси́бо», «Пожа́луйста» и «Я тебя́ люблю́». Все они́ **це́лый** год° учи́лись на **подготови́тельном°** факульте́те — занима́лись то́лько ру́сским языко́м. це́лый... *for a whole year* / *preparatory*

ДЖИМ. И так хорошо́ вы́учили язы́к за оди́н год? Я учи́л ру́сский язы́к шесть лет.

СВЕ́ТА. Но ты учи́л ру́сский язы́к в Аме́рике, а они́ учи́ли его́ здесь. Они́ ещё до́ма зна́ли, что им на́до бу́дет мно́го занима́ться. Они́ занима́лись ру́сским языко́м шесть дней в неде́лю, шесть часо́в ка́ждый день. Ка́ждый день они́ **слы́шали** ру́сскую **речь,°** ви́дели ру́сскую рекла́му, смотре́ли ру́сские фи́льмы и **телепереда́чи,° пыта́лись°** чита́ть ру́сские газе́ты. Сейча́с они́ говоря́т по-ру́сски о́чень хорошо́, а **внача́ле°** им бы́ло о́чень тру́дно: они́ ничего́ не могли́ сказа́ть и ничего́ не понима́ли. Они́ де́лали оши́бки не то́лько в языке́ — они́ не зна́ли на́шей жи́зни, не понима́ли мно́гих тради́ций и ча́сто **попада́ли впроса́к.°** слы́шали... *heard Russian being spoken* / *television programs* / *tried* / *at first* / попада́ли... *made blunders*

ДЖИМ. (*Whispering into Tanya's ear.*) Та́ня, что зна́чит «попада́ли впроса́к»?

ТА́НЯ. (*Whispers something back to him.*)

ДЖИМ. Понима́ю, спаси́бо. Све́та, расскажи́, как они́ попада́ли впроса́к.

СВЕ́ТА. Я вам расскажу́ **исто́рию°** с на́шим вьетна́мцем† Нгуе́ном. Нет, я **переду́мала,°** не бу́ду расска́зывать. Лу́чше я приглашу́ Нгуе́на в го́сти, и мы попро́сим его́, что́бы он сам рассказа́л о свои́х пе́рвых ме́сяцах здесь. *story* / *changed my mind*

Reading Introduction (See also WB/LM).
1. Где у́чится Са́ша? (В консервато́рии.) Там есть иностра́нные студе́нты? (Да.)
2. А в медици́нском институ́те, где у́чится Све́та, есть иностра́нные студе́нты? (Да.) Их мно́го? (Да.) Отку́да они́? (Из Инди́и, из Вьетна́ма, из Брази́лии.) [If there is a map in the room, students can practice these <из + country> expressions by pointing out these places as well as others from which foreign students at your institution may have come.]
3. На како́м факульте́те учи́лись иностра́нные студе́нты, когда́ они́ прие́хали в Москву́? (На подготови́тельном факульте́те.) [Point out to students the connection to гото́вить.] Чем они́ там занима́лись? (Ру́сским языко́м.) Ско́лько раз в неде́лю у них бы́ли заня́тия по ру́сскому языку́? (Шесть дней в неде́лю.)

УПРАЖНЕНИЕ 2   Под микроскопом

Complete the following sentences with the phrases in parentheses, putting them into the correct forms and indicating the case used.

Упр. 2. АК. 1 иностранных студентов, Gen.; 2 разных стран, Gen.; 3 подготовительном факультете, Prep.; 4 иностранным студентам, Dat.; 5 иностранным студентом, Instr.

1. В консерватории, где учится Саша, есть много _____ _____ (иностранные студенты) (_____).
2. Они приехали в Россию из _____ _____ (разные страны) (_____).
3. Света говорит, что на _____ _____ (подготовительный факультет) (_____) иностранные студенты занимаются русским языком 36 часов в неделю.
4. Хотя они сейчас говорят по-русски очень хорошо, вначале _____ _____ (иностранные студенты) (_____) было очень трудно: они ничего не понимали.
5. Света хочет рассказать друзьям историю с _____ _____ (иностранный студент) (_____) Нгуеном, потом решает (*decides*), что Нгуен сам должен рассказать об этом.

О РОССИИ

СТИХИ (*POEM*) ПУШКИНА...

Они делали ошибки не только в языке.

Here is a consolation from Pushkin on grammatical errors.

Как уст° румяных° без улыбки,°	*lips / rosy / smile*
Без грамматической ошибки	
Я русской речи° не люблю.	*language*
— А. С. Пушкин	

Александр Сергеевич Пушкин
(1799–1837)

ГРАММАТИКА И ПРАКТИКА

11.7. HOW LONG SOMETHING TAKES: <ЗА + ACCUSATIVE TIME EXPRESSION>

| Вы так хорошо выучили язык **за один год?** | *You learned the language that well in (just) a year?* |

<**За** + a time expression in the Accusative> renders how long it takes (took, will take) to accomplish something. Perfective verbs are used with this construction to describe the completion of a single task; imperfective verbs may be used to describe completed actions that are repeated or habitual.

| Мы это сделаем **за пять минут.** | *It'll take us five minutes to get that done.*
or
We'll have that done in five minutes. |
| Я обычно делаю домашнее задание **за час.** | *It usually takes me an hour to do my homework.* |

Note that the case of the <**за** + Acc.> construction that you have just learned will be visible only with feminine singular forms (e.g., **Ты прочитал весь роман «Война и мир» за одну неделю?**). Masculine and neuter singular forms in the Accusative are like the Nominative (**за один месяц, за один год**), and all larger numerals require the sequence of <**за** + Acc. (=Nom.) numeral + Gen.> (e.g., **Нет, я его прочитал за три месяца**). Note also that the numeral **один** is frequently omitted from time expressions (**за месяц, за год, год назад, через час**).

УПРАЖНЕНИЕ 3 За сколько времени?

How long does it take to do the following things? Complete the sentences with phrases like **за час, за две недели, за пятнадцать минут,** and so on.

1. Я научился (научилась) водить машину . . .
2. Вчера вечером я выучил (выучила) новые слова из этого урока . . .
3. Мой друг любит готовить пиццу. Он может приготовить пиццу . . .
4. Моя подруга знает несколько языков. Она научилась говорить по-французски . . . , по-итальянски . . . и по-испански . . .
5. Дима сказал, что у него есть друг, который закончил университет . . .
6. Вчера Миша должен был выучить наизусть (*by heart*) два стихотворения (*poems*) Пушкина, и он их выучил очень быстро . . .
7. Контрольная была лёгкая (*easy*), и мы написали её . . .

11.8. HOW LONG AN ACTION LASTS: ACCUSATIVE TIME EXPRESSIONS

Они́ **це́лый год** занима́лись то́лько ру́сским языко́м.	*For a whole year they studied only Russian.*
Я учи́л ру́сский язы́к **шесть лет**.	*I studied Russian for six years.*
Они́ занима́лись ру́сским языко́м **шесть дней** в неде́лю.	*They studied Russian six days a week.*

To indicate the duration of an action (how long it goes on for), use a time expression in the Accusative with no preposition. As with the <за + Acc.> constructions, the ending is most apparent with Accusative singular forms, as in **Ди́ма рабо́тал в Ки́еве одну́ неде́лю** (**це́лый год, всё ле́то**). Numerals other than **оди́н** are followed by the Genitive case.

УПРАЖНЕ́НИЕ 4 Ско́лько вре́мени . . . ?

Use Accusative time phrases to express the durations given in parentheses.

1. Ма́ша жила́ в Оде́ссе _____ (*one year*).
2. Наш преподава́тель _____ (*a whole week*) был на конфере́нции.
3. Иностра́нные студе́нты занима́лись ру́сским языко́м _____ (*six hours*) ка́ждый день.
4. На́ша гру́ппа бу́дет учи́ться _____ (*one month*) в Москве́ и _____ (*two months*) в Петербу́рге.
5. Ири́на _____ (*all summer*) рабо́тала в апте́ке.

> **Упр. 4. АК.** 1 (оди́н) год; 2 це́лую неде́лю; 3 шесть часо́в; 4 (оди́н) ме́сяц; два ме́сяца; 5 всё ле́то.
>
> **Упр. 4.** After students have completed this exercise, have them work in pairs to come up with a different Accusative time expression that makes sense for each item in the exercise.

11.9. CONSOLIDATION: THE ACCUSATIVE AND TIME EXPRESSIONS

Note the following associations between the Accusative case and time expressions:

1. On a certain day (**Когда́?**):
   Новосе́лье бу́дет **в суббо́ту**. *The housewarming will be on Saturday.*

2. At a certain hour or quarter past the hour (**Когда́?**):
   Я начина́ю рабо́тать **в час**. *I start working at one o'clock.*
   Она́ пришла́ **в че́тверть** второ́го. *She arrived at quarter past one.*

3. Frequency (**Как ча́сто?**):
   Они́ занима́лись ру́сским языко́м шесть дней **в неде́лю**. *They studied Russian six days a week.*

4. How long ago (**Когда́?**):
   Она́ зако́нчила педагоги́ческий институ́т **год наза́д**. *She finished the teacher-training institute a year ago.*

5. After a certain amount of time (**Когда́?**):
   Они́ сейча́с в Москве́, а у нас бу́дут **че́рез две** неде́ли. *They're in Moscow now, but they'll be with us in two weeks.*

6. How long something takes
   (**За ско́лько вре́мени?**):
   Све́та вы́учила но́вые слова́ **за два часа́.**

   Sveta learned the new words in two hours.

7. Actual duration (**Как до́лго?**):
   Мы занима́лись **всю ночь.**

   We studied all night long.

8. Intended duration (**На ско́лько вре́мени?**):
   Мы пое́дем в Санкт-Петербу́рг **на́ год.**

   We're going to St. Petersburg for a year.

УПРАЖНЕ́НИЕ 5 Accusative time expressions

Упр. 5. AK. Sample answers; others are possible. 1 В семь часо́в. 2 То́лько два часа́. 3 Три ра́за в неде́лю. 4 За два го́да. 5 Че́рез два ме́сяца. 6 Три дня наза́д. 7 В сре́ду. 8 (Одну́) неде́лю. 9 На три ме́сяца. 10 В пять часо́в.

Working with another student, take turns asking and answering the following questions. Feel free to change the details in the questions. Choose from the time expressions given below or use responses of your own creation.

в семь часо́в	то́лько два часа́
в сре́ду	три дня наза́д
одну́ неде́лю	три ра́за в неде́лю
за два го́да	че́рез два ме́сяца
на три ме́сяца	в пять часо́в

1. Как ты ду́маешь, когда́ ты зако́нчишь курсову́ю?
2. Как до́лго ты был (была́) в библиоте́ке?
3. Как ча́сто вы с друзья́ми обе́даете (*have dinner*) в рестора́не?
4. За ско́лько вре́мени твоя́ подру́га зако́нчила курс медсестёр (*nursing program*)?
5. Когда́ твоя́ сестра́ должна́ верну́ться из Владивосто́ка?
6. Когда́ ты получи́л от неё после́днее письмо́?
7. Когда́ ты ду́маешь купи́ть но́вый компью́тер?
8. Ско́лько вре́мени ты бу́дешь в Нью-Йо́рке?
9. На ско́лько вре́мени ты пое́дешь в Росси́ю?
10. Когда́ ты сего́дня идёшь домо́й?

❖ 11.10. NESTED CASE CONSTRUCTIONS

Она́ у́чится на **факульте́те журнали́стики.**

She's studying in the journalism department.

Он позвони́л на **факульте́т журнали́стики.**

He made a call to the journalism department.

Many Russian noun phrases can be viewed as "nested," that is, a primary phrase contains a noun or short phrase in a certain case. In these instances, the case of the primary word or phrase changes according to its role in the sentence (whether it is a subject, an object of a verb or a preposition, and so on), while the "embedded" word or phrase is unaffected by the case of the primary phrase. Consider the first sentence above:

Она́ у́чится на (факульте́те [журнали́стики]).

Here **факультéте** is in the Prepositional case as required by the phrase **ýчится на** (*is studying in*); **журналúстики** is in the Genitive case to show the linkage between it and **факультéт** (*department of journalism*). Now consider the second example:

Он позвонúл на (факультéт [журналúстики]).

In this example, **факультéт** is Accusative as required by the phrase **позвонúл на** (*called* [*made a call to*]); **журналúстики** remains Genitive to show the same linkage between it and **факультéт**.

Here are some more examples showing how the primary element in a nested phrase changes case according to its role in the sentence, while the embedded phrase does not change:

Наш **преподавáтель рýсского языкá** родúлся в Одéссе.

- преподавáтель is the Nominative subject
- рýсского языкá is Genitive to show linkage *of Russian*

Мы говорúли **о нáшем преподавáтеле рýсского языкá.**

- преподавáтеле is Prepositional as required by the preposition «**о**» (*about*)
- рýсского языкá remains Genitive; it still shows linkage *of Russian*

Нúна хóчет стать **преподавáтелем рýсского языкá.**

- преподавáтелем is Instrumental as required by the verb стать (*to become*)
- рýсского языкá remains Genitive; it still shows linkage *of Russian*

The same nesting phenomenon occurs with Nominative and Accusative numeral phrases, as in the following sentences:

Лéтом я рабóтала (два [мéсяца]).
В моéй грýппе ýчатся (два [студéнта]) из Úндии.

In the first sentence, **два** is Accusative to express time duration; within the numeral phrase **мéсяца** is Genitive as required by the word **два**. In the second sentence, **два** is Nominative because it is the subject of **ýчатся**; within the numeral phrase, **мéсяца** is Genitive as required by the word **два.**

> **Nested Constructions with Numerals.** Numerals follow this pattern only when they are Nominative or Accusative (пять студéнтов). In the other four (oblique) cases, numerals decline, agreeing with the noun (к пятú студéнтам, о пятú студéнтах, с пятьюстудéнтами, and so on). Declined forms of cardinal numerals are not treated in this textbook.

УПРАЖНÉНИЕ 6   Nested case constructions

Each of the following sentences contains a nested case construction in boldface. Indicate the case of the larger construction in parentheses, and the case of the embedded word or phrase in square brackets.

ОБРАЗÉЦ: Тебя совершéнно (*absolutely*) не интересýет **бýдущее твоéй дóчери**. (Nominative [Genitive])

1. Почемý ты так дóлго хóдишь по ýлице óколо **останóвки автóбуса**?
2. Сергéй, пожáлуйста, поменя́й (*change*) **наш нóмер телефóна**.
3. Я звонúл **пять минýт** назáд.
4. Извинú меня́, я забы́л **твой день рождéния**.
5. Серёжа, у нáшей Лéны **свидáние с Джúмом**.
6. Что ты сказáла **нáшему преподавáтелю рýсского языкá**?

> Упр. 6. АК. 1 (Genitive [Genitive]);
> 2 (Accusative [Genitive]);
> 3 (Accusative [Genitive]);
> 4 (Accusative [Genitive]);
> 5 (Nominative [Instrumental]);
> 6 (Dative [Genitive]).

11.11. NAMES: DECLENSION OF FIRST NAMES

Серёжа, у нашей Лéны свидáние с Джи́мом.	Seryozha, our Lena has a date with Jim.
Я попроси́л Тáню провéрить моё письмó.	I asked Tanya to check my letter.
Я вам расскажý истóрию с нáшим вьетнáмцем Нгуéном.	I'll tell you a story involving our Vietnamese (student), Nguyen.
У нáшего сосéда Сáши был стол.	Our neighbor Sasha had a table.

As you have seen, Russian first names decline just like other nouns. Foreign first names decline only if they fit the Russian pattern. Those that end in **-a** or **-я** (Ли́нда) decline like Russian names with that ending (Лéна, Сáша). Foreign first names that end in a consonant decline if they refer to males (Джим, Нгуéн—like the Russian name Ви́ктор), but not if they refer to females (Джáнет, Сю́зан, Мишéль), since Russian women's names do not end in consonants. Foreign first names that end in other vowel sounds (Кéйти, Хосé, Джо) do not decline.

УПРАЖНЕНИЕ 7 Именá, именá!

Упр. 7. AK. Various names are possible; not all decline. 1 Nom. 2 Acc. 3 Gen. 4 Prep. 5 Dat. 6 Instr.

Complete each of the following sentences with a proper name, indicating the case used. Choose from the list below or use names of students in your class. Try to use a variety of Russian and non-Russian names.

WOMEN'S NAMES		MEN'S NAMES	
Бéтти	Кáтя	Алёша	Марсéло
Вéра	Ли́дия	Ви́ктор	Рик
Ири́на	Стéйси	Волóдя	Рóберт
Кáрен	Ри́та	Курт	Слáва

ОБРАЗЕЦ: После экзáмена мы идём к <u>*Ви́ктору*</u>. (*Dat.*)

1. _____, где ты былá вчерá? (_____)
2. Ты ви́дел _____ вчерá вéчером на концéрте? (_____)
3. Я чáсто получáю пи́сьма от _____. (_____)
4. Ви́тя мне рассказáл всё о _____, а я емý рассказáла всё о _____. (_____)
5. Ты сказáла _____, где мы бýдем ýжинать (*have dinner*) сегóдня вéчером? (_____)
6. Áня рабóтает в бáнке с _____. (_____)

reVERBerations ⭐ To Try пробовать vs. пытаться

Предлагáю всем **попрóбовать** пирожки, óчень вкýсные.	I suggest that everyone try (*sample*) the pirozhki; they're very tasty.
Кáждый день они **пытáлись** читáть рýсские газéты.	Every day they tried (*attempted*) to read Russian newspapers.

The meanings of these two verbs overlap somewhat. For now, try to observe the following distinction:

прóбовать / попрóбовать	to taste, sample, try something out
пытáться / попытáться	to attempt, try to do something

пробовать vs. пытаться. Of these two verbs, only пробовать takes a noun complement and it is most often used with trying (tasting, sampling) food. Both verbs can take an infinitive complement: пробовать is used if you are experimenting to see if you like doing something or want to do it again; пытаться involves stronger effort, requires necessary skills, involves more doubt or uncertainty about the outcome, and implies that the subject wants to achieve the result. Here are two contrasting examples: Он пытáлся писáть стихи́ — но ско́ро по́нял, что он не поэ́т. (Failure is anticipated to a large degree.) // Он пробовал писа́ть стихи́, игра́ть на сце́не, петь — но всё это ему́ не нра́вилось. (He actually tried writing poetry, among other things, but didn't like it.)

 # КУЛЬТУРА РЕЧИ

❖ ТАК ГОВОРЯТ: ЛУ́ЧШЕ

Лу́чше я приглашу́ Нгуе́на в го́сти, и мы попро́сим его́, что́бы он сам рассказа́л о свои́х пе́рвых ме́сяцах здесь.	It's better if I invite Nguyen over, and we'll ask him to tell about his first months here.
(Мне) **лу́чше** купи́ть обы́чный компью́тер.	It would be better (*for me*) to buy a regular computer.

Лу́чше, the comparative of **хорошо́,** can be used with first-person (**я, мы**) conjugated verb forms to mean *It's better (It would be better) if I/we . . .* , as in the first example above. This construction is similar in meaning to the construction <(optional Dative +) **лу́чше** + infinitive>, as in the second example.

Лу́чше. When лу́чше is used as an introductory word, it appears with first-person indicative forms (Лу́чше я приглашу́ . . .), second-person imperatives (Лу́чше пригласи́ . . .), and third-person constructions using Пусть (Лу́чше пусть она́ пригласи́т . . . *or* Пусть лу́чше она́ пригласи́т . . .). The modal construction <(optional Dative +) лу́чше + infinitive> is similar in meaning and can be used with all persons: Лу́чше (мне) туда́ не ходи́ть // Вам, пожа́луйста, лу́чше купи́ть но́вый. The Dative may be omitted when one wants to be more indirect or non-committal.

УПРАЖНЕНИЕ 8   Лу́чше

What could you say in the following situations? Use **лу́чше** in your statement.

1. You've asked your roommate to call your teacher for you, then you change your mind and decide it'll be better if you call yourself.
2. You're considering calling a friend with whom you had an argument, then you decide to write a letter instead.
3. Your parents offer to buy you and your roommate a refrigerator, but you don't trust their choice and say you'll buy it yourselves.

Упр. 8. АК. Sample answers. 1 Лу́чше я сам позвоню́; 2 Лу́чше я напишу́ письмо́ (Лу́чше написа́ть письмо́); 3 Лу́чше мы са́ми ку́пим холоди́льник.

222 Урок 11 ✪ Язык — это не всё!

❖ САМОПРОВЕРКА: УПРАЖНЕНИЕ 9

Working on your own, try this self-test: Read a Russian sentence out loud, then give an idiomatic English equivalent without looking at the book. Then work from English to Russian. After you have completed the activity, try it with a classmate.

1. — За ско́лько ты пригото́вишь обе́д?
   — Бы́стро. За полчаса́.
2. Джим написа́л письмо́ своему́ преподава́телю ру́сского языка́.
3. Ты вчера́ ви́дел Лари́су в спортза́ле? А её кана́дскую подру́гу Стэ́йси?
4. Сего́дня ве́чером я пригото́влю пирожки́. Нет, я переду́мала. Лу́чше я приглашу́ Вади́ма в го́сти, и мы вме́сте пригото́вим пирожки́.

1. *"How long will it take you to fix dinner?"*
   "Quickly. Within half an hour."
2. *Jim wrote a letter to his Russian teacher.*
3. *Did you see Larisa at the gym yesterday? And her Canadian friend Stacy?*
4. *I'll make pirozhki tonight. No, I've changed my mind. It would be better if I invite Vadim over and we'll make pirozhki together.*

❖ ВОПРОСЫ И ОТВЕТЫ: УПРАЖНЕНИЕ 10

1. Как до́лго ты уже́ у́чишь ру́сский язы́к — бо́льше го́да и́ли ме́ньше го́да?
2. В на́шем университе́те (колле́дже) есть иностра́нные студе́нты? Отку́да они́ — из Япо́нии? Из Кита́я (*China*)? Из И́ндии?
3. Ты зна́ешь иностра́нных студе́нтов в на́шем университе́те?
4. В на́шей гру́ппе есть иностра́нные студе́нты?
5. Ты когда́-нибудь приглаша́л (приглаша́ла) в го́сти како́го-нибудь иностра́нного студе́нта? Когда́ э́то бы́ло?
6. Како́й язы́к должны́ знать иностра́нные студе́нты, кото́рые у́чатся в америка́нских университе́тах? А како́й язы́к ты до́лжен (должна́) учи́ть, е́сли ты хо́чешь учи́ться в Герма́нии (в Ме́ксике, во Фра́нции, . . .)?
7. Ско́лько раз в неде́лю ты занима́ешься ру́сским языко́м? Ско́лько часо́в в день ты им занима́ешься?
8. Ты когда́-нибудь пыта́лся (пыта́лась) чита́ть ру́сскую газе́ту и́ли ру́сский журна́л? Тебе́ бы́ло тру́дно?
9. Ты де́лаешь мно́го оши́бок, когда́ ты говори́шь по-ру́сски? А твои́ иностра́нные друзья́, когда́ они́ говоря́т по-англи́йски?
10. Как ты ду́маешь, ты че́рез год бу́дешь говори́ть по-ру́сски свобо́дно (*fluently*)?

ДИАЛОГИ

ДИАЛОГ 1 Какой язык ты учила в школе?
(Discussing language study)

— Какой иностранный язык ты учила в школе?
— Французский.
— А в университете?
— Английский.
— Значит, ты свободно (*fluently*) говоришь на двух[7] языках?
— К сожалению, я не говорю на этих языках, а только читаю.

ДИАЛОГ 2 Сколько лет вы изучали русский язык?
(Discussing language study)

— Вы давно в России?
— Я приехал (приехала) три месяца назад.
— Вы очень хорошо говорите по-русски. Сколько лет вы изучали русский язык?
— Я изучал (изучала) русский язык пять лет — два года в школе и три года в университете. Здесь у меня много практики — я говорю со своими русскими друзьями только по-русски.

УПРАЖНЕНИЕ 11 Ваш диалог

Create a dialogue in which you, an American studying in Moscow, are talking to a Russian friend about your study of Russian before coming to Moscow. Mention your adjustment(s) to the language and the culture since your arrival.

А ТЕПЕРЬ...: УПРАЖНЕНИЕ 12

Working with a classmate, use what you learned in Part 3 to . . .

1. find out how long it took him to write a term paper
2. ask how long he's been living in the town where your college is located
3. find out where he lived five years ago and where he wants to be living in five years
4. find out how often he meets with his German (economics, biology, history . . .) teacher
5. ask whether he has ever tried Russian food (**борщ, пельмени, пирожки** . . .)

Вы когда-нибудь пробовали русские пирожные?

---

[7]This is the Prepositional case form of **два.**

ЧАСТЬ ЧЕТВЁРТАЯ

 # С ЧЕГО НАЧАТЬ?

НА РЫНКЕ

> **С чего начать?** This conversation reflects current prices in the middle of 2001 when the exchange rate was approximately 28 rubles per 1 U.S. dollar.

> **С чего начать? Suggested Activities.** Have pairs of students read through the dialogues until they are familiar with the formulaic constructions. Then have them create their own dialogues based on these, providing names of additional items as required.

— **Почём** у вас **яблоки?**[8]
— **Три**дцать.
— Два **кило́**,† пожа́луйста.
— (*Weighing the apples.*) Что́-нибудь ещё?
— **Деся́ток**[9] яи́ц. Скажи́те, а **паке́ты** у вас есть?
— Три рубля́ **шту́ка.** Ско́лько вам?
— То́лько оди́н. **Ско́лько с меня́?**
— Се́мьдесят во́семь рубле́й.

— Ско́лько за **гвозди́ки?**
— Гвозди́ки со́рок рубле́й.
— А есть что́-нибудь **подеше́вле?**
— Вот, пожа́луйста, **тюльпа́ны**† по два́дцать. И́ли вот **буке́ты**† по сто рубле́й. Есть кра́сные, бе́лые, жёлтые …
— Буке́т бе́лых тюльпа́нов, пожа́луйста.

гвозди́ки	carnations	почём…?	(*colloquial*) Ско́лько сто́ят (сто́ит)…?
паке́т	bag		
подеше́вле	a little cheaper	Ско́лько с меня́?	How much do I owe you?
по 20 рубле́й	(at the price of) 20 rubles	шту́ка	apiece
		я́блоко	apple

---

[8]Typically the customer speaks first; there is no common equivalent of "May I help you?"
[9]Eggs are usually sold in quantities of ten, so **деся́ток яи́ц** corresponds functionally to *a dozen eggs* in English.

 # ЧТЕНИЕ

Reading Introduction (see also WB/LM).
1. Когда Джим в первый раз поехал за границу? (Три года назад.)
2. Кому группа Нгуена хотела подарить цветы? (Своей преподавательнице русского языка.)
3. Почему дежурная в общежитии спросила их, кто умер? (Потому что в России венки с чёрными лентами покупают только на похороны.) (By the way, this is a true story.)

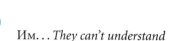

ИМ НАС НЕ ПОНЯТЬ!°

Им... *They can't understand us!*

(*A week later at Sveta and Tanya's, with Nguyen. Everyone is around the table eating and drinking.*)

НГУЕН. Джим, вы в России в первый раз?
ДЖИМ. Нгуен, мы ведь договорились°, что будем говорить друг другу «ты».
НГУЕН. Да, конечно, просто мне нужно **привыкнуть** к° этому. Ты в России в первый раз?
ДЖИМ. Нет, я уже был здесь три года назад — **по обмену,**° когда я учился на третьем курсе. Это была моя первая **поездка за границу.**°
НГУЕН. Тебе было, наверно, гораздо **легче,**° чем нам. Когда ты приехал сюда, ты знал русский язык, а мы совсем ничего не знали. Первое время° нам было очень трудно.
ДЖИМ. Мне тоже было трудно.
НГУЕН. Но ты, наверно, никогда не попадал впросак так, как я. Мы с друзьями **до сих пор**° сами **над** собой **смеёмся,**° когда **вспоминаем**° один **случай.**
ТАНЯ. Расскажи, Нгуен.
НГУЕН. Сейчас расскажу. Это случилось через месяц **после**° моего **приезда**° в Москву. В начале октября был праздник — День учителя. Моя группа **решила**° подарить цветы нашей преподавательнице русского языка.

agreed

привыкнуть... *get used to*

по... *on an exchange program* / trip / за... *abroad*
easier
Первое... *At first*

до... *even now* / над... *laugh at ourselves* / *recall* / *incident*

after / *arrival*
decided

Чтение (1). смеётся. The saying Хорошо смеётся тот, кто смеётся последним (*He who laughs last laughs best*) might help students learn the verb смеяться.

Чтение (2). первое время. This phrase, as well as вначале in the Part 3 reading and сначала in Lesson 12, Part 2, may be translated as *at first*. While all three may appear in the same context, the one that is used depends to a certain degree on how the speaker views the situation. Первое время is associated mainly with the concept of duration and, consequently, is used with imperfective verbs to refer in general to the first part of a certain time period. Вначале refers to the logical beginning of a certain time period that also has an ending (such as college years, studying abroad, dissertation writing). Сначала, which will be activated in Lesson 12, Part 2, is somewhat more widely used. It has the strongest connotation of changing situations or sequence: one situation which comes earlier is contrasted with another situation that follows (Мы с Петькой пойдём сначала в кино, а потом на каток). Often it is followed by а потом or а после этого (Сначала подумай, а потом говори). Вначале and сначала are used with both imperfective and perfective verbs.

market	Мы пошли на **рынок.**° Там было много красивых цветов, но больше всего° нам понравился **венок**° из цветов с красивыми чёрными лентами.° Мы решили его купить. Продавец спросил, что написать на венке. Мы сказали ему, чтобы он написал имя нашей преподавательницы — Ирина Сергеевна. Он написал **золотыми**° буквами: «Дорогой Ирине Сергеевне от студентов». Мы заплатили деньги и пришли с венком в общежитие. Когда **дежурная**° увидела венок, она спросила у нас, кто **умер.**° И тут мы **узнали,**° что такие венки в России покупают только на **похороны.**°¹⁰ (*Everybody laughs.*)
больше… *most of all* / *wreath*	
ribbons	
gold	
woman on duty	
died / *found out*	
funeral	

САША. Что же вы подарили Ирине Сергеевне?

ещё… *once again*	НГУЕН. Мы поехали **ещё раз**° на рынок и купили Ирине Сергеевне красные и жёлтые **розы.**†
тебе… *sympathize with you*	ДЖИМ. Да, Нгуен, я **тебе сочувствую**°. Вам очень повезло, что дежурная увидела венок! (*Motions in the direction of Sveta, Tanya, and Sasha, who are still laughing.*) Им нас не понять!

УПРАЖНЕНИЕ 1 Под микроскопом: Во-первых… во-вторых

Упр. 1. АК. The correct chronological order is 1, 8, 4, 3, 2, 6, 5, 7, 9.

Put the following events from Nguyen's story into the correct chronological order. See if you can do this from memory, then look back at the story to check the sequence.

_1_ В начале октября был праздник — День учителя.
___ Дежурная увидела венок и спросила, кто умер.
___ На рынке им понравился венок с красивыми чёрными лентами.
___ Нгуен с друзьями пошли на рынок.
___ Нгуен с друзьями решили подарить цветы своей преподавательнице русского языка.
___ Они попросили продавца написать имя своей преподавательницы.
___ Они решили купить венок.
___ Студенты вернулись с венком в общежитие.
_9_ Студенты поехали ещё раз на рынок и купили букет красных и жёлтых роз.

Сколько за красные цветы? …А есть что-нибудь подешевле?

ГРАММАТИКА И ПРАКТИКА

СЛОВА, СЛОВА, СЛОВА… ✪ *Comparatives with* по-

А есть что-нибудь **подешевле**? — *Is there anything a little cheaper?*

Many comparatives can take the prefix **по-**, which means *a little*: **по-** (*a little*) + **дешевле** (*cheaper*). These forms are very common in spoken Russian. How would you say the following: *a little bigger, a little smaller, a little further*?

Слова, слова, слова… **АК.** побольше, поменьше, подальше.

---

¹⁰**Похороны** is a plural-only noun.

О РОССИИ

НА РЫНКЕ

Мы пошли на рынок.

Nguyen mentions going to a market (**рынок**) to buy flowers. Farmers' markets in big cities and elsewhere existed even under the Soviet regime, but the number of private sellers—at large, well-established markets, on city squares, at crosswalks, near metro stops, and even outside stores—has exploded since then. All kinds of things are sold: foodstuffs, flowers, cigarettes, newspapers, clothing, footwear. Some markets are specialized: cleaning supplies, building materials, pets. Others provide greater variety. Although bargaining for price at these markets is not the rule, it is not uncommon, especially among older people. Often the seller names a price, but then lowers it if a potential customer begins to walk away.

На рынке

11.12. CARDINAL NUMERALS WITH THE METRIC SYSTEM

— Почём у вас яблоки? "How much are your apples?"
— Тридцать пять рублей. "Thirty-five rubles."
— Два кило, пожалуйста. "Two kilos, please."

In most developed countries of the world—including Russia—the metric system has been adopted in favor of the more cumbersome "English" system of weights and measures. Here are some common metric measurements and their Russian names.

1. Measures of weight
   килограмм (**1 кг.** = 2.2 pounds)

   Daily uses: foodstuffs, recipes (meat, butter, sugar, flour, etc.: **кило, полкило, 250 грамм**), postal service (letters and packages), personal weight

2. Measures of volume
   литр (**1 л.** = 1.06 quarts)
   Daily uses: fluids (milk, water, gasoline)

Measures of Weight. Although the regular -ов ending is correct for the Genitive plural (**граммов, килограммов**), the preferred form is now **грамм, килограмм**—for example, **пять грамм, десять килограмм**.

Metric System (1). The metric (Celsius or centigrade) temperature scale will be presented in Lesson 12 along with other "health" vocabulary.

Салат из свежих помидоров и огурцов

Помыть помидоры и свежие огурцы, нарезать тонкими кружочками, посолить, поперчить, полить уксусом и растительным маслом, посыпать мелко нарезанными укропом и петрушкой.

На 200 г помидоров: 150 г огурцов, 20 г растительного масла, перец, зелень укропа и петрушки, соль по вкусу.

228 Урок 11 ✪ Язык — это не всё!

3. Measures of length/distance and area

киломе́тр (**1 км.** = 5/8 mile)

метр (**1 м.** = 39.37 inches, or just over a yard)

Daily uses: distance between cities, scales on a map, speed (**км. в час**), area of one's apartment (**квадра́тный метр** [in *square meters*]), fabric, personal height (usually in centimeters **сантиме́тр**).

Map. This map of Hudson Bay in Northern Canada is taken from an article on polar bears and their habitat.

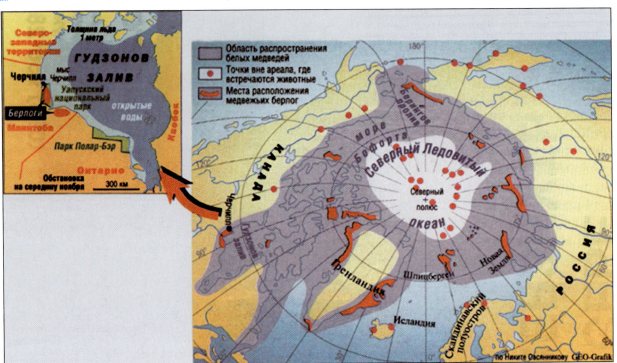

Metric System (2). To help students develop an appreciation for the metric system, have them determine their own height and weight—as they might have to report it to a physician or on a form when in Russia—in centimeters and kilograms. Then ask them to convert likely heights and weights (rather than reveal their own, about which some of them might be sensitive): a 5' 6" woman would be how tall in Russia? A 6' 0" man? A woman weighing 125 lbs. would weigh how much in Russia? A 150-lb. man? Other possibilities: ask them to state in kilometers how far it is from your city to a few other cities, convert a favorite recipe to metric weights and measures, express the gas mileage of their car in the European fashion (liters per 100 km. rather than miles per gallon), and/or to tell the size of their apartment or dorm room in square meters.

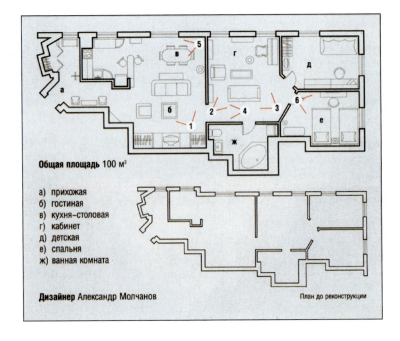

УПРАЖНЕНИЕ 2 Ско́лько сантиме́тров . . . ?

How well do you know your weights and measures? Answer with exact figures.

1. В одно́м килогра́мме _____ грамм.
2. В одно́й ми́ле _____ фу́тов.
3. В одно́й ми́ле _____ я́рдов.
4. Оди́н метр — э́то _____ сантиме́тров.
5. В одно́м до́лларе _____ це́нтов.
6. В одно́м фу́нте (*pound*) _____ гра́мма.
7. В одно́м ча́се _____ мину́т, а в одно́й мину́те — _____ секу́нд.

Упр. 2. Have students review cardinal numerals and numeral governance rules in 8/3 before doing this exercise.

Упр. 2. AK. 1 ты́сяча;
2 пять ты́сяч две́сти во́семьдесят;
3 ты́сяча семьсо́т шестьдеся́т; 4 сто;
5 сто; 6 четы́реста пятьдеся́т четы́ре;
7 шестьдеся́т; шестьдеся́т.

СЛОВА, СЛОВА, СЛОВА . . . ★ A Touch of "Class"

Моя́ **гру́ппа** реши́ла подари́ть цветы́ на́шей преподава́тельнице ру́сского языка́.
My class decided to give flowers to our Russian teacher.

The word *class* (in its academic senses) is rendered in various ways in Russian, depending on what you are saying.

1. To refer generally to college-level classes, use **заня́тие** (neuter singular for one class, section, or meeting) or **заня́тия** (neuter plural for multiple classes).

   Заня́тия у нас начина́ются ра́но, и я ча́сто опа́здываю на пе́рвое **заня́тие**.
   Our classes start early, and I'm often late to my first class.

   Мне пора́, я опозда́ю на **заня́тия**.
   I have to go; I'll be late to class.

   Мне на́до гото́виться к **заня́тиям**.
   I have to get ready for class.

   Вчера́ на **заня́тии** по ру́сскому языку́ мы говори́ли о Петре́ I.
   Yesterday in Russian class we talked about Peter the First.

   По́сле **заня́тий** мы с друзья́ми ча́сто хо́дим в кафе́.
   After classes my friends and I often go to a cafe.

2. Use **ле́кция** or **семина́р** to refer to particular types of classes.

   В 9 часо́в у меня́ **ле́кция** по фи́зике.
   At 9:00 I have a physics lecture.

   Днём у меня́ **семина́р** по исто́рии.
   In the afternoon I have a history seminar.

3. To refer to your classmates as a group, use **гру́ппа** (**класс** in high school).

   У нас в **гру́ппе** мно́го иностра́нцев.
   In our class (section) there are many foreigners.

4. To refer to classes in high school, use **уро́к**. The plural **уро́ки** can also mean *homework* in a school context (not a university context, where **дома́шнее зада́ние** is used).

   Сейча́с у меня́ **уро́к** фи́зики.
   I have a physics class now.

   За́втра у нас не бу́дет **уро́ков**.
   There's no school (There are no classes) tomorrow.

   Сде́лай **уро́ки**, а пото́м мо́жешь посмотре́ть телеви́зор.
   Do your homework, then you can watch television.

A Touch of "Class". In an academic context, the word **класс** normally refers to a school rather than an institution of higher learning. It can mean *grade* (Во́ва в шесто́м кла́ссе. *Vova is in the sixth grade.*), a group of students studying at the same level (Мы учи́лись в одно́м кла́ссе. *We studied in the same class.*), or *classroom* (идти́ в класс *to go into the classroom*).

В общежи́тии Моско́вского университе́та

УПРАЖНЕ́НИЕ 3 О ва́шем университе́те

Working with a classmate, role play the following situation: A Russian student journalist is interviewing you about your college or university. If you don't know the answer to a question, make a reasonable approximation.

1. Ско́лько студе́нтов в ва́шем университе́те (колле́дже)? А профессоро́в?
2. Ско́лько стоя́т уче́бники (*textbooks*) на оди́н семе́стр?
3. Вы получа́ете стипе́ндию (*scholarship*)? Ско́лько вы получа́ете в год (в семе́стр, в ме́сяц)?
4. Ско́лько вы пла́тите за обуче́ние (*for tuition*) в университе́те?
5. Ско́лько студе́нты в ва́шем университе́те обы́чно пла́тят за кварти́ру? А за общежи́тие?
6. Как вы ду́маете, ско́лько книг в библиоте́ке ва́шего университе́та?
7. Ско́лько студе́нтов в ва́шей гру́ппе по ру́сскому языку́?
8. Ско́лько у вас ку́рсов в э́том семе́стре?

❖ 11.13. ORDINAL NUMERALS WITH FOUR-DIGIT YEARS

Я в пе́рвый раз пое́хала за грани́цу в 1994 (ты́сяча девятьсо́т девяно́сто **четвёртом**) году́.	*I went abroad for the first time in 1994.*
Наш университе́т был осно́ван в 1883 (ты́сяча восемьсо́т во́семьдесят **тре́тьем**) году́.	*Our university was founded in 1883.*
Моя́ сестра́ зако́нчила шко́лу в 2000 (**двухты́сячном**) году́.	*My sister graduated from high school in 2000.*

As you know, to say *in (a certain year)*, the construction is <**в** + ordinal in Prepositional case + **году**>. Note that only the last element of the numeral shows the ordinal case ending.

 Моя́ сестра́ родила́сь в   *My sister was born in 1980.*
  1980 (ты́сяча девятьсо́т
  восьмидеся́том) году́.

In speech Russians often leave out "19-" from the year when there is no chance of confusion with another century.

 Моя́ сестра́ родила́сь в   *My sister was born in '80.*
  восьмидеся́том[11] году́.

In writing, Russians usually abbreviate forms of **год** to **г.** (or **гг.** for plural forms).

 Колу́мб откры́л Аме́рику   *Columbus discovered*
  в 1492 **г.** (в ты́сяча четы́реста   *America in 1492.*
  девяно́сто второ́м году́).

The years 2000 and beyond are referred to as follows:

 Ка́тя зако́нчила университе́т   в 2000 (**двухты́сячном**) году́.
  (*Katia graduated*) ...   в 2001 (**две ты́сячи пе́рвом**) году́.
             в 2002 (**две ты́сячи второ́м**) году́.
             в 2003 (**две ты́сячи тре́тьем**) году́.

УПРАЖНЕ́НИЕ 4   Совреме́нная исто́рия

Work with a classmate to find out when the following events of the 20th century occurred.

 ОБРАЗЕ́Ц: В како́м году́ откры́ли (*discovered*) пеници́ллин? (1929)
      → Пеници́ллин откры́ли в ты́сяча девятьсо́т два́дцать
        девя́том году́.

1. В како́м году́ ты роди́лся (родила́сь)?
2. В како́м году́ Ле́нин и большевики́ взя́ли власть (*power*) в Росси́и? (1917)
3. В како́м году́ появи́лось (*appeared*) звуково́е кино́? (1927)
4. В како́м году́ у́мер Э́лвис Пре́сли? (1977)
5. В како́м году́ уби́ли (*was killed*) президе́нта Ке́ннеди? (1963)
6. В како́м году́ ко́нчилась Втора́я мирова́я война́ (*World War II*)? (1945)
7. В како́м году́ был пе́рвый полёт (*flight*) челове́ка в ко́смос? (1961)
8. В како́м году́ был пе́рвый конце́рт «Би́тлзов» в Аме́рике? (1964)
9. В како́м году́ начала́сь Пе́рвая мирова́я война́? (1914) А в како́м году́ она́ ко́нчилась? (1918)
10. В како́м году́ появи́лись пе́рвые насто́льные (*desktop*) компью́теры? (1977)
11. В како́м году́ Влади́мир Пу́тин стал президе́нтом Росси́и? (2000)
12. В како́м году́ был опублико́ван (*published*) э́тот уче́бник (*textbook*)?
13. В како́м году́ ты око́нчишь университе́т?

Упр. 4. АК. 2 Ле́нин и большевики́ взя́ли власть в Росси́и в ты́сяча девятьсо́т семна́дцатом году́; 3 Звуково́е кино́ появи́лось в ты́сяча девятьсо́т два́дцать седьмо́м году́; 4 Э́лвис Пре́сли у́мер в ты́сяча девятьсо́т се́мьдесят седьмо́м году́; 5 Уби́ли президе́нта Ке́ннеди в ты́сяча девятьсо́т шестьдеся́т тре́тьем году́; 6 Втора́я мирова́я война́ ко́нчилась в ты́сяча девятьсо́т со́рок пя́том году́; 7 Пе́рвый полёт челове́ка в ко́смос был в ты́сяча девятьсо́т шестьдеся́т пе́рвом году́; 8 Пе́рвый конце́рт "Би́тлзов" в Аме́рике был в ты́сяча девятьсо́т шестьдеся́т четвёртом году́; 9 Пе́рвая мирова́я война́ начала́сь в ты́сяча девятьсо́т четы́рнадцатом году́. Она́ ко́нчилась в ты́сяча девятьсо́т восемна́дцатом году́; 10 Пе́рвые насто́льные компью́теры появи́лись в ты́сяча девятьсо́т се́мьдесят седьмо́м году́; 11 Влади́мир Пу́тин стал президе́нтом Росси́и в двухты́сячном году́.

Упр 4. Try a "Borsch Bowl": Divide the class into кома́нда А and кома́нда Б (or they can pick names: Спарта́к, Торпе́до, Локомоти́в, Дина́мо, and so on). Have each кома́нда make up questions (and provide answers) of their own in Russian on index cards. (Not all questions need involve dates. Suggest categories such as history, geography, science, movies, sports, the arts, famous people, and so on.) Collect the questions and review them overnight for correct Russian. The next day have each group choose three individuals to represent their кома́нда. You or one of your better students can serve as moderator to pose a кома́нда А question to кома́нда Б, then the reverse. The first кома́нда to answer ten (or some other predetermined number of) questions correctly wins.

---

[11]Russians have no written equivalent of our abbreviated form of years and decades ('94, '80s). Such abbreviations can be expressed in words, but not in figures.

О РОССИИ

В КО́СМОСЕ

Э́то была́ моя́ пе́рвая пое́здка за грани́цу.

The Soviet Union and Russia devoted major resources to developing a superior space program, beginning with the launch of the first earth satellite **Спу́тник** in 1957. Later that year a dog named **Ла́йка** became the first animal in space. On April 12, 1961, **Ю́рий Гага́рин** became the first man in space, and in 1963, **Валенти́на Терешко́ва** followed as the first woman. The **Apollo-Сою́з** missions of the mid-1970s represented a remarkable period of joint Soviet-American cooperation in space. The space station **МИР** (which means both *peace* and *world*) was launched into orbit in 1986 and was staffed by crews of Soviet, Russian, and foreign **космона́вты** and **астрона́вты** until August 1999. As part of the planning stages for the International Space Station, NASA sent a series of space shuttles to dock with the **МИР** between 1995 and 1998. As part of this program, a series of seven American **астрона́вты** spent extended periods on board the **МИР**. The **МИР** lasted far longer in space than originally planned, but in 2001 a decision was made to bring it back to Earth. In March 2001, it reentered the atmosphere and crashed into the South Pacific Ocean, ending 15 years of contributions to space exploration. In July 2000 Russia launched the **Звезда́** service module to serve as the first living and laboratory quarters aboard the International Space Station.

Космона́вт Валенти́на Терешко́ва

В ко́смосе. Students interested in life in space might enjoy reading American astronaut Jerry Linenger's book *Off the Planet: Surviving Five Perilous Months Aboard the Space Station Mir* (McGraw-Hill, 2000).

reVERBerations ✪ *Variations in Key Forms*

Several of the perfective verbs you encountered in this lesson have unpredictable key forms, particularly in the past tense.

1. **сади́ться / сесть** (ся́д-у, ся́д-ешь, . . . ся́д-ут; *past* сел, се́ла, се́ли)

   сесть: Note the nonpast stem **сяд-** and the past tense with no stem consonant before the **-л**.

2. **привыка́ть / привы́кнуть** (привы́кн-у, привы́кн-ешь, . . . привы́кн-ут; *past* привы́к, привы́кла, привы́кли)

   привы́кнуть: Some verbs that end in **-нуть** lose the **-ну-** syllable when forming the past. The masculine past ends in a consonant and has no **-л**, but the other past forms do have the **-л**.

3. **умира́ть / умере́ть** (умр-у́, умр-ёшь, . . . умр-у́т; *past* у́мер, умерла́, у́мерли)

   умере́ть: Note the nonpast stem **умр-**. Also note that the masculine past tense ends in a consonant and has no **-л**, but the other past forms do have the **-л**.

# КУЛЬТУРА РЕЧИ

❖ ТАК ГОВОРЯ́Т: ЗА ГРАНИ́ЦУ VS. ЗА ГРАНИ́ЦЕЙ

Э́то была́ моя́ пе́рвая пое́здка **за грани́цу.** *That was my first trip abroad.*

The word **грани́ца** means *border,* so (**е́хать**) **за грани́цу** means literally *(to go) beyond the border.* The destination vs. location distinction that you have encountered before is reflected in the choice of case after **за:**

Как до́лго вы жи́ли **за грани́цей?** *How long did you live abroad?*

<motion (verbal or implied) + **за грани́цу** (Acc.)>   *to go (travel) abroad*
<nonmotion verb + **за грани́цей** (Instr.)>   *to be (live, work, study) abroad*

УПРАЖНЕ́НИЕ 5   За грани́цу vs. за грани́цей

Walk around the classroom and ask your classmates about their experiences abroad. See if you can find anyone who has traveled to or been in the same places as you may have been.

1. Ты е́здил (е́здила) когда́-нибудь за грани́цу? Е́сли да, куда́ ты е́здил (е́здила)?
2. Ты когда́-нибудь жил (жила́) за грани́цей? Где? Как до́лго ты там был (была́)? Что ты там де́лал (де́лала)? Учи́лся (Учи́лась)? Рабо́тал (Рабо́тала)?

❖ САМОПРОВЕ́РКА: УПРАЖНЕ́НИЕ 6

Working on your own, try this self-test: Read a Russian sentence out loud, then give an idiomatic English equivalent without looking at the book. Then work from English to Russian. After you have completed the activity, try it with a classmate.

1. Да́йте, пожа́луйста, два ли́тра молока́, полкило́ сы́ра и ... и сто грамм шокола́да!
2. В мое́й гру́ппе два кана́дца, три не́мца и две япо́нки.
3. Моя́ сестра́ в шесто́м кла́ссе, а я на тре́тьем ку́рсе.
4. — Когда́ твой брат зако́нчил консервато́рию?
   — В 1993 (ты́сяча девятьсо́т девяно́сто тре́тьем) году́.
   — А когда́ ты зако́нчил шко́лу?
   — В две ты́сячи пе́рвом году́.

1. *Please give me two liters of milk, a half-kilo of cheese and ... and a hundred grams of chocolate!*
2. *In my class there are two Canadians, three Germans and two Japanese women.*
3. *My sister's in sixth grade, and I'm a junior in college.*
4. *"When did your brother graduate from the conservatory?"*
   "In 1993."
   "And when did you graduate from high school?"
   "In 2001."

234 Урок 11 ❖ Язык — это не всё!

Упр. 7. #3. You may prefer to have students think overnight about an embarrassing or awkward moment of their own that they would be willing to share with the class in Russian.

◈ ВОПРОСЫ И ОТВЕТЫ: УПРАЖНЕНИЕ 7

1. Ты когда-нибудь учи́лся (учи́лась) по обме́ну в друго́й стране́? Где и когда́ э́то бы́ло?
2. Ты хо́чешь учи́ться в друго́й стране́? Е́сли да, в како́й стране́ ты хо́чешь учи́ться?
3. Ты иногда́ смеёшься над собо́й, когда́ ду́маешь о свое́й жи́зни? Ты мо́жешь рассказа́ть о том, как ты попада́л (попада́ла) впроса́к (*made blunders*)?
4. Ты когда́-нибудь дари́л (дари́ла) кому́-нибудь цветы́? Ты ча́сто э́то де́лаешь? Где ты покупа́ешь цветы́?
5. В Аме́рике при́нято приноси́ть цветы́ на по́хороны? А венки́ из цвето́в?

◈ ДИАЛОГИ

Acronyms. While some well-known Western acronyms are rendered in the Roman alphabet, others are rendered in Cyrillic and are pronounced that way, even though they are written out differently in their full form: NATO is written НАТО and pronounced [на́то] even though the full form in Russian is Организа́ция Североатланти́ческого догово́ра. Interestingly, a recent law requires that ads in foreign languages be accompanied by Russian translations and places size restrictions on non-Russian components of ads. Some Russian acronyms, such as СПИД (синдро́м приобретённого иммунодефици́та), the acronym for AIDS, are treated as pronounceable and declinable words in their own right.

ДИАЛО́Г 1 Что вы мо́жете мне посове́товать (*advise me to do*)?
(Asking for advice)

— Вам бы́ло тру́дно, когда́ вы в пе́рвый раз прие́хали в Москву́?
— О́чень тру́дно, потому́ что я пло́хо знал (зна́ла) ру́сский язы́к. Кро́ме того́, я ма́ло знал (зна́ла) о Росси́и, поэ́тому я де́лал (де́лала) оши́бки не то́лько в языке́.
— Я вас хорошо́ понима́ю, потому́ что я здесь в пе́рвый раз и мне о́чень тру́дно. Что вы мне мо́жете посове́товать?
— Я сове́тую вам смотре́ть ру́сские фи́льмы и телепереда́чи, слу́шать ра́дио и разгова́ривать с друзья́ми то́лько по-ру́сски.

ДИАЛО́Г 2 Где вы рабо́таете в Москве́?
(Getting acquainted)

— Где вы рабо́таете в Москве́?
— В телекомпа́нии CNN.[12]
— Вы здесь с семьёй?
— Да, моя́ жена́ (мой муж) рабо́тает в ру́сско-америка́нской фи́рме, а де́ти у́чатся в ру́сской шко́ле.
— Ва́ши де́ти бу́дут о́чень хорошо́ говори́ть по-ру́сски.
— Почему́ «бу́дут»? Они́ уже́ прекра́сно говоря́т.

УПРАЖНЕНИЕ 8   Ваш диало́г

Create a dialogue in which you describe to a Russian friend a cultural *faux pas* that you once made while abroad or a foreign friend of yours made in America.

◈ А ТЕПЕ́РЬ . . . : УПРАЖНЕНИЕ 9

Working with a classmate, use what you learned in Part 4 to . . .

1. ask whether she buys groceries at the market
2. if so, find out what she bought the last time (and how much—in metric equivalents!)
3. find out whether she has ever traveled or lived abroad (and if so, find out where and in what year)
4. find out what year she graduated from high school
5. find out what year she will graduate from college
6. ask what classes she has this term

---

[12]Some well-known Western acronyms are rendered in the Roman alphabet and sometimes are pronounced that way. Examples include CNN ([**си-эн-эн**]), IBM ([**ай-би-эм**]), and KLM (pronounced, however, [**ка-эл-эм**]).

ИТАК …

◆ НОВЫЕ СЛОВА

NOUNS AND NOUN PHRASES

Buying Flowers and Other Things
букéт	bouquet (4v)
вен(ó)к (*Gen. sing.* венкá)	wreath (4)
гвоздúка	carnation (4v)
десят(о)к (*Gen. sing.* десятка)	ten (of something) (4v)
килó (*neut. indeclinable*)	kilo (kilogram) (4v)
пакéт	bag (4v)
рóза	rose (4)
рын(о)к (*Gen.* рынка)	market (4)
тюльпáн	tulip (4v)
штýка	piece; item; unit (4v)
яблоко (*pl.* яблоки)	apple (4v)

Academics
грýппа	group; section; class (*at a university, etc.*) (3)
изучéние	(the) study (of) (3v)
лéкция	lecture (4)
носúтель (*m.*) языкá	native speaker (3v)
семинáр	seminar (4)

Going Places, Transportation
поéздка (*Gen. pl.* поéздок)	trip (4)
приéзд	arrival (4)
проспéкт	avenue; (*in names of streets*) Prospekt (2v)
стоянка таксú	taxi stand (2)
таблúчка (*Gen. pl.* таблúчек)	sign (2)
ýг(о)л (*Gen. sing.* углá, *Prep. sing.* в углý, на углý)	corner (2v)
шофёр	driver; chauffeur (2)

Other Nouns
дежýрный/дежýрная *noun, declines like adjective*	man/woman on duty (4)
истóрия	story (3)
компьютерная прогрáмма	computer program (3v)
половúна	half (1v)
пóхороны (*Gen.* похорóн, *Dat.* похоронáм) *pl.*	funeral (4)
слýчай	incident (4)
телепередáча	television broadcast; telecast (3)
чéтверть (*Gen. pl.* четвертéй) *f.*	quarter (1v)
числó (*pl.* чúсла, *Gen. pl.* чúсел)	number (2)

ADJECTIVES
высóкий	tall (1)
закрыт (закрыта, закрыто, закрыты)	closed (2)
золотóй	gold; golden (4)
извéстный	well-known (3)
лýчший (*compar. and superl. of* хорóший)	1. better; 2. (the) best (3v)
откры́т (открыта, открыто, открыты)	open (2)
подготовúтельный	preparatory (3)
тóлстый	fat; heavy-set (2)
цéлый	whole (3)

VERBS

вспоминáть *pfv.* вспóмнить (вспóмн-ю, вспóмн-ишь, … вспóмн-ят)	to recall (4)
занимáть *pfv.* занять (займ-ý, займ-ёшь, … займ-ýт; *past* зáнял, занялá, зáняло, зáняли)	to take (amount of time) (1)
знакóмить (знакóмл-ю, знакóм-ишь, … знакóм-ят) (+ *Acc.* + с + *Instr.*) *pfv.* познакóмить	to introduce (someone to someone) (1)

находи́ться (нахож-у́сь, нахо́д-ишься, … нахо́д-ятся) *pfv. not introduced at this time*	to be (located) (3v)
переду́мать (*pfv.; impfv. not common*)	to change one's mind (3)
получа́ться (*3rd pers. only*) *pfv.* получи́ться (полу́чится, полу́чатся)	to turn out (2)
приводи́ть (привож-у́, приво́д-ишь, … приво́д-ят) *pfv.* привести́ (привед-у́, привед-ёшь, … привед-у́т; *past* привёл, привела́, привело́, привели́)	to bring (someone along) (1)
привыка́ть (к + *Dat.*) *pfv.* привы́кнуть (привы́кн-у, привы́кн-ешь, … привы́кн-ут; *past* привы́к, привы́кла, привы́кло, привы́кли)	to get used to (4)
проезжа́ть *pfv.* прое́хать (прое́д-у, прое́д-ешь, … прое́д-ут)	to ride; to drive (along, through, past, *etc.*) (2v)
пыта́ться *pfv.* попыта́ться	to try; to attempt (3)
реша́ть *pfv.* реши́ть (реш-у́, реш-и́шь, … реш-а́т)	to decide (4)
счита́ть *pfv.* посчита́ть	to count (2)
узнава́ть (узна-ю́, узна-ёшь, … узна-ю́т) *pfv.* узна́ть	to find out (4)
умира́ть *pfv.* умере́ть (умр-у́, умр-ёшь, … умр-у́т; *past* у́мер, умерла́, у́мерло, у́мерли)	to die (4)
смея́ться (сме-ю́сь, сме-ёшься, … сме-ю́тся) *pfv. not introduced at this time*	to laugh (4)

ADVERBS

внима́тельно	attentively; carefully (2)
давно́	(for) a long time (2)
никуда́	nowhere; not … anywhere (1)
Почём…?	(*colloquial*) How much How much are …? What is the price of …? (4v)
пра́вильно	correctly; (that's) right; (that's) correct (2)
скоре́е	quickly; as quickly as possible (2)

OTHER

за (+ *Acc.*)	*to indicate how long it takes to complete something in; it takes …* (3)
ле́гче (*comparative*)	easier (4)
по (+ *Acc.*)	at the price of: **по два́дцать рубле́й** *at the price of 20 rubles* (4v)
подеше́вле (*comparative*)	a little cheaper (4v)
по́сле (+ *Gen.*)	after (4)
ра́ди (+ *Gen.*)	for (the sake of) (1)

IDIOMS AND EXPRESSIONS

без че́тверти шесть	(at) quarter to six; 5:45 (1v)
будь добр (добра́), бу́дьте добры́	would you mind …; if … you don't mind … (1)

вешать / повесить (повешу, повесишь, ... повесят) трубку	to hang up the phone (2)	половина шестого (полшестого)	half past five; 5:30 (1v)
делать / сделать пересадку	to make a transfer; to change (trains, buses, etc.) (2v)	приглашать / пригласить (+ Acc.) в гости	to invite (someone) over (1)
		садиться / сесть на (автобус)	to get on (a bus); to take (a bus); in (2v)
до сих пор (also до сих пор)	until now; even now (4)	Сколько с меня?	How much is it?; How much do I owe? (4v)
ещё раз	once again (4)		
ни ... ни ...	neither ... nor ...; (negation +) either ... or ... (2)	смеяться над (+ Instr.)	to laugh at; to make fun of (4)
		четверть шестого	a quarter past five (1v)
по обмену	on an exchange program (4)	чтобы	conj. used to introduce indirect commands (2)
поездка за границу	a trip abroad (4)	(Это) я виноват (виновата).	It's / That's my fault. (2)

❖ ЧТО Я ЗНАЮ, ЧТО Я УМЕЮ

Use this checklist to mark off what you've learned in this lesson:

- ☐ Forming imperatives in -й, -и, and -ь (Part 1)
- ☐ Making indirect requests with чтобы (Part 2)
- ☐ Expressing approximate time and quantity (Part 1)
- ☐ Telling time on the quarter and half hour (Part 1)
- ☐ Saying how long something takes (Part 3)
- ☐ Saying how long an action lasts (Part 3)
- ☐ Expressing years that require four digits (Part 4)
- ☐ Expressing obligation in the past (Part 2)
- ☐ Expressing need in the past and future (Part 2)
- ☐ Expressing motion with multidirectional verbs (Part 2)
- ☐ Using nested case constructions (Part 3)
- ☐ Using nondeclining nouns of foreign origin (Part 2)
- ☐ Using non-Russian first names (Part 3)
- ☐ Using Russian equivalents of "class" (Part 4)
- ☐ Making purchases at a market (Part 4)
- ☐ Using the metric system (Part 4)

❖ ЭТО НАДО ЗНАТЬ

THE MANY FACES OF «НА»

На год. In certain <preposition + noun> combinations, the stress moves to the preposition.

Here are some of the many uses of the preposition «на» that you have encountered:

<на + Accusative>

1. Motion *to* a place or activity
    Антон идёт **на работу**.
    Завтра вечером мы идём **на балет**.
    Ирина поставила шампанское **на стол**.
    Ты опоздаешь **на лекцию**.
2. *For* a particular time or event
    Вот ваше задание **на среду**.
    Какие у тебя планы **на будущую неделю**?
    На день рождения бабушка подарила мне компакт-диск.
3. *For* a period of time
    Джим приехал в Москву **на год**.
    Келли едет в Россию **на неделю**.
4. *For* a particular purpose
    У нас билеты **на футбол**.
    Я хочу заказать столик **на четверых** (*for four people*).
5. Other uses
    Ваш сын очень похож **на вас**.
    мастер **на все руки**
    на всякий случай

<на + Prepositional>

1. Location *at, on,* with respect to a place or activity
    Антон был весь день **на работе**.
    Вчера вечером мы были **на концерте**.
    Что это там, **на столе**? Шампанское?
2. *By,* expressing conveyance
    Вы едете **на машине** или **на автобусе**?
3. *During* a certain week
    Вы будете свободны **на следующей неделе**?
4. Year and department in college
    Я учусь в университете **на факультете журналистики**.
    Я учусь **на втором курсе**.
5. Playing an instrument
    Мы учимся играть **на гитаре**.
6. Other uses
    Бабушка **на пенсии**.
    Вадим женился **на Ирине**.
    Новый год **на носу**!

Дополнительные тексты. AK.

I. 1 Проéкт «Вéдьма Блейр»
    2 вéдьма, проéкт
II. 1 United States, 1999
    2 directors
    3 a role in a movie, play, etc.
    4 starring
III. 1 крúтики
    2 ужáстик
    3 стрáшный
    4 сюжéт
    5 компáния студéнтов–кинóшников
    6 легéндами
    7 интервьюúруют
    8 документáльный
    9 студéнческий
    10 спецэффéктов
    11 бюджéт
    12 автомобúля
IV. 1 He says it is frightening. No, it is not a bad film … сáмый ужáсный … не потомý, что óчень плóхо, а потомý, что óчень стрáшный;
    2 Maryland … компáния студéнтов-кинóшников éдет в Мэ́риленд;
    3 A forest that has frightening legends … где нахóдится окружённый стрáшными легéндами лес;
    4 Black mountain forest лес Чёрных гор;
    5 local residents студéнты интервьюúруют мéстных жúтелей;
    6 They got lost … онú заблудúлись;
    7 The film was shot as a student-made documentary. Фильм намéренно снят как документáльный и студéнческий;
    8 No … без всяких спецэффéктов;
    9 The money spent making the film could not buy a decent car; … не хватúло бы и на приобретéние мáло-мáльски прúстойного автомобúля.

♢♢ ДОПОЛНИТЕЛЬНЫЕ ТЕКСТЫ

MOVIE REVIEW: ПРОЕ́КТ «ВЕ́ДЬМА БЛЕЙР»

If you travel to Russia, you are likely to encounter many of the same movies, television shows, songs, and so on that are popular in America. The movie review on p. 239 appeared in the magazine **Ровéсник**.

I. Look at the title of the review.

1. How is the title of the film translated into Russian in this article?
2. What are the Russian words for *witch* and *project*?
3. Do you know anything about this film?

II. Look at the introductory paragraph.

1. When and where was the film made?
2. The review indicates that **Дэ́нил Мúрих** and **Эдуáрдо Сáнчез** are the **Реж.** What do you think **Реж.** (abbreviation for **Режиссёры**) means?
3. In the context of film or theater, what do you think the word **роль** refers to?
4. How would the phrase «в роля́х» be expressed in English?

III. Skim through the main text of the review and try to find Russian equivalents for the following words and phrases, many of which are cognates. They are listed in the order in which they appear in the review.

1. critics
2. horror film
3. frightening
4. plot
5. group of student filmmakers
6. legend
7. (they) interview
8. documentary (*adjective*)
9. student (*adjective*)
10. special effects
11. budget
12. automobile

IV. Look more carefully through the text and try to find answers to the following questions. Underline the Russian phrases that contain answers to the questions.

1. How does the reviewer describe this film? Why? Is it because he thinks it is a bad film?
2. Where do the students go to make their film?
3. What is interesting about the forest that is located there?
4. What is the name of the forest? (**горá** *mountain*)
5. Whom do the students interview? (**мéстный** *local*)
6. What happened once they entered the forest?
7. How was this film shot? (**намéренно** *intentionally*)
8. Were special effects important in making this film?
9. What is surprising about the film's budget? What does the author say it would be impossible to buy with this amount of money?

Итак... 239

THE BLAIR WITCH PROJECT
ПРОЕКТ «ВЕДЬМА БЛЭЙР»

США. 1999 г. Реж. Дэниэл Мирик и Эдуардо Санчес. В ролях: Хитер Донахью, Джош Леонард, Майк Уильямс.

Все критики сходятся в одном: этот ужастик – самый ужасный. И не потому, что очень плохой, а потому, что очень страшный. Сюжет предельно простой: компания студентов-киношников едет в Мэриленд, где находится окруженный страшными легендами лес Черных Гор. Студенты интервьюируют местных жителей, выспрашивают разные подробности, а потом отправляются с палатками в этот самый лес и... Короче, они заблудились, и тут-то и началось самое ужасное: заколдованный лес показал себя во всей красе. Фильм намеренно снят как документальный и «студенческий» – то есть с огрехами, без всяких спецэффектов и т.п. Ужасает и его бюджет: денег, потраченных на съемки фильма, не хватило бы и на приобретение маломальски пристойного автомобиля.

УРОК 12

СКОРЕЕ ВЫЗДОРАВЛИВАЙТЕ!

В но́вой поликли́нике

In Part 1 (on video), you'll see Professor Petrovsky clearly suffering from a cold. Fortunately (or unfortunately?), he meets Grandma Kruglov, who quickly takes charge. In Part 2, Vova and his friend Petya have their own idea of what flu season means. In Part 3 (on video), it's back to Professor Petrovsky and Grandma Kruglov. And in Part 4, Sergei Petrovich, also a flu victim, gets a surprise when he is visited by a medical professional.

In this lesson you will learn

- to talk about health-related issues
- to express the means by which something is done
- more about using negatives
- to use the partitive Genitive
- more about making comparisons
- more about using imperatives
- more about reflexive verbs
- more about describing motion *from*
- more about expressing future actions
- about the Russian health care system

Дома́шний до́ктор

ЧАСТЬ ПЕРВАЯ

 ## С ЧЕГО НАЧАТЬ?

С чего начать? **Suggested Activities.** Read through the text accompanying the sketch and make sure students understand the vocabulary, especially «У меня́ боли́т/боля́т. . .». Then play a variation of the game of "Simon Says": When you say the phrase «До́ктор, у меня́ боли́т голова́», students should touch their heads. If you don't say «До́ктор» before telling what hurts, then they should not point to the body part. At first try it with the textbook open so they can refer to the new vocabulary. The first student who points to a body part by mistake (i.e., if you didn't precede your statement with «До́ктор») comes to the front of the class and continues. This person will still probably need to refer to the textbook. Remind students that they know нале́во/напра́во and give them related adjectives ле́вый/пра́вый if they want to distinguish between shoulders, arms, legs, eyes. This game is a fun and easy way for students to learn the vocabulary. You might repeat this activity the next day, but with textbooks closed.

С чего начать? Врач, до́ктор. In a medical context these terms are synonymous. До́ктор, however, can be used as a noun of address, while врач cannot.

PARTS OF THE BODY

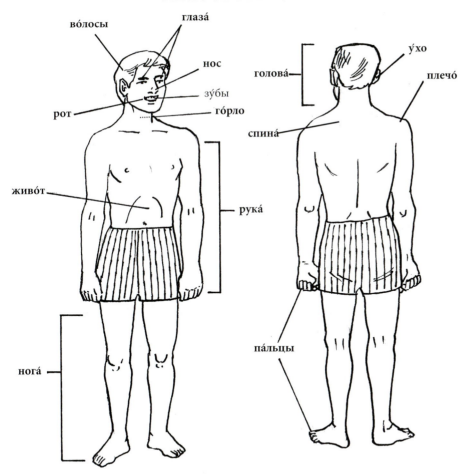

SING.	PL.
глаз	глаза́
нога́	но́ги
па́лец	па́льцы
плечо́	пле́чи
рука́	ру́ки
у́хо	у́ши

боли́т (боля́т)   *ache(s), hurt(s)*

— До́ктор,[†] я себя́ пло́хо чу́вствую.
— Что у вас боли́т?
— У меня́ боли́т голова́, боля́т ру́ки и но́ги.

241

242 Уро́к 12 ❋ Скоре́е выздора́вливайте!

Reading Introduction (see also WB/LM).
1. Где ба́бушка встре́тила профе́ссора Петро́вского? (На у́лице. *or* Когда́ он выходи́л и́з дому.)
2. Чем ба́бушка ле́чит своего́ му́жа? (Дома́шними сре́дствами.)
3. Каки́е проду́кты нужны́ профе́ссору Петро́вскому? (Молоко́, минера́льная вода́ и хлеб.)
4. Заче́м профе́ссор Петро́вский звони́т Шу́ре в университе́т? (Что́бы попроси́ть её отмени́ть его́ семина́р. *or* Что́бы она́ отмени́ла его́ семина́р.)

Чте́ние (1): ра́зве. Both ра́зве and неуже́ли mark that the speaker doubts the validity of what's said. Неуже́ли is the more emphatic of the two.

Чте́ние (2): боле́ет. For describing illness, боле́ть is the most general verb; it can refer to temporary or chronic states, and if used with a complement, takes the Instrumental (Моя́ ма́ма боле́ет and Сестра́ боле́ет гри́ппом). Больно́й is more often used to refer to chronic states (У него́ больно́й оте́ц. [*His father's in poor health.*]), while бо́лен refers to transitory ailments (Све́та, что с тобо́й? Ты больна́? [*Sveta, what's the matter? Are you sick?*]). With symptoms and nonspecific illnesses (температу́ра, на́сморк, ка́шель, просту́да) the construction у меня́ (вас, etc.) is used (У меня́ на́сморк). Простуди́ться is specific to a "cold" and is used without a complement (Вы си́льно простуди́лись).

ЧТЕНИЕ

◆ ДОМА́ШНИЙ ДО́КТОР

(*Morning. Professor Petrovsky, coming out of the building, meets Grandma Kruglov.*)

ПРОФЕ́ССОР. Алекса́ндра Никола́евна! Здра́вствуйте! (*Sneezes.*) Прости́те.

Бу́дьте... *Bless you!* БА́БУШКА. **Бу́дьте здоро́вы,**° Илья́ Ильи́ч.

ПРОФЕ́ССОР. Спаси́бо.

си́льно... *caught a bad cold* БА́БУШКА. А вы, я ви́жу, **си́льно простуди́лись.**° Заче́м вы на у́лицу вы́шли?

some ПРОФЕ́ССОР. Мне ну́жно купи́ть ко́е-каки́е° проду́кты.

ра́зве... *how could you possibly do that? / flu / immediately / is sick / am treating* БА́БУШКА. Ах, Илья́ Ильи́ч, **ра́зве так мо́жно**°? В го́роде **эпиде́мия**† **гри́ппа.**° Возвраща́йтесь **неме́дленно**° домо́й. Иди́те. Иди́те домо́й. (*Pushes the professor back into the building.*) Я куплю́ вам всё, что ну́жно. Мой Степа́н Евге́ньевич то́же **боле́ет.**° Я его́ **лечу́**°

дома́шними... *home remedies / any / medicines* дома́шними **сре́дствами.**° Они́ лу́чше **любы́х**° **лека́рств.**° Е́сли хоти́те, я вас то́же могу́ полечи́ть.

мне... *I feel uncomfortable bothering you* ПРОФЕ́ССОР. Спаси́бо, Алекса́ндра Никола́евна, но мне нело́вко вас **беспоко́ить.**°

Никако́го... *It's no trouble at all.* БА́БУШКА. **Никако́го беспоко́йства.**°

ПРОФЕ́ССОР. Что, что...?

БА́БУШКА. Да, да, да. Я вас вы́лечу лу́чше, чем любо́й врач. Вот уви́дите. Иди́те домо́й, иди́те. А я к вам приду́ — че́рез полчаса́, и всё принесу́. Иди́те.

ПРОФЕ́ССОР. (*Resignedly throws up his hands and starts heading toward the elevator.*)

Открове́нно... *Frankly speaking* Хорошо́. **Открове́нно говоря́,**° я действи́тельно пло́хо себя́ чу́вствую.

БА́БУШКА.	Ну вот, я же ви́жу. Что вам купи́ть в магази́не?	
ПРОФЕ́ССОР.	Молоко́, минера́льную во́ду[1] и хлеб, пожа́луйста.	
БА́БУШКА.	Всё куплю́. А вы иди́те домо́й. Вы **температу́ру ме́рили°**?	Вы... *Did you take your temperature?*
ПРОФЕ́ССОР.	Сего́дня не ме́рил, а вчера́ была́ **норма́льная.**†	
БА́БУШКА.	Так э́то же бы́ло вчера́! На́до **изме́рить°** сего́дня. (*Looks at him closely.*) Я уве́рена, что у вас высо́кая температу́ра.	*to take*

(*Back in his apartment, the professor calls his office.*)

ПРОФЕ́ССОР.	Э́то Шу́рочка? Что? Не туда́ попа́л? Извини́те. (*Redials.*) Здра́вствуйте, Шу́рочка, э́то Илья́ Ильи́ч. Я, ка́жется, заболе́л. Да, наве́рно, грипп. Шу́рочка, у меня́ к вам про́сьба. У меня́ в 4 часа́ семина́р — отмени́те° его́, пожа́луйста. Нет, спаси́бо, мне ничего́ не ну́жно. До свида́ния.

cancel

УПРАЖНЕ́НИЕ 1 Под микроско́пом: Health expressions

Look through the reading for help in finding the following:

1. what to say when someone sneezes
2. the phrase "a flu epidemic"
3. the response "It's no trouble at all"
4. how to say "I don't feel very well"
5. how to ask a friend "Did you take (Have you taken) your temperature?"
6. how to say that your husband (wife, friend, son, daughter, and so on) has gotten sick

Упр. 1. АК. 1 Бу́дьте здоро́вы; 2 эпиде́мия гри́ппа; 3 Никако́го беспоко́йства; 4 Я пло́хо (не о́чень хорошо́) себя́ чу́вствую; 5 Ты температу́ру ме́рил (ме́рила)? 6 Мой муж (друг/сын) заболе́л. (Моя́ жена́/дочь/подру́га заболе́ла.)

ГРАММА́ТИКА И ПРА́КТИКА

❖ 12.1. ON BEING SICK AND GETTING WELL

Мой Степа́н Евге́ньевич то́же **боле́ет.**	My Stepan Evgenyevich is also sick.
Я, ка́жется, **заболе́л.**	It seems I've gotten sick.
А вы, я ви́жу, си́льно **простуди́лись.**	And you, I see, have caught a bad cold.
У меня́ **боли́т** голова́.	My head hurts (I have a headache).
Я действи́тельно пло́хо **себя́ чу́вствую.**	I really feel pretty bad.

---

[1]Note the stress change from the Nominative **вода́**.

The verb **боле́ть / заболе́ть** is the most general verb used to indicate that someone is ill. It can refer to temporary or chronic states (though the perfective has the specific meaning *to fall ill, to get sick*). If used with a complement, this verb takes the Instrumental: **Моя́ сестра́ боле́ет гри́ппом.** *My sister has (is ill with) the flu.* To express the more specific phrase *to catch a cold*, use the verb **простужа́ться / простуди́ться**. As you saw at the beginning of this lesson, the construction **У меня́ боли́т (боля́т)** ... is used to say that a part of your body hurts or aches. And to describe how you're feeling, use **чу́вствовать себя́ (пло́хо, хорошо́,** and so on).

Я его́ **лечу́** дома́шними сре́дствами.	*I treat him with home remedies.*
Е́сли хоти́те, я вас то́же могу́ **полечи́ть**.	*If you want, I can take care of you too.*
Я вас **вы́лечу** лу́чше, чем любо́й врач.	*I'll cure you better than any doctor (can).*

Полечи́ть and вы́лечить. Полечи́ть and вы́лечить are not true perfectives of лечи́ть, but as a practical matter they perform that function in many contexts.

This reading also presents the verb **лечи́ть** and two related perfective verbs: **полечи́ть** and **вы́лечить**. The perfective **полечи́ть** refers to a temporary activity, meaning *to take care of someone for a short period of time*, while **вы́лечить** is a resultative perfective with the specific connotation that a cure has been (or will be) achieved.

УПРАЖНЕ́НИЕ 2 Де́душка и ба́бушка

Fill in the blanks in the paragraph at the left with the forms implied by the translation at the right.

Упр. 2. АК. 1 боле́ет (*or* бо́лен, though this adjective won't be introduced until Part 4); 2 заболе́л; 3 боле́ет; 4 простуди́лся; 5 пло́хо себя́ чу́вствует; 6 ле́чит; 7 полечи́ть; 8 вы́лечит.

Де́душка _____¹.
Он _____² три дня наза́д. Он ре́дко _____³, но в э́тот раз он си́льно _____⁴.
Он не лю́бит ходи́ть к врачу́, да́же когда́ он _____⁵. Ему́ нра́вится, когда́ его́ _____⁶ ба́бушка.
Вчера́ ма́ма им позвони́ла и спроси́ла, не мо́жет ли она́ _____⁷ де́душку.
А ба́бушка сказа́ла, что она́ зна́ет, что де́лать и что она́ _____⁸ его́ че́рез не́сколько дней.

My grandfather is ill. He became sick about three days ago. He doesn't get sick very often, but this time he came down with a bad cold. He doesn't like to go to the doctor, even when he's not feeling well. He likes it when Grandma takes care of him. Yesterday my mother called them and asked if she could take care of Grandpa. But Grandma said she knows what to do and that she'd cure him in a few days.

О РОССИИ

ПО ФАРЕНГЕ́ЙТУ, ПО ЦЕ́ЛЬСИЮ

Вы температу́ру ме́рили?

In the United States, temperatures are expressed in degrees Fahrenheit (named after the inventor of the scale), on which water freezes at 32 degrees and boils at 212 degrees. In Russia, however—as in most countries of the world—temperatures are expressed in degrees Celsius (likewise named after the inventor of the scale), also known as "centigrade." On this scale, water freezes at 0 degrees and boils at 100 degrees. Normal body temperature is 98.6 **по Фаренге́йту**, but is 37 **по Це́льсию**. To help you decide what to wear when reading or hearing a weather report in which temperatures are given **по Це́льсию**, the following rhyme may be useful:

> Thirty is hot,
> Twenty is nice,
> Ten is cold,
> Zero is ice.

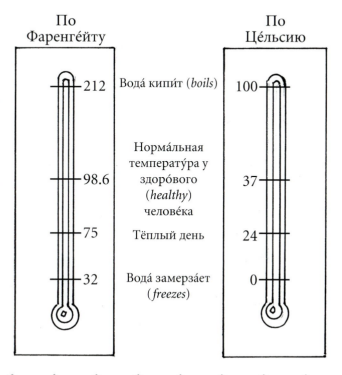

О России. Temperatures with decimals are read thus: 98.6=Девяно́сто во́семь и шесть.

12.2. MEANS AND INSTRUMENTS: ДОМА́ШНИМИ СРЕ́ДСТВАМИ

Я его́ лечу́ **дома́шними сре́дствами**.	*I'm treating him with home remedies.*

The Instrumental case can be used without a preposition to show the instrument or means by which something is accomplished. The Instrumental form of **что** is **чем**, which asks *how, by what means?*[2]

— **Чем** вы ле́читесь, когда́ вы простужа́етесь?	"What do you treat yourself with when you have a cold?"
— **Аспири́ном** и **горя́чим ча́ем**.	"Aspirin and hot tea."
— **Чем** вы пи́шете, **карандашо́м**?	"What are you writing with, a pencil?"
— Нет, **ру́чкой**.	"No, a pen."

---

[2] This Instrumental form of **что** is a different **чем** from the conjunction **чем** (*than*) used in making comparisons.

To render *with* in the sense of *by means of,* use the Instrumental without a preposition; to render *with* in the sense of *together with, along with, accompanied by,* be sure to use the construction <**с** + Instr.>.

 Мы еди́м суп **ло́жкой**.   *We eat soup with (by means of)*
            a spoon.

 Мы еди́м суп **с хле́бом**.   *We eat soup with (accompanied by)*
            bread.

In some contexts **как** elicits the means or instrument by which something is accomplished.

 — **Как** вы пое́дете сего́дня домо́й?   *"How are you getting home today?"*
 — **Авто́бусом.** (На авто́бусе.)   *"By bus."*

проглоти́л	*swallowed*
выезжа́ем	*we're leaving*
прибы́тие	*arrival*
пока́	*for the time being*

УПРАЖНЕ́НИЕ 3   With «с» or without «с»?

Упр. 3. АК. Only three blanks do not require «с»: 3, 5, 11.

Insert the preposition «**с**» where it must be used. How many are left blank?

Мы _____¹ друзья́ми ча́сто хо́дим в кино́. Мне нра́вятся коме́дии† _____² остроу́мными (*witty*) диало́гами, Дэ́ниел интересу́ется _____³ истори́ческими дра́мами,† а Кристи́на лю́бит смотре́ть фи́льмы _____⁴ изве́стными актёрами. В кинотеа́тр† мо́жно е́хать _____⁵ авто́бусом, но обы́чно мы хо́дим пешко́м.

По́сле фи́льма мы идём в на́ше люби́мое кафе́. Я зака́зываю (*order*) эспре́ссо по-италья́нски, Кристи́на лю́бит ко́фе _____⁶ молоко́м, а Дэ́ниел пьёт чай _____⁷ лимо́ном.† В э́том кафе́ рабо́тает одна́ симпати́чная же́нщина из Росси́и. Она́ печёт (*bakes*) вку́сные пирожки́ _____⁸ мя́сом, _____⁹ гриба́ми и _____¹⁰ капу́стой. Она́ зна́ет, что мы занима́емся _____¹¹ ру́сским языко́м, и всегда́ разгова́ривает _____¹² на́ми по-ру́сски. А мы _____¹³ аппети́том еди́м её пирожки́!

УПРАЖНЕНИЕ 4   Чем ты … ?

Working with a classmate, ask and answer the questions using the items in the following list.

автобус
аспирин
горячий (*hot*) чай с мёдом (*honey*)
домашние средства

ключ (*key*)
машина
мел (*chalk*)
термометр†

1. Чем ты меришь температуру, когда ты болеешь?
2. Как ты обычно ездишь в университет?
3. Чем ты лечишься (*treat yourself*), когда у тебя болит голова?
4. Чем ты лечишься, когда у тебя болит горло?
5. Чем ты открываешь дверь?
6. Чем пишут на доске (*chalkboard*)?

УПРАЖНЕНИЕ 5   Using the Instrumental Case

Working with a classmate, practice asking and answering the following questions, all of which involve different uses of the Instrumental case.

1. С кем ты часто говоришь по телефону?
2. Кто сидит за тобой в нашей аудитории? А перед тобой?
3. Кем ты хочешь стать, когда закончишь университет?
4. Ты когда-нибудь занимался (занималась) бизнесом? Каким бизнесом ты занимался (занималась)?
5. С чем ты пьёшь чай — с сахаром (*sugar*), с мёдом (*honey*) или с лимоном†?
6. Ты смотришь баскетбол один или с друзьями?
7. С кем ты встречал (встречала) Новый год?

Упр. 5 (1). The end of this lesson contains a consolidation/review of Instrumental case usage. You may wish to have students review this before doing **Упр. 5**.

Упр. 5 (2). #4, когда-нибудь. For a review of -нибудь compounds, refer back to 9/4.

---

reVERBerations ⭐ *болеть vs. болеть*

Note that these two verbs have identical infinitives but that their conjugation patterns are different. **Болеть** (*to ache, hurt*) is an **-ишь** verb: **У меня болит голова (болят ноги)**. **Болеть** (*to be sick*) is a **-ешь** verb: **Наш сосед болеет.**

Урок 12 ❖ Скорее выздоравливайте!

КУЛЬТУРА РЕЧИ

❖ ТАК ГОВОРЯ́Т: WHEN SOMEONE HAS A COLD

Here are some things you might say to someone who is sick.

Как вы себя́ чу́вствуете?	How are you feeling?
Бу́дьте здоро́вы! Будь здоро́в (здоро́ва)!	Gesundheit! Bless you! (when someone sneezes)
Что у вас боли́т?	Where do you hurt? (What hurts?)
Вы си́льно простуди́лись.	You've caught a bad cold.
Скоре́е выздора́вливайте!	Get well soon!

УПРАЖНЕ́НИЕ 6 Бу́дьте здоро́вы!

Give an appropriate response or ask an appropriate question for each of the following situations:

1. A male friend sneezes.
2. A female friend sneezes.
3. A teacher sneezes.
4. Your best friend looks ill. Ask how he or she feels.
5. An older acquaintance returns to work after being ill for three days.
6. You have a bad headache. Your teacher asks «Как вы себя́ чу́вствуете?»
7. Your leg aches. Your friend asks «Как ты себя́ чу́вствуешь сего́дня?»

❖ САМОПРОВЕ́РКА: УПРАЖНЕ́НИЕ 7

Working on your own, try this self-test: Read a Russian sentence out loud, then give an idiomatic English equivalent without looking at the book. Then work from English to Russian. After you have completed the activity, try it with a classmate.

Упр. 7. #1. As in English, **температу́ра** can be used by itself to refer to a high temperature when the context is clear: **У тебя́ температу́ра?** *Do you have a temperature?*

1. Я действи́тельно пло́хо себя́ чу́вствую. У меня́ высо́кая температу́ра — 38.3 (три́дцать во́семь и три) по Це́льсию. Бою́сь, что я простуди́лся (простуди́лась).

2. Ба́бушка, я не хочу́ тебя́ беспоко́ить, но по-мо́ему я заболе́л (заболе́ла). Наве́рно, у меня́ грипп.

3. Обы́чно мы е́здим в Крым по́ездом, но э́тим ле́том мы пое́дем на маши́не.

4. — Чем ты пи́шешь, ру́чкой?
   — Нет, карандашо́м.

1. *I really feel awful. I'm running a high temperature—38.3 Celsius. I'm afraid I've caught a cold.*

2. *Grandma, I don't want to bother you, but I think I've gotten sick. I probably have the flu.*

3. *Usually we go to the Crimea by train, but this summer we're going by car.*

4. *"What are you writing with, a pen?" "No, a pencil."*

❖ ВОПРОСЫ И ОТВЕТЫ: УПРАЖНЕНИЕ 8

Working with a classmate, take turns asking and answering the following questions.

1. Ты часто простужаешься?
2. Что у тебя болит, когда ты простужаешься? Голова? Горло? Живот? Ты чихаешь (*sneeze*)? Кашляешь (*cough*)?
3. Тебя кто-нибудь лечит, когда ты простужаешься? Или ты лечишься (*treat yourself*) сам (сама)?
4. Что ты делаешь, когда ты себя плохо чувствуешь?
5. Какая температура считается (*is considered*) нормальной для человека (по Фаренгейту и по Цельсию)?
6. Ты часто меришь температуру, когда болеешь?
7. Какие лекарства ты принимаешь (*take*), когда у тебя насморк (*head cold*)? Что ещё? А ты принимаешь витамин C?[3]
8. Ты ходишь к врачу, когда у тебя насморк? Или врач приходит к тебе?
9. Что ты пьёшь, когда у тебя насморк или кашель (*cough*)? Горячий (*hot*) чай? Чай с лимоном? А что ты ешь?

❖ ДИАЛОГИ

ДИАЛОГ 1 Что с тобой?
(Inquiring about health)

— Что с тобой?
— Я заболел (заболела). Наверно, у меня грипп.
— Ты мерил (мерила) температуру?
— Утром температура была нормальная, а сейчас — не знаю.
— Надо измерить температуру ещё раз. У тебя дома есть аспирин?
— Не уверен (уверена).
— Хорошо. Иди домой, а я пойду в аптеку и куплю тебе аспирин.
— Большое спасибо.

ДИАЛОГ 2 Как ты себя чувствуешь сегодня?
(Inquiring about health)

— Алиса, где ты была вчера?
— Дома. Я простудилась и весь день сидела дома.
— А ты не ходила к врачу?
— Да нет. Я принимала (*took*) аспирин и пила чай с мёдом (*honey*).
— А как ты себя чувствуешь сегодня?
— Спасибо, намного лучше.

УПРАЖНЕНИЕ 9   Ваш диалог

Create a dialogue in which you encounter a friend on the street or in class. Your friend seems to be coming down with something. Find out what's wrong and offer to help.

---

[3]Russian uses the Latin representation for vitamins (as it does for chemical elements), but pronounces them as if they were written thus: A = **А**, B = **Бэ**, C = **Цэ**, D = **Дэ**.

Урок 12 ❂ Скорее выздоравливайте!

❖ А ТЕПЕРЬ...: УПРАЖНЕНИЕ 10

Working with a classmate (who happens to look really sick today!), use what you learned in Part 1 to ...

1. ask how he's feeling and whether he has caught a cold
2. ask if he has taken his temperature (and if so, find out what it is)
3. ask if he knows what temperature is normal (in Fahrenheit and Celsius)
4. find out if he has gone to a doctor:
    if so, find out what the doctor said;
    if not, find out why he hasn't gone
5. ask if he usually comes to school on foot (by bus, by car, ...)

ЧАСТЬ ВТОРАЯ

 ## С ЧЕГО НАЧАТЬ?

КИНОТЕАТР «ИЛЛЮЗИОН»: РЕПЕРТУАР НА ИЮНЬ

ИЛЛЮЗИОН

Котельническая наб., 1/5
тел. 915-4339, 915-4353
ст. м. Таганская, Китай-город
Цена билета 5—10 руб.

1 ИНДИЙСКАЯ ГРОБНИЦА (*Германия*) в 13, 16 час.
2 ПЕСНЬ ПУСТЫНИ (*Германия*) в 13.30, 15 час.
ЛА ВЬЯЧЧА (*Италия*) в 17, 19 час.
4 ГРАФ МОНТЕ-КРИСТО (*США*) в 13, 15, 18 час.
5 ТАРЗАН (*США*) в 13 час.
О, СЧАСТЛИВЧИК! (*Англия*) в 15, 18 час.
6 ТРИ МУШКЕТЕРА (*Франция, 1939 и 1961*) в 13 и 18 час.
7 КАПИТАН БЛАД (*США*) в 13 час.
ФАННИ И АЛЕКСАНДР (*Швеция*) в 15, 18 час.
8 ДНИ ЛЮБВИ (*Италия*) в 13, 15 час.
ГЕНЕЗИС (*Индия*) в 17 час.
9 ТИГР АКБАР (*Германия*) в 13.15, 15 час.
ПОСЛЕДНИЙ РОМАНС (*Испания*) в 16.45, 19 час.
10 ЧЕЛОВЕК В ЖЕЛЕЗНОЙ МАСКЕ (*США, 1939 и Англия, 1977*) в 15 и 19 час.
11 МИСТЕР СМИТ ЕДЕТ В ВАШИНГТОН (*США*) в 13, 15 час.
ПОДЛИННАЯ ИСТОРИЯ ДАМЫ С КАМЕЛИЯМИ (*Франция—Италия*) в 17, 19 час.

12 КАПИТАН БЛАД (*США*) в 13, 15 час.
13 ТРИ МУШКЕТЕРА (*США*) в 13.30
ЖЕЛЕЗНАЯ МАСКА (*Франция*) в 13, 15 час.
14 ПОЛУНОЧНЫЙ ПОЦЕЛУЙ (*США*) в 13, 15 час.
ОСЕННЯЯ СОНАТА (*Швеция*) в 17, 19 час.
ПОД НЕБОМ СИЦИЛИИ (*Италия*) в 13 час.
БАШНЯ СМЕРТИ (*США*) в 15, 17 час.
16 СВИНАРКА И ПАСТУХ (*СССР*) в 15, 17 час.
ВЕРНИСЬ В СОРРЕНТО (*Италия*) в 13.15, 15 час.
ПАНА (*Франция*) в 17, 19 час.
17 СЕДЬМОЕ НЕБО (*США*) в 13 час.
ЧЕТЫРЕ МУШКЕТЕРА (*Франция*) в 15, 18 час.
18 СТУПЕНИ СУПРУЖЕСКОЙ ЖИЗНИ (*Франция*) в 13, 15 час.
Киновечер М. ЛАДЫНИНОЙ в 18 час.
19 ВОЛШЕБНИК ИЗ СТРАНЫ ОЗ (*США*) в 13, 15 час., а также 27 в 13 час.
ЭММАНУЭЛЬ-5 (*Франция*) в 17, 19 час.
20 День немецкого кино
21 ДЕТИ РАЙКА (*Франция*) в 13.30
ЛЮБОВНИК ЛЕДИ ЧАТТЕРЛЕЙ (*Франция—Англия*) в 17, 19 час.
22 СЕКРЕТАРЬ РАЙКОМА (*СССР*) в 13 час.
РИМ В 11 ЧАСОВ (*Италия*) в 15, 17 час.

23 КУБАНСКИЕ КАЗАКИ (*СССР*) в 11.30
Льготный сеанс
ТЫ МОЕ СЧАСТЬЕ (*Германия*) в 13.30, 15.15
ЧЕТВЕРО ПРОТИВ КАРДИНАЛА (*Франция*) в 17, 19 час., 28 в 13 час.
24 РОЖДЕННЫЕ ТАНЦЕВАТЬ (*США*) в 13, 15 час.
ЖУРНАЛИСТ ИЗ РИМА (*Италия*) в 17, 19.15
25 УТРАЧЕННЫЕ ГРЕЗЫ (*Италия*) в 13, 15 час.
ЧЕРНЫЙ ТАЛИСМАН (*Франция*) в 17, 19 час.
26 АВЕ МАРИЯ (*Германия*) в 13, 15 час.
ФРОЙЛЯЙН ЭЛЬЗА (*Франция—Италия*) в 17, 19 час.
27 ЧЕТЫРЕ МУШКЕТЕРА (*Франция*) в 16, 18.30
28 ИСТОРИЯ О, ЧАСТЬ II (*Франция*) в 15, 17, 19 час.
29 СКАЗАНИЕ О ЗЕМЛЕ СИБИРСКОЙ (*СССР*) в 13 час.
ПРИГОВОР (*Франция*) в 15, 17 час.
30 ИСПЫТАНИЕ ВЕРНОСТИ (*СССР*) в 11.30
Льготный сеанс
МОЛОДОЙ КАРУЗО (*Италия*) в 13.30, 15.15
ДВОЕ В ГОРОДЕ (*Франция*) в 17, 19 час.

— Что идёт в кино «Иллюзион» 4-ого июня?
— Американский фильм «Граф Монте-Кристо».
— Когда **начинается первый сеанс**?
— В 13 часов.

Урок 12 ✦ Скорее выздоравливайте!

Reading Introduction (see also WB/LM).
1. Почему Вова и Петя не идут в школу? (Потому что в городе эпидемия и все школы закрыты.)
2. Куда они спешат? (В поликлинику.) Зачем? (Чтобы вызвать Сергею Петровичу врача.) А потом куда они пойдут? (Сначала в кино, а потом на каток.) Когда начинается сеанс? (В 10.30.)
3. Сергей Петрович дома один? (Да. Наталья Ивановна ушла на работу, а Лена — в университет. *or* Нет, Белка тоже дома.)

 ✦ **УРА, У НАС ЭПИДЕМИЯ!**

(*Vova and his friend Petya nearly collide with Grandma Kruglov on the stairs.*)

ВОВА. Ой, Александра Николаевна, извините, пожалуйста.
БАБУШКА. Ничего. Куда это вы так спешите? В школу опаздываете?
ПЕТЯ. Нет, в школу мы сегодня не идём.
ВОВА. Сегодня уроков не будет!
БАБУШКА. Почему?
ВОВА. Неужели вы не знаете? В городе эпидемия гриппа. Все школы в нашем районе закрыты. Поэтому мы с Петькой пойдём **сначала**° в кино, а потом на каток.°
БАБУШКА. Ничего не понимаю. В школу ходить нельзя, а в кино и на каток можно?
ВОВА. Конечно, можно. Эпидемия — это замечательно! Это как ещё одни **каникулы.**° А сейчас мы бежим в поликлинику **вызвать** папе врача.° Он заболел.
БАБУШКА. Врача можно вызвать по телефону.

at first
skating rink

ещё... another vacation /
вызвать... to get a doctor
for Dad

ВО́ВА.	Па́па всё у́тро звони́л в поликли́нику. Телефо́н **за́нят.**° Наве́рно, все заболе́ли и все туда́ звоня́т. Поэ́тому он попроси́л меня́ отнести́° в поликли́нику э́ту **запи́ску.**° Тут его́ фами́лия, и́мя и о́тчество, год **рожде́ния**° и а́дрес.
БА́БУШКА.	Иди́те скоре́е. Кто́-нибудь есть до́ма?
ВО́ВА.	Нет. Ма́ма ушла́ на рабо́ту, а Ле́нка — в университе́т на семина́р. До́ма то́лько па́па и Бе́лка.
БА́БУШКА.	Бе́лка па́пе ча́ю с **лимо́ном**† не даст.
ВО́ВА.	Да, э́того она́ ещё не уме́ет.
БА́БУШКА.	Хорошо́, иди́те в поликли́нику, а я позвоню́ па́пе. Мо́жет быть, ему́ что́-нибудь ну́жно.
ВО́ВА.	Спаси́бо, Алекса́ндра Никола́евна.
ПЕ́ТЯ.	Во́вка, скоре́е, сеа́нс начина́ется в 10.30!

busy
to take
note
birth

УПРАЖНЕ́НИЕ 1   Под микроско́пом: Где? Куда́?

Look back at the reading and circle the <**в/на** + Prep.> phrases that indicate location. Then underline the <**в/на** + Acc.> phrases that indicate destination. Some phrases are used more than once.

Упр. 1. AK. Location phrases: в го́роде, в на́шем райо́не. Destination phrases: в шко́лу, в кино́, на като́к, в поликли́нику, на рабо́ту, в университе́т, на семина́р.

ГРАММА́ТИКА И ПРА́КТИКА

❖ 12.3. DESTINATION OR LOCATION?

Куда́ э́то вы так спеши́те? **В шко́лу** опа́здываете?	Where are you going in such a hurry? Are you late for school?
Па́па всё у́тро звони́л **в поликли́нику.** Наве́рно, все заболе́ли и все **туда́** звоня́т.	Dad was calling the clinic all morning. Probably everybody's gotten sick and they're all calling there.

As you've seen with other constructions, the notion of destination vs. location is very strong in Russian. Sometimes, even when a verb of motion is not specifically present, Russian uses the Accusative case if the *idea* of destination is clear. In some instances this contrasts sharply with English. Consider the following:

Ле́на ушла́ **в университе́т на семина́р.**   *Lena has gone to a seminar at the university.*

In English you might express your destination as an event (*to a seminar*) coupled with the location where this event takes place (*at the university*). Russians treat both elements as destinations, as the object of motion (**в университе́т** [*Acc.*] **на семина́р** [*Acc.*]). Typically, the more general destination is stated first (*to the university*), followed by the more specific one (*to a seminar*).

Destination or Location? Sequence of Destinations. This is not a hard-and-fast rule. Compare the following examples in which the speaker's specific focus plays a role: (most typical) Ле́на пошла́ в университе́т на семина́р (Lena goes to the university for various activities; today it's a seminar) vs. (less typical) Ле́на пошла́ на семина́р в университе́т. (Lena goes to seminars in various locations; today she's going to one at the university).

A similar sense of direction is evident in this example.

> Позвоните мне **домой**.   *Call me at home.*

In this instance the destination adverb **домой** is used (not the locational adverb **дома**, which would be closer to the English).

Упр. 2. AK. Надо позвонить ...
1 в кинотеатр; 2 в поликлинику;
3 бабушке; 4 соседу; 5 на каток;
6 в ресторан «Славянский базар».

УПРАЖНЕНИЕ 2   Кому или куда звонить?

Use constructions with **кому** (for a person) or **куда** (for a place) to say whom or what location should be called.

ОБРАЗЕЦ: Вы хотите знать, когда открывается (*opens*) спортзал.
→ Надо позвонить в спортзал.

1. Ваша подруга не знает, когда начинается первый сеанс нового итальянского фильма.
2. Ваш брат заболел и ему нужен врач.
3. Завтра день рождения бабушки.
4. Перед домом вы нашли собаку вашего соседа.
5. Вы хотите знать, когда открывается каток (*skating rink*).
6. Вы хотите поужинать (*have dinner*) в ресторане «Славянский базар».

УПРАЖНЕНИЕ 3   Куда вы идёте? Куда вы едете?

Упр. 3. Model a couple of these questions and answers before having students complete the exercise together. Remind them that the vehicle verb is used only when long-distance travel is stated or implied, and that pronoun subjects in WH-questions usually appear before the verb (**Куда вы идёте?**) while noun subjects usually follow the verb (**Куда идут ваши соседи?**). The answer should replace the noun subject with an appropriate pronoun.

Working with a partner, take turns asking and answering questions like **Куда вы идёте? Куда вы едете?** with the following subjects, verbs, and "double" destinations. Then add some of your own.

ОБРАЗЕЦ: Куда едут ваши соседи?
→ Они едут в Москву на кинофестиваль.†

ты		университет	лекция
мы		консерватория	концерт
вы	идти	новый кинотеатр†	русский фильм
моя подруга		Москва	свадьба
наш преподаватель	ехать	Санкт-Петербург	конференция
наши соседи		Нью-Йорк	кинофестиваль†

12.4. DIRECT OBJECTS AND NEGATION: ЭТОГО ОНА ЕЩЁ НЕ УМЕЕТ

— Белка папе
чаю с лимоном не даст.

— Да, этого она ещё
не умеет.

"Belka won't give your Dad tea with lemon."

"Yes, she doesn't know how to do that yet."

Whereas the Accusative is usually used to express a direct object, the Genitive is sometimes used for this purpose in negated sentences. This is particularly true with the pronoun это (as in the above example) and with nouns after verbs of perception (**я не видел этого фильма, я не слышал рассказа**). Other examples that you have seen include these.

Вы **такого** не ели!

You've never eaten anything like it!

Самого главного ты не знаешь.

You don't know the most important thing.

Спасибо, я **спиртного** не пью.

Thanks, (but) I don't drink (any) alcohol.

The Genitive is used for direct objects when they are modified by such negatives as **никакой, ни один**.

— Вы видели красную машину?

— Я **никакой красной машины** не видел.

"Did you see a red car?"

"I didn't see any red car."

If the conjunction **ни . . . ни . . .** (neither . . . nor . . .) is used with the objects of a negated verb, the objects are in the Genitive case.

— Что вы больше любите — хоккей или футбол?

— Я не люблю **ни хоккея, ни футбола**.

"What do you like more (better) hockey or soccer?"

"I don't like either hockey or soccer."

УПРАЖНЕНИЕ 4 Вы что-нибудь слышали?

You are being interviewed as a possible witness to an accident, but you have seen and heard nothing. Use negated Genitive objects in your answers.

1. Вы видели что-нибудь необычное около своего дома вчера в три часа дня?
2. Вы видели какую-нибудь машину?
3. Вы что-нибудь слышали?
4. Я спрашиваю, где вы были вчера вечером. Вы поняли мой вопрос?
5. Вы вчера пили пиво или водку?

Direct Objects and Negation (1).
Some variation exists in contemporary standard Russian regarding the use of Genitive and Accusative objects with negated verbs. For a brief discussion with examples, see *The Russian Language Today* by Larissa Ryazanova-Clarke and Terence Wade (London and New York: Routledge, 1999), pp. 260–261.

Direct Objects and Negation (2).
The use of Genitive of negation is somewhat dependent on context. For example, a doctor may give a categorical order using the Genitive of negation: Не ешьте жирного мяса, не пейте вина и пива совершенно! *Don't eat fatty meat, and don't drink wine or beer at all!* However, dinner guests would be well advised not to use the Genitive of negation in discussing what they eat or drink. A statement such as Я паштета не ем *I don't eat paté* may be interpreted as the statement of a militant vegetarian and may offend or embarrass the hosts.

Упр. 4. AK. 1 Я ничего необычного не видел (видела) около своего дома. 2 Я никакой машины не видел (видела). 3 Я ничего не слышал (слышала). 4 Я не понял (поняла) вопроса. 5 Я ничего не пил (пила) вчера *или* Вчера я не пил (пила) ни пива ни водки.

❖ 12.5. THE PARTITIVE GENITIVE: ЧА́Ю

Бе́лка па́пе **ча́ю** с лимо́ном не даст.

Belka won't give Dad tea with lemon.

When talking about substances such as foods, Russians often use the Genitive case in a partitive sense. As its name implies, the partitive refers to a part of the larger quantity. It is somewhat similar to the English use of *some* or *any*.

ACCUSATIVE	PARTITIVE GENITIVE
Они́ о́чень лю́бят **сала́т**. *They really like salad.*	Тебе́ положи́ть **сала́та**? *May I give you some salad?*

Partitive Genitive. The use of partitive Genitive is not a hard-and-fast rule in Russian; some individuals use it, others do not. It is adequate for students to recognize the partitive forms at this point. Standard Genitive forms can be used in partitive contexts. According to Ryazanova-Clarke and Wade (pp. 261–264; see TN on p. 255), partitive forms in -у/-ю are increasingly replaced by partitive forms in -а/-я, though many are still used: mainly in colloquial Russian, usually with transitive perfective verbs or constructions denoting measure. In some cases, especially with verbs, partitive Accusative forms seem to be replacing partitive Genitive forms. Students who have studied French will recognize that the use of the Russian partitive Genitive with reference to food is much like the French use of *de* in similar circumstances.

At mealtime you often hear both Accusative and partitive constructions.

Переда́йте **мя́со**, пожа́луйста.

Pass the meat, please.
[used when the speaker is asking for the whole plate to be passed]

Положи́те мне **мя́са**, пожа́луйста.

Give me some meat, please.
[used when the speaker is asking for a serving, not the whole plate]

For a few masculine nouns, the partitive may be expressed either by the regular Genitive ending -а/-я or by a special partitive form ending in -у/-ю.

NOMINATIVE (У вас есть . . . ?)	REGULAR GENITIVE (Нет, у нас нет . . .) AND PARTITIVE USAGE (Да́йте, пожа́луйста . . .)	ALTERNATIVE FORM FOR PARTITIVE USAGE ONLY (Да́йте, пожа́луйста . . .)
сыр	сы́ра	сы́ру
суп	су́па	су́пу
чай	ча́я	ча́ю

Друзья за столом

УПРАЖНЕНИЕ 5   За столом

Imagine that you are having a meal in a Russian home. Working with two or three classmates, decide who will be the host(s) and who will be the guest(s) and create a mealtime dialogue. Begin by completing the following sentences using the items listed below. Then use the sentences to create your dialogue.

хлеб	пирожки	сок
икра́	колбаса́	чай
солёные огурцы́	сыр	ко́фе
сала́т	паште́т	молоко́
винегре́т	жарко́е (*roasted meat*)	шампа́нское
грибы́	сла́дкое (*dessert*)	во́дка

1. Переда́йте, пожа́луйста . . .
2. Хоти́те ещё немно́го . . . ?
3. Положи́ть вам . . . ?
4. Мо́жно вам нали́ть . . . ?
5. Налейте мне, пожа́луйста . . .
6. Положи́те мне, пожа́луйста . . .
7. Я о́чень люблю́ . . .

Упр. 5 (1). Students should keep in mind that #1 and #7 both require Accusative, but for different reasons: #1 involves passing something, usually the whole dish or plate of food; #7 does not involve the partitive because a statement is being made about the entire category of food or drink.

Упр. 5 (2). Note that хлеб, unlike the other monosyllabic masculine nouns in this list (чай, суп, сок, сыр), does not have a partitive form ending in -у.

◆ 12.6. COMPARISONS WITHOUT ЧЕМ: ЛУ́ЧШЕ ЛЮБЫ́Х ЛЕКА́РСТВ

Дома́шние сре́дства лу́чше **любы́х лека́рств.**

Home remedies are better than any medicines.

When using a simple comparative form, Russians may leave out **чем** and express the second element in the Genitive case. Here are some more examples (with the corresponding **чем** constructions in parentheses).

Маши́на сто́ит доро́же **мотоци́кла.** (Маши́на сто́ит доро́же, чем мотоци́кл.)

A car costs more than a motorcycle.

Мой брат поёт лу́чше **меня́.** (Мой брат поёт лу́чше, чем я.)

My brother sings better than I do.

Ваш портфе́ль ле́гче **моего́.** (Ваш портфе́ль ле́гче, чем мой.)

Your briefcase is lighter than mine.

Их маши́на нове́е **на́шей.** (Их маши́на нове́е, чем на́ша.)

Their car is newer than ours.

Comparisons without чем (1). Comparisons with чем were introduced in 9/2 and could be reviewed as an introduction to this construction.

Comparisons without чем (2). Ask students about the two ways English expresses comparisons, i.e., *better than I (do)* vs. the conversational, if ungrammatical, *better than me.*

Comparisons without чем (3). The saying Ста́рый друг лу́чше но́вых двух (*There's no friend like an old friend*) may help students remember this construction.

СЛОВА, СЛОВА, СЛОВА . . . ⭐ *Comparatives*

Here are some adjectives in their basic (or "positive") forms and their comparative forms. Some of these will be new to you.

BASIC FORM	COMPARATIVE FORM
бога́тый (*rich*)	**бога́че**
большо́й	бо́льше
высо́кий	**вы́ше**
дорого́й	доро́же
интере́сный	интере́снее
лёгкий (*easy, light*)	**ле́гче**
ма́ленький	ме́ньше
молодо́й	**моло́же**
но́вый	нове́е
плохо́й	ху́же
просто́й (*simple, easy*)	**про́ще**
симпати́чный	симпати́чнее
ста́рый	**ста́рше**
тру́дный	трудне́е
тяжёлый	тяжеле́е
хоро́ший	лу́чше
чи́стый	**чи́ще**

УПРАЖНЕ́НИЕ 6   Кто бога́че?

Working with a classmate, ask and answer the following questions. Alternate between the use of **чем** and the use of the Genitive without **чем**. Remember that the words **намно́го** and **гора́здо** are used with comparatives to mean *much* or *far* (*richer, bigger,* and so on).

ОБРАЗЕ́Ц: Кто бога́че, ты и́ли Билл Гейтс?
→ Билл Гейтс (намно́го/гора́здо) бога́че меня́.
и́ли: Билл Гейтс (намно́го/гора́здо) бога́че, чем я.

1. Кака́я маши́на доро́же, «мерседе́с» и́ли «фольксва́ген»?
2. Кто ста́рше, америка́нский президе́нт и́ли ру́сский президе́нт?
3. Кто бо́льше, жира́ф и́ли ко́шка?
4. Кака́я му́зыка интере́снее, джаз и́ли кла́ссика?
5. Како́й го́род бо́льше, Москва́ и́ли Санкт-Петербу́рг?
6. Что трудне́е, учи́ться говори́ть по-ру́сски и́ли учи́ться води́ть маши́ну?
7. Каки́е го́ры (*mountains*) вы́ше, Ура́л† в Росси́и и́ли Скали́стые го́ры (*the Rockies*) в Аме́рике?

УПРАЖНЕ́НИЕ 7   Мой па́па вы́ше твоего́!

You and a friend are comparing your lives and surroundings. Try to top whatever your friend says. Make up at least five exchanges.

ОБРАЗЕ́Ц: — У меня́ о́чень у́мная соба́ка.
— А моя́ ко́шка умне́е твое́й соба́ки.

reVERBerations ★ конча́ться / ко́нчиться

In Lesson 7, Part 2 you learned the verbs **начина́ть / нача́ть** (*to begin [something]*) and **конча́ть / ко́нчить** (*to finish [something]*). In the Lesson 5, Part 2 reading you encountered the reflexive verb **начина́ться / нача́ться** to describe something that begins: **Сеа́нс начина́ется в 7 часо́в.** The parallel verb to describe something that ends is **конча́ться / ко́нчиться**: **Фильм конча́ется в 9 часо́в.**

 # КУЛЬТУРА РЕЧИ

❖ ТАК ГОВОРЯ́Т: ЛЮБО́Й

Дома́шние сре́дства лу́чше **любы́х** лека́рств.	*Home remedies are better than any medicines.*

The adjective **любо́й** is roughly equivalent to the English adjective *any*.

Приходи́те к нам в **любо́е** вре́мя.	*Come over at any time.*
Ты чиха́ешь. Ты ка́шляешь. У тебя́ высо́кая температу́ра. Мо́жет быть, э́то грипп, мо́жет быть, нет. **В любо́м слу́чае** я вы́зову тебе́ врача́.	*You're sneezing. You're coughing. You have a temperature. Maybe it's flu and maybe not. In any case I'm getting you a doctor.*

УПРАЖНЕ́НИЕ 8 Любо́й

Match the following **любо́й** phrases with their English equivalents.

Упр. **8**. АК. 1 г; 2 е; 3 д; 4 а; 5 в; 6 б.

1. _____ (at) any time
2. _____ in any store
3. _____ at any price
4. _____ any day
5. _____ in any case
6. _____ any of us

а. в любо́й день
б. любо́й из нас
в. в любо́м слу́чае
г. в любо́е вре́мя
д. любо́й цено́й
е. в любо́м магази́не

❖ САМОПРОВЕРКА: УПРАЖНЕНИЕ 9

Working on your own, try this self-test: Read a Russian sentence out loud, then give an idiomatic English equivalent without looking at the book. Then work from English to Russian. After you have completed the activity, try it with a classmate.

1. Мы должны́ поговори́ть об э́том. Позвони́те мне домо́й сего́дня ве́чером.
2. Извини́те меня́, я смотрю́ о́чень внима́тельно, но я не ви́жу ни ма́льчика, ни соба́ки.
3. Я газе́т не чита́ю, но о на́ших сосе́дях всё зна́ю.
4. Положи́те мне, пожа́луйста, сала́та и икры́.
5. Вам ча́ю и́ли ко́фе?
6. Моя́ сестра́ ста́рше меня́ (чем я), но я вы́ше её (чем она́).
7. Мои́ роди́тели иду́т в консервато́рию на конце́рт.

1. *We should have a talk about this. Call me at home tonight.*
2. *I'm sorry, but I'm looking very carefully, but I don't see either a boy or a dog.*
3. *I don't read newspapers, but I know everything about our neighbors.*
4. *Please give me some salad and some caviar.*
5. *Tea or coffee for you?*
6. *My sister is older than I am, but I'm taller than she is.*
7. *My parents are going to a concert at the conservatory.*

❖ ВОПРОСЫ И ОТВЕТЫ: УПРАЖНЕНИЕ 10

A visitor from Russia is asking about health issues in your town.

1. Когда́ вы учи́лись в шко́ле, у вас когда́-нибудь закрыва́ли (*closed*) шко́лу из-за (*because of*) эпиде́мии? А из-за плохо́й пого́ды?
2. Есть ли в ва́шем университе́те (колле́дже) поликли́ника? Где она́? Вы туда́ ча́сто хо́дите?
3. В ва́шем го́роде когда́-нибудь была́ эпиде́мия гри́ппа?
4. Вы обы́чно де́лаете приви́вку про́тив гри́ппа (*flu shot*)?
5. В како́м ме́сяце ну́жно де́лать приви́вку про́тив гри́ппа?
6. Что вы де́лаете, когда́ в ва́шей семье́ кто́-нибудь боле́ет?
7. У вас хоро́ший аппети́т, когда́ вы боле́ете?
8. Кому́ вы звони́те, когда́ вы боле́ете и вам что́-нибудь ну́жно?
9. Вы мо́жете вы́звать врача́, когда́ вы боле́ете? И́ли вы должны́ пое́хать к врачу́?
10. Когда́ лю́ди ча́ще (*more often*) простужа́ются — ле́том и́ли зимо́й?

ДИАЛОГИ

ДИАЛОГ 1 Уро́ков не бу́дет!
(Making plans; asking permission)

— Ва́ня, пора́ встава́ть, в шко́лу опозда́ешь.
— Ма́ма, сего́дня уро́ков не бу́дет!
— Э́то почему́?
— Потому́ что в го́роде эпиде́мия гри́ппа и шко́лы закры́ты!
— Отку́да ты зна́ешь?
— По телеви́зору сказа́ли!
— Что же ты бу́дешь де́лать це́лый день?
— Пойду́ снача́ла в кино́, а пото́м на като́к. Мо́жно?
— На като́к мо́жно, а в кино́ нельзя́. Ты ведь сам сказа́л, что в го́роде эпиде́мия гри́ппа.

ДИАЛОГ 2 Дай мне ча́ю с лимо́ном!
(Requesting and offering assistance)

— Ми́ша, отнеси́, пожа́луйста, э́ту запи́ску в поликли́нику.
— А кто у вас заболе́л?
— Никола́й Ива́нович. Вот ви́дишь — я здесь написа́л его́ фами́лию, и́мя и о́тчество, год рожде́ния и наш а́дрес.
— Хорошо́, сейча́с побегу́ (*I'll run*) в поликли́нику. Мо́жет, вам ну́жно что́-нибудь купи́ть?
— Да, вот тебе́ де́ньги, купи́ мне де́сять лимо́нов, пожа́луйста.
— Так мно́го?
— Никола́ю Ива́новичу всё вре́мя хо́чется пить, он всё вре́мя про́сит: «Дай мне ча́ю с лимо́ном!»

УПРАЖНЕ́НИЕ 11   Ваш диало́г

Create a dialogue in which you have returned to class after several days' absence. Explain to your teacher that you and your roommate (or a family member) were sick. Describe some of the things you did during your absence, both in terms of taking care of your cold and how you spent your time (for example, what you might have read or watched on television).

❖ А ТЕПЕ́РЬ...: УПРАЖНЕ́НИЕ 12

Working with a classmate, role-play a scene at the table and use what you learned in Part 2 to . . .

1. ask her to pass you the dish of [*choose a food*]
2. find out what she thinks is tastier: the pirozhki with mushrooms or the ones with cabbage
3. ask if she has a car (or bicycle) and then compare it with yours: Whose is older? Whose was more expensive?
4. find out if she plans to go to a hockey game at the stadium (or to a play at the university, or . . .) tonight.

ЧАСТЬ ТРЕТЬЯ

 С ЧЕГО НАЧАТЬ?

С чего начать? Suggested Activities. Have students describe what each person in the visuals is doing, reading aloud the accompanying text. Then have them split into groups of three or four; one student in each group should pantomime one of these activities. The other students have to guess what this student is doing (ты чиха́ешь); the first person to say it correctly then chooses another activity to pantomime. Have students include additional actions they know that can be associated with being sick, such as drinking tea, or juice, sleeping, resting, etc.

BEING SICK

Он **чиха́ет**.   Он **ка́шляет**.

Она́ **принима́ет** лека́рство.   Она́ ме́рит температу́ру.

❖ ЧТЕНИЕ ❖

Reading Introduction (see also WB/LM).
1. Что с профе́ссором? (Он бо́лен. Он чиха́ет, у него́ на́сморк, ка́шель.)
2. Кто ле́чит профе́ссора? (Ба́бушка.) Как она́ его́ ле́чит? (Она́ ле́чит его́ дома́шними сре́дствами.)
3. Кто пришёл, когда́ ба́бушка была́ у профе́ссора? (Джим.) Джим хо́чет, что́бы ба́бушка его́ полечи́ла? (Нет.)

❖ КАРТО́ШКА — ЛУ́ЧШЕЕ ЛЕКА́РСТВО

(*The professor's apartment. Grandma Kruglov comes in and begins unpacking shopping bags.*)

БА́БУШКА. А вот и я.

ПРОФЕ́ССОР. Аааа . . . Алекса́ндра Никола́евна. Спаси́бо большо́е. (*Coughs and sneezes.*) Неуже́ли э́то всё мне? Мне так мно́го не на́до. Я о́чень ма́ло ем.

БА́БУШКА. Да подожди́те, Илья́ Ильи́ч, подожди́те. Проду́кты то́лько в одно́й су́мке. А в друго́й су́мке лека́рства.

ПРОФЕ́ССОР. Неуже́ли э́то всё лека́рства?

БА́БУШКА. Смотри́те, каки́е э́то лека́рства. Их в апте́ке не продаю́т.

ПРОФЕ́ССОР. (*Incredulously.*) Что э́то?

БА́БУШКА. Э́то моя́ дома́шняя апте́ка. (*Professor sneezes again.*) Вы ведь не то́лько чиха́ете. У вас **на́сморк,**° **ка́шель,**° вам тру́дно говори́ть. Как вы бу́дете ле́кции чита́ть?

runny nose / a cough

ПРОФЕ́ССОР. Да, э́то больша́я пробле́ма.

БА́БУШКА. Сейча́с бу́ду вас лечи́ть. У меня́ свой **ме́тод.**† Я так всегда́ лечу́ моего́ Степа́на Евге́ньевича. (*Pours hot water into basin.*) Ся́дьте. **Сними́те**° **носки́.**° (*Adds mustard powder to hot water and puts it under the table.*) **Опусти́те**° но́ги в во́ду.

Take off / socks
Lower

Чте́ние (1): карто́шка. Карто́шка is both a count noun (две, три карто́шки; пять карто́шек) and a mass noun (like *rice* or *meat* in English). In the latter use it has no plural (Вы про́бовали карто́шку? *Did you try the potatoes?*)

Чте́ние (2): горя́чая карто́шка. There are at least three hypotheses about why this remedy specifies water with boiled potatoes rather than simply water (your students may offer others): (1) economics: if you're going to boil water anyway, you might as well cook something that can be eaten; (2) physics: water loses its heat relatively quickly, whereas potatoes will hold it longer; (3) comfort: vapor emanating from boiling water alone can seem very harsh—the scent of boiled potatoes may make the vapor more pleasant.

Чте́ние (3): горчи́чники. The second syllable in горчи́чники is pronounced [-чи́ш-], as in other words such as коне́чно and яи́чница.

ПРОФЕ́ССОР. (*Putting his feet in the water.*) О́чень **горячо́!**°

О́чень . . . That's really hot!

БА́БУШКА. Ничего́, ничего́! Тепе́рь сними́те руба́шку. (*Dips a mustard plaster in the hot water.*) Так . . . Сейча́с вам поста́влю на спи́ну **горчи́чники.**°[4]

поста́влю . . . I'll put mustard plasters on your back.

---

[4] A mustard plaster—a piece of paper treated with mustard powder that turns into a paste when dipped into hot water—was also a common home remedy for colds in the United States in the early part of the 1900s.

264 Урок 12 ✚ Скорее выздоравливайте!

от... *for a cold* *lid*	Да, да, да, да, да. (*Starts putting mustard plasters on his back.*) Прекрасное средство от **простуды**.° Да. Вот так. Хорошо. (*Puts a pan of hot boiled potatoes on the table.*) Теперь снимите **крышку**.° Да, да, да.
	ПРОФЕССОР. Что это? Горячая картошка? А что с ней делать?
	БАБУШКА. Илья Ильич, это лекарство от кашля! Давайте. Опустите голову.
Breathe *will pass*	Опустите, опустите... Да, да. **Дышите**,° дышите! Я вам обещаю, что кашель **пройдёт**.° Так. Хорошо.
	(*The doorbell rings.*)
Не беспокойтесь... *Don't worry*	БАБУШКА. **Не беспокойтесь**,° не беспокойтесь, Илья Ильич, я открою.
	(*She opens the door. It's Jim.*)
	ДЖИМ. Здравствуйте.
come in	ПРОФЕССОР. Добрый день. Пожалуйста. Пожалуйста, **проходите**.°
что... *what's the matter with you?*	ДЖИМ. (*Enters and looks with dismay at the professor.*) Илья Ильич, **что с вами**°?
	БАБУШКА. Джим, профессор сейчас не может разговаривать. Я его лечу.
	ДЖИМ. А я никогда такого раньше не видел.
	БАБУШКА. Ну, вот...
dangerous	ДЖИМ. Это не **опасно**°?
	БАБУШКА. Ну вот, видите. (*Jim coughs.*) А почему вы кашляете? Вы тоже простудились? Хотите, я и вас полечу?
лучше... *better you didn't*	ДЖИМ. Спасибо, Александра Николаевна, но **лучше не надо**.°

Упр. 1. АК. подождите, подождать; смотрите, смотреть; сядьте, сесть; снимите, снять; опустите, опустить; (some students may include давайте, давать); дышите, дышать; беспокойтесь, беспокоиться; проходите, проходить; видите, видеть.

УПРАЖНЕНИЕ 1   Под микроскопом: Imperatives

Look back at the reading and underline all the imperatives you can find. Then make a list of their corresponding infinitives.

О РОССИИ

HEALTH CARE IN RUSSIA

Это моя домашняя аптека.

Folk medicine is still popular among many Russians. This may be due in part to the fact that standard medical care in Russia has not been consistently available in areas outside major population centers. Since 1991—the beginning of the post-Soviet era—many commercial clinics have opened, and this trend may spread. It remains to be seen, however, whether these clinics will provide better overall medical care in the near future. Meanwhile, many Russians continue to rely on crowded government clinics and their own tried-and-true **домашние средства**. Although some of these home remedies may strike many foreigners as strange, one should remember that folk medicine has yielded many useful drugs now widely accepted in standard medical practice.

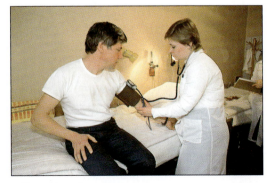

—Вам лучше?

ГРАММАТИКА И ПРАКТИКА

❖ 12.7. ASPECT AND IMPERATIVES

Ся́дьте. Сними́те носки́. **Опусти́те** но́ги в во́ду.	*Sit down. Take off your socks. Put your feet in the water.*
Пожа́луйста, **проходи́те**.	*Please come on in.*

Imperatives can be formed from both aspects of a verb. Although variation exists, choosing the correct aspect is usually straightforward if you keep in mind the basic differences between imperfective and perfective actions. Positive imperatives can be separated into two main groups: *commands* and *invitations.* As a general rule, positive commands to perform a one-time action are perfective (as when Aleksandra Nikolaevna gives orders to the professor or when you tell someone to close the door); in such situations, completing the action is important (getting the professor's feet into the water, closing the door). Commands to perform repeated actions are usually imperfective because the focus is on repeating the process rather than achieving a particular result. Invitations are generally imperfective as well: someone is being invited to spend a period of time performing some action (visiting, sitting, eating, and so on).

Negated imperatives can also be separated into two main groups, *negated commands* and *warnings*, but similar principles apply. Negated commands (such as telling someone not to read a certain book) are usually imperfective because the action should not take place at all. There is no focus on completion or result because the action should not even start, so there is no reason to use the perfective. Warnings, on the other hand, focus specifically on the importance of not completing an action that could happen inadvertently: *Don't fall, don't catch a cold, don't be late, don't get sick, don't forget [something], don't lose [something]*, and so on. Because completion and result are important considerations here, the perfective is used. Very often warnings are preceded by **Смотри́(те)**. This adds force to the imperative and corresponds to English phrases such as *be careful, make sure, take care, mind.*

Compare the possible combinations in the following chart:

	IMPERFECTIVE	PERFECTIVE
POSITIVE	**Invitations:** Входи́те, пожа́луйста. **Сади́тесь.** *Come in, please. Have a seat.* **Commands for repeated actions:** **Говори́те** по-ру́сски ка́ждый день. *Speak Russian every day.*	**Commands for one-time actions:** Тепе́рь **сними́те** руба́шку. *Now take off your shirt.*
NEGATIVE	**Negated commands:** Не **гуля́й** зимо́й без ша́пки. Просту́дишься. *Don't walk around in the winter without a hat. You'll catch a cold.*	**Warnings:** Сего́дня о́чень хо́лодно. Смотри́, **не простуди́сь.** *It's really cold out today. Be careful—don't catch a cold.*

Упр. 2. AK. One-time positive commands (pfv.): 1, 2, 5 (twice), 7, 8, 10. Invitations (impfv.): 3, 6, 9. Negated commands (impfv.): 4, 11, 13. Warnings not to do something inadvertently (pfv.): 12

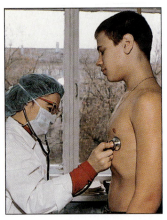

—Дыши́те. Ещё.

Упр. 3. AK. The following are possible answers; encourage students to offer other ideas. 1 Заходи́ (Заходи́те), пожа́луйста. 2 Сади́тесь, пожа́луйста. Дава́йте поговори́м по-ру́сски. 3 Дыши́те. 4 Скажи́те, пожа́луйста, где ста́нция метро́? 5 Помоги́те, пожа́луйста. 6 Купи́ мне аспири́н, пожа́луйста.

Transitive and Reflexive Verbs. To illustrate this distinction, have a student open the door, then close it: Он откры́л и закры́л дверь. Students should associate this with он открыва́л дверь (point out use of imperfective for reverse action). Then describe (in Russian to the extent possible) how one's garage door opens and closes (дверь открыва́ется, закрыва́ется) with the touch of a button on a garage-door opener.

УПРАЖНЕ́НИЕ 2   Aspect and imperatives

The following sentences, most taken from earlier readings, contain various types of imperatives. For each of the underlined verbs, indicate which type of imperative is involved: (1) a one-time positive command, (2) an invitation, (3) a negated command, or (4) a warning not to do something inadvertently. Make sure you can identify whether each verb is imperfective or perfective. When you have finished, compare your results with those of a classmate.

1. <u>Помоги́те</u>, пожа́луйста!
2. Джим, <u>расскажи́те</u> об Аме́рике.
3. <u>Заходи́те</u>, пожа́луйста.
4. Фред, <u>не удивля́йтесь</u>, что в э́том письме́ совсе́м нет оши́бок.
5. <u>Напиши́те</u> объявле́ние и <u>пове́сьте</u> в подъе́зде.
6. Вы со Све́той свобо́дны за́втра ве́чером? <u>Приходи́те</u> ко мне.
7. <u>Пришли́те</u> мне, пожа́луйста, Ва́шу статью́ про вампи́ров.
8. <u>Позвони́те</u> мне, пожа́луйста, че́рез пять мину́т.
9. — Шампа́нское мы бу́дем пить за Но́вый год, а сейча́с мы вы́пьем вино́ — за ста́рый.
   — Ребя́та, <u>налива́йте</u>!
10. <u>Попроси́те</u> Джи́ма принести́ гита́ру.
11. Карл, никуда́ <u>не уходи́те</u>.
12. Смотри́, <u>не опозда́й</u>!
13. Ле́на, <u>не волну́йтесь</u>.

УПРАЖНЕ́НИЕ 3   Императи́вы

Working with a classmate, think of imperatives you might hear in the following contexts.

1. Вы идёте к дру́гу (к подру́ге). Он (она́) открыва́ет вам дверь и говори́т . . .
2. Вы у ва́шего преподава́теля. Он (она́) приглаша́ет вас посиде́ть и поговори́ть (*to sit down and talk for a while*) с ним (с ней) по-ру́сски. Он (она́) вам говори́т . . .
3. Вы у врача́. Он (она́) хо́чет вас послу́шать (*listen to your lungs*). Что он (она́) говори́т?
4. На у́лице в Санкт-Петербу́рге иностра́нец спра́шивает прохо́жего (*passerby*), где ста́нция метро́. Иностра́нец говори́т . . .
5. Вы не мо́жете откры́ть дверь свое́й кварти́ры. В э́то вре́мя подхо́дит (*walks up*) ваш сосе́д. Что вы ему́ говори́те?
6. Вы заболе́ли. Вам ну́жен аспири́н. В э́то вре́мя звони́т ваш друг. Что вы ему́ говори́те?

12.8 TRANSITIVE AND REFLEXIVE VERBS: КОГДА́ НАЧИНА́ЕТСЯ ЛЕ́КЦИЯ?

Ба́бушка **ле́чит** профе́ссора.	*Grandmother is treating the professor.*
Я всегда́ **лечу́сь** дома́шними сре́дствами.	*I always treat myself with home remedies.*

Whereas some verbs have only reflexive forms (**боя́ться, нра́виться, сме́яться**), many others are used both transitively (that is, they take a direct object, as **лечи́ть**) and reflexively (as **лечи́ться** *to treat oneself*).

You will notice that transitive forms like **закрыва́ть / закры́ть** and **начина́ть / нача́ть** normally have animate subjects who are performing the action on some direct object, while the reflexive counterparts have inanimate subjects.

TRANSITIVE VERBS	REFLEXIVE VERBS
закрыва́ть / закры́ть (*to close something*):	**закрыва́ться / закры́ться** (*to close*):
Джим **закрыва́ет** дверь. *Jim is closing the door.*	Осторо́жно, две́ри **закрыва́ются.** *Careful, the doors are closing.*
начина́ть / нача́ть (*to begin something*):	**начина́ться / нача́ться** (*to begin*):
Профе́ссор **начина́ет** ле́кцию. *The professor is beginning the lecture.*	Ле́кция **начина́ется** в 9.30. *The lecture begins at 9:30.*

Finally, note that you have encountered two verbs in which the imperfective is reflexive while the perfective is not: **сади́ться / сесть** and **станови́ться / стать.** This is merely a peculiarity of form, however; these verb pairs do not exhibit any reflexive vs. transitive contrast of the type discussed above.

УПРАЖНЕ́НИЕ 4 Transitive and reflexive verbs

Choose the appropriate transitive or reflexive verb according to context.

ОБРАЗЕ́Ц: Две неде́ли наза́д (начала́ ~ <u>начала́сь</u>) эпиде́мия гри́ппа.

1. Музыка́нты (на́чали ~ начали́сь) конце́рт в 8 часо́в.
2. — Когда́ (начина́ет ~ начина́ется) пе́рвый сеа́нс?
   — (Начина́ет ~ Начина́ется) в 7 часо́в, а (конча́ет ~ конча́ется) в 9.
3. Ма́ма (ле́чит ~ ле́чится) антибио́тиками.
4. Ба́бушка (ле́чит ~ ле́чится) де́душку дома́шними сре́дствами.
5. Врач (откры́л ~ откры́лся) дверь и вошёл (*went*) в кабине́т (*office*).
6. Дверь ме́дленно (откры́ла ~ откры́лась), но за две́рью никого́ не́ было.
7. Мы обы́чно (конча́ем ~ конча́емся) рабо́ту в 5 часо́в.

Упр. 4. АК. 1 на́чали; 2 начина́ется; Начина́ется; конча́ется; 3 ле́чится; 4 ле́чит; 5 откры́л; 6 откры́лась; 7 конча́ем.

Passive Voice. Review the notion of passive voice and its rendering in English as presented in connection with subjectless они forms in 10/4 (Говоря́т, что... *It's said that...*).

reVERBerations ✪ Passive Voice via Reflexive Verbs

Профе́ссор Петро́вский **роди́лся** на Кавка́зе.	Professor Petrovsky was born in the Caucasus.
Я ви́дел объявле́ние, что **сдаётся** ко́мната в до́ме, где живёт Илья́ Ильи́ч.	I saw a notice that an apartment was being rented in the building where Ilya Ilyich lives.
Я смотре́л на назва́ния у́лиц и номера́ домо́в, но не мог поня́ть, где я. А ка́рта, как назло́, **оста́лась** до́ма.	I looked at the names of the streets and the building numbers but couldn't figure out where I was. And the map, as luck would have it, had been left at home.

Reflexive verbs are also used to render the passive voice. Here are a few more examples.

Э́то лека́рство **продаётся** то́лько по реце́пту.	This medicine is sold only by prescription.
Э́то сло́во **пи́шется** так...	This word is spelled (*written*) thus...

Упр. 5. Some of these questions offer a good context in which to point out the similarity between the Instrumental and adverbial forms ле́том, о́сенью, зимо́й, весно́й, and to practice the use of the adverbials.

УПРАЖНЕ́НИЕ 5   Когда́ начина́ются...?

1. Когда́ начина́ются заня́тия по ру́сскому языку́? А когда́ они́ конча́ются?
2. Когда́ ты на́чал (начала́) говори́ть по-ру́сски?
3. Когда ты на́чал (начала́) води́ть маши́ну?
4. Ты е́здил (е́здила) домо́й на кани́кулы? Е́сли да, когда́ ты верну́лся (верну́лась) в университе́т?
5. Когда́ но́чью жа́рко, ты открыва́ешь до́ма о́кна? А когда́ хо́лодно?
6. Когда ты боле́ешь, ты ле́чишься сам (сама́) или хо́дишь к врачу́?
7. Наш университе́т когда́-нибудь закрыва́ется? Е́сли да, то когда́?
8. Когда́ ты на́чал (начала́) занима́ться вчера́ ве́чером? А когда́ зако́нчил (зако́нчила)? А когда́ начнёшь и когда́ ко́нчишь занима́ться сего́дня ве́чером?
9. Когда́ начина́ются ле́тние кани́кулы? А зи́мние?
10. Когда́ открыва́ются и когда́ закрыва́ются магази́ны в на́шем го́роде?

КУЛЬТУРА РЕЧИ

❖ ТАК ГОВОРЯТ: ЧТО С ВА́МИ?

Илья́ Ильи́ч, **что с ва́ми?** *Ilya Ilyich, what's the matter with you?*

You can use this phrase (or **Что с тобо́й?, с ней?, с ним?**, and so on) to express interest in someone whose appearance or actions are of concern to you.

❖ САМОПРОВЕ́РКА: УПРАЖНЕ́НИЕ 6

Working on your own, try this self-test: Read a Russian sentence out loud, then give an idiomatic English equivalent without looking at the book. Then work from English to Russian. After you have completed the activity, try it with a classmate.

1. Позвони́ мне по́сле ле́кции. Мы пойдём на като́к.
2. Не опа́здывайте на конце́рт! Две́ри закрыва́ются ро́вно в 8 часо́в.
3. Приходи́те к нам в суббо́ту ве́чером. Бу́дет о́чень ве́село!
4. Когда́ де́душка боле́ет, он ле́чится свои́ми ме́тодами.
5. Смотри́, не забу́дь де́ньги!

1. *Call me after the lecture. We'll go to the skating rink.*
2. *Don't be late to the concert! The doors close at 8 o'clock sharp.*
3. *Come over to our place on Saturday night. It'll really be fun!*
4. *When Grandpa's sick, he treats himself with his own methods.*
5. *Be careful not to forget your money!*

❖ ВОПРО́СЫ И ОТВЕ́ТЫ: УПРАЖНЕ́НИЕ 7

1. Ты зна́ешь каки́е-нибудь сре́дства от просту́ды?
2. Каки́е ты зна́ешь лека́рства от ка́шля?
3. Ты обы́чно ле́чишься дома́шними сре́дствами и́ли лека́рствами, кото́рые мо́жно купи́ть в апте́ке?
4. Ты ча́сто звони́шь свои́м друзья́м (хо́дишь к свои́м друзья́м), когда́ они́ боле́ют?
5. Твой друг заболе́л (Твоя́ подру́га заболе́ла). Что ему́ (ей) ну́жно? Что ты ему́ (ей) принесёшь? (Каки́е лека́рства? Каки́е проду́кты?)

◆ ДИАЛОГИ

ДИАЛОГ 1   У неё насморк и кашель
(Discussing health and treatment)

— Алло?
— Нина, привет, это я. Сергей сказал, что мама больна (*sick*). Что с ней?
— Она простудилась. Вчера она всё время чихала. У неё насморк, кашель, ей трудно говорить.
— Вы вызвали врача?
— Нет, она не хочет вызывать врача.
— Тогда лечите её домашними средствами: давайте ей куриный (*chicken*) бульон† и чай с лимоном. И пусть полежит (*have her stay in bed*) день или два.

ДИАЛОГ 2   Не бойтесь, это не опасно
(Discussing medicine)

— Джордж, вы больны (*sick*). Я буду вас лечить домашними средствами.
— Спасибо, но я не хочу лечиться домашними средствами. Я боюсь.
— Не бойтесь, это не опасно. Многие врачи считают, что молоко с содой и мёдом (*with baking soda and honey*) — очень хорошее средство от простуды.
— Нет, я лучше буду принимать аспирин.
— Когда у вас был насморк, вы принимали аспирин. Когда у вас был грипп, вы тоже принимали аспирин. Вы, наверно, думаете, что аспирин — это лекарство от всех болезней.
— В Америке многие так думают.

УПРАЖНЕНИЕ 8   Ваш диалог

Create a dialogue in which you are sick and a Russian friend wants to administer home remedies. The more remedies your friend suggests, the more insistent you become about using what you believe are more standard medicines.

◆ А ТЕПЕРЬ...: УПРАЖНЕНИЕ 9

Working with a classmate, use what you learned in Part 3 to . . .

1. find out if he still needs a new apartment because a nice apartment is for rent in your building
2. invite him to come over to your place tonight so you can study Russian together
3. tell him your roommate has a cold, but he's taking care of himself with aspirin and hot tea with lemon
4. find out how he takes care of himself when he's sick
5. ask what his favorite TV show is, and find out what time it begins

ЧАСТЬ ЧЕТВЁРТАЯ

 ## С ЧЕГО НАЧАТЬ?

COLD REMEDIES

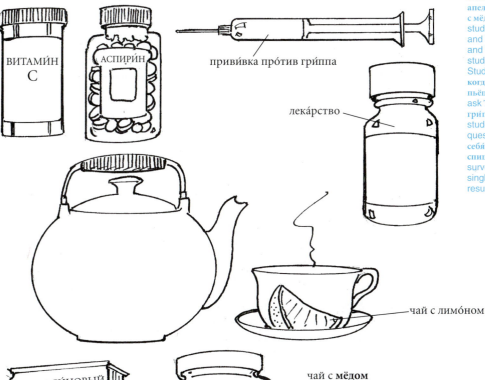

ВИТАМИ́Н С

АСПИРИ́Н

приви́вка про́тив гри́ппа

лека́рство

чай с лимо́ном

АПЕЛЬСИ́НОВЫЙ СОК

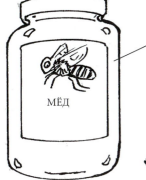

МЁД

чай с мёдом

С чего начать? Suggested Activities. Ask students Кто де́лает приви́вку про́тив гри́ппа? Кто ле́чится горчи́чниками? Что вы де́лаете, когда́ вы себя́ пло́хо чу́вствуете? Students will need to use the verbs принима́ть (витами́ны/витами́н С, лека́рство, аспири́н) and пить (сок, апельси́новый сок, чай с лимо́ном, чай с мёдом). **Follow-up:** Assign each student one of the items in the visuals and have them go around the class and take a survey of the other students regarding that item: Student A will ask Что ты де́лаешь, когда́ ты себя́ пло́хо чу́вствуешь? Ты пьёшь чай с лимо́ном? Student B will ask Ты де́лаешь приви́вку про́тив гри́ппа?, and so on. Encourage students to make up their own questions as well, such as Когда́ ты себя́ пло́хо чу́вствуешь, ты мно́го спишь? After all the students have surveyed their classmates about a single item, they can each report their results to the class.

272 Урок 12 ◆ Скорее выздоравливайте!

ЧТЕНИЕ

Reading Introduction (see also WB/LM).
1. Почему́ в го́роде не хвата́ет враче́й? (Потому́ что в го́роде эпиде́мия гри́ппа.)
2. Кто прихо́дит к Серге́ю Петро́вичу? (Све́та.) Све́та врач? (Ещё нет, но у неё большо́й опыт рабо́ты на ско́рой по́мощи.)
3. Что Све́та рекоменду́ет Си́лину? (Лека́рство, горчи́чники и молоко́ с со́дой и мёдом.)

 ◆ **КАКА́Я У ВАС ТЕМПЕРАТУ́РА?**

(*The Silins'. Sergei Petrovich is lying on the couch. The phone rings.*)

СЕРГЕ́Й ПЕТР. Да, я слу́шаю. Здра́вствуйте, Алекса́ндра Никола́евна. Нет, нет, спаси́бо, мне ничего́ не ну́жно. У меня́ всё есть. Я жду врача́. (*The doorbell rings.*) Извини́те, ка́жется, врач пришёл. (*He goes over to open the door; Sveta is there.*)

СВЕ́ТА. Здра́вствуйте, Серге́й Петро́вич.

sick СЕРГЕ́Й ПЕТР. Здра́вствуйте, Све́та. Извини́те, но я **бо́лен**° и жду врача́.

СВЕ́ТА. Я врач, кото́рого вы вызыва́ли.

СЕРГЕ́Й ПЕТР. Вы — врач? Но вы же ещё студе́нтка!

враче́й... *there aren't enough doctors* СВЕ́ТА. В го́роде эпиде́мия гри́ппа, враче́й **не хвата́ет**,° а у меня́ большо́й о́пыт рабо́ты на ско́рой по́мощи.

опа́сно... *seriously ill* СЕРГЕ́Й ПЕТР. А е́сли я опа́сно **бо́лен**°?

СВЕ́ТА. Не беспоко́йтесь. Я зна́ю, что де́лать. Лу́чше расскажи́те, что с ва́ми.

СЕРГЕ́Й ПЕТР. У меня́ боли́т голова́, я ка́шляю, чиха́ю, у меня́ на́сморк. У меня́ боли́т го́рло, боли́т спина́. У меня́ всё боли́т.

СВЕ́ТА. Кака́я у вас температу́ра?

СЕРГЕ́Й ПЕТР. Три́дцать во́семь и три.

СВЕ́ТА. Я должна́ вас послу́шать. Сними́те руба́шку. (*Takes a stethoscope from her bag and begins listening to him.*) Дыши́те. Ещё. Ещё. Так, хорошо́. Тепе́рь не дыши́те. **Сно́ва**° дыши́те. Откро́йте рот. Скажи́те «А-а-а-а!»

Again

СЕРГЕ́Й ПЕТР. А-а-а-а!

doubts СВЕ́ТА. **Типи́чная**† карти́на. Никаки́х **сомне́ний**.° У вас грипп. Сейча́с я

я... *I'll write you out a prescription* вам **вы́пишу реце́пт**.° Вам ну́жен **антибио́тик**,† кото́рый продаю́т

по... *by prescription* / то́лько **по реце́пту**.° Когда́ Во́ва пойдёт в апте́ку, **пусть** он ку́пит°

пусть... *have him buy* вам ещё и лека́рство от ка́шля.

СЕРГЕ́Й ПЕТР. Реце́пт не ну́жен?

СВÉТА.	Нет, это лекáрство мóжно купи́ть без рецéпта. Принимáйте по две таблéтки три рáза в день.°	по... *two pills three times a day*
СЕРГÉЙ ПЕТР.	И э́то всё?	
СВÉТА.	Нет, не всё. Когдá Натáлья Ивáновна вернётся с° рабóты, попроси́те её дать вам молокó с **сóдой**° и мёдом.	*from* *baking soda*
СЕРГÉЙ ПЕТР.	**Ненави́жу**° молокó с сóдой! Свéта, а **больни́чный лист**°? Мне нýжен больни́чный лист!	*I hate / medical excuse*
СВÉТА.	Я вы́пишу вам больни́чный на три дня. Он бýдет в поликли́нике, в регистратýре.° Éсли вы бýдете себя́ хорошó чýвствовать, придёте чéрез три дня в поликли́нику и врач вы́пишет вас на рабóту.°	*registration office* вы́пишет... *will clear you for work*
СЕРГÉЙ ПЕТР.	А éсли я бýду себя́ плóхо чýвствовать?	
СВÉТА.	Не беспокóйтесь, Сергéй Петрóвич, я же вáша сосéдка. Я зайдý° к вам **послезáвтра**.°	*will stop by* *the day after tomorrow*
СЕРГÉЙ ПЕТР.	Заходи́те лýчше зáвтра. Я угощý вас° молокóм с сóдой и мёдом.	Я... *I'll treat you*
СВÉТА.	У вас не **опáсная болéзнь**,° Сергéй Петрóвич: вы не **потеря́ли**° **чýвства ю́мора**.° Скорéе выздорáвливайте!°	У... *You aren't seriously sick /* не... *haven't lost* чýвства... *sense of humor /* Скорéе... *Get well soon!*

УПРАЖНЕ́НИЕ 1   Под микроскóпом: Health expressions

Find equivalents of the following sentences in this reading:

1. Tell me what's wrong with you.
2. I have a headache.
3. What's your temperature?
4. Take off your shirt.
5. Open your mouth.
6. No doubt about it.
7. Take two tablets three times a day.
8. I'll stop in on you the day after tomorrow.

Упр. **1. АК.** 1 Расскажи́те, что с вáми. 2 У меня́ боли́т головá. 3 Какáя у вас температýра? 4 Сними́те рубáшку. 5 Открóйте рот. 6 Никаки́х сомнéний. 7 Принимáйте по две таблéтки три рáза в день. 8 Я зайдý к вам послезáвтра.

О РОССИ́И

БОЛЬНИ́ЧНЫЙ ЛИСТ

Свéта, а больни́чный лист? Мне нýжен больни́чный лист!

When Russian workers are sick, they cannot just call their office or place of work and tell the secretary that they're going to use their sick days. Rather, they must obtain a written medical excuse from their local clinic, affirming that the illness is real. This excuse, called a **больни́чный лист,** notes the dates when patients should be excused from work. While on the **больни́чный,** patients continue to receive their regular salary. When the doctor feels that they are ready to return to work, he (or, more often, she) writes on the **больни́чный** the date when they can do so. This is what Sveta is referring to when she says «**...врач вы́пишет вас на рабóту**».

ГРАММАТИКА И ПРАКТИКА

❖ 12.9. THIRD-PERSON IMPERATIVES: ПУСТЬ

Когда́ Во́ва пойдёт в апте́ку, **пусть** он ку́пит вам лека́рство.	*When Vova goes to the drugstore, have (let) him buy you the medicine.*

<Пусть + a third-person verb (imperfective present or perfective future)> renders *Let* (*Have*) *him* (*her, them*) *do something.* Compare this with the construction <Дава́й(те) я/мы + verb (imperfective or perfective future)> that renders *Let me* (*us*) *do something.*

Дава́йте я откро́ю шампа́нское.	*Let me open the champagne.*
Пу́сть Са́ша откро́ет шампа́нское.	*Let (have) Sasha open the champagne.*

As you might expect, the imperfective present is used with **пусть** when the action under consideration is to be repeated or ongoing over a period of time (**Пусть Серге́й Петро́вич остаётся** [impfv.] **до́ма**); the perfective future is used for a single, specific action (**Пусть врач вы́пишет** [pfv.] **ему́ больни́чный лист**). In other words, the rules that govern aspect in general hold here as well. Both imperfective present and perfective future can be structurally correct: The choice of aspect depends on a larger context that can be either expressed in words or just implied from the situation. Compare the following:

Пусть Ви́ктор **пригото́вит** обе́д.	*Have Viktor fix dinner* (tonight).
Пусть Ви́ктор **гото́вит** обе́д.	*Have Viktor fix dinner* (i.e., Let's have Viktor be the one who usually fixes dinner).

 УПРАЖНЕНИЕ 2   Я не хочу́ . . .

Which of the following would you rather not do? Have a friend offer an alternative.

ОБРАЗЕ́Ц: идти́ в поликли́нику →
— Я не хочу́ идти́ в поликли́нику.
— Пра́вильно. Пусть Ва́ня идёт в поликли́нику.

пить чай с лимо́ном	петь пе́сню
гото́вить обе́д	про́бовать соси́ски
писа́ть сочине́ние	сиде́ть на полу́
встреча́ть иностра́нного го́стя	идти́ на ры́нок
гуля́ть с соба́кой	покупа́ть цветы́

12.10. EXPRESSING *FROM*: <из, с, от + GENITIVE>

В мое́й гру́ппе у́чатся два студе́нта **из Индии** …		*In my class there are two students from India* …
Когда́ Ната́лья Ива́новна вернётся **с рабо́ты** …		*When Natalya Ivanovna returns from work* …
Я получи́ла письмо́ **от дру́га** (письмо́ **из университе́та**).		*I received a letter from my friend (a letter from the university).*

All of the *motion from* prepositions (**из, с, от**) take the Genitive. The following table illustrates the series of corresponding prepositions used to indicate *motion toward, location at,* and *motion from.*

	MOTION TOWARD (КУДА́?)	**LOCATION AT (ГДЕ?)**	**MOTION FROM (ОТКУ́ДА?)**
ENCLOSED PLACES	<в + Accusative> Они́ е́дут **в библиоте́ку**. *They're going to the library.*	<в + Prepositional> Они́ **в библиоте́ке**. *They're at the library.*	<из + Genitive> Они́ е́дут **из библиоте́ки**. *They're coming from the library.*
EVENTS, ACTIVITIES,[5] OPEN PLACES	<на + Accusative> Они́ е́дут **на конце́рт**. *They're going to a concert.*	<на + Prepositional> Они́ сейча́с **на конце́рте**. *They're at a concert now.*	<с + Genitive> Они́ е́дут **с конце́рта**. *They're coming from a concert.*
PEOPLE	<к + Dative> Они́ е́дут **к ба́бушке**. *They're going to Grandma's.*	<у + Genitive> Они́ **у ба́бушки**. *They're at Grandma's.*	<от + Genitive> Они́ е́дут **от ба́бушки**. *They're coming from Grandma's.*

Они́ е́дут к ба́бушке.

Они́ у ба́бушки.

Они́ е́дут от ба́бушки.

---

[5]Remember that a few nouns indicating places also require the prepositions generally associated with events and activities: **на стадио́н/на стадио́не/со стадио́на, на по́чту/на по́чте/с по́чты, на ста́нцию/на ста́нции/со ста́нции, на вокза́л/на вокза́ле/с вокза́ла.**

Упр. 3. Suggest that students create a Куда ты идёшь? dialogue to contrast with this Откуда ты идёшь? scenario.

УПРАЖНЕНИЕ 3   Откуда ты идёшь?

Some friends meet on their way home from various places. Choose a situation below (or make up one of your own) and create a brief (four to six lines) dialogue around it.

ОБРАЗЕЦ: Виктор, врач →
— Привет, Виктор. Как дела?
— Ничего. Иду от врача.
— От врача? А почему ты был у врача? Что с тобой?
— Я простудился. У меня температура.
— А что говорит врач?
— Он говорит, что у меня грипп.
— Грипп? Это плохо.

1. Света, детский сад
2. Вова, библиотека
3. Сергей Петрович, работа
4. Саша, Лена
5. Джим, рынок
6. Виктор, сосед

❖ 12.11. PLANNING THE FUTURE: КОГДА ВОВА ПОЙДЁТ В АПТЕКУ …

Когда Вова **пойдёт** в аптеку, он **купит** лекарство.	*When Vova goes to the drugstore, he'll buy medicine.*
Если вы **будете** себя хорошо **чувствовать**, **придёте** через три дня в поликлинику и врач **выпишет** вас на работу.	*If you feel well* (at some time in the future), *you'll come to the outpatient clinic in three days and the doctor will clear you for work.*

To refer to a future activity in a *when* or *if* clause, English uses the present tense in the *when/if* clause and the future tense in the accompanying main clause. Russian is much more consistent: it uses the future tense (imperfective or perfective) in both the **когда/если** clause and the main clause.

УПРАЖНЕНИЕ 4   Если … /Когда …

You're planning an excursion to a soccer match, followed by dinner with some Russian friends. Complete the following sentences about your day:

1. Если будет хорошая погода …
2. Если будет плохая погода …
3. Если кто-нибудь увидит Виктора …
4. Когда мы приедем на стадион …
5. Если наша команда выиграет (*wins*) …
6. Если наша команда проиграет …
7. Когда матч кончится …
8. Когда мы приедем домой …
9. Мы будем очень рады, если …
10. Мы приготовим пиццу, когда …
11. Мы посмотрим фильм, когда …

СЛОВА, СЛОВА, СЛОВА ... ⭐ The Medical Profession

As is true with other scientific vocabulary, much medical terminology has come into both Russian and English from the classical languages.

УПРАЖНЕНИЕ 5 Специали́сты

Do you know the English equivalents for these terms? Match the specialist with the specialty, noting consistent suffixes and stress patterns.

Упр. **5. AK.** 1 г; 2 ж; 3 в; 4 а; 5 л; 6 з; 7 и; 8 к; 9 б; 10 е; 11 д.

СПЕЦИАЛИ́СТ		СПЕЦИА́ЛЬНОСТЬ
1. _____ гинеко́лог		**а.** онколо́гия
2. _____ дермато́лог		**б.** эпидемиоло́гия
3. _____ кардио́лог		**в.** кардиоло́гия
4. _____ онко́лог		**г.** гинеколо́гия
5. _____ хиру́рг (*surgeon*)		**д.** психиатри́я
6. _____ ревмато́лог		**е.** педиатри́я
7. _____ уро́лог		**ж.** дерматоло́гия
8. _____ эндокрино́лог		**з.** ревматоло́гия
9. _____ эпидемио́лог		**и.** уроло́гия
10. _____ педиа́тр		**к.** эндокриноло́гия
11. _____ психиа́тр		**л.** хирурги́я

reVERBerations ⭐ <Хвата́ть + Genitive>

В го́роде эпиде́мия гри́ппа, враче́й не **хвата́ет**...   *There's a flu epidemic in the city; there aren't enough doctors*...

Like adverbs of quantity that take the Genitive (**мно́го, ма́ло, немно́го, ско́лько,** and so on), the verb **хвата́ть / хвати́ть** (*to be enough, sufficient*) does so as well. The item in question appears in the Genitive singular if it is a mass noun: **Молока́ нам хва́тит** (*We'll have enough milk*) and in the Genitive plural if it is a count noun: **У нас не хвата́ет компью́теров** (*We don't have enough computers*). The following forms of this verb are virtually the only ones you will encounter.

	IMPERFECTIVE	PERFECTIVE
PAST	хвата́ло	хвати́ло
PRESENT	хвата́ет	—
FUTURE	бу́дет хвата́ть	хва́тит

An idiomatic use of this construction is the phrase **Спаси́бо, хва́тит!** *Thanks, that's enough!*, which you might use if someone is filling your plate with food or your glass with drink. **Хва́тит!** can also be used to mean *Cut it out!* or *Enough (already)!* when someone is doing something annoying and you've had enough.

Упр. 6 (1). хвата́ть / хвати́ть. Choice of aspect in the past and future is governed by the same rules that govern aspect in general. Contrast items #2 (a specific one-time event in the past) and #4 (repeated events in the past); #5 (a specific one-time event in the future) could be contrasted with repeated events in the future: Е́сли вы собира́етесь приглаша́ть на ка́ждый пра́здник сто́лько госте́й, вам всегда́ не бу́дет хвата́ть. . .

Упр. 6 (2). #2 and #7. In these contexts, the response should begin as follows: Вам/Тебе́ ну́жно бы́ло взять с собо́й бо́льше. . .

УПРАЖНЕ́НИЕ 6   Чего́ не хвата́ет?

What are you short of? Working with a classmate, complete the sentences with the items listed below; then provide an appropriate response.

де́ньги	авто́бусы	библиоте́ки
компью́теры	ме́бель	ко́фе
ла́мпы	туале́тная бума́га	кинотеа́тры
ме́сто	пи́во	дива́ны
вре́мя	магази́ны	теа́тры
столы́	шокола́д	сту́лья

ОБРАЗЕ́Ц: У нас в университе́те не хвата́ет . . . компью́теров.
→ (Да,) нам ну́жно бо́льше компью́теров.

1. У нас в общежи́тии не хвата́ет . . .
2. Когда́ мы бы́ли в похо́де (*on a hike*), нам не хвати́ло . . .
3. В мое́й ко́мнате не хвата́ет . . .
4. Когда́ мы гото́вились все вме́сте к экза́менам, нам всегда́ не хвата́ло . . .
5. За́втра мне ну́жно купи́ть пода́рки к Но́вому го́ду всем родны́м (*relatives*) и друзья́м. Бою́сь, что у меня́ не хва́тит . . .
6. У нас в университе́те не хвата́ет . . .
7. Я хоте́л(а) купи́ть фотоальбо́м,† но у меня́ не хвати́ло . . .
8. У нас в кафете́рии не хвата́ет . . .
9. В на́шем го́роде не хвата́ет . . .
10. В на́шем микрорайо́не не хвата́ет . . .

КУЛЬТУ́РА РЕ́ЧИ

❖ ТАК ГОВОРЯ́Т: СКОРЕ́Е!

You have encountered this word in isolation as well as in combination with other words. Here is a summary of some of the ways you've seen it used. Note how the translation must be flexible.

За́втра Но́вый год, а у нас ещё нет ёлки и, **скоре́е всего́,** не бу́дет.	*New Year's is tomorrow, and we don't have a tree and most likely won't have one.*
Скоре́е за стол!	*Everyone (quickly) to the table!*
Приезжа́йте **скоре́е,** я сама́ вас встре́чу.	*Come as soon as you can. I'll meet you myself.*
Иди́те **скоре́е.** Кто-нибу́дь есть до́ма?	*Go quickly. Is there anyone else at home?*
Во́вка, **скоре́е,** сеа́нс начина́ется в 10.30!	*Vovka, let's move it! The show begins at 10:30.*
Скоре́е выздора́вливайте!	*Get well soon!*

◆◆ САМОПРОВЕРКА: УПРАЖНЕНИЕ 7

Working on your own, try this self-test: Read a Russian sentence out loud, then give an idiomatic English equivalent without looking at the book. Then work from English to Russian. After you have completed the activity, try it with a classmate.

1. Не беспокойтесь, я вам выпишу рецепт.
2. В городе эпидемия, а антибиотиков не хватает.
3. Если ты завтра или послезавтра пойдёшь в центр, купи мне, пожалуйста, марки.
4. Миша, ты болен? Когда ты вернёшься с работы, пусть Сара измерит тебе температуру.
5. Я потерял часы. Ненавижу, когда теряю свои вещи.

1. *Don't worry, I'll write you out a prescription.*
2. *There's an epidemic in the city but there aren't enough antibiotics.*
3. *If you go into town tomorrow or the day after, would you buy me some stamps, please?*
4. *Misha, are you sick? When you get home from work, have Sara take your temperature.*
5. *I lost my watch. I hate it when I lose my things.*

◆◆ ВОПРОСЫ И ОТВЕТЫ: УПРАЖНЕНИЕ 8

1. Как ты себя чувствуешь сегодня?
2. Ты в этом году болел (болела) гриппом?
3. У тебя когда-нибудь болит голова? Какое лекарство ты принимаешь?
4. Что у тебя болит, когда у тебя грипп?
5. Ты ходишь к врачу или ты лечишься сам (сама), когда у тебя грипп?
6. Какими лекарствами (или какими домашними средствами) ты лечишься, когда у тебя насморк?
7. Ты когда-нибудь пил (пила) молоко с содой и мёдом? Как ты думаешь, это вкусно?
8. Какие лекарства можно купить в Америке без рецепта? Какие продают только по рецепту?

◆◆ ДИАЛОГИ

ДИАЛОГ 1 У меня всё болит
(Telling symptoms to a doctor)

— Доктор, я себя плохо чувствую.
— Что у вас болит?
— У меня болит голова, болит спина. У меня всё болит.
— Когда вы заболели?
— Я уже несколько дней плохо себя чувствую.
— Снимите рубашку, я вас послушаю.

ДИАЛОГ 2 Вот вам реце́пт
(Getting a medical examination and prescription)

— Кака́я у вас температу́ра?
— Три́дцать во́семь и три.
— Я должна́ вас послу́шать. Сними́те руба́шку. Дыши́те. Ещё. Не дыши́те.
— Что у меня́, до́ктор?
— У вас грипп. Вот вам реце́пт, принима́йте по две табле́тки три ра́за в день.
— Спаси́бо, до́ктор.
— Кро́ме того́, вам ну́жно мно́го пить. Пе́йте молоко́ с со́дой и мёдом и чай с лимо́ном.

УПРАЖНЕ́НИЕ 9 Ваш диало́г

Create a dialogue in which you're seeing a doctor about a complaint. It turns out that working with the doctor in the clinic that day is someone with whom you had a class several years ago; your former classmate is now in medical school and is visiting the clinic to see how the doctors work. Catch up on each other's lives.

❖ А ТЕПЕ́РЬ . . . : УПРАЖНЕ́НИЕ 10

Working with a classmate, use what you learned in Part 4 to . . .

1. describe something that you don't have enough of in your dorm (apartment, house) and find out what she doesn't have enough of where she lives
2. find out what she thinks your city (town) doesn't have enough of
3. ask if she will get something for you the next time she's in the library (at the cafeteria . . .)
4. tell her you're going to a movie with a mutual friend this evening, and tell where that friend is coming from (from a friend's place, from her parents', from the library . . .); and then ask her if she wants to go to movie with you
5. tell her to have someone else do something that she asks you to do

ИТАК...

◆ НОВЫЕ СЛОВА

NOUNS AND NOUN PHRASES

Health and Medicine

антибио́тик	antibiotic (4)
боле́знь *f.*	sickness; illness; disease (4)
витами́н	vitamin (4v)
горчи́чник [*pronounced* -чи́ш-]	mustard plaster (3)
грипп	influenza; flu (1)
до́ктор (*pl.* доктора́)	doctor (1v)
ка́ш(е)ль (*Gen. sing.* ка́шля) *m.*	cough (3)
лека́рство (от + *Gen.*)	medicine (for something) (1)
на́сморк	runny nose (3)
просту́да	a cold (3)
реце́пт	prescription (4)
сре́дство	remedy (1)
температу́ра	temperature (1)
эпиде́мия	epidemic (1)

Parts of the Body

во́лосы (*Gen.* воло́с) *pl.*	hair (1v)
глаз (*pl.* глаза́)	eye (1v)
голова́ (*Acc. sing.* го́лову, *pl.* го́ловы, *Gen. pl.* голо́в, *Dat. pl.* голова́м)	head (1v)
го́рло	throat (1v)
живо́т (*Gen. sing.* живота́)	stomach (1v)
нога́ (*Acc. sing.* но́гу, *pl.* но́ги, *Gen. pl.* ног, *Dat. pl.* нога́м)	1. leg; 2. foot (1v)
нос (*Prep. sing.* на носу́; *pl.* носы́)	nose (1v)
па́л(е)ц (*pl.* па́льцы)	1. finger; 2. toe (1v)
плечо́ (*pl.* пле́чи)	shoulder (1v)
р(о)т (*Gen. sing.* рта, *Prep. sing.* во рту́)	mouth (1v)
рука́ (*Acc. sing.* ру́ку, *pl.* ру́ки)	1. hand; 2. arm (1v)
спина́ (*Acc. sing.* спи́ну, *pl.* спи́ны)	back (1v)
у́хо (*pl.* у́ши, *Gen. pl.* уше́й)	ear (1v)

Other Nouns

апельси́новый сок	orange juice (4v)
запи́ска (*Gen. pl.* запи́сок)	note (2)
кани́кулы (*Gen.* кани́кул) *pl.*	vacation (from school) (2)
лимо́н	lemon (2)
мёд	honey (4v)
ме́тод	method (3)
нос(о́)к (*pl.* носки́)	sock (3)
рожде́ние	birth (2)
сеа́нс	showing (of a film); show (in a movie theater) (2v)
со́да	baking soda (4)
сомне́ние	doubt (4)
чу́вство [*pronounced* чу́ст-] ю́мора	sense of humor (4)

ADJECTIVES

бога́тый	rich (2)
больно́й (бо́лен, больна́, больны́)	sick, ill (4)
горя́чий	(*of an object, liquid, etc.*) hot (3)
за́нятый (за́нят, занята́, за́нято, за́няты)	busy (2)
лёгкий	1. (*of weight*) light; 2. easy (2)
любо́й	any (1)
норма́льный	normal (1)
опа́сный	dangerous (4)
просто́й	simple (2)
типи́чный	typical (4)

COMPARATIVES

бога́че	richer (2)
вы́ше	higher, taller (2)
доро́же	more expensive (2)
ле́гче	1. lighter 2. easier (2)
моло́же	younger (2)
про́ще	simpler, easier (2)
ста́рше	older (2)
чи́ще	cleaner (2)

VERBS

беспоко́ить (беспоко́ю, беспоко́ишь, … беспоко́ят) *pfv.* побеспоко́ить	to bother; to disturb (1)
боле́ть¹ (боле́ю, боле́ешь, … боле́ют) *pfv.* заболе́ть[6]	to be ill; to be sick *pfv.* to become sick, take sick, fall ill (1)
боле́ть² (*3rd pers. only* боли́т, боля́т) *may functions as pfv.* заболе́ть	to ache; to hurt (1v)
вызыва́ть *pfv.* вы́звать (вы́зову, вы́зовешь, … вы́зовут)	to call; to summon; to get (a doctor, etc.) (2)
ка́шлять *pfv. one-time action* ка́шлянуть (ка́шляну, ка́шлянешь, … ка́шлянут)	to cough (3v)
конча́ться (*usu. 3rd pers.*) *pfv.* ко́нчиться (*usu. 3rd pers.* ко́нчится, ко́нчатся)	to end (*intransitive*) (2)
лечи́ть (лечу́, ле́чишь, … ле́чат) *pfv.* 1. полечи́ть[6] *pfv.* 2. вы́лечить (вы́лечу, вы́лечишь, … вы́лечат)[6]	to treat (medically) (1) *pfv.* 1. to treat (for a while) *pfv.* 2. to cure
ме́рить (ме́рю, ме́ришь, … ме́рят) *pfv.* изме́рить	to measure; to take (someone's temperature) (1)
начина́ться (*3rd pers. only*) *pfv.* нача́ться (*3rd pers. only* начнётся, начну́тся)	to start; to begin (*intransitive*) (2v)
ненави́деть (ненави́жу, ненави́дишь, … ненави́дят) *pfv. not introduced at this time*	to hate (4)
простужа́ться *pfv.* простуди́ться (простужу́сь, просту́дишься, … просту́дятся)	to catch a cold (1)
проходи́ть (*usu. 3rd pers. in this meaning* прохо́дит, прохо́дят) *pfv.* пройти́ (пройдёт, пройду́т; *past* прошёл, прошла́, прошло́, прошли́)	(*of pain, cough, etc.*) to pass; to go away (3)
снима́ть *pfv.* снять (сниму́, сни́мешь, … сни́мут)	to take off (3)
теря́ть *pfv.* потеря́ть	to lose (4)
чиха́ть *pfv. one-time action* чихну́ть (чи́хну, чи́хнешь, … чи́хнут)	to sneeze (3v)

Ка́шлянуть. Like the special class of "limited duration" по-perfectives that have a special meaning (doing something for a while), -нуть perfectives such as ка́шлянуть, кри́кнуть, зевну́ть, а́хнуть form a special group of perfectives (the "semelfactives"), which describe an action performed only once.

простужа́ться. The alternate imperfective form просту́живаться is also possible.

---

[6] **Заболе́ть** is not a true perfective of **боле́ть**,¹ but as a practical matter, it performs that function. Similarly, **полечи́ть** and **вы́лечить** are not true perfectives of **лечи́ть**, but as a practical matter they perform that function in many contexts.

ADVERBS

немéдленно	right now; at once; immediately, without delay (1)
опáсно	dangerously; (it's/that's) dangerous (3)
послезáвтра	the day after tomorrow (4)
сначáла	first; at first (2)
снóва	again (4)

IDIOMS AND EXPRESSIONS

Будь здорóв (здорóва)!; Бýдьте здорóвы! *used when someone sneezes*	Bless you! (1)
Вы температýру мéрили?	Did you take your temperature? (1)
Дышѝте.	Breathe. (3)
Лýчше не нáдо. *in response to a suggestion*	Better you didn't; It's/That's not a good idea. (3)
Не беспокóйтесь. (Не беспокóйся)	Don't worry. (3)
не хватáет (+ *Gen.*) *impersonal*	(there's) not enough (4)
Никакóго беспокóйства.	It's no trouble at all. (1)
откровéнно говоря́ *parenthetical*	frankly speaking (1)
Óчень горячó!	(It's/That's) really hot! (3)
по рецéпту	by prescription (4)
принимáть / приня́ть лекáрство	to take medicine (3v)
Проходѝте. *when inviting someone in*	Come in. (3)
Рáзве так мóжно?	How could you possibly do that? (1)
си́льно простужáться / простудѝться	to catch a bad cold (1)
Скорéе выздорáвливай(те)!	Get well soon! (4)
У меня́ болѝт головá (боля́т нóги, *etc.*)	My head aches (my feet ache; *etc.*) (1v)
Что с вáми (тобóй)?	What's the matter (with you)? (3)

OTHER

пусть ...	let ...; have (someone do something) (4)
с (со) (+ *Gen.*)	(*motion*) from (4)

❖ ЧТО Я ЗНАЮ, ЧТО Я УМЕЮ

Use this checklist to mark off what you've learned in this lesson:

- ☐ Naming parts of the body (Part 1)
- ☐ Discussing being sick and getting well (Part 1)
- ☐ Expressing the means by which something is done (Part 1)
- ☐ Saying when things begin and end (Part 2)
- ☐ Using Genitive objects with negated verbs (Part 2)
- ☐ Using the partitive Genitive (Part 2)
- ☐ Making comparisons without чем (Part 2)
- ☐ Using imperfective and perfective aspect for different kinds of imperatives (Part 3)
- ☐ Making third-person imperatives with пусть (Part 4)
- ☐ Using transitive and reflexive verbs (Part 3)
- ☐ Making passive statements with reflexive verbs (Part 3)
- ☐ Expressing motion from someone's home and from other places (Part 4)
- ☐ Using future tense after когдá and éсли (Part 4)
- ☐ Saying what you do and don't have enough of (Part 4)

❖ ЭТО НАДО ЗНАТЬ

INSTRUMENTAL CASE REVIEW

Here is a summary of the uses of the Instrumental case:

1. The Instrumental expressing the means by which something is accomplished:

Мы мéрим температýру **термóметром.**	We take (our) temperature with a thermometer.
В Сýздаль мóжно éхать **пóездом**, а мóжно **автóбусом.**	It's possible to go to Suzdal by train, and also by bus.

2. The Instrumental with the preposition «**с**» meaning *with*:

С кем вы говорили по телефóну?	With whom were you speaking on the phone?

3. The Instrumental with prepositions denoting relative location:

Я **за** вáми.	I'm behind you.
Пéред дóмом стоя́ла маши́на.	In front of the apartment building was a car.
Стол стои́т **мéжду** кни́жной пóлкой и окнóм.	The table is between the bookshelf and the window.

4. The Instrumental of *being* and *becoming*, especially with **быть** and **стать** (as well as a few other verbs):

Я хочý стать **врачóм.**	I want to be a doctor.
Когдá я былá мáленькой **дéвочкой**, мы жи́ли в Санкт-Петербýрге.	When I was a little girl, we lived in St. Petersburg.
Вы когдá-нибудь рабóтали **Дéдом Морóзом?**	Have you ever worked as Ded Moroz?

5. The Instrumental with certain verbs such as **занимáться, горди́ться, пáхнуть**:

Ви́ктор занимáется **би́знесом.**	Viktor's (involved) in business.
В кóмнате пáхнет **рóзами.**	It smells like roses in the room.

6. Times of the day and seasons of the year expressed with adverbs identical in form to the Instrumental case:

Ýтром и **днём** мы рабóтаем, **вéчером** мы отдыхáем, а **нóчью** мы спим.	In the morning and afternoon we work, in the evening we relax, and at night we sleep.
Óсенью, зимóй и **веснóй** мы ýчимся, а **лéтом** у нас кани́кулы.	In the fall, winter and spring we go to school, and in the summer we have vacation.

❖ ДОПОЛНИТЕЛЬНЫЙ ТЕКСТ

КАК ПОРОСЁНОК[1] ГОВОРИТЬ НАУЧИЛСЯ

Один раз я видел, как одна совсем[2] маленькая девочка учила поросёнка говорить. Поросёнок ей попался[3] очень умный[4] и послушный,[5] но почему-то говорить по-человечески[6] он ни за что[7] не хотел. И девочка как ни старалась[8] — ничего у неё не выходило.[9]

Она ему, я помню, говорит:
— Поросёночек, скажи: «мама!»
А он ей в ответ:[10]
— Хрю-хрю.
Она ему:
— Поросёночек, скажи: «папа!»
А он ей:
— Хрю-хрю.
Она:
— Скажи: «дерево!»[11]
А он:
— Хрю-хрю.
— Скажи: «цветочек!»[12]
А он:
— Хрю-хрю.
— Скажи: «здравствуйте!»
А он:
— Хрю-хрю.
— Скажи: «до свидания!»
А он:
— Хрю-хрю.

Я смотрел-смотрел, слушал-слушал, мне стало жалко[13] и поросёнка и девочку. Я говорю:
— Знаешь что, голубушка,[14] ты бы ему всё-таки что-нибудь попроще велела сказать.[15] А то ведь он ещё маленький, ему трудно такие слова произносить.[16]

Она говорит:
— А что же попроще? Какое слово?
— Ну, попроси его, например,[17] сказать: «хрю-хрю»!

Девочка немножко подумала и говорит:
— Поросёночек, скажи, пожалуйста: «хрю-хрю»!
Поросёнок на неё посмотрел и говорит:
— Хрю-хрю.
Девочка удивилась,[18] обрадовалась,[19] в ладоши захлопала.[20]
— Ну вот, — говорит, — наконец-то! Научился!

---

1. *piglet;* 2. *here:* очень; 3. Поросёнок... *This piglet happened to be;* 4. *smart;* 5. *obedient;* 6. *Hint:* человек; 7. ни... *not for anything;* 8. как... *however hard she tried;* 9. ничего... *nothing came of it;* 10. в... *in response;* 11. *tree;* 12. *flower;* 13. мне... *I started feeling sorry for;* 14. *dear;* 15. *you really ought to tell him to say something a little simpler;* 16. *to pronounce;* 17. *for example;* 18. *was surprised;* 19. *became happy;* 20. в... *started clapping her hands*

УРОК 13

8 МАРТА

Почём эти цветы?

It's early spring. In Part 1 (on video), Jim asks Professor Petrovsky for some advice about a major Russian holiday when women are the center of attention. In Part 2, Sasha gets some unexpected holiday help from his grandmother. In Part 3, Jim has still not resolved his holiday shopping problem but gets some assistance from Vova and Viktor. And in Part 4 (on video), the neighbors gather to celebrate the holiday, resulting in surprises for all.

С праздником!

In this lesson you will learn

- ✪ to express the time and date when something occurs
- ✪ to express "I wonder . . . ?"
- ✪ about using adjectives as nouns and surnames
- ✪ more about using motion verbs
- ✪ to talk about things that could happen or could have happened
- ✪ to pose questions asking for suggestions or advice
- ✪ to talk about placing things in different positions
- ✪ more about word order in Russian
- ✪ about word formation in Russian
- ✪ about the March 8 holiday

ЧАСТЬ ПЕРВАЯ

 # С ЧЕГО НАЧАТЬ?

С чего начать? Мимо́за is an especially popular flower on Women's Day.

ЦВЕТЫ́

ро́зы, фиа́лки, маргари́тки, гвозди́ка, тюльпа́ны, и́рис†, мимо́за†, хризанте́мы†

| фиа́лки | *violets* |
| маргари́тки | *daisies* |

Вы когда́-нибудь да́рите цветы́ ма́ме, ба́бушке, сестре́, и́ли люби́мой де́вушке? Когда́ вы э́то де́лаете?

УПРАЖНЕ́НИЕ 1   Цветы́ и цвета́ (*colors*)

You've just landed a part-time job at a florist shop. The manager has asked you to help him decide what types and colors of flowers to order for the upcoming holiday rush. You know what your favorites are, but you decide to ask a few friends their preferences. Use the chart to keep track of their answers. Indicate what you like and then ask a few classmates.

Упр. 1. Review the colors presented in 9/2.

ОБРАЗЕ́Ц: — Каки́е цветы́ ты лю́бишь?
— Я осо́бенно (*especially*) люблю́ жёлтые тюльпа́ны, . . .

	БЕ́ЛЫЕ	ЖЁЛТЫЕ	КРА́СНЫЕ	ЛИЛО́ВЫЕ	РО́ЗОВЫЕ
ГВОЗДИ́КИ					
МАРГАРИ́ТКИ					
И́РИСЫ					
РО́ЗЫ					
ТЮЛЬПА́НЫ					
ФИА́ЛКИ					
ХРИЗАНТЕ́МЫ					

Reading Introduction (see also WB/LM).
1. Что де́лают ру́сские мужчи́ны 8 [восьмо́го] Ма́рта? (Они́ да́рят знако́мым же́нщинам пода́рки, цветы́, говоря́т им комплиме́нты.)
2. Есть ли у нас в Аме́рике тако́й пра́здник, как 8 [восьмо́е] Ма́рта? (У нас есть "Valentine's Day" — день Свято́го Валенти́на. Этот пра́здник немно́го похо́ж на 8 [восьмо́е] Ма́рта. Ещё у нас есть День Ма́тери.)
3. Как вы ду́маете, кого́ Джим бу́дет поздравля́ть с 8 [восьмы́м] Ма́рта? (Ле́ну, Та́ню, Све́ту. Наве́рно, Татья́ну Дми́триевну. Мо́жет быть, и Ната́лью Ива́новну.)

Чте́ние (1): 8 Ма́рта. The first word in the name of holidays and significant dates is written with a capital letter, as in Пе́рвое ма́я. If the date is represented with a numeral instead of a word, then the word that follows the numeral is capitalized: Пе́рвое ма́я — 1 Ма́я, 8 Ма́рта. Specifically with regard to 8 Ма́рта, many Russians report that the ordinal numeral is rarely, if ever, spelled out; nor are the case endings of the ordinal numeral—which are of course reflected in speaking—customarily indicated in writing.

Чте́ние (2): Я ду́мал, э́то . . . . If students ask, indicate that this is idiomatic speech; deletion of the subordinating conjunction что is not the norm. It is considerably less common in Russian than is the corresponding deletion of *that* in English (*He said* [*that*] *he'd be here*).

оди́н. . . *one of*	❖ **ОДИ́Н ИЗ°** СА́МЫХ ЛУ́ЧШИХ ПРА́ЗДНИКОВ

(*Ilya Ilyich and Jim are having a conversation a few days before March 8.*)

one thing	ДЖИМ.	Илья́ Ильи́ч, все мужчи́ны везде́ говоря́т то́лько об **одно́м°** — о
for		пода́рках же́нщинам **к° 8** [**восьмо́му**] **Ма́рта**. Я зна́ю об э́том пра́зднике о́чень ма́ло — ведь у нас тако́го пра́здника нет. Я ду́мал, э́то революцио́нный† пра́здник.
	ИЛЬЯ́ ИЛЬИ́Ч.	Джим, э́то и так и не так. Ра́ньше э́то действи́тельно был ску́чный
gradually		**официа́льный**† пра́здник. У нас мно́го их бы́ло. Но **постепе́нно°**
origin		все забы́ли о его́ революцио́нном **происхожде́нии.°** Мужчи́ны
especially / им. . . *they like*		**осо́бенно°** лю́бят э́тот пра́здник, потому́ что им **прия́тно°**
хотя́. . . *at least* / каза́ться. . .		**хотя́ бы°** раз в году́ каза́ться себе́ **до́брыми** и **внима́тельными.°**
to appear kind and attentive		

Чте́ние (3): раз в году́. Students already learned to combine раз with <в + Acc.> to describe frequency (e.g., раз в год, два ра́за в год). These phrases indicate frequency without reference to any specific times. In contrast, the phrase раз в году́ refers to one specific time or season during the year (in this case, the period of time around Же́нский день).

(Jim looks questioningly at him.)

ИЛЬЯ ИЛЬИ́Ч. Джим, в э́ти дни мужчи́ны **стара́ются**° сде́лать до́ма всю рабо́ту, кото́рую обы́чно де́лают же́нщины. Мужчи́ны в э́тот день да́рят же́нщинам пода́рки, цветы́, говоря́т им **комплиме́нты**,† а же́нщины стара́ются быть осо́бенно краси́выми. Вы, наве́рно, **заме́тили**,° что после́дние **не́сколько**° дней везде́ продаю́т мимо́зу. 8 Ма́рта — э́то и си́мвол† **весны́**.° *try*

noticed / several
spring

ДЖИМ. А когда́ вы поздравля́ете же́нщин у себя́ на рабо́те? Ведь 8 Ма́рта — **нерабо́чий** день.°

нерабо́чий... *a day off*

ИЛЬЯ́ ИЛЬИ́Ч. Мы поздравля́ем свои́х **колле́г-же́нщин**° седьмо́го ма́рта, а восьмо́го мы пра́зднуем **Же́нский день**°¹ до́ма. Я всегда́ **посыла́ю**° **поздрави́тельные откры́тки**° свои́м колле́гам-же́нщинам, кото́рые рабо́тают **за грани́цей**.° На́ши же́нщины привы́кли, что их всегда́ поздравля́ют с Же́нским днём, а в други́х стра́нах, как и у вас, в Аме́рике, тако́го пра́здника нет.

female colleagues
Же́нский... *Women's Day /*
send
поздрави́тельные... *greeting cards*
за... *abroad*

ДЖИМ. Я всё по́нял. Зна́чит, сего́дня я сде́лаю **спи́сок**° всех знако́мых же́нщин°... Э́то бу́дет **дли́нный** спи́сок.

list
всех... *of all the women I know / long*

ИЛЬЯ́ ИЛЬИ́Ч. Джим, но не обяза́тельно поздравля́ть *всех* знако́мых же́нщин.

ДЖИМ. Почему́? Я наде́юсь, что им э́то бу́дет прия́тно. А мне бу́дет прия́тно каза́ться себе́ до́брым и внима́тельным.

УПРАЖНЕ́НИЕ 2 Под микроско́пом: 8 Ма́рта

The reading contains several <ordinal numeral + month> phrases. For each phrase below, indicate the case in which each ordinal appears; then translate the sentence into English. Which case is used to render "on" a particular date?

1. Илья́ Ильи́ч, все мужчи́ны везде́ говоря́т о пода́рках же́нщинам к 8 (_____) Ма́рта.
2. 8 (_____) Ма́рта — э́то и си́мвол весны́.
3. Ведь 8 (_____) Ма́рта — нерабо́чий день.
4. Мы поздравля́ем свои́х колле́г-же́нщин седьмо́го (_____) ма́рта, а восьмо́го (_____) мы пра́зднуем Же́нский день до́ма.

Упр. 2. AK. 1 Dat. (восьмо́му); *Ilya Ilyich, all the men everywhere are talking about gifts for women for the 8th of March.* 2 Nom. (восьмо́е); *The 8th of March is a symbol of spring.* 3 Nom. (восьмо́е); *You know, March 8 is a day off from work.* 4 Gen., Gen.; *We congratulate our female colleagues on the 7th of March, and on the 8th we celebrate Women's Day at home.* "On" a particular date is rendered via the Genitive case.

---

¹The full name of this holiday is **Междунаро́дный же́нский день** (*International Women's Day*).

ГРАММАТИКА И ПРАКТИКА

13.1. ONE (OUT OF SEVERAL): <ОДИ́Н ИЗ +GENITIVE PLURAL>

Э́то **оди́н из** мои́х би́знесов.   *That's one of my businesses.*

Оди́н из са́мых лу́чших пра́здников . . .   *One of the very best holidays . . .*

To single a particular person or thing out of a group, Russians use the construction <**оди́н (одна́, одно́) из** + Gen. pl.>.

УПРАЖНЕНИЕ 3   Мои́ друзья́

Упр. 3. **Variation:** Circle drill. Have the class form a circle (multiple circles if the class is large) and have each student create one sentence using this construction. Have students take turns offering their sentences, giving all the preceding sentences as well. (*Hint:* This activity works best if a student gives his or her new sentence and then works backward from the most recent to the first sentence given.)

A Russian friend you haven't spoken to in a long while calls to catch up. He starts to tell you what his friends and family have been doing, but it sure sounds like he's bragging! You can't help but mention that your friends and family are just as accomplished and interesting. Use the phrases given below to compare your friends and family to his.

Оди́н из мои́х бра́тьев (друзе́й) . . .	хорошо́ поёт.
Одна́ из мои́х сестёр (подру́г) . . .	прекра́сно говори́т по-япо́нски.
Оди́н из на́ших преподава́телей . . .	лю́бит чита́ть детекти́вы.
Оди́н из мои́х сосе́дей . . .	сейча́с живёт в Аризо́не.
Одна́ из мои́х ко́шек (соба́к) . . .	ненави́дит смотре́ть телеви́зор.
???	ча́сто боле́ет.
	???

О РОССИИ

8 МА́РТА И 23 ФЕВРАЛЯ́

Илья́ Ильи́ч, все мужчи́ны везде́ говоря́т то́лько о пода́рках же́нщинам к 8 ма́рта.

As **8 Ма́рта** (**Междунаро́дный же́нский день**) approaches, most men and boys arrange gifts, flowers, and/or cards for the important women in their lives. It is not unusual for Russian male classmates to begin collaborating on a gift for each female teacher. Like Sasha and his grandfather in the next scene, many men even prepare meals and clean the house for **8 Ма́рта,** thus assuming for one day tasks that female family members usually do the rest of the year.

	ЯНВАРЬ				ФЕВРАЛЬ				МАРТ				
Пн		6	13	20	27	3	10	17	24	3	10	17	24	31
Вт		⑦	14	21	28	4	11	18	25	4	11	18	25
Ср	①	8	15	22	29	5	12	19	26	5	12	19	26
Чт	2	9	16	23	30	6	13	20	27	6	13	20	27
Пт	3	10	17	24	31	7	14	21	28	7	14	21	28
Сб	4	11	18	25		1	8	15	22	1	⑧	15	22	29
Вс	5	12	19	26		2	9	16	23	2	9	16	23	30

About three weeks earlier, many women and girls observe an analogous celebration for the men and boys in their lives: **23 февраля́, День защи́тников Оте́чества** (*Defenders of the Fatherland Day*). This was originally a celebration of the Soviet armed forces, known as **День а́рмии,** but its purpose gradually came to include all men. Although it is not a day off (**выходно́й день**), the holiday is still observed.

> СЛОВА, СЛОВА, СЛОВА … ⭐ *"One (thing)"* = одно́
>
> Вот уви́дишь — все принесу́т **одно́** и то же.
> You'll see—everybody will bring (one and) the same thing.
>
> Илья́ Ильи́ч, все мужчи́ны везде́ говоря́т то́лько об **одно́м.**
> Ilya Ilyich, all the men everywhere are talking about just one thing.
>
> Note how **одно́**, the neuter form of **оди́н**, is used when referring to something indefinite, that is, to something that has no gender or whose gender cannot be stated. While English uses *thing* in this context, Russian does not use a noun.

О РОССИИ

КАЛЕНДА́РЬ

One cannot study Russian very long without encountering the difference between the Old Style (Julian) calendar and the New Style (Gregorian) calendar. The astronomers who set up the Julian calendar (under Julius Caesar—hence the name) calculated a year that was about twelve minutes too long. Over the centuries the disparity began to add up, so in 1582 Pope Gregory XIII introduced the more accurate Gregorian calendar. It shaved several days from the Julian calendar and is still in use today. Not all countries adopted the Gregorian calendar immediately, however; Russia did not adopt it until 1918. By that time the difference between the Julian and Gregorian calendars had reached thirteen days. This is why, during the Soviet era, the Great October Revolution (which took place during the Julian calendar's October) was subsequently observed in November. At the turn of each century another day's difference accrues; the difference between the two calendars is now fourteen days.

❖❖ 13.2. WRITING DATES

When writing dates, Russians follow the European pattern: day/month/year. Various written forms are possible.

> 25 декабря́ 2002
> 25/12/02
> 25.12.02
> 25/XII-02
> 25 дек. 2002 г.

Sometimes, the case ending of an ordinal numeral in a date is shown following the numeral: **6-о́е (шесто́е) января́, 25-ого (два́дцать пя́того) апре́ля, к 10-ому (деся́тому) ма́рта, в 1945-ом (со́рок пя́том) году́.** Standard written Russian does not consistently show these case reminders.

13.3. TELLING WHEN: КОГДА́ Э́ТО СЛУЧИ́ЛОСЬ? КОГДА́ Э́ТО БУ́ДЕТ?

Telling When (1). Other activities to practice in conjunction with this topic: (1) Review of ordinals: teacher or student gives a cardinal numeral, and another student must provide the ordinal. Index cards with numbers on them can also be used. (2) Review of ordinals in dates: ask Како́е сего́дня число́? every day for a week or two. Contrast this question with Како́й сего́дня день?

У́тром я рабо́таю, а **ве́чером** занима́юсь.	*In the morning I work, and in the evening I study.*
Я всегда́ встаю́ **в семь часо́в**.	*I always get up at seven o'clock.*
На про́шлой неде́ле у Та́ни и Све́ты бы́ло новосе́лье.	*Last week Tanya and Sveta had a housewarming.*

You have already encountered many of the ways to express when something occurs. They can be summarized by time period:

TIME PERIOD	CONSTRUCTION	EXAMPLES
During a part of the day or season of the year	Adverbial forms (identical to Instrumental case forms)	у́тром, днём, ве́чером, но́чью; весно́й, ле́том, о́сенью, зимо́й
At a specific time of day or on a specific day of the week	<в + Acc.[2]>	в час, в че́тверть шесто́го; в четве́рг, в суббо́ту
During or in a certain week	<на + Prep.>	на про́шлой неде́ле; на э́той неде́ле
In a certain month or year	<в + Prep.>	в ма́рте; в про́шлом году́

Telling When (2). Have students ask one another В како́м ме́сяце ты роди́лся (родила́сь)? Ensure that students understand that it is not generally appropriate in Russian to ask someone «на вы» В како́м году́ (Когда́) вы роди́лись? However, Когда́ ваш день рожде́ния? — which refers to the day and month only—(answer: 17-ого ию́ля) is acceptable.

Telling When (3). <В + Prep.> is used to express the time when something happens if the time period is a month or longer and if the time period is the first or only element mentioned (e.g., в ма́рте, в 1996 году́, в двадца́том ве́ке).

Telling When (4). Month names may also be abbreviated, e.g., дек., янв., февр., and so on.

As the preceding table indicates, time periods used with prepositions take «в» (except for неде́ля, which takes «на»). Time periods of a day or shorter are usually expressed using the Accusative case; time periods longer than a day use the Prepositional.

Giving actual dates when something occurred or will occur requires special attention. For example, the following statement does not fall into any of the above patterns:

Мы поздравля́ем свои́х колле́г-же́нщин **седьмо́го ма́рта**, а **восьмо́го** мы пра́зднуем Же́нский день до́ма.	*We congratulate our female colleagues on the 7th of March, and on the 8th we celebrate Women's Day at home.*

With specific dates, the case used for the initial element stated (day, date, month, or year) varies; thereafter, the Genitive is used as the "add-on" case. The following table summarizes the case requirements when handling dates:

---

[2]There are two exceptions: *On the half hour* (6:30 = **в полови́не седьмо́го**) uses <в + Prep.> (but you can say **в полседьмо́го** to avoid this difficulty); and *on the three-quarter hour* (6:45 = **без че́тверти семь**) does not use «в» at all.

IF YOU BEGIN WITH THE...	DAY	DATE	MONTH	YEAR
YEAR *In 2002*				...в 2002-ом году. ‹в + Prepositional›
MONTH *In March 2002*			...в ма́рте ‹в + Prepositional›	2002-о́го го́да (Genitive as "add-on" case)
DATE *On March 22, 2002*[3]		...22-о́го (Genitive)	ма́рта (Genitive as "add-on" case)	2002-о́го го́да (Genitive as "add-on" case)
DAY *On Friday, March 22, 2002*	...в пя́тницу ‹в + Accusative›	22-о́го (Genitive as "add-on" case)	ма́рта (Genitive as "add-on" case)	2002-о́го го́да (Genitive as "add-on" case)

УПРАЖНЕ́НИЕ 4 Исто́рия Аме́рики

Your Russian friends are preparing for an exam on American history and culture and have asked you to help. Making educated guesses at words you do not know, match the events with the dates, and read the dates aloud in Russian.

1. День Незави́симости США пра́зднуется (*is celebrated*) _____
2. Втора́я мирова́я война́ ко́нчилась _____
3. Деклара́ция незави́симости США была́ при́нята (*was adopted*) _____
4. Колу́мб откры́л (*discovered*) Аме́рику _____
5. Пе́рвый «Су́пер бол» был _____
6. День Благодаре́ния[4] отмеча́ется (*is celebrated*) _____
7. — Мы пра́зднуем Рождество́ _____
   — А мы пра́зднуем Ха́нуку _____
8. Пра́здник «Хэллоуи́н» отмеча́ется _____
9. Президе́нта Ли́нкольна уби́ли (*was killed*) _____
10. Уче́бный[5] год начина́ется _____
11. Ле́тние кани́кулы начина́ются _____

а. 15 апре́ля 1865 г.[6]
б. 25 декабря́.
в. 31 октября́.
г. 4 июля.
д. в 1492 г.
е. в 1776 г.
ж. в 1945 г.
з. в 1967 г.
и. в декабре́.
к. в ноябре́.
л. в ма́е и́ли в ию́не.
м. в а́вгусте и́ли в сентябре́.

Dates Chart. The time expressions in this chart answer the question Когда́? Make sure students distinguish such questions from those that involve Nominative constructions: Како́й сего́дня день? (Сего́дня вто́рник.) // Како́е сего́дня число́? (Сего́дня 9-ое апре́ля.) // Како́й сейча́с ме́сяц? (Сейча́с апре́ль.) // Како́й сейча́с год? (Сейча́с 2002-о́й [две ты́сячи второ́й] год.) // Како́е сейча́с вре́мя го́да? (Сейча́с весна́.) // Кака́я у нас сейча́с неде́ля заня́тий? (Сейча́с 8-а́я неде́ля.)

Упр. 4. АК. 1 г; 2 ж; 3 е; 4 д; 5 з; 6 к; 7 и, и; 8 в; 9 а; 10 м; 11 л.

Упр. 4 (1). Have students suggest other dates in Russian that might be on such an exam. Then invite them to create and answer questions for a similar exam on Russian history.

Упр. 4 (2). Have students review how to give complete dates (11/4) and practice using them in this exercise.

---

[3] Note that in English both "On the 22nd of March" and "On March 22..." are acceptable, but in Russian one always begins with the numerical date.
[4] Hint: **благодари́ть** = *to thank*.
[5] Hint: **уче́бный** is related to **учи́ться**.
[6] Note the abbreviation **г.** (**гг.** in plural contexts) for **год, го́да,** or **году́** following the number.

Упр. 5 (1). Have students use the more conversational two-digit format in Упр. 5. Review двухтысячного года and в двухтысячном году (две тысячи первого года and в две тысячи первом году, etc.) as needed.

Упр. 5 (2). #10, семестр. The Russian academic calendar is divided into two semesters. Russian institutions do not have "trimesters" or "quarters" as some American academic institutions do. Russians will sometimes refer to American trimesters and quarters as триместр, essentially discounting the summer term. Some Russians teaching at American institutions that use a quarter system with a full summer term use четверть (*quarter*). Such a use is appropriate only in the American academic context and might need to be explained to a Russian.

Упр. 6. AK. 1 Александр Волков, 29 марта 1964 года, баскетбол; 2 Андрей Мазунов, 31 марта 1967 года, теннис; 3 Павел Буре, 31 марта 1971 года, хоккей; 4 Владимир Сельков, 1 апреля 1971 года, плавание; 5 Андрей Ломакин, 3 апреля 1964 года, хоккей; 6 Наталья Полозкова, 4 апреля 1972 года, конькобежный спорт.

Упр. 6 (1). After students have read through the article and filled in the table, elicit ordinal numerals by asking them Когда родился [*name of athlete*]? Alternatively, have pairs of students ask each other when the various athletes were born.

Упр. 6 (2). Have pairs of students practice reading individual paragraphs of this news story aloud, as might be done by a television sportscaster. They should pay particular attention to the endings on the ordinal numerals. After each pair has worked through the article, ask for volunteers to read individual paragraphs aloud to the class. Here is the answer key if the paragraphs are read aloud:

Para. 1: 29-ого марта 1964-ого года... Чемпион Олимпиады-88 [восемьдесят восемь].

Para. 2: 31-ого марта 1967-ого года... мира 1989-ого и 1991-ого годов.

Para. 3: 31-ого марта 1971-ого года... 1990-ого года.

Para. 4: 1-ого апреля 1971-ого года... 1991-ого [as shown]... 1991-ого года.

Para. 5. 3-его [третьего] апреля 1964-ого года... 1988-ого года.

Para. 6. 4 апреля 1972-ого года... 1991-ого года... на дистанции пятьсот метров.

УПРАЖНЕНИЕ 5 Когда родилась ваша сестра?

Can you tell a Russian acquaintance about some important dates in your life? Prepare answers to the following questions; then ask them of others and write down the answers you hear (in Russian style) so you can check your comprehension.

1. Когда вы родились?
2. Когда родился ваш брат (отец, дедушка, дядя ...)?
3. Когда родилась ваша сестра (мама, бабушка, тётя ...)?
4. Когда вы поступили (*entered*) в университет?
5. Когда вы закончите университет?
6. Вы хотите поехать в Россию? Когда вы хотите туда поехать?
7. В каком году вы кончили школу?
8. Какого числа был День Благодарения (*Thanksgiving*) в прошлом году?
9. Когда начался учебный (*academic*) год в вашем университете? А когда он закончится (*will end*)?
10. Когда заканчивается (*ends*) первый семестр? А когда начинается второй?

УПРАЖНЕНИЕ 6 С днём рождения!

Scan the following article and try to figure out the birthdays of the sports figures mentioned. Then fill in the table.

С днем рождения!

29 марта 1964 года родился Александр Волков. Баскетболист. Заслуженный мастер спорта. Чемпион Олимпиады-88.

31 марта 1967 года родился Андрей Мазунов, мастер спорта международного класса по настольному теннису. Бронзовый призер чемпионатов мира 1989 и 1991 годов.

31 марта 1971 года родился Павел Буре, хоккеист. Чемпион мира 1990 г.

1 апреля 1971 года родился Владимир Сельков. Мастер спорта международного класса по плаванию. Бронзовый призер чемпионата мира 1991-го, чемпион Европы 1991 года.

3 апреля 1964 года родился Андрей Ломакин, хоккеист, заслуженный мастер спорта, чемпион зимних Олимпийских игр 1988 года.

4 апреля 1972 года родилась Наталья Полозкова. Мастер спорта международного класса по конькобежному[7] спорту. Чемпионка Европы 1991 года на дистанции 500 м.

	ИМЯ	ДЕНЬ РОЖДЕНИЯ	ВИД СПОРТА
1.			
2.			
3.			
4.			
5.			
6.			

[7]Hint: **коньки** = *ice skates*.

СЛОВА, СЛОВА, СЛОВА... ⭐ Seasonal Words

8 Ма́рта — э́то и си́мвол **весны́**.	March 8 is also a symbol of spring.
Ско́ро **зима́**, пого́да плоха́я, ка́ждый день идёт дождь.	Soon winter will be here—bad weather—it'll rain every day.
Ле́том я рабо́тала два ме́сяца.	I worked in the summer for two months.

By now you've seen several ways of expressing ideas relating to the four seasons. Here are the ones you should keep foremost in mind.

	DICTIONARY FORM OF THE NOUN	**ADVERBIAL FORM (IN THE . . .)**	**ADJECTIVAL FORM**
SUMMER	ле́то	ле́том	ле́тний
FALL, AUTUMN	о́сень (*f.*)	о́сенью	осе́нний
WINTER	зима́	зимо́й	зи́мний
SPRING	весна́	весно́й	весе́нний

Note that the adverbial forms are identical to the Instrumental case forms of the nouns, and that all the adjectival forms are soft adjectives.

reVERBerations ⭐ Э́то был (была́, бы́ло, бы́ли) . . .

Ра́ньше э́то действи́тельно **был** ску́чный официа́льный **пра́здник**.	Before it really was a boring official holiday.
Ме́жду про́чим, э́то **была́** на́ша **остано́вка**.	By the way, that was our stop.
Э́то **была́** моя́ пе́рвая **пое́здка** за грани́цу.	It was my first trip abroad.

In sentences in which the past tense of **быть** connects an introductory **э́то** with a noun in the Nominative case, the verb agrees in gender and number with the noun.

| Э́то **бы́ли** са́мые интере́сные **фи́льмы**, кото́рые я смотре́л в э́том году́. | Those were the most interesting films I've seen this year. |

296　Урок 13　❂　8 марта

КУЛЬТУРА РЕЧИ

❖ ТАК ГОВОРЯТ: ПРИЯ́ТНО

О́чень **прия́тно** (познако́миться).	*Pleased to meet you.*
Мужчи́нам **прия́тно** каза́ться себе́ до́брыми и внима́тельными.	*The men enjoy showing themselves to be kind and attentive.*
Я наде́юсь, что им э́то бу́дет **прия́тно**.	*I hope they'll like it.*

The precise rendering of **прия́тно** in English varies to fit the context. Note that when **прия́тно** is used with a "subject," that person (or persons) is expressed in the Dative case. (Often, however, the "subject" is understood, hence left unstated.)

You have also encountered adjectival forms related to **прия́тно**.

На́ша хозя́йка, Татья́на Дми́триевна, — о́чень **прия́тная** же́нщина.	*Our landlady, Tatyana Dmitrievna, is a very nice woman.*
Ой, как ты лю́бишь говори́ть **неприя́тные** ве́щи!	*Oh, how you love to say unpleasant things!*

And here is one more expression that is very common. It is said to your companions as you sit down to share a meal.

Прия́тного аппети́та!	*Bon appétit!*

Прия́тного аппети́та! This expression will be encountered actively in the restaurant scene in 14/2. Ask students what case it is in (Genitive), and if they can tell why (because Жела́ю вам/тебе́ is understood; cf. *reVERBerations* on p. 124).

УПРАЖНЕ́НИЕ 7　Прия́тный, прия́тно

Insert forms of **прия́тный/неприя́тный** or **прия́тно/неприя́тно** as required by context.

ОБРАЗЕ́Ц:　После заня́тий о́чень _прия́тно_ пойти́ с друзья́ми в кафе́!

Упр. 7. АК. 1 прия́тный; прия́тно;
2 неприя́тная; прия́тно; 3 Прия́тно;
4 неприя́тная, 5 прия́тный;
6 неприя́тно; 7 прия́тная; 8 прия́тно.

1. [*A mother and daughter looking out the window.*]
   — Ни́ночка, кто э́тот _____ молодо́й челове́к, кото́рый ждёт тебя́ у на́шего подъе́зда?
   — Ну, ма́ма! Почему́ ты всегда́ всё хо́чешь знать!... Э́то Дэн, он у́чится в на́шей гру́ппе.
   — Пригласи́ его́ в го́сти. Нам бу́дет о́чень _____ с ним познако́миться.
2. — Бр-р! Ужа́сно _____ пого́да — дождь, хо́лодно.
   — А мне нра́вится. В таку́ю пого́ду _____ сиде́ть до́ма и чита́ть интере́сный детекти́в.
3. — Серге́й, по телеви́зору пока́зывали ва́шу рок-гру́ппу. Вы замеча́тельно игра́ете!
   — Спаси́бо. _____ слы́шать.

4. У нашего соседа _____ манера† всегда смотреть в окно, когда я ухожу с кем-нибудь на свидание.
5. Какой _____ весенний вечер! Пойдём, погуляем.
6. Не ешь так громко. Мне это _____.
7. [*An unexpected meeting on the street.*]
   — Сергей Петрович! Неужели это вы!?
   — Людочка! Какая _____ встреча (*meeting*).
8. — Что это за цветы? Как _____ пахнут!
   — Это ночные (*night*) фиалки. В Америке таких цветов нет.

❖ САМОПРОВЕРКА: УПРАЖНЕНИЕ 8

Working on your own, try this self-test: Read a Russian sentence out loud, then give an idiomatic English equivalent without looking at the book. Then work from English to Russian. After you have completed the activity, try it with a classmate.

1. Один из моих друзей очень хорошо играет на рояле.
2. Я точно знаю одно: завтра будет контрольная работа.
3. Марина родилась 22 (двадцать второго) февраля 1982-ого (тысяча девятьсот восемьдесят второго) года. Она окончила школу в двухтысячном году.
4. Сегодня на рынке продают тюльпаны, розы и гвоздики.
5. На прошлой неделе я работал (работала) только в пятницу.

1. *One of my friends plays the piano very well.*
2. *I know one thing for sure: There's going to be a quiz tomorrow.*
3. *Marina was born on the 22nd of February 1982. She graduated from high school in 2000.*
4. *Today at the market they're selling tulips, roses, and carnations.*
5. *Last week I worked only on Friday.*

❖ ВОПРОСЫ И ОТВЕТЫ: УПРАЖНЕНИЕ 9

Working with a classmate, take turns asking and answering the following questions. One of you will play a Russian visitor asking about holidays and other customs in your country.

1. В вашей стране празднуют 8 Марта?
2. У вас есть праздник, который похож на 8 Марта? Как он называется? Как его празднуют?
3. Какие подарки дарят женщинам в этот день?
4. Как вы думаете, нужен ли Международный *мужской* день?
5. В вашей стране женщины дарят цветы мужчинам? Когда?
6. Какие цветы вы любите: мимозу, тюльпаны, розы, фиалки, маргаритки, гвоздики, хризантемы, ирисы?
7. Вы когда-нибудь кому-нибудь говорите комплименты? Кому? Какие комплименты вы говорите?

❖ ДИАЛОГИ

ДИАЛОГ 1 У вас в Америке празднуют...?
(Discussing cultural differences)

— Скажи, Тед, у вас в Америке празднуют 8 Марта?
— Нет. У нас такого праздника нет.
— Жаль. А у вас есть какой-нибудь праздник, когда дети поздравляют своих мам?
— Да, конечно. У нас есть праздник День Матери.
— А когда его празднуют?
— Во второе воскресенье мая.

ДИАЛОГ 2 Подарите ей...
(Asking for advice on presents)

— Мне очень нужен хороший подарок к 8-ому Марта. Что вы посоветуете (*suggest*)?
— Для какого возраста (*age*)?
— Как вам сказать? Я думаю, что ей лет сорок пять, но она говорит, что ей тридцать шесть.
— А что она говорила в прошлом году?
— Она говорила, что ей тридцать шесть. Она уже несколько лет говорит, что ей тридцать шесть.
— Тогда подарите ей вот эту книгу. У неё хорошее название: «Женщина без возраста».

УПРАЖНЕНИЕ 10   Ваш диалог

Create a dialogue in which you and a best friend, about to graduate from college and go your separate ways, establish a location and a date some time in the distant future when you promise to meet again. Carry this to an absurd level of detail, specifying the precise location of a bus stop, restaurant, or phone booth in any city you choose, and a precise time, day, month, and year.[8]

❖ А ТЕПЕРЬ...: УПРАЖНЕНИЕ 11

Working with a classmate, use what you learned in Part 1 to...

1. say when you were born and find out when he was born
2. find out what year he will graduate from college
3. tell him something that one of your teachers (don't use personal names!) does; see if he can guess whom you're talking about
4. describe something that one of your friends does well and find out if your classmate does too

---

[8]An old Soviet joke—a not-too-overdrawn commentary on the shortage of both goods and services during the Soviet years—had a customer placing an order for a car and setting up the delivery date, which was to be some five years down the road. When everything had been specified down to the hour, the customer suddenly recollected, "Oh no, that won't work. I have a plumber coming that afternoon."

ЧАСТЬ ВТОРАЯ

 # С ЧЕГО НАЧАТЬ?

SHOPPING FOR PRESENTS

бу́сы	beads
носи́ть	to wear (habitually)
плато́к	kerchief
цепо́чка	small chain

С чего начать? Suggested Activities. Have students work in pairs as siblings who have to choose holiday gifts for some of their female friends and relatives. Ask them to explain why they chose what they did. For example, На́ша ма́ма о́чень лю́бит се́рьги. На́ша сестра́ лю́бит носи́ть перча́тки.

Have students use the verb носи́ть to describe what they or their classmates usually wear. This can be done in small groups as a game in which one student describes what another usually wears without identifying her by name. The rest of the students in the group have to guess who is being described. Remind students that in 9/2, they learned <быть в + Prep.> to talk about wearing something at a specific time: А́нна в жёлтых кроссо́вках.

Reading Introduction (see also WB/LM).
1. Где была Александра Николаевна? (Она стояла в очереди.) Что она купила? (Кофейный набор.)
2. Что было в кофейном наборе? (Кофейник и две чашки с блюдцами.)
3. Зачем Саше кофейный набор? (Ему нужен подарок к 8 [восьмому] Марта.)

ПОДАРОК К 8 МАРТА

(March 6. The Kruglovs' apartment. Sasha and his grandfather are sitting in the kitchen.)

I wonder / to have dinner / it's time / still	ДЕДУШКА. **Интересно,**° где Александра? **Обедать**° **пора,**° а её **всё**° нет.
	САША. Да, есть очень хочется.

(They hear the door opening, and then Grandma, smiling, appears in the kitchen.)

are worrying ДЕДУШКА. А мы уже **волнуемся.**° Где ты была так долго?
В… *I was standing in line.* БАБУШКА. **В очереди стояла.**°
  САША. В очереди? Где? За чем?
"Dishware" БАБУШКА. Сейчас расскажу. Иду домой и вижу: в магазине «**Посуда**»° очередь.
мимо… *to pass by* Я хотела **мимо пройти**° — ведь нам посуда не нужна, но мне стало
only интересно, за чем очередь и почему там **одни**° мужчины стоят.
I walk up / кофейные… **Подхожу,**° смотрю: все берут **кофейные наборы.**°⁹ **Кофейник**° и две
coffee sets / Coffeepot **чашечки**° с **блюдцами.**° Очень **красиво**° и **недорого.**° Прекрасный
small cups / saucers / pretty / подарок к 8 [восьмому] Марта. Я, конечно, тоже стала в очередь.
inexpensive Заплатила в **кассу,**° взяла набор. Иду домой и думаю: зачем я его
Заплатила… *I paid the* купила?
cashier

  САША. *(Interrupting.)* Бабушка, а действительно, зачем тебе кофейный набор?
  БАБУШКА. **Что ты хочешь этим сказать?**°
Что… *What do you mean?* САША. Я хочу сказать, что вы с дедом кофе не пьёте. Вы же чай любите, а
  чайный сервиз° у нас есть. И вообще, в этой очереди должен был
чайный… *tea service* стоять я, а не ты, потому что мне очень нужен подарок к 8
  [восьмому] Марта. Я уже три дня **хожу по магазинам,**° но не могу
хожу… *have been going from* купить хороший подарок.
store to store ДЕДУШКА. С кем кофе пить будешь?
  БАБУШКА. А тебе обязательно надо всё знать! Сашенька, бери набор!
Чтение: бери набор. The imperfective imperative is used here to convey the sense of an invitation. САША. *(Hugs Grandma.)* Бабушка, как я тебя люблю! Ты даже не знаешь, как ты мне помогла!
  БАБУШКА. Почему не знаю? Я ещё когда в очереди стояла, знала, кто получит этот набор!

---

⁹**Набор** is the general term for a "set" of anything (screwdrivers, a chessboard and playing pieces, a teapot with two cups, and so on). **Сервиз** is a more specific and formal term for a complete dinnerware or beverage service for a large group of people (6, 12, or 24).

УПРАЖНЕНИЕ 1   Под микроскопом: А потом . . . .

Here are some events from this reading. Place them in correct chronological order.

Упр. 1. АК. а 1; б 6; в 4; г 2; д 3; е 5.

___ **а.** Бабушка видит очередь в магазине «Посуда».
___ **б.** Бабушка дарит набор Саше.
___ **в.** Бабушка покупает набор.
___ **г.** Бабушка интересуется, за чем очередь.
___ **д.** Она видит, что продают кофейные наборы.
___ **е.** Саша спрашивает, почему бабушка купила набор.

СЛОВА, СЛОВА, СЛОВА . . .   ★ Почему vs. зачем

И **почему** ты говоришь, что её мать несимпатичная?

— Сегодня уроков не будет!
— **Почему**?
— Неужели вы не знаете? В городе эпидемия гриппа.

Саша, а **почему** мы говорим друг другу «вы»?

— **Зачем** ты звонишь Тане?
— Я хочу её видеть.

— Заплатила в кассу, взяла набор. Иду домой и думаю: **зачем** я его купила?
— Бабушка, а действительно, **зачем** тебе кофейный набор? Вы с дедом кофе не пьёте.

— У неё нет ванны, а у меня нет душа! И у нас нет воды!
— А **зачем** ванна, **зачем** душ, если нет воды?

And why do you say that her mother's not nice?

"There won't be any classes today!"
"Why?"
"You really don't know? There's a flu epidemic in the city."

Sasha, why are we using «вы» with each other?

"Why are you calling Tanya?"
"I want to see her."

"I paid at the cash register and took my set. I head home and I'm thinking, What did I buy it for?"
"Really, Grandma, what do you need a coffee set for? You and Grandpa don't drink coffee."

"She doesn't have a bathtub, and I don't have a shower! And we don't have water!"
"So what does one need a bathtub or a shower for if there's no water?"

Both **почему** and **зачем** can be translated as *why* in English. Although the English translation implies that there is overlap between them, they are in fact significantly different in use.

- **Почему** asks what *caused or led up to* a certain action, state, condition, and so on. The reason or state that triggers a **почему** question exists before the question can be asked.
- **Зачем** asks what the *purpose or intent* of an action will be. The response to the **зачем** question states or implies the purpose, and it may also describe the consequences of the action.

Both **почему** and **зачем** are used in sentences with a Nominative subject plus verb; **зачем** is also used in impersonal sentences with a Dative pronoun plus a noun or infinitive phrase (**Зачем тебе кофейный набор? Зачем нам ходить пешком?**) and in sentences with no personal reference at all (**Зачем душ, если нет воды?**).

Упр. 2. AK. 1 Зачём; почему; 2 Почему; Зачём; 3 почему; 4 почему; 5 зачём; 6 Почему; 7 Зачём; 8 Зачём.

УПРАЖНЕНИЕ 2 Почему или зачем?

Fill in the blanks with **почему** or **зачем** according to context.

1. — Витя, ты куда идёшь?
   — В магазин «Электроника».
   — _____?
   — Чтобы купить новый принтер.
   — А _____ ты идёшь пешком? Ведь это далеко.
   — Потому что у меня сломалась (*broke down*) машина, а такси я брать не хочу.
2. — _____ ты кашляешь?
   — Я, кажется, простудилась. Я даже на работу не ходила.
   — Ты должна вызвать врача.
   — _____ мне врач? Я буду лечиться домашними средствами.
3. — Рая, _____ ты бегаешь в наушниках? Ты слушаешь музыку?
   — Нет, я учу французские слова.
4. [*Several friends are discussing a movie; one of them is silent.*]
   — Оля, _____ ты молчишь (*aren't saying anything*)?
   — Потому что мне совсем не понравился фильм.
5. [*Two friends are buying greeting cards.*]
   — Грег, _____ тебе двадцать поздравительных открыток?
   — Чтобы поздравить с праздником всех друзей и знакомых.
6. — _____ Саша играет так тихо?
   — Потому что бабушка спит.
7. _____ в городе машина, когда есть метро?
8. _____ гараж, если нет машины?

13.4. ADJECTIVES AS NOUNS AND ADJECTIVAL SURNAMES

Adjectives as Nouns. As a warmup, write substantivized adjectives on the board (шампанское, знакомый, гостиная, больной, курсовая, контрольная, ванная; see how many of these the students can provide). Then ask students to create questions that elicit these words in different cases (e.g., Что вы пишете? Что вы пьёте на Новый год? Где у вас стоит телевизор?). For even more reinforcement, pass out endings printed on large index cards (-ОГО, -УЮ, -ЕЙ, etc.); the student with the applicable ending holds it up for all to see when one of the substantivized endings is elicited.

Все мужчины говорят только об **одном**...

All the men are talking about only one thing...

Самого главного ты не знаешь...

You don't know the most important thing...

As you learned in Lesson 2 with **ванная** and **столовая**, adjectives are sometimes used without nouns, thus acting as nouns themselves. If the reference is to something unnamed (as in the examples above), the adjectives are always neuter singular. A plural reference is also common.

Старые часто не понимают **молодых**.

Old (people) often don't understand the young.

Some adjectives have become so common as nouns that the understood noun has ceased to be used, though its gender is still reflected.

шампа́нское (вино́) курсова́я (рабо́та)
ва́нная (ко́мната) контро́льная (рабо́та)
ру́сский (челове́к) знако́мый (челове́к)
ру́сская (же́нщина) знако́мая (же́нщина)

Adjectives used as nouns (and family names with adjective endings, such as **Достое́вский**, **Страви́нский**, **Толсто́й**, and so on) are declined as adjectives of the appropriate gender.

Та́ня — дочь моего́ ста́рого дру́га, Андре́я Ви́кторовича **Жили́нского**.

Tanya is the daughter of my old friend, Andrei Viktorovich Zhilinsky.

УПРАЖНЕ́НИЕ 3   Adjectival surnames

Place the surnames in parentheses into the required form and indicate the case used.

ОБРАЗЕ́Ц: Тебе́ нра́вится му́зыка *Чайко́вского?* (*Gen.*) (Чайко́вский)

1. — Ты не зна́ешь, есть ли фи́льмы по траге́дии† Шекспи́ра «Га́млет»?
   — Есть. Не́сколько. Есть да́же оди́н ру́сский фильм с актёром _____ (_____) (Смоктуно́вский) в гла́вной ро́ли (*leading role*).
2. — Что э́то игра́ют по ра́дио? Что́-то знако́мое.
   — Э́то «Шехереза́да» _____ (_____) (Ри́мский-Ко́рсаков).
3. В э́том семе́стре мы слу́шаем курс по ру́сской культу́ре. Вчера́ у нас была́ ле́кция о компози́торе Моде́сте Петро́виче _____ (_____) (Му́соргский).
4. Вам ну́жно позвони́ть профе́ссору _____ (_____) (Нико́льская).
5. Вы когда́-нибудь чита́ли о танцо́ре (*dancer*) _____ (_____) (Нижи́нский)?
6. Мы неда́вно чита́ли ру́сскую писа́тельницу (*writer*) Татья́ну _____ (_____) (Толста́я).
7. — Вы чита́ли рома́н Андре́я _____ (_____) (Бе́лый) «Петербу́рг»?
   — Чита́ла по-англи́йски. Когда́-нибудь я прочита́ю его́ по-ру́сски.

Упр. 3. АК. 1 Смоктуно́вским (Instr.); 2 Ри́мского-Ко́рсакова (Gen.); 3 Му́соргском (Prep.); 4 Нико́льской (Dat.); 5 Нижи́нском (Prep.); 6 Толсту́ю (Acc.); 7 Бе́лого (Gen.).

Упр. 3. Note that in #3 the stress falls on the first syllable of the name **Му́соргский**. Most Anglophone classical music aficionados mispronounce this name as Mussórgsky.

Упр. 4. АК. 1 пиро́жные (моро́женое) (Асс.); 2 курсову́ю (Асс.); 3 моро́женого (Gen.); моро́женое (Асс.); 4 Спра́вочная (Nom.); 5 ва́нную (Асс.); 6 ру́сских (Gen.); 7 шампа́нского (Gen.); 8 контро́льную (Асс.); 9 гла́вного (Gen.).

УПРАЖНЕНИЕ 4   Adjectives as nouns and pronouns

Fill in the blanks, selecting from the words below. Not all words are necessarily used, and in some instances more than one answer may be correct. In the parentheses, indicate the case used.

ва́нная	контро́льная	пиро́жное
гла́вное	курсова́я	ру́сские
дежу́рный	моро́женое	спра́вочная
знако́мый (-ая)		шампа́нское

ОБРАЗЕЦ: — Кто э́тот прия́тный молодо́й челове́к? Твой друг?
— Нет, про́сто _знако́мый_ (_Nom._).

1. Мы с подру́гой лю́бим всё сла́дкое (*dessert*): конфе́ты (*candy*), шокола́д, _____ (_____).
2. Идёт после́дняя неде́ля семе́стра. Мне на́до к пя́тнице зако́нчить _____ (_____), а пото́м у нас ещё три экза́мена.
3. — Не ешь так мно́го _____ (_____) — у тебя́ заболи́т го́рло.
   — Не заболи́т. Я привы́к (*have gotten used to*) есть _____ (_____) ка́ждый день, да́же зимо́й.
4. — Алло́! _____ (_____)? Когда́ отправля́ется (*departs*) по́езд в Омск?
   — 10.35.
5. В 6.00 Рома́н встал и пошёл в _____ (_____).
6. На стадио́не бы́ло мно́го америка́нцев и _____ (_____).
7. За́втра Но́вый год, и мы его́ бу́дем встреча́ть до́ма. Я должна́ купи́ть пять буты́лок _____ (_____).
8. Когда́ студе́нты ко́нчили писа́ть _____ (_____), они́ вы́шли из аудито́рии.
9. Са́мого _____ (_____) он не зна́ет.

Упр. 5. АК. 1 гости́ную, ку́хню, ва́нную; 2 друзья́м *or* на́шу преподава́телю; 3 друзе́й *or* на́шего преподава́теля; 4 моро́женого, сла́дкого, шампа́нского, *or* пи́ва; 5 моро́женое, сла́дкое, шампа́нское, пи́во, *or* гита́ру.

УПРАЖНЕНИЕ 5   Ура́, коне́ц семе́стра!

You're getting ready for the end of the term and planning a graduation party for a friend. Working with a classmate, use the following words and sentences to indicate what must be done. Not all words will be used, and in some instances more than one answer may be correct.

друзья́	гости́ная	ва́нная
шампа́нское	пи́во	моро́женое
гита́ра	наш преподава́тель	сла́дкое (*dessert*)
	ку́хня	

1. На́до убра́ть (*clean up*) кварти́ру: _____, _____ и _____.
2. На́до позвони́ть _____.
3. На́до пригласи́ть _____.
4. На́до купи́ть мно́го _____, _____ и _____.
5. На́до попроси́ть дру́га принести́ _____.

❖ 13.5. MOTION VERBS WITH ‹ПО + DATIVE›

Мы уже́ два́дцать мину́т **хо́дим по у́лице** о́коло авто́бусной остано́вки.	We've been walking up and down the street near the bus stop for twenty minutes already.
Я це́лый день **хожу́ по магази́нам**.	I've been going from store to store all day long.

When multidirectional verbs of motion (such as **ходи́ть**, **е́здить**, **бе́гать**) are used in conjunction with ‹по + Dative›, the effect is to render the idea of motion back and forth, from place to place, round and round, or with no specific direction, as in the preceding examples. Contrast that meaning with the unidirectional counterparts of these verbs (**идти́**, **е́хать**, **бежа́ть**) used with ‹по + Dat.› to convey motion in one direction (down the street, along the river, and so on).

Скажи́ мне, с кем сейча́с Са́ша **идёт по у́лице**.	Tell me who Sasha's walking down the street with.
Мо́жет быть, ты зна́ешь, кто сейча́с **бежи́т по у́лице**?	Maybe you know who's running along the street just now?

УПРАЖНЕ́НИЕ 6 Motion verbs and the preposition «по»

Insert the appropriate form of the multidirectional verbs **ходи́ть** and **е́здить** or the unidirectional verbs **идти́** and **е́хать** as cued by the words in parentheses.

ОБРАЗЕ́Ц: Вы лю́бите _ходи́ть_ (*to walk around, shop*) по магази́нам?

1. Когда́ наш преподава́тель чита́ет ле́кцию, он всё вре́мя _____ (*walks*) по ко́мнате.
2. [*Tourist guide in a bus.*] Сейча́с мы с ва́ми _____ (*are driving*) по Но́вому Арба́ту. Посмотри́те напра́во. Э́тот большо́й магази́н — «Дом кни́ги».
3. Мой ста́рший брат — городско́й архите́ктор. Я люблю́ _____ (*to ride*) с ним по го́роду, потому́ что ка́ждый раз он расска́зывает что́-нибудь но́вое о на́шем го́роде.
4. Сего́дня 1-ое сентября́ — нача́ло заня́тий в шко́лах. По у́лице _____ (*are walking*) де́ти с больши́ми буке́тами цвето́в.
5. Студе́нты весь день _____ (*walked*) по музе́ям.
6. [*A highway patrolwoman is speaking on her phone as she drives.*] Я _____ (*am driving*) по шоссе́ 101. Передо мной _____ (*is driving*) кра́сная «Тойо́та».
7. Ле́том наш преподава́тель _____ (*drove*) по Ита́лии. Он показа́л нам фотогра́фии и рассказа́л мно́го интере́сного о ра́зных истори́ческих места́х.

Motion Verbs with ‹по + Dat.›. Students have also seen the sentence У меня́ ма́ло свобо́дного вре́мени, но когда́ есть вре́мя, я гуля́ю по го́роду. This sentence also conveys the sense of back-and-forth meandering, though it does not employ a multidirectional verb of motion.

Упр. 6. AK. 1 хо́дит; 2 е́дем; 3 е́здить; 4 иду́т; 5 ходи́ли; 6 е́ду; е́дет; 7 е́здил.

Упр. 6. Invite students to suggest other contexts in which they might use phrases like ходи́ть по музе́ям (по ко́мнате), е́здить по го́роду (по Росси́и, по Евро́пе), etc.

13.6. USE OF THE DATIVE CASE: SUMMARY

Here are some common uses of the Dative:

1. To show the recipient of something
   - дава́ть / дать ... кни́гу, фотогра́фию ... **дру́гу, ма́тери**
   - говори́ть / сказа́ть ... пра́вду, комплиме́нт ... **подру́ге, отцу́**
   - писа́ть / написа́ть ... письмо́, откры́тку ... **преподава́телю, ба́бушке**
   - покупа́ть / купи́ть ... пода́рки, цветы́ ... **друзья́м, роди́телям**
   - приноси́ть / принести́ ... шампа́нское, журна́л ... **сестре́, му́жу**

   Some verbs take only the Dative (indirect object).
   - звони́ть / позвони́ть ... **сы́ну, до́чери**
   - отвеча́ть / отве́тить ... **де́душке, врачу́**[10]
   - помога́ть / помо́чь ... **дру́гу, ма́ме**

2. In certain impersonal expressions
   - **мне (ему́, ей, ...)** мо́жно/нельзя́ + infinitive
   - **мне (ему́, ей, ...)** ну́жно/на́до + infinitive
   - **мне (ему́, ей, ...)** пора́ + infinitive

   Many of these describe a physical or mental state.
   - **мне (ему́, ей, ...)** хо́лодно/жа́рко
   - **мне (ему́, ей, ...)** интере́сно/ску́чно
   - **мне (ему́, ей, ...)** ве́село/гру́стно (*sad*)
   - **мне (ему́, ей, ...)** прия́тно/неприя́тно
   - **мне (ему́, ей, ...)** тру́дно/легко́

3. With certain prepositions
   - «к»: (идти́) к ба́бушке, (пода́рок) к 8 [восьмо́му] Ма́рта, (пода́рок) к Же́нскому дню
   - «по»: **по телефо́ну, по телеви́зору, по доро́ге, по ко́мнате, по у́лице, по магази́нам**

4. When expressing age
   - **мне (ему́, ей, ...)** девятна́дцать лет

5. Other constructions
   - **мне (ему́, ей, ...)** ка́жется
   - **мне (ему́, ей, ...)** хо́чется
   - **мне (ему́, ей, ...)** нра́вится, понра́вилось ...
   - **мне (ему́, ей, ...)** везёт, повезло́
   - **мне (ему́, ей, ...)** ну́жен (нужна́, ну́жно, нужны́) + noun (in Nominative case)

УПРАЖНЕ́НИЕ 7   Мой брат гото́вится к 8 Ма́рта

Marina is on the phone telling her friend Raisa about her brother's preparations for **8 Ма́рта**. Supply noun endings or logical pronouns (in some cases more than one interpretation may be acceptable) and be prepared to explain the various uses of the Dative.

---

[10]Remember, however, that **спра́шивать / спроси́ть** takes the Accusative (**Она́ спроси́ла ма́му**...) or the Genitive with **у** (**Она́ спроси́ла у ма́мы**...).

Мы с бра́том не зна́ем, что купи́ть ма́м_____¹ к Восьм_____² Ма́рта. Я _____³ говорю́: — Мо́жет быть, подари́ть _____⁴ цветы́? А он _____⁵ отвеча́ет: — Цветы́, цветы́ . . . Ка́ждый год цветы́. Ты не ду́маешь, что же́нщин_____⁶ неинтере́сно получа́ть ка́ждый год цветы́? Мо́жет быть, наш_____⁷ ма́м_____⁸ хо́чется что́-нибудь друго́е! Бе́дный (poor) Ди́ма! _____⁹ ка́жется, что он пло́хо понима́ет же́нщин. _____¹⁰ всегда́ нра́вятся цветы́! Мужчи́н_____¹¹ не на́до до́лго ду́мать о том, что _____¹² купи́ть. Наприме́р, па́па всегда́ покупа́ет цветы́, когда́ мы идём к ба́бушк_____¹³ в го́сти. Ой, извини́, Ра́я. Брат говори́т, что _____¹⁴ сро́чно (urgently) ну́жен телефо́н. И _____¹⁵ пора́ идти́ на рабо́ту. Пока́!

Упр. **7. AK.** 1 ма́ме; 2 восьмо́му; 3 ему́; 4 ей; 5 мне; 6 же́нщинам; 7 на́шей; 8 ма́ме; 9 Мне; 10 Им *or* Нам; 11 Мужчи́нам; 12 им *or* нам; 13 ба́бушке; 14 ему́; 15 мне.

УПРАЖНЕ́НИЕ 8   Но́вое знако́мство

While visiting Moscow, you and a friend are going to a party where you're sure to meet some Russians. They might ask you questions like these, most of which involve various uses of the Dative case. Working with a classmate, try to answer them. Switch roles halfway through.

1. Где вы у́читесь? На како́м вы ку́рсе?
2. Вам нра́вится ваш университе́т? Что вам там бо́льше всего́ нра́вится?
3. Вам нра́вится Росси́я? Что вам нра́вится (и́ли не нра́вится) у нас?
4. Вам тепе́рь ле́гче говори́ть по-ру́сски, чем два ме́сяца наза́д?
5. Вы ходи́ли когда́-нибудь на футбо́льный матч? Вам понра́вилось и́ли вам бы́ло ску́чно?
6. Вы ча́сто пи́шете домо́й пи́сьма о том, что вы де́лаете в Росси́и? Кому́ вы пи́шете?
7. Вы покупа́ете ру́сские сувени́ры? Кому́ вы их да́рите?

Что она́ продаёт? Что она́ чита́ет?

> **reVERBerations** ⭐ *Стоять в очереди vs. стать в очередь*
>
> **В очереди** два часа **стояла**.   I was standing in a line for two hours.
>
> Я, конечно, тоже **стала в очередь**.   So of course, I also got in line.
>
> The **где** vs. **куда** distinction with respect to cases which you have seen in other phrases can also be seen at work here.
>
> **стоять в очереди** <в + Prep.> = to stand in line (**где?**)
>
> **стать в очередь** <в + Acc.> = to get into line (**куда?**)

 # КУЛЬТУРА РЕЧИ

❖ ТАК ГОВОРЯТ: ИНТЕРЕСНО, ...?

Интересно, где Александра?   *I wonder where Aleksandra is?*

Starting a sentence with **Интересно, ...?** followed by a clause that begins with a question word is like beginning a sentence in English with *I wonder* ...

УПРАЖНЕНИЕ 9 Вопросы, вопросы!

Working with a classmate, develop a couple of short dialogues based on some of the following situations. Use one or more examples of an appropriate direct question such as **Скажите, пожалуйста ...** or **Вы не знаете ... (Вы не скажете ...)** or an expression of curiosity such as **Интересно, ...**

1. Вы турист, вы первый раз в Москве.
2. Вы хотите узнать, что коллекционирует (*collects*) ваш русский друг.
3. Вы хотите узнать, сколько стоит билет в кинотеатр.
4. Ваша сестра получила письмо от друга, и вы хотите узнать, где он сейчас работает.
5. Завтра день рождения вашей матери (вашего друга), и вы не знаете, что ей (ему) подарить.
6. Вы забыли, когда у вас консультация† в университете.
7. Вы не знаете, в каких кинотеатрах идёт новый фильм.
8. Вы забыли, какой автобус идёт в центр города.

Чай из самова́ра!

❖ САМОПРОВЕ́РКА: УПРАЖНЕ́НИЕ 10

Working on your own, try this self-test: Read a Russian sentence out loud, then give an idiomatic English equivalent without looking at the book. Then work from English to Russian. After you have completed the activity, try it with a classmate.

1. — Когда́ я пришла́ в теа́тр, я сра́зу ста́ла в о́чередь за биле́тами.
   — А до́лго ты стоя́ла в о́череди?
   — До́лго, два часа́, зато́ вот биле́ты!

2. — Сего́дня заня́тий не бу́дет.
   — Почему́?
   — Неуже́ли ты не зна́ешь, в го́роде эпиде́мия гри́ппа?

3. — Я купи́л гара́ж.
   — Заче́м тебе́ гара́ж, е́сли нет маши́ны?

4. Смотри́, кака́я больша́я о́чередь в кинотеа́тр! Интере́сно, како́й фильм тут идёт?

5. Ви́тя, ты же не зна́ешь мою́ подру́гу, Та́ню Жили́нскую! Дава́й я вас познако́млю.

6. Мы всё у́тро е́здили по го́роду, и без ка́рты я совсе́м заблуди́лся.

1. "When I arrived at the theater I immediately got in line for tickets."
   "And did you stand in line for a long time?"
   "A long time, two hours, nevertheless, here are the tickets!"

2. "There won't be any classes today."
   "Why not?"
   "You really don't know that there's a flu epidemic in the city?"

3. "I got a garage."
   "What do you need a garage for if you don't have a car?"

4. Look at that big line for the movie theater! I wonder what film is playing here?

5. Vitya, you mean you don't know my friend Tanya Zhilinskaya? Let me introduce (the two of) you.

6. We drove around town all morning, and without a map I got completely lost.

❖ ВОПРОСЫ И ОТВЕТЫ: УПРАЖНЕНИЕ 11

1. Ты когда-нибудь покупаешь подарки свои́м родителям? А друзья́м? Ты кому́-нибудь покупаешь цветы́? А что ещё ты покупаешь?
2. Что ты обы́чно да́ришь дру́гу (подру́ге, бра́ту, сестре́) на день рожде́ния? А на сва́дьбу?
3. Ты лю́бишь ходи́ть по магази́нам? Ты ча́сто э́то де́лаешь? С кем ты обы́чно хо́дишь по магази́нам?
4. Ты ча́сто стои́шь в о́череди, когда ты хо́дишь по магази́нам?
5. У тебя́ до́ма есть кофе́йный и́ли ча́йный серви́з? Ты его́ купи́л (купи́ла) и́ли тебе́ его́ подари́ли?
6. Ты бо́льше лю́бишь чай и́ли ко́фе? Ты пьёшь чай с молоко́м? С лимо́ном? С са́харом? А ко́фе ты пьёшь с молоко́м? С са́харом?
7. Как ты ду́маешь, кофе́йный набо́р — э́то хоро́ший пода́рок?

❖ ДИАЛОГИ

ДИАЛОГ 1 Купи́ть хоро́ший пода́рок тру́дно
(Planning for shopping)

— Пётр, ты уже́ купи́л пода́рок Ка́те к 8 [восьмо́му] Ма́рта?
— Ещё нет. Я ника́к (*just*) не могу́ реши́ть, что ей купи́ть.
— Но до 8 [восьмо́го] Ма́рта оста́лся то́лько оди́н день!
— Ничего́. Сего́дня я бу́ду ходи́ть по магази́нам. Мо́жет быть, я куплю́ ей францу́зские духи́ (*perfume*). А за́втра у́тром я пойду́ на ры́нок и куплю́ ей цветы́.
— Но францу́зские духи́ — э́то о́чень до́рого!
— Но ведь э́то для Ка́ти!

ДИАЛОГ 2 Интере́сно, где Ди́ма
(Planning for shopping)

— Интере́сно, где Ди́ма. Он до́лжен был верну́ться два часа́ наза́д.
— Заче́м он тебе́ ну́жен?
— Он обеща́л, что мы бу́дем ходи́ть по магази́нам сего́дня днём. Мне на́до купи́ть пода́рки.
— Вы бу́дете стоя́ть в о́череди в ка́ждом магази́не, потому́ что сего́дня все покупа́ют пода́рки к 8 [восьмо́му] Ма́рта.

УПРАЖНЕНИЕ 12 Ваш диало́г

Create a dialogue in which you seek the advice of a friend or salesclerk on what might make a good birthday gift for another friend (or relative).

❖ А ТЕПЕ́РЬ...: УПРАЖНЕНИЕ 13

Working with a classmate, use what you learned in Part 2 to . . .

1. ask if she likes Dostoevsky's novels or Tchaikovsky's music
2. ask if she likes shopping (walking around stores), and if she does it frequently
3. express curiosity about why she bought something that she has with her
4. find out if she had to stand in line when she bought it, and if so, for how long

ЧАСТЬ ТРЕТЬЯ

 С ЧЕГО НАЧАТЬ?

С чего начать? Suggested Activities. Do a walkabout activity in which all students ask each other what they would like to receive as a birthday present: Какой подарок ты хочешь получить на день рождения? А что ещё? **Variation:** Have them ask what their classmates received on their last birthday and find out if any two students received the same item: Когда у тебя был день рождения (в прошлый раз)? А что тебе подарили? *or* Что тебе подарили на день рождения в прошлый раз?

ПОДАРКИ

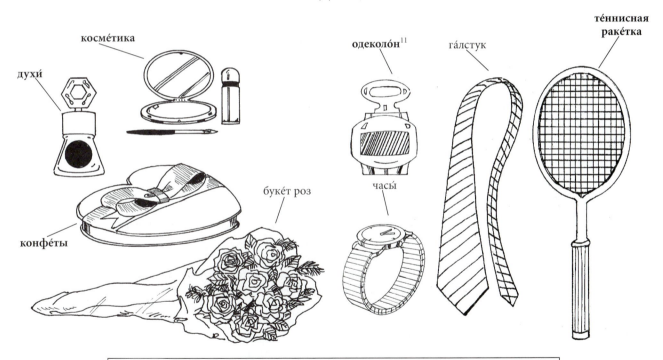

Что бы вы хотели (*What would you like*) получить в подарок ко дню рождения?

---

[11]**Одеколон** is from the French phrase *eau de cologne* and is written as one word.

ЧТЕНИЕ

Reading Introduction (see also WB/LM).
1. Кто такáя Татья́на Михáйловна? (Это учи́тельница Вóвы.) Что Вóва ей купи́л? (Тюльпáны.) Где Вóва купи́л тюльпáны? (На ры́нке.)
2. Почемý Джим грýстный? (Он хóчет купи́ть подáрок к 8 [восьмóму] Мáрта, но ничегó не мóжет найти́.) Для когó Джим хóчет купи́ть подáрок? (Мы не знáем.)
3. Кто помогáет Джи́му? (Ви́ктор.)

❖ ПОДÁРОК КУПИ́ТЬ ВСЕГДÁ НЕЛЕГКÓ

Scene A

(*Vova and his friend Petya meet Jim on the street.*)

ПÉТЯ. Здрáвствуйте!
ДЖИМ. Привéт, ребя́та! Кудá бежи́те?
ВÓВА. В шкóлу. Жéнщин поздравля́ть.
ДЖИМ. Каки́х жéнщин?
ВÓВА. Нáших, конéчно. Вот ви́дишь — тюльпáны для Татья́ны Михáйловны. Это нáша учи́тельница. И фиáлки для всех девчóнок° в **клáссе.**† Четы́рнадцать букéтиков.°

girls (colloquial)
small bouquets

ДЖИМ. Где вы купи́ли таки́е краси́вые цветы́? Я в магази́нах таки́х не ви́дел.
ВÓВА. На ры́нке. Цветы́ нýжно покупáть тóлько на ры́нке и́ли вóзле метрó. (*Sure that they're talking about flowers for Lena.*) Тóлько гвозди́ки не покупáй, осóбенно бéлые. Гвозди́ки онá не лю́бит.
ДЖИМ. (*Impressed by the knowledgeable Vova.*) Ты дýмаешь?
ВÓВА. Я увéрен. **На все сто процéнтов.**°

На... A hundred percent.

ДЖИМ. Бýду знать. Каки́е у вас краси́вые тюльпáны! И крáсные, и жёлтые, и дáже **фиолéтовые**°! Мóжет быть, мне тóже купи́ть тюльпáны?

violet (colored)

ВÓВА. (*Importantly.*) Лýчше рóзы. Это, конéчно, дóрого, но затó óчень краси́во.
ДЖИМ. Спаси́бо за совéт. Покá!
ВÓВА. Покá! Желáю **успéха**°!

Желáю... Best of luck!

Scene B

(*Three hours later. Viktor walks up to Jim, who looks rather glum.*)

ВИ́КТОР. Приве́т, Джим. Почему́ ты тако́й **гру́стный**°? Что́-нибудь случи́лось?

ДЖИМ. Мне сего́дня не везёт. Мне ну́жно купи́ть пода́рок к 8 [восьмо́му] Ма́рта. Я це́лый день хожу́ по магази́нам, но **ника́к**° не могу́ реши́ть, что купи́ть. Е́сли **бы** я знал,° что э́то бу́дет так тру́дно, я бы попроси́л друзе́й присла́ть что́-нибудь из Аме́рики.

ВИ́КТОР. Да, хоро́ший пода́рок купи́ть всегда́ нелегко́. А что ты хо́чешь ей подари́ть? Духи́? Косме́тику?

ДЖИМ. Я не зна́ю, каки́е духи́ она́ лю́бит. Косме́тикой она́, по-мо́ему, не **по́льзуется.**° Не зна́ю, что де́лать.

ВИ́КТОР. У меня́ иде́я! Сейча́с мы пойдём в оди́н магази́н и ку́пим прекра́сный пода́рок! Тако́й пода́рок не сты́дно подари́ть° да́же люби́мой де́вушке!

ДЖИМ. Ви́ктор, э́то замеча́тельно! А что э́то за пода́рок?

ВИ́КТОР. Я тебе́ расскажу́ по доро́ге.

sad

just

Е́сли. . . *if I had known*

не по́льзуется *doesn't use*

Тако́й. . . *A gift you won't be embarrassed* [lit. *ashamed*] *to give*

УПРАЖНЕ́НИЕ 1   Под микроско́пом: Вы хорошо́ чита́ли?

Try to answer the following questions without looking back at the reading.

1. Кого́ Джим встреча́ет на у́лице?
   а. Ле́ну и Са́шу
   б. Пе́тю и Во́ву
   в. Ба́бушку и де́душку
2. Для кого́ Пе́тя купи́л тюльпа́ны?
   а. Для учи́тельницы, Татья́ны Миха́йловны
   б. Для сосе́дки, Татья́ны Дми́триевны
   в. Для сосе́дки, студе́нтки Та́ни
3. Что говори́т Во́ва, где ну́жно покупа́ть цветы́?
   а. В магази́не
   б. В университе́те
   в. На ры́нке и́ли во́зле метро́
4. Кто помога́ет Джи́му найти́ хоро́ший пода́рок?
   а. Са́ша
   б. Ви́ктор
   в. Профе́ссор Петро́вский
5. Что Джим покупа́ет?
   а. Цветы́
   б. Духи́
   в. Мы не зна́ем

ГРАММАТИКА И ПРАКТИКА

О РОССИИ

CONVENIENCE SHOPPING

Цветы́ ну́жно покупа́ть то́лько на ры́нке или во́зле метро́.

In large cities such as Moscow and St. Petersburg, many residents find it convenient to be able to stop by small kiosks, shopping stands, or mini-stores on their way to or from work and home rather than go into a large store. Such facilities are typically located where there is a high volume of pedestrians, such as near metro stations and bus transfer points. They are often very specialized: newspapers, magazines, and tobacco products may be available at one, next to which is another where flowers are on sale (very handy for when you're on your way to a dinner invitation!), next to which is a third where you can buy ice cream cones or other frozen treats. Sometimes you'll find a shoe repair stand that will quickly fix a broken heel or sell you a shoelace, and at other times you may find a small table at which a variety of books are for sale.

13.7. THE CONDITIONAL-HYPOTHETICAL MOOD: ÉСЛИ БЫ Я ЗНАЛ...

Éсли **бы** я знал,... **я бы** попроси́л...	If I had known,... I would have asked...

If... then... statements can be presented as either likely to happen (often called *actual* or *real*) or unlikely to happen (often called *conditional-hypothetical*[12]). Compare these two sentences:

CONDITIONAL-REAL

Éсли он мне **помо́жет**, мы всё **сде́лаем** за два часа́.	If he helps me, we'll get it all done in two hours.

CONDITIONAL-HYPOTHETICAL

Éсли **бы** он мне **помо́г**, мы **бы** всё **сде́лали** за два часа́.	If he helped me (If he were to help me), we'd get it all done in two hours.
	and
	If he had helped me, we'd have gotten it all done in two hours.

The first Russian sentence describes a situation that the speaker regards as likely to happen and, if it does, it will have a definite consequence. The second sentence describes the same situation in a more doubtful light than the first; this is called the conditional-hypothetical mood. Notice that the second sentence has two English renderings: a present/future meaning and a past meaning. Russian uses the same construction for both and distinguishes present/future meanings (*if-X-were-to-happen*) from past meanings (*if-X-had-happened*) by context.

The key elements of a conditional-hypothetical construction are

1. <**éсли бы** + past tense> in the *if* (hypothetical) clause
2. <**бы** + past tense> in the *then* (main) clause

Key Elements. You may want to refer to the two types of clauses using the descriptive names "the éсли бы clause" and "the бы clause."

In the *then* clause, the **бы** may precede or follow the verb.

Éсли **бы** у меня́ бы́ли де́ньги, я **купи́ла бы** (я **бы купи́ла**) маши́ну.	If I had the money, I'd buy a car. If I'd had the money, I'd have bought a car.

As in English, either clause may come first in a sentence.

Я **бы пошёл** с ва́ми, **éсли бы** у меня́ бы́ло вре́мя.	I'd go (I'd have gone) with you if I had (if I'd had) the time.
Éсли **бы** у меня́ бы́ло вре́мя, я **бы пошёл** с ва́ми.	If I had (If I'd had) the time, I'd go (I'd have gone) with you.

---

[12]Conditional-hypothetical statements are also sometimes called "contrary-to-fact" statements.

Упр 2. Variation: Have pairs of students write sentences with a «éсли бы» clause on one card and a «бы» clause on another. Collect the cards and redistribute them so that each student gets one card with each kind of clause. Then have students circulate to find matches for their cards. EXAMPLE: — У меня [reads first card] и [reads second card]. А у тебя?

Упр. 2. AK. 1 ж; 2 д; 3 г; 4 б; 5 в; 6 з; 7 а; 8 е.

УПРАЖНЕНИЕ 2 Хороший подарок трудно купить!

Getting the right Women's Day gifts can be difficult. Match the following incomplete sentences, which state some of the pitfalls our male characters have encountered, with the completions on the right.

1. Если бы Джим не встретил Вову, _____
2. Если бы Джим знал, что цветы нужно покупать на рынке, _____
3. Если бы Джим больше знал о празднике 8 Марта, _____
4. Если бы 8 Марта было рабочим днём, _____
5. Если бы Александра Николаевна не стала в очередь, _____
6. Если бы Джим знал, что ему будет так трудно решить, что купить, _____
7. Если бы на рынке не было роз, _____
8. Если бы он знал, какие духи она любит, _____

а. Джим купил бы Тане красивые тюльпаны.
б. мужчины поздравляли бы своих колле́г-женщин в этот день.
в. она бы не купила кофейный набор.
г. он бы не просил Илью Ильича рассказать ему об этом празднике.
д. он бы сразу туда поехал.
е. он купил бы ей духи.
ж. он не знал бы, что цветы нужно покупать на рынке.
з. он попросил бы друзей прислать что-нибудь из Америки.

УПРАЖНЕНИЕ 3 О чём вы мечтаете (*dream*)?

Have you ever dreamed about how things could be different if you were rich, living somewhere else, and so on? Complete four or five of the following sentences and compare your answers with those of your classmates. Who has the biggest or most unique dreams?

1. Если бы я был (была) президентом США, . . .
2. Если бы я жил (жила) в Калифорнии (в России, в Африке), . . .
3. Если бы у меня было много денег, . . .
4. Если бы я стал (стала) врачом, . . .
5. Если бы я был чемпионом (была чемпионкой) мира по гимнастике, . . .
6. Если бы я был актёром (была актрисой), . . .
7. Если бы у нас сегодня был праздник, . . .
8. Если бы у меня была большая, новая машина, . . .
9. Если бы я играл (играла) на рояле (на гитаре, на саксофоне), . . .
10. Если бы я выиграл (выиграла) (*won*) в лотерею,† . . .

13.8 ASKING FOR SUGGESTIONS OR ADVICE: ЧТО МНЕ ДЕЛАТЬ?

Мо́жет быть, **мне** то́же **купи́ть** тюльпа́ны?	Maybe I, too, should buy some tulips?

A question that has the person who performs an action in the Dative case followed by an infinitive may be used when asking for suggestions, advice, and so on.

Что **мне подари́ть** Та́не на день рожде́ния?	What should I give Tanya for her birthday?
Мне ну́жен биле́т на по́езд. Куда́ **мне позвони́ть?**	I need a train ticket. Where should I call?

УПРАЖНЕНИЕ 4   Что ему́ (ей) де́лать?

Using <Dative + **на́до**> phrases, make suggestions to help your friends resolve the following situations:

ОБРАЗЕ́Ц: Ваш друг си́льно простуди́лся. Что ему́ де́лать?
→ Ему́ на́до вы́звать врача́ и́ли пойти́ в поликли́нику.

1. Макси́м то́лько что вспо́мнил, что за́втра день рожде́ния его́ ма́тери. Что ему́ де́лать?
2. Ири́на опозда́ла на заня́тия по ру́сскому языку́. Что ей сказа́ть преподава́телю?
3. Ива́н идёт к свои́м друзья́м в го́сти. Что ему́ взять с собо́й?
4. Мари́на была́ больна́ три дня. Кому́ ей позвони́ть, что́бы узна́ть дома́шнее зада́ние?
5. Ру́сские друзья́ На́ди пригласи́ли её на футбо́льный матч, а ей э́то неинтере́сно. Что ей сказа́ть им?

---

reVERBerations ✦ *По́льзоваться*

Косме́тикой она́, по-мо́ему, не **по́льзуется**.	*I don't think she uses makeup.*

The complement of the verb **по́льзоваться** (that is, the object of the word *used*) appears in the Instrumental case.

Упр. 5. АК. 1 пользуюсь пылесосом; 2 пользуется очками; 3 пользуетесь лифтом; 4 пользуемся палочками; 5 пользуемся стиральной машиной; 6 пользуются библиотекой; 7 пользуешься городским транспортом; 8 пользуются кухней.

УПРАЖНЕНИЕ 5 Пользоваться

Complete the sentences by adding an appropriate present-tense form of the verb **пользоваться** and a logical item from the following list:

библиотека	машина	палочки (*chopsticks*)
домашние средства	городской транспорт	стиральная машина
кухня	очки (*glasses*)	тостер
лифт	пылесос	часы

ОБРАЗЕЦ: Когда дедушка болеет, бабушка обычно <u>пользуется домашними средствами.</u>

1. Когда в квартире грязно (*dirty*), я _____.
2. Дедушка плохо видит, поэтому он _____ .
3. Вы живёте на четвёртом этаже. Вы обычно _____ или нет?
4. Когда едим китайскую еду (*food*), мы _____.
5. Когда не хватает чистой одежды (*clothes*), мы _____.
6. Когда надо заниматься, студенты часто _____.
7. Ты ездишь по городу на машине или _____.
8. Многие студенты не умеют готовить. Они редко _____.

КУЛЬТУРА РЕЧИ

ТАК ГОВОРЯТ: WHEN YOU HAVE SOMETHING IN MIND

Сейчас мы пойдём в **один** магазин . . .
Now we'll go to a (certain) store . . .

In this context **один** is not expressing a quantity but rather indicates that the speaker has in mind a particular store instead of other possible stores.

Я знаю **одного** человека, который . . .
I know a (certain) person who . . .

Мне сказали об **одном** музее, где . . .
They told me about a (certain) museum where . . .

❖ САМОПРОВЕРКА: УПРАЖНЕНИЕ 6

Working on your own, try this self-test: Read a Russian sentence out loud, then give an idiomatic English equivalent without looking at the book. Then work from English to Russian. After you have completed the activity, try it with a classmate.

1. Если бы у меня́ бы́ло вре́мя, я бы чита́ла бо́льше.
2. Что мне де́лать? Ва́ля сказа́ла, что придёт ро́вно в 7 часо́в. Сейча́с уже́ полвосьмо́го и её ещё нет.
3. Я зна́ю оди́н рестора́н, где де́лают о́чень вку́сные пирожки́.
4. Я бы купи́л (купи́ла) сестре́ косме́тику на день рожде́ния, но она́ косме́тикой не по́льзуется.

1. *If I had time, I would read more.*
2. *What should I do? Valya said that she'd arrive at 7:00 sharp. Now it's already 7:30 and she's still not here.*
3. *I know a certain restaurant where they make really good pirozhki.*
4. *I would have bought my sister makeup for her birthday, but she doesn't use makeup.*

❖ ВОПРОСЫ И ОТВЕТЫ: УПРАЖНЕНИЕ 7

1. Тебе́ когда́-нибудь дари́ли цветы́? Кто тебе́ их дари́л? Каки́е цветы́ тебе́ нра́вятся?
2. В на́шем го́роде есть ры́нок, где мо́жно купи́ть цветы́? Или цветы́ продаю́т то́лько в магази́нах?
3. Ты ча́сто да́ришь цветы́ свое́й ма́ме? Что ты ей подари́л (подари́ла) в про́шлом году́ на День Ма́тери?
4. Кому́ ещё ты да́ришь цветы́? Каки́е цветы́ ты обы́чно да́ришь?
5. Ты когда́-нибудь дари́л (дари́ла) цветы́ своему́ преподава́телю?
6. Каки́е пода́рки (сувени́ры) ты посыла́ешь свои́м друзья́м в други́е стра́ны?
7. Ты лю́бишь получа́ть в пода́рок духи́ и́ли одеколо́н?
8. Ты обы́чно до́лго хо́дишь по магази́нам, когда́ тебе́ ну́жно купи́ть пода́рок?

❖ ДИАЛОГИ

ДИАЛОГ 1 Цветы́ мо́жно купи́ть во́зле метро́
(Asking for advice about where to buy something)

— Каки́е краси́вые цветы́! Где ты их купи́л?
— На ры́нке.
— Мне то́же ну́жно купи́ть цветы́, но я не могу́ пое́хать на ры́нок. Нет вре́мени. Что де́лать?
— Цветы́ мо́жно купи́ть во́зле метро́. Во́зле на́шей ста́нции метро́ всегда́ продаю́т цветы́. Но э́то до́рого — доро́же, чем на ры́нке.
— Зато́ бы́стро.

ДИАЛОГ 2 Это тебе цветы
(Extending holiday greetings)

— Здравствуй, Галя! С праздником! Это тебе цветы.
— Спасибо, Серёжа. Какие красивые! Я их сразу поставлю в воду. Если бы я знала, что ты придёшь, я приготовила бы торт. Проходи в кухню, мы будем пить чай.
— Спасибо, с удовольствием. Слушай, Галя, тебе нравятся итальянские фильмы?
— Очень. А что?
— В «России» идёт новый итальянский фильм. Я очень хочу посмотреть его. Хочешь пойти?
— С удовольствием. Когда ты хочешь пойти? К сожалению, я сегодня и завтра очень занята.
— Может быть, в следующую субботу?
— Отлично!

УПРАЖНЕНИЕ 8   Ваш диалог

A roommate or friend of yours has just returned from a trip. Create a dialogue in which you take note of (and compliment) something he has bought and ask where he got it and whom it is for.

◆ А ТЕПЕРЬ . . . : УПРАЖНЕНИЕ 9

Working with a classmate, use what you learned in Part 3 to . . .

1. tell about something you would do (or some place you would go) if you had the time, then find out if he has ever done this (or gone there)
2. find out what he would say if he met the president (his favorite actor/actress, athlete, and so on)
3. say what you'd do if you were rich and then find out what he would do if he were rich
4. describe a problem (real or imaginary) you have and ask him what you should do

ЧАСТЬ ЧЕТВЁРТАЯ

 С ЧЕГО НАЧАТЬ?

С чего начать? Suggested Activities. Have students describe the relative locations of the plate, napkin, and silverware using Слéва (Спрáва) от (+ Gen.) лежи́т... Avoid items that require стоя́ть at this point since students don't yet know that they need to distinguish between лежáть and стоя́ть.

PLACE SETTINGS ON THE TABLE

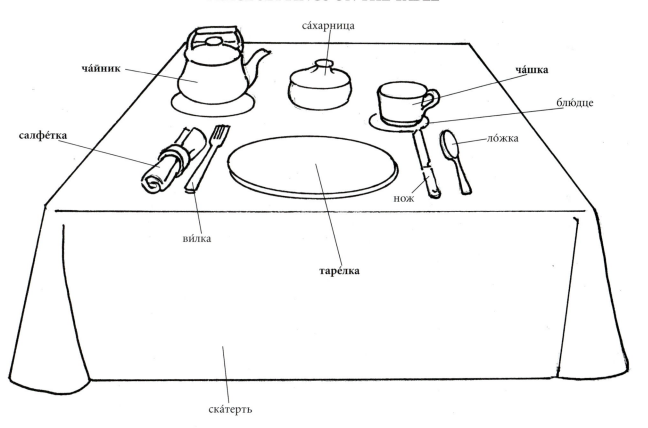

Слéва (Спрáва) от тарéлки лежи́т (*is lying*)...

ЧТЕНИЕ

Reading Introduction (see also WB/LM).
1. Кто принёс цветы Лёне — Виктор или Джим? (Виктор.) А кому Джим принёс цветы? (Тане.)
2. Кто ещё принёс цветы Тане и Свете? (Саша.)
3. Кому Илья Ильич принёс цветы? (Тане, Свете и Татьяне Дмитриевне.)
4. Сколько кофейных наборов оказалось в конце концов в квартире Татьяны Дмитриевны? (Три. Один принёс Джим, второй — Саша и третий — Илья Ильич.)

❖ С ПРАЗДНИКОМ!

(*March 8. The Silins' apartment. Natalya Ivanovna is standing at the window, looking out at the street.*)

Это... *I'm the one who told him*

накрывай... *set the table*
appetizers

Чтение (1): Imperatives накрывай, ставь, неси. Note the use of the imperfective commands. The imperfective is preferred to convey instructions that arise naturally from a given set of circumstances (in this case, the arrival of a visitor, which requires that a table be prepared).

такой... *just as*

НАТАЛЬЯ ИВ. Посмотрите, вон Джим идёт с букетом роз.
ВОВА. (*Casually.*) Это я ему **посоветовал**° купить розы.
(*Lena looks quizzically at Vova.*)
НАТАЛЬЯ ИВ. Скорее! Он сейчас будет здесь. (*Lena's quizzical look shifts to her mother.*) Лёна, **накрывай на стол.**° Ставь тарелки, чашки. Вова, неси из кухни **закуски.**°

(*After a few moments the doorbell rings. Natalya Ivanovna opens the door and finds Viktor holding flowers and two boxes.*)

ВИКТОР. Здравствуйте, Наталья Ивановна. Поздравляю вас с праздником. (*He gives her flowers and a box of candy.*)
НАТАЛЬЯ ИВ. (*Bewildered.*) Спасибо.
ЛЁНА. (*Appears at the doorway.*) Витя, привет!
ВИКТОР. С праздником! Будь всегда такой же° красивой! (*Gives her flowers and a box of candy.*)
ЛЁНА. Спасибо, Витя! Проходи, будем чай пить.

(*From his room Vova hears the arrival. Thinking it's Jim, he comes out to greet him.*)

ВОВА. Джим, я хочу тебе показать... (*Sees Viktor, falls silent.*)
ВИКТОР. Если тебе нужен Джим, ты, я думаю, найдёшь его в квартире № 7.

(*Vova looks blankly at him. At this moment Jim rings the bell at Apartment 7. Tanya answers.*)

ДЖИМ. (*Extends roses to Tanya.*) С праздником.
ТАНЯ. Какие чудесные розы! Спасибо, Джим. Заходи, пожалуйста!
ДЖИМ. (*He offers a gift box.*) А это тебе. Надеюсь, тебе понравится.
ТАНЯ. Спасибо. Я уверена, что понравится. Сейчас я поставлю цветы в воду, а потом открою **коробку.**°   box
ДЖИМ. А эти цветы — для Татьяны Дмитриевны и для Светы.

(*The doorbell rings a second time. Tanya opens the door and sees Sasha holding three bouquets and a gift bag.*)

САША. (*Hands Tanya one of the bouquets.*) С праздником!
ТАНЯ. Сашенька, спасибо. Заходи. Света только что звонила, она будет через двадцать минут. А Джим уже здесь.
САША. Привет, Джим!
ДЖИМ. Привет!
САША. Таня, а Татьяна Дмитриевна дома?
ТАНЯ. Да, она на кухне. Мы с ней готовим закуски.
САША. Джим, давай поздравим Татьяну Дмитриевну.
ДЖИМ. **Пойдём!**°   Let's go
САША И ДЖИМ. (*Going into the kitchen.*) Здравствуйте, Татьяна Дмитриевна, с праздником! (*They hand her the flowers.*)
ТАТЬЯНА ДМ. Спасибо, мальчики. Какие чудесные цветы!

Чтение (2): **на кухне**. Although some speakers tend to say **на кухне** for people and **в кухне** for objects, this use is not consistent.

(*The doorbell rings a third time. Tatyana Dmitrievna answers. The professor is there, holding three bouquets and a gift bag.*)

ИЛЬЯ ИЛЬИЧ. Здравствуйте, Татьяна Дмитриевна. **Разрешите**° поздравить вас с праздником.   Allow (me)
ТАТЬЯНА ДМ. Спасибо, Илья Ильич.
ИЛЬЯ ИЛЬИЧ. А это небольшой подарок . . . (*He gives her a bouquet of roses and glances down at the gift bag he is holding.*)
ТАТЬЯНА ДМ. Вы так внимательны. Заходите, пожалуйста.
ИЛЬЯ ИЛЬИЧ. Спасибо. А это цветы для ваших девушек. Надеюсь, они дома?

(They enter the living room, where Tanya, Jim, and Sasha are seated.)

ИЛЬЯ ИЛЬИЧ. Добрый день, молодые люди!
ВСЕ. Здравствуйте.
ИЛЬЯ ИЛЬИЧ. Таня, поздравляю вас с праздником. *(Gives her flowers.)*
ТАНЯ. Спасибо, Илья Ильич.
ИЛЬЯ ИЛЬИЧ. А где же Света?
ТАНЯ. Света скоро вернётся. Посмотрите, какой чудесный набор мне подарил Джим! Спасибо, Джим.

(The professor turns pale.)

САША. Какое **совпадение**°! У меня точно **такой же**° набор для Светы.

coincidence / такой... the same

(The professor is crestfallen.)

ТАТЬЯНА ДМ. Илья Ильич, что с вами?
ИЛЬЯ ИЛЬИЧ. Нет-нет, всё в порядке. Просто я хотел сделать вам **оригинальный**† подарок...
ДЖИМ. Неужели и у *вас* такой же набор?
ИЛЬЯ ИЛЬИЧ. *(Nodding sadly, opening the bag with his gift.)* Увы...°

Alas... identical

ТАТЬЯНА ДМ. Но ведь это замечательно, что они **одинаковые**°!

(Sveta enters.)

СВЕТА. Здравствуйте. Какие красивые чашки! Чьи это?
САША. Это — Татьяны Дмитриевны, это — Танины,° а это твой.

Tanya's

ТАТЬЯНА ДМ. Наконец, в нашей квартире есть один большой сервиз!

Чтение (3): **Танины.** Systematic treatment of possessive forms derived from first names, such as this example, is beyond the scope of this textbook. It is sufficient for students to recognize such forms in context.

УПРАЖНЕНИЕ 1 Под микроскопом: Что кому?

Fill in the chart to indicate who in the top row has given what to whom in the left column. Leave blanks if no gifts are mentioned.

	ВИ́КТОР	ДЖИМ	СА́ША	ИЛЬЯ́ ИЛЬИ́Ч
НАТА́ЛЬЕ ИВА́НОВНЕ	цветы́ и конфе́ты			
ЛЕ́НЕ				
ТА́НЕ				
ТАТЬЯ́НЕ ДМИ́ТРИЕВНЕ				
СВЕ́ТЕ				

Упр. 1. АК. When the students have completed their charts, have them give you their answers using sentences of the form Ви́ктор подари́л Ната́лье Ива́новне цветы́ и конфе́ты. Answers: Ви́ктор подари́л Ната́лье Ива́новне и Ле́не цветы́ и конфе́ты; Джим подари́л Та́не цветы́ (ро́зы) и кофе́йный набо́р; Джим подари́л Татья́не Дми́триевне и Све́те цветы́; Са́ша подари́л Та́не и Татья́не Дми́триевне цветы́; Са́ша подари́л Све́те цветы́ (ро́зы) и кофе́йный набо́р; Илья́ Ильи́ч подари́л Та́не и Све́те цветы́; Илья́ Ильи́ч подари́л Татья́не Дми́триевне цветы́ (ро́зы) и кофе́йный набо́р.

ГРАММА́ТИКА И ПРА́КТИКА

О РОССИ́И

ЧАЙ И ЗАКУ́СКИ

Скоре́е! Он сейча́с бу́дет здесь. Ле́на, накрыва́й на стол. Ставь таре́лки, ча́шки. Во́ва, неси́ из ку́хни заку́ски.

Guests visiting a Russian home anytime after noon will most likely be offered something to eat and drink. If the visit is near mealtime, guests may be offered a multicourse feast; otherwise, they may be offered something lighter. The drink will likely be **чай** but could be **ко́фе**, **фрукто́вый чай**, or—especially in the summer—**сок**, **минера́льная вода́**, **лимона́д** or **пе́пси**, or any combination of the preceding.[13] To eat, you may be offered **заку́ски**, **бутербро́ды**, or dessertlike fare, such as **пече́нье** (*cookies*), **торт**, **пиро́жные**, or **кекс** (*pound cake with raisins*).

---

[13] If you ask for water, you will probably be served **минера́льная вода́**, **сок**, or **лимона́д**, because Russians are not used to drinking tap water, which is often unsafe. Note also that if your host offers **во́дочка**, you will be served *a little drink of* **во́дка**, not water, the diminutive of which is **води́чка**.

Verbs of Placement (1). Similar motion vs. location contrasts that students have encountered include стать в о́чередь vs. стоя́ть в о́череди and идти́ в го́сти vs. быть в гостя́х.

Verbs of Placement (2). The imperatives and the perfective past tenses are probably the most useful forms of these verbs.

Verbs of Placement (3). With the exception of телефо́ны-автома́ты, most Russian telephones "stand" (стоя́т), though some "hang" (вися́т). Overlap exists between equivalents for "hanging up": the phrase ве́шать / пове́сить тру́бку (*to hang up the phone*) (Пове́сь тру́бку // не ве́шай тру́бку) is used for both types of phones. Similarly, the phrase класть / положи́ть тру́бку (Положи́ тру́бку // Не клади́ тру́бку) is also common, even in reference to a hanging phone.

Упр. 2. АК. 1 поста́вила; 2 поста́вила; 3 принесла́; 4 поста́вила; 5 поста́вила; 6 положи́ла; 7 положи́ла; 8 принесла́; 9 поста́вила; 10 поста́вила; 11 принесла́.

Упр. 2 (1). Bring in props and have students act out this exercise (in the first person). It can be narrated in various ways: in the past perfective (as here); in the present tense (Сейча́с я ста́влю цветы́ в ва́зу. . .); or as a pair activity, where one student tells another what to do, using imperatives (положи́, поста́вь).

Упр. 2 (2). Now that students know which items are placed in a standing position and which in a lying position, have them return to С чего́ нача́ть? and, working in pairs, describe the order in which someone sets the table. Ask them to use verbs of placement and include phrases that describe relative location (сле́ва/спра́ва от + Gen., ря́дом с + Instr., etc.).

❖ 13.9. VERBS OF PLACEMENT

Ле́на **поста́вила** на стол таре́лки и ча́шки.

Lena put plates and cups on the table.

Russian has no verb as general as the English verb *to put*. Rather, Russian makes a distinction between something that is placed in a standing position (especially containers such as a box, vase, cup, and anything with a base, even a small one such as that beneath a saucer or plate) and something that is placed lying down (such as a knife or fork on a table, clothing in a suitcase, or food on a plate). Some items may be placed either way, and the verb used changes accordingly: A book, for example, may be placed standing up on a bookshelf or lying down on a bookshelf or table.

The "placement" verbs are **куда́** verbs: Because they indicate motion, they are followed by <**в** or **на** + Accusative>. The key forms of these verbs are shown in the following chart:

	IMPERFECTIVE	PERFECTIVE
To place (*standing up*)	ста́вить (ста́влю, ста́вишь, . . . ста́вят) *Imperative:* Ставь(те) . . .	поста́вить (поста́влю, поста́вишь, . . . поста́вят) *Imperative:* Поста́вь(те) . . .
To place (*lying down*)	класть (кладу́, кладёшь, . . . кладу́т) *Imperative:* Клади́(те) . . .	положи́ть (положу́, поло́жишь, . . . поло́жат) *Imperative:* Положи́(те) . . .
To place (*hanging up*)	ве́шать (ве́шаю, ве́шаешь, . . . ве́шают) *Imperative:* Ве́шай(те) . . .	пове́сить (пове́шу, пове́сишь, . . . пове́сят) *Imperative:* Пове́сь(те) . . .

УПРАЖНЕ́НИЕ 2 Ле́на накры́ла на стол

Fill in the blanks with verbs that describe how Lena set the table, using **поста́вила**, **положи́ла**, and **принесла́** according to context.

Ле́на _____¹ цветы́ в ва́зу. Пото́м она́ _____² ва́зу с цвета́ми на стол. Она́ _____³ из ку́хни ча́шки с блю́дцами, таре́лки, ло́жки и ви́лки. Она́ _____⁴ на стол ча́шки, _____⁵ ря́дом с ни́ми таре́лки и _____⁶ ло́жки и ви́лки. Ря́дом с ка́ждой таре́лкой она́ _____⁷ салфе́тку. Она́ _____⁸ из ку́хни ча́йник, откры́ла коро́бку конфе́т и _____⁹ её на стол. Ря́дом с конфе́тами она́ _____¹⁰ большо́й пиро́г (*pie*). Пото́м она́ _____¹¹ из ку́хни молоко́ и лимо́н. Когда́ пришёл Ви́ктор, всё бы́ло гото́во.

Упр. 2 (3). Pair Activity. Bring in some paper plates, plastic silverware, cups, saucers, plastic flowers and vases, etc. Distribute a place setting and some other items to each pair of students. One of them will tell the other what to put where on the table, using imperatives of the placement verbs and phrases that describe relative location. But they should have a nontraditional arrangement: the person setting the table will have to listen carefully to find out what goes where. After one student has arranged everything as instructed, they should switch roles and do another nontraditional arrangement.

УПРАЖНЕНИЕ 3 Новый товарищ по комнате

You've just gotten a new roommate. Help your new roommate unpack by suggesting where to put things.

Упр. 3. To make this activity more visual, students can give directions to each other using cutouts from magazines or a child's coloring book to practice arranging things in a room.

ОБРАЗЕЦ: — Куда мне положить книги?
— Положи их на стол.

Положи . . .
Поставь . . .
Повесь . . .

{ рубашки . . .
блузки . . .
книги . . .
чемодан . . .
джинсы . . .
радио . . .
компакт-диски . . .
компьютер . . .
фотоаппарат . . . }

{ в угол.
на диван.
в ящик (*drawer*).
на кофейный столик.
на письменный стол.
в шкаф.
на полку. }

СЛОВА, СЛОВА, СЛОВА . . . ★ Такой же

| У меня точно **такой же** набор для Светы. | *I have exactly the same kind of set for Sveta.* |

The phrase **такой же . . .** (*the same*) renders a meaning of similarity, or even identicality, between one thing and another. The original thing to which a comparison is made may be clear from context, or it may be repeated in the comparative **такой же . . .** statement. The ending of **такой** changes according to the gender, number, and case requirements of the specific context. Here are some examples that show how the forms of **такой же . . .** change according to the gender and number of the item being described.

такой же набор	the same set
такая же книга	the same book
такое же место	the same place
такие же очки	the same glasses

❖ 13.10. RUSSIAN WORD ORDER: STATEMENTS

As you have seen, Russian word order can be quite different from that of English. Because of the endings on Russian words, understanding the function of a given word in a sentence (for example, a subject or object) is not so dependent on the word's position in the sentence as is the case with English. This does not mean, however, that

Russian word order is completely free; in fact, Russian word order carries a great deal of meaning. This can best be seen with paired statements and questions.

THE STATEMENT …	ANSWERS THE QUESTION …
В про́шлом году́ мы жи́ли **в Москве́**.	**Где** вы жи́ли в про́шлом году́?
Мы жи́ли в Москве́ **в про́шлом году́**.	**Когда́** вы жи́ли в Москве́?

In these sentences you can see a fundamental principle of Russian word order at work: New or important information comes at the end of the sentence.

A good way to choose the correct word order for what you want to say is to ask yourself what question you want your statement to answer, then formulate the statement so the words answering the question come last.

У Та́ни и Све́ты бы́ло новосе́лье **на про́шлой неде́ле**.   (<u>When</u> did Tanya and Sveta have their housewarming?) Tanya and Sveta had their housewarming <u>last week</u>.

На про́шлой неде́ле бы́ло новосе́лье **у Та́ни и Све́ты**.   (<u>Who</u> had a housewarming last week?) Last week it was <u>Tanya and Sveta</u> who had a housewarming.

The preceding sentences contain three pieces of information: *what* took place, *when* it took place, and *where* it took place. Depending on the context, the new information comes at the end of the sentence (note how the English must be reworded and/or explained to reflect these variations).

In spoken Russian new information may not always appear at the end of the sentence because intonation and sentential stress can also signal new information, as in the following example:

Ви́жу посу́ду продаю́т.   *I see they're selling dishes.*

УПРАЖНЕНИЕ 4 Word order in statements

Упр. 4. **АК.** 1 а; 2 б; 3 а; 4 б; 5 а.

Read each statement below and indicate which of the two questions it answers. Then make up a statement that answers the other question.

1. В 1945-ом году́ роди́лся мой оте́ц.
   - **а.** Кто роди́лся в 1945-ом году́?
   - **б.** Когда́ роди́лся ваш оте́ц?
2. Я ему́ посове́товал купи́ть ро́зы.
   - **а.** Кто ему́ посове́товал купи́ть ро́зы?
   - **б.** Что вы ему́ посове́товали купи́ть?
3. Джи́ма ты найдёшь в кварти́ре № 7.
   - **а.** Где я найду́ Джи́ма?
   - **б.** Кого́ я найду́ в кварти́ре № 7?
4. Све́та придёт че́рез два́дцать мину́т.
   - **а.** Кто придёт че́рез два́дцать мину́т?
   - **б.** Когда́ придёт Све́та?
5. Цветы́ ну́жно покупа́ть на ры́нке и́ли во́зле метро́.
   - **а.** Где ну́жно покупа́ть цветы́?
   - **б.** Что ну́жно покупа́ть на ры́нке и́ли во́зле метро́?

СЛОВА, СЛОВА, СЛОВА... ★ *Russian Word Formation*

The more Russian you know, the more you can make intelligent guesses at (and help yourself to remember) new words. You will increasingly find words composed of elements that are already familiar to you. Many Russian words are composed of three elements: a *prefix*, a *root*, and a *suffix* (which is often followed by a grammatical *ending*). Can you figure out the following adjectives and nouns based on words that you have encountered?

WORD	PREFIX	ROOT	SUFFIX (+ ENDING)
бездо́мный *homeless*	без- *without* (без)	-дом- *home* (дом)	-н-ый
междунаро́дный *international*	между- *between* (ме́жду)	-наро́д- *people* (наро́д)	-н-ый
совреме́нный *modern*	со- *with* (с)	-времен- *times* (времена́)	-н-ый
нового́дний *New Year's*	ново- *new* (но́вый)	-год- *year* (год)	-н-ий
иностра́нец *foreigner*	ино- *other* (ино́й)	-стран- *country* (страна́)	-ец
одноку́рсник *classmate*	одно- *same* (оди́н)	-курс- *class* (курс)	-ник

Even without context, it is often possible to recognize a new word if you have already seen its root in another word. Often the roots are partially obscured by prefixes, suffixes, endings, or consonant mutations.

курс — **курс**ова́я — одно**ку́рс**ник
чай — **ча́й**ник — **ча́й**ный серви́з
Как вы пожива́ете? — **жить** — **жизнь**
боле́ть — **боле́знь** — **больно́й** — **больни́чный лист** — за**боле́ть**
рабо́та — **рабо́т**ать — не**рабо́ч**ий — без**рабо́т**ный

Упр. 5. АК. 1 е; 2 а; 3 з; 4 б; 5 и; 6 д; 7 г; 8 ж; 9 в.

Упр. 5. Invite students to add any other words they think they recognize as sharing roots. Then invite them to compile lists of words with shared prefixes and suffixes.

УПРАЖНЕНИЕ 5   Roots

For each verb on the left, find its meaning in the center column; then in the right column write any related word(s) you already know that contain the same root. To help you, roots have been underlined.

	RUSSIAN VERB	MEANING	RELATED WORD(S)
1.	_____ уменьша́ть	а. to approve	_____
2.	_____ одобря́ть	б. to be bored	_____
3.	_____ ускоря́ть	в. to clean	_____
4.	_____ скуча́ть	г. to free	_____
5.	_____ доверя́ть	д. to improve	_____
6.	_____ улучша́ть	е. to reduce	_____
7.	_____ освобожда́ть	ж. to simplify	_____
8.	_____ упроща́ть	з. to speed up	_____
9.	_____ чи́стить	и. to trust	_____

reVERBerations ⭐ Perfective Aspect: Sequence of Actions

Я, коне́чно, то́же **ста́ла** в о́чередь. **Заплати́ла** в ка́ссу, **взяла́** набо́р.

I, of course, also got in line. I paid at the cash register and took my set.

One common use of the perfective aspect can be seen when someone is narrating a sequence of actions, each of which was (in the past) or will be (in the future) completed before the next one begins. The preceding example shows this kind of sequential narration in the past tense; here is an example in the future:

Сейча́с я **поста́влю** цветы́ в во́ду, а пото́м **откро́ю** коро́бку.

First I'll put the flowers in water and then I'll open the box.

УПРАЖНЕНИЕ 6   Sequential actions

Here is a list of common things people do when they arrive home after a day at work or school. The list is given with imperfective verbs. Using the future tense of their *perfective* counterparts, rearrange them to describe the order in which you will do these activities when you get home this afternoon or evening. Then compare your list with a classmate to see if you'll be doing things in the same order.

ОБРАЗЕ́Ц: Снача́ла я прочита́ю газе́ту, а пото́м я . . .

гото́вить обе́д   обе́дать
звони́ть дру́гу   слу́шать му́зыку
де́лать дома́шнее зада́ние   смотре́ть телеви́зор
накрыва́ть на стол   чита́ть газе́ту

КУЛЬТУРА РЕЧИ

ТАК ГОВОРЯТ: НАДЕЮСЬ

Я **надеюсь**, не все эти ёлки твои?	Surely not all those (New Year's) trees are yours?
А это цветы для ваших девушек. **Надеюсь**, они дома?	And these flowers are for your young ladies. I trust they're home?

When (**я**) **надеюсь** is used as an introductory phrase, as in the preceding examples, it implies a strong degree of certainty on the part of the speaker that the statement she is making is true. Possible English equivalents are *surely, I assume, I trust,* and so on. This introductory phrase can be contrasted with standard usage of the verb **надеяться** (*to hope*), in which the Russian meaning is parallel to that of English, in other words, the speaker both wishes and expects that what she says will prevail.

— Джим, но не обязательно поздравлять *всех* знакомых женщин.	"Jim, you really don't have to convey greetings to all the women you know."
— Почему? Я **надеюсь**, что им это будет приятно.	"Why not? I just hope they'll be pleased."
А это тебе. **Надеюсь**, тебе понравится.	And these are for you. I hope you'll like them.

САМОПРОВЕРКА: УПРАЖНЕНИЕ 7

Working on your own, try this self-test: Read a Russian sentence out loud, then give an idiomatic English equivalent without looking at the book. Then work from English to Russian. After you have completed the activity, try it with a classmate.

1. Я встала в 6 часов, позавтракала, быстро прочитала газету, взяла рюкзак и пошла на занятия.
2. Когда дедушка вернулся домой, он повесил пальто и шляпу, положил почту на столик, и принёс коробку в кухню.
3. — Папа, может быть, мы сегодня пойдём в зоопарк?
   — Нет-нет. В зоопарк мы пойдём завтра. Сегодня мы идём в музей.

1. *I got up at 6:00, had breakfast, quickly read the paper, grabbed my backpack, and went to class.*
2. *When Grandpa arrived home he hung up his overcoat and hat, put the mail down on the table, and brought the box into the kitchen.*
3. *"Dad, maybe we can go to the zoo today?"*
   "No, no. We'll go to the zoo tomorrow. Today we're going to a museum."

❖ ВОПРОСЫ И ОТВЕТЫ: УПРАЖНЕНИЕ 8

1. Ты когда́-нибудь дари́л (дари́ла) кому́-нибудь конфе́ты? Кому́?
2. Что ты бо́льше лю́бишь: получа́ть пода́рки и́ли дари́ть пода́рки?
3. Тебе́ когда́-нибудь дари́ли что́-нибудь оригина́льное?
4. Как ты ду́маешь, соба́ка и́ли ко́шка — э́то оригина́льный пода́рок?

❖ ДИАЛОГИ

ДИАЛОГ 1 С 8 [восьмы́м] Ма́рта!
(Giving holiday greetings)

— Здра́вствуйте, Светла́на! Поздравля́ю вас с 8 [восьмы́м] Ма́рта и с днём рожде́ния!
— Спаси́бо, Ива́н Петро́вич! Вы всегда́ так внима́тельны! Каки́е чуде́сные ро́зы! Сейча́с я поста́влю их в во́ду.
— А э́то вам пода́рки.
— Спаси́бо, но заче́м же два пода́рка?
— Оди́н — ко дню рожде́ния и оди́н — к 8 [восьмо́му] Ма́рта.
— Два пода́рка — э́то мно́го.
— Нет, для са́мой лу́чшей секрета́рши† в ми́ре э́то совсе́м немно́го!

ДИАЛОГ 2 Мне ну́жен ваш сове́т
(Asking for advice)

> Диало́г 2. Фотоальбо́м refers to a coffee table book or picture book.

— Ве́ра Па́вловна, спаси́бо вам за сове́т. Я купи́л Ни́не фотоальбо́м[14] «Аме́рика», она́ была́ о́чень ра́да.
— И я ра́да, что ей альбо́м понра́вился. Пётр Степа́нович, а мне ну́жен ваш сове́т. У меня́ бу́дут го́сти из Аме́рики, журнали́сты. Мне хо́чется подари́ть им что́-нибудь на па́мять (*as a memento*). Как вы ду́маете, что им мо́жет понра́виться?
— Подари́те им что́-нибудь ру́сское. Я да́же зна́ю что! Я ви́дел в До́ме Кни́ги краси́вые ка́рты ста́рой Москвы́! Это замеча́тельный пода́рок, осо́бенно для журнали́стов! Ва́ши журнали́сты бу́дут смотре́ть на них и вспомина́ть Росси́ю и вас.
— Спаси́бо, Пётр Степа́нович. Прекра́сный сове́т!

УПРАЖНЕНИЕ 9 Ваш диало́г

Create a dialogue in which you drop in at a friend's house to deliver a late birthday present (or a gift for some other occasion) and are offered refreshments.

❖ А ТЕПЕРЬ…: УПРАЖНЕНИЕ 10

Working with a classmate, use what you learned in Part 4 to …

1. narrate a sequence of things you will do today, or that you did yesterday, then ask her to do the same
2. describe where you usually put things in your room or apartment when you arrive home; ask her where she puts certain things
3. ask her what she did last night, where she went, whom she saw, and so on (Watch out for word order!)

---

[14]This is a false cognate. What does it really refer to?

ИТАК . . .

❖ НОВЫЕ СЛОВА

NOUNS AND NOUN PHRASES

Special Days
8 [восьмо́е] Ма́рта — 8th of March (1)
Же́нский день — Women's Day (1)
нерабо́чий день — nonworking day; day off (1)

Gifts and Giving
духи́ (*Gen.* духо́в) *pl.* — perfume (3v)
и́рис — iris (1v)
кольцо́ (ко́льца, *Gen. pl.* коле́ц *pl.*) — ring (2v)
комплиме́нт — compliment (1)
конфе́ты — candy (3v)
коро́бка (*Gen. pl.* коро́бок) — box (4)
космéтика — makeup; cosmetics (3v)
кофе́йный набо́р — coffee set (2)
маргари́тка (*Gen. pl.* маргари́ток) — daisy (1v)
одеколо́н — eau de cologne (3v)
перча́тки (*sing.* перча́тка, *Gen. pl.* перча́ток) *pl.* — gloves (2v)
плат(о́)к (*Gen. sing.* платка́) — kerchief (2v)
поздрави́тельная откры́тка (*Gen. pl.* откры́ток) — greeting card (1)
се́рьги (*sing.* серьга́, *Gen. pl.* серёг) *pl.* — earrings (2v)
спи́с(о)к (*Gen. sing.* спи́ска) — list (1)
фиа́лка (*Gen. pl.* фиа́лок) — violet (1v)
хризанте́ма — chrysanthemum (1v)
ча́йный серви́з — tea service (2)

Setting the Table
блю́дце — saucer (2)
заку́ски (*sing.* заку́ска, *Gen. pl.* заку́сок) *pl.* — appetizers; hors d'oeuvres; snacks (4)
кофе́йник — coffeepot (2)
посу́да — dishes; dishware (2)
салфе́тка (*Gen. pl.* салфе́ток) — napkin (4v)
таре́лка (*Gen. pl.* таре́лок) — plate; dish (4v)
ча́йник — teapot (4v)
ча́шка (*Gen. pl.* ча́шек) — cup (4v)

Seasons
весна́ — spring (1)
зима́ (*Acc. sing.* зи́му, *pl.* зи́мы) — winter (1)
ле́то — summer (1)
о́сень *f.* — fall, autumn (1)

Other Nouns
грани́ца — border (1)
зо́нтик (зонт) — umbrella (2v)
ка́сса — cashier (2)
класс — class (a group of students in school) (3)
проце́нт — percent (3)
совпаде́ние — coincidence (4)
те́ннисная раке́тка (*Gen. pl.* раке́ток) — tennis racket (3v)
успе́х — success (3)
шля́па — hat (with a brim) (2v)

ADJECTIVES
весе́нний — spring (1)
внима́тельный — attentive (1)
гру́стный — sad (3)
дли́нный — long (1)
до́брый — good, kind (1)
зи́мний — winter (1)
ле́тний — summer (1)
одина́ковый — identical (4)
оди́н (одна́, одно́, одни́) — only (2)
оригина́льный — original; creative (4)
осе́нний — fall, autumn (1)
официа́льный — official (1)
фиоле́товый — violet (color) (3)

VERBS

волнова́ться (волну́-юсь, волну́-ешься, … волну́-ются) *pfv.* not introduced at this time	to worry (2)
замеча́ть *pfv.* заме́тить (замеч-у, заме́т-ишь, … заме́т-ят)	to notice (1)
носи́ть (нош-у́, но́с-ишь, … но́с-ят) no *pfv.* in this meaning	to wear (habitually) (2v)
обе́дать *pfv.* пообе́дать	to have dinner; to have lunch (2)
подходи́ть (подхож-у́, подхо́д-ишь, … подхо́д-ят) *pfv.* подойти́ (подойд-у́, подойд-ёшь, … подойд-у́т; *past* подошёл, подошла́, подошло́, подошли́)	to approach; to walk up (over) to (2)
по́льзоваться (по́льзу-юсь, по́льзу-ешься, … по́льзу-ются) *pfv.* not introduced at this time	to use (3)
посыла́ть *pfv.* посла́ть (пошл-ю́, пошл-ёшь, … пошл-ю́т)	to send (1)
сове́товать (сове́ту-ю, сове́ту-ешь, … сове́ту-ют) *pfv.* посове́товать	to advise (4)
стара́ться (стара́-юсь, стара́-ешься, … стара́-ются) *pfv.* постара́ться	to attempt (try) to (1)

ADVERBS

краси́во	beautifully; (it's/that's) beautiful; (it's/that's) pretty (2)
недо́рого	(it's/that's) inexpensive (2)
не́сколько	a few; several; some (1)
ника́к	just; in no way (3)
осо́бенно	especially (1)
постепе́нно	gradually (1)
прия́тно	(it's/that's) pleasant; (it's/that's) nice (1)

OTHER

бы	*conditional/hypothetical particle* (3)
к (+ *Dat.*)	for (a holiday, *etc.*) (1)
ми́мо (+ *Gen.*)	past; by (2)
одно́	one (thing) (1)

за грани́цей	abroad (*location*) (1)
Им (бу́дет) прия́тно.	They (will) like it. (1)
Интере́сно, где … (когда́ … и. т.д.)?	I wonder where … (when …, *etc.*)? (2)
на все сто проце́нтов	100 percent (sure) (3)
накрыва́й(те) на стол	set the table (4)
оди́н из (+ *Gen.*)	one of (1)
пойдём	let's go (4)
пора́ (+ *infin.*)	it's time (to do something) (2)
проходи́ть / пройти́ ми́мо	to pass by (2)
Разреши́те (+ *infin.*)	Allow (me) to … (4)
стоя́ть в о́череди	to stand in line (2)
тако́й (така́я, тако́е, таки́е) же …	the same (4)
ходи́ть по магази́нам	to go shopping (2)
хотя́ бы	at least (1)
Что ты хо́чешь э́тим сказа́ть?	What do you mean by that? What are you trying to say? (2)

IDIOMS AND EXPRESSIONS

Жела́ю (Жела́ем) успе́ха!	Best of luck!; Good luck! (3)

❖ ЧТО Я ЗНАЮ, ЧТО Я УМЕЮ

Use this checklist to mark off what you've learned in this lesson:

- ☐ Using <один из + Gen.> to single out someone or something from a group (Part 1)
- ☐ Writing dates (Part 1)
- ☐ Expressing the day, month, and year something occurred (Part 1)
- ☐ Using adjectives as nouns and adjectival surnames (Part 2)
- ☐ Distinguishing between почему and зачем (Part 2)
- ☐ Using motion verbs with <по + Dat.> (Part 2)
- ☐ Using verbs of placement (Part 4)
- ☐ Using the Dative case (Part 2)
- ☐ Asking for suggestions or advice (Part 3)
- ☐ Expressing what could happen or could have happened (Part 3)
- ☐ Word order of statements (Part 4)

❖ ЭТО НАДО ЗНАТЬ

Here is a list of English prepositions and many of their Russian equivalents.

AT

1. at a location = <в/на + Prep.>

   Она была на стадионе (на почте, в университете). — She was at the stadium (at the post office, at the university).

2. at somebody's place/home/office = <у + Gen.>

   Мы были у врача. — We were at the doctor's.

3. at an event = <на + Prep.>

   на концерте — at the concert

4. at a certain time = <в + Acc.> (Acc. = Nom. for numbers; два, три, четыре + Gen. sing.; пять and so on + Gen. pl.)

   в час, в два часа, в шесть часов — at one, two, six o'clock

FOR

1. for someone (indirect object) = Dat. case (no preposition)

   Он купил кошку сестре. — He bought a cat for his sister.

2. for (duration of the action; "for" can often be deleted in English) = Acc. case (no preposition)

   Она жила там неделю. — She lived there (for) a week.
   Он ждал два часа. — He waited (for) two hours.

3. for (a period of time that something is in effect after the action of the verb happens; "for" can't be deleted in English) = <на + Acc.>

   Мне нужна эта книга на два дня. — I need that book for two days.
   Она едет в Россию на неделю. — She's going to Russia for a week.

4. for (the benefit or use of) = <**для** + Gen.>

что́-нибудь вку́сное **для** Бе́лки	something tasty for Belka
кни́га **для** дете́й	a book for children

5. for (giving one thing in exchange for something else) = <**за** + Acc.>

Фи́рма пла́тит **за** биле́ты. — The company pays for the tickets.

6. for (to get) = <**за** + Instr.>

Он пошёл в магази́н **за** сигаре́тами. — He went to the store for cigarettes.

7. for (on the occasion of) = <**к** (**ко**) + Dat.>

Э́то тебе́ пода́рок **ко** дню рожде́ния. — This is a present for your birthday.

8. for (leave for = go to) = <**в/на** + Acc>, <**к** + Dat.>

Они́ уезжа́ют **в** Вашингто́н (**на** Аля́ску, **к** роди́телям). — They're leaving for Washington (for Alaska, for their parents' place).

FROM

1. (motion) from where? = **отку́да?**

Отку́да он идёт? — Where is he coming from?

2. (motion) from someplace (opposite of **в**) = <**из** + Gen.>

из библиоте́ки — from the library

3. (motion) from someplace (opposite of **на**) = <**с** + Gen.>

с конце́рта — from the concert

4. (motion) from someone's place (opposite of **к**) = <**от** + Gen.>

от ба́бушки — from grandmother's place

5. (origin) from where? = **отку́да?**

Отку́да вы? — Where are you from?

6. (origin) from someplace = <**из/с** + Gen.>

Она́ **из** Москвы́ (**с** Аля́ски). — She's from Moscow (from Alaska).

7. (origin) from a person = <**от** + Gen.>

письмо́ **от** Ива́на — a letter from Ivan

IN

1. in (a location) = <**в** + Prep.>

Я сейча́с **в** Москве́. — I'm in Moscow now.

2. in (a time period of a month or longer) = <**в** + Prep.>

в апре́ле	in April
в со́рок пя́том году́	in 1945
в двадца́том ве́ке	in the twentieth century

3. in (within a certain amount of time) = <**за** + Acc.>

    Он вы́учил но́вый язы́к **за** оди́н год.   *He learned a new language in a year.*

4. in (after a certain amount of time) = <**че́рез** + Acc.>

    Че́рез две неде́ли он е́дет в Росси́ю.   *In two weeks he's going to Russia.*

5. in front of = <**пе́ред** + Instr.>

    пе́ред до́мом   *in front of the house*

6. *in the morning/afternoon/evening/in the early hours of the morning (during the night)*   **у́тром, днём, ве́чером, но́чью**

7. *in the spring, summer, fall, winter*   **весно́й, ле́том, о́сенью, зимо́й**

IN(TO)

1. motion into something = <**в/на** + Acc.>

    Спортсме́ны вошли́ **в** спортза́л (**на** стадио́н).   *The athletes went into the gym (the stadium).*

    Я поста́влю цветы́ **в** во́ду.   *I'll put the flowers in water.*

    Он принёс коро́бку **в** ку́хню.   *He brought the box into the kitchen.*

OF

1. of (relation between two things) = Gen. case (no preposition)

    центр **Москвы́**   *the center of Moscow*

2. of (possession) = Gen. case (no preposition)

    кварти́ра **Ма́рка**   *Mark's apartment (the apartment of Mark)*

3. made of = <**из** + Gen.>

    сала́т **из** тунца́   *tuna salad*

4. a lot of = <**мно́го** + Gen.>

    мно́го воды́   *a lot of water*
    мно́го студе́нтов   *a lot of students*

5. *of course*   **коне́чно**

ON

1. on (a location) = <**на** + Prep.>

    Цветы́ **на** балко́не.   *The flowers are on the balcony.*

2. on (a day of the week) = <**в** + Acc.>

    и́ли **в** суббо́ту и́ли **в** воскресе́нье   *either on Saturday or on Sunday*

3. on TV, on the phone = <**по** + Dat.>
   по телеви́зору, **по** телефо́ну   on TV, on the phone

4. on (a certain subject) = <**по** + Dat.>
   кни́га (экза́мен) **по** исто́рии   a book (test) on history, history book (test)

5. on foot   пешко́м

6. on the left, on the right   сле́ва, спра́ва

ON(TO)

1. motion onto something = <**на** + Acc.>
   Ле́на поста́вила вино́ **на** стол.   Lena put the wine on(to) the table.

TO

1. to someone (indirect object) = Dat. case (no preposition)
   Он подари́л ко́шку **сестре́.**   He gave a cat to his sister.

2. (motion) to a destination = <**в/на** + Acc.>
   Я иду́ **на** стадио́н (**на** по́чту, **в** университе́т).   I'm going to the stadium (the post office, the university).

3. (motion) to an event = <**на** + Acc.>
   на конце́рт   to a concert

4. (motion) to someone's place/home/office = <**к (ко)** + Dat.>
   Я иду́ **к** врачу́.   I'm going to the doctor.

WITH

1. by means of = Instr. case (no preposition)
   Медсестра́ изме́рила температу́ру **термо́метром.**   The nurse measured the temperature with a thermometer.
   Она́ ле́чит его́ **дома́шними сре́дствами.**   She treats him with home remedies.

2. (together) with = <**с** + Instr.>
   друг **с** дру́гом   with each other
   чай **с** лимо́ном   tea with lemon

3. along (with) = <**с** + Instr.>
   Он взял **с** собо́й магнитофо́н.   He took (along) a tape recorder.

4. "How are things with you?"   — Как **у тебя́** (**вас**) дела́?
   "Fine, and with you?"   — Хорошо́, а **у тебя́** (**вас**)?

❖ ДОПОЛНИТЕЛЬНЫЙ ТЕКСТ

The following is an excerpt from **Роман с президентом** (Moscow: Vagrius Publishers, 1997), the memoirs of Vyacheslav Kostikov, a former press secretary of Boris Yeltsin. Yeltsin served as Russia's president from August 1991 through December 1999. In this excerpt, Kostikov describes a conversation with the American ambassador to Russia, Robert Strauss, before Yeltsin's 1992 visit to the United States, when George H.W. Bush was serving as president.

Помню, во время[1] одной из последних перед визитом† встреч[2] президента с послом[3] Страуссом Ельцин попросил принести в кабинет карту США.

— Куда посоветуете ехать? Что думает по этому поводу[4] президент Буш? — расспрашивал он.[5]

— Вам будет предоставлена[6] возможность[7] поехать в любое место, в какое вы захотите.

— Только не в Чикаго! — категорично† заявляет[8] Ельцин.

Страусс смеётся, но не понимает.

— Я очень хотел поехать в Чикаго, — поясняет[9] президент. — Но Горбачёв узнал об этом и нарочно[10] поехал туда. Мне жаль, но ехать туда по его следам[11] я не могу.

— Тогда в Айову. Это настоящее сердце[12] Америки. Там был Хрущёв.

Ельцин показывает на штат Монтана. Похоже,[13] до разговора[14] он основательно[15] изучил географию США.

Американский посол в недоумении.[16] Монтана — американская глубинка,[17] дальняя[18] периферия.†

— Что вас привлекает[19] там, господин президент? Туда никто не ездит. Там не был даже президент Буш! Поезжайте в Оклахому. Это наш Запад, центр энергетики.† Президенты часто посещают[20] Оклахому.

— Нет, Монтана! — настаивает[21] Ельцин. — Хочу посмотреть именно[22] глубинку. Мне не обязательно[23] ехать туда, где чисто. Тем более что[24] у меня есть ковбойские† сапоги, которые мне подарил Буш. Правда, они мне малы́[25] и я их держу[26] как сувенир. Для меня поехать в Монтану, — поясняет Ельцин, — это всё равно[27] как если бы[28] президент Буш, оказавшись[29] в России, поехал бы в Магадан.[30] Это был бы шок† для всех. В политике† нужно уметь найти изюминку[31] ...

1. во... *during*; 2. *meetings*; 3. *ambassador*; 4. по... = об этом; 5. расспрашивал... *he started questioning*; 6. *given*; 7. *opportunity*; 8. *declares*; 9. *clarifies*; 10. *out of spite*; 11. по... *in his footsteps*; 12. *heart*; 13. *It looks like*; 14. *conversation*; 15. *thoroughly*; 16. в... *in bewilderment*; 17. *hinterlands*; 18. *far*; 19. *attracts*; 20. *visit*; 21. *insists*; 22. *precisely*; 23. *necessary*; 24. Тем... *Especially since*; 25. *too small*; 26. *am keeping*; 27. всё... *all the same*; 28. как... *as if*; 29. *finding himself*; 30. *Magadan, a cold remote city in northeastern Russia known as a place of exile and labor camps*; 31. *spirit*

УРОК 14

МЫ ИДЁМ В БОЛЬШОЙ ТЕАТР!

Театр уж полон... (А. С. Пушкин)

In Part 1 (partly on video), Viktor announces he's managed to acquire four hard-to-get Bolshoi Theater tickets. In Part 2, Jim and Tanya use their connection with Sasha to go to a nice restaurant for dinner and dancing. Part 3 opens in front of the Bolshoi, where Jim gets some lessons about theater etiquette. And in Part 4 (on video), Sergei Petrovich and Vova face the music—not in the theater, but rather from an angry Natalya Ivanovna.

In this lesson you will learn

- ★ to decline proper nouns and surnames
- ★ more about discussing interests
- ★ more about verbs of motion
- ★ more about expressing wishes and offering suggestions
- ★ to make explanations and excuses
- ★ about sports in Russia
- ★ about dining out in Russia
- ★ about attending the theater in Russia

Где Силин?

ЧАСТЬ ПЕРВАЯ

 ## С ЧЕГО НАЧАТЬ?

БИЛЕ́ТЫ

УПРАЖНЕ́НИЕ 1 Биле́ты

Look at the tickets and find Russian equivalents for the following words and phrases:

1. entrance ticket
2. season
3. beginning
4. orchestra (seating area)
5. left side
6. row
7. seat

С чего нача́ть? Suggested Activities. Review the Упр. 1 vocabulary with students. Remind them of нале́во and напра́во and ask them to guess the counterpart of ле́вая сторона́ (пра́вая сторона́).

Ask questions about the tickets: 1 Где нахо́дится Госуда́рственный истори́ческий музе́й? (На Кра́сной пло́щади.); 2 А где нахо́дится Большо́й теа́тр? (На Театра́льной пло́щади.); 3 На како́е число́ э́ти биле́ты? (На 12 ма́я 2001 / На двена́дцатое ма́я две ты́сячи пе́рвого го́да.); 4 Како́й э́то сезо́н в Большо́м теа́тре? (225-й сезо́н / две́сти два́дцать пя́тый.); 5 В кото́ром часу́ начина́ется спекта́кль? (В девятна́дцать часо́в / В семь часо́в ве́чера.); 6 Где в теа́тре нахо́дятся э́ти места́? (В парте́ре.); 7 На како́й стороне́ они́ нахо́дятся? На пра́вой стороне́? (Нет, на ле́вой стороне́.); 8 В како́м ряду́ э́ти места́? (В 13-ом.); Каки́е э́то места́? (31 и 32.); 9 Ско́лько сто́ит ка́ждый биле́т? (270 рубле́й.).

Have students refer to the model tickets and make up information that would appear on a ticket they have purchased to some event. They should be prepared to tell where they'll be sitting (side, row, seat) and how much their ticket costs.

С чего нача́ть? The following vocabulary words from the tickets (and from Упр. 1) are active in this Part: выходно́й биле́т, парте́р, ле́вый, ряд, ме́сто.

Упр. 1. АК. 1 входно́й биле́т; 2 сезо́н; 3 нача́ло; 4 парте́р; 5 ле́вая сторона́; 6 ряд; 7 ме́сто.

342   Урок 14 ✪ Мы идём в большой театр!

Reading Introduction (see also WB/LM).
1. Сколько билетов на «Евгения Онегина» достал Виктор? (Четыре.) Когда будет спектакль? (В воскресенье вечером.) Кого он приглашает в театр? (Лёну и её родителей.)
2. Что Лёне нужно срочно сделать? (Ей нужно взять интервью у какого-нибудь спортсмена.) Почему это проблема? (Потому что Лёна не знает ни одного спортсмена.)
3. Что предпочитает Силин — оперу или спорт? (Спорт.) А вы? Что вы предпочитаете?
4. Когда Виктор заедет за Лёной? (В воскресенье в полвторого.)
5. Что Лёна хочет сделать после матча? (Она хочет вернуться домой и переодеться.)

Чтение (1): знаменитый. Have each student complete this sentence: Я думаю, что самый знаменитый (самая знаменитая) [occupation] на свете — это [name]. Write the names on the board and when you have a dozen names (some of which will be new to some students), see if the class can reconstruct the original sentences.
EXAMPLE: Самый знаменитый (самая знаменитая) гитарист (футболист, актриса, рок-группа, писатель, . . .) на свете — это . . . Teach new words (e.g., певец, певица) as necessary. If students disagree with one another, invite them to propose alternative names.

ЧТЕНИЕ

✧ SCENE A: Я ОПЕРУ НЕ ОЧЕНЬ ЛЮБЛЮ

(At the Silins'. Viktor is visiting Lena.)

got	ВИКТОР. У меня хорошая новость. Я **достал**° четыре **билета** в **Большой театр на**° «Евгения Онегина». Как ты думаешь, твои родители пойдут с нами? **Спектакль**° — в воскресенье вечером.
четыре... *four tickets to the Bolshoi Theater for performance*	
I can imagine	ЛЕНА. Замечательно! **Представляю,**° как это было трудно — билеты в Большой. Ты говоришь — в воскресенье?
	ВИКТОР. Да, а что? Ты занята?
right away	ЛЕНА. Нет, не занята, но у меня проблема: я должна **срочно**° взять **интервью** у спортсмена.° А у меня нет никаких идей, и я не знаю **ни одного**° спортсмена.
взять... *to interview an athlete*	
ни... *not a single*	
	ВИКТОР. Может быть, я смогу тебе помочь. Ты слышала такое имя — Володя Манин?
	ЛЕНА. Имя знакомое, но не помню, кто это.
	ВОВА. (*From the next room.*) Ты что, Лёнка! Это же центр-форвард† «Спартака»¹! Это самый **знаменитый**° хоккеист† на свете°!
famous / world	
в... *in the same class*	ВИКТОР. Мы с ним учились в **одном** классе.°
	ВОВА. (*Shouting to his father.*) Папа, папа, ты знаешь — Виктор учился в одном классе с Маниным!
	ЛЕНА. (*To Viktor, ignoring Vova's shouts.*) Но я же ничего не знаю о Манине. И, откровенно говоря, никогда не **интересовалась**° хоккеем. О чём я буду его спрашивать?
никогда... *(I) was never interested in*	

---

¹**Спартак** and **Динамо** (see **О России,** p. 345) are names of Russian hockey teams.

Чтение (2): Спартак. As with many other things in Russia, the world of sports in Russia is in flux. The massive governmental sports-support program of Soviet days is largely gone. At this writing only two of the four historically strong Moscow hockey clubs survive, Динамо and ЦСКА (Центральный спортивный клуб армии). Moscow-based Спартак—once one of the strongest and most popular hockey teams in Russia—has ceased to exist, but strong teams have sprung up in other areas of the country. A possible assignment for a student particularly interested in hockey: research the current state of the sport in Russia.

ВИ́КТОР.	У тебя́ **впереди́**° ещё це́лая неде́ля. Я тебе́ дам почита́ть° не́сколько стате́й о Ма́нине, принесу́ фотогра́фии — и ты пригото́вишь вопро́сы.	*ahead / to read*
СЕРГЕ́Й ПЕТР.	(*Appearing in the doorway of the room.*) Ви́ктор, неуже́ли вы зна́ете Ма́нина? Э́то **невероя́тно**°! А вы зна́ете, что в воскресе́нье фина́льный матч на пе́рвенство° Росси́и ме́жду «Спартако́м» и «Дина́мо»? Биле́ты доста́ть невозмо́жно.	*unbelievable* *championship*
ЛЁНА.	Па́почка, Ви́ктор нас всех приглаша́ет в воскресе́нье в Большо́й теа́тр на «Евге́ния Оне́гина». Когда́ ты **в после́дний раз**° был в Большо́м?	в… *the last time*
СЕРГЕ́Й ПЕТР.	Не по́мню. Лет два́дцать наза́д. (*Laughing.*) Когда́ за твое́й ма́мой уха́живал.° (*Turning to Viktor.*) Ви́ктор, мо́жет быть, вы смо́жете доста́ть биле́ты на **фина́л**†? Я, открове́нно говоря́, о́перу не о́чень люблю́.	*was courting*
ВИ́КТОР.	Хорошо́, Серге́й Петро́вич. Я попро́бую доста́ть вам биле́т.	
ВО́ВА.	Два биле́та!	

❖ SCENE B: ДОГОВОРИ́ЛИСЬ!

(*At the Silins' a few days later. Viktor has called Lena to finalize arrangements.*)

ВИ́КТОР.	Ита́к, в воскресе́нье я за тобо́й **зае́ду**.° В час три́дцать.	я… *I'll pick you up*
ЛЁНА.	Хорошо́. Я бу́ду гото́ва. Но Ви́ктор, я не могу́ брать тебя́ с собо́й на интервью́ с Ма́ниным.	
ВИ́КТОР.	Почему́? **Я бы не возража́л**.°	Я… *I wouldn't mind*
ЛЁНА.	(*Smiling.*) Я ду́маю, бу́дет лу́чше, е́сли я пойду́ сама́.	
ВИ́КТОР.	Наве́рно, ты права́.	
ЛЁНА.	Ви́ктор, а мы **успе́ем**° зае́хать домо́й и **переоде́ться**° пе́ред теа́тром?	мы… *will we have time / to change clothes*
ВИ́КТОР.	Коне́чно, вре́мени **доста́точно**.°	вре́мени… *we'll have enough time*
ЛЁНА.	Прекра́сно. Тогда́ до воскресе́нья. Договори́лись?	
ВИ́КТОР.	Договори́лись.	

(*Lena hangs up the phone and goes to talk to her father.*)

только... *just*

ЛЕ́НА. Па́па, **то́лько что°** звони́л Ви́ктор. Он доста́л тебе́ и Во́вке биле́ты на хокке́й.

СЕРГЕ́Й ПЕТР. (*Astounded.*) Твой Ви́ктор — замеча́тельный па́рень! (*Shouting.*) Во́ва, ты слы́шал? Мы идём на фина́л!

ВО́ВА. Ура́! Ура́! Ура́!

НАТА́ЛЬЯ ИВ. Я ничего́ не понима́ю. Мы же идём в Большо́й теа́тр!

СЕРГЕ́Й ПЕТР. Ну не волну́йся. Мы с Во́вой идём на хокке́й, пото́м мы с тобо́й — в Большо́й теа́тр. Вре́мени доста́точно — матч зака́нчивается в 5 часо́в.

НАТА́ЛЬЯ ИВ. Но ты же до́лжен верну́ться домо́й и переоде́ться.

СЕРГЕ́Й ПЕТР. (*Smugly.*) Я всё успе́ю.

УПРАЖНЕ́НИЕ 2 Под микроско́пом: Спорт, о́пера, бале́т, теа́тр

Упр. 2. As a class, consolidate students' individual lists of words and phrases on the board. Then see if students can come up with additional examples.

Without looking at the reading, write down the first five words or phrases that come to mind for each of the following two categories:

СПОРТ	О́ПЕРА, БАЛЕ́Т, ТЕА́ТР
1. _____	_____
2. _____	_____
3. _____	_____
4. _____	_____
5. _____	_____

Now skim the reading for more words or phrases that you can add to each list.

СПОРТ	О́ПЕРА, БАЛЕ́Т, ТЕА́ТР
6. _____	_____
7. _____	_____
8. _____	_____
9. _____	_____
10. _____	_____

ГРАММАТИКА И ПРАКТИКА

О РОССИИ

СПОРТ

В воскресе́нье фина́льный матч на пе́рвенство Росси́и ме́жду «Спартако́м» и «Дина́мо». Биле́ты доста́ть невозмо́жно.

Visitors to Russia are likely to find much about Russian sports that is familiar to them: Many people—especially men—follow their favorite teams faithfully and idolize the best athletes. International events like the World Cup and the Olympics draw enormous TV audiences. **Футбо́л** is clearly the most popular sport, but **хокке́й, баскетбо́л, бокс, те́ннис, волейбо́л,** and **фигу́рное ката́ние** (*figure skating*) also attract many fans.

There are some differences, however: Baseball and American football are not widely known in Russia, nor (so far) are the enormous salaries of North American professional stars. Major sports clubs like «**Дина́мо**» have teams competing in several sports. A number of special sports schools in the largest cities accept the most athletically talented children, provide them with coaching, and expect many hours of practice per day. These schools have produced many athletes who eventually became Olympic and world champions. However, since 1991, funding for these and other special schools (in the arts, languages, and sciences) has been much less secure than it was in the Soviet period.

Евге́ний Пла́тов и Па́ша Гришу́к

14.1. PROPER NOUNS—DECLINED OR NOT DECLINED?
Я ЧИТА́Ю «ПРА́ВДУ»

Ви́ктор доста́л биле́ты на «Евге́ния Оне́гина».	Viktor got tickets to "Eugene Onegin."
Э́то матч ме́жду «Спартако́м» и «Дина́мо».[2]	This is a match between "Spartak" and "Dinamo."

Proper nouns in quotation marks (titles, team names, and so on) are declined except when preceded by a noun that categorizes them. Compare the examples above with the following:

Ви́ктор доста́л биле́ты на о́перу «Евге́ний Оне́гин».	Viktor got tickets to the opera "Eugene Onegin."
Э́то ма́тч ме́жду кома́ндами «Спарта́к» и «Дина́мо».	This is a match between the teams "Spartak" and "Dinamo."

In the second set of examples, the "category" nouns (**о́перу** and **кома́ндами**) show the required case ending. The nouns in quotation marks are not declined, even though they are in apposition to the "category" nouns.[3] However, when personal names stand in apposition and are not enclosed in quotation marks, all words are declined.

Вы зна́ете хоккеи́ста **Ма́нина**?	Do you know the hockey player Manin?

УПРАЖНЕ́НИЕ 3   Ты чита́л (чита́ла) «Войну́ и мир»?

You have just arrived in Russia for a semester of study and have met a Russian student in your dormitory. Your new friend is asking you about Russian books, magazines, movies, and so on that you may have encountered.

ОБРАЗЕ́Ц: — Ты чита́л (чита́ла) «Войну́ и мир»?
— Да, чита́л (чита́ла). Кни́га мне о́чень понра́вилась.
и́ли
— Нет, ещё не чита́л (чита́ла), но о́чень хочу́ прочита́ть.

Working with a classmate, use the items below to make up similar exchanges.

Ты был (была́) в . . . ?	газе́та «Изве́стия»
Ты ви́дел (ви́дела) . . . ?	«Пра́вда»
Ты зна́ешь . . . ?	газе́та «Аргуме́нты и фа́кты»
Ты лю́бишь . . . ?	фильм «Алекса́ндр Не́вский»
Ты что́-нибудь зна́ешь о (об) . . . ?	футболи́ст Семёнов
Тебе́ нра́вится . . . ?	«Евге́ний Оне́гин»
Ты слу́шал (слу́шала) . . . ?	«А́нна Каре́нина»
Ты чита́л (чита́ла) . . . ?	ро́к-му́зыка
	Большо́й теа́тр
	му́зыка Чайко́вского
	рома́ны (*novels*) Достое́вского
	Третьяко́вская галере́я
	футбо́льный матч
	конце́рт ро́к-му́зыки

Упр. 3 (1). Point out that the question-type *Have you (ever) read (seen, heard)* . . . ? uses the imperfective verb — Ты чита́л (ви́дел, слы́шал) . . . ? — because there is no emphasis on completion. Rather, the emphasis is on getting information about whether the action has taken place.

Упр. 3 (2). As a cultural activity, have each student select a Russian author, artist, or composer and present a short report to the class. As a follow-up, tell students that on the next test they will be expected to provide one-sentence identifications of some of the individuals reported upon.

---

[2]**Дина́мо** is a neuter noun of Greek origin that is not declined.
[3]*Apposition* refers to a construction in which a noun (or noun phrase) is placed after another as an explanatory equivalent, such as "Tom" in the sentence *My brother, Tom, was born in Massachusetts.*

14.2. SPECIAL USES OF ВСЁ, ВСЕ, ВЕСЬ, ВСЕГО, ВСЕХ

Шофёры такси знают **всё**.	Taxi drivers know everything.
Все заболели и **все** звонят в поликлинику.	Everyone has gotten sick and (everyone) is calling the clinic.
Все они целый год учились на подготовительном факультете.	All of them (they all) were in the preparatory division for a whole year.
У **всех** моих друзей и знакомых дома много книг.	All (of) my friends and acquaintances have a lot of books at home.

Special uses of весь **etc.** There are hundreds of common expressions using these forms. Some that students at this level can recognize and/or use include всё хорошо, что хорошо кончается (*all's well that ends well*); (это) мне всё равно (*it's all the same [makes no difference] to me*), всему своё время (*there's a time for everything*); один за всех, все за одного (*one for all, all for one*).

The frequently encountered forms **всё, все, весь, всего,** and **всех** are related, but have highly specialized uses.

1. **Всё** (*everything, all there is*) is used like a pronoun. It is always neuter singular and refers to inanimate things.

У меня **всё** болит.	*Everything hurts.*

    You have seen the Genitive of **всё** in several set phrases:

— Что будете заказывать?	*"What'll you have?"*
— **Прежде всего** — минеральную воду.	*"First of all, mineral water."*
— **Всего хорошего.**	*"All the best."*
— И вам также.	*"Likewise."*
У нас ещё нет ёлки и, **скорее всего,** не будет.	*We still don't have a New Year's tree and most likely won't have one.*

2. **Все** is used to describe people. It is always plural, and its grammatical case changes according to context. It means *all (people) (in a given group or in general)*. It can stand alone like a pronoun.

Все спешили — не шли, а бежали, а я шёл медленно.	*Everybody was hurrying—they weren't walking, but rather running, and I was walking slowly.*
Мы часто ходим в это кафе, и я здесь **всех** знаю.	*We often come to this café and I know everyone here.*

    It can also be used with a plural pronoun, in which case it frequently follows the pronoun.

Мы **все** очень любим пиццу, но не умеем её готовить.	*All of us (we all) really like pizza, but we don't know how to make it.*
Нам **всем** нравится эта идея!	*We all like that idea!*
Виктор нас **всех** приглашает в воскресенье в Большой театр.	*Viktor is inviting us all to the Bolshoi Theater on Sunday.*

3. **Весь** is an adjective meaning *all*. As in English, it precedes the noun it describes. **Весь** agrees in gender, number, and case with the noun (even though its English equivalent *all* is sometimes rendered as *all of*).

Все мои́ друзья́ игра́ют в хокке́й.	*All (of) my friends play hockey.*
Илья́ Ильи́ч, **все** мужчи́ны везде́ говоря́т то́лько об одно́м.	*Ilya Ilyich, all (of the) men everywhere are talking about only one thing.*
В э́ти дни мужчи́ны стара́ются сде́лать до́ма **всю** рабо́ту, кото́рую обы́чно де́лают же́нщины.	*On these days men try to do all the work at home that women usually do.*
Па́па **всё** у́тро звони́л в поликли́нику.	*Dad was calling the clinic all morning.*

4. Comparatives such as **бо́льше** can combine with **всего́** and **всех**. The resulting phrases have the following distinct meanings:

бо́льше всего́	*most of all, more than anything else*
Бо́льше всего́ Во́ва лю́бит хокке́й.	*Vova likes hockey most of all (more than anything else).*
бо́льше всех	*more than anyone else*
Мы все лю́бим хокке́й, но Во́ва его́ лю́бит **бо́льше всех**.	*We all like hockey, but Vova likes it more than anyone else.*

> **Бо́льше всего́.** These same constructions with всего́ and всех may be used to form the superlatives of many other adverbs, for example: лу́чше всего́ (*best of all, better than anything else*) and лу́чше всех (*better than anyone else*).

5. **Всего́** can also mean *only, not more than, in all*.

Была́ **всего́** одна́ больша́я ёлка.	*There was only one large New Year's tree.*
Это у тебя́ займёт **всего́** пятна́дцать мину́т.	*It's only going to take you fifteen minutes.*

УПРАЖНЕНИЕ 4   Я всю ночь не спала́!

Masha is telling her friend Ira about the terrible night she had last night. Help her use the correct forms of the pronouns **всё** and **все** and the adjective **весь** in the following dialogues. Decline as necessary.

(*У́тро. Ма́ша звони́т свое́й подру́ге И́ре.*)

МА́ША. До́брое у́тро, И́ра! Это Ма́ша. Как дела́?
И́РА. Приве́т, Ма́ша. У меня́ _____¹ норма́льно. А у тебя́?
МА́ША. У меня́ _____² пло́хо. Я больна́.
И́РА. Что у тебя́ боли́т?
МА́ША. _____³ боли́т. Я не спала́ _____⁴ ночь. Я не пойду́ сего́дня на заня́тия и бу́ду _____⁵ день спать.
И́РА. Пра́вильно, не ходи́ в университе́т. Я тебе́ ве́чером позвоню́ и расскажу́ _____⁶ но́вости.

> **Упр. 4.** Have students review declined forms of весь (10/4) before completing this review exercise.
>
> **Упр. 4 АК.** 1 всё; 2 всё; 3 Всё; 4 всю; 5 весь; 6 все; 7 весь; 8 всю; 9 всех; 10 всем; 11 всё.

(*Вечер. Ира звонит Маше.*)

ИРА. Маша, как ты?
МАША. Спасибо, лучше. Но я _____ ⁷ день спала и теперь, наверно, не буду спать _____ ⁸ ночь. Что нового в университете?
ИРА. Тебе от _____ ⁹ привет. Нина получила фотографии от своей подруги из Америки и показывала их _____ ¹⁰ в группе. Есть и другие новости. Хочешь, я зайду к тебе и _____ ¹¹ расскажу?
МАША. Конечно!

❖ 14.3. EXPRESSING INTEREST: ЧЕМ ВЫ ИНТЕРЕСУ́ЕТЕСЬ?

Меня не **интересует** хоккей.	*Hockey doesn't interest me.*
Я никогда не **интересовалась** хоккеем.	*I've never been interested in hockey.*

English and Russian each have two essentially synonymous constructions to express the notion of interest in something.

<person in Accusative + **интересова́ть** + item of interest in Nominative>	Меня́ интересу́ет класси́ческая му́зыка. *Classical music interests me.*
<person in Nominative + **интересова́ться** + item of interest in Instrumental>	Я интересу́юсь класси́ческой му́зыкой. *I'm interested in classical music.*

Note the use of the reflexive verb **интересова́ться** and the Instrumental case with the "interested in" variant.

УПРАЖНЕНИЕ 5   Бо́льше всего́ я интересу́юсь . . .

Below is a list of things you might be interested in. On a slip of paper, complete the following sentence with an item from the list or something else you're interested in:

Бо́льше всего́ я интересу́юсь _____ .

Give your statement to a classmate designated to collect everyone's statement in a grab bag. After each student has taken a slip of paper from the bag, try to recover your slip of paper and find out who wrote the one you are holding by moving about the classroom, saying what you are most interested in, and asking what your classmates are most interested in:

Бо́льше всего́ я интересу́юсь . . . А ты? Чем ты бо́льше всего́ интересу́ешься?

Упр. 5. Remind students of the other possible construction: Бо́льше всего́ меня́ интересу́ет кла́ссика.

америка́нская литерату́ра	иску́сство (*art*)	поли́тика
астроно́мия	кинематогра́фия	психоло́гия
биоло́гия	класси́ческая му́зыка	ру́сский язы́к
геогра́фия	компью́теры	спорт
геоло́гия	мо́да (*fashion*)	эконо́мика
европе́йская исто́рия		???

reVERBerations ⭐ To Have Enough Time, to Manage: Успе́ть

Мы **успе́ем** зае́хать домо́й и переоде́ться пе́ред теа́тром?
Will we have time (manage, be able) to stop at home and change before the theater?

Я всё **успе́ю**.
I'll have time to do everything.

Ты ничего́ не **успе́ешь**.
You won't have time to do anything.

The perfective verb **успе́ть** indicates managing to do something when time is a factor. It is often followed by a perfective infinitive phrase. It may also be preceded by **всё** or **ничего́ не** (as above), or followed by a **куда́** (destination) phrase with no verb of motion, as in the following examples:

успе́ть на авто́бус — to make it to the bus
успе́ть на уро́к — to get to class on time
успе́ть в теа́тр — to get to the theater on time

---

reVERBerations: успе́ть. To render *to succeed in one's purpose* (without the implication of a time constraint) Russian uses <мне (ему́, ей, вам, *etc.*) удало́сь (уда́стся) + infinitive>: Вам удало́сь купи́ть биле́ты? (*Did you manage [were you able] to get tickets?*).

Упр. 6 (1). Variation: Divide the class into small groups and have each group develop one variation on each of these statements. Then share the variations of all groups with the whole class.

Упр. 6 (2). Из до́ма vs. и́з дому. Из до́ма is used to mean *out of a/the building* as well as *out of one's home* while и́з дому is used only in the latter meaning. Students are safe using из до́ма in all contexts.

УПРАЖНЕ́НИЕ 6   Не успе́ю...

Most students rarely have the time to do all they want or need to do. Replace the phrases in parentheses with ones of your own, and see how many variations on the following statements your class (or a small group) can come up with.

1. Я не успе́ю сего́дня (написа́ть письмо́ роди́телям), потому́ что (мне ну́жно гото́виться к экза́мену).
2. Мне ну́жно бы́ло быть (в университе́те в 10 часо́в), и поэ́тому я не успе́ла (зайти́ в библиоте́ку).
3. (Ле́кция) начина́ется в два часа́, а сейча́с то́лько двена́дцать. Я успе́ю (зайти́ в магази́н за проду́ктами).
4. Я по́здно вы́шел из до́ма и не успе́л (на авто́бус).

УПРАЖНЕ́НИЕ 7   А ты успе́ешь...?

You and a friend are talking about how busy everyone is. Complete the following dialogues:

ОБРАЗЕ́Ц: — Сего́дня я бу́ду о́чень за́нят (занята́).
          — А ты успе́ешь зако́нчить перево́д?
          — Коне́чно, (не) успе́ю.

1. — Мы провели́ весь день на стадио́не.
   — А вы успе́ли...?
2. — Мой друг доста́нет биле́ты на фина́л.
   — А он успе́ет...?
3. — Я зае́ду за тобо́й в 6 часо́в.
   — А ты успе́ешь...?
4. — Я вчера́ ходи́л (ходи́ла) к врачу́.
   — А ты успе́л (успе́ла)...?

КУЛЬТУРА РЕЧИ

❖ ТАК ГОВОРЯТ: ADDITIONAL USES OF БЫ: Я БЫ НЕ ВОЗРАЖА́Л

Джим, **я бы не возража́л** научи́ться перепи́сываться с колле́гами по Интерне́ту.	*Jim, I wouldn't mind learning to correspond with colleagues over the Internet.*
— Ви́ктор, я не могу́ брать тебя́ с собо́й на интервью́. — Почему́? **Я бы не возража́л**.	*"Viktor, I can't take you with me to the interview."* *"Why not? I wouldn't mind."*

In addition to its use as a marker for conditional/hypothetical phrases (see Lesson 13, Part 3), the particle **бы** is found in the phrase **я бы не возража́л (возража́ла)** and in a few other contexts related to expressing wishes. (Remember that **бы** always requires a past-tense form of the verb.)

Expressing polite wishes with *would like to*:

Я **хоте́л бы** пойти́ на фина́л.	*I'd like to go to the final game.*

Expressing wishes with *If only . . .* (often emotional):

Е́сли бы она́ была́ здесь!	*If only she were here!*
Е́сли бы сейча́с бы́ло ле́то!	*If only it were summer!*

УПРАЖНЕ́НИЕ 8 Е́сли бы . . .

Which of our characters might say the following? In some cases, more than one answer may be possible.

1. _____ Е́сли бы у меня́ бы́ли биле́ты на фина́л!
2. _____ Е́сли бы у меня́ был авто́граф Ма́нина!
3. _____ Е́сли бы я был изве́стным хоккеи́стом!
4. _____ Е́сли бы я могла́ порабо́тать журнали́сткой в Аме́рике.
5. _____ Е́сли бы вы смогли́ доста́ть биле́ты на фина́л по хокке́ю!

Упр. 8. After doing this exercise, have students express their own wishes, using бы constructions.

Упр. 8. AK. Other answers may be possible. 1 Серге́й Петро́вич; 2 Во́ва; 3 Во́ва; 4 Ле́на; 5 Серге́й Петро́вич.

❖ САМОПРОВЕ́РКА: УПРАЖНЕ́НИЕ 9

Working on your own, try this self-test: Read a Russian sentence out loud, then give an idiomatic English equivalent without looking at the book. Then work from English to Russian. After you have completed the activity, try it with a classmate.

1. Все мои́ друзья́ покупа́ют компа́кт-ди́ски, а я нет. Я не интересу́юсь рок-му́зыкой.
2. Приходи́те к нам сего́дня ве́чером. Мы бу́дем смотре́ть оригина́льную ве́рсию† фи́льма «Кинг Конг».

1. *All my friends buy CDs, but not me. I'm not interested in rock music.*
2. *Come on over tonight. We're going to watch the original version of the movie "King Kong."*

Упр. 9. #3. The Strugatsky brothers, Arkadii and Boris, are among the most famous writers of science fiction in Russia. Some of their better-known works include Хищные вещи века *The Final Circle of Paradise* (1965), and Пикник на обочине *Roadside Picnic* (1972).

3. Я иногда читаю детективы, но больше всего я люблю читать фантастику. Меня особенно интересуют братья Стругацкие.
4. — В пятницу вечером в консерватории будет концерт электронной музыки. Это будет что-то странное. Ты наверно не захочешь пойти?
 — Почему? Я бы не возражал!

3. *Sometimes I read mysteries, but I like to read science fiction most of all. The Strugatsky brothers especially interest me.*
4. *"There's going to be a concert of electronic music at the conservatory on Friday night. It'll be something strange. You probably won't want to go?"*
"Why not? I wouldn't mind!"

❖ ВОПРОСЫ И ОТВЕТЫ: УПРАЖНЕНИЕ 10

Working with a classmate, take turns asking and answering the following questions.

1. Ты интересуешься спортом? Какими видами спорта ты интересуешься?
2. Как ты думаешь, кто самый знаменитый футболист в Америке (в Канаде)? А бейсболист? А баскетболист? А хоккеист? А теннисист?
3. Ты интересуешься оперой или балетом? А театром? Ты любишь ходить на концерты?
4. Ты когда-нибудь был (была) в опере? Когда ты в последний раз был (была) в опере или на концерте? А на футбольном или баскетбольном матче? Достать билеты было трудно?
5. Сколько стоит билет на оперу или на балет? А в кино? А на футбольный матч? А на концерт рок-музыки?
6. Если бы у тебя были билеты на балет и на хоккей (в один и тот же день), куда бы ты пошёл (пошла)?
7. Ты когда-нибудь слушал (слушала) по радио или смотрел (смотрела) по телевизору интервью со спортсменом или с музыкантом? С кем? Когда это было?
8. Если бы ты был журналистом (была журналисткой), у кого ты хотел бы (хотела бы) взять интервью? Какие вопросы ты бы задал (задала) ей или ему?

Упр. 10. #4: в опере. Just as пойти в кино is associated with the theater *building*, one hears пойти в оперу (быть в опере) in reference to the opera *house* (театр оперы и балета) rather than the opera itself. One hears пойти на оперу (быть на опере) if a particular opera is mentioned (Завтра я пойду на «Евгения Онегина») or if there is a contrast: — Хочешь пойти на балет? — Лучше на оперу, я балет не люблю.

Кто будет чемпионом?

ДИАЛОГИ

ДИАЛОГ 1 У меня́ есть биле́ты на хокке́й...
(Discussing preferences: sports)

— У меня́ есть биле́ты на хокке́й на э́ту суббо́ту. Хо́чешь пойти́?
— Спаси́бо, но я не о́чень люблю́ хокке́й.
— А каки́е ви́ды спо́рта ты лю́бишь?
— Гимна́стику и те́ннис.
— Но ведь смотре́ть хокке́й намно́го интере́снее, чем смотре́ть гимна́стику.
— О вку́сах не спо́рят (*There's no accounting for taste*)!

ДИАЛОГ 2 Не зна́ю, что де́лать
(Giving advice on dating)

— Не зна́ю, что де́лать. Я пригласи́л Ири́ну на футбо́льный матч, но она́ сказа́ла, что футбо́л её не интересу́ет.
— Пригласи́ её на бале́т и́ли в теа́тр.
— Вчера́ я пригласи́л её в теа́тр, но она́ сказа́ла, что её и теа́тр не интересу́ет.
— Всё поня́тно. Мо́жно дать тебе́ сове́т? Пригласи́ не Ири́ну, а Ка́тю. Мне ка́жется, что её интересу́ет всё, что интересу́ет тебя́.

УПРАЖНЕНИЕ 11 Ваш диало́г

Create a dialogue in which you and a friend are planning to go to a sporting or cultural event. Discuss your preferences, settle on an event, and arrange a time and place to meet.

❖ А ТЕПЕ́РЬ...: УПРАЖНЕНИЕ 12

Working with a classmate, use what you learned in Part 1 to . . .

1. find out what he likes to do most of all in his free time (**в свобо́дное вре́мя**)
2. find out what he's interested in
3. ask if he's also interested in your favorite sport or performing art
4. ask whether he managed to finish his homework last night
5. ask if he has read *War and Peace* (**Война́ и мир**) and/or *Eugene Onegin* (**Евге́ний Оне́гин**)

ЧАСТЬ ВТОРАЯ

С чего начать? **Suggested Activities.** There are many guessable words here. Give students a few minutes to study the menu in small groups, then tell them they may ask you five words per group as they decide what they would like to order—that is, as in a real restaurant setting, some words/dishes will be totally unfamiliar and even a dictionary will not always help.

С чего начать? Меню **(1).** These prices date from mid-2001, at which time the exchange rate was approximately $1 = 28 rubles.

С чего начать? Меню **(2).** Comparing prices: If up-to-date figures are available, have students calculate the cost of the dinner at a Russian restaurant as a percentage of a typical hourly or weekly wage (e.g., a job that a student might hold) vs. the same figure for someone with a similar job in the United States.

С чего начать? Меню **(3).** Have students research the diet in a typical Russian home, perhaps by interviewing recent émigré families, and then compare that with typical restaurant fare.

 # С ЧЕГО НАЧАТЬ?

МЕНЮ

Menus in most Russian restaurants and cafés are organized according to courses. A typical menu includes foods grouped under headings like these:

Заку́ски	*Appetizers*
Пе́рвые **блю́да**	*First-course dishes (mainly soups)*
Вторы́е блю́да	*Main courses*
Фи́рменные блю́да	*House specialties*
Напи́тки	*Beverages*
Десе́рты	*Desserts*

Меню
Кафе «Лира»

ХОЛОДНЫЕ ЗАКУСКИ		ГОРЯЧИЕ НАПИТКИ	
Ассорти рыбное	140	Кофе чёрный	15
Ассорти мясное	95	Кофе с молоком	20
Икра красная	200	Капучино	25
Икра чёрная	290	Чай с сахаром	15
Помидоры свежие	35	Горячий шоколад	20
ПЕРВЫЕ БЛЮДА		**ХОЛОДНЫЕ НАПИТКИ**	
Борщ «Московский»	90	Вода минеральная 0,5	30
Борщ «Московский» с пирожком	125	Вода фруктовая 0,5	30
Суп грибной	95	Соки натуральные 1,0	90
Солянка рыбная	115	Спрайт 1,5	80
ВТОРЫЕ ГОРЯЧИЕ БЛЮДА		Пиво 0,5	85
Бифштекс по-польски	140	Шампанское «Надежда» 0,75	180
Котлета по-киевски	95	Шардонне 0,75	210
Омлет с ветчиной	30	Каберне 0,75	225
Осетрина жареная	145	Коньяк «Белый аист» 0,5	250
Эскалоп из свинины	175	**ДЕСЕРТЫ**	
		Мороженое «Варшава»	65
		Шоколадные конфеты (коробка)	50
		Коктейль-мороженое	40

Часть вторая 355

Reading Introduction (see also WB/LM).
1. Почему́ Джим сказа́л швейца́ру и метрдотéлю, что его́ фами́лия Кругло́в? (Потому́ что Са́ша Кругло́в рабо́тает в рестора́не и заказа́л сто́лик для свои́х друзе́й на свою́ фами́лию.)
2. Кто никогда́ не танцева́л в рестора́не? (Джим.)
3. Для кого́ Са́ша заказа́л сто́лик? (Для Джи́ма и Ильи́ Ильича́.)

Чте́ние (1): господи́н. Although historically господи́н was used together with a family name as a sign of respect, Tanya's use of it here is in jest. The formula <господи́н + family name or title> (e.g., господи́н мини́стр) is commonly used when Russians speak to or about foreign male visitors; <госпожа́ + family name> is used for foreign female visitors. Male speakers of English may also be addressed as <ми́стер + family name>.

❖ **МИР ТЕ́СЕН!°**

Мир... *It's a small world!*

(*Saturday, 7 P.M. Jim and Tanya approach the Prague restaurant. At the entrance is a doorman and a sign reading* **Мест нет**.°)

Мест... *No space available*

ДЖИМ.	(*To the doorman.*) У нас **зака́зан сто́лик° на°** семь ве́чера.
ШВЕЙЦА́Р.°	Фами́лия?
ДЖИМ.	Кругло́в.
ШВЕЙЦА́Р.	(*Looks at a list.*) Заходи́те, пожа́луйста.
ТА́НЯ.	(*As they enter, looking at Jim in surprise.*) «Кругло́в»?
ДЖИМ.	В э́тот рестора́н попа́сть невозмо́жно. Но мне повезло́. Са́ша бу́дет всё ле́то игра́ть здесь в **орке́стре**.† Э́то он **заказа́л°** для нас сто́лик.
МЕТРДОТÉЛЬ.°	(*They are greeted by the maitre d'.*) До́брый ве́чер! Ва́ша фами́лия?
ДЖИМ.	Кругло́в.
МЕТРДОТÉЛЬ.	Сюда́, пожа́луйста.

У... *We have a table reserved / for*
doorman

Э́то... *He's the one who reserved*
maitre d'

Чте́ние (2): метрдотéль. Note that the final syllable of метрдотéль is pronounced [-тэ́-].

356   Урок 14   Мы идём в большой театр!

(He shows them to a table and gives them menus. As they sit down they see Ilya Ilyich and Tatyana Dmitrievna at a table in a corner.)

Mr.   ТА́НЯ. (*Smiling.*) «Господи́н° Кругло́в», тебе́ не ка́жется, что Илья́ Ильи́ч и Татья́на Дми́триевна . . . что ме́жду Ильёй Ильичо́м и Татья́ной Дми́триевной . . .

то. . . the same thing   ДЖИМ. (*Smiling even more.*) Они́, наве́рно, говоря́т **то же са́мое**° о нас.

(They look at the menus, and soon a waiter comes to take their order.)

Вы. . . Have you decided?   ОФИЦИА́НТ. Вы уже́ **вы́брали**?°

chicken Kiev / servings   ДЖИМ. Да, мы гото́вы. Сала́т из **кра́бов**,† сала́т «Весна́», **котле́ты по-ки́евски**° — две **по́рции**.° Десе́рт мы зака́жем пото́м.

ОФИЦИА́НТ. Что бу́дете пить? Вино́? Шампа́нское?

(Jim looks inquiringly at Tanya.)

ТА́НЯ. (*Undecided.*) Что́-нибудь лёгкое.

Чте́ние (3): шардонне́. The final syllable of шардонне́ is pronounced [-нэ́].   ОФИЦИА́НТ. Я вам **рекоменду́ю**† шардонне́.†

ДЖИМ. Хорошо́, буты́лку шардонне́. (*The waiter takes the menus and leaves. The band starts to play and couples start dancing.*) А у нас в рестора́нах орке́стров нет. Я ещё никогда́ не **танцева́л**° в рестора́не. Идём танцева́ть, я тебя́ приглаша́ю!

никогда́. . . have never danced

за. . . at the piano   ТА́НЯ. С удово́льствием. (*They stand up.*) Посмотри́, кто за роя́лем° сиди́т! Пойдём, ска́жем Са́ше спаси́бо.

ДЖИМ. Пойдём.

Чте́ние (4): Я всю жизнь живу́. . . Draw students' attention once again to the fact that Russian uses a present-tense verb to express an action begun in the past and continuing into the present (i.e., for which English usually uses the present perfect tense *I have lived my whole life*. . .).

(Walking toward the band they pass the table where Ilya Ilyich and Tatyana Dmitrievna are sitting.)

ТАТЬЯ́НА ДМ. Илья́ Ильи́ч, а вот Та́ня с Джи́мом!

ИЛЬЯ́ ИЛЬИ́Ч. Мир те́сен!

ДЖИМ. До́брый ве́чер.

Прия́тного. . . Bon appétit!   ТА́НЯ. **Прия́тного аппети́та!**°

ИЛЬЯ́ ИЛЬИ́Ч. Спаси́бо. До́брый ве́чер, молоды́е лю́ди.

ТА́НЯ. Вам здесь нра́вится, Татья́на Дми́триевна?

в. . . for the first time   ТАТЬЯ́НА ДМ. О́чень нра́вится. Я всю жизнь живу́ в Москве́, но в э́том рестора́не я **в пе́рвый раз**.° Спаси́бо Са́ше — э́то он заказа́л для нас сто́лик.

ТА́НЯ. (*Smiling, to Ilya Ilyich.*) Так ва́ша фами́лия сего́дня то́же Кругло́в?

УПРАЖНЕ́НИЕ 1 Под микроско́пом: Переска́з (*Retelling*)

Working in small groups, create a summary (approximately ten sentences) of this reading in Russian. Write each sentence on a single index card. Shuffle the index cards and trade them for those of another group. Then try to reassemble the other group's summary cards in the correct order.

ГРАММАТИКА И ПРАКТИКА

О РОССИИ

ГДЕ ЕДЯ́Т В РОССИ́И

Я всю жизнь живу́ в Москве́, но в э́том рестора́не я в пе́рвый раз.

The «Пра́га» (Prague), where Jim and Tanya go for this special occasion, is one of Moscow's best and most expensive restaurants. There is a wide range of eating establishments in all Russian cities. Here are some of the more common types of establishments:

рестора́н   a full-service restaurant. Most are currently so expensive that only the wealthy can afford to eat there.

кафе́   a café. The term is currently very popular and covers a wide range of eating establishments. Russians of relatively modest means who want a pleasant evening out would be likely to seek a nice **кафе́.**

буфе́т   a snack bar, found in train stations, airports, hotels, theaters, and also in many workplaces. Usually offers cold sandwiches, snacks, soft drinks, coffee, and tea.

столо́вая   a cafeteria. This term is currently out of fashion and refers mostly to cafeterias in schools, universities, and workplaces.

ча́йная   a cafeteria serving tea and snacks.

пельме́нная   a fast-food shop specializing in **пельме́ни** (noodle dumplings usually filled with meat; similar to ravioli, but served with sour cream, butter, or vinegar).

шашлы́чная   a fast-food shop specializing in **шашлы́к** (shish kebab).

пирожко́вая   a fast-food shop specializing in **пирожки́** (pastries filled with meat, rice, potatoes, cabbage, mushrooms, or the like).

пивно́й бар   a bar serving alcoholic beverages. The clientele in such places is usually male. Any inexpensive establishment that sells alcoholic drinks may colloquially be called a **забега́ловка,** which is not a compliment (that is, "fast food and/or drink" used disparagingly).

О Росси́и: забега́ловка. Ask students if they see the connection to the root of a verb in this word (Cf. *reVERBerations* in 8/4 and 10/2).

Мы лю́бим джаз!

О РОССИИ

ВЕ́ЧЕР В ХОРО́ШЕМ РЕСТОРА́НЕ

*В э́тот рестора́н попа́сть невозмо́жно.
Но Са́ша заказа́л для нас сто́лик.*

Dining out in a fancy restaurant—a place with a **швейца́р** (*doorman*) and/or valet parking, a **метрдоте́ль** (*maître d'*), fine linens, candles, excellent food and beverages, good service, and possibly a dance floor and a small **орке́стр**—is a special treat for most people, Russians included. In the Soviet era, such restaurants were expensive and difficult for most citizens to get into, but most people could occasionally get in with a little planning and a good-sized bribe for the **швейца́р**. Now, however, prices in many places are so high (even by Western standards) that such restaurants are out of the question for all but the wealthiest members of Russian society. Even if one comes up with the money, tables may be hard to get and reservations are often necessary. Unless, that is, one happens to have connections at the restaurant through an employee . . . .

СЛОВА́, СЛОВА́, СЛОВА́ . . . ⭐ *Diminutives*

Э́то фиа́лки для всех **девчо́нок** в кла́ссе. Четы́рнадцать **буке́тиков**.	These are violets for all the girls in our class. Fourteen bouquets.
У нас зака́зан **сто́лик** на семь ве́чера.	We have a table reserved for 7:00 P.M.

Spoken Russian is rich in diminutives, which are formed by using infixes and suffixes that impart a sense of physical smallness, endearment, or affection. (They can also convey irony, disparagement, or belittlement in some contexts.) Personal names can have diminutive forms, with the same range of effects. English uses diminutives, too (cat/kitty, dog/doggy, Bill/Billy), but not nearly as extensively as does Russian. Diminutives denote a casual relationship and they are especially common in children's speech as well as in adult speech to and about children, so you should become familiar enough with common forms to recognize them. In fact, among children, diminutives are sometimes the only "socially" acceptable form.

-ик	стол	сто́лик (*little table; restaurant table*)
	кот	ко́тик (*kitty*, male)
	брат	бра́тик (no English equivalent)
	буке́т	буке́тик (*little bouquet*)
-ок	го́род	городо́к (*small town*)
-оч-/-еч-	ко́шка	ко́шечка (*kitty*, female)
	ча́шка	ча́шечка (*little cup*)
	Ле́на	Ле́ночка

УПРАЖНЕНИЕ 2 Diminutives

Can you guess the basic words from which the following diminutives are derived?

1. книжка
2. дочка
3. песенка
4. дружок
5. минуточка
6. диванчик

Упр. 2. АК. 1 книга; 2 дочь; 3 песня; 4 друг; 5 минута; 6 диван.

14.4. ADDITIONAL USES OF «НА»

As you have seen, the preposition «на» has many meanings and uses. You should add the following to those you have already learned (see the summary in Lesson 11, **Итак** on p. 237).

1. A ticket for a particular event or purpose is described by <**билет на** + Acc.>.

Виктор достал четыре **билета** в Большой театр **на** «Евгения Онегина».

Viktor got four tickets for Eugene Onegin *at the Bolshoi Theater.*

2. The phrase <**на** + time or date> conveys a point in the future for which a certain event has been scheduled.

У нас заказан столик **на** семь вечера.

We have a table reserved for 7:00 P.M.

3. The phrase <**на** + numeral in the Gen./Acc.> expresses the number of people for whom a table, cab, or other arrangement has been made or is being requested. In the following example the numeral is a collective form in the Genitive/Accusative, indicating that an animate complement is understood.

Additional Uses of «на» **(#3).** Collective numerals are not treated in this textbook. For the time being, have students learn and use them as lexical elements in this phrase.

У вас есть столик **на** двоих (троих, четверых)?

Do you have a table for two (three, four)?

УПРАЖНЕНИЕ 3 Билеты на...

Using the phrase <**билет на** + Acc.>, complete the sentences with words or phrases from the following list. Use each only once.

новая опера
поезд
самолёт
футбольный матч

японский фильм
«Лебединое озеро» (*Swan Lake*)
«Спящая красавица» (*Sleeping Beauty*)

Упр. 3. АК. 1 футбольный матч; 2 японский фильм; 3 «Лебединое озеро», «Спящую красавицу»; 4 самолёт, поезд; 5 новую оперу.

1. На стадионе студенты купили билеты на _____.
2. Мы пошли в кинотеатр и купили билеты на _____.
3. Моя сестра танцует в балете. Она мне дала билеты на _____ и _____.
4. В аэропорту продают билеты на _____, а на вокзале продают билеты на _____.
5. Туристы достали билеты на _____ прямо перед Большим театром.

УПРАЖНЕНИЕ 4   Я хотéл бы заказáть стóлик

Read the following dialogue and use it as a model to create a dialogue with a classmate in which you call to reserve a table at a restaurant for a certain day and time.

(*You dial the number of the café. Someone answers the phone.*)

— Кафé «Бéлые нóчи».[4]
— Дóбрый день. Я хотéл бы заказáть стóлик на зáвтра.
— На скóлько человéк?
— На четверы́х.
— На какóе врéмя?
— На семь вéчера, пожáлуйста.
— Фами́лия?
— Чернóв.
— Стóлик на четверы́х, на зáвтра на семь вéчера.
— Большóе спаси́бо.

УЧИСЬ УЧИТЬСЯ ✪ *Survival Russian*

Experienced travelers quickly learn that for many interactions in predictable settings a few short, set phrases can go a long way. For instance, you can do very well in a restaurant (even a noisy one) by thinking in advance about some of the things you are likely to hear and having ready some things you know you'll need to say. Here are some examples.

If you've made reservations, you may need to say . . .	У нас закáзан стóлик.
When you're shown to your table, the host(ess) might say . . .	Сюдá, пожáлуйста. Что бýдете закáзывать? *or* Вы ужé вы́брали? *and/or* Что бýдете пить (есть)?
When the server comes to take your order, she or he will probably say . . .	
To ask your server for a suggestion, you might say . . .	Что вы рекомендýете?
When you're ready to leave, you could say to your server . . .	Счёт (*the bill*), пожáлуйста.

Even people who know Russian well may want to acquire a Russian phrase book and review the contents of a pertinent list just before entering a restaurant, theater, post office, or hotel, or before using the phone, public transportation, and so on.

УПРАЖНЕНИЕ 5   В ресторáне

Work in groups of three for this activity. You and a friend have decided to go out to a nice restaurant for a special occasion. You have 1,250 rubles between you to spend. Refer to the menu on page 354 and start thinking about what items you will select. (Allow for a tip—**на чай**—of about 10%.) Then develop a dialogue with a waiter following the model in the reading. You should incorporate some of the phrases from the preceding section.

---

[4] «**Бéлые нóчи**» is how Russians refer to the few weeks in early summer when the sun does not completely set in northern areas. The **Бéлые нóчи** evoke a romantic, almost holiday spirit among Russians.

reVERBerations ⭐ To stop by, to drop in, to pick up: заходи́ть / зайти́ and заезжа́ть / зае́хать

— Не беспоко́йтесь, Серге́й Петро́вич. Я **зайду́** к вам послеза́втра.

"Don't worry, Sergei Petrovich. I'll stop by the day after tomorrow."

— **Заходи́те** лу́чше за́втра.

"It'd be better if you came by tomorrow."

Ита́к, в воскресе́нье я **за** тобо́й **зае́ду**.

So, I'll pick you up on Sunday.

Ви́ктор, а мы успе́ем **зае́хать** домо́й и переоде́ться пе́ред теа́тром?

But Viktor, will we be able to drop by the house and change before the theater?

The prefix **за-** on the combining form of a verb of motion (**заходи́ть / зайти́** or **заезжа́ть / зае́хать**) indicates that the subject stops by one place while on the way to another (on foot or by vehicle, respectively). It renders phrases like "I'll pick you up . . ." and "I'll stop at the grocery store (for) . . . ."

The person or thing to be picked up is expressed by <**за** + Instr.>; the place where one is stopping is expressed by a **куда́** word or phrase.

Я за тобо́й **зае́ду** в 1.30.

I'll pick you up at 1:30.

По доро́ге в университе́т я **зайду́** в апте́ку **за аспири́ном** (к ба́бушке **за письмо́м,** на по́чту **за ма́рками** . . .)

On the way to the university I'll stop by the drugstore for aspirin (Grandma's for a letter, the post office for stamps . . .)

reVERBerations: зайти́. Я зайду́ в апте́ку за аспири́ном. An acceptable alternative is the verbal construction «Я зайду́ в апте́ку и куплю́ аспири́н».

УПРАЖНЕ́НИЕ 6 По доро́ге домо́й . . .

Decide on a stop you might make or an errand you might do on the way home, then form a circle with several classmates and see who can remember the longest string of errands.

ОБРАЗЕ́Ц: — По доро́ге домо́й я зайду́ к ба́бушке за письмо́м, Ли́за зайдёт на по́чту за ма́рками, Па́вел зайдёт в магази́н за проду́ктами . . .

Упр. 6. As a reminder, this type of "chaining" exercise is usually more successful (i.e., students can remember longer chains) if students name the most recent element first and work backward to the first element named.

КУЛЬТУРА РЕЧИ

❖ ТАК ГОВОРЯТ: MODIFIERS WITH ЧТО́-НИБУДЬ

ОФИЦИА́НТ. А что вы бу́дете пить? Вино́? Шампа́нское?
ТА́НЯ. Что́-нибудь лёгкое.

When Tanya wants to order something light to drink, she uses the neuter adjective **лёгкое** to describe **что́-нибудь**. Other adjectives can be used this way as well.

УПРАЖНЕ́НИЕ 7 Что́-нибудь...

Упр. 7. АК. 1 д; 2 г; 3 а; 4 б; 5 в.

Find the most appropriate answer for each of the following questions. More than one answer may be possible for some.

1. — Сего́дня о́чень жа́рко. Что ты бу́дешь пить? _____
2. — Что мы пода́рим америка́нским студе́нтам? _____
3. — Что ты бу́дешь гото́вить? _____
4. — Что ты хо́чешь смотре́ть по телеви́зору? _____
5. — Что ты ку́пишь И́ре на день рожде́ния? _____

а. — Что́-нибудь вку́сное.
б. — Что́-нибудь интере́сное.
в. — Что́-нибудь недорого́е.
г. — Что́-нибудь ру́сское.
д. — Что́-нибудь холо́дное.

❖ САМОПРОВЕ́РКА: УПРАЖНЕ́НИЕ 8

Working on your own, try this self-test: Read a Russian sentence out loud, then give an idiomatic English equivalent without looking at the book. Then work from English to Russian. After you have completed the activity, try it with a classmate.

1. У нас зака́зан сто́лик на во́семь часо́в. Я зае́ду за тобо́й в полвосьмо́го.
2. По доро́ге домо́й я должна́ зайти́ в апте́ку за лека́рством; пото́м я зайду́ к ба́бушке.
3. В кафе́:
   — До́брый ве́чер. Что бу́дете зака́зывать?
   — Моро́женое, пожа́луйста. Две по́рции. И два ко́фе с молоко́м.
4. — Вчера́ мы не успе́ли доста́ть биле́ты на «Ма́стера и Маргари́ту»: ка́сса закры́лась в 5 часо́в.
   — Ничего́! Попро́буем сего́дня.

1. We have a table reserved for eight o'clock. I'll come by for you at 7:30.
2. On the way home I have to stop at the drugstore for some medicine; then I'll drop in on Grandma.
3. In a café:
   "Good evening. What would you like to order?"
   "Two ice creams, please, and two cups of coffee with milk."
4. "Yesterday we didn't manage to get tickets to 'The Master and Margarita.' The box office closed at 5:00."
   "No big deal! We'll try today."

❖ ВОПРОСЫ И ОТВЕТЫ: УПРАЖНЕНИЕ 9

Working with a classmate, use the questions below to role play the following situation: You've just met a Russian who is asking you about restaurant dining in America. After you've done half the questions, switch roles.

1. Где обычно едят американские студенты — в кафе или в ресторанах? А вы? Вы часто ходите в Макдональдс или Пицца Хат?
2. Вы когда-нибудь обедали в хорошем ресторане? Где и когда это было? С кем вы там были? Это стоило дорого? Вы что-нибудь отмечали (*were celebrating*)?
3. Какой ресторан в вашем городе самый дорогой? Вы там когда-нибудь обедали? Как вы думаете, это хороший ресторан?
4. Что вы обычно заказываете, когда вы обедаете в ресторане?
5. Вы обычно даёте официанту (официантке) на чай (*tip*)?
6. Вы когда-нибудь работали официантом (официанткой)? Вам посетители (*patrons*) давали на чай?
7. Сколько принято давать на чай в Америке — десять процентов, пятнадцать процентов, двадцать процентов?
8. Вы когда-нибудь танцевали в ресторане? Если да, то где и когда это было? С кем вы танцевали?

Упр. 9. #7. In Russian restaurants a tip of 10% is about right. If service is included in the bill, no tip is expected.

❖ ДИАЛОГИ

ДИАЛОГ 1 Давай закажем...
(Selecting something from a menu)

— Какой красивый ресторан! Я в таком ресторане первый раз.
— Я тут один раз был, и мне понравилось.
— [*Opening the menu.*] Посмотри, тут одних салатов больше двадцати! Что ты закажешь?
— Салат «Летняя фантазия».
— А что, если окажется (*it turns out*), что это обычный салат из огурцов?
— [*Reads the menu.*] Ты, как всегда, права: это действительно обычный салат из огурцов.

ДИАЛОГ 2 Слишком много калорий†!
(Selecting something from a menu)

— Ты будешь заказывать десерт?
— Наверно, нет. Слишком много калорий.† А что?
— В этом ресторане очень вкусный «наполеон». Ты так редко ешь сладкое (*sweets*). В конце концов, ты имеешь право раз в год съесть десерт, в котором много калорий. Может быть, закажешь?
— Хорошо, но потом давай пойдём домой пешком.
— Но это очень далеко — километров† десять!
— Очень хорошо! Значит, у меня будет право съесть десерт и завтра.

УПРАЖНЕНИЕ 10 Ваш диало́г

Create a dialogue in which you and a friend are dining at a restaurant in Moscow and are looking at a menu (see p. 354). One of you has been to this restaurant before; the other (who just happens to be a very fussy eater) has not and is asking for recommendations.

❖ А ТЕПЕРЬ...: УПРАЖНЕНИЕ 11

Working with a classmate, use what you learned in Part 2 to make arrangements for getting together with a friend and going to dinner.

1. find out what time she wants to have dinner
2. decide where you will have dinner
3. ask her what she usually orders in this restaurant
4. ask whether she can stop by to pick you up
5. find out if her roommate will also go to the restaurant with you
6. say that you'll order a table for two (or three) for the time you decide on
7. tell her that you have tickets for a new movie and ask if she wants to go after dinner

ЧАСТЬ ТРЕТЬЯ

 ## С ЧЕГО НАЧАТЬ?

БОЛЬШО́Й ТЕА́ТР

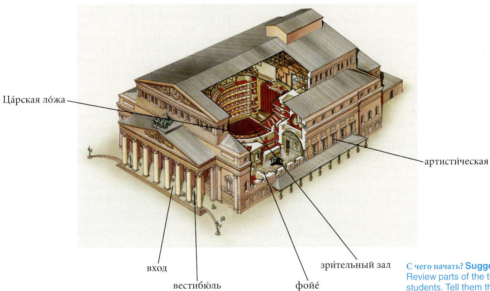

амфитеа́тр	rear orchestra
артисти́ческая	artists' dressing room
вестибю́ль	vestibule
вход	entrance
зри́тельный зал	auditorium
парте́р [*pronounced* -тэ́-]	orchestra
фойе́	main lobby
Ца́рская ло́жа	Royal Box
я́русы (1-ый я́рус, 2-о́й я́рус)	tiers

С чего начать? Suggested Activities. Review parts of the theater with students. Tell them that they have a ticket to the Bolshoi Theater. After reviewing the words for left and right side, row, and seat, (see Part 1 **С чего начать** on page 341) have them make up a dialogue in which they tell each other which part of the theater their seat is located in. **Variation:** Have pairs of students use index cards to make up a pair of "theater tickets" for neighboring seats in various parts of the theater, in different rows, etc. Collect all the cards, mix them up, and redistribute them so each student gets one card with ticket information. Then have students circulate and—without showing anyone else their card—find out who has the seat next to their own and with whom they will go to the theater. Encourage them to use questions such as the following, which you might put on the board for reference: У тебя́ ме́сто в парте́ре? В како́м ряду́ ты сиди́шь? Како́е у тебя́ ме́сто?

ЧТЕНИЕ

Reading Introduction (see also WB/LM).
1. Кого ждут Наталья Ивановна, Лена и Виктор? (Сергея Петровича.) Где они ждут его? (Около Большого театра.)
2. Кто подходит, когда они ждут Силина? (Таня и Джим.) Джим когда-нибудь был в Большом театре? (Нет. Он идёт туда в первый раз.)
3. Где сидят Таня и Джим? (В амфитеатре.) Где они встретятся с Лёной и Виктором в антракте? (В фойе первого этажа.)

Век... *Live and learn*

❖ ВЕК ЖИВИ, ВЕК УЧИСЬ°

(*Sunday evening. Natalya Ivanovna is standing in front of the Bolshoi Theater with Lena and Viktor.*)

НАТАЛЬЯ ИВ.   Ничего не понимаю. Где Силин? Матч давно кончился. (*To Lena and Viktor.*) Вы их не видели на стадионе?

ЛЁНА.   Нет, мы уехали сразу же после интервью. Но я смотрела последний **пери́од**† по телевизору и знаю, что Манин забросил° решающую° шайбу° за пять минут до конца° матча. Он действительно замечательный хоккеист.

scored
deciding / goal / за... five minutes before the end

НАТАЛЬЯ ИВ.   (*Exasperated.*) Меня не интересует ваш Манин. Меня интересует мой Силин!

ВИКТОР.   Посмотрите, вон Джим и Таня идут. Джим! Таня!

(*Jim and Tanya walk up.*)

ТАНЯ.   Добрый вечер. Вы тоже идёте на «Евгения Онегина»?

ВИКТОР.   Да. Москва такой «маленький» город, что у входа в Большой театр обязательно встретишь знакомых.

ДЖИМ.   Я очень много слышал о Большом театре.

ЛЁНА.   А ты любишь оперу?

ДЖИМ.   Откровенно говоря, не очень. Дома я в оперу не хожу. Но Большой театр — это **совсем**° **другое дело**° ...

quite / другое... a different matter

Чтение: встретишь, берёшь. Draw students' attention to these uses of ты- less ты forms for the generic "you." (cf. 9/1.)

ЛЁНА.   Я думаю, что тебе понравится. А где вы сидите?

ТАНЯ.   В амфитеатре. А вы?

ЛЕ́НА. В парте́ре. Иди́те скоре́е, ско́ро начнётся. Встре́тимся в **антра́кте**° в фойе́ пе́рвого этажа́.

ДЖИМ. А почему́ вы не идёте?

ЛЕ́НА. Мы ждём па́пу.

intermission

(*Tanya and Jim walk away. As they enter the lobby of the Bolshoi the second bell rings.*)

ТА́НЯ. Скоре́е! Нам ну́жно **сдать пальто́**° в **гардеро́б**.°

ДЖИМ. Заче́м? Дава́й возьмём их с собо́й.

ТА́НЯ. Что ты! Нас не пу́стят в зал°. Нет, пальто́ ну́жно сдать, но зато́ мы возьмём в гардеро́бе **бино́кль**.† Когда́ берёшь бино́кль, пото́м мо́жно получи́ть пальто́ без о́череди.° Это сто́ит недо́рого.

ДЖИМ. Век живи́, век учи́сь.

сдать... *check our coats / coat check* (*room*)

Нас... *They won't let us into the performance hall.*

без... *without standing in line*

(*They go off to the checkroom and soon return to the foyer. At the door to the main hall they are met by an usher.*)

БИЛЕТЁРША.° Каки́е у вас места́?

ТА́НЯ. Амфитеа́тр, шесто́й ряд, места́ 24 и 25.

БИЛЕТЁРША. Сюда́, пожа́луйста (*indicating the way*).

ДЖИМ. Спаси́бо.

БИЛЕТЁРША. **Програ́ммку**† хоти́те?

ДЖИМ. (*Accepting a program from the usher.*) Спаси́бо.

usher

(*The usher looks at him quizzically.*)

ТА́НЯ. (*Handing the usher money.*) Вот пожа́луйста.

ДЖИМ. Извини́, Та́ня, я не знал, что за програ́ммку на́до плати́ть. У нас в теа́трах програ́ммки обы́чно даю́т беспла́тно.

ТА́НЯ. Тепе́рь ты зна́ешь. Скоре́е, Джим, сейча́с начнётся **увертю́ра**.†

УПРАЖНЕНИЕ 1 Под микроскопом: В театре

Упр. 1. AK. 1 б; 2 в; 3 д; 4 е; 5 а; 6 г.

Each of the following sentences contains one or two new words. Match these boldfaced Russian words with their English equivalents. Then provide an idiomatic translation for each of the sentences.

- **а.** for free
- **б.** during the intermission
- **в.** the deciding goal
- **г.** they won't let
- **д.** to check our coats
- **е.** without standing in line

1. _____ Встретимся **в антракте** в фойе первого этажа.
2. _____ Манин забросил **решающую шайбу**.
3. _____ Нам нужно **сдать пальто** в гардероб.
4. _____ Можно получить пальто **без очереди**.
5. _____ У нас в театрах программки обычно дают **бесплатно**.
6. _____ Нас **не пустят** в зал.

О РОССИИ

ВЕЧЕР В ТЕАТРЕ

— *Скорее! Нам нужно сдать пальто в гардероб.*
— *Зачем? Давай возьмём их с собой.*

A visit to the theater in Russia offers the opportunity to observe many cultural norms. As Jim discovers, coats and hats must be checked in the **гардероб**. There, for a modest fee, you can also rent binoculars. This not only affords you a better view of the performers, but also allows you to pick up your coat after the performance without having to stand in the coat-check line. Programs are not handed out gratis, but must be purchased. A series of bells advises patrons to find (or return to) their seats. If you pass by already-seated patrons in your row to reach your seat, the custom is to face the people you are passing. When applauding the performance, Russians don't whistle; whistling in a theater (or even at a sports event) expresses strong *dis*approval.

Москва. Большой театр.

ГРАММАТИКА И ПРАКТИКА

СЛОВА, СЛОВА, СЛОВА... ★ The Productive Suffix -ист

Са́ша — студе́нт, **пиани́ст**.	Sasha's a student, a pianist.
Ле́на — студе́нтка-**журнали́стка**.	Lena's a student, a journalism student.
Сего́дня прилета́ют на́ши **тенниси́сты**.	Our tennis players are flying in today.
Э́то друг Са́ши, **виолончели́ст**.	That's Sasha's friend, a cellist.
Такси́стам то́же хо́чется встре́тить Но́вый год.	Taxi drivers also like to celebrate New Year's.
Э́то са́мый знамени́тый **хоккеи́ст** на све́те!	He's the most famous hockey player in the world!

Russian and English both use the suffix **-ист** (*-ist*) to refer to one who engages in the activity or can otherwise be characterized by the root word. When referring to women, these words may take the feminizing suffix **-ка**.

> **The Productive Suffix -ист.** The use of the feminizing suffix -ка often depends on the semantics of a particular speech act. Many forms like студе́нтка, журнали́стка, пиани́стка are commonly used as references or for identification: Ле́на журнали́стка. // На́ша Ле́нка оптими́стка. These are the contexts that students will encounter in this textbook. In other contexts in which one is focusing purely on professional, moral, or other qualities, it is possible to use the masculine form, though here the context (situation, speaker's intent) is highly marked: Ле́на — по́длинный, настоя́щий журнали́ст, профессиона́л до мо́зга косте́й. // На́ша Ле́нка — большо́й оптими́ст. In a sentence like Ле́на — студе́нтка–журнали́стка, the form журнали́стка is triggered by the use of студе́нтка.

УПРАЖНЕ́НИЕ 2   С кем ты хо́чешь поговори́ть?

Whom would you most likely have contact with in the following situations?

- **а.** иллюзиони́ст
- **б.** будди́ст
- **в.** шахмати́ст
- **г.** массажи́ст
- **д.** программи́ст
- **е.** кримина́ли́ст
- **ж.** филатели́ст
- **з.** дарвини́ст
- **и.** лингви́ст
- **к.** фрейди́ст

____ 1. You need help with a computer program.
____ 2. You'd like to know how crimes are solved.
____ 3. You'd like to learn more about Eastern religions.
____ 4. Your muscles are sore after a hard workout.
____ 5. You want to know something about psychoanalysis.
____ 6. You think you'd like to start collecting stamps from around the world.
____ 7. You enjoy discussing scientific theories, such as evolution.
____ 8. You want to learn to do magic tricks.
____ 9. You're interested in studying languages.
____ 10. You want to beef up your chess playing skills to impress Russian friends.

> Упр. 2. АК. 1 д; 2 е; 3 б; 4 г; 5 к; 6 ж; 7 з; 8 а; 9 и; 10 в.

УПРАЖНЕНИЕ 3   Какой ты человек?

Which of the following describes you? Circle those that do, then see if you can find others in the room who have described themselves with at least two of the same nouns.

алармист	материалист	социалист
антимилитарист	минималист	террорист
атеист	моралист	традиционалист
баскетболист	мотоциклист	фаталист
идеалист	оппортунист	феминист
индивидуалист	оптимист	футболист
интернационалист	пессимист	эгоист
коллективист	реалист	экстремист
	славист	

14.5. REVIEW OF MULTIDIRECTIONAL AND UNIDIRECTIONAL VERBS OF MOTION

— Куда ты **идёшь**? "Where are you going?"
— В университет. "To the university."
— Ты каждый день **ходишь** в университет? "Do you go to the university every day?"
— Нет, по субботам я работаю. "No, on Saturdays I work."

As you know, motion in one direction is rendered by the unidirectional verbs **идти** and **ехать**. Other types of motion (habitual trips, round trips, motion in many directions, random motion) require the multidirectional verbs **ходить** and **ездить**. Here is another example:

— Ты **едешь** в Новгород? "Are you going to Novgorod?"
— Нет. Я часто **езжу** туда, но сегодня я **еду** в Псков. "No. I go there frequently, but today I'm going to Pskov."

The system of multidirectional and unidirectional verbs of motion can be summarized in the following chart:

NONPREFIXED VERBS OF MOTION

	IMPERFECTIVE	PERFECTIVE
MULTIDIRECTIONAL	ходить ездить	
UNIDIRECTIONAL	идти ехать	пойти поехать

Nonprefixed Verbs of Motion (1). Remind students that the unprefixed verbs in this chart (both multidirectional and unidirectional) are imperfective. The perfectives prefixed with по- are used to describe leaving for or setting out for some destination.

Nonprefixed Verbs of Motion (2). Perfective verbs such as сходить and съездить, походить and поездить are not treated in this textbook.

Nonprefixed Verbs of Motion (3). Forms of some other nonprefixed verbs of motion, such as бегать, бежать, and плавать, have been encountered occasionally in this textbook. But only the ходить ~ идти / пойти and ездить ~ ехать / поехать paradigms have been presented in their entirety.

MULTIDIRECTIONAL VERBS OF MOTION

It may be helpful to recognize two senses of multidirectional verbs of motion: (1) the "There and Back" sense and (2) the "Around and Around" sense. The "There and Back" sense was used in the introductory examples with **хо́дишь** and **е́зжу** to describe habitual trips. The "There and Back" sense can also describe a single trip; you've seen that the past tense of **ходи́ть** and **е́здить (куда́)** conveys the same notion as **быть (где)**.

— Где вы бы́ли вчера́?
— Мы ходи́ли в теа́тр.
(Мы бы́ли в теа́тре.)

"Where were you last night?"
"We went to the theater."
("We were at the theater.")

Он е́здил в Ки́ев в командиро́вку (был в Ки́еве в командиро́вке) и верну́лся в пять часо́в утра́.

He went to Kiev on a business trip and came back at five in the morning.

The following example shows a multidirectional verb of motion in the "Around and Around" sense, that is, generalized motion with no specific destination or direction:

— Са́ша, где ты был вчера́ ве́чером?
— Ходи́л по магази́нам. Мне на́до бы́ло купи́ть пода́рок к 8 Ма́рта.

"Sasha, where were you last night?"
"I went shopping (went from store to store). I had to buy a gift for the 8th of March."

The "Around and Around" sense includes motion at a given time (as in the preceding example), as well as repeated or habitual motion with no specific destination or direction, such as occupational or recreational walking, driving, swimming, or running.

Multidirectional Verbs of Motion. Ask students if they can imagine any "Around and Around" or "There and Back" future-tense scenarios for multidirectional verbs of motion. For example, students are talking about plans for summer vacation or about things they plan (or want) to do in the future: Я бу́ду мно́го пла́вать (бе́гать). // Мы бу́дем ходи́ть в кино́ ка́ждую неде́лю. // Ле́том мы бу́дем е́здить по Евро́пе. // Я хочу́ снять кварти́ру недалеко́ от университе́та. Я бу́ду (хочу́) ходи́ть на заня́тия пешко́м или е́здить на велосипе́де.

Я почтальо́н. Я мно́го **хожу́** пешко́м.

I'm a letter carrier; I do a lot of walking.

Он зна́ет все у́лицы Москвы́. Он води́тель такси́, мно́го **е́здит** по го́роду.

He knows all of Moscow's streets: He's a cab driver and drives around town a lot.

Ты лю́бишь **пла́вать**?

Do you like to swim?

Она́ обы́чно ра́но встаёт и **бе́гает** полчаса́.

She usually gets up early and runs (jogs) for a half hour.

Упр. 4. AK. "Around and Around": #5, and #8; the rest are "There and Back."

УПРАЖНЕНИЕ 4   Multidirectional verbs of motion

Here are some sentences from the readings. Each contains a multidirectional verb of motion. Underline that verb, translate the sentence into English, and indicate whether this multidirectional verb has the sense of "There and Back" (one or more round trips to a specific destination) or "Around and Around" (general motion without a specific destination or direction).

	"There and Back"	"Around and Around"
1. Вчера́ мы ходи́ли на вы́ставку «Исто́рия Москвы́».	[ ]	[ ]
2. До́ма я в о́перу не хожу́.	[ ]	[ ]
3. Мы ча́сто хо́дим в э́то кафе́, и я здесь всех зна́ю.	[ ]	[ ]
4. Ничего́ не понима́ю. В шко́лу ходи́ть нельзя́, а в кино́ и на като́к мо́жно?	[ ]	[ ]
5. Во́ва с Бе́лкой полчаса́ ходи́ли по у́лице о́коло телефо́на-автома́та.	[ ]	[ ]
6. Я зна́ю э́тот авто́бус: я иногда́ е́зжу на нём к свои́м друзья́м.	[ ]	[ ]
7. Я тепе́рь ре́дко е́зжу в Петербу́рг, а он — в Москву́.	[ ]	[ ]
8. Я уже́ три дня хожу́ по магази́нам, но не могу́ купи́ть хоро́ший пода́рок.	[ ]	[ ]

Упр. 5. Pair work, followed by selected presentations, followed by third-party questions directed to the students who watch the presentations, is effective with this exercise. Finally, have all pairs turn in their written dialogue for a grade.

УПРАЖНЕНИЕ 5   Где ты был (была́)?

Choose a place you went to (or might have gone) yesterday evening (**в библиоте́ку, в кино́, на конце́рт, в апте́ку** . . .) and with a classmate create a dialogue about where you were when a friend tried to call.

ОБРАЗЕ́Ц: — Я звони́л (звони́ла) тебе́ вчера́ ве́чером, но тебя́ не́ было.
— Когда́ ты звони́л (звони́ла)?
— Часо́в в во́семь.
— Да, меня́ не́ было. Я ходи́л (ходи́ла) в (на) . . .
— А ты ча́сто хо́дишь в (на) . . . ?
— Раз в неде́лю (*or some other frequency*).

UNIDIRECTIONAL VERBS OF MOTION

In contrast to multidirectional verbs of motion, unidirectional verbs of motion are used in conjunction with a particular direction or destination, which is either directly stated or clearly implied by context. They are very common in the present tense, which also can convey a future action (as in English).

Во́ва, я **иду́** в апте́ку.	*Vova, I'm going to the drugstore.*
— Джим, куда́ вы сейча́с? В университе́т?	*"Jim, where are you going now? To the university?"*
— Нет, Илья́ Ильи́ч, я **е́ду** в аэропо́рт.	*"No, Ilya Ilyich, I'm going to the airport."*
Че́рез неде́лю мы **е́дем** в Петербу́рг.	*We're going to St. Petersburg in a week.*

Unidirectional verbs of motion are often associated with contexts that in English are rendered by the progressive (*-ing*) forms.

Все спеши́ли — не **шли,** а **бежа́ли,** а я **шёл** ме́дленно.	*Everybody was hurrying — they weren't walking, but rather running, and I was walking slowly.*

> **Unidirectional Verbs of Motion.** Все спеши́ли — не шли, а бежа́ли, а я шёл ме́дленно. In this sentence from Jim's letter in 8/4, the verb спеши́ли sets up a unidirectional situation: one can hurry in only one direction at a given moment; the unidirectional forms шли, бежа́ли, шёл also express that sense of going in one direction; the actual destinations are irrelevant. A similar case is encountered in 9/2, where Grandpa Kruglov asks Мо́жет быть, ты зна́ешь, кто сейча́с бежи́т по у́лице? when he sees a person running down the street; the runner is going in one direction (as distinct, for example, from someone who has been running back and forth along the street), so Grandpa uses the unidirectional form.

УПРАЖНЕ́НИЕ 6   Unidirectional verbs of motion

Here are some examples of the unidirectional verbs **идти́** and **е́хать** taken from the readings. Translate them into English, noting how they convey the idea of going in a certain direction in the present or the future.

1. Все **иду́т** домо́й.
2. — Вы то́же **е́дете** авто́бусом?
   — Нет, мы **е́дем** на маши́не.
3. В шко́лу мы сего́дня не **идём**.
4. Мы **идём** на авто́бусную остано́вку.
5. Вы то́же **идёте** на «Евге́ния Оне́гина»?
6. Посмотри́те, вон Джим **идёт** с буке́том роз.
7. В конце́ концо́в я име́ю пра́во знать, куда́ ты **идёшь**.
8. Мы с Во́вой **идём** на хокке́й, пото́м мы с тобо́й — в Большо́й теа́тр.
9. Раз ты всё зна́ешь, скажи́ мне, с кем сейча́с наш Са́ша по у́лице **идёт**.

> **Упр. 6. AK.** 1 Everybody is going home. 2 "Are you also taking the bus?" "No, we're driving." 3 We're not going to school today. 4 We're going to the bus stop. 5 Are you also going to *Eugene Onegin*? 6 Look, there goes Jim with a bouquet of roses. 7 After all I have the right to know where you're going. 8 Vova and I are going to the hockey match, then you and I are going to the Bolshoi Theater. 9 Since you know everything, tell me who our Sasha is walking down the street with.

УПРАЖНЕ́НИЕ 7   Куда́ ты шёл (шла), когда́ я тебя́ ви́дел (ви́дела)?

Working with a classmate, create a dialogue around this scenario: As you were walking across campus yesterday you did not see your classmate, but your classmate saw you. Now your classmate is asking where you were going at the time.

ОБРАЗЕ́Ц: — Тре́йси, я тебя́ ви́дел (ви́дела) вчера́ днём. Куда́ ты шёл (шла)?
  — Вчера́ днём? Наве́рно, на ле́кцию по исто́рии.

> **Упр. 7.** Make sure students understand that this involves unidirectional motion in the past. After letting students develop their dialogues in pairs, have them write them out. Then have just a few pairs of students present their dialogues before the class, following up with third-party questions (i.e., ask a third student where one of the presenters was going when the other presenter saw him/her).

Упр. 8. АК. Unidirectional: #2, 5, 7; the rest are multidirectional.

Упр. 9. АК. 1 идёте; 2 иду; 3 ходить; 4 ездить; 5 едете; 6 езжу; 7 поеду; 8 заеду; 9 ездите; 10 ходите; 11 хожу.

Упр. 10. АК. Sample Answers. 1 Я ездил (ездила) домой (к друзьям, etc.). 2 Он пошёл (Она пошла) в библиотеку. 3 Я ехал (ехала) сорок пять минут. 4 Я два часа ходил (ходила) по улицам и наконец нашёл (нашла) её. 5 Вчера я тебя видел (видела), когда ты ехала на работу. 6 Я тебя видел (видела) вчера на рок-концерте. А куда ты пошла потом? 7 Вчера я встретил (встретила) твоих родителей, когда я шёл (шла) домой.

УПРАЖНЕНИЕ 8   Multidirectional vs. unidirectional verbs of motion

For each of the following sentences, determine whether you would use a unidirectional verb of motion (write "U") or a multidirectional verb of motion (write "M"). Do not try to translate the sentences.

1. _____ After the game we just drove around town.
2. _____ Tomorrow we're going to St. Petersburg.
3. _____ My history professor goes to Russia every year.
4. _____ She goes to the library every evening.
5. _____ Where were you going when I saw you last night?
6. _____ I went to the movies last night.
7. _____ We were on our way to class when it started to rain.

УПРАЖНЕНИЕ 9   Ходить или идти? Ездить или ехать?

Select the correct verb in this conversation between Grandma Kruglov and Sergei Petrovich.

(*Grandma Kruglov is walking along the street. Sergei Petrovich, who is driving, stops the car and lowers the window.*)

— Александра Николаевна, вы далеко (идёте/ходите)[1]? Я могу вас подвезти (*give a ride*).
— Спасибо, Сергей Петрович, я (иду/хожу)[2] в булочную (*bakery*), это рядом. И вообще я больше люблю (идти/ходить),[3] чем (ехать/ездить).[4] А куда вы (едете/ездите)[5]?
— Сначала в магазин радиотоваров (*electronics*). Я (еду/езжу)[6] туда каждую неделю. Потом я (езжу/поеду)[7] в спортивный магазин, потом в аптеку, а потом (езжу/заеду)[8] за Наташей.
— Что же, вы только (едете/ездите)[9] на машине и совсем пешком не (идёте/ходите)[10]?
— Да нет, иногда (иду/хожу)[11] — когда ломается (*breaks down*) машина.

УПРАЖНЕНИЕ 10   Past tense of motion verbs

Using the motion verbs in the chart on p. 370 (multidirectional, unidirectional, or prefixed with **по-**), work with a classmate to form statements in Russian which you might make in the following instances.

1. Your Russian teacher asks where you went over the winter holiday.
2. You're studying in Moscow. Someone comes to your dorm room looking for your Russian roommate, who's gone to the library.
3. You arrive at a friend's house for dinner much later than expected because there was a lot of traffic. You explain you were driving for forty-five minutes.
4. Your cat got out last night. The next day you tell a friend that you spent two hours walking along the streets and finally found her.
5. You tell a friend you saw her when she was driving to work yesterday.
6. You tell a friend that you saw her at a rock concert last night, and ask where she went afterward.
7. You tell a friend that you met her parents yesterday when you were on your way home.

reVERBerations ⭐ *Past Tense of Motion Verbs*

While some verbs of motion (the nonprefixed imperfectives) are less commonly used in the future tense, and some forms (the perfectives) do not exist at all in the present tense, all of these verbs are common in the past tense. It's important, therefore, to distinguish their respective meanings. Here are examples.

IMPERFECTIVE			
Multidirectional	ходи́л (etc.), е́здил (etc.):		
	a. "There and Back" (one time or repeated times)	a. Мы вчера́ ходи́ли в рестора́н. Когда́ мы жи́ли на ю́ге, мы ча́сто е́здили на пляж.	We went to a restaurant last night. When we lived in the south we went to the beach a lot.
	б. "Around and Around"	б. Я два часа́ ходи́ла по це́нтру го́рода.	I walked around downtown for two hours.
Unidirectional	шёл (etc.), е́хал (etc.):		
	Motion in a single direction	Все шли о́чень бы́стро, что́бы успе́ть на авто́бус.	Everybody was walking fast in order to get to the bus on time.
		Когда́ мы е́хали в аэропо́рт, мы вас ви́дели.	When we were driving to the airport, we saw you.
PERFECTIVE			
	пошёл (etc.), пое́хал (etc.):		
	Emphasis on departure, setting out for a particular destination	Не мо́жет быть! Мой брат пошёл за ва́ми полчаса́ наза́д.	This can't be! My brother went to meet you a half hour ago.
		Па́па пое́хал за ёлкой у́тром. Уже́ шесть часо́в, а его́ ещё нет.	Dad went for a tree this morning. It's six o'clock already and he's still not back.

КУЛЬТУРА РЕЧИ

❖ ТАК ГОВОРЯТ: В ПЕ́РВЫЙ РАЗ

Я всю жизнь живу́ в Москве́, но в э́том рестора́не я **в пе́рвый раз**.

I've lived in Moscow my whole life, but I'm in this restaurant for the first time.

The phrase **в пе́рвый раз** is used in situations where English uses "for the first time."

УПРАЖНЕ́НИЕ 11   Вы е́дете туда́ в пе́рвый раз?

Where will you be going this summer? Are you going there for the first time? Do you go there every year? Working with a classmate, create a conversation around summer trips.

ОБРАЗЕ́Ц:
— Ско́ро ле́тние кани́кулы. Что ты бу́дешь де́лать?
— Мы с роди́телями пое́дем в (на) . . .
— Вы е́дете туда́ в пе́рвый раз?
— Нет, мы е́здим туда́ ка́ждый год.

❖ САМОПРОВЕ́РКА: УПРАЖНЕ́НИЕ 12

Working on your own, try this self-test: Read a Russian sentence out loud, then give an idiomatic English equivalent without looking at the book. Then work from English to Russian. After you have completed the activity, try it with a classmate.

1. Вчера́ весь день шёл снег. Мы не ходи́ли на рабо́ту.

2. Год наза́д моя́ сестра́ е́здила в Евро́пу. Ей там о́чень понра́вилось.

3. Когда́ мы пое́дем в аэропо́рт, мы не мо́жем снача́ла зае́хать в библиоте́ку? Мне ну́жно взять кни́гу.

4. — Лари́сы нет. Она́ пошла́ в университе́т.
— А когда́ она́ верне́тся?
— Не зна́ю.

5. — Почему́ ты тако́й пессими́ст?
— Я не пессими́ст. Я реали́ст.

1. *It was snowing all day yesterday. We didn't go to work.*

2. *A year ago my sister went to Europe. She really liked it there.*

3. *When we go to the airport, could we first stop by the library? I have to get a book.*

4. *"Larisa's not here. She's gone to the university." "When will she be back?" "I don't know."*

5. *"Why are you such a pessimist?" "I'm not a pessimist. I'm a realist."*

❖ ВОПРОСЫ И ОТВЕТЫ: УПРАЖНЕНИЕ 13

1. Когда ты последний раз был (была) в театре (на концерте, в опере, на балете)? Что ты смотрел/слушал (смотрела/слушала)? С кем ты ходил (ходила)?
2. Тебе понравился спектакль (концерт, балет и т.д.)?
3. С кем ты обычно ходишь в театр (на концерт, в оперу, на балет)? Или ты ходишь один (одна)?
4. Ты встретил (встретила) кого-нибудь из знакомых, когда ты в прошлый раз был (была) в театре (на концерте, в опере, на балете и т.д.)?
5. Что, по-твоему, больше любят молодые американцы — кино, концерты, балет или оперу?
6. В американских театрах есть гардероб?
7. Где ты любишь сидеть — в амфитеатре или в партере?
8. Как ты думаешь, билеты в театр (на концерт и т.д.) — это хороший подарок?
9. Ты когда-нибудь дарил (дарила) кому-нибудь билеты в театр (на концерт и т.д.) на день рождения или на какой-нибудь праздник? Кому?

❖ ДИАЛОГИ

ДИАЛОГ 1 Ты ведь по субботам не ходишь в университет
(Asking where someone is going)

— Марта, куда ты идёшь?
— Сейчас я иду в магазин. Потом я вернусь домой, переоденусь и пойду на занятия.
— Но сегодня суббота. Ты ведь по субботам обычно не ходишь в университет.
— Я не сказала, что пойду в университет. Я сказала, что пойду на занятия.
— Не понимаю.
— Ну почему ты не понимаешь? По субботам я хожу на занятия по английскому языку.

ДИАЛОГ 2 Хочешь пойти?
(Arranging a theater date)

— Ты часто ходишь в театр?
— Не очень. Последний раз я была в театре год назад. А почему ты спрашиваешь?
— Моя сестра работает в театре «Современник». Она дала мне билеты на «Гамлета» на завтра. Хочешь пойти?
— Спасибо, с удовольствием. Все говорят, что это очень хороший спектакль.
— Встретимся около театра за полчаса до начала, хорошо?
— Хорошо. У главного входа.

УПРАЖНЕНИЕ 14   Ваш диало́г

Create a dialogue based on one of the following scenarios:

1. You and a friend are talking about the kinds of events (sports, plays, movies, concerts) you like to attend. You focus on an event your friend attended last week and ask whether this friend will go to a specific one that is coming up.
2. Your father (mother, friend, and so on) travels a lot. Pick a city or country this person likes to visit and describe to a friend how often he goes there and what he likes to do there.

❖ А ТЕПЕ́РЬ . . . : УПРАЖНЕНИЕ 15

Working with a classmate, use what you learned in Part 3 to . . .

1. find out if he is an optimist, a pessimist, or a realist
2. ask where he's going after class today
3. ask whether he often goes there and whether he went there yesterday
4. find out if he will also be going to the library or the gym today
5. say where you went the last time you took a trip and find out if he has ever gone there
6. find out if he likes shopping
7. ask if he likes running or swimming; if so, find out if he runs or swims often
8. tell each other where you were going yesterday when some other event occurred

ЧАСТЬ ЧЕТВЁРТАЯ

 # С ЧЕГО НАЧАТЬ?

С чего начать? Хоккей. Кубок МХЛ. Notes on vocabulary and abbreviations:
МХЛ — Междугородная хоккейная лига
Металлург Мг — Металлург Магнитогорск
СКА — Спортивный клуб армии
Торпедо НН — Торпедо Нижний Новгород
Торпедо У-К — Торпедо Усть-Каменогорск
Торпедо Я — Торпедо Ярославль
ЦСКА — Центральный спортивный клуб армии
1/4 (четвертьфинал) — quarterfinal
1/2 (полуфинал) — semifinal
бул. (буллит) — penalty shot
ов. (овертайм) — overtime

ХОККЕЙ

— Ты смотрел хоккейный **полуфинал** на прошлой неделе?
— Смотрел. В воскресенье показывали матч между «Металлургом» и «Ладой». До этого, «Лада» проиграла первую **игру**, но зато **выиграла** в **четвертьфинале**, 8:1 (восемь — один). И полуфинал они тоже выиграли со **счётом** 3:2 (три — два).
— Значит, в финале будут играть «Лада» и «Динамо». Это будет интересный матч.
— Очень. Я надеюсь, мой двоюродный брат сможет достать билет. Он ведь работает на телестудии, которая показывает весь **чемпионат**.

выигрывать / выиграть	to win
игра	game
полуфинал	semifinal
счёт	score
телестудия	television studio
чемпионат	championship
четвертьфинал	quarterfinal

С чего начать? Suggested Activities. (1) Have students identify the cognate team names, of which there are seven: Химик, Торпедо, Трактор, Автомобилист, Металлург, Авангард, Динамо. (2) Have students create a dialogue, modifying the model dialogue to any sports event (and any team names) that would make it apply to them. (3) For those who are not sports fans, alternative dialogue scenario: They could be complaining about all the attention paid to sports by the media. (4) Third dialogue scenario: Two roommates or friends arguing about what to watch on TV tonight.

Урок 14 — Мы идём в большой театр!

ЧТЕНИЕ

Лу́чше... *Better late than never*

❖ ЛУ́ЧШЕ ПО́ЗДНО, ЧЕМ НИКОГДА́°

(*Lena, Viktor, and Natalya Ivanovna are still standing in front of the Bolshoi. People are approaching Natalya Ivanovna and offering to buy extra tickets from her.*)

МУЖЧИ́НА 1. У вас не́ту ли́шнего били́тика?

МУЖЧИ́НА 2. Мо́жет быть, у вас есть ли́шний биле́т?

НАТА́ЛЬЯ ИВ. (*Impatiently.*) У меня́ нет ли́шнего биле́та. И не бу́дет! (*To Lena and Viktor.*) Иди́те скоре́е, оста́лось пять мину́т до нача́ла. А я бу́ду ждать па́пу.

ВИ́КТОР. Ната́лья Ива́новна, мо́жет быть, вы пойдёте с Ле́ной, а я **подожду́**° Серге́я Петро́вича?

will wait for

(*A taxi screeches to a halt in front of the theater. Sergei Petrovich and Vova jump out and race up to Natalya Ivanovna. Both are wearing jeans, and Sergei Petrovich is wearing a red and white "Spartak" shirt.*)

Reading Introduction: (see also WB/LM).
1. Почему́ Си́лин опозда́л в теа́тр? (Потому́ что он хоте́л получи́ть у Ма́нина авто́граф, и им пришло́сь немно́го подожда́ть.)
2. В чём был Си́лин, когда́ он прие́хал к теа́тру? (В джи́нсах и футбо́лке.)
3. Чего́ хо́чет Ната́лья Ива́новна? (Она́ хо́чет, что́бы Си́лин пое́хал домо́й, переоде́лся и прие́хал в теа́тр.)

НАТА́ЛЬЯ ИВ. (*Clearly angry.*) Что случи́лось? Почему́ ты так **по́здно**°? **Что за вид!**°

late
Что... What a sight you are!

СЕРГЕ́Й ПЕТР. Ура́! **Двойна́я**° **побе́да!**°

Double / victory

ЛЕ́НА. Почему́ двойна́я?

СЕРГЕ́Й ПЕТР. Во-пе́рвых, «Спарта́к» — **чемпио́н**† Росси́и по хокке́ю. А во-вторы́х, мы с Во́вкой получи́ли **авто́граф**† Ма́нина. **Пришло́сь**,° коне́чно, подожда́ть немно́го...

(We) had to

НАТА́ЛЬЯ ИВ. (*Menacingly.*) Зна́чит, ты опозда́л **из-за**° авто́графа? (*Getting angrier.*) Посмотри́ на себя́! В джи́нсах и футбо́лке тебя́ в теа́тр не пу́стят. (*Near tears.*) Бо́же мой! **Впервы́е**° за два́дцать лет я реши́ла пойти́ с тобо́й в Большо́й теа́тр — и тако́й **фина́л**°...

because of
For the first time
и... and look how it turned out

СЕРГЕ́Й ПЕТР. (*Hopefully.*) Так я могу́... е́хать домо́й?

НАТА́ЛЬЯ ИВ.	(*Sternly.*) Ты пое́дешь домо́й, переоде́нешься и вернёшься сюда́ ко второ́му **де́йствию**.° Вот твой биле́т. Встре́тимся в антра́кте в фойе́ пе́рвого этажа́.	*act*

Чте́ние: Пое́хали! Ask students if they can tell you the difference in usage between Пошли́! and Пое́хали! (The latter implies use of a vehicle).

(*Sergei Petrovich and Vova rush back to the cab.*)

ШОФЁР ТАКСИ́.	Ну что, шеф,° пое́хали?	*boss*
СЕРГЕ́Й ПЕТР.	**Пое́хали**°!	*Let's go*

УПРАЖНЕ́НИЕ 1 Под микроско́пом: Ната́лья Ива́новна ждёт му́жа

Number the following sentences in their correct chronological order:

Упр. 1. АК. а 4; б 5; в 1; г 2; д 6; е 3.

- **а.** ____ Ната́лья Ива́новна говори́т Серге́ю Петро́вичу, что в джи́нсах и футбо́лке его́ не пу́стят в теа́тр.
- **б.** ____ Ната́лья Ива́новна даёт Серге́ю Петро́вичу биле́т в теа́тр.
- **в.** __1__ Ната́лья Ива́новна ждёт му́жа у вхо́да в Большо́й теа́тр.
- **г.** ____ Серге́й Петро́вич приезжа́ет на такси́.
- **д.** ____ Серге́й Петро́вич е́дет домо́й.
- **е.** ____ Серге́й Петро́вич говори́т жене́, что он получи́л авто́граф Ма́нина.

❖ 14.6. REMAINING TIME OR QUANTITY: ОСТА́ТЬСЯ

Иди́те скоре́е, **оста́лось** пять мину́т до нача́ла.	*Hurry, there's only five minutes left before the beginning.*

This perfective verb is usually used in the past tense to express *remains, remaining* (note that English uses present-tense forms). When the subject is a numeral, use the neuter form of the verb (**оста́лось**) unless the numeral ends in **оди́н** or **одна́**, in which case you would use **оста́лся** or **оста́лась**, respectively (for example, **До конца́ семе́стра оста́лся оди́н ме́сяц, оста́лась одна́ неде́ля**).

УПРАЖНЕ́НИЕ 2 До конца́ семе́стра оста́лось . . .

Working with a classmate, use the forms **оста́лся (оста́лось, оста́лась)** to tell how much time (or other amount) remains in the following situations:

1. До конца́ семе́стра . . . (1 день, 2 дня, 10 дней, 2 ме́сяца)
2. До конца́ ле́кции . . . (1 мину́та, 2 мину́ты, 20 мину́т)
3. У меня́ . . . (1 до́ллар, 2 до́ллара, 50 до́лларов, 23 це́нта)
4. До Но́вого го́да . . . (1 ме́сяц, 7 ме́сяцев)
5. До моего́ дня рожде́ния . . .
6. У нас . . . (одна́ ба́нка [*jar*] огурцо́в, 2 ба́нки огурцо́в, 5 ба́нок огурцо́в)

❖ 14.7. DECLENSION OF SURNAMES

Джим — америка́нец, аспира́нт профе́ссора **Петро́вского**.
Мы с Во́вкой получи́ли авто́граф **Ма́нина**!
Ви́ктор учи́лся с **Ма́ниным**!
Я ничего́ не зна́ю о **Ма́нине**.

Jim is an American, a grad student of Professor Petrovsky.
Vova and I got Manin's autograph!
Viktor went to school with Manin!
I don't know anything about Manin.

Surnames in Russian reflect not only gender and number, but also case. The two most common forms of Russian surnames are the adjective type (**Петро́вский, Плисе́цкая, Толсто́й**) and the noun type (**Си́лин, Кругло́ва, Горбачёв**). Adjective-type surnames decline like adjectives (without neuter forms); hence in looking at the tables below and applying the endings to other adjective-type surnames, keep in mind what you have learned about spelling rules and the effects of stress.

	MASCULINE	FEMININE	PLURAL
NOM.	Петро́вск-**ий**	Петро́вск-**ая**	Петро́вск-**ие**
ACC.	Петро́вск-**ого**	Петро́вск-**ую**	Петро́вск-**их**
GEN.	Петро́вск-**ого**	Петро́вск-**ой**	Петро́вск-**их**
PREP.	(о) Петро́вск-**ом**	(о) Петро́вск-**ой**	(о) Петро́вск-**их**
DAT.	Петро́вск-**ому**	Петро́вск-**ой**	Петро́вск-**им**
INSTR.	Петро́вск-**им**	Петро́вск-**ой**	Петро́вск-**ими**

Noun-type surnames mix characteristics of adjective and noun declensions. In the columns below note that endings above the horizontal lines are noun endings, while those below the lines are adjective endings.

	MASCULINE	FEMININE	PLURAL
NOM.	Си́лин	Си́лин-**а**	Си́лин-**ы**
ACC.	Си́лин-**а**	Си́лин-**у**	Си́лин-**ых**
GEN.	Си́лин-**а**	Си́лин-**ой**	Си́лин-**ых**
PREP.	(о) Си́лин-**е**	(о) Си́лин-**ой**	(о) Си́лин-**ых**
DAT.	Си́лин-**у**	Си́лин-**ой**	Си́лин-**ым**
INSTR.	Си́лин-**ым**	Си́лин-**ой**	Си́лин-**ыми**

УПРАЖНЕ́НИЕ 3 Вы зна́ете, кто э́то?

Complete the following sentences, using these names in their proper form. Keep in mind that the names agree in gender, number, and case with the noun to which they refer.

A.
Александра Николаевна Круглова	Наталья Ивановна Силина
Илья Ильич Петровский	Лена Силина
Володя Манин	

1. Виктор попросил своего друга, хоккеиста _____ _____, дать интервью студентке-журналистке _____.
2. Саша хотел познакомить Свету со своей бабушкой, _____ _____.
3. Это книга нашего профессора, _____.
4. Лена пришла с матерью, _____.

Б.
| Толстой | Петрушевская |
| «Евгений Онегин» | Чайковский |

5. Я хотел (хотела) бы прочитать роман _____ «Анна Каренина» по-русски.
6. Моя сестра (мама, бабушка) очень любит музыку _____.
7. Ты что-нибудь знаешь о писательнице _____?
8. Виктор достал билеты на _____.

Упр. 3. АК. 1 Володю Манина; Лене Силиной; 2 Александрой Николаевной Кругловой; 3 Ильи Ильича Петровского; 4 Натальей Ивановной Силиной; 5 Толстого; 6 Чайковского; 7 Петрушевской; 8 «Евгения Онегина»

Упр. 3. In the second half of this exercise, see if students themselves can suggest names of other composers and authors to fill the blanks—for example Бородин, Мусоргский.

❖ 14.8. SPECIAL USES AND DECLINED FORMS OF ОДИ́Н

Виктор учился в **одном** классе с Маниным!	Viktor and Manin were in the same class.
Я не знаю ни **одного** спортсмена.	I don't know even one (a single) athlete.
Продукты только в **одной** сумке.	There are groceries in only one bag.
В очереди стоят **одни** мужчины.	There are only men standing in line.
Мы с друзьями до сих пор сами над собой смеёмся, когда вспоминаем **один** случай.	My friends and I still laugh at ourselves when we remember one particular incident.

Special uses of один. Some idioms that use один include в один прекрасный день (*one fine day*), один за другим (*one by one; one after another*), один на один (*one on one*).

While the word **один** has meanings beyond the numeral "one," most of those meanings retain an element of "one-ness," such as "a single, unique, alone, a certain (one), one (thing)." Regardless of how they are translated, the forms of **один** always agree in gender, number, and case with the noun modified. Like noun-type surnames, the declension of **один** represents a mix of noun endings (above the horizontal line) and adjective endings (below the line).

	MASCULINE	NEUTER	FEMININE	PLURAL
NOM.	оди́н	одн-о́	одн-а́	одн-и́
ACC.	Nom. or Gen.	одн-о́	одн-у́	Nom. or Gen.
GEN.	одн-ого́		одн-о́й	одн-и́х
PREP.	(об) одн-о́м		(об) одн-о́й	(об) одн-и́х
DAT.	одн-ому́		одн-о́й	одн-и́м
INSTR.	одн-и́м		одн-о́й	одн-и́ми

Упр. 4. AK. 1 оди́н (masc. Acc.); 2 одно́ (neut. Acc.); 3 оди́н (masc. Acc.); 4 Одну́ (fem. Acc.); 5 одно́м (neut. Prep.); 6 одно́ (neut. Nom.); 7 одну́ (fem. Acc.); 8 одна́ (fem. Nom.); 9 одни́ (pl. Nom.); 10 одно́м (masc. Prep.).

Упр. 4. Upon completion of this exercise, summarize with students the various meanings of **оди́н**. You may want to ask students to translate some of the sentences into English.

УПРАЖНЕНИЕ 4   Forms and meanings of оди́н

Each of the following sentences (taken from the readings) uses a form of **оди́н**. Provide that form and indicate its gender and case in parentheses. (Note: One of the items is a plural-only noun.)

ОБРАЗЕЦ: Была́ всего́ ___одна́___ (*fem. Nom.*) больша́я ёлка.

1. Сейча́с мы пойдём в _____ (_____) магази́н и ку́пим прекра́сный пода́рок!
2. Вот уви́дишь, все принесу́т _____ (_____) и то же.
3. Вы так хорошо́ вы́учили язы́к за _____ (_____) год?
4. _____ (_____) мину́ту! Ле́на, возьми́ тру́бку.
5. Илья́ Ильи́ч, все мужчи́ны везде́ говоря́т то́лько об _____ (_____).
6. Ита́к, минера́льная вода́, три ко́фе, и ещё _____ (_____) минда́льное пиро́жное.
7. Ка́ждая па́ра — Дед Моро́з и Снегу́рочка — получи́ла то́лько _____ (_____) ёлку.
8. Мой друг Джеф, я и _____ (_____) де́вушка, Нико́ль, вме́сте снима́ли кварти́ру.
9. Э́то как ещё _____ (_____) кани́кулы.
10. Мы сего́дня весь день рабо́тали. У́тром в _____ (_____) де́тском саду́, а днём — в друго́м.

Упр. 5. Do this first as a whole-class activity; then let small groups of students work together.

УПРАЖНЕНИЕ 5   Я не зна́ю ни одного́ . . .

Working in small groups, list as many occupations or professions as you can. Review their Genitive singular and Genitive plural forms, then see how many of them your group can "chain" in the following manner:

Студе́нт 1: Я зна́ю мно́го студе́нтов, но не зна́ю ни одного́ спортсме́на.
Студе́нт 2: Я зна́ю мно́го спортсме́нов, но не зна́ю ни одного́ врача́.
Студе́нт 3: Я зна́ю мно́го враче́й, но не зна́ю ни одно́й медсестры́.
Студе́нт 4: Я зна́ю мно́го медсестёр, но не зна́ю . . .

УПРАЖНЕНИЕ 6   Я предпочита́ю . . . оди́н (одна́)

Work with a classmate to complete the following activity: You and your new dorm roommate are getting acquainted. Find out what your roommate likes to do with friends and what she prefers to do alone. Share your preferences as well. Use the following list of activities for ideas.

ОБРАЗЕЦ: → Смотре́ть телеви́зор я люблю́ с друзья́ми, а в кино́ предпочита́ю ходи́ть оди́н (одна́).

гото́вить пи́ццу   слу́шать му́зыку
занима́ться в библиоте́ке   смотре́ть футбо́л
ката́ться на велосипе́де   учи́ть ру́сские слова́
  (*to go bike riding*)   ходи́ть на стадио́н
пра́здновать день рожде́ния   ходи́ть по магази́нам
пра́здновать Но́вый год

reVERBerations ⭐ *More Hints on Aspect Choice*

Ты **поéдешь** домóй, **переодéнешься** и **вернёшься** сюдá ко вторóму дéйствию.	*You'll go home, change clothes, and get back here in time for the second act.*

In Lesson 13, Part 4, you learned that sequential actions, as in the preceding example, are usually rendered by *perfective* verbs. Here are two other situations where a pattern of aspect use is common:

1. **Interruption.** A *perfective* verb is normally used to describe an interruption or single point that occurs during another action already in progress or a continuing state (rendered by an *imperfective* verb). Here are examples:

Вчерá мы вмéсте **ждáли** автóбуса, и он **спросúл** меня́…	*Yesterday we were waiting for a bus together and he asked me…*
Бáбушка **шла** домóй, когдá онá **увúдела** большу́ю óчередь.	*Grandma was going home when she spotted a long line.*
Когдá Нгуéн и егó однокýрсники **учúлись** на подготовúтельном факультéте, онú **купúли** для своéй преподавáтельницы венóк ко Дню учúтеля.	*While Nguyen and his classmates were studying in the preparatory department, they bought their teacher a wreath for Teacher's Day.*

2. **Simultaneity.** Two or more *imperfectives* may occur together to describe actions or states (present, past, or future) taking place at the same time.

Молодóй человéк **стоя́л** вóзле большóй ёлки, **ждал** своéй óчереди и **просúл** всех не покупáть её.	*The young man was standing by the large New Year's tree, waiting his turn and asking everyone not to buy it.*
Я **смотрю́** óчень внимáтельно, но я не **вúжу** ни мáльчика, ни собáки. Я **вúжу** тóлько табличку "Автóбус № 12."	*I'm looking very carefully, but I don't see either a kid or a dog. I see only a sign "Bus #12."*
Хóчешь, я **бýду стоя́ть** ря́дом, когдá ты **бýдешь брать** интервью́ у Мáнина?	*If you want, I'll stand nearby when you do the interview with Manin.*
Мы с друзья́ми до сих пор сáми над собóй **смеёмся**, когдá **вспоминáем** одúн слýчай.	*My friends and I still laugh at ourselves when we recall one particular incident.*
Кáждый день онú **слы́шали** рýсскую речь, **вúдели** рýсскую реклáму, **смотрéли** рýсские фúльмы и телепередáчи, **пытáлись** читáть рýсские газéты.	*Every day they heard the Russian language, saw Russian advertising, watched Russian films and TV programs, and tried to read Russian newspapers.*

УПРАЖНЕНИЕ 7 Verb combinations: sequential, interrupted, simultaneous

Упр. 7. АК. 1 sequential; 2 sequential; 3 interrupted; 4 sequential; 5 simultaneous; 6 interrupted; 7 simultaneous.

For each of the sentences below, indicate whether the combination of underlined verbs represents *sequential*, *interrupted*, or *simultaneous* actions.

1. Профе́ссор Петро́вский <u>сел</u>, <u>снял</u> руба́шку, и <u>опусти́л</u> (*lowered*) но́ги в во́ду. (_____)
2. Во́ва <u>пошёл</u> в апте́ку, <u>купи́л</u> профе́ссору лека́рство от ка́шля, и <u>верну́лся</u> домо́й. (_____)
3. Джим <u>заме́тил</u>, что после́дние не́сколько дней везде́ <u>продаю́т</u> мимо́зу. (_____)
4. Е́сли вы бу́дете себя́ хорошо́ чу́вствовать, <u>придёте</u> че́рез три дня в поликли́нику и врач <u>вы́пишет</u> вас на рабо́ту (*will clear you for work*). (_____)
5. Мужчи́ны в э́тот день <u>да́рят</u> же́нщинам пода́рки, цветы́, <u>говоря́т</u> им комплиме́нты, а же́нщины <u>стара́ются</u> быть осо́бенно краси́выми. (_____)
6. Па́па с Во́вкой ужа́сно дово́льны: Ма́нин <u>забро́сил</u> реша́ющую ша́йбу, когда́ они́ <u>смотре́ли</u> после́дний пери́од по телеви́зору. (_____)
7. У меня́ <u>боли́т</u> голова́, я <u>ка́шляю</u>, <u>чиха́ю</u>, у меня́ на́сморк. (_____)

 # КУЛЬТУРА РЕЧИ

❖ ТАК ГОВОРЯТ: <ИЗ-ЗА + GENITIVE>

Ты опозда́л **из-за авто́графа**? *You're late because of an autograph?*

<**Из-за** + Genitive> explains causality, often referring to circumstances that have an unfavorable result or consequence. In many instances it parallels explanations using **потому́ что**:

Ты опозда́л **из-за авто́графа**? = Ты опозда́л, **потому́ что** ты хоте́л взять авто́граф?

Из-за followed by **того́**, **что** introduces a clause:

Я оста́лась до́ма **из-за того́**, **что** (потому́ что) слома́лась маши́на. *I stayed home because the car broke down.*

УПРАЖНЕНИЕ 8   Почему́?

Practice making excuses you might need in the next few days, using the following situations and excuses (or others of your own creation).

Я не успе́ла написа́ть письмо́ . . .	из-за боле́зни.
Она́ не пришла́ на семина́р . . .	из-за мете́ли (*blizzard*).
Мы опя́ть опозда́ем . . .	и опя́ть из-за тебя́.
Аэропо́рт закры́т . . .	из-за того́, что у меня́ бы́ло мно́го рабо́ты.
???	???

Упр. 8. Variation: Pairs of students write the start of an excuse on one card and the completion of it on another. Collect and redistribute the cards so that each student gets one. The object is for a student holding the start of an excuse to find as many plausible completions as possible.

◈ САМОПРОВЕРКА: УПРАЖНЕНИЕ 9

Working on your own, try this self-test: Read a Russian sentence out loud, then give an idiomatic English equivalent without looking at the book. Then work from English to Russian. After you have completed the activity, try it with a classmate.

1. До конца́ семе́стра оста́лся то́лько оди́н ме́сяц.
2. Мы сиде́ли до́ма и смотре́ли телеви́зор, когда́ мне позвони́ла сестра́ из Лос-А́нджелеса.
3. — Ты зна́ешь профе́ссора Жили́нскую?
   — Нет, её не зна́ю. А ты профе́ссора Ле́йкина зна́ешь?
4. Сего́дня в спортза́ле я встре́тила одного́ молодо́го челове́ка, с кото́рым, ока́зывается, я учи́лась в про́шлом году́ в Магнитого́рске. Мы с ним поговори́ли, и из-за э́того я опозда́ла на заня́тия.

1. *There's only one month until the end of the semester.*
2. *We were sitting at home watching television when my sister called from Los Angeles.*
3. *"Do you know Professor Zhilinskaya?" "No, I don't know her. Do you know Professor Leykin?"*
4. *Today at the gym I met a young guy who, it turns out, I had gone to school with last year in Magnitogorsk. He and I talked for a while and that's why I was late for class.*

◈ ВОПРОСЫ И ОТВЕТЫ: УПРАЖНЕНИЕ 10

Working with a classmate, use the questions below to role play the following scenario: One of you is an American student and the other is a Russian visitor who is asking about cultural events in America.

1. В Аме́рике лю́ди ча́сто спра́шивают друг дру́га «У вас есть ли́шний биле́т?» у вхо́да в теа́тр? А у вхо́да на стадио́н?
2. Вы когда́-нибудь опа́здывали на конце́рт? Вы ча́сто опа́здываете на конце́рты (заня́тия и т.д.)? А ва́ши друзья́?
3. Когда́ начина́ются вече́рние спекта́кли в америка́нских теа́трах?

4. Какая университетская команда была в прошлом году чемпионом Америки по американскому футболу? А по бейсболу? А по баскетболу? А по хоккею?
5. Вы когда-нибудь брали автограф у какого-нибудь известного актёра или спортсмена? Вы собираете (collect) автографы?

◆ ДИАЛОГИ

ДИАЛОГ 1 Плохой день
(Making excuses)

— У меня сегодня был такой плохой день.
— Плохой? Почему?
— Утром я проспал (overslept), не успел на автобус и из-за этого опоздал на работу.
— Но ты и вчера опоздал на работу.
— У тебя слишком хорошая память (memory).

ДИАЛОГ 2 У входа в Большой театр
(Selling and buying extra tickets)

— У кого есть лишний билетик? Простите, у вас нет лишнего билетика?
— У меня есть один лишний билет. Балкон, первый ряд.
— Сколько я вам должен (должна)?
— Билет стоит триста рублей.
— Вот, пожалуйста, деньги. И большое вам спасибо.

УПРАЖНЕНИЕ 11 Ваш диалог

What will happen to our characters in the Epilogue? Working with one or two classmates, select two or three characters and write a short scene involving them. For example, you might write a scene that shows how you think the relationship between Tanya and Jim will end. Or you might write something about Vova, Belka, and Professor Petrovsky. Be prepared to perform your scene for the rest of the class.

◆ А ТЕПЕРЬ...: УПРАЖНЕНИЕ 12

Working with a classmate, use what you learned in Part 4 to . . .

1. ask how much time is left before a particular deadline (for example, a term paper that's due, a midterm exam, a final exam)
2. ask whether she has ever read about [name of a Russian author, composer, athlete, musician, scientist]
3. describe what you did yesterday (a sequence of actions) and then find out what she did yesterday
4. tell about something you were doing last night when you were interrupted by something else (for example, a phone call or a visit from a friend)
5. find out what she'll be doing this summer and then tell her what you'll be doing

ИТАК . . .

◆ НОВЫЕ СЛОВА

NOUNS AND NOUN PHRASES

Concert, Theater

амфитеа́тр	rear orchestra section (seats in a theater) (3v)
антра́кт	intermission (3)
Большо́й теа́тр	Bolshoi Theater (1)
входно́й биле́т	(entry) ticket (1v)
гардеро́б	coat-check (room) (3)
де́йствие	act (in a play, opera, *etc.*) (4)
ме́сто (*pl.* места́)	seat (1v)
орке́стр	orchestra; band (2)
парте́р [*pronounced* -тэ́-]	orchestra section (seats in a theater) (1v)
програ́ммка	(printed) program (3)
ряд (*Gen. sing.* ря́да *but* 2, 3, 4 ряда́; *Prep. sing.* ряду́; *pl.* ряды́)	row (1v)
спекта́кль *m.*	performance; show (1)
увертю́ра	overture (3)
фойе́ *neut. indecl.*	lobby (of a theater) (3v)

Sports, Sporting Events

игра́ (*pl.* и́гры; *Gen. pl.* игр)	game (4v)
пери́од	period (3)
побе́да	victory (4)
полуфина́л	semifinals (4v)
счёт (*pl.* счета́)	score (4v)
фина́л	final (championship) game (1)
хоккеи́ст	hockey player (1)
чемпио́н	champion (4)
чемпиона́т	championship (4v)
четвертьфина́л	quarterfinals (4v)

Eating, Restaurant

блю́до	dish; (kind of) food; course (2v)
десе́рт	dessert (2v)
котле́ты по-ки́евски	chicken Kiev (2)
кра́бы *pl.*	crab meat (2)
напи́т(о)к (*Gen. sing.* напи́тка)	drink; beverage (2v)
по́рция	serving (2)
сто́лик	table (in a restaurant) (2)
фи́рменное блю́до	specialty of the house (2v)

Кра́бы. As foodstuff, this word is never used in the singular: сала́т из кра́бов.

Other Nouns

авто́граф	autograph (4)
бино́кль *m.*	binoculars (3)
интервью́ [*pronounced*-тэ-] *neut. indecl.*	interview (1)
пальто́ *neut. indecl.*	coat, overcoat (3)

ADJECTIVES

знамени́тый	famous (1)
ле́вый	left (1v)
пра́вый	right

VERBS

выбира́ть *pfv.* вы́брать (вы́бер-у, вы́бер-ешь, . . . вы́бер-ут)	to choose, select (2)
выи́грывать *pfv.* вы́играть	to win (4v)
достава́ть (доста-ю́, доста-ёшь, . . . доста-ю́т) *pfv.* доста́ть (доста́н-у, доста́н-ешь, . . . доста́н-ут)	to get; to obtain (1)
ждать (жд-у, жд-ёшь, . . . жд-ут; *past* ждал, ждала́, жда́ло, жда́ли) *pfv.* подожда́ть (подожд-у́, подожд-ёшь, . . . подожд-у́т; *past* подожда́л, подождала́, подожда́ло, подожда́ли)	to wait (for) (4)

заезжа́ть *pfv.* зае́хать (зае́д-у, зае́д-ешь, ... зае́д-ут)	1. (в *or* на + *Acc. or* к + *Dat.*) to stop in (at); to stop by; to drop by (*vehicular*) (2); 2. (за + *Instr.*) to pick up (someone or something); to stop by (some place) (for something) (*vehicular*) (1)
зака́зывать *pfv.* заказа́ть (закаж-у́, зака́ж-ешь, ... зака́ж-ут)	to order; to reserve (2)
заходи́ть (захож-у́, захо́д-ишь, ... захо́д-ят) *pfv.* зайти́ (зайд-у́, зайд-ёшь, ... зайд-у́т; *past* зашёл, зашла́, зашло́, зашли́)	1. (в *or* на + *Acc. or* к + *Dat.*) to stop in (at); to stop by; to drop by (2); 2. (за + *Instr.*) to pick up (someone or something); to stop by (some place) (for something) (2)
интересова́ться (интересу́-юсь, интересу́-ешься, ... интересу́-ются) (+ *Instr.*) *pfv.* not introduced at this time	to be interested (in something) (1)
переодева́ться *pfv.* переоде́ться (переоде́н-усь, переоде́н-ешься, ... переоде́н-утся)	to change clothes (1)
рекомендова́ть (рекоменду́-ю, рекоменду́-ешь, ... рекоменду́-ют) *pfv. and impfv.*	to recommend (2)
танцева́ть (танцу́-ю, танцу́-ешь, ... танцу́-ют) *pfv.* not introduced at this time	to dance (2)
успева́ть *pfv.* успе́ть (успе́-ю, успе́-ешь, ... успе́-ют)	to have time (to), to manage (to) (1)

ADVERBS

впервы́е	for the first time (4)
впереди́	ahead (1)
доста́точно	enough (1)
по́здно	late (4)
совсе́м	quite; completely; entirely (3)
сро́чно	right away; immediately (1)

OTHER

из-за (+ *Gen.*)	because of (4)

IDIOMS AND EXPRESSIONS

биле́т на (+ *Acc.*)	a ticket for (1)
брать / взять интервью́ (у + *Gen.*)	to interview (someone); to do an interview (with someone) (1)
в пе́рвый раз	for the first time (2)
в после́дний раз	the last time (1)
Век живи́, век учи́сь!	Live and learn! (3)
друго́е де́ло	(that's) a different matter; (that's) another matter (3)
Лу́чше по́здно, чем никогда́.	Better late than never. (4)

Мест нет.	No space available. (2)	Приятного аппетита.	Bon appétit! (2)
Мир тесен!	(It's a) small world! (2)	сдавать / сдать пальто	to check (one's) coat (3)
Мне (ему, ей, *etc.*) пришлось (придётся) …	I (he, she, *etc.*) had to (will have to) … (4)	то же самое	the same thing (2)
		только что	just (recently) (1)
Мы с ним учились в одном классе.	He and I studied in the same class. (1)	У нас заказан столик.	We have a table reserved. (2)
на семь вечера	for 7 P.M. (2)	Что за вид!	What a sight you are! (4)
ни один (ни одного, *etc.*)	not a single (1)	Это невероятно!	It's/that's unbelievable! (1)
Поехали!	Let's go! (4)	Я бы не возражал (возражала).	I wouldn't mind. (1)
Представляю …	I can imagine (that) … (1)		

❖ ЧТО Я ЗНАЮ, ЧТО Я УМЕЮ

Use this checklist to mark off what you've learned in this lesson:

- ☐ Declining proper nouns (Part 1)
- ☐ Declining surnames (Part 4)
- ☐ Expressing what interests you (Part 1)
- ☐ Additional uses of the preposition **на** (Part 2)
- ☐ Expressing *to stop by, to drop in, to pick up* (Part 2)
- ☐ Using multidirectional and unidirectional verbs of motion (Part 3)
- ☐ Expressing remaining time or quantity using **остаться** (Part 4)
- ☐ Using **всё, все, весь, всего,** and **всех** (Part 1)
- ☐ Using and declining **один** (Part 4)
- ☐ Forming and using diminutives (Part 2)

❖ ЭТО НАДО ЗНАТЬ

PREFIXED VS. NONPREFIXED VERBS OF MOTION

There are about a dozen so-called verbs of motion in Russian, including not only *to go*, but also *to run, to fly, to swim, to take, to carry, to lead,* and a few others. The following discussion will focus on the basic *to go* verbs, of which you have seen many examples in this textbook. Once you have learned and understand the *to go* pattern, you can learn the other motion verbs and fit them into this same pattern as you find a need for them.

Verbs of motion with directional prefixes follow the basic Russian verbal pattern of imperfective / perfective aspectual pairs. They are composed of a directional prefix (such as **при-** or **у-**) plus a combining-form stem (most commonly **-езжать / -ехать** for vehicular and/or long-distance travel and **-ходить / -йти** for other travel).

	IMPERFECTIVE -ХОДИТЬ -ЕЗЖАТЬ (present, past, and future)	PERFECTIVE -ЙТИ -ЕХАТЬ (past and future only)
ПРИ-	приходить приезжать	прийти приехать
У-	уходить уезжать	уйти уехать

In contrast to the verbs of motion with directional prefixes, NONprefixed motion verbs have two imperfective infinitives: a multidirectional form and a unidirectional form. The perfectives of these verbs are formed from the nondirectional prefix **по-** plus the same combining stem that the prefixed motion verbs use in the perfective.

IMPERFECTIVE (present, past, and future)		PERFECTIVE Nondirectional prefix **ПО-** + -ЙТИ + -ЕХАТЬ (past and future only)
Multidirectional a. "There and Back" b. "Around and Around"	**Unidirectional**	
ходи́ть	идти́	пойти́
е́здить	е́хать	пое́хать

♦ ДОПОЛНИТЕЛЬНЫЕ ТЕКСТЫ

А. «АПЕЛЬСИ́НЫ ИЗ ЧИКА́ГО», И. С. ГУ́СЕВА AND Н. Л. ЧУ́ЛКИНА, 1994.

В 1919 году́ в о́перном теа́тре Чика́го гото́вили к постано́вке[1] о́перу Серге́я Проко́вьева «Любо́вь к трём[2] апельси́нам[3]». Об э́том узна́ли «апельси́новые короли́[4]». Оди́н из них предложи́л дире́кции[5] теа́тра большу́ю су́мму† за пра́во помести́ть[6] в фойе́ теа́тра всего́ лишь оди́н[7] плака́т.[8] Де́ньги есть де́ньги, они́ всегда́ нужны́ теа́тру в ми́ре капита́ла.† На премье́ре† зри́тели[9] любова́лись[10] огро́мным[11] плака́том, на кото́ром бы́ли изображены́[12] гига́нтские† апельси́ны. Внизу́ была́ на́дпись[13]: «И́менно э́ти[14] апельси́ны вдохнови́ли[15] гениа́льного[16] Серге́я Проко́фьева. Покупа́йте фру́кты то́лько на́шей фи́рмы!»

1. *production*; 2. *three*; 3. *oranges*; 4. *kings*; 5. *management*; 6. *to place*; 7. всего́ . . . *just one*; 8. *poster*; 9. *audience*; 10. *admired*; 11. *huge*; 12. *pictured*; 13. *inscription*; 14. И́менно . . . *These very*; 15. *inspired*; 16. *the genius*

ЗВЁЗДЫ СРЕДИ́[2] НАС[1]

Звёзды не всегда́ бы́ли звёздами. Они́ так[3] же, как и мы, когда́-то ходи́ли в де́тский сад, шко́лу, институ́т. Да и сейча́с они́ хо́дят в теа́тры и кино́, посеща́ют[4] кафе́ и рестора́ны, лета́ют[5] на самолётах[6] и е́здят на поезда́х[7], чи́нят свои́ маши́ны в автосе́рвисе, бе́гают по магази́нам. Сло́вом, живу́т среди́ нас.

Мы бу́дем ра́ды расска́зам о ва́ших встре́чах со знамени́тостями. Ждём ва́ших звонко́в в слу́жбу информа́ции. Наш телефо́н: 753-00-05. Факс: 195-92-84

Б. «ЗВЁЗДЫ СРЕДИ́ НАС»

1. *stars*; 2. *among*; 3. *just like us*; 4. *visit*; 5. *fly*; 6. *planes*; 7. *trains*

B. ОТРЫ́ВОК (*EXCERPT*) ИЗ АВТОБИОГРА́ФИИ «Я, МА́ЙЯ ПЛИСЕ́ЦКАЯ» (МОСКВА́: НО́ВОСТИ, 1994).

Maya Mikhailovna Plisetskaya was born in Moscow in 1925 and joined the Bolshoi Ballet when she was only eighteen. She quickly became the company's leading ballerina, dancing major solo roles. Perhaps her greatest portrayal was that of Odette-Odile in *Swan Lake*. She was made a People's Artist of the USSR (**Наро́дный арти́ст СССР**) in 1959, and in 1964 she received the Lenin Prize. In the following passage Plisetskaya writes about the street where she lived, the actor it was named for, and the location of the theaters where they performed.

 Ита́к, в 1943 году́ я око́нчила[1] хореографи́ческое† учи́лище,[2] была́ принята́[3] в Большо́й теа́тр, станцева́ла[4] не́сколько заме́тных[5] па́ртий[6] и получи́ла свою́ пе́рвую награ́ду.[7] Мне да́ли десятиме́тровую ко́мнату в коммуна́льной[8] кварти́ре, в до́ме Большо́го теа́тра в Ще́пкинском прое́зде,[9] Назва́ние "Ще́пкинский" не от сло́ва "ще́пка",[10] а по фами́лии знамени́того в про́шлом ве́ке актёра Ма́лого теа́тра[11] Михаи́ла Ще́пкина. На Театра́льной пло́щади в са́мом це́нтре Москвы́ стоя́т три теа́тра — Большо́й, Ма́лый и Центра́льный† де́тский. Я не зна́ю, где ещё в ми́ре есть три теа́тра на одно́й пло́щади.

1. *graduated*; 2. *school*; 3. *accepted*; 4. *pfv. of* **танцева́ть;** 5. *notable*; 6. *parts*; 7. *award*; 8. *communal*; 9. *street*; 10. *silver* 11. Ма́лого . . . *The Maly Theatre*

EPILOGUE

ДО СВИДАНИЯ, МОСКВА, ДО СВИДАНИЯ!

На вокза́ле

The epilogue to the story you've been following throughout the preceding lessons consists of three scenes and is entirely on video. Summer is approaching. In Scene A, Jim is surprised to learn that he and Tanya will be separated a bit sooner than they expected. Scene B shows the departure preparations at the apartment building on Lesnaya Street. And in Scene C, calamities of several types are averted—to everyone's obvious delight—resulting in happy endings for all.

✪ **This epilogue gives you the opportunity to apply vocabulary and grammar from earlier lessons to a variety of activities as you read the concluding episodes of the story.**

Куда́ они́ е́дут?

Epilogue. This epilogue has a different structure from other lessons in the textbook. It contains three short scenes that conclude the story. Each scene is accompanied by an О Росси́и culture note, two interactive activities, a set of Вопро́сы и отве́ты, a dialogue, and a Ваш диало́г activity. The tinted pages contain only the list of new vocabulary used in these scenes. Note that all activities in this epilogue are optional.

ЧТЕНИЕ

◆ SCENE A: КОГДА́ ВЫ УЕЗЖА́ЕТЕ?

(Ilya Ilyich has phoned Jim.)

ИЛЬЯ́ ИЛЬИ́Ч. Джим, нам на́до **встре́титься**.° Вы ведь зна́ете, что че́рез неде́лю я со студе́нтами уезжа́ю в Арха́нгельск.... Да, кста́ти, у меня́ освободи́лось° одно́ ме́сто в гру́ппе.... Да.... И сего́дня я предложи́л его́ Та́не.... Она́ ведь о́чень **спосо́бная**° де́вушка, **не так ли?**°

ДЖИМ. *(Stunned.)* Да, коне́чно, о́чень спосо́бная.

get together

became available
talented
не... isn't that so?

Reading Introduction (see also WB/LM).
1. Что Илья́ Ильи́ч предложи́л Та́не? (Пое́хать с его́ гру́ппой в Арха́нгельск.)
2. Она́ хо́чет пое́хать? (И хо́чет и не хо́чет.) Почему́ хо́чет? (Потому́ что экспеди́ция её о́чень интересу́ет.) А почему́ не хо́чет? (Потому́ что Джим не е́дет с ней *or* Потому́ что Джим не мо́жет пое́хать с ней.)
3. Как вы ду́маете, Джим хо́чет, что́бы она́ пое́хала?

(After talking to the professor, Jim calls Tanya.)

ДЖИМ. Та́ня, э́то я. Илья́ Ильи́ч то́лько что мне сказа́л, что ты пое́дешь с его́ гру́ппой в Арха́нгельск.

ТА́НЯ. Да, я поду́мала, что ты **всё равно́**° че́рез де́сять дней уезжа́ешь, и **согласи́лась**.°

ДЖИМ. *(Sadly.)* Ты права́. Э́то наве́рно бу́дет о́чень интере́сная пое́здка.

ТА́НЯ. *(Sensing his disappointment.)* Джнм, у нас ещё це́лая неде́ля впереди́.

ДЖИМ. *(Unconvinced.)* Да, коне́чно, це́лая неде́ля — э́то о́чень мно́го.

всё... in any case
agreed

◆ О РОССИИ

АРХА́НГЕЛЬСК

Джим, че́рез неде́лю я со студе́нтами уезжа́ю в Арха́нгельск.

Арха́нгельск, a port city almost due north of Moscow, is located just a few hundred miles south of the Arctic Circle. Despite its location, **Арха́нгельск** has a surprisingly mild climate as a result of warm ocean currents that keep the city ice-free throughout the year. For that reason it played a very important role during World War II as a shipping terminal for incoming war supplies from allied nations. The discovery of a large oil field east of **Арха́нгельск** has once again made this city a focus of international attention.

Упр. 1. Invite students to come up with their own additions to this list.

УПРАЖНЕНИЕ 1 Последняя неделя

It's the last week of classes before summer vacation. Indicate which of the following items would be on your list of things to do. Then pick three of the items to which you would give a particularly high priority and—speaking only Russian—try to find a classmate with the same priorities.

ОБРАЗЕЦ: — Что тебе надо делать на этой неделе?
— Мне надо . . .

_____ написать курсовую по истории (философии, экономике, . . .)
_____ встретиться с преподавателем русского языка . . .
_____ подготовиться к экзаменам
_____ сдавать экзамены (*to take exams*)
_____ поговорить (*to have a talk*) с хозяином (хозяйкой) квартиры
_____ продать мебель
_____ проститься с (*to say good-bye to*) друзьями
_____ узнать о работе
_____ упаковать (*to pack*) одежду (*clothes*), книги
_____ ???

Упр. 2. Invite students to come up with their own additions to this list.

УПРАЖНЕНИЕ 2 Что ты хочешь делать летом?

Here are some ways you might spend the summer. Pick one that would interest you (or make up your own) and see if you can find a classmate who shares your interest by asking each other about summer plans.

ОБРАЗЕЦ: — Что ты хочешь делать летом?
— Я хочу каждый день играть в гольф. А ты?
— Я хочу ходить в музеи.

1. ходить в походы (*to go camping*)
2. загорать (*to lie out in the sun*) на пляже (*beach*)
3. играть в теннис
4. много гулять
5. поехать в Россию
6. поехать к друзьям (дяде, бабушке, . . .) в гости
7. прочитать «Анну Каренину»
8. работать в ресторане (в зоопарке, в «Дисней Уорлд», . . .)
9. работать над (*to work on*) диссертацией†
10. слушать курс по математике (физике, русскому языку, биологии, . . .)
11. учить брата (сестру, друга, . . .) водить машину
12. учиться играть на рояле (гитаре, саксофоне, . . .)
13. ???

◆ ВОПРОСЫ И ОТВЕТЫ: УПРАЖНЕНИЕ 3

Working with a classmate, take turns asking and answering the following questions.

1. Ты любишь путешествовать (*to travel*)?
2. Ты когда-нибудь был (была) в Канаде? В Мексике? В Европе? В России?
3. Какая страна тебе больше всего понравилась? А какой город? Почему?
4. Где тебе больше нравится климат† — на востоке (*east*) США или на западе (*west*)? На севере (*north*) или на юге (*south*)?
5. Ты когда-нибудь был (была) на юге США? Какой там климат?
6. А на Аляске ты когда-нибудь был (была)? Какой там климат?
7. Какие штаты† находятся на северо-востоке США?
8. Ты предпочитаешь путешествовать по Америке или по Европе?
9. Как ты предпочитаешь путешествовать — на поезде, на машине, на велосипеде (*bicycle*)?
10. С кем ты обычно путешествуешь?

ДИАЛОГ   У меня большие планы

(Discussing summer plans)

— Скоро каникулы. Что ты будешь делать летом?
— У меня большие планы. После экзаменов я поеду в Атланту к бабушке. Я всегда езжу к ней во время летних каникул и на Рождество.
— А кто платит за билеты?
— Конечно, бабушка!
— Ты долго будешь у бабушки?
— Две недели. Потом я полечу (*will fly*) на Гавайи. К тёте.
— Интересно, кто на этот раз платит за билет — неужели ты сама?
— Ну что ты! Откуда у бедной (*poor*) студентки такие деньги?

В электричке (*commuter train*)

УПРАЖНЕНИЕ 4   Ваш диалог

Create a dialogue in which you and a friend are discussing your respective summer plans. One of you will be traveling, the other will be working or taking classes.

ЧТЕНИЕ

Reading Introduction (see also WB/LM).
1. Кому́ пора́ е́хать на вокза́л? (Та́не и Илье́ Ильичу́.)
2. Кто обеща́л проводи́ть Та́ню и Илью́ Ильича́? (Джим.)
3. Каки́е пода́рки да́рит ба́бушка Та́не и Илье́ Ильичу́? (Та́не она́ да́рит варе́нье, а Илье́ Ильичу́ — сре́дство от просту́ды (горчи́чники).)
4. Кто ещё уезжа́ет? (Ле́на.)

Чте́ние (1): Дава́йте прися́дем на доро́гу. See О России culture note on p. 399.

такси́... *the cab is on the way*
прися́дем... *sit down before the trip*

SCENE B: НАМ ПОРА́!

(*A week later, with Tanya finishing her packing. Tatyana Dmitrievna shows the professor in.*)

ИЛЬЯ́ ИЛЬИ́Ч. Мне то́лько что позвони́л **диспе́тчер**† и сказа́л, что такси́ 68-12 уже́ вы́ехало.° Но́мер 68-12. Пора́ е́хать.

ТАТЬЯ́НА ДМ. Дава́йте прися́дем на доро́гу.°

(*Everyone sits down for a few moments.*)

ТА́НЯ. (*Standing up.*) Ничего́ не понима́ю. Джим обеща́л прие́хать, а он никогда́ не опа́здывает.

(*They get up. Tanya and Ilya Ilyich take the elevator down and go outside, where Grandma and Grandpa Kruglov are sitting on stools.*)

Я... *I'll be right back...*

Чте́ние (2): **Счастли́во!** This colloquial word is used when parting and has various equivalents: *Good luck! All the best! Have a good time!* (and in certain contexts it may even mean *Have a good trip!*). It is a common exchange between two people, one of whom is leaving and the other staying.

jam

ДЕ́ДУШКА. Здра́вствуйте.
БА́БУШКА. Здра́вствуйте. **Я сейча́с**...° (*She rushes into the building.*)
ТА́НЯ. До́брый день.
ИЛЬЯ́ ИЛЬИ́Ч. А, здра́вствуйте!
ДЕ́ДУШКА. Как вы е́дете? На такси́?
ИЛЬЯ́ ИЛЬИ́Ч. Да, мы заказа́ли такси́.
БА́БУШКА. (*Coming back out of the building.*) Та́нечка, э́то вам. (*Hands her a jar.*) Дома́шнее варе́нье.°
ТА́НЯ. Спаси́бо!
БА́БУШКА. Пожа́луйста! (*Hands a package to Ilya Ilyich.*) А э́то вам, Илья́ Ильи́ч.
ИЛЬЯ́ ИЛЬИ́Ч. А?
БА́БУШКА. Да, прекра́сное **сре́дство от просту́ды**.° На вся́кий слу́чай.

(*Everyone laughs and begins to say good-bye.*)

сре́дство... *cold remedy*

БА́БУШКА. **Счастли́во!**°
ИЛЬЯ́ ИЛЬИ́Ч. До свида́ния!
ДЕ́ДУШКА. (*Picking up stools to go inside.*) Ну, нам пора́. До свида́ния! **Счастли́вого пути́!**°

Good luck!

Счастли́вого... *Have a good trip!*

(*The scene shifts to the Silins' apartment. Sergei Petrovich is looking out the window.*)

СЕРГЕ́Й ПЕТР. Смотри́, Ната́ша, сосе́ди то́же куда́-то уезжа́ют.
НАТА́ЛЬЯ ИВ. Да, Илья́ Ильи́ч говори́л, что он е́дет в Арха́нгельск. Со студе́нтами. (*Calls to the bedroom.*) Ле́на! Тебе́ пора́! (*Lena enters.*) Ой, до́ченька, будь осторо́жна.°
ЛЕ́НА. Хорошо́, ма́ма, бу́ду.
СЕРГЕ́Й ПЕТР. Ну, дочь. (*Hugs her.*) Пошли́!

Чте́ние (3): Счастли́вого пути́! This phrase, as well as Прия́тного аппети́та! *Bon appétit! Enjoy your meal!* are both in the Genitive case and are usually used when addressing someone directly. They can also be used with the verb жела́ть / пожела́ть, which students learned to use in making toasts (for example, Они́ пожела́ли нам счастли́вого пути́).

careful

О РОССИИ

ПЕ́РЕД ОТЪЕ́ЗДОМ (*BEFORE DEPARTING ON A TRIP*)

Дава́йте прися́дем на доро́гу.

Before leaving home on a journey of any significant length, many Russians observe the custom of sitting down together for a few moments in silence. Historically, a prayer was offered for the travelers. Although the prayer ritual is rarely practiced nowadays, the custom of sitting silently before a trip is still widely observed.

УПРАЖНЕ́НИЕ 5 Пожела́ния (*Wishes*)

Working with a classmate, skim the following expressions; then read the situations and decide what you might say in each instance.

Упр. **5. АК.** 1 Спаси́бо. 2 С пра́здником! 3 Спаси́бо. 4 Прия́тного аппети́та! 5 С прие́здом! 6 Счастли́вого пути́!

  С прие́здом! (*Welcome!*)
  С пра́здником!
  Прия́тного аппети́та!
  Счастли́вого пути́!
  Спаси́бо.

1. Вам ну́жно в аэропо́рт, и ваш друг вам говори́т, что он вас довезёт (*will give you a ride*). Что вы ему́ (ей) говори́те?
2. Вы купи́ли свое́й подру́ге пода́рок к 8 [восьмо́му] Ма́рта. Когда́ вы ей да́рите пода́рок, что вы ей говори́те?
3. Вы с друзья́ми в рестора́не. Официа́нт прино́сит пи́ццу, кото́рую вы заказа́ли. Что вы ему́ говори́те?
4. Вы прихо́дите в рестора́н и ви́дите там своего́ нача́льника (*boss*) с жено́й. Они́ обе́дают. Что вы им говори́те?
5. Вы встреча́ете дру́га в аэропорту́. Что вы ему́ говори́те?
6. [*В аэропорту́.*] Ваш друг улета́ет (*is flying*) в Аме́рику. Что вы ему́ говори́те?

Epilogue ✪ До свидания, Москва, до свидания!

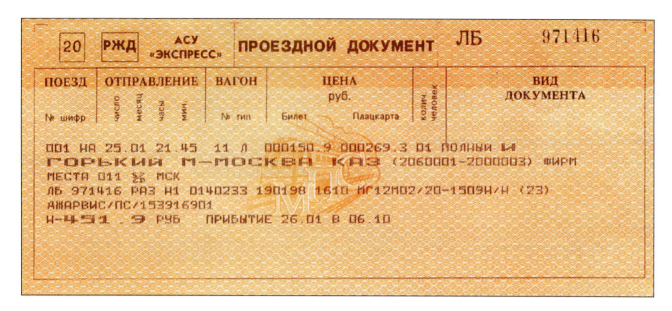

Проездно́й докуме́нт. Ask pairs of students to look at the train ticket and figure out as much information as they can: train number (1); date and time of departure (25 Jan. at 21:45); train car number (11); price (150.9); the number of people traveling (1); departure city and train station (Го́рький, моско́вский вокза́л); destination city and station (Москва́, Каза́ньский вокза́л); seat number (11); arrival time [прибы́тие] (26 Jan. at 06:10). **Note:** РЖД stands for Росси́йская желе́зная доро́га.

Упр. 6. Variation: Have students select three characters from the story to describe. Each student should work independently to write a two- or three-sentence description in the first person for each character. Do not use the character's name. Then have them combine and edit their descriptions to develop a general depiction of the characters they selected. Finally, share group descriptions with the rest of the class. Combine duplicate descriptions to develop as complete a picture of each character as possible.

УПРАЖНЕНИЕ 6 Вы по́мните…?

On each of three separate index cards, write down an action done by characters from the story (in the epilogue or preceding lessons), and then convert each sentence to a question.

ОБРАЗЕЦ: *Statement*: Когда́ Джим и Та́ня бы́ли в рестора́не, они́ пи́ли шардонне́. →
Question: Что пи́ли Джим и Та́ня, когда́ они́ бы́ли в рестора́не?

Now circulate around the room and ask each other the questions on your cards. If someone cannot answer your question, give that person the card. If you cannot answer someone else's question, you must take the card containing that question. You may then try to get rid of it by finding someone else who does not know the answer. The object is to try to have as few cards as possible at the end of five minutes.

Ленингра́дский вокза́л в Москве́.

❖ ВОПРОСЫ И ОТВЕТЫ: УПРАЖНЕНИЕ 7

1. Как ты обы́чно е́дешь в аэропо́рт (на вокза́л, на авто́бусную ста́нцию) — на такси́, на свое́й маши́не, на маши́не своего́ дру́га, на авто́бусе?
2. Куда́ ты звони́шь, е́сли ты хо́чешь заказа́ть такси́?
3. Каки́е лека́рства ты берёшь с собо́й, когда́ ты куда́-нибудь уезжа́ешь, — сре́дство от просту́ды, лека́рство от головно́й бо́ли (*headache*)? Что ещё?
4. Ты берёшь с собо́й конфе́ты и́ли кре́керы† на доро́гу?
5. Ты когда́-нибудь опа́здывал (опа́здывала) на самолёт и́ли на по́езд?
6. Чего́ тебе́ жела́ют роди́тели и друзья́, когда́ ты куда́-нибудь уезжа́ешь?

ДИАЛОГ   Могу́ я заказа́ть такси́...?
(Ordering a cab)

— [*On the phone.*] Алло́! Диспе́тчер? Могу́ я заказа́ть такси́ на за́втра на 8 утра́?
— Куда́ е́хать?
— На Ку́рский вокза́л.
— Ваш а́дрес?
— Лесна́я, дом 3, кварти́ра 35.
— Како́й подъе́зд?
— Второ́й.
— Телефо́н?
— 238-12-19.
— Зака́з при́нят. Но́мер зака́за 35-90. Мы вам у́тром позвони́м.

УПРАЖНЕНИЕ 8   Ваш диало́г

Working with a classmate, make up a dialogue in which you order a cab to take you to the airport or train station at the end of your stay in Russia. Make sure to order the cab in plenty of time to arrive early. The dispatcher should get the caller's address and phone number, and the caller should be sure to get the number of the taxi that will be coming.

Epilogue ❖ До свидания, Москва, до свидания!

Reading Introduction (see also WB/LM).

1. Куда́ е́дет Ле́на? (В Кострому́.) Что она́ бу́дет де́лать там? (Она́ бу́дет писа́ть статью́ о костромски́х бизнесме́нах.)
2. На како́й вокза́л е́дут Ви́ктор и Ле́на? (На Яросла́вский.) А на како́й вокза́л е́дет профе́ссор и Та́ня? (На Ленингра́дский.)
3. Кто пое́хал с Ви́ктором? (Ле́на и профе́ссор.)

Всё... *All's well that ends well.*

❖ **SCENE C:** ВСЁ ХОРОШО́, ЧТО ХОРОШО́ КОНЧА́ЕТСЯ°

(*Outside the apartment building. The professor and Tanya are nervously awaiting the cab as Lena and Vova appear.*)

ИЛЬЯ́ ИЛЬИ́Ч.	Ничего́ не понима́ю! Такси́ давно́ должно́ бы́ло быть здесь.
ЛЕ́НА И ВО́ВА.	Здра́вствуйте!
ТА́НЯ.	Приве́т.
ИЛЬЯ́ ИЛЬИ́Ч.	Ле́на, Во́ва, здра́вствуйте.
ТА́НЯ.	Вы то́же куда́-то уезжа́ете?
ЛЕ́НА.	Да, я е́ду в Кострому́,¹ бу́ду писа́ть статью́ о костромски́х бизнесме́нах. А вы куда́ уезжа́ете?
ТА́НЯ.	Мы должны́ е́хать на Ленингра́дский вокза́л, но такси́ опа́здывает. Бою́сь, что мы опозда́ем... на по́езд.

(*A car drives up. It's Viktor.*)

Маши́на... *The car is at your service.*

Чте́ние: Яросла́вский и Ленингра́дский вокза́лы. Point out to students the combined singular adjectives that modify a plural noun. Another example: ру́сский и англи́йский языки́ (*the Russian and English languages*).

довезти́... *give them a ride to*

ВИ́КТОР.	(*To Lena.*) Маши́на по́дана.° Прошу́ сади́ться.
ВО́ВА.	Ви́ктор, ты на Яросла́вский¹ вокза́л е́дешь?
ВИ́КТОР.	Да, а что?
ВО́ВА.	Так ведь Яросла́вский и Ленингра́дский вокза́лы на одно́й пло́щади! Её так и называ́ют: пло́щадь трёх вокза́лов.
ЛЕ́НА.	Всё пра́вильно, Во́ва. Ви́тя, на́ши сосе́ди опа́здывают на по́езд. Мы мо́жем **довезти́** их **до**° Ленингра́дского вокза́ла?
ВИ́КТОР.	Коне́чно. И вре́мя у нас есть. Но места́ в маши́не для всех не хва́тит. Кто уезжа́ет, а кто остаётся?
ИЛЬЯ́ ИЛЬИ́Ч.	Уезжа́ем мы с Та́ней.
ВИ́КТОР.	Сади́тесь скоре́е!

---

¹**Кострома́** and **Яросла́вл** are ancient port cities on the Volga river, 150 miles northeast of Moscow. They are located about 50 miles apart, between the Rybinskoe and Gorkovskoe reservoirs, and are now important industrial centers.

ТА́НЯ.	Илья́ Ильи́ч, **поезжа́йте**° с Ви́ктором, а я ещё немно́го подожду́ Джи́ма.	*go*
ИЛЬЯ́ ИЛЬИ́Ч.	Та́ня, вы опозда́ете на по́езд!	
ТА́НЯ.	Нет-нет, я не опозда́ю. Поезжа́йте.	

(*The professor and Lena get into Viktor's car.*)

ТА́НЯ.	Счастли́вого пути́!	
ВО́ВА.	(*Reassuring Tanya.*) Джим обяза́тельно прие́дет. (*A moment later.*) Смотри́, вон такси́, кото́рое вы зака́зывали!	

(*The taxi pulls over and Jim gets out. Tanya rushes over with her bag.*)

ТА́НЯ.	Джим, всё в поря́дке? Что случи́лось?	
ДЖИМ.	Я хоте́л **сде́лать** тебе́ **сюрпри́з** …°	сде́лать… *to surprise you*
ВО́ВА.	Джим, расска́жешь ей по доро́ге. **А то** …°	*Otherwise*
ТА́НЯ.	Да, Джим, по́езд че́рез два́дцать пять мину́т.	
ТАКСИ́СТ.	А куда́ е́хать-то?	
ТА́НЯ.	На Ленингра́дский вокза́л.	
ТАКСИ́СТ.	Че́рез два́дцать пять мину́т? Мо́жем не успе́ть.	
ВО́ВА.	Ну, пожа́луйста, постара́йтесь успе́ть.	
ТА́НЯ.	Мо́жет быть, мне отказа́ться° от пое́здки?	*turn down*
ДЖИМ.	Реши́м на вокза́ле. Пое́хали!	

(*They get into the cab.*)

ВО́ВА.	Джим, я тебе́ ве́чером позвоню́, ла́дно?
ТА́НЯ.	Во́ва, спаси́бо!

(*The cab drives off.*)

ДЖИМ.	(*In the cab, to Tanya.*) Так вот, я хоте́л сде́лать тебе́ сюрпри́з. У меня́ сего́дня бы́ло интервью́ в **телекомпа́нии**° CNN. Оно́ **продолжа́лось**° о́чень до́лго. А пото́м я до́лго не мог найти́ такси́. Хорошо́, что э́то такси́ е́хало к вам и води́тель согласи́лся меня́ взять. Но зато́ … зато́ … мне предложи́ли рабо́ту в моско́вском **бюро́**† CNN. Э́то зна́чит.…	*television company* *went on*
ТА́НЯ.	(*Overjoyed.*) Э́то зна́чит, что ты остаёшься в Москве́!	
ДЖИМ.	Да!	

Epilogue ★ До свидания, Москва, до свидания!

ЛЕНИНГРАДСКИЙ ВОКЗАЛ Октябрьской железной дороги

СООБЩЕНИЕ	№ ПОЕЗДА	РАССТОЯНИЕ В КМ.	ВРЕМЯ ОТПРАВЛЕНИЯ	ДНИ ОТПРАВЛЕНИЯ	ВРЕМЯ В ПУТИ	ВРЕМЯ ПРИБЫТИЯ
Хельсинки (ч.Калинин - Бологое - Выборг б/з в С.-Петербург)	32 фирменный	1106	18.17	еж.	15.45	9.02
Боровичи (ч.Бологое)	682	411	20.45	чет.	7.48	4.33
Выборг (ч.Калинин-Ленинград-Фин.)	38 фирменный	803	22.00	еж.	11.02	9.02
Вышний Волочек (ч.Калинин-Лихославль)	668	286	6.40	еж.	4.26	11.06
Мурманск (ч. Калинин-Бологое-Волховстрой I)	16	2095	0.30	еж. по 27/IX с 29/IX-11/IX	36.49 14.39	13.19
Мурманск (ч. Калинин-Бологое-Волховстрой II)	344	1965	16.05	еж.по 7/IX	39.05	7.10
Мурманск (ч. Калинин-Бологое-Волховстрой II)	374	1965	21.30	-	42.12	15.42
Новгород (ч. Бологое-Чудово)	42	606	22.10		8.30	6.40
Осташков (ч. Лихославль-Собаго)	666	449	20.53	еж.	11.15	8.08
Петрозаводск (ч. Бологое-Волховстрой I)	18	921	18.22	неч.	16.03	10.25
Псков (ч. Бологое)	70	687	19.45	еж.	12.27	8.12
Санкт-Петербург (ч. Калинин)	2 фирменный	650	23.55	еж.	8.30	8.25
Санкт-Петербург (ч. Калинин)	4 фирменный	650	23.55	еж.	8.30	8.29
Санкт-Петербург (ч. Калинин)	6 фирменный	650	23.10	еж.	8.25	7.35
Санкт-Петербург (ч. Калинин)	10 фирменный	650	22.16	еж.	8.24	6.40
Санкт-Петербург (ч. Калинин)	14	650	20.35	еж.	8.30	5.05
Санкт-Петербург (ч. Калинин)	20	650	1.00	еж.	8.38	9.38
Санкт-Петербург (ч. Калинин)	24 фирменный	650	12.27	еж.	8.26	20.53
Санкт-Петербург (ч. Калинин)	26 фирменный	650	23.00	еж.	8.10	7.10
Санкт-Петербург (ч. Калинин)	28	650	21.41	еж.	8.09	5.50
Санкт-Петербург (ч. Калинин)	30	650	1.52	еж.	9.18	11.10
Санкт-Петербург (ч. Калинин)	36 фирменный	650	0.05	еж.	8.45	8.50
Санкт-Петербург (ч. Калинин)	48	650	13.23	вт..чт..пт..вск.	9.16	22.39
Санкт-Петербург (ч. Калинин)	158	650	12.22	пт.	4.58	17.20
Санкт-Петербург (ч. Калинин)	160	650	17.20	еж.	6.00	23.20
Санкт-Петербург (ч. Калинин)	652	650	2.30	х	12.25	14.55
Таллин (ч.Калинин-Тосно-Нарву)	34	964	17.25	еж.	17.20	9.45
Таллин (ч. Калинин-Дно-Псков-Тарту-Тапу)	176	1011	16.00	еж.	20.05	11.05
Санкт-Петербург (ч. Калинин)	942 почт.-баг.	650	3.57	еж.	20.19	0.16

Ленингра́дский вокза́л. This train schedule is taken from the Ленингра́дский вокза́л in Moscow. Encourage students to look at the column readings and the information in each column to figure out what they mean. The columns (from left) are: Service (to); Train number; Distance in kilometers; Departure time; Days of departure; Travel time; Arrival time. In the *Service* column, ч. (че́рез) indicates intermediate stops. In the *Days of departure* column, еж. refers to a ежедне́вный (*daily*) travel.

О РОССИИ

НАЗВА́НИЯ ВОКЗА́ЛОВ

Яросла́вский и Ленингра́дский вокза́лы на одно́й пло́щади!

The names of the train stations in Moscow suggest the directions the stations serve. For example, trains arriving at or leaving the **Ленингра́дский вокза́л** typically serve the region generally northwest toward **Санкт-Петербу́рг**; trains using the **Яросла́вский вокза́л** serve the northeast, toward **Яросла́вль**; trains leaving or arriving at the **Белору́сский вокза́л** serve the west, toward **Белору́ссия**; and so on.

Назва́ния вокза́лов. While the city Ленингра́д was renamed Санкт-Петербу́рг, the train station has retained the name Ленингра́дский вокза́л.

Пло́щадь трёх вокза́лов.

УПРАЖНЕНИЕ 9   Это в мо́де (*in style*)?

Your pen-pal in Russia has asked you to gather some information for her. Her class is curious about whether the portrayal of American youth on Russian television is accurate. Her class has prepared the following questionnaire about "what's in/what's out" on your campus. Working with a group of 4–5 other students, complete the questionnaire and then compare your group's results with those of the other groups in your class.

Упр. 9. Because all "what's in/what's out" questionnaires are by definition likely to be outdated within a year, have students work in small groups to develop their own questionnaires to administer to other groups.

ОБРАЗЕЦ: — Как ты ду́маешь, ми́ни сейча́с в мо́де и́ли нет?
           — Да, ми́ни в мо́де, а ма́кси нет.

В МО́ДЕ	НЕ В МО́ДЕ	
_____	_____	вегетариа́нская дие́та
_____	_____	аэро́бика
_____	_____	гольф
_____	_____	те́ннис
_____	_____	йо́га
_____	_____	дли́нные во́лосы (*hair*)
_____	_____	высо́кие каблуки́ (*heels*)
_____	_____	ми́ни
_____	_____	натура́льные тка́ни (*fabrics*)
_____	_____	о́бувь (*shoes*) на платфо́рме
_____	_____	синте́тика
_____	_____	Ке́лвин Клайн
_____	_____	Андре́ А́гасси
_____	_____	Анто́нио Банде́рас
_____	_____	фатали́зм
_____	_____	эколо́гия
_____	_____	оптими́зм

❖ ВОПРО́СЫ И ОТВЕ́ТЫ: УПРАЖНЕ́НИЕ 10

1. Что предпочита́ют америка́нцы: е́здить по́ездом и́ли лета́ть самолётом (*to fly*)?
2. Как ты обы́чно е́дешь на вокза́л (в аэропо́рт) — на авто́бусе и́ли на маши́не?
3. Ско́лько сто́ит такси́ от твоего́ до́ма до вокза́ла (аэропо́рта)?
4. Как ча́сто ты е́здишь по́ездом (лета́ешь самолётом)?
5. От твоего́ до́ма далеко́ до вокза́ла? А до аэропо́рта?
6. Ты хоте́л (хоте́ла) бы порабо́тать в CNN в Москве́?

Упр. 10: #1. Depending on time, you may elect to teach лета́ть - лете́ть / полете́ть as a parallel to ходи́ть - идти́ / пойти́ and е́здить - е́хать / пое́хать.

Epilogue ★ До свидания, Москва, до свидания!

ДИАЛОГ Такси опаздывает
(Checking on a late cab)

— [*On the phone.*] Диспетчер? Алло! Диспетчер?
— Диспетчер слушает.
— Я заказал машину на 8 утра. Уже 8 часов. Машины нет. А мне нужно на вокзал.
— Минуточку. [*Pause.*] Такси 35-90 выехало десять минут назад. Мы пытались вам позвонить, но у вас было занято.
— Извините! Моя собака . . .
— Что, собака по телефону разговаривала?
— Да нет, это ветеринар звонил.
— А что, собака тоже едет на вокзал? В такси с собакой нельзя.
— Не волнуйтесь, собака никуда не едет. Спасибо вам. Иду встречать такси.

УПРАЖНЕНИЕ 11 Ваш диалог

You are waiting for a cab to take you to the airport, but the cab is late. Create a dialogue in which you phone to check on the cab. You might use some of the following words and phrases:

в аэропорт	должно было быть здесь	пора
ваш адрес	на четверть третьего	пятнадцать минут назад
вчера вечером	номер телефона	уже выехало
диспетчер	опаздывать / опоздать	мы ждём уже полчаса

УПРАЖНЕНИЕ 12 Сколько лет, сколько зим![2]

What will happen to our characters in the next ten years? Imagine that they have all reunited in Moscow ten years from now. Adopt the identity of one of them and create for that person the life she or he has led for the last decade. Did the person finish his or her studies? Did she or he travel? Marry? Have children? Be prepared to tell your classmates who you are and what your life has been like, and to ask them questions about their lives.

Упр. 12 (1). Depending on the size of your class, you may want to split it into two or even three groups for this activity so that there can be two or three Jims, Lenas, Vovas, and so on. You might let the class vote on who has invented the best life story. As a follow-up writing assignment, have the students write a short autobiography of their character's life over the last ten years: what happened to Lena and Viktor (Tanya and Jim, Sasha and Sveta, and so on) from Lena's point of view, from Viktor's point of view, or from the point of view of some other friend. Share the best student compositions with the whole class as a reading or a listening comprehension activity.

Упр. 12 (2). Variation: Have students work in small groups to write and present a «Сколько лет, сколько зим!» scene in which some of the characters get together at a party to reminisce and catch up on one another's lives (who's had children, who's traveled, who's doing what professionally, and so on). The scenes could be presented to the class as a whole, with a small prize awarded the group that presents the best scene. Or, the best features of the several scenes could be integrated into one large class project, the result of which could be performed/videotaped and distributed to everyone in the class as a souvenir. Or, after students have shared their ideas (either as individuals or as part of creating a new "class reunion" scene), have them write a letter to someone who could not be at the "reunion," telling what's happened to the main characters in the story.

Упр. 12 (3). Follow-up. Pose this question: Вы кинорежиссёр и хотите сделать фильм о Джиме и о его жизни в Москве. Каких актёров и актрис вы бы выбрали для главных ролей? Let the students discuss it in small groups, then allow them to present and defend their choices.

---

[2]This is the Russian equivalent of *Long time, no see!*

ИТАК...

❖ НОВЫЕ СЛОВА

NOUNS AND NOUN PHRASES

бюро́ *neut. indecl.*	office; bureau (C)[3]
диспе́тчер	dispatcher (B)
телекомпа́ния	television company (C)

ADJECTIVES

осторо́жный (осторо́жен, осторо́жна, осторо́жно, осторо́жны)	careful (B)
спосо́бный	capable; talented (A)

VERBS

встреча́ться (с + *Instr.*) *pfv.* встре́титься (встре́ч-усь, встре́т-ишься,... встре́т-ятся)	to meet; to get together (with) (A)
довози́ть (довож-у́, дово́з-ишь,... дово́з-ят) (до + *Gen.*) *pfv.* довезти́ (довез-у́, довез-ёшь,... довез-у́т; *past* довёз, довезла́, довезло́, довезли́)	to take (to); to give a ride (to) (C)
продолжа́ться *3rd pers. only* *pfv.* продолжи́ться (продо́лж-ится, продо́лж-атся)	to go on; to continue (C)
соглаша́ться *pfv.* согласи́ться (соглаш-у́сь, соглас-и́шься,... соглас-я́тся)	to agree (to) (A)

IDIOMS AND EXPRESSIONS

А то	otherwise; or (C)	...не так ли?	...isn't that so? (A)
Всё хорошо́, что хорошо́ конча́ется.	All's well that ends well. (C)	Поезжа́й(те)...	Go... (*vehicle command form*) (C)
всё равно́	1. in any case; 2. all the same; still (A)	сре́дство от просту́ды	cold remedy (B)
де́лать / сде́лать (+ *Dat.*) сюрпри́з	to surprise (someone) (C)	Счастли́во!	Good luck!; All the best! (B)
		Счастли́вого пути́!	Have a good trip! (B)
		Я сейча́с.	I'll be right back. (B)

---

[3]The letter in parentheses following each English gloss indicates the scene where the word is first actively introduced in the Epilogue.

APPENDICES

- **A** Common Uses of Russian Cases 409
- **B** Spelling Rules 411
- **C** Declensions: Nouns 412
- **D** Declensions: Pronouns 415
- **E** Declensions: Adjectives 418
- **F** Numerals 420
- **G** Declensions: Cardinal Numerals 421
- **H** Conjugations 422
- **I** American States, Canadian Provinces, American and Canadian Cities 424
- **J** Selected Events in Russian and Western History 425
- **K** Info-Gap Activities 427

APPENDIX A

❖ COMMON USES OF RUSSIAN CASES[1]

CASE	USES	EXAMPLES
Nominative Имени́тельный (кто, что)	(*Dictionary form*) 1. Subject of sentence or clause 2. Predicate nominative	студе́нтка Он зна́ет, где живёт **э́та студе́нтка**. Она́ **хоро́шая студе́нтка**.
Accusative Вини́тельный (кого́, что)	1. Direct object 2. Object of prepositions **в, на, за, под**, when indicating motion toward a goal 3. A game or sport that is the object of preposition **в** 4. A day, hour, or minute that is the object of preposition **в**, indicating time when (**когда́?**) 5. Time or distance covered 6. Object of preposition **че́рез**	Я купи́ла **ру́чку**. Ма́ма пошла́ на **по́чту**. Они́ игра́ют в **те́ннис**. Вади́м придёт в **пя́тницу**. Я был там **неде́лю**. Ма́ша прие́дет че́рез **неде́лю**.
Genitive Роди́тельный (кого́, чего́)	1. Ownership 2. Linking 3. Object of prepositions **у, от, до, из, для, без, о́коло, кро́ме, ми́мо, во́зле, и́з-за, про́тив**, and **с** when **с** means *from* 4. To indicate the absence or lack of someone or something (used with **нет, не́ было, не бу́дет**) 5. Nonspecific direct object of a negated verb 6. After numbers (singular after 2–4; plural after 5–20) 7. With certain verbs including **боя́ться**. Some verbs like **иска́ть, ждать, хоте́ть, жела́ть, проси́ть** take Genitive if the object is indefinite. 8. The date on which an event occurred or will occur 9. Partitive *some*	Э́то каранда́ш **Бори́са**. Остано́вка **авто́буса** там. Я получи́ла письмо́ от **Ива́на**. Они́ е́дут с **конце́рта**. Там нет **шко́лы**. Мы не слы́шим **никако́й му́зыки**. Три **биле́та**, два́дцать **биле́тов**. **Чего́** ты бои́шься? Жела́ем вам **уда́чи**. Мой брат прие́дет **второ́го ма́я**. Налей мне **со́ка**.

---

[1] Some of these uses, and the Instrumental case, are first encountered in Book 2.

CASE	USES	EXAMPLES
Prepositional Предло́жный (о ком, о чём)	1. Object of preposition **о** (**об**) 2. Object of prepositions **в** or **на** when indicating location 3. **Неде́ле** is the object of preposition **на**, indicating time when (**когда́?**) 4. A month, year, or larger unit is the object of preposition **в**, indicating time when (**когда́?**) 5. Object of preposition **на** when indicating means of transportation	Мы лю́бим говори́ть об **исто́рии**. Кни́га на **столе́**. Э́то бы́ло на **про́шлой неде́ле**. Э́то бы́ло в **ма́рте**. Све́та е́дет на **маши́не**.
Dative Да́тельный (кому́, чему́)	1. Indirect object (*to* or *for* someone) 2. With certain verbs, including **помога́ть, сове́товать, отвеча́ть, меша́ть, звони́ть, обеща́ть** 3. With the verb **нра́виться** and with constructions containing **мо́жно, ну́жно, тепло́**, and so on 4. The person or thing whose age is indicated 5. Object of prepositions **к, по**	Она́ дала́ **мне** кни́гу. Мари́на помога́ет **бра́ту**. **Мне** нра́вится кла́ссика. **Нам** ну́жно позвони́ть ма́ме. **Мое́й сестре́** шесть лет. Мы за́втра пое́дем к **Бори́су**.
Instrumental Твори́тельный (кем, чем)	1. The means by which something is done, especially mode of travel 2. Object of prepositions **за, под, над, пе́ред**, or **ме́жду**, when indicating location. (**За** and **под** take other cases in other situations.) 3. Complement of many reflexive verbs: **занима́ться, по́льзоваться, интересова́ться, каза́ться, станови́ться** 4. Complement of the verbs **стать** and **быть** 5. Adverbs indicating time of day and seasons are identical to instrumental of corresponding nouns. 6. Object of preposition **с** when **с** means *together with*	Студе́нтка пи́шет **ру́чкой**. Све́та е́дет **авто́бусом**. Челове́к стои́т пе́ред **до́мом**. Мы занима́емся **ру́сским языко́м**. Я хочу́ стать **настоя́щим бизнесме́ном**. Я встал ра́но **у́тром**. Он рабо́тает **ле́том**. Я люблю́ разгова́ривать с **Ири́ной**.

APPENDIX B

❖ SPELLING RULES

RULE	AFTER Г, К, Х	AFTER Ж, Ч, Ш, Щ	AFTER Ц
«Кни́ги» rule: **и** (not **ы**)	и	и	
«Хоро́шее» rule: **е** (not unstressed **о**)		е	е
«Ви́жу» rule: **у** (not **ю**), and **а** (not **я**)		у, а	
	NOMINATIVE PLURAL FOR NOUNS ENDING IN		
	-Ь	-Я	-Й
«Роя́ли» rule: **и** (not **ы**)	и	и	и

◆ DECLENSIONS: NOUNS

MASCULINE SINGULAR

CASE	ENDINGS	HARD	SOFT: -ь	SOFT: -й	SOFT: -ий
Nominative КТО, ЧТО	(none)	автобус	календа́рь	музе́й	ге́ний
Accusative КОГО́, ЧТО	inanimate = Nominative; animate = Genitive	автобус	календа́рь	музе́й	ге́ния
Genitive КОГО́, ЧЕГО́	-а/-я	автобуса	календаря́	музе́я	ге́ния
Prepositional О КОМ, О ЧЁМ	-е, -и	автобусе	календаре́	музе́е	ге́нии
Dative КОМУ́, ЧЕМУ́	-у/-ю	автобусу	календарю́	музе́ю	ге́нию
Instrumental КЕМ, ЧЕМ	-ом/-ем (-ём)	автобусом	календарём	музе́ем	ге́нием

MASCULINE PLURAL

CASE	ENDINGS	HARD	SOFT: -ь	SOFT: -й	SOFT: -ий
Nominative	-ы/-и	автобусы	календари́	музе́и	ге́нии
Accusative	inanimate = Nominative; animate = Genitive	автобусы	календари́	музе́и	ге́ниев
Genitive	-ов/-ев, -ей	автобусов	календаре́й	музе́ев	ге́ниев
Prepositional	-ах/-ях	автобусах	календаря́х	музе́ях	ге́ниях
Dative	-ам/-ям	автобусам	календаря́м	музе́ям	ге́ниям
Instrumental	-ами/-ями	автобусами	календаря́ми	музе́ями	ге́ниями

NEUTER SINGULAR

CASE	ENDINGS	HARD	SOFT: -ИЕ	SOFT: -ЬЕ	-МЯ
Nominative ЧТО	-о/-е	слóво	сочинéние	воскресéнье	и́мя
Accusative ЧТО	-о/-е	слóво	сочинéние	воскресéнье	и́мя
Genitive ЧЕГÓ	-а/-я	слóва	сочинéния	воскресéнья	и́мени
Prepositional О ЧЁМ	-е, -и	слóве	сочинéнии	воскресéнье	и́мени
Dative ЧЕМУ́	-у/-ю	слóву	сочинéнию	воскресéнью	и́мени
Instrumental ЧЕМ	-ом/-ем	слóвом	сочинéнием	воскресéньем	и́менем

NEUTER PLURAL

CASE	ENDINGS	HARD	SOFT: -ИЕ	SOFT: -ЬЕ	-МЯ
Nominative	-а/-я	словá	сочинéния	воскресéнья	именá
Accusative	-а/-я	словá	сочинéния	воскресéнья	именá
Genitive	("zero" ending)	слов	сочинéний	воскресéний[1]	имён
Prepositional	-ах/-ях	словáх	сочинéниях	воскресéньях	именáх
Dative	-ам/-ям	словáм	сочинéниям	воскресéньям	именáм
Instrumental	-ами/-ями	словáми	сочинéниями	воскресéньями	именáми

---

[1]The neuter noun **плáтье** (*dress*) has the ending **-ев** in the Genitive plural (**плáтьев**).

FEMININE SINGULAR

CASE	ENDINGS	HARD	SOFT: -я	SOFT: -ь	SOFT: -ия	SOFT: -ья
Nominative КТО, ЧТО	-а/-я, -ь	газе́т**а**	неде́л**я**	крова́т**ь**	акаде́ми**я**	стать**я́**
Accusative КОГО́, ЧТО	-у/-ю, -ь	газе́т**у**	неде́л**ю**	крова́т**ь**	акаде́ми**ю**	стать**ю́**
Genitive КОГО́, ЧЕГО́	-ы/-и	газе́т**ы**	неде́л**и**	крова́т**и**	акаде́ми**и**	стать**и́**
Prepositional О КОМ, О ЧЁМ	-е, -и	газе́т**е**	неде́л**е**	крова́т**и**	акаде́ми**и**	стать**е́**
Dative КОМУ́, ЧЕМУ́	-е, -и	газе́т**е**	неде́л**е**	крова́т**и**	акаде́ми**и**	стать**е́**
Instrumental КЕМ, ЧЕМ	-ой/-ей, -ью	газе́т**ой**	неде́л**ей**	крова́т**ью**	акаде́ми**ей**	стать**ёй**

FEMININE PLURAL

CASE	ENDINGS	HARD	SOFT: -я	SOFT: -ь	SOFT: -ия	SOFT: -ья
Nominative	-ы/-и	газе́т**ы**	неде́л**и**	крова́т**и**	акаде́ми**и**	стать**и́**
Accusative	inanimate = Nominative; animate = Genitive	газе́т**ы**	неде́л**и**	крова́т**и**	акаде́ми**и**	стать**и́**
Genitive	("zero" ending)	газе́т	неде́ль	крова́т**ей**	акаде́мий	стат**е́й**
Prepositional	-ах/-ях	газе́т**ах**	неде́л**ях**	крова́т**ях**	акаде́ми**ях**	стать**я́х**
Dative	-ам/-ям	газе́т**ам**	неде́л**ям**	крова́т**ям**	акаде́ми**ям**	стать**я́м**
Instrumental	-ами/-ями	газе́т**ами**	неде́л**ями**	крова́т**ями**	акаде́ми**ями**	стать**я́ми**

APPENDIX D

DECLENSIONS: PRONOUNS

INTERROGATIVE/RELATIVE, PERSONAL, REFLEXIVE

CASE	INTERROG./ RELATIVE		PERSONAL							REFLEX.
Nominative	кто	что	я	ты	он	онó	онá	мы	вы	они́	(none)
Accusative	кого́	что	меня́	тебя́	его́[1]	его́[1]	её[1]	нас	вас	их[1]	себя́
Genitive	кого́	чего́	меня́	тебя́	его́[1]	его́[1]	её[1]	нас	вас	их[1]	себя́
Prepositional	ком	чём	мне	тебе́	нём	нём	ней	нас	вас	них	себе́
Dative	кому́	чему́	мне	тебе́	ему́[1]	ему́[1]	ей[1]	нам	вам	им[1]	себе́
Instrumental	кем	чем	мной	тобо́й	им[1]	им[1]	ей[1]	на́ми	ва́ми	и́ми[1]	собо́й

DEMONSTRATIVE

CASE	э́тот				тот			
	MASC.	NEUT.	FEM.	PLUR.	MASC.	NEUT.	FEM.	PLUR.
Nominative	э́тот	э́то	э́та	э́ти	тот	то	та	те
Accusative (For masculine and plural: inanimate = Nominative; animate = Genitive)	э́тот/ э́того	э́то	э́ту	э́ти/ э́тих	тот/ того́	то	ту	те/ тех
Genitive	э́того		э́той	э́тих	того́		той	тех
Prepositional	э́том		э́той	э́тих	том		той	тех
Dative	э́тому		э́той	э́тим	тому́		той	тем
Instrumental	э́тим		э́той	э́тими	тем		той	те́ми

---

[1] These forms take a prefixed «н-» when governed by a preposition, e.g., **у него́**.

DETERMINATIVE

CASE	MASCULINE	NEUTER	FEMININE	PLURAL
Nominative	весь	всё	вся	все
Accusative (For masculine and plural: inanimate = Nominative; animate = Genitive)	весь/ всего́	всё	всю	все/ всех
Genitive	всего́	всего́	всей	всех
Prepositional	всём	всём	всей	всех
Dative	всему́	всему́	всей	всем
Instrumental	всем	всем	всей	все́ми

POSSESSIVE: МОЙ (ТВОЙ, СВОЙ)

CASE	MASCULINE	NEUTER	FEMININE	PLURAL
Nominative	мой	моё	моя́	мои́
Accusative (For masculine and plural: inanimate = Nominative; animate = Genitive)	мой/ моего́	моё	мою́	мои́/ мои́х
Genitive	моего́	моего́	мое́й	мои́х
Prepositional	моём	моём	мое́й	мои́х
Dative	моему́	моему́	мое́й	мои́м
Instrumental	мои́м	мои́м	мое́й	мои́ми

POSSESSIVE: НАШ (ВАШ)

CASE	MASCULINE	NEUTER	FEMININE	PLURAL
Nominative	наш	на́ше	на́ша	на́ши
Accusative (For masculine and plural: inanimate = Nominative; animate = Genitive)	наш/ на́шего	на́ше	на́шу	на́ши/ на́ших
Genitive	на́шего	на́шего	на́шей	на́ших
Prepositional	на́шем	на́шем	на́шей	на́ших
Dative	на́шему	на́шему	на́шей	на́шим
Instrumental	на́шим	на́шим	на́шей	на́шими

POSSESSIVE INTERROGATIVE

CASE	MASCULINE	NEUTER	FEMININE	PLURAL
Nominative	чей	чьё	чья	чьи
Accusative (For masculine and plural: inanimate = Nominative; animate = Genitive)	чей/ чьего́	чьё	чью	чьи/ чьих
Genitive	чьего́	чьего́	чьей	чьих
Prepositional	чьём	чьём	чьей	чьих
Dative	чьему́	чьему́	чьей	чьим
Instrumental	чьим	чьим	чьей	чьи́ми

APPENDIX E

❖ DECLENSIONS: ADJECTIVES

MASCULINE

CASE	ENDINGS	UNSTRESSED ENDING	STRESSED ENDING	SOFT
Nominative	-ый (-о́й)/-ий	но́вый (хоро́ший)	молодо́й	ли́шний
Accusative	inanimate = Nominative; animate = Genitive	но́вый (хоро́ший)/ но́вого (хоро́шего)	молодо́й/ молодо́го	ли́шний/ ли́шнего
Genitive	-ого/-его	но́вого (хоро́шего)	молодо́го	ли́шнего
Prepositional	-ом/-ем	но́вом (хоро́шем)	молодо́м	ли́шнем
Dative	-ому/-ему	но́вому (хоро́шему)	молодо́му	ли́шнему
Instrumental	-ым/-им	но́вым (хоро́шим)	молоды́м	ли́шним

NEUTER

CASE	ENDINGS	HARD	SOFT
Nominative	-ое/-ее	но́вое (хоро́шее)	ли́шнее
Accusative	-ое/-ее	но́вое (хоро́шее)	ли́шнее
Genitive	-ого/-его	но́вого (хоро́шего)	ли́шнего
Prepositional	-ом/-ем	но́вом (хоро́шем)	ли́шнем
Dative	-ому/-ему	но́вому (хоро́шему)	ли́шнему
Instrumental	-ым/-им	но́вым (хоро́шим)	ли́шним

FEMININE

CASE	ENDINGS	HARD	SOFT
Nominative	-ая/-яя	но́вая (хоро́шая)	ли́шняя
Accusative	-ую/-юю	но́вую (хоро́шую)	ли́шнюю
Genitive	-ой/-ей	но́вой (хоро́шей)	ли́шней
Prepositional	-ой/-ей	но́вой (хоро́шей)	ли́шней
Dative	-ой/-ей	но́вой (хоро́шей)	ли́шней
Instrumental	-ой/-ей	но́вой (хоро́шей)	ли́шней

PLURAL, ALL GENDERS

CASE	ENDINGS	HARD	SOFT
Nominative	-ые/-ие	но́вые (хоро́шие)	ли́шние
Accusative	inanimate = Nominative; animate = Genitive	но́вые (хоро́шие)/ но́вых (хоро́ших)	ли́шние/ ли́шних
Genitive	-ых/-их	но́вых (хоро́ших)	ли́шних
Prepositional	-ых/-их	но́вых (хоро́ших)	ли́шних
Dative	-ым/-им	но́вым (хоро́шим)	ли́шним
Instrumental	-ыми/-ими	но́выми (хоро́шими)	ли́шними

APPENDIX F

❖ NUMERALS

	CARDINAL	ORDINAL		CARDINAL	ORDINAL
0	ноль (or нуль)[1]	нулево́й, -а́я, -о́е, -ы́е	50	пятьдеся́т	пятидеся́тый
1	оди́н	пе́рвый, -ая, -ое, -ые	60	шестьдеся́т	шестидеся́тый
2	два	второ́й, -а́я, -о́е, -ы́е	70	се́мьдесят	семидеся́тый
3	три	тре́тий, тре́тья, тре́тье, тре́тьи	80	во́семьдесят	восьмидеся́тый
4	четы́ре	четвёртый	90	девяно́сто	девяно́стый
5	пять	пя́тый	100	сто	со́тый
6	шесть	шесто́й	200	две́сти	двухсо́тый
7	семь	седьмо́й	300	три́ста	трёхсо́тый
8	во́семь	восьмо́й	400	четы́реста	четырёхсо́тый
9	де́вять	девя́тый	500	пятьсо́т	пятисо́тый
10	де́сять	деся́тый	600	шестьсо́т	шестисо́тый
			700	семьсо́т	семисо́тый
11	оди́ннадцать	оди́ннадцатый	800	восемьсо́т	восьмисо́тый
12	двена́дцать	двена́дцатый	900	девятьсо́т	девятисо́тый
13	трина́дцать	трина́дцатый			
14	четы́рнадцать	четы́рнадцатый	1000	ты́сяча	ты́сячный
15	пятна́дцать	пятна́дцатый	2000	две ты́сячи	двухты́сячный
16	шестна́дцать	шестна́дцатый	3000	три ты́сячи	трёхты́сячный
17	семна́дцать	семна́дцатый	4000	четы́ре ты́сячи	четырёхты́сячный
18	восемна́дцать	восемна́дцатый	5000	пять ты́сяч	пятиты́сячный
19	девятна́дцать	девятна́дцатый	6000	шесть ты́сяч	шеститы́сячный
			7000	семь ты́сяч	семиты́сячный
20	два́дцать	двадца́тый	8000	во́семь ты́сяч	восьмиты́сячный
30	три́дцать	тридца́тый	9000	де́вять ты́сяч	девятиты́сячный
40	со́рок	сороково́й			

[1]Both **ноль** and **нуль** are masculine nouns.

APPENDIX G

❖ DECLENSIONS: CARDINAL NUMERALS

1–2

| CASE | ОДИ́Н | | | | ДВА | |
	MASC.	NEUT.	FEM.	PLUR.	MASC. AND NEUT.	FEM.
Nominative	оди́н	одно́	одна́	одни́	два	две
Accusative (For masculine and plural: inanimate = Nominative; animate = Genitive)	оди́н/ одного́	одно́	одну́	одни́/ одни́х	два/ двух	две/ двух
Genitive	одного́	одного́	одно́й	одни́х	двух	двух
Prepositional	одно́м	одно́м	одно́й	одни́х	двух	двух
Dative	одному́	одному́	одно́й	одни́м	двум	двум
Instrumental	одни́м	одни́м	одно́й	одни́ми	двумя́	двумя́

3–4

CASE	ТРИ	ЧЕТЫ́РЕ
Nominative	три	четы́ре
Accusative (For masculine and plural: inanimate = Nominative; animate = Genitive)	три/ трёх	четы́ре/ четырёх
Genitive	трёх	четырёх
Prepositional	трёх	четырёх
Dative	трём	четырём
Instrumental	тремя́	четырьмя́

5 AND HIGHER

CASE	
Nominative	пять
Accusative	пять
Genitive	пяти́
Prepositional	пяти́
Dative	пяти́
Instrumental	пятью́

APPENDIX H

❖ CONJUGATIONS

-ешь / -ёшь ENDINGS

	VOWEL STEMS	CONSONANT STEMS
я	-ю	-у
ты	-ешь / -ёшь	
он, она́, оно́	-ет / -ёт	
мы	-ем / -ём	
вы	-ете / -ёте	
они́	-ют	-ут

For the **-ешь/-ёшь** conjugation, endings with **-ё-** rather than **-е-** occur only with verbs that are end-stressed.

-ишь ENDINGS

	ALL STEMS
я	-ю (-у *after hushers*)
ты	-ишь
он, она́, оно́	-ит
мы	-им
вы	-ите
они́	-ят (-ат *after hushers*)

For the **-ишь** conjugation, remember the «ви́жу» rule: The endings **-ю** and **-ят** are spelled **-у** and **-ат** after hushers.

EXAMPLES OF -ешь / -ёшь VERBS

STEM OR SHIFTING STRESS (-ешь endings)		ENDING STRESS (-ёшь endings)	
Vowel stem	Consonant stem	Vowel stem	Consonant stem
де́лать (де́ла-)	писа́ть (пиш-)	дава́ть (да-)	идти́ (ид-)
де́ла-ю	пиш-у́	да-ю́	ид-у́
де́ла-ешь	пи́ш-ешь	да-ёшь	ид-ёшь
де́ла-ет	пи́ш-ет	да-ёт	ид-ёт
де́ла-ем	пи́ш-ем	да-ём	ид-ём
де́ла-ете	пи́ш-ете	да-ёте	ид-ёте
де́ла-ют	пи́ш-ут	да-ю́т	ид-у́т

EXAMPLES OF -ишь VERBS

ALL STRESS PATTERNS	
Most stems	Stems with hushers
говори́ть (говор-)	слы́шать (слыш-)
говор-ю́	слы́ш-у
говор-и́шь	слы́ш-ишь
говор-и́т	слы́ш-ит
говор-и́м	слы́ш-им
говор-и́те	слы́ш-ите
говор-я́т	слы́ш-ат

CONSONANT SHIFTS

The final consonant in some verb stems changes when nonpast endings are added. With **-ешь/-ёшь** verbs, this change carries through all forms; with **-ишь** verbs, the change occurs only in the **я** form.

-ешь/-ёшь VERBS LIKE писа́ть (с → ш IN ALL FORMS)		**-ишь VERBS LIKE пригласи́ть** (с → ш IN я FORM ONLY)	
пиш-у́	пи́ш-ем	приглаш-у́	приглас-и́м
пи́ш-ешь	пи́ш-ете	приглас-и́шь	приглас-и́те
пи́ш-ет	пи́ш-ут	приглас-и́т	приглас-я́т

Shifts in stem-final consonants are very systematic; for example, whenever **-с-** shifts, it will always change to **-ш-**.

б → бл[1]	люби́ть	лю**бл**ю́, лю́бишь, … лю́бят
в → вл[1]	гото́вить	гото́**вл**ю, гото́вишь, … гото́вят
м → мл[1]	познако́мить	познако́**мл**ю, познако́мишь, … познако́мят
п → пл[1]	спать	с**пл**ю, спишь, … спят
д → ж	ви́деть	ви́**ж**у, ви́дишь, … ви́дят
з → ж	сказа́ть	ска**ж**у́, ска́жешь, … ска́жут
с → ш	писа́ть	пи**ш**у́, пи́шешь, … пи́шут
ск → щ	иска́ть	и**щ**у́, и́щешь, … и́щут
т → ч	плати́ть	пла**ч**у́, пла́тишь, … пла́тят

OTHER SYSTEMATIC STEM CHANGES

-овать VERBS: -ова- → -у- парк**ова́**ть		**-ава́ть VERBS:** -ва- DELETED да**ва́**ть	
парк-у́-ю	парк-у́-ем	да-ю́	да-ём
парк-у́-ешь	парк-у́-ете	да-ёшь	да-ёте
парк-у́-ет	парк-у́-ют	да-ёт	да-ю́т

(Similarly, **рекомендова́ть, кома́ндовать, пра́здновать,** and so on.)

(Similarly, **преподава́ть, отдава́ть, продава́ть, сдава́ть,** and so on.)

---

[1] Note that **-л-** insertion occurs only with labial consonants (**б, в, м, п**) and only in the **я** form.

APPENDIX I

AMERICAN STATES, CANADIAN PROVINCES, AMERICAN AND CANADIAN CITIES

American states such as Арканзас and Орегон may have different stress marks as presented in various dictionaries: Арка́нзас and Арканза́с, Оре́гон and Орего́н. The general tendency in contemporary Russian usage is to keep the stress on the same syllable as in the original language.

АМЕРИКА́НСКИЕ ШТА́ТЫ

А́йдахо	Калифо́рния	Нью-Йо́рк
А́йова	Ка́нзас	Нью-Ме́ксико
Алаба́ма	Кенту́кки	Нью-Хе́мпшир
Аля́ска	Колора́до	Ога́йо
Аризо́на	Конне́ктикут	Оклахо́ма
Арканза́с	Луизиа́на	О́регон
Вайо́минг	Массачу́сетс	Пенсильва́ния
Вашингто́н	Миннесо́та	Род-А́йленд
Вермо́нт	Миссиси́пи	Се́верная Дако́та
Вирги́ния	Миссу́ри	Се́верная Кароли́на
Виско́нсин	Мичига́н	Теннесси́
Гава́йи	Монта́на	Теха́с
Де́лавэр	Мэн	Флори́да
Джо́рджия	Мэ́риленд	Ю́жная Дако́та
За́падная Вирги́ния	Небра́ска	Ю́жная Кароли́на
Иллино́йс	Нева́да	Ю́та
Индиа́на	Нью-Дже́рси	

КАНА́ДСКИЕ ПРОВИ́НЦИИ

Альбе́рта	Но́вая Шотла́ндия	О́стров При́нца Эдуа́рда
Брита́нская Колу́мбия	Нью-Бра́нсуик	Саска́чеван
Квебе́к	Ньюфаундле́нд	
Манито́ба	Онта́рио	

АМЕРИКА́НСКИЕ И КАНА́ДСКИЕ ГОРОДА́

Атла́нта	Майа́ми	Про́виденс
Би́рмингем	Ме́мфис	Реджа́йна
Бо́стон	Милуо́ки	Ри́чмонд
Бу́ффало	Миннеа́полис	Ро́ли
Ванку́вер	Монреа́ль (m.)	Ро́честер
Вашингто́н	Моби́л	Сан-Дие́го
Викто́рия	На́швилл	Сан-Франци́ско
Гонолу́лу	Неа́поль (m.)	Сент-Лу́ис
Да́ллас	Но́вый Орлеа́н	Сент-По́л
Де-Мо́йн	Нью-Йо́рк	Сиэ́тл
Детро́йт	Нью́арк	Солт-Лейк-Си́ти
Де́нвер	Оде́сса	Та́лса
Дувр	О́кленд	Торо́нто
Индиана́полис	О́ксфорд	Уи́лмингтон
Ка́нзас-Си́ти	О́лбани	Филаде́льфия
Квебе́к	О́маха	Фи́никс
Кли́вленд	Отта́ва	Хью́стон
Лас-Ве́гас	Пи́ттсбург	Цинцинна́ти
Литл-Ро́к	Пли́мут	Чика́го
Лос-А́нджелес	По́ртленд	Эдмонто́н
Лу́исвилл	По́ртсмут	

APPENDIX J

❖ SELECTED EVENTS IN RUSSIAN AND WESTERN HISTORY

YEAR	NOTABLE EVENTS IN RUSSIAN HISTORY	IMPORTANT EVENTS ELSEWHERE
800	Cyril and Methodius devise Slavic alphabet (863) Рю́рик rules Но́вгород (862–879)	Reign of Charlemagne (768–814)
900	Rise of Ки́ев. Влади́мир accepts Christianity as state religion (988–990)	
1000		Battle of Hastings (1066) First Crusade (1099)
1100	Москва́ first mentioned in chronicles (1147)	Rise of independent towns in Europe
1200	Тата́ры invade Russia (1237–1240), beginning тата́рское и́го (Tatar yoke)	
1300	Дми́трий Донско́й defeats Tatars (1380)	Outbreak of the plague in Europe (1348) Renaissance begins (midcentury)
1400	Тата́ры decline; Москва́ rises Царь Ива́н III reigns 1462–1505	Columbus discovers America (1492)
1500	Царь Ива́н IV ("the Terrible") reigns 1533–1584; "Time of Troubles" begins with his death	Protestant Reformation begins (1517); Queen Elizabeth I reigns (1558–1603)
1600	Founding of Рома́нов dynasty (1613) Old Believers break from Russian Orthodox Church (1654–1656) Царь Пётр I ("the Great") reforms Russia, ruling 1682–1725	Pilgrims land at Plymouth Rock (1620) Thirty Years' War in Europe (1618–1648)
1700	Санкт-Петербу́рг founded (1703) Цари́ца Екатери́на II ("the Great") reigns (1762–1796)	American Declaration of Independence (1776) Constitution of США (USA) ratified (1787) Францу́зская револю́ция (1789)

YEAR	NOTABLE EVENTS IN RUSSIAN HISTORY	IMPORTANT EVENTS ELSEWHERE
1800	**Ру́сские** under **Алекса́ндр I** defeat Napoleon's Grand Army (1812)	**Наполео́н** rules France (1804–1815)
	Crimean War (1853–1856)	Gold rush in California (1848)
	Алекса́ндр II frees serfs (1861)	Civil War in **США** (1861–1865); **Авраа́м Ли́нкольн** ends slavery (1863)
1900	**Росси́я** enters WWI (1914), as do **А́нглия и Фра́нция**	
	Царь Никола́й II abdicates in March, 1917; **Влади́мир Ле́нин** and the **большевики́** seize power in October/November 1917; devastating civil war 1917–1921	**США** enters WWI (1917)
	СССР (USSR) created; death of **Ле́нин** (1924); **Ста́лин** takes control	Roaring Twenties; Jazz Age
	Ста́лин industrializes and collectivizes **СССР**; millions killed in purges (1930s)	Stock market crash in **США** (1929)
	Фаши́сты (Nazis) invade **СССР** (June 1941)	Attack on Pearl Harbor brings **США** into WWII (December 1941)
	WWII allied victory: **А́нглия, СССР, США, Фра́нция** (1945)	
1950	**Ста́лин** dies (1953); **Хрущёв** takes power, denounces **Ста́лин**	Korean War (1950–1953)
	Спу́тник (first artificial satellite) launched (1957)	Cuban missile crisis (1962)
	Бре́жнев ousts **Хрущёв** (1964)	Vietnam War (1960–1975)
	Горбачёв takes power (1985)	
	Communist regimes in Central Europe collapse (1989–1990)	
	Е́льцин elected **президе́нт;** end of **СССР** and Communist rule (August 21, 1991)	Persian Gulf War (1991)
	Пу́тин elected **президе́нт** (March 2000)	

APPENDIX K

❖ INFO-GAP ACTIVITIES

УРОК 8: ЧАСТЬ ТРЕТЬЯ

УПРАЖНЕНИЕ 6   Ско́лько сто́ит . . . ? (p. 39)

Here is a list of items that you will ask the prices for. Write down the prices your classmate gives you, then compare what you have written down with the prices in the ad. (Note that many model numbers of imported goods bear non-Russian designations; in these cases Russians themselves often use the foreign—often English—words and letter names.) After you do four items, switch roles.

        _____Монито́р Panasonic
        _____При́нтер HP Deskjet
        _____Проце́ссор Pentium MMX-166
        _____Проце́ссор Pentium II-266

(*Switch roles.*)

        _____При́нтер Epson
        _____Проце́ссор Pentium MMX-200
        _____Монито́р Sony ES
        _____Проце́ссор Pentium II-233

RUSSIAN-ENGLISH GLOSSARY

Key

Acc.	Accusative	*indecl.*	indeclinable	*pl.*	plural
adj.	adjective	*infin.*	infinitive	*Prep.*	Prepositional
adv.	adverb	*Instr.*	Instrumental	*pres.*	present
compar.	comparative	*m.*	masculine	*sing.*	singular
Dat.	Dative	*multidir.*	multidirectional	*superl.*	superlative
f.	feminine	*neut.*	neuter	*unidir.*	unidirectional
Gen.	Genitive	*pers.*	person	*usu.*	usually
impfv.	imperfective	*pfv.*	perfective	*v.*	visuals

Most new words and phrases are introduced in the readings and the visual vocabulary displays; a few words and phrases are first encountered in the **Слова́, слова́, слова́** word study sections or in grammar presentations. Numbers in parentheses indicate the Lesson/Part in which the Russian word or phrase is first encountered for active use; words and phrases followed by numbers in brackets are considered passive vocabulary. The letter "v" after the Lesson/Part number indicates that the given word first appears in a visual vocabulary display. Bold numbers introduce separate meanings for a given word. The Russian letters **Е** and **Ё** are treated as a single letter. Verbs for which key forms are not given are conjugated like **чита́ть, гуля́ть**; perfectives formed by prefixing the corresponding imperfective have nonpast forms like those of that imperfective unless otherwise indicated.

А

а 1. and; **2.** but (1/1)
    а то otherwise; or else (Epi/C)
    а что . . . ? so . . . ? [8/1]
абсолю́тно absolutely (10/4)
а́вгуст August (1/4)
Австра́лия Australia (1/2)
авто́бус bus (3/4)
    авто́бусная остано́вка bus stop (5/3)
    остано́вка авто́буса bus stop (3/4)
авто́граф autograph (14/4)
автома́т automated recording [9/1]
    телефо́н-автома́т pay phone (8/4)
автомеха́ник auto mechanic (4/4)
автоотве́тчик answering machine (8/3v)
автосе́рвис automotive shop (4/4)
автошко́ла driving school [9/3v]
а́дрес (*pl.* адреса́) address (2/1)
А́зия Asia (1/2)
акаде́мия academy [5/1v]
акце́нт accent (9/1)
    говори́ть с акце́нтом to have an accent (9/1)
алкого́лик alcoholic [4/4v]
алло́ [*pronounced* -льё] (*said when answering the phone*) hello (7/2)
альт viola [3/3v]

альти́ст/альти́стка (*Gen. pl.* алти́сток) violist [3/3v]
Аме́рика America (1/2)
    Се́верная Аме́рика North America (1/2)
    Ю́жная Аме́рика South America (1/2)
америка́н(е)ц/америка́нка (*Gen. pl.* америка́нок) an American (2/1)
америка́нский American (*adj.*) (3/3)
амфитеа́тр rear orchestra section (*seats in theater*) (14/3v)
англи́йский English (*adj.*) (7/1)
анони́мный anonymous [4/4v]
антибио́тик antibiotic (12/4)
антиква́рная вещь a real antique [6/4]
антра́кт intermission (14/3)
апельси́новый сок orange juice (12/4v)
апре́ль *m.* April (1/4)
апте́ка drugstore; pharmacy (3/3)
Арба́т Arbat (*name of an old Moscow street, now for pedestrians only, and of the surrounding neighborhood*) [8/4]
а́рмия army (6/2)
    в а́рмии in the (military) service (6/2)
архитекту́рный анса́мбль architectural grouping (9/1)
аспира́нт/аспира́нтка (*Gen. pl.* аспира́нток) graduate student (1/3)
аспири́н aspirin (5/3v)
астроло́гия astrology [9/4v]
асфа́льт asphalt [5/3]
А́фрика Africa (1/2)
аэро́бика aerobics (9/3)
аэропо́рт (*Prep. sing.* в аэропорту́) airport (3/4)

Б

ба́бушка (*Gen. pl.* ба́бушек) grandmother (2/1v)
баклажа́нная икра́ eggplant caviar (*a vegetable dish*) (10/2v)
бале́т ballet (4/2v)
балко́н balcony (2/2v)
бандеро́ль *f.* package (*containing printed matter*) (6/3)
банк bank (3/4v)
бар bar (8/1v)
бе́гать *multidir. of* **бежа́ть** to run; to go running, to jog (9/3; *unidir.* 8/4)
бе́дный poor [8/1]
бежа́ть (бегу́, бежи́шь, бежи́т, бежи́м, бежи́те, бегу́т) *unidir. of* **бе́гать** / *pfv.* **побежа́ть** to run (8/4)
бе́жевый beige (9/2)
без (+ *Gen.*) without (8/3)
    без о́череди without waiting in line [14/3]
    без че́тверти шесть (at) quarter to six; (at) 5:45 (11/1v)

безусло́вно certainly; absolutely; positively [8/3]
бе́лый white (9/2)
беспла́тно free (of charge); for free (5/3)
беспоко́ить (беспоко́ю, беспоко́ишь, ... беспоко́ят) / *pfv.* **побеспоко́ить** to bother; to disturb (12/1)
    Не беспоко́йтесь (Не беспоко́йся). Don't worry. (12/3)
библио́граф bibliographer [7/4]
библиоте́ка library; home library (3/4v)
би́знес [*pronounced* -нэ-] business (5/3)
бизнесме́н [*pronounced* -нэ-] businessman [7/4]
биле́т ticket (1/4)
    биле́т в/на (+ *Acc.*) a ticket for (14/1)
    входно́й биле́т (entry) ticket (14/1v)
    проездно́й биле́т = **проездно́й** (*noun, declines like adj.*) metro (bus, trolley, tram) pass (5/3v)
билетёрша usher (*female*) [14/3]
бино́кль *m.* binoculars (14/3)
био́лог biologist [4/4v]
би́ржа stock exchange (4/4)
благодари́ть (благодарю́, благодари́шь, ... благодаря́т) / *pfv.* **поблагодари́ть** to thank (10/2)
бли́зко (*used as predicate*) (it's/that's) near; (it's/that's) close (2/4v)
    бли́зко от (+ *Gen.*) close to; near (5/3)
блин (*pl.* блины́) crêpe (10/2v)
блонди́н/блонди́нка (*Gen. pl.* блонди́нок) a blond [4/2]
блу́зка (*Gen. pl.* блу́зок) blouse (1/3)
блю́до dish; (kind of) food; course (14/2v)
    фи́рменное блю́до specialty of the house (14/2v)
блю́дце (*Gen. pl.* блю́дец) saucer (13/2)
бога́тый rich (12/2)
бога́че (*compar. of* бога́тый) richer (12/2)
Бо́же мой! Good heavens!; My goodness! (4/3)
бока́л wineglass (10/2)
бо́лее (*used to form comparatives*) more [9/4]: **бо́лее суеве́рный** more superstitious
боле́знь *f.* sickness; illness; disease (12/4)
боле́ть¹ (боле́ю, боле́ешь, ... боле́ют) / *may function as pfv.* **заболе́ть**¹ to be ill; to be sick (*pfv.* to become sick; to take sick; to fall ill) (12/1)
боле́ть² (боли́т, боля́т) / *may function as pfv.* **заболе́ть**² (*3rd pers. only*) to ache; to hurt (*pfv.* to begin hurting; to begin to ache) (12/4)
больни́чный лист medical excuse from work [12/4]
больно́й (бо́лен, больна́, больно́, больны́) sick; ill (12/4)
бо́льше (*compar. of* большо́й) bigger, larger; (*compar. of* мно́го) more (9/2)
    бо́льше всего́ most of all [11/4]

большо́й big; large (2/2)
    Большо́й теа́тр Bolshoi Theater (14/1)
боя́ться (бою́сь, бои́шься, . . . боя́тся) / *no resultative pfv.* (+ *Gen.*) to be afraid (of); to fear (9/4)
    Бою́сь, что нет. I'm afraid not. (10/4)
Брази́лия Brazil [11/3]
брат (*pl.* бра́тья, *Gen. pl.* бра́тьев) brother (2/1v)
    двою́родный брат (*male*) cousin (2/1v)
брать (беру́, берёшь, . . . беру́т; *past* брал, брала́, бра́ло, бра́ли) / *pfv.* **взять** (возьму́, возьмёшь, . . . возьму́т; *past* взял, взяла́, взя́ло, взя́ли) **1.** to take; **2.** to get (8/4)
    брать / взять интервью́ (у + *Gen.*) to interview (someone); to do an interview (with someone) (14/1)
бро́кер broker; stockbroker (4/4)
брю́ки (*Gen.* брюк) *pl.* pants; trousers (1/3)
буди́льник alarm clock (4/1v)
бу́дни weekdays
    по бу́дням on weekdays (9/3v)
бу́дущий future (*adj.*) [5/1v]
    бу́дущее (*noun, declines like adj.*) the future [8/2]
будь добр (добра́), бу́дьте добры́ would you mind . . . ; if you don't mind . . . (11/1)
Будь здоро́в (здоро́ва)!; Бу́дьте здоро́вы! (*used when someone sneezes*) Bless you!; Gesundheit! (12/1)
бу́ква letter (*of the alphabet*) (1/2)
буке́т bouquet (11/4v)
буке́тик (*diminutive*) small bouquet [13/3]
бума́га paper [5/3]
    туале́тная бума́га toilet paper [5/3]
бу́сы (*Gen. pl.* бус) *pl.* beads [13/2v]
бутербро́д sandwich (1/2)
буты́лка (*Gen. pl.* буты́лок) bottle (5/4)
буфе́т snack bar (1/2)
бы (*conditional/hypothetical particle*) [13/3]
быва́ть / *no resultative pfv.* to be (*regularly or customarily*) [8/4]
бы́стро quickly; fast (4/3)
бы́стрый quick; fast [9/1]
быть (*future* бу́ду, бу́дешь, . . . бу́дут (6/2); *past* был, была́, бы́ло, бы́ли (4/3)) to be
    Бы́ло о́чень ве́село. It was a lot of fun. (7/4)
    мо́жет быть *parenthetical* maybe; perhaps (4/2)
    Не мо́жет быть! That can't be! (7/2)
бюро́ office; bureau (Epi/C)

В

в (во) 1. (+ *Prep.*—*to denote location*) in; at: **в Москве́** in Moscow; **в теа́тре** at the theater (3/1); **2.** (+ *Acc.*—*to denote a destination*) to; into: **я иду́ в апте́ку.** I'm going to the pharmacy. (3/3); **3.** (+ *Prep.*—*with time units of a month or more*) in: **в январе́** in January (8/2); **4.** (+ *Acc.*—*to indicate a time of day*) at: **в четы́ре часа́** at four o'clock (7/1v); **5.** (+ *Acc.*—*with days of the week*) on: **в суббо́ту** on Saturday (7/1)
    в а́рмии in the (military) service (6/2)
    в два часа́ но́чи at 2:00 a.m. (7/3)
    в Интерне́те [*pronounced* -тэ-] on the Internet (8/3)
    в командиро́вке on a business trip (7/2)
    в конце́ концо́в after all (8/1)
    в кото́ром часу́? at what time?; when? (7/2)
    в пе́рвый раз for the first time (14/2)
    в понеде́льник, во вто́рник, *etc.* on Monday, on Tuesday, *etc.* (7/1)
    в после́дний раз for the last time (14/1)
    в про́шлом году́ last year (5/2)
    в пять часо́в утра́ at 5:00 a.m. (7/3)
    в пять (шесть, семь, . . .) часо́в at five (six, seven, . . .) o'clock (7/1v)
    в семь часо́в ве́чера at 7:00 p.m. (7/3)
    в три часа́ дня at 3:00 p.m. (7/3)
    в час at one o'clock (7/1v)
    В чём де́ло? What's the problem?; What's the matter? (10/1)
    в шесто́м кла́ссе in sixth grade (6/1)
    ве́рить / *pfv.* **пове́рить в** (+ *Acc.*) to believe in (9/4v)
    игра́ть в (+ *Acc.*) to play (*a game or sport*) (3/1)
    приглаша́ть / пригласи́ть в го́сти (+ *Acc.*) to invite (someone) over (11/1)
    ро́вно в семь часо́в at seven o'clock sharp; at seven on the dot (7/3)
    Что идёт в кино́? What's showing (playing) at the movies? (8/2)
ва́за vase (3/2v)
валю́та foreign currency (6/3v)
вам *Dat.* of вы (6/1)
ва́ми *Instr.* of вы (9/1)
вампи́р vampire [8/4]
ва́нна bathtub (4/1)
ва́нная (*noun, declines like adj.*) bathroom; restroom (2/2v)
варе́нье jam [6/4]
вас *Gen.* (4/1), *Acc.* (5/2), *and Prep.* (7/3) *of* вы
ваш (ва́ша, ва́ше, ва́ши) (*formal or pl.*) your; yours (1/4)
Вашингто́н Washington (1/2)
вдруг suddenly (6/4)
ведро́ (*pl.* вёдра, *Gen. pl.* вёдер) bucket [9/4]
ведь *particle* (*used for emphasis; often omitted in translation*) you know; why; after all (7/1)

ве́жливый polite (6/4v)
везде́ everywhere (5/1)
везти́ (везёт; *past* везло́) / *pfv.* **повезти́** (+ *Dat.*) *impersonal* to have good luck; to be lucky [7/2]
    Нам необыкнове́нно повезло́. We were incredibly lucky; We really lucked out. (6/4)
    Не повезло́ ей! That's tough luck for her! [7/2]
век (*pl.* века́) century (8/3)
    Век живи́, век учи́сь! Live and learn! (14/3)
вен(о́)к (*Gen. sing.* венка́) wreath (11/4)
ве́рить (ве́рю, ве́ришь, ... ве́рят) / *pfv.* **пове́рить** (+ *Dat.*) to believe (someone) (8/1)
ве́рить / пове́рить в (+ *Acc.*) to believe in (9/4v)
верне́е *parenthetical* (or) rather [6/4]
Ве́рно! That's true!; That's right! (7/1)
верну́ться (верну́сь, вернёшься, ... верну́тся) *pfv.* to return; to come back; to go back (9/2) (*impfv.* возвраща́ться)
ве́село merrily [7/4]
    Бы́ло о́чень ве́село. It was (we had) a lot of fun. (7/4)
весе́нний spring (*adj.*) (13/1)
весна́ spring (13/1)
    весно́й in the spring (7/1)
весь (вся, всё, все) 1. (*adj.*) all; the whole; all of (10/1); 2. **все** *pl. only* (*pronoun*) everybody; everyone (4/2); 3. **всё** *neut. sing. only* everything; all (4/2)
ветерина́рный veterinary (*adj.*) [2/4]
ветчина́ ham (5/4v)
ве́чер (*pl.* вечера́) evening (7/1)
    ве́чера p.m. (*dusk to midnight*): **в семь часо́в ве́чера** at 7:00 p.m. (7/3)
    До́брый ве́чер! Good evening! (7/1)
ве́чером in the evening (3/3v)
ве́шать / *pfv.* **пове́сить** (пове́шу, пове́сишь, ... пове́сят) to hang; to hang up [7/2]
    ве́шать / пове́сить тру́бку to hang up the phone (11/2)
    Пове́сьте объявле́ние. Put up a sign. [6/2]
вещь (*Gen. pl.* веще́й) *f.* thing (9/1)
    антиква́рная вещь a real antique [6/4]
взро́слые (*noun, declines like adj.*) grown-ups; adults (10/4)
взять (возьму́, возьмёшь, ... возьму́т; *past* взял, взяла́, взя́ло, взя́ли) *pfv.* 1. to take; 2. to get (8/4) (*impfv.* брать)
вид type; kind; sort (9/1)
    вид спо́рта (kind of) sport (9/3)
    Что за вид! What a sight you are! (14/4)
ви́деть (ви́жу, ви́дишь, ... ви́дят) / *pfv.* **уви́деть** to see (7/4; *impfv.* 4/2)

Вот ви́дишь (ви́дите)! You see!; See! (4/2)
    как ви́дишь (как ви́дите) as you (can) see (3/2)
ви́за visa (1/4)
ви́лка (*Gen. pl.* ви́лок) fork (9/4)
винегре́т salad with beets (10/2v)
вино́ wine (7/3)
винова́т: Э́то я винова́т (винова́та). (It's/That's) my fault. (11/2)
виолончели́ст/виолончели́стка (*Gen. pl.* виолончели́сток) cellist (3/3v)
виолонче́ль *f.* cello (3/3v)
витами́н vitamin (12/4v)
«Вишнёвый сад» The Cherry Orchard (*a play by Anton Chekhov*) [5/2v]
вку́сный delicious; tasty (6/4v)
    вку́сно (it's/that's) tasty [10/2]
вме́сте together (7/3)
внача́ле at first [11/3]
внизу́ downstairs; below (2/4)
внима́тельно attentively; carefully (11/2)
внима́тельный (внима́телен, внима́тельна, внима́тельно, внима́тельны) attentive (13/1)
внук/вну́чка (*Gen. pl.* вну́чек) grandson/granddaughter (2/1)
вода́ (*Acc. sing.* во́ду) water (4/1)
    минера́льная вода́ mineral water (5/4)
води́тель такси́ taxi driver (4/4v)
води́ть (вожу́, во́дишь, ... во́дят) (**маши́ну, такси́ ...**) *multidir.; no unidir. nor pfv. in this meaning* to drive (a car, a taxi ...) (9/3)
во́дка vodka (10/4v)
вожде́ние driving [9/3]
возвраща́ться / *pfv.* **верну́ться** (верну́сь, вернёшься, ... верну́тся) to return; to come back; to go back (9/2)
во́зле (+ *Gen.*) near; by; beside; next to (10/1)
возража́ть / *pfv.* **возрази́ть** (возражу́, возрази́шь, ... возразя́т) to object; to have an objection [7/1]
    Вы не возража́ете (Ты не возража́ешь)? Do you mind? (7/1)
    Я бы не возража́л (возража́ла). I wouldn't mind. (14/1)
Возьми́(те) тру́бку. Pick up the phone. (7/2)
Войди́(те). Come in. (7/1)
вокза́л train station; (railroad) station (8/4v)
волнова́ться (волну́юсь, волну́ешься, ... волну́ются) / *pfv. not introduced* to worry; to be nervous (13/2)
    Не волну́йся (Не волну́йтесь)! Don't worry! (6/3)
во́лосы *pl.* (*Gen.* воло́с) hair (12/1v)
вон (over) there (2/2)
вообще́ all in all; in general (7/4)

И вообще... (used to introduce a statement which is more general than what precedes it) and ... anyway (3/1)

вопро́с question (4/4)

Мо́жно зада́ть вам вопро́с? May I ask you a question? (4/4)

восемна́дцатый eighteenth (6/3)

восемна́дцать eighteen (6/1)

во́семь eight (2/1)

8 [*pronounced* восьмо́е] **Ма́рта** the 8th of March (13/1)

во́семьдесят eighty (6/1)

восемьсо́т eight hundred (8/3)

воскресе́нье Sunday (1/4)

воспо́льзоваться (воспо́льзуюсь, воспо́льзуешься, ... воспо́льзуются) *pfv.* (+ *Instr.*) to use (13/3) (*impfv.* по́льзоваться)

восьмидеся́тый eightieth (8/2)

восьмо́й eighth (6/3)

вот here (is/are) (1/4)

Вот ви́дишь (ви́дите)! You see!; See! (4/2)

Вот э́то да! Now that's a ... !; Look at that! (10/1)

впервы́е for the first time (14/4)

вперёд forward [10/4]

впереди́ ahead (14/1)

врать (вру, врёшь, ... врут; *past* врал, врала́, вра́ло, вра́ли) / *pfv.* **совра́ть** to lie (10/1)

врач (*Gen. sing.* врача́) physician; doctor (1/3)

вре́мя (*Gen., Dat., and Prep. sing.* вре́мени; *Instr. sing.* вре́менем; *pl.* времена́; *Gen. pl.* времён) *neut.* time (7/1)

Вре́мя тако́е. It's that time of year. [9/2]

всё вре́мя all the time; constantly (7/2)

Жела́ю (Жела́ем) хорошо́ провести́ вре́мя! Have a good time! (9/4)

пе́рвое вре́мя at first [11/4]

все (*pl. of* весь) (*pronoun*) everybody; everyone (4/2)

всё[1] (*adverb*) **1.** still [13/2]; **2.** (+ *comparative*) -er and -er; more and more: **всё ра́ньше и ра́ньше** earlier and earlier; **всё ме́ньше и ме́ньше** less and less; fewer and fewer (9/2)

всё[2] (*pronoun*) everything; all (4/2)

Всё в поря́дке. Everything is in order.; Everything's fine. (6/2)

всё вре́мя all the time; constantly; keep (doing something) (7/2)

всё равно́ 1. in any case; **2.** all the same; still (Epi/A)

Всё слы́шно. I (we, *etc.*) can hear everything. (4/2)

Всё хорошо́, что хорошо́ конча́ется. All's well that ends well. (Epi/C)

всё, что ну́жно everything that's needed; everything we need (6/4)

всё-таки all the same; still; nevertheless (9/2)

пре́жде всего́ first of all (5/4)

Это всё? Is that all? (4/2)

всегда́ always (4/4)

всего́ only; just (10/1)

Всего́ хоро́шего! All the best!; Take care!; Best wishes! (9/4)

пре́жде всего́ first of all (5/4)

вспомина́ть / *pfv.* **вспо́мнить** (вспо́мню, вспо́мнишь, ... вспо́мнят) to recall (11/4)

встава́ть (встаю́, встаёшь, ... встаю́т) / *pfv.* **встать** (вста́ну, вста́нешь, ... вста́нут) to get up (9/2v)

встреча́ть / *pfv.* **встре́тить** (встре́чу, встре́тишь, ... встре́тят) **1.** to meet (9/4); **2.** to celebrate (*a holiday*) (10/3)

встреча́ть / встре́тить Но́вый год to celebrate New Year's Eve (10/3)

встреча́ться / *pfv.* **встре́титься** (встре́чусь, встре́тишься, ... встре́тятся) (с + *Instr.*) to meet; to get together (with) (Epi/A)

вто́рник Tuesday (1/4)

второ́й second (2/4)

Во-вторы́х... Secondly,...; In the second place... (10/1)

вход entrance (9/1)

Вход воспреща́ется. No entry. [9/1]

Вход воспрещён. No entry. [9/1]

входно́й биле́т (entry) ticket (14/1v)

вчера́ yesterday (4/3)

вы (*formal or pl.*) you (1/3)

выбира́ть / *pfv.* **вы́брать** (вы́беру, вы́берешь, ... вы́берут) to choose; to select (14/2)

вы́бор choice [8/3]

выбра́сывать / *pfv.* **вы́бросить** (вы́брошу, вы́бросишь, ... вы́бросят) to throw out; to throw away; to discard [6/4]

вы́брать (вы́беру, вы́берешь, ... вы́берут) *pfv.* to choose; to select (14/2) (*impfv.* выбира́ть)

выезжа́ть / *pfv.* **вы́ехать** (вы́еду, вы́едешь, ... вы́едут) to go out; to come out; to leave (*by vehicle*) [9/2]

вызыва́ть / *pfv.* **вы́звать** (вы́зову, вы́зовешь, ... вы́зовут) to call; to get; to summon (*a doctor, etc.*) (12/2)

выи́грывать / *pfv.* **вы́играть** to win (14/4v)

вы́йти (вы́йду, вы́йдешь, ... вы́йдут; *past* вы́шел, вы́шла, вы́шло, вы́шли) *pfv.* **1.** to get off (*a bus*) (9/1v); **2.** to go out (of); to come out (of) (9/2v) (*impfv.* выходи́ть)

вы́йти за́муж *pfv.* (**за** + *Acc.*) (*of a woman*) to marry; to get married (to): **Она́ вы́шла за́муж за Ви́ктора.** She married Victor. (8/2) (*impfv.* выходи́ть за́муж)

вылéчивать / *pfv.* **вы́лечить** (вы́лечу, вы́лечишь, . . . вы́лечат) to treat (*medically*); *pfv.* to cure (12/1)

выпи́сывать / *pfv.* **вы́писать** (вы́пишу, вы́пишешь, . . . вы́пишут) to write out [12/4]

выпи́сывать / **вы́писать реце́пт** to write out a prescription [12/4]

выпи́сывать вы́писать (+ *Acc.*) **на рабо́ту** to clear (someone) for work [12/4]

вы́пить (вы́пью, вы́пьешь, . . . вы́пьют) *pfv.* to drink; *usu. pfv.* to drink up (8/1) (*impfv.* пить)

вы́расти (вы́расту, вы́растешь, . . . вы́растут; *past* вы́рос, вы́росла, вы́росло, вы́росли) *pfv.* **1.** to grow; **2.** to grow up (8/1) (*impfv.* расти́)

высо́кий 1. high (11/1); **2.** tall (5/4)

вы́ставка (*Gen. pl.* вы́ставок) exhibition [5/2]

вы́учить (вы́учу, вы́учишь, . . . вы́учат) *pfv.* to learn; (to try) to memorize (7/1) (*impfv.* учи́ть)

вы́ход exit (9/1)

выходи́ть (выхожу́, выхо́дишь, . . . выхо́дят) / *pfv.* **вы́йти** (вы́йду, вы́йдешь, . . . вы́йдут; *past* вы́шел, вы́шла, вы́шло, вы́шли) **1.** to get off (*a bus*) (9/1v); **2.** to go out (of); to come out (of) (9/2v)

выходи́ть / **вы́йти за́муж** (**за** + *Acc.*) (*of a woman*) to marry; to get married (to) (8/2): **Она́ вы́шла за́муж за Ви́ктора.** She married Victor.

вы́ше (*compar. of* высо́кий) higher; taller (12/2)

Вьетна́м Vietnam [11/3]

вьетна́м(е)ц/вьетна́мка (*Gen. pl.* вьетна́мок) a Vietnamese [11/3]

Г

газе́та newspaper (1/2)
газе́тный newspaper (*adj.*) [8/4]
галере́я gallery [9/1]
  Третьяко́вская галере́я Tretyakov Gallery (*a major Moscow art museum*) [9/1]
га́лстук tie (1/3)
гара́ж (*Gen. sing.* гаража́) garage (5/1)
гардеро́б coat-check (room) (14/3)
гвозди́ка carnation (11/4v)
где where (1/3)
геогра́фия geography (1/2)
Герма́ния Germany [5/2v]
герои́ня heroine [7/4]
гид guide [5/2]

гимна́стика gymnastics (9/3)
гита́ра guitar (3/3v)
гитари́ст/гитари́стка (*Gen. pl.* гитари́сток) guitarist (3/3v)
гла́вное (*noun, declines like adj.*) the main thing (6/3)
глаз (*pl.* глаза́) eye (12/1v)
говори́ть (говорю́, говори́шь, . . . говоря́т) / *pfv.* **сказа́ть** (скажу́, ска́жешь, . . . ска́жут) **1.** (*impfv. only*) to speak; to talk; **2.** to say; to tell (7/4; *impfv.* 4/2)

говори́ть (+ *Dat.*) «**вы**» address (someone) formally (6/1)

говори́ть по-англи́йски (**по-ру́сски**, *etc.*) to speak English (Russian, *etc.*) (4/3v)

говори́ть с акце́нтом to have an accent (9/1)

говори́ть (+ *Dat.*) «**ты**» to address (someone) informally (6/1)

Дава́й говори́ть друг дру́гу «ты»! Let's use «ты» with each other. (6/1)

Э́то говори́т . . . This is . . . speaking. (7/2)

год (*Prep. sing.* в году́ *but* о го́де, *pl.* го́ды, *Gen. pl.* лет) year (1/4)

в про́шлом году́ last year (5/2)

Ему́ (ей) два го́да. He (she) is two years old. (6/1v)

на́ год for a year [7/4]

провожа́ть / **проводи́ть** (провожу́, прово́дишь, . . . прово́дят) **ста́рый год** to see out the old year (10/2)

С Но́вым го́дом! Happy New Year! (10/3)

голова́ (*Acc. sing.* го́лову, *pl.* го́ловы, *Gen. pl.* голо́в, *Dat. pl.* голова́м) head (12/1v)

голубо́й light blue (9/2)

гора́здо (+ *compar.*) much; far (9/2)

горди́ться (горжу́сь, горди́шься, . . . гордя́тся) / *no resultative pfv.* (+ *Instr.*) to be proud (of) [9/1]

го́рло throat (12/1v)

го́род (*pl.* города́) city; town (1/2)

городско́й city; municipal (*adj.*) [7/2]

  городско́й тра́нспорт public transportation (9/1)

гороско́п horoscope [9/4v]

горчи́ца mustard [7/3v]

горчи́чник [*pronounced* -чи́ш-] mustard plaster (12/3)

горя́чий (*of an object, liquid, etc.*) hot (12/3)

господи́н (*used as title in addressing male foreigners*) Mr. [14/2]

гости́ная (*noun, declines like adj.*) living room (5/2)

гость (*Gen. sing.* го́стя, *Gen. pl.* госте́й)/**го́стья** guest (4/2)

гото́в (гото́ва, гото́во, гото́вы) ready (8/1)

гото́вить (гото́влю, гото́вишь, . . . гото́вят) / *pfv.* **пригото́вить 1.** to prepare; **2.** to cook (7/3)

гото́вить приготовить обе́д to prepare dinner [7/3]
гото́виться (гото́влюсь, гото́вишься, ... гото́вятся) / *pfv.* **подгото́виться (к экза́мену)** to prepare (for an exam) (7/3)
грамм (*Gen. pl.* грамм *or* гра́ммов) gram (7/3v)
грани́ца border (13/1)
гриб (*Gen. sing.* гриба́) mushroom (10/2v)
грипп influenza; flu (12/1)
гро́мко loudly (4/2)
    Как гро́мко он игра́ет! He plays so loud! (2/3)
гру́бый rude; crude (6/4v)
грузови́к (*Gen. sing.* грузовика́) truck (8/4v)
гру́ппа 1. (performing) group (4/2v); **2.** section; class (at a university, etc.) (11/3)
гру́стный sad (13/3)
грязь (*Prep. sing.* в грязи́) *f.* mud (5/3)
гуля́ть / *may function as pfv. to indicate limited duration* **погуля́ть** to walk; to go for a walk; to take a walk (8/1; *impfv.* 3/1v)
гурма́н gourmet [10/2]
гусь (*Gen. pl.* гусе́й) *m.* goose [10/2v]

Д

да yes (1/3)
    Да нет, ... Well, not really ... (6/4v)
дава́й(те) ... (*particle*) let's ... (8/3)
    Дава́й говори́ть друг дру́гу «ты»! Let's use «ты» with each other. (6/1)
    Дава́йте познако́мимся. Let's introduce ourselves.; Let's get acquainted. (2/3)
    Дава́й(те) я (мы) ... (*when offering to do something*) Let me ... (Let us ...) (10/3)
дава́ть (даю́, даёшь, ... даю́т) / *pfv.* **дать** (дам, дашь, даст, дади́м, дади́те, даду́т; *past* дал, дала́, да́ло, да́ли) (+ *Dat.* + *Acc.*) to give (something to someone) (7/2)
давно́ 1. long ago (14/3); **2.** (for) a long time (11/2)
да́же (*particle*) even (3/2)
далеко́ far; far away (2/2)
    далеко́ (недалеко́) от (+ *Gen.*) far (not far) from (5/3)
да́льше (*comparative of* далёкий *and* далеко́) farther; further
    А как да́льше? (And) what comes next? (10/4)
«Да́ма с соба́чкой» The Lady with a Lap Dog (*a short story by Anton Chekhov*) [5/2v]
дари́ть (дарю́, да́ришь, ... да́рят) / *pfv.* **подари́ть** (+ *Dat.* + *Acc.*) to give (something to someone) (*as a gift*) (7/4)
дать (дам, дашь, даст, дади́м, дади́те, даду́т; *past* дал, дала́, да́ло, да́ли) *pfv.* (+ *Dat.* + *Acc.*) to give (something to someone) (7/2) (*impfv.* дава́ть)

два *m. neut.*, **две** *f.* (+ *Gen. sing.*) two (2/1)
    в два часа́ но́чи at 2:00 a.m. (7/3)
    две ты́сячи two thousand (8/3)
    по две табле́тки two tablets each [12/4]
двадца́тый twentieth (6/3)
два́дцать twenty (6/1)
двена́дцатый twelfth (6/3)
двена́дцать twelve (2/1)
дверь (*Prep. sing.* о две́ри *but* на двери́, *Gen. pl.* двере́й) *f.* door (2/2v)
    две́ри закрыва́ются (the) doors are closing (9/1v)
две́сти two hundred (8/3)
двойно́й double [14/4]
Двор(е́)ц (*Gen. sing.* Дворца́) **молодёжи** Youth Center [4/2v]
двою́родная сестра́ (female) cousin (2/1v)
двою́родный брат (male) cousin (2/1v)
двухко́мнатная кварти́ра two-room apartment (6/2v)
де́вочка (*Gen. pl.* де́вочек) (little) girl (2/2)
де́вушка (*Gen. pl.* де́вушек) girl; young woman (5/3)
девчо́нка (*Gen. pl.* девчо́нок) (*colloquial*) girl [13/3]
девяно́сто ninety (6/1)
девяно́стый ninetieth (8/2)
девятна́дцатый nineteenth (6/3)
девятна́дцать nineteen (6/1)
девя́тый ninth (6/3)
де́вять nine (2/1)
девятьсо́т nine hundred (8/3)
Дед Моро́з Grandfather Frost (10/1v)
де́душка (*Gen. pl.* де́душек) grandfather (2/1v)
дежу́рный/дежу́рная (*noun, declines like adj.*) man/woman on duty (11/4)
де́йствие act (*in a play, opera, etc.*) (14/4)
действи́тельно really; indeed; actually (5/3)
    Действи́тельно! Right! (6/1)
дека́брь (*Gen. sing.* декабря́) *m.* December (1/4)
де́лать / *pfv.* **сде́лать 1.** to do; **2.** to make (7/1; *impfv.* 3/1)
    де́лать / сде́лать (+ *Dat.*) **сюрпри́з** to surprise (someone) (Epi/C)
    Что де́лать? What should (can) I (we) do? (4/2v)
де́ло (*pl.* дела́) matter; business (8/2)
    В чём де́ло? What's the problem?; What's the matter? (10/1)
    друго́е де́ло (that's) a different matter; (that's) another matter (14/3)
    Как (у тебя́, у вас) дела́? How are things (with you)?; How are you doing? (1/2)
    Како́е твоё де́ло? What business is it of yours? (8/1)
    по де́лу on business [7/4]
делово́й businesslike (10/2)
д(е)нь (*Gen. sing.* дня) *m.* day (1/4)

д(е)нь рожде́ния birthday (4/2)
До́брый день! Good day!; Good afternoon! (3/2)
Же́нский д(е)нь Women's Day (13/1)
Како́й сего́дня день? What (day) is (it) today? (1/4)
нерабо́чий д(е)нь non-working day; day off (13/1)
де́ньги (*Gen.* де́нег, *Dat.* деньга́м) *pl.* money (8/3)
десе́рт dessert (14/2v)
деся́т(о)к (*Gen. sing.* деся́тка) ten (*of something*) (11/4v)
деся́тый tenth (6/3)
де́сять ten (2/1)
детекти́в mystery (novel) (3/2)
де́ти (*Gen.* дете́й, *Dat.* де́тям, *Instr.* детьми́) *pl.* (*sing.* ребён(о)к) children (2/1v)
дети́шки *affectionate* children; kids [10/4]
де́тский сад (*Prep. sing.* в де́тском саду́) kindergarten (10/1)
деше́вле (*compar. of* дешёвый *and* дёшево) cheaper (8/3)
джаз jazz (4/2v)
джентльме́н gentleman [10/1]
джи́нсы (*Gen.* джи́нсов) *pl.* jeans (1/3)
дива́н couch; sofa (2/3v)
дие́та diet [5/4v]
диноза́вр dinosaur [8/3]
дипло́м diploma; degree (7/1)
дире́ктор (*pl.* директора́) director; manager; superintendent (*of a building*) (4/1)
дискоте́ка discothèque; dance club (8/1v)
дискримина́ция discrimination [5/3]
диспе́тчер dispatcher (Epi/B)
дли́нный long (13/1)
для (+ *Gen.*) for: **Тут нет ме́ста для стола́.** There is no room for a table here. (6/4)
днём **1.** in the daytime; **2.** in the afternoon (7/1)
днём и но́чью constantly; day and night [7/2]
дня (*Gen. sing. of* день) p.m. (*noon to dusk*): **в три часа́ дня** at 3:00 p.m. (7/3)
до (+ *Gen.*) before: **До институ́та я зако́нчила медици́нское учи́лище.** I finished nursing school before the institute. (7/1)
До свида́ния! Good-bye! (1/2)
до сих пор (*also* до́ сих пор) until now; even now (11/4)
до́брый **1.** kind; **2.** good (13/1)
До́брое у́тро! Good morning! (7/2)
До́брый ве́чер! Good evening! (7/1)
До́брый день! Good day!; Good afternoon! (3/2)
довози́ть (довожу́, дово́зишь, ... дово́зят) / *pfv.* довезти́ (довезу́, довезёшь, ... довезу́т; *past* довёз, довезла́, довезло́, довезли́) (до + *Gen.*) to take (to); to give a ride (to some place) (Epi/C)

дога́дываться / *pfv.* догада́ться to guess [9/3]
догова́риваться / *pfv.* договори́ться (договорю́сь, договори́шься, ... договоря́тся) to agree (to) [11/4]
Договори́лись! It's settled, then!; Agreed! (7/2)
дождь (*Gen. sing.* дождя́) *m.* rain (8/2)
идёт дождь it's raining (8/2)
до́ктор (*pl.* доктора́) doctor (12/1v)
до́лго for a long time; long (8/4)
до́лжен (должна́, должно́, должны́) **1.** must; have to (5/4); **2.** should; be supposed to (9/4)
дом (*pl.* дома́) **1.** house; **2.** building; **3.** apartment building (2/1)
Дом кни́ги House of Books (*the name of a large bookstore*) [8/4]
до́ма at home (1/3)
дома́шний **1.** home (*adj.*) (12/1); **2.** homemade; home-cooked (10/2)
дома́шнее зада́ние homework (assignment) (3/3)
домо́й (*indicates direction*) home (3/4v)
доро́га way; road (8/4)
по доро́ге on the way; along the way (8/3)
присе́сть (прися́ду, прися́дешь, ... прися́дут) *pfv.* **на доро́гу** to sit down before a trip [Epi/B]
дорого́й **1.** dear (2/3); **2.** expensive (5/3)
доро́же (*compar. of* дорого́й *and* до́рого) more expensive (12/2)
доска́ chalkboard
Иди́(те) к доске́. Go to the board. (1/4)
достава́ть (достаю́, достаёшь, ... достаю́т) / *pfv.* доста́ть (доста́ну, доста́нешь, ... доста́нут) to get; to obtain (14/1)
доста́точно enough (14/1)
доста́ть (доста́ну, доста́нешь, ... доста́нут) *pfv.* to get; to obtain (14/1) (*impfv.* достава́ть)
до́ченька (*affectionate*) daughter [3/1]
дочь (*Gen., Dat., and Prep. sing.* до́чери, *Instr. sing.* до́черью, *pl.* до́чери, *Gen. pl.* дочере́й, *Instr. pl.* дочерьми́) *f.* daughter (2/1)
друг (*pl.* друзья́, *Gen. pl.* друзе́й) friend (5/3)
друг дру́га (друг дру́гу, друг о дру́ге, *etc.*) (*to, about, etc.*) each other; (*to, about, etc.*) one another (6/1)
Дава́й говори́ть друг дру́гу «ты»! Let's use «ты» with each other. (6/1)
друго́й other; another (5/2)
друго́е де́ло (that's) a different matter; (that's) another matter) (14/3)
дру́жба friendship (10/3v)
ду́мать / *pfv.* поду́мать (о + *Prep.*) to think (about) (8/1)
духи́ (*Gen.* духо́в) *pl.* perfume (13/3v)
душ shower (4/1)

Дыши́(те). Breathe. (12/3)

дя́дя (*Gen. pl.* дя́дей) *m.* uncle (2/1v)

Е

«Евге́ний Оне́гин» Eugene Onegin (*a novel in verse by A. S. Pushkin*) [7/4]

Евро́па Europe (1/2)

его́ 1. *Gen.* (4/1) *and Acc.* (5/2) *of* он *and* оно́; **2.** (*possessive*) his; its (1/4)

еди́нственный (the) only (10/4)

её 1. *Gen.* (4/1) *and Acc.* (5/2) *of* она́ **2.** (*possessive*) her; hers; its (1/4)

еженеде́льник weekly publication (*newspaper, magazine, etc.*) [9/3v]

е́здить (е́зжу, е́здишь, . . . е́здят) *multidir. of* е́хать to go (*by vehicle*); to ride; to drive (5/4)

ей *Dat.* (6/1) *and Instr.* (9/1) *of* она́

ёлка (*Gen. pl.* ёлок) New Year's tree (10/1v)

ёлочка (*Gen. pl.* ёлочек) (*diminutive*) New Year's tree [10/4]

ему́ *Dat. of* он *and* оно́ (6/1)

е́сли if (3/2)

есть[1] (ем, ешь, ест, еди́м, еди́те, едя́т; *past* ел, е́ла, е́ло, е́ли) (5/4v) / *pfv.* **1. съесть** to eat; (*pfv. only*) to eat up (10/3); *pfv.* **2. пое́сть** to eat; to have something to eat; to have a bite (10/2)

есть[2] (*3rd pers. sing. present of* быть) **1.** there is (are) (4/1v); **2.** (*with* у меня́, у тебя́, *etc.*) I (you, *etc.*) have: **У вас есть телеви́зор?** Do you have a television? (4/1)

   Тут есть . . . ? Is (Are) there . . . here? (3/4)

е́хать (е́ду, е́дешь, . . . е́дут) *unidir. of* е́здить / *pfv.* **пое́хать 1.** to go (*by vehicle*); to ride; to drive; **2.** *pfv. only* to set out (*by vehicle*) (8/1; е́здить 5/4; е́хать 3/3)

ещё 1. still (6/1); **2.** yet (6/3); **3.** else (4/3)

   ещё не; (*when used without a predicate*) **ещё нет** not yet; not . . . yet (4/4)

   ещё оди́н (одна́, одно́) one more (5/4)

   ещё раз once again (11/4)

   Кто (Что) ещё? Who (What) else? (4/3)

   Нет ещё. (Ещё нет.) Not yet. (6/3)

Ж

жаке́т (*woman's*) suit jacket (1/3)

жаль (that's) too bad; it's/that's a pity! (6/2)

жа́рко (*of one's surroundings, the weather, etc.*) (it's) hot (9/1)

ждать (жду, ждёшь, . . . ждут; *past* ждал, ждала́, жда́ло, жда́ли) / *pfv.* **подожда́ть 1.** to wait (for); **2.** to expect (14/4; *impfv.* 5/3)

   Ждём! We'll be expecting you! [7/3]

же (*particle*) used for emphasis surely; after all (4/3)

   Мы, кто же ещё! Sure it's us, who else? [4/3]

   то же са́мое the same thing (14/2)

жела́ть / *pfv. not introduced* (+ *Dat.* + *Gen.*) to wish (someone something) (9/4)

   Жела́ю (Жела́ем) тебе́ (вам) уда́чи. Good luck! (9/3)

   Жела́ю (Жела́ем) успе́ха! Best of luck; Good luck! (13/3)

   Жела́ю (Жела́ем) хорошо́ провести́ вре́мя! Have a good time! (9/4)

жёлтый yellow (9/2)

жена́ (*pl.* жёны, *Gen. pl.* жён) wife (2/1v)

   муж и жена́ Кругло́вы Mr. and Mrs. Kruglov; the Kruglovs, husband and wife (2/1)

жена́т (жена́ты) (*of a man or a couple*) married (8/2)

жени́ться (женю́сь, же́нишься, . . . же́нятся) *impfv. and pfv.* (**на** + *Prep.*) (*of a man*) to get married (to); to marry (someone): **Он жени́лся на Ле́не.** He married Lena. (8/2)

жени́ться (же́нимся, же́нитесь, же́нятся) / *pfv.* **пожени́ться** (*used in plural only*) (*of a couple*) to marry; to get married (8/2)

Же́нский д(е)нь Women's Day (13/1)

же́нщина woman (4/2)

живо́т (*Gen. sing.* живота́) stomach (12/1v)

жизнь *f.* life (5/2v)

жить (живу́, живёшь, . . . живу́т; *past* жил, жила́, жи́ло, жи́ли) / *no resultative pfv.* to live (3/1)

журна́л magazine; journal (1/2)

журнали́ст/журнали́стка (*Gen. pl.* журнали́сток) journalist (2/4)

журнали́стика journalism [4/4]

   факульте́т журнали́стики journalism department [4/4]

З

за 1. (+ *Acc.*) for: **за биле́ты пла́тит фи́рма** the firm pays for the tickets (8/2); **2.** (+ *Acc.*—*to indicate how long it takes to complete something*) in; it takes . . . (11/3); **3.** (+ *Instr.*) behind (9/1); **4.** (+ *Instr.*) for; to get: **Он верну́лся за сигаре́тами.** He went back for (his) cigarettes. (9/4); **5.** (+ *Instr.*) at: **за столо́м** at the table; **6.** (+ *Acc.*) (*in a toast*) (here's) to (10/3v)

   за грани́цей abroad (*location*) (13/1)

за . . . до: за пять минут до конца (+ *Gen.*) five minutes before the end

поездка за границу a trip abroad (11/4)

заблуждаться / *pfv.* **заблудиться** (заблужусь, заблудишься, . . . заблудятся) to get lost (8/4)

заболеть[1] (заболею, заболеешь, . . . заболеют) *pfv.* to become sick; to take sick; to fall ill (12/1) (*may function as pfv. of* болеть[1])

заболеть[2] (заболю, заболишь, . . . заболят) *pfv.* to begin hurting; to begin to ache [12/1] (*may function as pfv. of* болеть[2])

забрасывать / *pfv.* **забросить** (заброшу, забросишь, . . . забросят) **шайбу** to score a (hockey) goal [14/3]

забывать / *pfv.* **забыть** (забуду, забудешь, . . . забудут) to forget (9/1)

завод plant; factory (4/4v)

завтра tomorrow (1/4)

завтракать / *pfv.* **позавтракать** to have breakfast; to have lunch (9/2v)

задавать (задаю, задаёшь, . . . задают) / *pfv.* **задать** (задам, задашь, задаст, зададим, зададите, зададут; *past* задал, задала, задало, задали) **вопрос** (+ *Dat.*) to ask (someone) a question (8/1) [*pfv. infin. only* 4/4]

Можно задать вам вопрос? May I ask you a question? (4/4)

задание: домашнее задание homework assignment (3/3)

заезжать / *pfv.* **заехать** (заеду, заедешь, . . . заедут) **1.** (в *or* на + *Acc. or* к + *Dat.*) to stop in (at); to stop by; to drop by (*vehicular*) (14/2); **2.** (за + *Instr.*) to pick up (someone or something); to stop by (some place) for something (*vehicular*) (14/1)

зайти (зайду, зайдёшь, . . . зайдут; *past* зашёл, зашла, зашло, зашли) *pfv.* **1.** (в *or* на + *Acc. or* к + *Dat.*) to stop in (at); to stop by; to drop by; **2.** (за + *Instr.*) to pick up (someone or something); to stop by (some place) (for something) (14/2) (*impfv.* заходить)

заказывать / *pfv.* **заказать** (закажу, закажешь, . . . закажут) to order; to reserve (14/2)

Что будете заказывать? What can I get you?; Are you ready to order?; What'll you have? (5/4)

заканчивать / *pfv.* **закончить** (закончу, закончишь, . . . закончат) to finish (7/1)

закрывать / *pfv.* **закрыть** (закрою, закроешь, . . . закроют) to close; to shut [*pfv. only* 4/1]

закрытый (закрыт, закрыта, закрыто, закрыты) (*adj. and past passive participle of* закрыть) closed (11/2)

закуски *pl.* (*sing.* закуска, *Gen. pl.* закусок) appetizers; hors d'oeuvres; snacks (13/4)

зал (performance) hall; auditorium (4/2v)

замерзать / *pfv.* **замёрзнуть** (замёрзну, замёрзнешь, . . . замёрзнут; *past* замёрз, замёрзла, замёрзло, замёрзли) to freeze [10/1]

заметить (замечу, заметишь, . . . заметят) *pfv.* to notice (13/1) (*impfv.* замечать)

замечательно wonderfully; marvelously; (*used as predicate*) (it's/that's) wonderful; (it's/that's) marvelous

Замечательно! Great! (6/3)

замечательный wonderful; marvelous (3/3)

замечать / *pfv.* **заметить** (замечу, заметишь, . . . заметят) to notice (13/1)

замужем (*of a woman*) married (8/2)

занимать / *pfv.* **занять** (займу, займёшь, . . . займут; *past* занял, заняла, заняло, заняли) to take (+ *amount of time*) (11/1)

заниматься / *no resultative pfv.* **1.** (+ *Instr.*) to be occupied with; to be engaged in (9/3); **2.** to study (*prepare for classes*) (7/1)

занятия *usu. pl.* classes (7/1)

занятый (занят, занята, занято, заняты) busy (12/2)

занять (займу, займёшь, . . . займут; *past* занял, заняла, заняло, заняли) *pfv.* to take (+ *amount of time*) (11/1) (*impfv.* занимать)

записка (*Gen. pl.* записок) note (12/2)

записная книжка (*Gen. pl.* книжек) notebook; address book (6/3)

заплатить (заплачу, заплатишь, . . . заплатят) *pfv.* (за + *Acc.*) to pay (for) (8/1) (*impfv.* платить)

заработ(о)к (*Gen. sing.* заработка) pay (7/1)

зато (*often* но зато) but (then); but on the other hand (4/4)

заходить (захожу, заходишь, . . . заходят) / *pfv.* **зайти** (зайду, зайдёшь, . . . зайдут; *past* зашёл, зашла, зашло, зашли) **1.** (в *or* на + *Acc. or* к + *Dat.*) to stop in (at); to stop by; to drop by; **2.** (за + *Instr.*) to pick up (someone or something); to stop by (some place) (for something) (14/2)

Заходи(те)! Come in! (3/2)

зачем what (does one need . . .) for; why (4/1)

звонить (звоню, звонишь, . . . звонят) / *pfv.* **позвонить** (+ *Dat.*) to call; to phone (someone) (7/1v)

звук sound (1/2)

здесь here (1/3)

здороваться / *pfv.* **поздороваться** *intransitive* to greet (someone) [9/4]

здорово: Это здорово! It's/That's great! (2/2)

здоровье health (10/3v)

Как (ваше) здоровье? How's your health? How are you feeling? (6/3)

Здра́вствуй(те)! Hello! (1/2)
зелёный green (9/2)
зима́ (*Acc. sing.* зи́му, *pl.* зи́мы) winter (13/1)
зи́мний winter (*adj.*) (13/1)
зимо́й in the winter (7/1)
знак sign [9/4v]
знако́мить (знако́млю, знако́мишь, . . . знако́мят) / *pfv.* **познако́мить** (+ *Acc.* + **с** + *Instr.*) to introduce (someone to someone) (11/1)
знако́миться (знако́млюсь, знако́мишься, . . . знако́мятся) / *pfv.* **познако́миться** (**с** + *Instr.*) to get acquainted (with) (8/2)
   Дава́йте познако́мимся. Let's get acquainted; Let's introduce ourselves. (2/3)
   О́чень прия́тно познако́миться. (It's/It was) very nice to meet you. (4/4)
   Познако́мьтесь, э́то . . . (*when introducing someone*) I'd like you to meet . . .; Meet . . .; Let me introduce . . . (2/3)
знако́мый 1. знако́мый/знако́мая (*noun, declines like adj.*) acquaintance (7/2); **2.** (*adj.*) familiar (10/4)
знамени́тый famous (14/1)
знать / *no resultative pfv.* to know (3/1) (*1st person only* 1/1)
   Бу́ду знать. (*in response to receiving some information*) I'll remember that. (10/2)
   Вы не зна́ете, . . . ? (*used when a person asking for information does not know what response will be given*) Do you (happen to) know . . . ? (3/4)
зна́чить (зна́чу, зна́чишь, . . . зна́чат) / *no resultative pfv.* to mean (10/2)
   Зна́чит, . . . *parenthetical* so; that is; then (3/4)
   Что зна́чит . . . ? What does . . . mean? (10/2)
зодиа́к zodiac [9/4v]
золото́й gold; golden (11/4)
   золоты́е ру́ки (**у** + *Gen.*) (one is) good with one's hands (4/3)
зо́нтик (**зонт**) umbrella (13/2v)
зоопа́рк zoo (8/1v)
зуб tooth (9/2v)
   зубна́я па́ста toothpaste (5/3v)
   зубна́я щётка (*Gen. pl.* щёток) toothbrush (5/3v)
   чи́стить (чи́щу, чи́стишь, . . . чи́стят) **почи́стить зу́бы** to brush one's teeth (9/2v)

И

и and (1/3)
   И вообще́ . . . (*used to introduce a statement which is more general than what precedes it*) And anyway . . .; All in all . . . (3/1)

игра́ (*pl.* и́гры, *Gen. pl.* игр) game (14/4v)
игра́ть (3/1) / *pfv.* **1. сыгра́ть** (*music*) to play (*a single selection*); *pfv.* **2. поигра́ть** to play (*to indicate limited duration*)
   игра́ть в (+ *Acc.*) to play (*a game or sport*) (3/1)
   игра́ть на (+ *Prep.*) to play (*a musical instrument*) (4/3)
   Как гро́мко он игра́ет! He plays so loud! (2/3)
иде́я idea (6/2)
идти́ (иду́, идёшь, . . . иду́т; *past* шёл, шла, шло, шли) *unidir. of* **ходи́ть** / *pfv.* **пойти́** (пойду́, пойдёшь, . . . пойду́т; *past* пошёл, пошла́, пошло́, пошли́) **1.** to go; **2.** *impfv. only* to walk; **3.** *pfv. only* to set out (8/1; *unidir. only* 3/3)
   идёт дождь it's raining (8/2)
   идёт снег it's snowing (8/2)
   Иди́(те) к доске́. Go to the board. [1/4]
   Иди́(те) сюда́. Come here. [1/4]
   идти́ на свида́ние to go on a date (8/1)
   Что идёт в кино́? What's showing at the movies? (8/2)
из (+ *Gen.*) from (8/3): **из Москвы́** from Moscow (9/1)
   оди́н из (+ *Gen.*) one of (13/1)
   сала́т из кра́бов crab salad (14/2)
изве́стный well-known (11/3)
Извини́(те). Excuse me. (1/2)
   Извини́те, что беспоко́ю вас. (**Извини́те, что я вас беспоко́ю.**) Sorry to bother you. (7/2v)
из-за (+ *Gen.*) because of (14/4)
изменя́ться / *pfv.* **измени́ться** (изменю́сь, изме́нишься, . . . изме́нятся) *intransitive* to change; to be changed (8/3)
изме́рить (изме́рю, изме́ришь, . . . изме́рят) *pfv.* to measure; to take (*someone's temperature*) (12/1) (*may function as pfv. of* **ме́рить**)
изуча́ть / *pfv. not introduced* to study (*in depth*) (7/3)
изуче́ние (the) study (of) (11/3v)
икра́ caviar (10/2v)
   баклажа́нная икра́ eggplant caviar (*a vegetable dish*) (10/2v)
и́ли or (2/3)
   и́ли . . . и́ли either . . . or [9/4]
им *Dat. of* они́ (6/1); *Instr. of* он *and* оно́ (9/1)
и́менно precisely; exactly [3/1]
име́ть (име́ю, име́ешь, . . . име́ют) / *pfv. not introduced* to have [8/1]
и́ми *Instr. of* они́ (9/1)
и́мпортный imported (3/2)
и́мя (*Gen., Dat., and Prep. sing.* и́мени, *Instr. sing.* и́менем, *pl.* имена́, *Gen. pl.* имён) *neut.* (first) name (1/2)
   Как ва́ше и́мя и о́тчество? What're your name and patronymic? (1/2)

по и́мени by first name (8/4)
Йндия India [11/3]
инжене́р engineer (4/4v)
инициа́лы *usu. pl.* initials [6/3]
иногда́ sometimes (8/4)
иностра́н(е)ц/иностра́нка (*Gen. pl.* иностра́нок) foreigner (9/1)
иностра́нный foreign (9/1)
институ́т institute (5/1v)
   медици́нский институ́т medical school [6/2]
   Моско́вский экономи́ческий институ́т Moscow Institute of Economics [5/1v]
   юриди́ческий институ́т law school [5/1]
инструме́нт tool [4/3]
   музыка́льные инструме́нты musical instruments [3/3v]
интервью́ [*pronounced* -тэ-] *neut. indecl.* interview (14/1)
интере́сно interestingly; engagingly; (*used as predicate*) (it's/that's) interesting (3/1)
   Интере́сно, где (когда́, *etc.*) . . . ? I wonder where (when, *etc.*) . . . ? (13/2)
интере́сный interesting (3/1)
интересова́ть (интересу́ю, интересу́ешь, . . . интересу́ют) / *pfv. not introduced* to interest:
   Меня́ интересу́ет спорт. I'm interested in sports. (8/2)
интересова́ться (интересу́юсь, интересу́ешься, . . . интересу́ются) / *pfv. not introduced* (+ *Instr.*) to be interested (in) (14/1)
Интерне́т [*pronounced* -тэ-] Internet (8/3)
   в Интерне́те on the Internet (8/3)
   по Интерне́ту over (via) the Internet [8/3]
и́рис iris (13/1v)
иска́ть (ищу́, и́щешь, . . . и́щут) / *pfv. not introduced* to look for [5/4]
исто́рик historian (4/3)
истори́ческий historical; history (*adj.*) (6/2)
   истори́ческий факульте́т history department (6/2)
исто́рия 1. history (5/2); 2. story (11/3)
ита́к so; and so (5/4)
их 1. *Gen.* (4/1) *and Acc.* (5/2) *of* они́; 2. (*possessive*) their; theirs (1/4)
ию́ль *m.* July (1/4)
ию́нь *m.* June (1/4)

К

к (ко) (+ *Dat.*) 1. to: Я иду́ к врачу́. I'm going to the doctor. (7/4); 2. (*when expressing time*) by: к ве́черу by the evening (10/2); 3. for: Э́то тебе́ пода́рок ко дню рожде́нию. This is a present for your birthday. (13/1)
   к сожале́нию *parenthetical* unfortunately (5/4)
Кавка́з the Caucasus [5/2]
ка́ждый every; each (5/3)
ка́жется *parenthetical* it seems (2/4)
   мне (ему́, ей, *etc.*) показа́лось . . . it seemed to me (him, her, *etc.*) . . . (10/1)
каза́ться (кажу́сь, ка́жешься, . . . ка́жутся) / *pfv.* показа́ться (+ *Instr.*) to seem; to appear [13/1]
как 1. how (1/1); 2. as, like (5/4)
   Как (+ *the word or phrase to which the speaker is reacting*) (*informal*) What do you mean, . . . ? (8/1)
   А как да́льше? And what next? (10/4)
   Как (ва́ше) здоро́вье? How's your health? How are you feeling? (6/3)
   Как ва́ше и́мя и о́тчество? What're your name and patronymic? (1/2)
   как ви́дишь (как ви́дите) as you (can) see (3/2)
   Как вы счита́ете? What do you think?; What's your opinion? (8/3)
   Как гро́мко он игра́ет! He plays so loud! (2/3)
   Как дела́? How're things? (1/2)
   как назло́ as luck would have it [8/4]
   Как насчёт . . . (+ *Gen.*)? How about . . . ? (6/4)
   Как поживаете? How are you? (7/1)
   Как по-ру́сски . . . ? What's the Russian for . . . ? (1/4)
   Как тебе́ (вам) не сты́дно! Shame on you! (10/1)
   Как тебя́ (его́, её, вас) зову́т? What is your (his, her, your) name? (1/1)
   Как у тебя́ (у вас) дела́? How're things with you?; How are you doing? (1/2)
како́й 1. which; what (3/1); 2. what a . . . (2/2)
   Кака́я ра́зница? What's the difference?; What difference does it make? (3/2)
   Како́е сего́дня число́? What's the date today?; What's today's date? (6/3)
   Како́й позо́р! How humiliating! [11/2]
   Како́й сего́дня день? What (day) is (it) today? (1/4)
   Како́й стыд! How embarrassing! [11/2]
   Како́й у́жас! That's horrible!; How awful! (2/2)
   Ты в како́м кла́ссе? What grade are you in? (6/1)
како́й-нибу́дь some (kind of) (9/4)
како́й-то some (kind of) (7/2)
календа́рь (*Gen. sing.* календаря́) *m.* calendar (1/4)
Кана́да Canada (1/2)
кана́дский Canadian [2/3]
кани́кулы (*Gen.* кани́кул) *pl.* vacation (*from school*) (12/2)
капу́ста cabbage (10/2v)
   ки́слая капу́ста sauerkraut (10/2v)

каранда́ш (*Gen. sing.* карандаша́) pencil (1/3)
ка́рта map (3/4)
карти́на picture; painting (3/2v)
карто́фельный сала́т potato salad (7/3v)
ка́рточка (*Gen. pl.* ка́рточек) card (7/1)
   креди́тная ка́рточка credit card (8/3)
карто́шка (*Gen. pl.* карто́шек) (*colloquial*) potatoes (7/3v); a potato
каса́ться / *pfv.* **косну́ться** (коснётся, косну́тся) (*3rd pers. only*) (+ *Gen.*) to concern; to have to do with (8/1)
ка́сса cashier; cashier's counter (13/2)
кассе́та cassette tape (5/1)
кат(о́)к (*Gen. sing.* катка́) skating rink [12/2]
кафе́ *neut. indecl.* café (3/4v)
ка́федра (*academic*) department (4/3v)
ка́ш(е)ль (*Gen. sing.* ка́шля) *m.* cough (12/3)
   пасти́лки от ка́шля cough drops [5/3v]
ка́шлять / *pfv. for one-time action* **ка́шлянуть** (ка́шляну, ка́шлянешь, . . . ка́шлянут) to cough (12/3v)
кварте́т quartet (3/3v)
кварти́ра apartment (2/1)
   двухко́мнатная кварти́ра two-room apartment (6/2v)
квас kvas [10/4v]
кем *Instr. of* кто (9/1)
кило́ *neut. indecl.* kilo (kilogram) (11/4v)
килогра́мм (*Gen. pl.* килогра́мм *or* килогра́ммов) kilogram (7/3v)
кинематогра́фия cinematography [5/1v]
кино́ *neut. indecl.* (the) movies (8/1v)
   Что идёт в кино́? What's showing at the movies? (8/2)
кинозвезда́ (*pl.* кинозвёзды) movie star [5/1v]
кио́ск kiosk; stand [5/3v]
кирпи́чный brick (*adj.*) [6/2]
ки́слая капу́ста sauerkraut [10/2v]
клавиату́ра keyboard [8/3v]
кларне́т clarinet [3/3v]
класс 1. (*a group of students in school*) class: **Мы учи́лись в одно́м кла́ссе.** We were in the same class in school. (6/1) **2.** grade (*in school*): **Ты в како́м кла́ссе?** What grade are you in? (6/1)
кла́ссика 1. the classics; **2.** classical music [4/2]
класси́ческий classical (3/3)
класть (кладу́, кладёшь, . . . кладу́т; *past* клал, кла́ла, кла́ло, кла́ли) / *pfv.* **положи́ть** (положу́, поло́жишь, . . . поло́жат) to lay; to put (10/3)
клуб club (4/2v)

кни́га book (1/3)
   Дом кни́ги House of Books (*the name of a large bookstore*) [8/4]
кни́жная по́лка (*Gen. pl.* по́лок) bookshelf (2/3v)
ков(ё)р (*Gen. sing.* ковра́) carpet; rug (3/2v)
когда́ when (4/4)
когда́-нибудь ever; sometime (9/4)
кого́ *Gen.* (4/1) *and Acc.* (5/2) *of* кто
ко́е-како́й some (kind of) [12/1]
колбаса́ sausage (3/4)
колле́га *m. and f.* colleague [8/3]
   колле́га-же́нщина female colleague [13/1]
кольцо́ (*pl.* ко́льца, *Gen. pl.* коле́ц) ring (13/2v)
ком *Prep. of* кто (7/3)
командиро́вка business trip (7/2)
   в командиро́вке on a business trip (7/2)
кома́ндовать (кома́ндую, кома́ндуешь, . . . кома́ндуют) / *pfv. not introduced* to boss (someone, everyone) around [6/1]
ко́мната room (2/2)
компа́ния group (*of people*); company [7/1]
   Отли́чная компа́ния! What a great group (of people)! (7/1)
комплиме́нт compliment (13/1)
компози́тор composer (3/3)
компью́тер [*pronounced* -тэ-] computer [8/3v]
компью́терная програ́мма computer program (11/3v)
кому́ *Dat. of* кто (6/1)
конве́рт envelope (6/3v)
кон(е́)ц (*Gen. sing.* конца́) end (8/3)
   в конце́ концо́в after all (8/1)
коне́чно [*pronounced* -ш-] *parenthetical* of course (3/2)
консервато́рия conservatory (3/3v)
контине́нт continent (1/2)
контраба́с double bass; bass; bass viol (3/3v)
контро́льная (*noun, declines like adj.*) = **контро́льная рабо́та** test; quiz (4/2)
конфере́нция conference [7/1v]
конфе́та piece of candy; *pl.* конфе́ты candy (13/3v)
конце́рт concert (3/3)
конце́ртный concert (*adj.*) [4/2v]
конча́ть / *pfv.* **ко́нчить** (ко́нчу, ко́нчишь, . . . ко́нчат) to finish (7/2)
конча́ться / *pfv.* **ко́нчиться** (ко́нчится, ко́нчатся) (*usu. 3rd pers.*) *intransitive* to end; to be finished (12/2)
   Всё хорошо́, что хорошо́ конча́ется. All's well that ends well. (Epi/C)
ко́пир copier [8/3v]
корзи́на basket [9/4]
кори́чневый brown (9/2)
коро́бка (*Gen. pl.* коро́бок) box (13/4)

косме́тика makeup; cosmetics (13/3v)
косну́ться (коснётся, косну́тся) (*3rd pers. only*) *pfv.*
  (*+ Gen.*) to concern; have to do with (8/1)
  (*impfv.* каса́ться)
костромско́й Kostroma (*adj.*) [Epi/C]
костю́м suit (1/3)
кот (*Gen. sing.* кота́) tomcat (2/4)
котле́ты по-ки́евски chicken Kiev (14/2)
кото́рый who; that; which (5/4)
  в кото́ром часу́? at what time?; when? (7/2)
  Кото́рый час? What time is it? (7/3)
котте́дж [*pronounced* -тэ́-] cottage (6/2v)
ко́фе *m. indecl.* coffee (1/2)
  чёрный ко́фе black coffee (5/4v)
кофе́йник coffeepot (13/2)
кофе́йный набо́р coffee set (13/2)
кофе́йный сто́лик coffee table (2/3v)
ко́шка (*Gen. pl.* ко́шек) cat (2/4)
кошма́р nightmare (4/1)
кра́бы *pl.* crab (meat): **сала́т из кра́бов** crab salad (14/2)
краси́во beautifully; (*used as predicate*) (it's/that's) beautiful; (it's/that's) pretty (13/2)
краси́вый beautiful; good-looking; handsome (2/4)
Кра́сная пло́щадь Red Square (9/1)
кра́сный red (9/2)
креди́тная ка́рточка (*Gen. pl.* ка́рточек) credit card (8/3)
Кремль (*Gen. sing.* Кремля́) *m.* the Kremlin (9/1)
Кре́пко целу́ю (*usu. at the end of a letter to a close relative, sweetheart, or friend*) Lots of love (7/4)
кре́сло (*Gen. pl.* кре́сел) armchair; easy chair (3/2)
крича́ть (кричу́, кричи́шь, . . . крича́т) / *pfv. for one-time action* **кри́кнуть** (кри́кну, кри́кнешь, . . . кри́кнут) to shout (7/2)
крова́ть *f.* bed (3/2v)
кро́ме того́ *parenthetical* besides (that); moreover (3/1)
кроссо́вки (*Gen. pl.* кроссо́вок) *usu. pl.* (*sing.* кроссо́вка) sneakers (1/3)
кру́глая да́та significant date; round figure (*on the calendar*) [5/4]
круи́з cruise (8/2v)
круто́е яйцо́ hard-boiled egg (7/3v)
кры́шка (*Gen. pl.* кры́шек) lid (12/3)
Кста́ти, . . . By the way, . . . ; Incidentally, . . . (5/4)
  Кста́ти (о *+ Prep.*) . . . Speaking of . . . [10/2]
кто who (1/1)
  Кто (Что) ещё? Who (What) else? (4/3)
  Кто э́то? Who's that (this)? (1/1)
  Мы, кто же ещё! Sure it's us, who else? [4/3]
кто́-нибудь someone; somebody; anyone; anybody (9/4)

кто́-то someone; somebody (10/2)
куда́ (*indicates direction*) where (to) (3/3)
культу́рный cultured, refined (6/1)
купи́ть (куплю́, ку́пишь, . . . ку́пят) *pfv.* (*+ Dat. + Acc.*) to buy (someone something) (7/2; *infin. only* 5/1) (*impfv.* покупа́ть)
  купи́ть гара́ж to get (buy) a garage [5/1]
куро́рт resort [8/2v]
курс 1. year (*of college*): **Она́ на второ́м ку́рсе.** She's a second-year student.; She's in her second year. (6/1); **2.** course; class: **ку́рсы англи́йского языка́** English-language classes (courses) (9/3v)
курсова́я (*noun, declines like adj.*) = **курсова́я рабо́та** term paper (3/1)
ку́ртка (*Gen. pl.* ку́рток) (casual) jacket (1/3)
курье́р courier [9/3v]
ку́хня (*Gen. pl.* ку́хонь) kitchen (2/2v)

Л

лаборато́рия laboratory (4/4v)
Ла́дно. OK. (7/1)
ла́зерный laser (*adj.*) [8/3v]
ла́мпа lamp (3/2v)
ле́вый left (*adj.*); left-hand (14/1v)
лёгкий 1. (*of weight*) light (12/2); **2.** easy (12/2); **3.** (*of wine, beer, etc.*) light (14/2)
ле́гче (*compar. of* лёгкий *and* легко́) **1.** lighter (12/2) **2.** easier (12/2) (*adv. only* 11/4)
лека́рство (**от** *+ Gen.*) medicine (for something) (12/1)
ле́кция lecture (11/4)
  хорошо́ чита́ть ле́кции to be a good lecturer [7/4]
ле́нта ribbon [11/4]
лес (*Prep. sing.* в лесу́ *but* о ле́се, *pl.* леса́) forest (10/4)
ле́стница [*pronounced* -сн-] stairs; staircase; stairway [2/2v]
лет (*Gen. pl. of* год) years (6/1)
  Ско́лько ему́ лет? How old is he? (6/1)
ле́тний summer (*adj.*) (13/1)
ле́то summer (13/1)
ле́том in the summer (7/1)
лечи́ть (лечу́, ле́чишь, . . . ле́чат) (5/4) / *may function as pfv.* **1. полечи́ть** to treat (medically); (*pfv. only*) to treat (medically) (for a while); *may function as pfv.* **2. вы́лечить** (вы́лечу, вы́лечишь, . . . вы́лечат) (*pfv. only*) to cure (12/1)
ли 1. (*conjunction*) if; whether; **Он спроси́л меня́, люблю́ ли я литерату́ру.** He asked me whether I liked literature. (7/4); **2.** (*interrogative particle*) **Зна́ете ли вы об э́том?** Do you know about this?
лило́вый purple (9/2)

лимо́н lemon (12/2)
ли́ния line (9/1)
    кольцева́я ли́ния circle line [9/1]
    радиа́льная ли́ния crosstown line [9/1]
лист sheet (of paper)
    больни́чный лист medical excuse from work [12/4]
литерату́ра literature (7/4)
литерату́рный literary [7/4]
лифт elevator (2/2v)
ли́шний spare; extra (10/2)
ло́жка (*Gen. pl.* ло́жек) spoon (9/4)
Лос-А́нджелес Los Angeles (1/2)
лук onion(s) (7/3v)
лу́чше (*compar. of* хоро́ший *and* хорошо́) better; it would be better (8/3)
    Лу́чше не на́до. (*in response to a suggestion*) Better you didn't; It's/That's not a good idea. (12/3)
    Лу́чше по́здно, чем никогда́. Better late than never. (14/4)
лу́чший (*compar. and superl. of* хоро́ший) **1.** better; **2.** (the) best (11/3v)
люби́мый favorite (3/3)
люби́ть (люблю́, лю́бишь, ... лю́бят) / *no resultative pfv.* **1.** to love; **2.** to like (4/2v)
люб(о́)вь (*Gen.* любви́, *Instr.* любо́вью) *f.* love (5/2v)
любо́й any (12/1)
лю́ди (*Gen.* люде́й *but* пять, шесть, *etc.* челове́к; *Dat.* лю́дям, *Instr.* людьми́) *pl.* (*sing.* челове́к) people (5/4)

М

магази́н store; shop (2/4v)
    магази́н электро́ники electronics store (4/4)
магнитофо́н tape recorder; tape player (2/3v)
май May (1/4)
майоне́з mayonnaise [7/3v]
ма́ленький small; little (2/2)
ма́ло (+ *Gen.*) **1.** little (3/3); **2.** few (8/3)
ма́льчик boy (2/2)
ма́ма mom; mother (2/2)
ма́мочка (*affectionate*) mom; mother dear [7/4]
маргари́тка (*Gen. pl.* маргари́ток) daisy (13/1v)
ма́рка (*Gen. pl.* ма́рок) stamp (6/3v)
март March (1/4)
    8 [*pronounced* восьмо́е] **Ма́рта** the 8th of March (13/1)
ма́ска mask [10/2]
ма́сло butter (10/2v)
ма́стер на все ру́ки jack-of-all-trades [4/3]
мат (*chess*) mate; checkmate [3/1]

матч match; game (9/4)
    футбо́льный матч soccer game (8/1v)
мать (*Gen., Dat., and Prep. sing.* ма́тери, *Instr. sing.* ма́терью, *pl.* ма́тери, *Gen. pl.* матере́й) *f.* mother (2/1v)
маши́на car (5/1)
    Маши́на по́дана. The car is at your service. [Epi/C]
    пи́шущая маши́нка typewriter [8/3v]
    стира́льная маши́на washing machine (4/1v)
ме́бель *f.* furniture (3/2)
мёд honey (12/4v)
медици́нский medical (6/2)
    медици́нский институ́т medical school [6/2]
    медици́нская сестра́ = **медсестра́** nurse [7/1]
    медици́нское учи́лище nursing school [7/1]
ме́дленно slowly (8/4)
медсестра́ = **медици́нская сестра́** nurse [7/1]
ме́жду (+ *Instr.*) between (9/1)
    ме́жду про́чим *parenthetical* by the way (6/1)
мело́дия melody; tune (10/4)
ме́ньше (*compar. of* ма́ленький) smaller; (*compar. of* ма́ло) less; fewer (9/2)
    всё ме́ньше и ме́ньше less and less; fewer and fewer (9/2)
меню́ *neut. indecl.* menu (1/2)
меня́ *Gen.* (4/1) *and Acc.* (5/2) *of* я
    Меня́ (его́, её) зову́т ... My (his, her) name is ... (1/1)
меня́ть / *pfv.* **поменя́ть** to change [7/2]
ме́рить (ме́рю, ме́ришь, ... ме́рят) / *may function as pfv.* **изме́рить** to measure; to take (*someone's temperature*) (12/1)
    Вы температу́ру ме́рили? Did you take your temperature? (12/1)
ме́сто (*pl.* места́) **1.** place; **2.** space; room (5/1); **3.** seat (14/1v)
    Мест нет. No space available. (14/2)
ме́сяц month (1/4)
ме́тод method (12/3)
метрдоте́ль [*pronounced* -тэ-] *m.* maître d'; headwaiter [14/2]
метро́ *neut. indecl.* subway; metro (2/4v)
метрополите́н [*pronounced* -тэ-] (*formal*) subway; metro [9/1]
меша́ть / *pfv.* **помеша́ть** (+ *Dat.*) to bother; to disturb (*someone*) (7/1)
    Не хочу́ вам меша́ть. I don't want to bother you. [7/1]
микроволно́вая печь microwave oven (4/1v)
микрорайо́н neighborhood (3/4)
ми́ксер mixer; blender [4/1v]
миллионе́р millionaire (4/4v)

ми́мо (+ *Gen.*) past; by [13/2]
мимо́за mimosa [13/1v]
минда́льное пиро́жное almond pastry [5/4]
минера́льная вода́ (*Acc. sing.* во́ду) mineral water [5/4]
министе́рство ministry [7/1v]
ми́нус minus
    плю́сы и ми́нусы pluses and minuses [2/4v]
мину́та minute [6/4]
мир 1. (*pl.* миры́) world [9/1]; 2. peace [10/3v]
    Мир те́сен! (It's a) small world! [14/2]
мне *Dat.* [6/1] *and Prep.* [7/3] *of* я
мно́гие *pl. only* many; (*when used as a pronoun*) many people [7/3]
мно́го a lot [3/1v]; (+ *Gen.*) much; many; a lot of [8/3]
мной *Instr. of* я [9/1]
моде́м [*pronounced* -дэ-] modem [8/3]
мо́жет быть *parenthetical* maybe; perhaps [4/2]
    Не мо́жет быть! That can't be! [7/2]
мо́жно one can; one may [4/4]
    Мо́жно зада́ть вам вопро́с? May I ask you a question? [4/4]
    Мо́жно попроси́ть . . . ? (*on the phone*) May I speak to . . . ? [7/3]
    Ра́зве так мо́жно? How could you possibly do that? [12/1]
мой (моя́, моё, мои́) my; mine [1/4]
молодёжь *f.* young people [9/4]
    Дворе́ц (*Gen. sing.* Дворца́) молодёжи Youth Center [4/2v]
Молоде́ц! Good job!; Well done! [4/3]
молодо́й young [5/4]
    молодо́й челове́к (*pl.* молоды́е лю́ди) young man (*pl.* young people) [5/4]
моло́же (*compar. of* молодо́й) younger [12/2]
молоко́ milk [3/4]
монито́р monitor [8/3v]
моро́женое (*noun, declines like adj.*) ice cream [1/2]
Москва́ Moscow [1/2]
москви́ч (*Gen. sing.* москвича́)/москви́чка (*Gen. pl.* москви́чек) Muscovite; resident of Moscow [5/2]
моско́вский Moscow (*adj.*) [4/2v]
    Моско́вский экономи́ческий институ́т Moscow Institute of Economics [5/1v]
мочь (могу́, мо́жешь, . . . мо́гут; *past* мог, могла́, могло́, могли́) / *pfv.* смочь to be able [7/4; *impfv.* 5/3v]
    Мо́жешь меня́ поздра́вить! Congratulate me! [7/2]
муж (*pl.* мужья́, *Gen. pl.* муже́й) husband [2/1v]
    муж и жена́ Кругло́вы Mr. and Mrs. Kruglov; the Kruglovs, husband and wife [2/1]
мужско́й men's [8/1]
мужчи́на man; gentleman [6/3]

музе́й museum [4/2v]
му́зыка music [3/3]
музыка́нт musician [1/3]
мы we [1/3]
мы́ло soap [5/3v]
мысль *f.* thought [5/4]
мышь *f.* mouse [8/3v]
мя́со meat [7/3]
мясно́й руле́т meat loaf [7/3]

Н

на 1. (+ *Prep.*—*to denote location*) on: на по́лке on the shelf [3/2v]; 2. (+ *Acc.*—*to denote a destination*) to: Она́ идёт на по́чту. She is going to the post office. [3/3]; 3. (+ *Prep.*—*at an event, an open place, etc.*) at: на конце́рте at a concert; на стадио́не at the stadium [3/1v]; 4. (+ *Acc.*—*to denote how long the result of an action is in effect*) for: Мне э́та кни́га нужна́ на два дня. I need this book for two days. [7/4]
биле́т на (+ *Acc.*) a ticket for [14/1]
жени́ться *impfv. and pfv.* (на + *Prep.*) (*of a man*) to get married (to); to marry (someone): Он жени́лся на Ле́не. He married Lena. [8/2]
игра́ть на роя́ле (на гита́ре, *etc.*) to play the piano (the guitar, *etc.*) [4/3]
идти́ на свида́ние to go on a date [8/1]
Накрыва́й(те) на стол. Set the table. [13/4]
На все сто проце́нтов 100 percent (sure) [13/3]
на вся́кий слу́чай just in case [8/4]
на второ́м ку́рсе in the second year (of college) [6/1]
на́ год for a year [7/4]
На како́м ты (вы) ку́рсе? What year are you in? [6/1]
На како́м факульте́те вы у́читесь? What department are you in? (What are you majoring in?) [4/4]
на носу́ almost here [10/2]
на све́те in the world [14/1]
на семь ве́чера for 7 p.m. [14/2]
Откро́йте кни́гу на страни́це . . . Open your book to page . . . [1/4]
похо́ж на (+ *Acc.*) similar (to); resembling [6/2]
присе́сть (прися́ду, прися́дешь, . . . прися́дут) на доро́гу to sit down before a trip [Epi/B]
набира́ть / *pfv.* набра́ть (наберу́, наберёшь, . . . наберу́т; *past* набра́л, набрала́, набра́ло, набра́ли) (но́мер) to dial (a phone number) [7/2]
наве́рно (наве́рное) *parenthetical* most likely; probably [6/3]
над (на́до) (+ *Instr.*) over [9/1]

надéяться (надéюсь, надéешься, . . . надéются) / *pfv. not introduced* to hope (10/1)

нáдо (+ *Dat.* + *infin.*) (one) has to; (one) must (3/1): (*in response to a suggestion*)

    Лýчше не нáдо. It's/That's not a good idea.; Better you didn't. (12/3)

назáд (*also* **томý назáд**) ago; back (7/2): **три гóда (томý) назáд** three years ago

назвáние name (5/2)

называ́ть / *pfv.* **назвáть** (назовý, назовёшь, . . . назовýт; *past* назвáл, назвалá, назвáло, назвáли) to call; to name (8/4)

найти́ (найдý, найдёшь, . . . найдýт; *past* нашёл, нашлá, нашлó, нашли́) *pfv.* to find (7/4) (*impfv.* находи́ть)

наконéц finally; at last (7/4)

накрывáть / *pfv.* **накры́ть** (накрóю, накрóешь, . . . накрóют) to cover [13/4]

    накрывáй(те) на стол set the table (13/4)

налéво to the left; on the left (3/4)

наливáть / *pfv.* **нали́ть** (налью́, нальёшь, . . . налью́т; *past* нали́л, налилá, нали́ло, нали́ли) to pour (10/3)

нам *Dat. of* мы (6/1)

нáми *Instr. of* мы (9/1)

намнóго (+ *compar.*) much; far (9/2)

написáть (напишý, напи́шешь, . . . напи́шут) *pfv.* to write (7/1) (*impfv.* писáть)

    Напиши́(те)! Write (it) down! (6/2)

напи́т(о)к (*Gen. sing.* напи́тка) drink; beverage (14/2v)

напрáво to the right; on the right (3/4)

нарóд a people (9/4)

наря́дный decorated [10/4]

нас *Gen.* (4/1), *Acc.* (5/2), *and Prep.* (7/3) *of* мы

нáсморк runny nose (12/3)

настоя́щий real; true (4/4)

настроéние mood [5/3]

наступáющий: С наступáющим (Нóвым гóдом)! (*said before the new year*) Happy New Year! (10/2)

научи́ть (научý, нау́чишь, . . . нау́чат) *pfv.* (+ *Acc.* + *infin.*) to teach (someone to do something) (9/3) (*impfv.* учи́ть)

научи́ться (научýсь, нау́чишься, . . . нау́чатся) *pfv.* (+ *infin.*) to learn (how to); to learn (to do something) [7/3] (*impfv.* учи́ться)

нау́чный руководи́тель *m.* (*academic*) advisor [5/2]

нау́шники *usu. pl.* (*sing.* нау́шник) earphones; headphones (9/2)

находи́ть (нахожý, нахóдишь, . . . нахóдят) / *pfv.* **найти́** (найдý, найдёшь, . . . найдýт; *past* нашёл, нашлá, нашлó, нашли́) to find (7/4)

находи́ться (нахожýсь, нахóдишься, . . . нахóдятся) / *no pfv. in this meaning* to be (located) (11/3v)

начáло beginning; start (8/3)

начинáть / *pfv.* **начáть** (начнý, начнёшь, . . . начнýт; *past* нáчал, началá, нáчало, нáчали) (+ *Acc.* or + *infin.*) to begin (something or to do something); to start (something or to do something) (7/2)

начинáться / *pfv.* **начáться** (начнётся, начнýтся; *past* начался́, началáсь, началóсь, начали́сь) (*3rd pers. only*) *intransitive* to start; to begin (12/2v)

наш (**нáша, нáше, нáши**) our; ours (1/4)

не not (1/1)

    Вы не возражáете (Ты не возражáешь)? Do you mind? (7/1)

    Вы не знáете . . . ? (*used when a person asking for information does not know what response will be given*) Do you (happen to) know . . . ? (3/4)

    Вы не скáжете . . . ? Could you tell me . . . ? (8/4)

    Вы не тудá попáли. (*over the telephone*) You got the wrong number. (7/2)

    ещё не; (*when used without a predicate*) **ещё нет** not yet; not . . . yet (4/4)

    Как тебé (вам) не сты́дно! Shame on you! (10/1)

    Лýчше не нáдо. (*in response to a suggestion*) Better you didn't; It's/That's not a good idea. (12/3)

    Не волнýйся (Не волнýйтесь)! Don't worry! (6/3)

    Не дýмаю. I don't think so. (9/4)

    Не мóжет быть! That can't be! (7/2)

    Не повезлó ей! That's tough luck for her! (7/2)

    не смей(те) (+ *infin.*) don't (you) dare [6/4]

    не тот (та, то, те) the wrong (one) [11/2]

    не хватáет (+ *Gen.*) *impersonal* (there's) not enough (12/4)

    Не хочý вам мешáть. I don't want to bother you. (7/1)

    У нас это не при́нято. That's not accepted/done here. [7/3]

    Я бы не возражáл (возражáла). I wouldn't mind. (14/1)

    . . . не так ли? . . . isn't that so? (Epi/A)

нéбо sky [9/4]

небольшóй not large (3/4)

невероя́тно: Это невероя́тно! (*used as predicate*) It's/That's unbelievable! (14/1)

невкýсный unpalatable; bad-tasting (6/4v)

невозмóжно (*used as predicate*) (it's/that's) impossible (4/1)

негó *variant of* егó (*Gen.* (4/1) *and Acc.* (5/2) *of* он *and* онó) *used after prepositions*

недáвно recently; (*with past verbs*) not long ago; (*with present verbs*) not . . . very long (6/3): **Я на пóчте**

рабо́таю неда́вно. I haven't been working at the post office long.
недалеко́ от (+ *Gen.*) not far from (5/3)
неде́ля week (1/4)
недо́рого (*used as predicate*) (it's/that's) inexpensive (13/2)
недорого́й inexpensive (5/3)
неё *variant of* её (*Gen.* (4/1) *and Acc.* (5/2) *of* она́) *used after prepositions*
неизве́стный unknown [9/4]
ней *variant of* ей (*Dat.* (6/1), *Prep.* (7/3), *and Instr.* (9/1) *of* она́) *used after prepositions*
не́который a few; some [9/4]
нелегко́ (*used as predicate*) (it's/that's) not easy; (it's/that's) difficult (3/1)
нело́вко: Мне нело́вко вас беспоко́ить. I feel uncomfortable bothering you. [12/1]
нельзя́ 1. one cannot; it is impossible; 2. one may not; it is forbidden (4/2)
нём *Prep. of* он *and* оно́ (7/3)
неме́дленно right now; at once; immediately; without delay (12/1)
немно́го (+ *Gen.*) a little (4/3)
нему́ *variant of* ему́ (*Dat. of* он *and* оно́) *used after prepositions* (6/1)
ненави́деть (ненави́жу, ненави́дишь, ... ненави́дят) / *pfv. not introduced* to hate (12/4)
необыкнове́нно unusually; uncommonly
  Нам необыкнове́нно повезло́. We were incredibly lucky; We really lucked out. (6/4)
непло́хо quite well; pretty well; (*used as predicate*) (it's/that's) not bad (1/2)
непло́хо́й pretty good; not (a) bad (4/4)
неприя́тный unpleasant (9/1)
нерабо́чий д(е)нь (*Gen. sing.* дня) non-working day; day off (13/1)
несимпати́чный unpleasant (4/2)
не́сколько (+ *Gen.*) a few; several; some (13/1)
нести́ (несу́, несёшь, ... несу́т; *past* нёс, несла́, несло́, несли́) *unidir. of* носи́ть / *pfv.* понести́ to carry (9/4)
нет 1. (*used at the beginning of a negative response*) no (1/3); 2. not: **Вы идёте и́ли нет?** Are you going or not? [7/4]; 3. *predicative* (+ *Gen.*) there isn't (there aren't); there's (there are) no ... : **Там нет ли́фта.** There's no elevator there. (4/1); 4. *predicative* (*usu.* y + *Gen.* + **нет** + *Gen.*) I (you, *etc.*) don't have ...; I (you, *etc.*) have no ...: **У меня́ нет соба́ки.** I don't have a dog. (4/1)
  Нет вхо́да. No entry. [9/1]
неуда́ча bad luck (9/4)
Неуже́ли? Really? (9/2)

нехоро́ший bad (5/4)
нехорошо́ (*used as predicate*) (it's/that's) bad (5/4)
ни оди́н (ни одного́, *etc.*) not a single (14/1)
ни сло́ва don't say (breathe) a word (about it) (5/4)
ни ... ни neither ... nor; (*negation +*) either ... or (11/2)
нигде́ nowhere (5/3)
ника́к just; simply; in no way (13/3)
никако́й no ... (at all); not any (4/4)
  Никако́го беспоко́йства. It's no trouble (at all). (12/1)
нике́м *Instr. of* никто́ (9/1)
никогда́ never (4/4)
никого́ *Gen. and Acc. of* никто́ (4/3)
  Никого́ нет. There's nobody there (here). [4/3]
никому́ *Dat. of* никто́ (6/1)
никто́ no one; nobody (4/3)
никуда́ nowhere; not ... anywhere (11/1)
ним *variant of* им (*Dat. of* они́; *Instr. of* он *and* оно́) *used after prepositions* (6/1)
ни́ми *variant of* и́ми (*Instr. of* они́) *used after prepositions* (9/1)
них *variant of* их (*Gen.* (4/1), *Acc.* (5/2), *and Prep.* (7/3) *of* они́) *used after prepositions*
ничего́ nothing (5/1)
  Ничего́! (*in response to an apology*) That's okay!; That's all right! (2/3)
  Ничего́. (*in response to* Как дела́?) Okay; all right; not (too) bad (1/2)
но but (3/4)
нового́дний New Year's (*adj.*) (10/1)
новосе́лье housewarming (6/4)
но́вость (*pl.* но́вости, *Gen. pl.* новосте́й) *f.* news (7/4)
но́вый new (2/1)
  С Но́вым го́дом! Happy New Year! (10/3)
  Что но́вого? What's new? (7/2v)
нога́ (*Acc. sing.* но́гу, *pl.* но́ги, *Gen. pl.* ног, *Dat. pl.* нога́м) 1. leg; 2. foot (12/1v)
нож (*Gen. sing.* ножа́) knife (9/4)
ноль (*also* нуль) (*Gen. sing.* ноля́, нуля́) *m.* zero (2/1)
но́мер (*pl.* номера́) number (2/1)
  но́мер телефо́на (telephone) number (2/1)
норма́льно okay; normal; (*used as predicate*) (it's/that's) not unusual; (it's that's) pretty normal; *in response to* Как дела́? Fine; okay. (10/3)
норма́льный normal (12/1)
нос (*Prep. sing.* на носу́, *pl.* носы́) nose (12/1v)
  на носу́ almost here [10/2]
носи́тель *m.* языка́ native speaker (11/3v)
носи́ть (ношу́, но́сишь, ... но́сят) *multidir of* нести́ / *pfv.* понести́ 1. to carry; 2. (*no pfv. in this meaning*) to wear (*habitually*) (13/2v)

носки́ *usu. pl.* (*sing.* нос(о́)к) sock (12/3)
ночь (*Gen. sing.* ночёй) *f.* night (8/2)
    но́чи a.m. (*midnight to dawn*): **в два часа́ но́чи** at 2:00 a.m. (7/3)
но́чью at night (7/1)
ноя́брь (*Gen. sing.* ноября́) *m.* November (1/4)
нра́виться (нра́вится, нра́вятся) / *pfv.*
    понра́виться (*usu. 3rd pers.*) (+ *Dat.*) to like; to be pleasing (to someone) (7/4; *impfv.* 6/2): **Нам нра́вится ко́мната.** We like the room.
ну well (2/2)
    Ну что ты! What are you talking about!; What do you mean! (5/1)
ну́жен (нужна́, ну́жно, нужны́) **1.** needed; **2.** (+ *Dat.*) one needs (6/4); **3.** (+ *infin.* + *Dat.*) must (9/2)
    всё, что ну́жно everything that's needed; everything we need (6/4)
нуль (*also* **ноль**) (*Gen. sing.* нуля́, ноля́) *m.* zero (2/1)
Нью-Йо́рк New York (1/2)

О

о (**об, обо**) (+ *Prep.*) about; of (4/3)
обе́д dinner; afternoon meal; lunch (7/3)
    гото́вить / *pfv.* **пригото́вить обе́д** to fix dinner (7/3)
обе́дать / *pfv.* **пообе́дать** to have dinner; to have lunch (13/2)
обеща́ть (+ *Dat.*) *impf. and pfv.* to promise (someone) (10/2)
обижа́ть / *pfv.* **оби́деть** (оби́жу, оби́дишь, . . . оби́дят) to offend [7/3]
обме́н exchange (6/3v)
    обме́н валю́ты currency exchange [6/3]
    по обме́ну on an exchange (program) (11/4)
общежи́тие dormitory (5/1)
объявле́ние advertisement; ad; sign (5/1)
    Пове́сь(те) объявле́ние. Put up a sign. [6/2]
объясня́ть / *pfv.* **объясни́ть** (объясню́, объясни́шь, . . . объясня́т) to explain (7/2)
обы́чно usually (4/4)
обы́чный 1. usual; customary; **2.** ordinary (8/3)
обяза́тельно absolutely; definitely; by all means (6/4)
о́вощи (*Gen.* овоще́й) *usu. pl.* vegetables (7/3)
овся́нка colloquial = **овся́ная ка́ша** oatmeal (5/4v)
огур(е́)ц (*Gen. sing.* огурца́) cucumber (10/2v)
    солёный огуре́ц pickle (10/2v)
одеколо́н eau de cologne (13/3v)
одея́ло blanket (3/2v)
оди́н (одна́, одно́, одни́) **1.** (*numeral*) one (2/1);
    2. (*pronoun*) one: **оди́н из его́ би́знесов** one of his businesses (9/3); **3.** (*adj.*) alone (9/2) **4.** (*adj.*) a; a certain (11/4); **5.** (*adj.*) the same; **6.** (*adj.*) only (13/2)
    ещё оди́н (одна́, одно́) one more (5/4)
    Мы с ним учи́лись в одно́м кла́ссе. He and I studied in the same class. (14/1)
    ни оди́н (ни одного́, *etc.*) not a single (14/1)
    оди́н из (+ *Gen.*) one of (13/1)
    одно́ и то же the same thing (10/2)
    Одну́ мину́ту! Just a minute! (7/2)
одина́ковый identical (13/4)
оди́ннадцатый eleventh (6/3)
оди́ннадцать eleven (2/1)
одно́ one (thing) (13/1)
    одно́ и то же the same thing (10/2)
одноклассник/одноклассница classmate (5/1v)
ока́зывается (**оказа́лось**), **что . . .** it turns (turned) out that . . . (9/2)
океа́н ocean (1/2)
окно́ (*pl.* о́кна, *Gen. pl.* о́кон) window (2/2v)
о́коло (+ *Gen.*) near; close to (8/3)
октя́брь (*Gen. sing.* октября́) *m.* October (1/4)
он he; it (1/3)
она́ she; it (1/3)
они́ they (1/3)
оно́ it (1/3)
опа́здывать / *pfv.* **опозда́ть** (опозда́ю, опозда́ешь, . . . опозда́ют) to be late (7/2; *impfv.* 5/4v)
опа́сно dangerously; (it's/that's) dangerous (12/3)
опа́сный dangerous (12/4)
о́пера opera (4/2v)
опозда́ть (опозда́ю, опозда́ешь, . . . опозда́ют) *pfv.* to be late (7/2) (*impfv.* опа́здывать)
опуска́ть / *pfv.* **опусти́ть** (опущу́, опу́стишь, . . . опу́стят) to lower [12/3]
о́пыт experience (4/4)
опя́ть again (3/1)
ора́нжевый orange (*color*) (9/2)
организова́ть (организу́ю, организу́ешь, . . . организу́ют) *impfv. and pfv.* to organize (8/2)
оригина́льно creatively; (*used as predicate*) (it's/that's) creative (3/1)
оригина́льный original; creative (13/4)
орке́стр orchestra; band (14/2)
освобожда́ться / *pfv.* **освободи́ться** (освобожу́сь, освободи́шься, . . . освободя́тся) to become available; to become free [Epi/A]
осе́нний (*adj.*) fall; autumn (13/1)
о́сень *f.* fall; autumn (13/1)
о́сенью in the fall (7/1)
осо́бенно especially (13/1)

остава́ться (остаю́сь, остаёшься, . . . остаю́тся) / *pfv.* **оста́ться** (оста́нусь, оста́нешься, . . . оста́нутся) **1.** to remain; to stay [7/4]; **2.** to be left; to remain (8/4)

остана́вливать / *pfv.* **останови́ть** (остановлю́, остано́вишь, . . . остано́вят) to stop (someone or something) [8/4]

остана́вливаться / *pfv.* **останови́ться** (остановлю́сь, остано́вишься, . . . остано́вятся) *intransitive* to stop; to come to a stop (8/4)

остано́вка (*of a bus, train, etc.*) stop [3/4]
   авто́бусная остано́вка bus stop (5/3)
   остано́вка авто́буса bus stop (3/4)

оста́ться (оста́нусь, оста́нешься, . . . оста́нутся) *pfv.* **1.** to remain; to stay [7/4]; **2.** to be left; to remain (8/4) (*impfv.* остава́ться)

осторо́жный (осторо́жен, осторо́жна, осторо́жно, осторо́жны) careful (Epi/B)

Осторо́жно! Careful!; Be careful! (9/1v)

о́стров (*pl.* острова́) island (8/2v)

от (+ *Gen.*) from (5/1)
   бли́зко от near; close to (5/3)
   далеко́ (недалеко́) от far (not far) from (5/3)
   лека́рство от . . . medicine for . . . (12/1)
   пасти́лки от ка́шля cough drops [5/3v]
   сре́дство от просту́ды cold remedy (Epi/B)

отвеча́ть / *pfv.* **отве́тить** (отве́чу, отве́тишь, . . . отве́тят) (+ *Dat.*) to answer (someone) (8/4)

отдава́ть (отдаю́, отдаёшь, . . . отдаю́т) / *pfv.* **отда́ть** (отда́м, отда́шь, отда́ст, отдади́м, отдади́те, отдаду́т; *past* о́тдал, отдала́, о́тдало, о́тдали) to return; to give (back) (8/1; *impfv.* 5/3)

отдыха́ть / *pfv.* **отдохну́ть** (отдохну́, отдохнёшь, . . . отдохну́т) to rest (8/1; *impfv.* 3/1v)

от(е́)ц (*Gen. sing.* отца́) father (2/1v)

отка́зываться / *pfv.* **отказа́ться** (откажу́сь, отка́жешься, . . . отка́жутся) **1.** to refuse; **2.** (**от** + *Gen.*) to turn down [10/4]

открове́нно говоря́ *parenthetical* frankly speaking (12/1)

открыва́ть / *pfv.* **откры́ть** (откро́ю, откро́ешь, . . . откро́ют) to open (8/1; *impfv.* 5/4; *pfv. infin. only* [4/1])
   Откро́йте кни́гу на страни́це . . . Open your book to page . . . [1/4]
   Откро́йте окно́! Open the window! [1/4]

откры́тый (*adj. and past passive participle of* откры́ть) (откры́т, откры́та, откры́то, откры́ты) open (11/2)

откры́тка (*Gen. pl.* откры́ток) postcard (5/3v)
   поздрави́тельная откры́тка greeting card (13/1)

откры́ть (откро́ю, откро́ешь, . . . откро́ют) *pfv.* to open (8/1; *pfv. infin. only* [4/1]) (*impfv.* открыва́ть)

отку́да 1. from where: **Отку́да вы?** Where are you from? (9/1); **2.** how: **Отку́да ты зна́ешь?** How do you (happen to) know? (6/2)

Отли́чно! Excellent! (5/4)

отли́чный excellent (3/2)
   Отли́чная компа́ния! What a great group (of people)! (7/1)

отменя́ть / *pfv.* **отмени́ть** (отменю́, отме́нишь, . . . отме́нят) to cancel [12/1]

относи́ть (отношу́, отно́сишь, . . . отно́сят) / *pfv.* **отнести́** (отнесу́, отнесёшь, . . . отнесу́т; *past* отнёс, отнесла́, отнесло́, отнесли́) to take (something somewhere) [12/2]

отопле́ние heating [4/2]

отпра́здновать (отпра́здную, отпра́зднуешь, . . . отпра́зднуют) *pfv.* to celebrate (7/3) (*impfv.* пра́здновать)

отту́да from there (3/4v)

о́тчество patronymic (1/2)
   Как ва́ше и́мя и о́тчество? What're your name and patronymic? (1/2)

о́фис office (6/2v)

официа́льно formally; officially (10/2)

официа́льный official (13/1)

официа́нт/официа́нтка (*Gen. pl.* официа́нток) waiter/waitress (4/4v)

о́чень very (1/2)
   О́чень горячо́! (It's/That's) really hot! (12/3)
   О́чень прия́тно! Pleased to meet you; Nice to meet you! (1/2)
   О́чень прия́тно познако́миться. (It's/It was) very nice to meet you. (4/4)
   О́чень рад. Pleased to meet you. (2/3)

о́чередь (*Gen. pl.* очереде́й) *f.* **1.** turn (10/1); **2.** line (13/2)
   без о́череди without waiting in line [14/3]
   по о́череди to take turns (7/3)
   стать в о́чередь to get in line [13/2]
   стоя́ть в о́череди to stand in line (13/2)

оши́бка (*Gen. pl.* оши́бок) mistake (8/4)

П

па́дать / *pfv.* **упа́сть** (упаду́, упадёшь, . . . упаду́т; *past* упа́л, упа́ла, упа́ло, упа́ли) to fall [9/4]

паке́т bag (11/4v)

пал(е)ц (*Gen sing.* па́льца) **1.** finger; **2.** toe (12/1v)

пальто́ *neut. indecl.* coat; overcoat (14/3)

па́па dad (2/2)

па́ра 1. pair; **2.** couple (10/1)

па́р(е)нь (*Gen. sing.* па́рня, *Gen. pl.* парне́й) *m.* guy; fellow (5/4)

паркова́ть (парку́ю, парку́ешь, … парку́ют) / *pfv. not introduced* to park (5/1)

парте́р [*pronounced* -тэ-] orchestra (*seats in theater*) (14/1v)

па́спорт (*pl.* паспорта́) passport (1/4)

пасти́лки от ка́шля cough drops (5/3v)

пау́к spider (9/4)

па́хнуть (па́хнет, па́хнут; *past* пах *and* па́хнул, па́хла, па́хло, па́хли) *impfv. and pfv.* (*usu. 3rd pers.*) (+ *adv.*) to smell (*good, bad, etc.*) (10/3)

    Что́-то вку́сно па́хнет. Something smells good. (10/3)

паште́т pâté (10/2v)

пельме́ни pelmeni (*noodle dumplings*) (10/2v)

пе́нсия pension; pension payment (6/3)

пе́рвенство championship (14/1)

пе́рвый first (2/4)

    Во-пе́рвых… In the first place …; To begin with … (10/1)

    в пе́рвый раз for the first time (14/2)

    пе́рвое вре́мя at first (11/4)

перебега́ть / *pfv.* **перебежа́ть** (перебегу́, перебежи́шь, … перебегу́т) **доро́гу** to cross one's path (9/4)

перево́д translation (10/4)

пе́ред (**пе́redo**) (+ *Instr.*) in front of; before (9/1)

передава́ть (передаю́, передаёшь, … передаю́т) / *pfv.* **переда́ть** (переда́м, переда́шь, переда́ст, передади́м, передади́те, передаду́т; *past* пе́редал, передала́, пе́редало, пе́редали) to hand (something to someone); to pass (10/3)

пере́дняя (*noun, declines like adj.*) entryway (*in a home*) (5/2)

переду́мывать / *pfv.* **переду́мать** to change one's mind (11/3)

переезжа́ть / *pfv.* **перее́хать** (перее́ду, перее́дешь, … перее́дут) to move (*to a new residence*) (7/4)

перезва́нивать / *pfv.* **перезвони́ть** (перезвоню́, перезвони́шь, … перезвоня́т) (+ *Dat.*) to call (someone) again; to call back: **Я перезвоню́.** I'll call back. (7/2v)

переодева́ться / *pfv.* **переоде́ться** (переоде́нусь, переоде́нешься, … переоде́нутся) to change one's clothes (14/1)

перепи́сываться (**с** + *Instr.*) *impfv. only* to correspond (with), to write letters (to) (8/3)

переса́дка (*Gen. pl.* переса́док) transfer; change (*of trains, buses, etc.*) (9/1)

    де́лать / **сде́лать переса́дку** to make a transfer; to change (*trains, buses, etc.*) (11/2v)

перехо́д (*pedestrian*) crossing; (*pedestrian*) transfer passageway (8/4v)

пери́од period (14/3)

перча́тки *usu. pl.* (*sing.* перча́тка, *Gen. pl.* перча́ток) gloves (13/2v)

пе́сня (*Gen. pl.* пе́сен) song (7/4)

петь (пою́, поёшь, … пою́т) / *pfv.* **спеть** to sing (10/4)

пешехо́д pedestrian (8/4v)

пешко́м on foot (9/4)

пиани́ст/пиани́стка (*Gen. pl.* пиани́сток) pianist (2/1)

пи́во beer (6/4v)

пиджа́к (*Gen. sing.* пиджака́) (*man's*) suit jacket (1/3)

пиро́жное (*noun, declines like adj.*) pastry (5/4)

пирож(о́)к (*Gen. sing.* пирожка́) pirozhok (*small filled pastry*) (1/2)

писа́ть (пишу́, пи́шешь, … пи́шут) / *pfv.* **написа́ть** to write (7/1; *impfv.* 3/1v)

    Пиши́(те)! Write. [1/4]

письмо́ (*pl.* пи́сьма, *Gen. pl.* пи́сем) letter (1/3)

пить (пью, пьёшь, … пьют) / *pfv.* **вы́пить** (вы́пью, вы́пьешь, … вы́пьют) to drink; *usu. pfv.* to drink up (8/1; *impfv.* 5/4v)

пи́цца pizza (7/3)

пи́шущая маши́нка typewriter (8/3v)

пла́вание swimming (9/3)

пла́вать *multidir.; unidir. and pfv. not introduced* to swim (9/3)

плати́ть (плачу́, пла́тишь, … пла́тят) / *pfv.* **заплати́ть** (**за** + *Acc.*) to pay (for) (8/1; *impfv.* 5/3)

плат(о́)к (*Gen. sing.* платка́) kerchief (13/2v)

плечо́ (*pl.* пле́чи) shoulder (12/1v)

пло́хо badly; (*used as predicate*) (it's/that's) bad (1/2)

плохо́й bad (2/4)

площа́дка (*Gen. pl.* площа́док) landing (*of a staircase*) (6/4)

пло́щадь (*Gen. pl.* площаде́й) *f.* (city) square (5/2)

    Кра́сная пло́щадь Red Square (9/1)

плюс: плю́сы и ми́нусы pluses and minuses (2/4v)

по (+ *Dat.*) **1.** along; **2.** around; **3.** by; on (8/4); **4.** (+ *Acc.*) at the price of: **по два́дцать рубле́й** at the price of 20 rubles (11/4v)

    по бу́дням on weekdays (9/3v)

    по две табле́тки two tablets each (12/4)

    по де́лу on business (7/4)

    по доро́ге on the way; along the way (8/3)

    по Интерне́ту [*pronounced* -тэ-] over (via) the Internet (8/3)

    по кра́йней ме́ре at least (10/4)

    по о́череди take turns (7/3)

    по реце́пту by prescription (12/4)

по-англи́йски (in) English (4/3v)

побе́да victory (14/4)

побежа́ть (побегу́, побежи́шь,... побегу́т) *pfv.* to run (8/4) (*impfv.* бежа́ть)

побеспоко́ить (побеспоко́ю, побеспоко́ишь,... побеспоко́ят) *pfv.* to bother; to disturb (12/1) (*impfv.* беспоко́ить)

поблагодари́ть (поблагодарю́, поблагодари́шь,... поблагодаря́т) *pfv.* to thank (10/2) (*impfv.* благодари́ть)

повезти́ (*3rd pers. sing.* повезёт; *past* повезло́) *pfv.* (+ *Dat.*) *impersonal* to have good luck; to be lucky (*impfv.* везти́) [6/4]

  Нам необыкнове́нно повезло́. We were incredibly lucky; We really lucked out. (6/4)

  Не повезло́ ей! That's tough luck for her! [7/2]

пове́рить (пове́рю, пове́ришь,... пове́рят) *pfv.* (+ *Dat.*) to believe (someone) (8/1) (*impfv.* ве́рить)

пове́сить (пове́шу, пове́сишь,... пове́сят) *pfv.* to hang; to hang up [7/2] (*impfv.* ве́шать)

  ве́шать пове́сить тру́бку to hang up the phone [7/2]

  Пове́сь(те) объявле́ние. Put up a sign. [6/2]

Повтори́(те)! Repeat. [1/4]

пого́да weather (9/2)

  прогно́з пого́ды weather forecast [9/2]

погуля́ть *pfv.* to walk; to go for a walk; to take a walk (8/1) (*may function as pfv. of* гуля́ть)

под (+ *Instr. for location or* + *Acc. for motion*) under [9/1]

подари́ть (подарю́, пода́ришь,... пода́рят) *pfv.* (+ *Dat.* + *Acc.*) to give (something to someone) (*as a gift*) (7/4) (*impfv.* дари́ть)

пода́р(о)к (*Gen. sing.* пода́рка) present; gift (6/4)

подготови́тельный preparatory (11/3)

подгото́виться (подгото́влюсь, подгото́вишься,... подгото́вятся) *pfv.* (**к экза́мену**) to prepare (for an exam) (7/3) (*impfv.* гото́виться)

подеше́вле (*comparative*) a little cheaper (11/4v)

подзе́мный underground [9/1]

поднима́ть / *pfv.* **подня́ть** (подниму́, подни́мешь,... подни́мут; *past* подня́л, подняла́, подня́ло, подня́ли) to raise [10/2]

подожда́ть (подожду́, подождёшь,... подожду́т; *past* подожда́л, подождала́, подожда́ло, подожда́ли) *pfv.* **1.** to wait (for); **2.** to expect (14/4) (*impfv.* ждать)

  Подожди́(те). Wait a moment. (10/1)

подойти́ (подойду́, подойдёшь,... подойду́т; *past* подошёл, подошла́, подошло́, подошли́) *pfv.* (**к** + *Dat.*) to approach (someone); to walk up (over) to (13/2) (*impfv.* подходи́ть)

подру́га (female) friend (5/4)

поду́мать *pfv.* (**о** + *Prep.*) to think (about) (8/1) (*impfv.* ду́мать)

поду́шка (*Gen. pl.* поду́шек) pillow; cushion (2/3v)

подходи́ть (подхожу́, подхо́дишь,... подхо́дят) / *pfv.* **подойти́** (подойду́, подойдёшь,... подойду́т; *past* подошёл, подошла́, подошло́, подошли́) (**к** + *Dat.*) to approach (someone); to walk up (over) to (13/2)

подъе́зд entrance (to a building); entryway (2/4)

по́езд (*pl.* поезда́) train (9/4)

пое́здка (*Gen. pl.* пое́здок) trip (11/4)

Поезжа́й(те)... Go... (*vehicular command form*) (Epi/C)

пое́сть (пое́м, пое́шь, пое́ст, поеди́м, поеди́те, поедя́т; *past* пое́л, пое́ла, пое́ло, пое́ли) *pfv.* to have something to eat; to have a bite (10/2) (*impfv.* есть[1])

пое́хать (пое́ду, пое́дешь,... пое́дут) *pfv.* **1.** to go (*by vehicle*); to ride; to drive; **2.** *pfv. only* to set out (*by vehicle*) (8/1) (*impfv.* е́хать)

  Пое́хали! Let's go! (14/4)

пожа́луйста 1. please; **2.** You're welcome! **3.** Here you are. (1/2)

пожени́ться (поже́нимся, поже́нитесь, поже́нятся) *pfv.* (*used in plural only*) (*of a couple*) to marry; to get married (8/2) (*impfv.* жени́ться)

пожило́й elderly; middle-aged [6/4]

поза́втракать *pfv.* to have breakfast; to have lunch (9/2v) (*impfv.* за́втракать)

позвони́ть (позвоню́, позвони́шь,... позвоня́т) *pfv.* (+ *Dat.*) to call (someone); to phone (7/1v) (*impfv.* звони́ть)

по́здно late (14/4)

поздоро́ваться *pfv.* (**с** + *Instr.*) to greet (someone); to say hello (to someone) [9/4] (*impfv.* здоро́ваться)

поздрави́тельная откры́тка (*Gen. pl.* откры́ток) greeting card (13/1)

поздравля́ть / *pfv.* **поздра́вить** (поздра́влю, поздра́вишь,... поздра́вят) (+ *Acc.* + **с** + *Instr.*) to congratulate; to extend greetings (to); to wish (someone) a happy (holiday) (10/2)

  Мо́жешь меня́ поздра́вить! Congratulate me! [7/2]

познако́мить (познако́млю, познако́мишь,... познако́мят) *pfv.* (+ *Acc.* + **с** + *Instr.*) to introduce (someone to someone) [7/4] (*impfv.* знако́мить)

познако́миться (познако́млюсь, познако́мишься,... познако́мятся) *pfv.* (**с** + *Instr.*) to meet; to get acquainted (with) (8/2) (*impfv.* знако́миться)

  Дава́йте познако́мимся. Let's introduce ourselves.; Let's get acquainted. (2/3)

  О́чень прия́тно познако́миться. (It's/It was) very nice to meet you. (4/4)

  Познако́мьтесь, э́то... (*when introducing someone*) I'd like you to meet...; Meet...; Let me introduce... (2/3)

Позови́ ма́му. (Would you) get Mom? (7/2)

поигра́ть *pfv.* to play (*impfv.* игра́ть 3/1)

по-испа́нски (in) Spanish (4/3v)
по-италья́нски (in) Italian (4/3v)
пойти́ (пойду́, пойдёшь, . . . пойду́т; *past* пошёл, пошла́, пошло́, пошли́) *pfv.* **1.** to go; **2.** to set out (8/1) (*impfv.* идти́)
   Пойдём(те)! Let's go! [9/1]
   Пошли́! Let's go! (4/3)
пока́ 1. for the time being; for now [5/4]; **2. Пока́!** (*informal*) Bye!; See you later (1/2); **3.** while (9/2)
показа́ться (покажу́сь, пока́жешься, . . . пока́жутся) *pfv.* to seem; to appear [13/1] (*impfv.* каза́ться)
пока́зывать / *pfv.* **показа́ть** (покажу́, пока́жешь, . . . пока́жут) (+ *Dat.* + *Acc.*) to show (something to someone) (8/3)
по-кита́йски (in) Chinese (4/3v)
покупа́ть / *pfv.* **купи́ть** (куплю́, ку́пишь, . . . ку́пят) (+ *Dat.* + *Acc.*) to buy (someone something) (7/2; *pfv. infin.* only 5/1)
пол (*Prep. sing.* на полу́; *pl.* полы́) floor (2/2v)
пол- (*prefix*) half (11/1v): **полшесто́го** half past five; 5:30 (11/1v)
полечи́ть (полечу́, поле́чишь, . . . поле́чат) *pfv.* to treat (*medically*) (*for a while*) (12/1) (*may function as pfv. of* лечи́ть)
поликли́ника outpatient clinic (3/4v)
по́лка (*Gen. pl.* по́лок) shelf (3/2v)
   кни́жная по́лка bookshelf (2/3v)
по́лный full [9/4]
полови́на half (11/1v)
   полови́на шесто́го = полшесто́го half past five; 5:30 (11/1v)
положи́ть (положу́, поло́жишь, . . . поло́жат) *pfv.* to lay; to put (10/3) (*impfv.* класть)
полуфина́л semifinals (14/4v)
получа́ть / *pfv.* **получи́ть** (получу́, полу́чишь, . . . полу́чат) to receive; to get (8/1; *impfv.* 5/3)
получа́ться / *pfv.* **получи́ться** (полу́чится, полу́чатся) (*3rd pers. only*) to turn out (11/2)
   У тебя́ непло́хо получа́ется. That's pretty good! [6/1]
полчаса́ half an hour (7/2)
по́льзоваться (по́льзуюсь, по́льзуешься, . . . по́льзуются) / *pfv.* **воспо́льзоваться** (+ *Instr.*) to use (13/3)
поменя́ть *pfv.* to change (something) [7/2] (*impfv.* меня́ть)
помеша́ть *pfv.* (+ *Dat.*) to bother, disturb (someone or something) (7/1) (*impfv.* меша́ть)
помидо́р tomato (10/2v)
по́мнить (по́мню, по́мнишь, . . . по́мнят) / *pfv. not introduced* to remember (5/2)
помога́ть / *pfv.* **помо́чь** (помогу́, помо́жешь, . . . помо́гут; *past* помо́г, помогла́, помогло́, помогли́) (+ *Dat.*) to help (someone or something) (7/4; *pfv. infin.* only 5/3)
   Помоги́(те)! Help! (4/3)
по́мощь: ско́рая по́мощь *f.* ambulance service; emergency medical service (6/2)
понеде́льник Monday (1/4)
по-неме́цки (in) German (4/3v)
понима́ть / *pfv.* **поня́ть** (пойму́, поймёшь, . . . пойму́т; *past* по́нял, поняла́, по́няло, по́няли) to understand (7/3; *impfv.* 3/1)
   Им нас не поня́ть! They can't understand us! [11/4]
   Понима́ешь? Got it? (6/1)
понра́виться (понра́вится, понра́вятся) (*usu. 3rd pers.*) *pfv.* (+ *Dat.*) to be pleasing (to someone) (7/4) (*impfv.* нра́виться)
поня́ть (пойму́, поймёшь, . . . пойму́т; *past* по́нял, поняла́, по́няло, по́няли) *pfv.* to understand (7/3) (*impfv.* понима́ть)
   Поня́тно. I understand. (7/1)
пообе́дать *pfv.* to have dinner; to have lunch (13/2) (*impfv.* обе́дать)
попада́ть / *pfv.* **попа́сть** (попаду́, попадёшь, . . . попаду́т; *past* попа́л, попа́ла, попа́ло, попа́ли) to reach (*some place, by phone*); (в *or* на + *Acc.*) to get to (*a place or event*) (7/2)
   Вы не туда́ попа́ли. (*over the telephone*) You got the wrong number. (7/2)
попада́ть / попа́сть впроса́к to make a blunder [11/3]
по-португа́льски (in) Portuguese (4/3v)
попро́бовать (попро́бую, попро́буешь, . . . попро́буют) *pfv.* **1.** to try; **2.** to taste (10/3) (*impfv.* про́бовать)
попроси́ть (попрошу́, попро́сишь, . . . попро́сят) *pfv.* (+ *Acc.* + *infin.*) to ask; to request (someone to do something) (8/1) (*impfv.* проси́ть)
   Мо́жно попроси́ть . . . ? (*on the phone*) May I speak to . . . ? (7/3)
   Попроси́те (к телефо́ну) . . . Ask . . . (to come to the phone) (7/2)
попроща́ться *pfv.* (с + *Instr.*) to say good-bye (to someone) (10/2) (*impfv.* проща́ться)
популя́рный popular (9/4)
попыта́ться *pfv.* to try; to attempt (11/3) (*impfv.* пыта́ться)
пора́ *impersonal* **1.** (+ *Dat.*) (куда́) it's time (*for someone to go some place*): **Тебе́ пора́ в университе́т.** It's time for you to go to the university. (7/2); **2.** (+ *infin.*) it's time (*to do something*) (13/2)
поро́г threshold [9/4]
портфе́ль *m.* briefcase [9/1]
по-ру́сски (in) Russian (4/3v)
по́рция serving (14/2)

посла́ть (пошлю́, пошлёшь, ... пошлю́т) *pfv.* to send (13/1) (*impfv.* посыла́ть)

по́сле (+ *Gen.*) after (11/4)

после́дний last (in a series) (10/2)

    в после́дний раз the last time (14/1)

послеза́втра the day after tomorrow (12/4)

послу́шать *pfv.* to listen (to) (7/2) (*impfv.* слу́шать)

посмотре́ть (посмотрю́, посмо́тришь, ... посмо́трят) *pfv.* **1.** to look (at); **2.** to watch (8/1) (*impfv.* смотре́ть)

    Посмо́трим. We'll see. (9/2)

посове́товать (посове́тую, посове́туешь, ... посове́туют) *pfv.* (+ *Dat.*) to advise; to tell (someone) (*to do something*); to suggest (*that someone do something*) (13/4) (*impfv.* сове́товать)

поспеши́ть (поспешу́, поспеши́шь, ... поспеша́т) *pfv.* to hurry (8/4) (*impfv.* спеши́ть)

поссо́риться (поссо́рюсь, поссо́ришься, ... поссо́рятся) *pfv.* to quarrel; to argue [8/1] (*impfv.* ссо́риться)

поста́вить (поста́влю, поста́вишь, ... поста́вят) *pfv.* to put; to stand; to place (in a standing position) (9/1) (*impfv.* ста́вить)

постара́ться *pfv.* to attempt (to); to try (to) (13/1) (*impfv.* стара́ться)

постепе́нно gradually (13/1)

посу́да dishes; dishware (13/2)

посчита́ть *pfv.* to count (11/2) (*impfv.* счита́ть)

посыла́ть / *pfv.* **посла́ть** (пошлю́, пошлёшь, ... пошлю́т) to send (13/1)

потанцева́ть (потанцу́ю, потанцу́ешь, ... потанцу́ют) *pfv.* to dance (14/2) (*impfv.* танцева́ть)

потеря́ть *pfv.* to lose (12/4) (*impfv.* теря́ть)

потол(о́)к (*Gen. sing.* потолка́) ceiling (2/2v)

пото́м 1. then; after that (3/4v); **2.** later (on) (4/3)

потому́ что because (4/4)

по-францу́зски (in) French (4/3v)

похо́ж (похо́жа, похо́же, похо́жи) **на** (+ *Acc.*) resemble; look like: **Он похо́ж на вас.** He looks like you. (6/2)

по́хороны (*Gen.* похоро́н, *Dat.* похорона́м) *pl.* funeral (11/4)

Почём ...? (*colloquial*) How much is ...?; How much are ...?; What is the price of ...? (11/4v)

почему́ why (2/3)

    Почему́ ты вот всегда́ ...? Why do you always ...? [8/1]

почини́ть (починю́, почи́нишь, ... почи́нят) *pfv.* to fix; to repair (8/1) (*impfv.* чини́ть)

почита́ть *pfv.* to read (*for a little while*) [14/1] (*may function as pfv. of* чита́ть)

по́чта 1. mail (6/3); **2.** post office (3/4v)

    электро́нная по́чта e-mail (8/3)

почтальо́н mail carrier (4/4v)

почти́ almost (6/4)

Пошли́! Let's go! (4/3)

поэ́тому that's why; therefore; so (3/1)

по-япо́нски (in) Japanese (4/3v)

по-мо́ему *parenthetical* in my opinion (3/1)

по-моско́вски Moscow style (5/3)

прав (права́, пра́во, пра́вы) right; correct (9/3)

пра́вда 1. truth (10/1); **2.** *parenthetical* true; granted; to be sure (6/4)

Пра́вда? Really?; Isn't that so? (6/4)

пра́вильно (that's) right; (that's) correct (11/2)

    Пра́вильно! That's right! [6/1]

пра́во (*pl.* права́) right (8/1)

    име́ть пра́во to have the right (8/1)

пра́вый right (*adj.*); right-hand (14/1)

пра́здник [*pronounced* -зн-] holiday (10/4)

пра́здновать (пра́здную, пра́зднуешь, ... пра́зднуют) / *pfv.* **отпра́здновать** to celebrate (7/3)

пра́ктика practice (4/4)

    ча́стная пра́ктика private practice [4/4v]

предлага́ть / *pfv.* **предложи́ть** (предложу́, предло́жишь, ... предло́жат) **1.** to offer; **2.** to suggest (7/1)

предпочита́ть / *pfv.* **предпоче́сть** (предпочту́, предпочтёшь, ... предпочту́т; *past* предпочёл, предпочла́, предпочло́, предпочли́) to prefer (8/1)

представля́ть / *pfv.* **предста́вить** (предста́влю, предста́вишь, ... предста́вят) (**себе́**) to imagine [14/1]

    Представля́ю, ... I can imagine (that) ... (14/1)

    Предста́вь(те) себе́, ... ; Just imagine, ...; Believe it or not, ... (10/4)

пре́жде всего́ first of all (5/4)

прекра́сно wonderfully; (*used as predicate*) (it's/that's) wonderful (8/3)

    Прекра́сно! It's (That's) wonderful! (4/1)

прекра́сный wonderful (7/1)

прелю́д prelude [6/1]

преподава́тель/преподава́тельница instructor (*in college*); teacher (4/3v)

преподава́ть (преподаю́, преподаёшь, ... преподаю́т) / *pfv. not introduced* (+ *Acc.*) to teach (something) (4/3v)

привести́ (приведу́, приведёшь, ... приведу́т; *past* привёл, привела́, привело́, привели́) *pfv.* to bring (*someone along*) (11/1) (*impfv.* приводи́ть)

Приве́т! (*informal*) Hi!; Hello there! (1/1)

приводи́ть (привожу́, приво́дишь, ... приво́дят) / *pfv.* **привести́** (приведу́, приведёшь, ... приведу́т; *past* привёл, привела́, привело́, привели́) to bring (*someone along*) (11/1)

привыка́ть / *pfv.* **привы́кнуть** (привы́кну,... привы́кнешь, привы́кнут; *past* привы́к, привы́кла, привы́кло, привы́кли) (**к** + *Dat.*) to get used to (someone or something) (11/4)

приглаша́ть / *pfv.* **пригласи́ть** (приглашу́, пригласи́шь,... приглася́т) to invite (7/1)

    приглаша́ть / **пригласи́ть в го́сти** (+ *Acc.*) to invite (someone) over (11/1)

приглаше́ние invitation (7/2v)

пригото́вить (пригото́влю, пригото́вишь,... пригото́вят) *pfv.* **1.** to prepare; **2.** to cook (7/3) (*impfv.* гото́вить)

прие́зд arrival (11/4)

приезжа́ть / *pfv.* **прие́хать** (прие́ду, прие́дешь,... прие́дут) to come (*by vehicle*); to arrive (9/1)

прийти́ (приду́, придёшь,... приду́т; *past* пришёл, пришла́, пришло́, пришли́) *pfv.* to come; to arrive; to come back (7/4) (*impfv.* приходи́ть)

прилета́ть / *pfv.* **прилете́ть** (прилечу́, прилети́шь,... прилетя́т) to arrive (by plane) [3/4]

приме́та sign; omen [9/4]

принести́ (принесу́, принесёшь,... принесу́т; *past* принёс, принесла́, принесло́, принесли́) *pfv.* to bring (over) (7/3) (*impfv.* приноси́ть)

принима́ть / *pfv.* **приня́ть** (приму́, при́мешь,... при́мут; *past* при́нял, приняла́, при́няло, при́няли) to accept; to take (8/1; *impfv.* 6/3v)

    принима́ть / **приня́ть душ** to take a shower (9/2v)

    принима́ть / **приня́ть лека́рство** to take medicine (12/3v)

приноси́ть (приношу́, прино́сишь,... прино́сят) / *pfv.* **принести́** (принесу́, принесёшь,... принесу́т; *past* принёс, принесла́ принесло́, принесли́) to bring (over) (7/3; *pfv.* 6/4)

    приноси́ть / **принести́** (**с собо́й**) to bring (along) (10/2)

при́нтер [*pronounced* -тэ-] printer (8/3v)

при́нято it is customary (to . . .); it is accepted; it is (considered) appropriate [7/3]

    У нас э́то не при́нято. We don't do that (here). [7/3]

приня́ть (приму́, при́мешь,... при́мут; *past* при́нял, приняла́, при́няло, при́няли) *pfv.* to accept; to take (8/1) (*impfv.* принима́ть)

присе́сть: присе́сть (прися́ду, прися́дешь,... прися́дут) **на доро́гу** (*pfv.; impfv. not introduced*) to sit down before a trip [Epi/B]

присыла́ть / *pfv.* **присла́ть** (пришлю́, пришлёшь,... пришлю́т) to send (8/4)

приходи́ть (прихожу́, прихо́дишь,... прихо́дят) / *pfv.* **прийти́** (приду́, придёшь,... приду́т; *past* пришёл, пришла́, пришло́, пришли́) to come; to arrive; to come back (7/4)

приходи́ться (прихо́дится) / *pfv.* **прийти́сь** (придётся; *past* пришло́сь) (+ *Dat.* + *Infin.*) *impersonal* to have to [14/1]

    Мне (ему́, ей, *etc.*) **пришло́сь (придётся)** . . . I (he, she, *etc.*) had to (will have to). . . (14/4)

прия́тно (*used as predicate*) (it's/that's) pleasant; (it's/that's) nice (13/1)

    Им (бу́дет) прия́тно. They (will) like it. (13/1)

    О́чень прия́тно познако́миться. (It's/It was) very nice to meet you. (4/4)

    О́чень прия́тно! Pleased to meet you!; Nice to meet you! (1/2)

прия́тный nice; pleasant (7/4)

    Прия́тного аппети́та! *Bon appétit!* (14/2)

про (+ *Acc.*) about (8/3)

пробле́ма problem (4/1)

про́бовать (про́бую, про́буешь,... про́буют) / *pfv.* **попро́бовать 1.** to try; **2.** to taste (10/3)

проверя́ть / *pfv.* **прове́рить** (прове́рю, прове́ришь,... прове́рят) to check (8/4)

провожа́ть / *pfv.* **проводи́ть** (провожу́, прово́дишь,... прово́дят) **ста́рый год** to see out the old year (10/2)

програ́мма: компью́терная [*pronounced* -тэ-] **програ́мма** computer program (11/3v)

програ́ммка (*Gen. pl.* програ́ммок) (*diminutive*) (printed) program (14/3)

продава́ть (продаю́, продаёшь,... продаю́т) / *pfv.* **прода́ть** (прода́м, прода́шь, прода́ст, продади́м, продади́те, продаду́т; *past* про́дал, продала́, про́дало, про́дали) (+ *Dat.* + *Acc.*) to sell (something to someone) (8/1; *impfv.* 5/3)

продав(е́)ц (*Gen. sing.* продавца́)/**продавщи́ца** sales clerk (8/3)

прода́жа жето́нов (sale of) tokens [9/1]

Продолжа́й(те)! Continue. [1/4]

продолжа́ться / *pfv.* **продолжи́ться** (продо́лжится, продо́лжатся) (*3rd pers. only*) *intransitive* to go on; to continue (Epi/C)

проду́кты (*Gen. pl.* проду́ктов) *pl.* groceries (3/4)

проездно́й (*noun, declines like adj.*) = **проездно́й биле́т** metro (bus, trolley, tram) pass (5/3v)

проезжа́ть / *pfv.* **прое́хать** (прое́ду, прое́дешь,... прое́дут) to ride; to drive (*along, through, past, etc.*) (11/2v)

прои́грывать / *pfv.* **проигра́ть** (*of a game, etc.*) to lose (9/4)

происхожде́ние origin [13/1]

пройти́ (пройду́, пройдёшь,... пройду́т; *past* прошёл, прошла́, прошло́, прошли́) *pfv.* **1.** (*usu. 3rd pers. in*

this meaning) (*of pain, cough, etc.*) to pass; to go away (12/3); **2.** (*with* **ми́мо**) to pass (by); to go past (13/2) (*impfv.* **проходи́ть**)
  Разреши́(те) пройти́. (Would you) let me by (please). (9/1v)
проси́ть (**прошу́, про́сишь, ... про́сят**) / *pfv.*
  попроси́ть 1. (+ *Acc.* + *infin.*) to ask (someone to do something); **2.** (+ *Acc.* or **у** + *Gen.*) to ask for; to request (8/1)
  Мо́жно попроси́ть ...? (*on the phone*) May I speak to ...? (7/3)
  Попроси́те (к телефо́ну) ...? May I speak with ...? (7/2)
  Прошу́ всех к столу́! Everyone please come to the table! (10/2)
проспе́кт avenue; (*in names of streets*) Prospekt (11/2v)
Прости́(те)! Excuse me! (7/2)
про́сто simply; (*used as predicate*) (it's/that's) simple (9/3)
просто́й simple (12/2)
просту́да a cold (12/3)
простужа́ться / *pfv.* **простуди́ться** (**простужу́сь, просту́дишься, ... просту́дятся**) to catch a cold (12/2)
про́сьба: У меня́ к тебе́ (вам) про́сьба. I have a request of you. (8/4)
профе́ссия profession (3/1)
профе́ссор (*pl.* **профессора́**) professor (2/1)
проходи́ть (**прохо́дит, прохо́дят**) / *pfv.* **пройти́** (**пройдёт, пройду́т;** *past* **прошёл, прошла́, прошло́, прошли́**) **1.** (*usu. 3rd pers. in this meaning*) (*of pain, cough, etc.*) to pass; to go away (12/3); **2.** (*with* **ми́мо**) to pass (by); to go past (13/2)
  Проходи́(те). (*when inviting someone in*) Come in. (12/3)
  Разреши́те пройти́. (Would you) let me by (please). (9/1v)
прохо́жий (*noun, declines like adj.*) passerby [8/4]
проце́нт percent (13/3)
прочита́ть *pfv.* **1.** to read; **2.** to give (*a lecture*) (7/1) (*impfv.* **чита́ть**)
про́шлый last (*preceding the present one*): **в про́шлом году́** last year (5/2)
проща́ться / *pfv.* **попроща́ться** (**с** + *Instr.*) to say good-bye (to someone) (10/2)
про́ще (*compar. of* **просто́й** *and* **про́сто**) easier; simpler (12/2)
пу́дель *m.* poodle [6/1v]
пуло́вер V-neck sweater (1/3)
пуска́ть / *pfv.* **пусти́ть** (**пущу́, пу́стишь, ... пу́стят**) to let in [14/3]: **Нас не пу́стят в зал.** They won't let us into the performance hall.

пусто́й empty [9/4]
пусть let ...; have (*someone do something*) (12/4)
пылесо́с vacuum cleaner (4/1v)
пыта́ться / *pfv.* **попыта́ться** (+ *infin.*) to try; to attempt (11/3)
пье́са play (*dramatic presentation*) (5/2v)
пятёрка a "five" (*top grade in Russian schools, equivalent to a grade of "A"*) (4/3)
пятидеся́тый fiftieth (8/2)
пятна́дцатый fifteenth (6/3)
пятна́дцать fifteen (6/1)
пя́тница Friday (1/4)
пя́тый fifth (6/3)
пять five (2/1)
  в пять часо́в утра́ at 5:00 a.m. (7/3)
  в пять (шесть, семь, ...) часо́в at five (six, seven, ...) o'clock (7/1v)
  пять (шесть, ... де́вять) ты́сяч five (six, ... nine) thousand (8/3)
пятьдеся́т fifty (6/1)
пятьсо́т five hundred (5/3)

Р

рабо́та 1. work; **2.** job (3/1v)
рабо́тать / *no resultative pfv.* to work (3/1v)
  Я на по́чте рабо́таю неда́вно. I haven't been working at the post office long. (6/3)
рад (**ра́да, ра́до, ра́ды**) glad; pleased (6/4)
  О́чень рад. Pleased to meet you. (2/3)
ра́ди (+ *Gen.*) for (the sake of) (11/1)
ра́дио *neut. indecl.* radio (5/1)
ра́дость *f.* joy [10/4]
раз (*conjunction*) since [9/2]
раз (*Gen. pl.* **раз**) time; occasion (9/3)
  в пе́рвый раз (for) the first time (14/2)
  в после́дний раз (for) the last time (14/1)
ра́зве really? (3/1)
  Ра́зве так мо́жно? How could you possibly do that? (12/1)
  Ра́зве э́то тру́дная те́ма? Is it really a difficult topic? (3/1)
разгова́ривать / *no resultative pfv.* to talk; to speak; to chat (6/4)
разме́р size (5/3)
ра́зный different; various (5/2)
разреша́ть / *pfv.* **разреши́ть** (**разрешу́, разреши́шь, ... разреша́т**) (+ *Dat.* + *infin.*) to allow; to permit (someone to do something) [8/4]
  Разреши́те (+ *infin.*) ... Allow (me) to ... (13/4)
райо́н district; section (of town) (3/4)

ра́но early (9/2)
ра́ньше (*compar. of* ра́нний *and* ра́но) **1.** earlier; **2.** before; formerly (8/3)
рассерди́ться (рассержу́сь, рассе́рдишься, . . . рассе́рдятся) (на + *Acc.*) *pfv.* to get (become) angry (at someone) (*impfv.* серди́ться[6/4])
расска́з (short) story (5/2v)
расска́зывать / *pfv.* **рассказа́ть** (расскажу́, расска́жешь, . . . расска́жут) to tell; to relate (7/3)
 Расскажи́(те) о (об) . . . Tell us (me) (about). . . (4/3)
рассыпа́ть / *pfv.* **рассы́пать** (рассы́плю, рассы́плешь, рассы́плет, рассы́плем, рассы́плете, рассы́плют) to spill [9/4]
расти́ (расту́, растёшь, . . . расту́т; *past* рос, росла́, росло́, росли́) / *pfv.* **вы́расти** (вы́расту, вы́растешь, . . . вы́растут; *past* вы́рос, вы́росла, вы́росло, вы́росли) **1.** to grow; **2.** to grow up (8/1; *impfv.* 6/3)
ребя́та *pl.* (*Gen.* ребя́т) (*colloquial*) guys (10/3)
революцио́нный revolutionary [13/1]
регистрату́ра registration office [12/4]
ре́дко rarely (5/4)
рези́новый rubber (*adj.*) (5/3)
река́ (*Acc. sing.* реку́ *or* ре́ку; *pl.* ре́ки) river (1/2)
рекла́ма 1. advertising; **2.** commercial; advertisement (9/3v)
рекомендова́ть (рекоменду́ю, рекоменду́ешь, . . . рекоменду́ют) *pfv. and impfv.* to recommend (14/2)
рестора́н restaurant (4/4v)
реце́пт prescription (12/4)
 по реце́пту by prescription (12/4)
речь (*no pl. in this meaning*) *f.* speech: **ру́сская речь** Russian speech (*the spoken Russian language*) [11/3]
реша́ть / *pfv.* **реши́ть** (решу́, реши́шь, . . . реша́т) to decide (11/4)
реша́ющий deciding; decisive [14/3]
риск risk [9/3]
рискова́ть (риску́ю, риску́ешь, . . . риску́ют) / *pfv.* **рискну́ть** (рискну́, рискнёшь, . . . рискну́т) to take chances (a chance); to risk (something) [9/4]
ро́вно: ро́вно в семь часо́в at seven o'clock sharp; at seven on the dot (7/3)
роди́тели (*Gen.* роди́телей) *pl.* parents (2/1v)
рожда́ться / *pfv.* **роди́ться** (рожу́сь, роди́шься, . . . родя́тся; *past* роди́лся, родила́сь, роди́ли́сь) to be born (5/2)
родно́й native [4/3v]
рожде́ние birth (12/2)
 д(е)нь рожде́ния birthday (4/2)
Рождество́ Christmas (10/1)

ро́за rose (11/4)
ро́зовый pink (9/2)
рок rock (music) (3/3)
Росси́я Russia (1/2)
р(о)т (*Gen. sing.* рта, *Prep. sing.* во рту́) mouth (12/1v)
роя́ль *m.* piano; grand piano (2/3v)
руба́шка (*Gen. pl.* руба́шек) shirt (1/3)
рубль (*Gen. sing.* рубля́) *m.* ruble (5/3)
рука́ (*Acc. sing.* ру́ку, *pl.* ру́ки) **1.** hand; **2.** arm (12/1v)
 золоты́е ру́ки (у + *Gen.*) (one is) good with one's hands (4/3)
 ма́стер на все ру́ки jack-of-all-trades [4/3]
ру́сский Russian (*adj.*) (2/2)
ру́сский/ру́сская (*noun, declines like adj.*) a Russian (2/2)
ру́сско-америка́нский Russian-American [8/2]
ру́чка (*Gen. pl.* ру́чек) pen (1/3)
ры́ба fish (7/3)
ры́н(о)к (*Gen.* ры́нка) market (11/4)
рюкза́к (*Gen.* рюкзака́) backpack; knapsack (1/4)
ряд (*Gen. sing.* ря́да *but* два, три, четы́ре ряда́, *Prep. sing.* в ряду́, *pl.* ряды́) row (14/1v)
ря́дом (right) nearby; next door (3/4)

С

с (со) 1. (+ *Instr.*) with (9/1); **2.** (+ *Instr.*) and: **Мы с тобо́й** . . . You and I . . . (9/3); **3.** (+ *Gen.*) from (12/4)
 говори́ть с акце́нтом to have an accent; to speak with an accent (9/1)
 Мы с ним учи́лись в одно́м кла́ссе. He and I studied in the same class. (14/1)
 Ско́лько с меня́? How much is it?; How much do I owe? (11/4v)
 С наступа́ющим! (*Said as New Year's eve approaches*) Happy (coming) New Year! (10/2)
 С Но́вым го́дом! Happy New Year (10/3)
 с удово́льствием gladly; with pleasure (7/2)
 Что с ва́ми (тобо́й)? What's the matter (with you)? (12/3)
сад garden (5/2)
 де́тский сад (*Prep.* в де́тском саду́) kindergarten (10/1)
 «Вишнёвый сад» The Cherry Orchard (*a play by Anton Chekhov*) [5/2v]
сади́ться (сажу́сь, сади́шься, . . . садя́тся) / *pfv.* **сесть** (ся́ду, ся́дешь, . . . ся́дут; *past* сел, се́ла, се́ло, се́ли) (куда́) to sit down; to take a seat (10/4)
 сади́ться / сесть на (авто́бус) to get on (a bus); to take (a bus) (11/2v)
саксофо́н saxophone (3/3v)

саксофонист saxophonist (3/3v)
салат salad [7/3v]
    картофельный салат potato salad [7/3v]
    салат из крабов crab salad (14/2)
салфетка (*Gen. pl.* салфеток) napkin (13/4v)
сам (сама, само, сами) (*emphatic pronoun*) oneself; myself, yourself, *etc.* (10/2)
самый (*used to form superlatives*) the most . . . (9/1)
Санкт-Петербург Saint (St.) Petersburg (1/2)
сапоги (*Gen.* сапог) *pl.* (*sing.* сапог, *Gen. sing.* сапога) boots (5/3)
сахарница sugar bowl [13/4v]
свадьба (*Gen. pl.* свадеб) wedding (8/3)
свет: на свете in the world [14/1]
светлый bright; light (3/2)
светофор traffic light [8/4v]
свидание date (*social*) (8/1)
    идти на свидание to go on a date (8/1)
свитер [*pronounced* -тэ-] (*pl.* свитеры *and* свитера) (high-neck) sweater (1/3)
свободный (свободен, свободна, свободно, свободны) free (8/4)
свой (*when owner is the subject*) one's (my, your, *etc.*) own (8/4)
связь *f.* connection (8/4)
сдавать (сдаю, сдаёшь, . . . сдают) / *pfv.* **сдать** (сдам, сдашь, сдаст, сдадим, сдадите, сдадут; *past* сдал, сдала, сдало, сдали) **1.** to rent out (an apartment) (8/1; *impfv.* 6/2v); **2.** to check (*a coat, etc., in a coat check room*) (14/3)
сдаваться (сдаётся, сдаются) / *no pfv. in this meaning* (*usu. 3rd pers.*) to be for rent [5/4]
сделать *pfv.* **1.** to do; **2.** to make (7/3) (*impfv.* делать)
сеанс showing (*of a film*); show (12/2v)
себя (*Acc. and Gen.; Dat. and Prep.* себе; *Instr.* собой) (*reflexive pronoun*) oneself; myself, yourself, *etc.* (10/2)
Северная Америка North America (1/2)
сегодня today (1/4)
    Какое сегодня число? What's the date today?; What's today's date? (6/3)
    Какой сегодня день? What (day) is (it) today? (1/4)
седьмой seventh (6/3)
сезон season [9/4]
сейчас 1. now; right now (3/4); **2.** right away; at once (3/1)
    Сейчас! (*when being called by someone*) I'll be right there! (2/4)
    Я сейчас. I'll be right back. (Epi/B)
    (**Сейчас**) . . . (+ *clock time*). It's (now) . . . o'clock. (7/3)
секрет secret (8/1)
    если не секрет if you don't mind my asking (8/1)

сельдерей celery [7/3v]
семидесятый seventieth (8/2)
семинар seminar (11/4)
семнадцатый seventeenth (6/3)
семнадцать seventeen (6/1)
семь seven (2/1)
    в семь часов вечера at 7:00 p.m. (7/3)
семьдесят seventy (6/1)
семьсот seven hundred (8/3)
семья (*pl.* семьи, *Gen. pl.* семей, *Dat. pl.* семьям) family (2/1v)
сентябрь (*Gen. sing.* сентября) *m.* September (1/4)
сердито angrily [7/2]
сердиться (сержусь, сердишься, . . . сердятся) / *pfv.* **рассердиться** (**на** + *Acc.*) to be (get) angry (at someone) [6/4]
серый gray (9/2)
серьги (*sing.* серьга, *Gen. pl.* серёг) *pl.* earrings (13/2v)
сестра (*pl.* сёстры, *Gen. pl.* сестёр, *Dat. pl.* сёстрам) sister (2/1)
    двоюродная сестра (*female*) cousin (2/1v)
    медицинская сестра = **медсестра** nurse [7/1]
сесть (сяду, сядешь, . . . сядут; *past* сел, села, село, сели) *pfv.* (куда) to sit down; to take a seat (10/4) (*impfv.* садиться)
сигарета cigarette (5/3v)
сидеть (сижу, сидишь, . . . сидят) / *no resultative pfv.* (где) to sit; to be sitting (10/4)
сильно: сильно простудиться (*usu. pfv.*) to catch a bad cold (12/1)
символ symbol [13/1]
симпатичный nice; likable (3/2)
симпозиум symposium [8/3]
синий dark blue (10/2)
система system [7/1]
Сиэтл Seattle (1/2)
сказать (скажу, скажешь, . . . скажут) *pfv.* to say; to tell (7/4) (*impfv.* говорить)
    Вы не скажете . . . ? Could you tell me . . . ? (8/4)
    Скажите, пожалуйста, . . . Please tell me . . . ; Could you please tell me . . . ? (5/3v)
    Что ты хочешь этим сказать? What do you mean by that?; What are you trying to say? (13/2)
скатерть *f.* tablecloth [13/4v]
сколько (+ *Gen.*) how much; how many (6/1)
    Сколько ему (ей) лет? How old is he (she)? (6/1)
    Сколько с меня? How much do I owe?; How much is it? (11/4v)
    Сколько это стоит? How much does that cost? (6/2)
скорая помощь *f.* ambulance service; emergency medical service (6/2)

скоре́е 1. (*compar. of* ско́ро) sooner; **2.** quickly; as quickly as possible (11/2)
   Скоре́е! Hurry up! (12/2)
   скоре́е всего́ most likely (10/1)
   Скоре́е выздора́вливай(те)! Get well soon! (12/4)
   Скоре́е за стол! Everyone to the table! [10/3]
ско́ро soon (9/2)
скрипа́ч (*Gen. sing.* скрипача́) / **скрипа́чка** (*Gen. pl.* скрипа́чек) violinist (3/3v)
скри́пка (*Gen. pl.* скри́пок) violin (3/3v)
ску́чно boringly; (*used as predicate*) (it's/that's) boring (6/1)
ску́чный boring; tiresome (6/1)
сле́ва on the left (2/2)
сле́дующий next (9/1v)
сли́шком too; excessively: **сли́шком до́рого** too expensive (4/2)
слова́рь (*Gen. sing.* словаря́) *m.* dictionary (8/4)
сло́во (*pl.* слова́) word (1/2)
   ни сло́ва don't say (breathe) a word (about it) (5/4)
слу́чай 1. case (8/4); **2.** incident (11/4)
   на вся́кий слу́чай just in case (8/4)
случа́ться / *pfv.* **случи́ться** (случи́тся, случа́тся) (*3rd pers. only*) to happen; to occur [7/2]
   Что случи́лось? What happened? (7/2)
слу́шать / *pfv.* **послу́шать** to listen (to) (7/2; *impfv.* 3/3)
   Слу́шай(те)! Listen. [1/4]
слы́шать (слы́шу, слы́шишь,...слы́шат) / *pfv.* **услы́шать** to hear (8/1; *impfv.* 6/4)
   Всё слы́шно. I (we, *etc.*) can hear everything. (4/2)
   Я ничего́ не хочу́ слы́шать! I don't want to hear a thing about it! (7/2)
смета́на sour cream [10/2v]
сметь: Не смей... (+ *infin.*) Don't you dare... [6/4]
смея́ться (смею́сь, смеёшься,...смею́тся) / *pfv.* **посмея́ться 1.** to laugh; **2.** (**над** + *Instr.*) to laugh at; to make fun of (11/4)
смотре́ть (смотрю́, смо́тришь,...смо́трят) / *pfv.* **посмотре́ть 1.** to look (at); **2.** to watch (8/1; *impfv.* 4/2; *impfv. infin. only* 3/4): **смотре́ть но́вости по телеви́зору** to watch the news on television
   Смотри́(те)! Look! (3/4)
смочь (смогу́, смо́жешь,...смо́гут; *past* смог, смогла́, смогло́, смогли́) *pfv.* to be able (7/4) (*impfv.* мочь)
снача́ла at first; first (12/2)
снег (*Prep. sing.* в снегу́) snow (8/2)
   идёт снег it's snowing (8/2)
Снегу́рочка Snegurochka (Snow Maiden) (10/1v)
снима́ть / *pfv.* **снять** (сниму́, сни́мешь,...сни́мут; *past* снял, сняла́, сня́ло, сня́ли) **1.** to rent (7/4; *impfv.* 6/4); **2.** to take off (12/3)

сно́ва again; once again (12/4)
соба́ка dog (2/1)
собира́ться / *pfv.* **собра́ться** (соберу́сь, соберёшься,...соберу́тся; *past* собра́лся, собрала́сь, собрало́сь, собрали́сь) **1.** (куда́) to be planning to go somewhere; **2.** (+ *infin.*) to intend, to be about (to do something) (8/1; *impfv.* 5/4)
собо́р Васи́лия Блаже́нного St. Basil's Cathedral [9/1]
собра́ние meeting (7/1v)
со́бственный one's own [6/2]
соверше́нно completely (8/2)
сове́т advice (9/3)
сове́товать (сове́тую, сове́туешь,...сове́туют) / *pfv.* **посове́товать** (+ *Dat.* + *infin.*) to advise; to tell someone (to do something); to suggest (that someone do something) (13/4)
совпаде́ние coincidence (13/4)
совра́ть (совру́, соврёшь,...совру́т; *past* совра́л, соврала́, совра́ло, совра́ли) *pfv.* to (tell a) lie (10/1) (*impfv.* врать)
совреме́нный modern (10/4)
совсе́м quite; completely; entirely (14/3)
   совсе́м не not at all (7/2v)
   совсе́м непло́хо quite well; rather well [7/3]
   совсе́м нет not at all (8/4)
соглаша́ться / *pfv.* **согласи́ться** (соглашу́сь, согласи́шься,...соглася́тся) (**с** + *Instr. or* + *infin.*) to agree (with someone *or* to do something) (Epi/A)
со́да baking soda (12/4)
соединя́ть / *pfv.* **соедини́ть** (соединю́, соедини́шь,...соединя́т) to connect; to link [9/1]
сожале́ние: к сожале́нию *parenthetical* unfortunately (5/4)
сок juice (1/2)
   апельси́новый сок orange juice (12/4v)
солёный pickled; salted (10/2v)
   солёный огур(е́)ц (*Gen. sing.* огурца́) pickle (10/2v)
солида́рность *f.* solidarity [8/1]
соли́ст/соли́стка (*Gen. pl.* соли́сток) soloist [4/2v]
соль *f.* salt [7/3v]
сомне́ние doubt (12/4)
со́рок forty (6/1)
сороково́й fortieth (8/2)
сосе́д (*pl.* сосе́ди, *Gen. pl.* сосе́дей)/**сосе́дка** (*Gen. pl.* сосе́док) neighbor (2/2)
соси́ски frankfurters (10/2v)
сочине́ние (a writing assignment) composition (3/1v)
сочу́вствовать (сочу́вствую, сочу́вствуешь,...сочу́вствуют) [*pronounced* -чу́ст-] *impfv. only* (+ *Dat.*) to sympathize (with someone); to feel sorry (for someone) [11/4]

спа́льня (*Gen. pl.* спа́лен) bedroom (2/2v)
Спаси́бо. Thank you; Thanks. (1/2)
    Спаси́бо за приглаше́ние. Thanks for the invitation (7/2v)
    Хорошо́, спаси́бо. (*in response to* Как дела́?) Fine, thanks (1/2)
спать (сплю, спишь, . . . спят; *past* спал, спа́ло, спала́, спа́ли) / *no resultative pfv.* to sleep (4/2)
спекта́кль *m.* performance; show (14/1)
спеть (спою́, споёшь, . . . спою́т) *pfv.* to sing (10/4) (*impfv.* петь)
спеши́ть (спешу́, спеши́шь, . . . спеша́т) / *pfv.* поспеши́ть to hurry (8/4)
спина́ (*Acc. sing.* спи́ну, *pl.* спи́ны) back (12/1v)
спис(о)к (*Gen. sing.* спи́ска) list (13/1)
спорт sports (9/3)
    вид спо́рта (kind of) sport (9/3)
    занима́ться спо́ртом to play sports (9/3)
спортза́л gym; gymnasium (3/4v)
спортсме́н/спортсме́нка (*Gen. pl.* спортсме́нок) athlete (9/3)
спосо́бный capable; talented (Epi/A)
спра́ва on the right (2/2)
спра́вочная (*noun, declines like adj.*) information; directory assistance (7/2)
спра́шивать / *pfv.* спроси́ть (спрошу́, спро́сишь, . . . спро́сят) 1. (+ *Acc. or* у + *Gen.*) to ask (someone); 2. (+ *Acc. or* о + *Prep.*) to ask (about); to inquire (6/4; *pfv.* 7/4)
сра́зу immediately; at once (9/3)
среда́ (*Acc. sing.* сре́ду) Wednesday (1/4)
сре́дство remedy (12/1)
    сре́дство от просту́ды cold remedy (Epi/B)
сро́чно right away; immediately (14/1)
ссо́ра quarrel; argument (9/4)
ссо́риться (ссо́рюсь, ссо́ришься, . . . ссо́рятся) / *pfv.* поссо́риться to quarrel; to argue [8/1]
ста́вить (ста́влю, ста́вишь, . . . ста́вят) / *pfv.* поста́вить to put; to stand; to place (*in a standing position*) (9/1)
стадио́н stadium (1/3v)
станови́ться¹ (становлю́сь, стано́вишься, . . . стано́вятся) / *pfv.* стать¹ (ста́ну, ста́нешь, . . . ста́нут) (+ *Instr. or impersonal*) to become (9/3)
станови́ться² (становлю́сь, стано́вишься, . . . стано́вятся) / *pfv.* стать² (ста́ну, ста́нешь, . . . ста́нут) *intransitive* to stand [13/2]
станцева́ть (станцу́ю, станцу́ешь, . . . станцу́ют) *pfv.* to dance (14/2) (*impfv.* танцева́ть)
ста́нция station (9/1v)
стара́ться / *pfv.* постара́ться to attempt (to); to try (to) (13/1)

ста́рше (*compar. of* ста́рый) older (12/2)
ста́ршие (*noun, declines like adj.*) *pl. only* one's elders (6/1)
ста́рый old (2/4v)
стать¹ (ста́ну, ста́нешь, . . . ста́нут) *pfv.* (+ *Instr. or impersonal*) to become (9/3) (*impfv.* станови́ться¹)
    мне ста́ло . . . I became . . . [8/3]
стать² (ста́ну, ста́нешь, . . . ста́нут) *pfv. intransitive* to stand [13/2] (*impfv.* станови́ться²)
    стать² в о́чередь to get in line [13/2]
    стать² в о́череди to stand in line [13/2]
статья́ (*Gen. pl.* стате́й) article (3/1)
стена́ (*Acc. sing.* сте́ну, *pl.* сте́ны, *Dat. pl.* стена́м) wall (2/2v)
стира́льная маши́на washing machine (4/1v)
сто one hundred (6/1)
сто́ить (сто́ит, сто́ят) (*usu. 3rd pers.*) *impfv. only* to cost (6/2)
    Ско́лько э́то сто́ит? How much does this cost? (6/2)
стол (*Gen. sing.* стола́) table (3/2v)
    за столо́м at the table (9/4)
сто́лик table (in a restaurant) (14/2)
    кофе́йный сто́лик coffee table [2/3v]
столо́вая (*noun, declines like adj.*) dining room (2/2v)
сторона́ (*Acc. sing.* сто́рону, *pl.* сто́роны, *Gen. pl.* сторо́н, *Dat. pl.* сторона́м) direction (9/4)
стоя́нка такси́ taxi stand (11/2)
стоя́ть (стою́, стои́шь, . . . стоя́т) / *no resultative pfv.* 1. to stand; to be; there is (are); 2. to be (located) (6/4): Кни́ги стоя́т в кни́жном шкафу́. The books are in the bookcase.
    стоя́ть в о́череди to stand in line
страна́ (*pl.* стра́ны) country (1/2)
Стра́нно. (*used as predicate*) It's/That's strange. (7/2)
стро́гий strict; stern (6/1v)
стро́йный slender [10/4]
студе́нт/студе́нтка (*Gen. pl.* студе́нток) student (1/3)
стул (*pl.* сту́лья, *Gen. pl.* сту́льев) chair (3/2)
сты́дно (*used as predicate*) it's/that's a shame
    Как тебе́ (вам) не сты́дно! Shame on you! (10/1)
    Мне сты́дно. I'm ashamed.; I'm embarrassed. (6/1)
суббо́та Saturday (1/4)
суеве́рие superstition [9/4]
суеве́рный superstitious (9/4)
су́мка (*Gen. pl.* су́мок) bag (1/4)
схе́ма map (9/1)
Счастли́во! Good luck! All the best! (Epi/B)
Счастли́вого пути́! Have a good trip!; Bon voyage! (Epi/B)
счастли́вый (сча́стлив, сча́стлива, сча́стливы) 1. happy; 2. lucky; fortunate (8/3)

сча́стье happiness (10/3v)
счёт (*Gen.* счета́) **1.** (*in a café, restaurant, etc.*) check (5/4); **2.** score (14/4v)
счита́ть / *pfv.* **посчита́ть 1.** to count (11/2); **2.** *impfv. in this meaning* to believe; to think; to feel (10/1)
    Как вы счита́ете? What do you think?; What's your opinion? (8/3)
США (**Соединённые Шта́ты Аме́рики**) USA (United States of America) (1/2)
съесть (съем, съешь, съест, съеди́м, съеди́те, съедя́т; *past* съел, съе́ла, съе́ло, съе́ли) *pfv.* to eat up (10/3) (*impfv.* есть¹)
сыгра́ть *pfv.* to play (*impfv.* игра́ть) (3/1)
сын (*pl.* сыновья́, *Gen. pl.* сынове́й) son (2/1)
сыр cheese (5/4v)
сюда́ (*indicates direction*) here; this way (7/2)
    Иди́(те) сюда́. Come here. [1/4]
сюрпри́з surprise (5/4)
    де́лать сде́лать сюрпри́з (+ *Dat.*) to surprise (someone) (Epi/C)

Т

та *f. of* тот (5/4)
табле́тка (*Gen. pl.* табле́ток) pill, tablet [12/4]
    по две табле́тки two tablets each [12/4]
табли́чка (*Gen. pl.* табли́чек) sign (11/2)
так 1. (in) this way; like this; like that; thus (5/3); **2.** так... (*with adverbs and short-form adjectives*) so; (*with verbs*) so much (5/1); **3.** *particle* so; then (2/3)
    всё-таки all the same; still; nevertheless (9/2)
    ...не так ли? ...isn't that so? (Epi/A)
    Ра́зве так мо́жно? How could you possibly do that? (12/1)
    так же...как just as...as (9/3)
    Так э́то... So this is (these are)... (3/2)
    так? isn't that so? [4/3]
та́кже also; too; as well
    И вам (тебе́) та́кже. (*in response to* Жела́ю вам/тебе́...) The same to you! (9/4)
    И вас (тебя́) та́кже. (*in response to* С Но́вым го́дом! *and similar greetings*) The same to you.; And you, too. (10/3)
тако́й (така́я, тако́е, таки́е) **1.** such (a); like that; this kind of (8/3); **2.** (*with adj. + noun*) such (a); (*with adj.*) so; (*with noun*) a real... (5/3)
    тако́й же just as [10/2]: **Будь всегда́ тако́й же краси́вой!** May you always be just as beautiful (as you are today)!
    тако́й же the same (13/4): **У меня́ то́чно тако́й же набо́р для Све́ты.** I have the same set for Sveta.

такси́ *neut. indecl.* taxi; cab (4/4)
    води́тель такси́ taxi driver (4/4v)
    стоя́нка такси́ taxi stand (11/2)
такси́ст cab driver (10/3)
там there (1/4)
тамо́жня customs [1/4]
танцева́ть (танцу́ю, танцу́ешь,...танцу́ют) to dance / *pfv.* **1. станцева́ть** to (complete a single) dance; *pfv.* **2. потанцева́ть** *indicates limited duration* to dance (14/2)
таре́лка (*Gen. pl.* таре́лок) plate; dish (13/4v)
твой (твоя́, твоё, твой) (*informal*) your; yours (1/4)
те *pl. of* тот (5/4)
теа́тр theater (1/3)
тебе́ *Dat.* (6/1) *and Prep.* (7/3) *of* ты
    Тебе́ хорошо́. (It's/That's) fine for you. (10/1)
тебя́ *Gen.* (4/1) *and Acc.* (5/2) *of* ты
    Как тебя́ (его́, её, вас) зову́т? What is your (his, her, your) name? (1/1)
    Как у тебя́ (у вас) дела́? How're things with you?; How are you doing? (1/2)
    У тебя́ непло́хо получа́ется. That's pretty good! [6/1]
текст text (10/4)
телеви́зор television (set); TV (set) (3/2v)
телегра́мма telegram (6/3v)
телекомпа́ния television company (Epi/C)
телепереда́ча television broadcast; telecast (11/3)
телесту́дия television studio [14/4v]
телефо́н telephone (3/1)
    но́мер телефо́на (telephone) number (2/1)
    Попроси́те (к телефо́ну)... Ask (someone) (to come to the phone) (7/2)
    телефо́н-автома́т pay phone (8/4)
те́ма topic; subject; theme, (3/1)
тёмный dark (10/4v)
температу́ра temperature (12/1)
    Вы температу́ру ме́рили? Did you take your temperature? (12/1)
те́ннис [*pronounced* тэ-] tennis (3/4)
тенниси́ст/тенниси́стка (*Gen. pl.* тенниси́сток) [*pronounced* тэ-] tennis player [3/4]
те́ннисная [*pronounced* тэ-] **раке́тка** (*Gen. pl.* раке́ток) tennis racket (13/3v)
тепе́рь now (3/3)
тёплый warm (6/4v)
теря́ть / *pfv.* **потеря́ть** to lose (12/4)
тётка (*Gen. pl.* тёток) (*rather rude*) woman [11/2]
тётя (*Gen. pl.* тётей) aunt (2/1v)
типи́чный typical (12/4)
ти́хо quietly; softly (4/2)

то *neut. of* тот (5/4)
    одно́ и то же the same thing (10/2)
    то есть (*often abbreviated* **т.е.**) that is (4/1)
    то же са́мое the same thing (14/2)
    то, что that which; what [8/1]
тобо́й *Instr. of* ты (9/3)
тогда́ then; at that time (7/4)
то́же 1. also; too (2/1); 2. (*with a negated verb*) either (5/3)
то́лстый fat; stout; heavy-set (11/2)
то́лько only (4/2)
то́лько что just (recently) (14/1)
торт cake (5/4)
то́стер [*pronounced* -тэ-] toaster (4/1v)
тот (та, то, те) that; that one (5/4)
то́чно exactly; for sure (9/2)
тради́ция tradition (10/2)
трамва́й streetcar (8/4v)
тра́нспорт transportation (8/4)
    городско́й тра́нспорт public (city) transportation (9/1)
тре́тий (тре́тья, тре́тье, тре́тьи) third (2/4)
    В-тре́тьих ... In the third place ... (10/1)
    Третьяко́вская галере́я Tretyakov Gallery (*a major Moscow art museum*) [9/1]
три three (2/1)
    в три часа́ дня at 3:00 p.m. (7/3)
тридца́тый thirtieth (6/3)
три́дцать thirty (6/1)
три́ллер thriller [3/1v]
трина́дцатый thirteenth (6/3)
трина́дцать thirteen (6/1)
три́ста three hundred (8/3)
тролле́йбус trolleybus (electric bus) (8/4v)
тромбо́н trombone [3/3v]
труба́ trumpet (3/3v)
тру́бка (*Gen. pl.* тру́бок) (telephone) receiver [7/2]
    ве́шать / *pfv.* **пове́сить тру́бку** to hang up the phone (11/2)
    Возьми́(те) тру́бку. Pick up the phone. (7/2)
тру́дно (*used as predicate*) (it's/that's) difficult; (it's/that's) hard (7/1)
тру́дный difficult; hard (3/1)
трусы́ (*Gen.* трусо́в) *pl.* shorts (9/2)
туале́т bathroom; restroom (2/2v)
туда́ (*indicates direction*) there (3/4)
    Вы не туда́ попа́ли. (*over the telephone*) You got the wrong number. (7/2)
ту́мбочка (*Gen. pl.* ту́мбочек) night table [3/2v]
тури́ст/тури́стка (*Gen. pl.* тури́сток) tourist (9/1)
тут 1. here (2/4); 2. at this point; at that moment (6/4)
    Тут есть ...? Is/Are there ... here? [3/4]

ту́фли (*Gen.* ту́фель) *usu. pl.* (*sing.* ту́фля) shoes (1/3)
ты (*informal*) you (1/3)
    Ну что ты! What do you mean! (5/1)
ты́сяча thousand (8/3)
тюльпа́н tulip (11/4v)
тяжёлый heavy (6/3)

У

у (+ *Gen.*) 1. (*indicates someone's home, place of work, etc.*) at: **Пока́ я живу́ у тёти.** For the time being, I live at my aunt's. (6/3); 2. (*indicates possession*) **У неё есть брат.** She has a brother. (4/1)
    У нас зака́зан сто́лик. We have a table reserved. (14/2)
    У нас э́то не при́нято. We don't do that (here). [7/3]
    У тебя́ непло́хо получа́ется. That's pretty good! [6/1]
убега́ть / *pfv.* **убежа́ть** (убегу́, убежи́шь, убежи́т, убежи́м, убежи́те, убегу́т) to run away [10/2]
уве́рен (уве́рена, уве́рено, уве́рены) sure; certain (6/4)
увертю́ра overture (14/3)
уви́деть (уви́жу, уви́дишь, ... уви́дят) *pfv.* to see (7/4) (*impfv.* ви́деть)
Увы́ Alas! [13/4]
уга́дывать / *pfv.* **угада́ть** to guess [9/2]
у́г(о)л (*Gen. sing.* угла́, *Prep. sing.* в углу́, на углу́) corner (11/2v)
угоща́ть: Я угоща́ю. (It's) my treat; (It's) on me. (5/4)
уда́рник drummer [3/3v]
уда́рные (*noun, declines like adj.*) *pl.* drums [3/3v]
уда́ча success; (good) luck (9/3)
удивля́ться / *pfv.* **удиви́ться** (удивлю́сь, удиви́шься, ... удивя́тся) (+ *Dat.*) to be surprised (at someone or something) [8/4]
удо́бно (*used as predicate*) (it's that's) convenient: **Э́то удо́бно.** It's/That's OK (convenient). (7/1)
удо́бный convenient (7/1)
уезжа́ть / *pfv.* **уе́хать** (уе́ду, уе́дешь, ... уе́дут) to leave (*by vehicle*); to depart (9/2)
у́жас horror (4/1)
    Како́й у́жас! That's horrible!; How awful! (2/2)
ужа́сно horribly; (*used as predicate*) (it's/that's) horrible; (it's/that's) terrible
    Э́то ужа́сно! It's/That's horrible!; How awful! (2/3)
ужа́сный horrible; terrible (4/1)
уже́ already (3/1)
    уже́ не no longer; not anymore [9/3]
узнава́ть (узнаю́, узнаёшь, ... узнаю́т) / *pfv.* **узна́ть** 1. to find out (11/4); 2. to recognize (8/1)

уйти́ (уйду́, уйдёшь, . . . уйду́т; *past* ушёл, ушла́, ушло́, ушли́) *pfv.* to leave; to go away (8/1) (*impfv.* уходи́ть)

у́ксус vinegar [7/3v]

у́лица street (2/1)

улыба́ться / *pfv.* **улыбну́ться** (улыбну́сь, улыбнёшься, . . . улыбну́тся) to smile [7/4]

умере́ть (умру́, умрёшь, . . . умру́т; *past* у́мер, умерла́, у́мерло, у́мерли) *pfv.* to die (11/4) (*impfv.* умира́ть)

уме́ть (уме́ю, уме́ешь, . . . уме́ют) *pfv. not introduced* to know how (to do something); to be able to (4/3)

умира́ть / *pfv.* **умере́ть** (умру́, умрёшь, . . . умру́т; *past* у́мер, умерла́, у́мерло, у́мерли) to die (11/4)

универса́м supermarket (3/4v)

университе́т university (3/4v)

упа́сть (упаду́, упадёшь, . . . упаду́т; *past* упа́л, упа́ла, упа́ло, упа́ли) *pfv.* to fall [9/4] (*impfv.* па́дать)

упражне́ние exercise (1/3)

Ура́! Hurrah! [4/3]

уро́к 1. lesson; **2.** (*usu. pl.* уро́ки) homework (4/3)

услы́шать (услы́шу, услы́шишь, . . . услы́шат) *pfv.* to hear (8/1) (*impfv.* слы́шать)

успева́ть / *pfv.* **успе́ть** (успе́ю, успе́ешь, . . . успе́ют) (+ *infin.* or + *Acc.*) to have time (to), to manage (to) (14/1)

успе́х success (13/3)

    Жела́ю (Жела́ем) успе́ха! Best of luck; Good luck! (13/3)

уступа́ть / *pfv.* **уступи́ть** (уступлю́, усту́пишь, . . . усту́пят) (+ *Dat.* + *Acc.*) to yield; to give up (something to someone) [10/1]

у́тро (*Gen. sing.* у́тра *but* утра́ *after* «с, до» *or the time of day*) morning (5/3)

    До́брое у́тро! Good morning! (7/2)

    утра́ a.m. (*dawn to noon*): **в пять часо́в утра́** at 5:00 a.m. (7/3)

у́тром in the morning (3/3v)

уха́живать (за + *Instr.*) *impfv. only* to court (someone) [14/1]

у́хо (*pl.* у́ши, *Gen. pl.* уше́й) ear (12/1v)

уходи́ть (ухожу́, ухо́дишь, . . . ухо́дят) / *pfv.* **уйти́** (уйду́, уйдёшь, . . . уйду́т; *past* ушёл, ушла́, ушло́, ушли́) to leave; to go away (8/1)

уча́ст(о)к (*Gen. sing.* уча́стка) plot (of land) [6/2v]

учи́лище specialized school

    медици́нское учи́лище nursing school [7/1]

учи́тель (*pl.* учителя́)/**учи́тельница** teacher (6/1v)

учи́ть (учу́, у́чишь, . . . у́чат) to study (something) / *pfv.* **1. вы́учить** (вы́учу, вы́учишь, . . . вы́учат); to learn; to memorize (7/1); *pfv.* **2. научи́ть** (+ *Acc.* + *infin.*) to teach (someone to do something): **Я тебя́ научу́ води́ть маши́ну.** I'll teach you to drive. (9/3)

учи́ться (учу́сь, у́чишься, . . . у́чатся) / *pfv.* **научи́ться** (+ *infin.*) **1.** *impfv. only* to study; to be a student (4/3); **2.** (+ *infin.*) to learn (to do something) (9/3)

Ф

факс fax (8/3v)

факульте́т (*academic*) department (4/4)

    истори́ческий факульте́т history department (6/2)

    На како́м факульте́те вы у́читесь? What department are you in?; What are you majoring in? [4/4]

    факульте́т журнали́стики journalism department [4/4]

фами́лия last name (1/2)

февра́ль (*Gen. sing.* февраля́) *m.* February (1/4)

фиа́лка (*Gen. pl.* фиа́лок) violet (13/1v)

фильм film; movie (10/4)

фина́л final (championship) game; finale (14/1)

    . . . и тако́й фина́л! . . . and look how it turned out! [14/1]

фина́льный final (*adj.*) (9/4)

фина́нсовый financial [5/1v]

фиоле́товый violet (*color*) (*adj.*) (13/3)

фи́рма firm; business; company (4/4v)

фи́рменное блю́до specialty of the house (14/2v)

фле́йта flute (3/3v)

флейти́ст/флейти́стка (*Gen. pl.* флейти́сток) flutist [3/3v]

фойе́ *neut. indecl.* lobby (of a theater) (14/3v)

фотогра́фия photograph (6/1v)

францу́зский French (*adj.*) (10/2)

фру́кты (*Gen.* фру́ктов) *usu. pl.* fruit (5/4v)

фунт pound [7/3v]

футбо́л soccer (7/2v)

футбо́лка (*Gen. pl.* футбо́лок) T-shirt; sport shirt (1/3)

футбо́льный матч soccer game (8/1v)

Х

Ха́нука Hanukkah (10/1)

хвата́ть: не хвата́ет (+ *Gen.*) there's not enough (12/4)

хи́мик chemist [4/4v]

хлеб bread (3/4)

ходи́ть (хожу́, хо́дишь, . . . хо́дят) *multidir. of* идти́ **1.** to go; **2.** to walk (5/2)

    ходи́ть по магази́нам to go shopping (13/2)

ходя́чая энциклопе́дия walking encyclopedia [5/2]

хозя́ин (*pl.* хозя́ева, *Gen. pl.* хозя́ев)/хозя́йка (*Gen. pl.* хозя́ек) landlord/landlady (6/2)
хоккеи́ст hockey player (14/1)
хокке́й hockey (8/2)
холоди́льник refrigerator (4/1v)
хо́лодно (it's) cold (10/1)
холо́дный cold (6/4v)
хоро́ший good; nice (2/2)
хорошо́ well; (*used as predicate*) (it's/that's) good (1/2)
    Всё хорошо́, что хорошо́ конча́ется. All's well that ends well. (Epi/C)
    хорошо́ чита́ть ле́кции to be a good lecturer [7/4]
    Хорошо́, спаси́бо. (*in response to* Как дела́?) Fine, thanks. (1/2)
хоте́ть (хочу́, хо́чешь, хо́чет, хоти́м, хоти́те, хотя́т) / *pfv. not introduced* to want (5/1)
    Не хочу́ вам меша́ть. I don't want to bother you. [7/1]
    Что ты хо́чешь э́тим сказа́ть? What do you mean by that?; What are you trying to say? (13/2)
хотя́ although (8/4)
хотя́ бы at least (13/1)
хоте́ться (хо́чется) (+ *Dat.* + *infin.*) *impersonal* to want (10/3)
хризанте́ма [*pronounced* -тэ-] chrysanthemum (13/1v)
ху́же (*compar. of* плохо́й *and* пло́хо) worse (9/2)

Ц

цвет (*pl.* цвета́, *Gen. pl.* цвето́в) color (9/2)
цвет(о́)к (*Gen. sing.* цветка́, *pl.* цветы́, *Gen. pl.* цвето́в) flower (3/2v)
це́лый whole (*adj.*) (11/3)
цена́ (*Acc. sing.* це́ну, *pl.* це́ны) price (8/3)
центр: центр го́рода downtown (2/2)
    центр-фо́рвард center-forward (*hockey position*) [14/1]
цепо́чка (*Gen. pl.* цепо́чек) chain necklace [13/2v]
цирк circus [3/1]

Ч

чай tea (1/2)
ча́йник teapot (13/4v)
ча́йный серви́з tea service (13/2)
час (*Gen. sing.* ча́са *but* два, три, четы́ре часа́, *Prep. sing.* в . . . часу́, *pl.* часы́) 1. hour; 2. (*when telling time*) o'clock (7/1v)
    в два часа́ но́чи at 2:00 a.m. (7/3)
    в два (три, четы́ре) часа́ at two (three, four) o'clock (7/1v)
    в пять часо́в утра́ at 5:00 a.m. (7/3)
    в пять (шесть, семь, . . .) часо́в at five (six, seven, . . .) o'clock (7/1v)
    в семь часо́в ве́чера at 7:00 p.m. (7/3)
    в три часа́ дня at 3:00 p.m. (7/3)
    в час at one o'clock (7/1v)
    Кото́рый час? What time is it? (7/3)
ча́стная пра́ктика private practice [4/4v]
ча́сто often (5/1)
часы́ (*Gen.* часо́в) *pl.* clock; watch (2/3v)
ча́шечка (*Gen. pl.* ча́шечек) (*diminutive*) small cup [13/2]
ча́шка (*Gen. pl.* ча́шек) cup (13/4v)
чего́ *Gen. of* что (4/1)
чей (чья, чьё, чьи) whose (2/2)
челове́к (*pl.* лю́ди, *Gen. pl.* люде́й, *but* пять, шесть, *etc.*, челове́к) person; man (5/2)
    молодо́й челове́к young man (5/4)
    «Челове́к в футля́ре» The Man in a Case (*a short story by Anton Chekhov*) [5/2v]
чем 1. than (8/3): Ва́ша кварти́ра лу́чше, чем на́ша. Your apartment is better than ours.; 2. *Instr. of* что (9/1)
чём *Prep. of* что (7/3)
чемода́н suitcase (1/4)
чемпио́н champion (14/4)
чемпиона́т championship (14/4v)
чему́ *Dat. of* что (6/1)
че́рез (+ *Acc.*) 1. across (9/3); 2. (*indicates time from the present or from the indicated moment*) in: че́рез две неде́ли in two weeks (6/4)
чёрный black (9/2)
    чёрный ко́фе black coffee (5/4v)
четве́рг (*Gen. sing.* четверга́) Thursday (1/4)
четвёртый fourth (2/4)
че́тверть (*Gen. pl.* четверте́й) *f.* quarter (11/1v)
    че́тверть шесто́го quarter past five; 5:15 (11/1v)
четвертьфина́л quarterfinals (14/4v)
четы́ре four (2/1)
четы́реста four hundred (8/3)
четы́рнадцатый fourteenth (6/3)
четы́рнадцать fourteen (6/1)
Чика́го Chicago (1/2)
чини́ть (чиню́, чи́нишь, . . . чи́нят) / *pfv.* почини́ть to fix; to repair (8/1; *impfv.* 4/4)
число́ (*pl.* чи́сла, *Gen. pl.* чи́сел) 1. number (11/2); 2. day (*of the month*); date (6/3)
    Како́е сего́дня число́? What's the date today?; What's today's date? (6/3)
чи́сто cleanly; (*used as predicate*) (it's/that's) clean (9/1)
чи́стый clean (5/3)

чита́ть / *pfv.* **прочита́ть 1.** to read; **2.** to give (*a lecture*) (7/1; *impfv.* 3/1v)
   Чита́й(те)! Read. [1/4]
   чита́ть ле́кции to lecture; to give lectures [7/4]
чиха́ть / *pfv. for one-time action* **чихну́ть** (чихну́, чихнёшь, ... чихну́т) to sneeze (12/3v)
чи́ще (*compar. of* чи́стый) cleaner (12/2)
что (*Nom. and Acc.*) **1.** (*interrogative*) what? (1/3); **2.** (*relative*) that; what (3/4)
   а что ...? so ...? [8/1]
   Бою́сь, что нет. I'm afraid not. (10/4)
   Всё хорошо́, что хорошо́ конча́ется. All's well that ends well. (Epi/C)
   всё, что ну́жно everything that's needed; everything we need (6/4)
   Ну что ты! What do you mean! (5/1)
   потому́ что because (4/4)
   то, что that which; what [8/1]
   то́лько что just (recently) (14/1)
   Что де́лать? What should (can) I (we) do? (4/2v)
   что ж, ... well, ... (3/1)
   Что за вид! What a sight you are! (14/4)
   Что но́вого? What's new? (7/2v)
   Что принести́? What should I (we) bring? (7/3)
   Что с ва́ми (тобо́й)? What's the matter (with you)? (12/3)
   что тако́е ... what ... is [3/1]
   Что ты хо́чешь э́тим сказа́ть? What do you mean by that?; What are you trying to say? (13/2)
   Что э́то? What's this/that? (1/3)
   Что э́то за ...? What sort of ... is that (are those)? (7/1)
   что́-нибудь something; anything (9/3)
   что́-то something (10/3)
   Что-что? Beg your pardon? (3/1)
что́бы (*conjunction used to introduce indirect commands*) (11/2)
чу́вствовать (чу́вствую, чу́вствуешь, ... чу́вствуют) [*pronounced* чу́ст-] **себя́** / *no resultative pfv.* to feel (some way) (10/4)
   чу́вствовать себя́ как до́ма to feel at home (10/4)
чу́вство [*pronounced* чу́ст-] **ю́мора** sense of humor (12/4)
чуде́сный wonderful; gorgeous (10/4)
чужо́й someone else's [6/3]
чуть не nearly; almost (10/3)

Ш

ша́йба (hockey) puck [14/3]
шампа́нское (*noun, declines like adj.*) champagne (10/2)
шампу́нь *m.* shampoo (5/3v)
шардонне́ [*pronounced* -нэ́] chardonnay [14/2]
шах (*chess*) check (3/1)
ша́хматы chess (3/1)
   игра́ть в ша́хматы to play chess (3/1)
шве́дский Swedish (*adj.*) [11/1]
швейца́р doorman [14/2]
шестидеся́тый sixtieth (8/2)
шестна́дцатый sixteenth (6/3)
шестна́дцать sixteen (6/1)
шесто́й sixth (6/3)
шесть six (2/1)
шестьдеся́т sixty (6/1)
шестьсо́т six hundred (8/3)
шеф (*colloquial*) chief; boss [14/4]
шеф-по́вар (*pl.* шеф-повара́) chef [7/3]
шкаф (*Prep. sing.* в шкафу́, *pl.* шкафы́) wardrobe; armoire; cabinet; closet (6/2)
шко́ла school (4/3)
шко́льник/шко́льница schoolboy/schoolgirl (2/1)
шля́па hat (*with a brim*) (13/2v)
шокола́д chocolate (5/3v)
шокола́дный chocolate (*adj.*) (5/4)
шоссе́ [*pronounced* -сэ́] highway (6/2v)
шотла́ндский Scottish; Scots (*adj.*) [10/4]
шофёр driver; chauffeur (11/2)
шту́ка 1. thing; doohickey [8/3]; **2.** piece; item; unit (11/4v)
шум noise [6/4]
шу́тка (*Gen. pl.* шу́ток) joke (5/3)

Э

экза́мен exam (7/3)
   гото́виться (гото́влюсь, гото́вишься, ... гото́вятся) / **подгото́виться к экза́мену** to prepare for an exam (7/3)
   экза́мен по исто́рии history exam (7/3)
экономи́ческий economics (*adj.*) (5/1v)
   Моско́вский экономи́ческий институ́т Moscow Institute of Economics [5/1v]
экра́н screen (8/3)
экску́рсия excursion; (sightseeing) tour (8/2v)
эле́ктрик electrician (4/4)
электри́чка (*Gen. pl.* электри́чек) electric commuter train [9/1]
электро́ника electronics (4/4)
   магази́н электро́ники electronics store (4/4)
электро́нная по́чта e-mail (8/3)
эпиде́мия epidemic (12/1)
эта́ж (*Gen. sing.* этажа́, *Gen. pl.* этаже́й) floor; story (2/2)

Э́то... This (That) is...; These (Those) are... (1/1)
    Вот э́то да! Look at that! (10/1)
    Познако́мьтесь, э́то... (*when introducing someone*) I'd like you to meet...; Meet...; Let me introduce... (2/3)
    Ра́зве э́то тру́дная те́ма? Is it really a difficult topic? (3/1)
    Ско́лько э́то сто́ит? How much does that cost? (6/2)
    У нас э́то не при́нято. That's not accepted/done here [7/3]
    Что э́то за...? What sort of... is that (are those)? (7/1)
    Э́то всё? Is that all? (4/2)
    Э́то говори́т... This is... speaking. (7/2)
    Э́то звони́т... This is... calling. (7/2v)
    Э́то здо́рово! It's/That's great! (2/2)
    Э́то удо́бно. That's convenient. (7/1)
    Э́то ужа́сно! It's/That's horrible!; How awful! (2/3)
э́тот (э́та, э́то, э́ти) this; this one; that; that one (5/4)

Ю

юбиле́й major anniversary [5/4]
ю́бка (*Gen. pl.* ю́бок) skirt (1/3)
Ю́жная Аме́рика South America (1/2)
юриди́ческий law (*adj.*) (5/1v)
    юриди́ческий институ́т law school
юри́ст lawyer (4/4v)

Я

я I (1/3)
я́блоко (*pl.* я́блоки) apple (11/4v)
язы́к (*Gen. sing.* языка́) language (4/3v)
    носи́тель *m.* **языка́** native speaker (11/3v)
яи́чница [*pronounced* -шн-] fried eggs (5/4v)
яйцо́ (*pl.* я́йца, *Gen. pl.* яи́ц) egg (7/3v)
    круто́е яйцо́ hard-boiled egg (7/3v)
янва́рь (*Gen. sing.* января́) *m.* January (1/4)
яросла́вский Yaroslavl (*adj.*) [Epi/C]

ENGLISH-RUSSIAN GLOSSARY

Key

Acc.	Accusative	*indecl.*	indeclinable	*pl.*	plural
adj.	adjective	*infin.*	infinitive	*Prep.*	Prepositional
adv.	adverb	*Instr.*	Instrumental	*pres.*	present
compar.	comparative	*m.*	masculine	*sing.*	singular
Dat.	Dative	*multidir.*	multidirectional	*superl.*	superlative
f.	feminine	*neut.*	neuter	*unidir.*	unidirectional
Gen.	Genitive	*pers.*	person	*usu.*	usually
impfv.	imperfective	*pfv.*	perfective	*v.*	visuals

Most new words and phrases are introduced in the readings and the visual vocabulary displays; a few words and phrases are first encountered in the **Слова́, слова́, слова́** word study sections or in grammar presentations. Numbers in parentheses indicate the Lesson/Part in which the Russian word or phrase is first encountered for active use; words and phrases followed by numbers in brackets are considered passive vocabulary. The letter "v" after the Lesson/Part number indicates that the given word first appears in a visual vocabulary display. Bold numbers introduce separate meanings for a given word. The Russian letters **Е** and **Ё** are treated as a single letter. Verbs for which key forms are not given are conjugated like **чита́ть, гуля́ть**; perfectives formed by prefixing the corresponding imperfective have nonpast forms like those of that imperfective unless otherwise indicated.

A

a certain оди́н (одна́, одно́, одни́) (11/4)
a.m. (*midnight to dawn*) но́чи; (*dawn to noon*) утра́ (7/3)
   at 2:00 a.m. в два часа́ но́чи (7/3)
   at 5:00 a.m. в пять часо́в утра́ (7/3)
able: be able 1. мочь (могу́, мо́жешь, ... мо́гут; *past* мог, могла́, могло́, могли́) (5/3v) / *pfv.* смочь (7/4); **2.** (*be able, know how [to do something]*) уме́ть (уме́ю, уме́ешь, ... уме́ют) *impfv. only* (4/3)
about 1. о (об, обо) (+ *Prep.*) (4/3); **2.** про (+ *Acc.*) (8/3)
   be about (**to do something**) собира́ться (5/4) / *pfv.* собра́ться (соберу́сь, соберёшься, ... соберу́тся; *past* собра́лся, собрала́сь, собрало́сь, собрали́сь) (8/1)
   How about ... ? Как насчёт ... ? (+ *Gen.*) (6/4)
abroad (*location*) за грани́цей (13/1); (*direction*) за грани́цу [11/4]
   a trip abroad пое́здка за грани́цу (11/4)
   go abroad *multidir.* е́здить (е́зжу, е́здишь, ... е́здят), *unidir.* е́хать (е́ду, е́дешь, ... е́дут) / *pfv.* пое́хать за грани́цу (11/4)
absolutely абсолю́тно (10/4); обяза́тельно (6/4); безусло́вно [8/3]
academic advisor нау́чный руководи́тель [5/2]
academy акаде́мия [5/1v]

accent акцéнт (9/1)
accept принимáть (6/3v) / *pfv*. приня́ть (приму́, при́мешь,... при́мут; *past* при́нял, приняла́, при́няло, при́няли) (8/1)
  That's not accepted (done) here. У нас э́то не при́нято. [7/3]
ache, hurt болéть² (боли́т, боля́т) / *may function as pfv*. заболе́ть² (*3rd pers. only*) (12/4)
  My head aches (my feet ache, *etc.*) (12/1v) У меня́ боли́т голова́ (боля́т но́ги, *etc.*) (12/1v)
acquaint: get acquainted (with) знако́миться (знако́млюсь, знако́мишься,... знако́мятся) / *pfv*. познако́миться (с + *Instr*.) (8/2)
  Let's get acquainted! Дава́йте познако́мимся. (2/3)
acquaintance *noun, declines like adj*. знако́мый/знако́мая (7/2)
across че́рез (+ *Acc*.) (9/3)
act (*in a play, opera, etc.*) де́йствие (14/4)
actually действи́тельно (5/3)
address а́дрес (*pl*. адреса́) (2/1)
  address book записна́я кни́жка (*Gen. pl.* кни́жек) (6/3)
  address (someone) formally говори́ть (+ *Dat.*) «вы» (6/1)
  address (someone) informally говори́ть (+ *Dat.*) «ты» (6/1)
advertisement 1. объявле́ние (5/1); **2.** (*commercial advertisement*) рекла́ма [11/3]
advice сове́т (9/3)
advise сове́товать (сове́тую, сове́туешь,... сове́туют) / *pfv*. посове́товать (+ *Dat.* + *infin.*) (13/4)
advisor: academic advisor нау́чный руководи́тель [5/2]
aerobics аэро́бика (9/3)
afraid: be afraid (of) боя́ться (бою́сь, бои́шься,... боя́тся) / *no resultative pfv*. (+ *Gen*.) (9/4)
Africa А́фрика (1/2)
after по́сле (+ *Gen.*) (11/4)
  after all 1. в конце́ концо́в (8/1); **2.** *particle (used for emphasis)* ведь (7/1); же (4/3)
  after that пото́м (3/4v)
afternoon: in the afternoon днём (7/1)
  afternoon meal обе́д (7/3)
  Good afternoon! До́брый день! (3/2)
again опя́ть (3/1); сно́ва (12/4); ещё раз (11/4)
ago наза́д; (тому́) наза́д (7/2): **three years ago** три го́да (тому́) наза́д
  not long ago (*with past verbs*) неда́вно (6/3)
agree 1. соглаша́ться / *pfv*. согласи́ться (соглашу́сь, согласи́шься,... соглася́тся) (Epi/A)
  2. догова́риваться / *pfv*. договори́ться (договорю́сь, договори́шься,... договоря́тся) [11/4]
  Agreed! It's settled. Договори́лись! (7/2)
ahead (*location*) впереди́ (14/1)
airport аэропо́рт (*Prep. sing.* в аэропорту́) (3/4)
alarm clock буди́льник (4/1v)
Alas! Увы́! [13/4]
alcoholic алкого́лик [4/4v]
  alcoholics anonymous анони́мные алкого́лики
all (of) 1. *adj.* (*the whole*) весь (вся, всё, все) (10/1);
  2. *pronoun* (*everything*) всё (4/2)
  after all 1. в конце́ концо́в (8/1); **2.** *particle* (*used for emphasis*) ведь (7/1); *particle* же (4/3)
  All right. OK. (*used to express agreement*) Ла́дно. (7/1); (*in response to* Как дела́?) Ничего́. (1/2)
  All the best! Счастли́во!; Всего́ хоро́шего! (Epi/B)
  all the same всё равно́ (EpiA); всё-таки (9/2)
  all the time всё вре́мя (7/2)
  All's well that ends well. Всё хорошо́, что хорошо́ конча́ется. (Epi/C)
  by all means обяза́тельно (6/4)
  first of all пре́жде всего́ (5/4)
  Is that all? Это всё? (4/2)
  It's (that's) all right. Это удо́бно. (7/1)
  most of all бо́льше всего́ [11/4]
  not at all совсе́м не (7/2v); совсе́м нет (8/4)
  That's all right! (*in response to an apology*) Ничего́! (2/2)
allow разреша́ть / *pfv*. разреши́ть (разрешу́, разреши́шь,... разреша́т) (+ *Dat.*) (8/4)
  Allow (me) to . . . Разреши́(те) (+ *infin*.) . . . (13/4)
  Allow me to introduce . . . Познако́мьтесь, э́то . . . (2/3)
almond pastry минда́льное пиро́жное [5/4]
almost почти́ (6/4); чуть не (10/3)
  almost here на носу́ [10/2]
alone оди́н (одна́, одно́, одни́) (9/2)
along по (+ *Dat.*) (8/4): **along the street** по у́лице; **along the way** по доро́ге
already уже́ (3/1)
also; too 1. то́же (2/1); та́кже [9/4]; **2.** и (1/3)
although хотя́ (8/4)
always всегда́ (4/4)
ambulance service ско́рая по́мощь (6/2)
America Аме́рика (1/2)
American *noun* америка́н(е)ц/америка́нка (*Gen. pl.* америка́нок) (2/1); *adj.* америка́нский (3/3);
  3. (*joint action*) мы с (+ *Instr.*) (9/3): **you and I** мы с тобо́й

and 1. и (1/3); **2.** (*indicating a contrast*) а (1/1); **3.** (*joint action*) мы с (+ *Instr.*) (9/3) **you and I** мы с тобо́й
  And . . . anyway (*used to introduce a statement which is more general than what precedes it*) И вообще́ . . . (3/1)
  and so ита́к (5/4)
  And you, too. (*in response to* С Но́вым го́дом! *and similar greetings*) И вас (тебя́) та́кже. (10/3)
angrily серди́то [7/2]
angry: get (be) angry (at) серди́ться (сержу́сь, серди́шься, . . . се́рдятся) [6/4] / *pfv.* рассерди́ться (на + *Acc.*)
anniversary: a major anniversary юбиле́й [5/4]
anonymous анони́мный [4/4v]
  alcoholics anonymous анони́мные алкого́лики
another друго́й (5/2)
answer отвеча́ть / *pfv.* отве́тить (отве́чу, отве́тишь, . . . отве́тят) (+ *Dat.*) (8/4)
answering machine автоотве́тчик (8/3v)
antibiotic антибио́тик (12/4)
antique: a real antique антиква́рная вещь [6/4]
any любо́й (12/1)
  not any никако́й (4/4)
anyway: And . . . anyway (*used to introduce a statement which is more general than what precedes it*) И вообще́ . . . (3/1)
apartment кварти́ра (2/1)
  apartment building дом (*pl.* дома́) (2/1)
  two-room apartment двухко́мнатная кварти́ра (6/2v)
appear каза́ться (кажу́сь, ка́жешься, . . . ка́жутся) / *pfv.* показа́ться (+ *Instr.*) [13/1]
appetizers заку́ски *pl.* (*sing.* заку́ска, *Gen. pl.* заку́сок) (13/4)
apple я́блоко (*pl.* я́блоки) (11/4v)
approach подходи́ть (подхожу́, подхо́дишь, . . . подхо́дят) / *pfv.* подойти́ (подойду́, подойдёшь, . . . подойду́т; *past* подошёл, подошла́, подошло́, подошли́) (к + *Dat.*) (13/2)
appropriate: It's not considered appropriate. У нас э́то не при́нято. [7/3]
approximately о́коло (+ *Gen.*) (8/3)
April апре́ль *m.* (1/4)
Arbat Арба́т (*name of an old Moscow street, now for pedestrians only, and of the surrounding neighborhood*) [8/4]
architectural grouping архитекту́рный анса́мбль [9/1]
argue ссо́риться (ссо́рюсь, ссо́ришься, . . . ссо́рятся) / *pfv.* поссо́риться [8/1]
argument ссо́ра (9/4)

arm рука́ (*Acc. sing.* ру́ку, *pl.* ру́ки) (12/1v)
armchair кре́сло (*Gen. pl.* кре́сел) (3/2)
armoire шкаф (*Prep. sing.* в шкафу́, *pl.* шкафы́) (6/2)
army а́рмия (6/2)
  in the army в а́рмии (6/2)
arrival прие́зд (11/4)
arrive 1. приходи́ть (пирхожу́, прихо́дишь, . . . прихо́дят) / *pfv.* прийти́ (приду́, придёшь, . . . приду́т; *past* пришёл, пришла́, пришло́, пришли́) (7/4); **2.** (*vehicular*) приезжа́ть / *pfv.* прие́хать (прие́ду, прие́дешь, . . . прие́дут) (9/1); **3.** (*by plane*) прилета́ть [3/4] / *pfv.* прилете́ть (прилечу́, прилети́шь, . . . прилетя́т)
article (*in a publication*) статья́ (*Gen. pl.* стате́й) (3/1)
as как (5/4)
  as luck would have it как назло́ [8/4]
  as you (can) see как ви́дишь (как ви́дите) (3/2)
ashamed: I'm ashamed. Мне сты́дно. (6/1)
Asia А́зия (1/2)
ask 1. (*ask about, inquire*) спра́шивать (6/4) / *pfv.* спроси́ть (спрошу́, спро́сишь, . . . спро́сят) (+ *Acc. or* у + *Gen.*) (7/4); **2.** (*ask for, request*) проси́ть (прошу́, про́сишь, . . . про́сят) / *pfv.* попроси́ть (+ *Acc. or* у + *Gen.*) (8/1)
  ask (someone) a question задава́ть (задаю́, задаёшь, . . . задаю́т) / *pfv.* зада́ть (зада́м, зада́шь, зада́ст, задади́м, задади́те, зададу́т; *past* за́дал, задала́, за́дало, за́дали) вопро́с (+ *Dat.*) (8/1)
  Ask . . . to come to the phone. Попроси́те к телефо́ну. . . (7/2)
  May I ask you a question? Мо́жно зада́ть вам вопро́с? (4/4)
asphalt асфа́льт [5/3]
aspirin аспири́н (5/3v)
assignment зада́ние [3/3]
  homework assignment (*in grade school*) уро́к (*usu. pl.* уро́ки) (4/3); (*in college*) дома́шнее зада́ние (3/3)
astrology астроло́гия [9/4v]
at 1. (*an event, an open place, etc.*) на (+ *Prep.*) (3/1v): **at a concert** на конце́рте; (*other locations*) в (+ *Prep.*) (3/1): **at the theater** в теа́тре; **2.** (*indicates clock time*) в (+ *Acc.*) (7/1v): **at two (three, four) o'clock** в два (три, четы́ре) часа́; **3.** (*indicates someone's home, place of work, etc.*) у (+ *Gen.*) (6/3): **For the time being, I live at my aunt's.** Пока́ я живу́ у тёти.
  at first пе́рвое вре́мя [11/4]; снача́ла [11/4]; внача́ле [11/3]
  at home до́ма (1/3)
  at last наконе́ц 7/4)
  at least хотя́ бы [13/1]; по кра́йней ме́ре (10/4)

English-Russian Glossary

at night но́чью (7/1)
at once сейча́с, сра́зу (3/1); неме́дленно [7/2]
at that (**this**) **moment** тут (6/4)
at the price of по (+ *Acc.*) (11/4v): **at the price of 20 rubles** по два́дцать рубле́й
at the table за столо́м (9/4)
At what time? В кото́ром часу́? (7/2)
Look at that! Вот э́то да! (10/1)
no ... at all никако́й (4/4)
not at all совсе́м не (7/2v); совсе́м нет (8/4)
athlete спортсме́н/спортсме́нка (*Gen. pl.* спортсме́нок) (9/3)
attempt to 1. стара́ться / *pfv.* постара́ться (13/1); **2.** пыта́ться / *pfv.* попыта́ться (11/3)
attentive внима́тельный (13/1)
attentively внима́тельно (11/2)
auditorium (*performance hall*) зал (4/2v)
August а́вгуст (1/4)
aunt тётя (*Gen. pl.* тётей) (2/1v)
Australia Австра́лия (1/2)
auto mechanic автомеха́ник (4/4)
autograph авто́граф (14/4)
automated recording автома́т (9/1)
automotive shop автосе́рвис (4/4)
autumn о́сень *f.* (13/1); *adj.* осе́нний (13/1)
  in (**the**) **autumn** *adv.* о́сенью (7/1)
avenue проспе́кт (11/2v)
awful ужа́сный (4/1)
  It's/That's awful!; How awful! Э́то ужа́сно! (2/3); Како́й у́жас! (2/2)

B

back (*part of the body*) спина́ (*Acc. sing.* спи́ну, *pl.* спи́ны) (12/1v)
  come back приходи́ть (прихожу́, прихо́дишь, ... прихо́дят) / *pfv.* прийти́ (приду́, придёшь, ... приду́т; *past* пришёл, пришла́, пришло́, пришли́) (7/4)
  come (*or* **go**) **back; return** возвраща́ться / *pfv.* верну́ться (верну́сь, вернёшься, ... верну́тся) (9/2)
  give back отдава́ть (отдаю́, отдаёшь, ... отдаю́т) (5/3) / *pfv.* отда́ть (отда́м, отда́шь, отда́ст, отдади́м, отдади́те, отдаду́т; *past* о́тдал, отдала́, о́тдало, о́тдали) (8/1)
I'll be right back. Я сейча́с. (Epi/B)
backpack рюкза́к (*Gen. sing.* рюкзака́) (1/4)
bad нехоро́ший (5/4); плохо́й (2/4)
  bad luck неуда́ча (9/4)

(**it's/that's**) **bad** пло́хо (1/2); нехорошо́ (5/4)
(**it's/that's**) **too bad** жаль (6/2)
not (**a**) **bad** неплохо́й (4/4)
badly пло́хо (1/2)
  not too badly непло́хо (7/3)
bag су́мка (*Gen. pl.* су́мок) (1/4); паке́т (11/4v)
baking soda со́да (12/4)
balcony балко́н (2/2v)
ballet бале́т (4/2v)
bank банк (3/4v)
bar бар (8/1v)
basket корзи́на (9/4)
bass, bass viol контраба́с (3/3v)
bathroom 1. *noun, declines like adj.* (*for bathing*) ва́нная; **2.** (*lavatory*) туале́т (2/2v)
bathtub ва́нна (4/1)
be быть (*future* бу́ду, бу́дешь, ... бу́дут (6/2); *past* был, была́, бы́ло, бы́ли) (4/3))
  be (**regularly or customarily**) быва́ть / *no resultative pfv.* [8/4]
  be a good lecturer хорошо́ чита́ть ле́кции [7/4]
  be able 1. мочь (могу́, мо́жешь, ... мо́гут; *past* мог, могла́, могло́, могли́) (5/3v) / *pfv.* смочь (7/4); **2.** (*be able, know how* [*to do something*]) уме́ть (уме́ю, уме́ешь, ... уме́ют) / *impfv. only* (4/3)
  be afraid (**of**) боя́ться (бою́сь, бои́шься, ... боя́тся) / *no resultative pfv.* (+ *Gen.*) (9/4)
  be (**get**) **angry** (**at**) серди́ться (сержу́сь, се́рдишься, ... се́рдятся) / *pfv.* рассерди́ться (на + *Acc.*) [6/4]
  be born рожда́ться / *pfv.* роди́ться (рожу́сь, роди́шься, ... родя́тся; *past* роди́лся, родила́сь, роди́лись) (5/2)
  Be careful! Осторо́жно (!) (9/1v)
  be for rent сдава́ться (сдаётся, сдаю́тся) / *no pfv. in this meaning* (*usu. 3rd pers.*) [5/4]
  be ill, sick боле́ть[1] (боле́ю, боле́ешь, ... боле́ют) / *may function as pfv.* заболе́ть[1] (12/1)
  be late опа́здывать / *pfv.* опозда́ть (опозда́ю, опозда́ешь, ... опозда́ют) (7/2)
  be located стоя́ть (стою́, стои́шь, ... стоя́т) / *no resultative pfv.* (6/4)
  be occupied (**with**); **be engaged** (**in**) занима́ться / *no resultative pfv.* (+ *Instr.*) (9/3)
  be proud (**of**) горди́ться (горжу́сь, горди́шься, ... гордя́тся) / *no resultative pfv.* (+ *Instr.*) [9/1]
  be surprised (**at**) удивля́ться / *pfv.* удиви́ться (удивлю́сь, удиви́шься, ... удивя́тся) (+ *Dat.*) [8/4]
I'll be right back. Я сейча́с. (Epi/B)

it would be better лу́чше (*comparative of* хоро́ший *and* хорошо́) (8/3)
   That can't be! Не мо́жет быть! (7/2)
   To be sure, ... *parenthetical* Пра́вда, ... (6/4)
   We'll be expecting you! Ждём! (7/3)
beads бу́сы *pl.* (*Gen. pl.* бус) (13/2v)
beautiful краси́вый (2/4)
   (**it's/that's**) **beautiful** краси́во (13/2)
because потому́ что (4/4)
   because of из-за (+ *Gen.*) (14/4)
become станови́ться (становлю́сь, стано́вишься, ... стано́вятся) / *pfv.* стать (ста́ну, ста́нешь, ... ста́нут) (+ *Instr. or impersonal*) (9/3): **I became embarrassed.** Мне ста́ло сты́дно.
bed крова́ть *f.* (3/2v)
bedroom спа́льня (*Gen. pl.* спа́лен) (2/2v)
beer пи́во (6/4v)
before 1. ра́ньше (8/3); **2.** до (+ *Gen.*) (7/1); **3.** (*in front of*) пе́ред (пе́редо) (+ *Instr.*) (9/1)
   five minutes before the end за ... до (+ *Gen.*) [14/3]: за пять мину́т до конца́
   sit down before a trip присе́сть (прися́ду, прися́дешь, ... прися́дут; *past* присе́л, присе́ла, присе́ло, присе́ли) на доро́гу *pfv.*; *impfv. not introduced* [Epi/B]
Beg your pardon? Что-что? (3/1)
begin 1. начина́ть / *pfv.* нача́ть (начну́, начнёшь, ... начну́т; *past* на́чал, начала́, на́чало, на́чали) (+ *Acc. or* + *infin.*) (7/2); **2.** *intransitive* начина́ться / *pfv.* нача́ться (начнётся, начну́тся) (*3rd pers. only*) (12/2v)
   To begin with ... Во-пе́рвых ... (10/1)
beginning нача́ло (8/3)
behind за (+ *Instr.*) (9/1)
beige бе́жевый (9/2)
believe 1. ве́рить (ве́рю, ве́ришь, ... ве́рят) / *pfv.* пове́рить (+ *Dat.*) (8/1); **2.** счита́ть / *pfv. not introduced* (10/1)
   believe in ве́рить / *pfv.* пове́рить в (+ *Acc.*) (9/4v)
below 1. внизу́ (2/4); **2.** под [9/1]
beside во́зле (+ *Gen.*) (10/1)
besides (**that**) *parenthetical* кро́ме того́ (3/1)
best лу́чший (*comparative and superlative of* хоро́ший) (11/3v)
   Best of luck! Жела́ю успе́ха! (13/3)
   Best wishes!; All the best! Всего́ хоро́шего! (9/4)
better 1. *adj.* лу́чший (*comparative and superlative of* хоро́ший) (11/3v); (*when used predicatively*) лу́чше (9/2); **2.** *adv.* (*comparative of* хорошо́) лу́чше (8/3)
   Better late than never. Лу́чше по́здно, чем никогда́. (14/4)

It would be better ... Лу́чше ... (8/3)
between ме́жду (+ *Instr.*) (9/1)
beverage напи́т(о)к (*Gen. sing.* напи́тка) (14/2v)
bibliographer библио́граф [7/4]
big большо́й (2/2)
bigger (*used predicatively*) бо́льше (*comparative of* большо́й) (9/2)
binoculars бино́кль *m.* (14/3)
biologist био́лог [4/4v]
birth рожде́ние (12/2)
birthday д(е)нь рожде́ния (4/2)
black чёрный (9/2)
   black coffee чёрный ко́фе (5/4v)
blanket одея́ло (3/2v)
blender ми́ксер [4/1v]
Bless you! (*when someone sneezes*) Будь здоро́в (здоро́ва)!; Бу́дьте здоро́вы! (12/1)
blond *noun* блонди́н/блонди́нка (*Gen. pl.* блонди́нок) [4/2]
blouse блу́зка (*Gen. pl.* блу́зок) (1/3)
blue 1. (*dark blue*) си́ний (10/2); **2.** (*light blue*) голубо́й (9/2)
blunder: make a blunder попада́ть / *pfv.* попа́сть (попаду́, попадёшь, ... попаду́т; *past* попа́л, попа́ла, попа́ло, попа́ли) впроса́к [11/3]
board: Go to the board. Иди́те к доске́. [1/4]
Bolshoi Theater Большо́й теа́тр (14/1)
Bon appetit! Прия́тного аппети́та! (14/2)
book кни́га (1/3)
   address book записна́я кни́жка (6/3)
bookshelf кни́жная по́лка (2/3v)
boots сапоги́ *pl.* (*sing.* сапо́г, *Gen. sing.* сапога́, *Gen. pl.* сапо́г) (5/3)
border грани́ца (13/1)
boring ску́чный (6/1)
   (**it's/that's**) **boring, tiresome** ску́чно (6/1)
born: be born рожда́ться / *pfv.* роди́ться (рожу́сь, роди́шься, ... родя́тся; *past* роди́лся, родила́сь, роди́ли́сь) (5/2)
boss *noun* (*colloquial*) шеф [14/4]
boss (**someone, everyone**) **around** кома́ндовать (кома́ндую, кома́ндуешь, ... кома́ндуют) / *pfv. not introduced* [6/1]
bother 1. меша́ть / *pfv.* помеша́ть (+ *Dat.*) (7/1): **I don't want to bother you.** Не хочу́ вам меша́ть.; **2.** беспоко́ить (беспоко́ю, беспоко́ишь, ... беспоко́ят) / *pfv.* побеспоко́ить (12/1)
bottle буты́лка (*Gen. pl.* буты́лок) (5/4)
bouquet буке́т (11/4v); (*diminutive*) буке́тик [13/2]
box коро́бка (*Gen. pl.* коро́бок) (13/4)
boy ма́льчик (2/2)

English-Russian Glossary 469

Brazil Брази́лия [11/3]
bread хлеб (3/4)
breakfast: have breakfast за́втракать / *pfv.* поза́втракать (9/2v)
Breathe. Дыши́(те). (12/3)
  don't breathe a word (about it) ни сло́ва (5/4)
brick *adj.* кирпи́чный [6/2v]
briefcase портфе́ль *m.* [9/1]
bright све́тлый (3/2)
bring приноси́ть (приношу́, прино́сишь,... прино́сят) (7/3) / *pfv.* принести́ (принесу́, принесёшь,... принесу́т; *past* принёс, принесла́, принесло́, принесли́) (6/4)
  bring (someone along) приводи́ть (привожу́, приво́дишь,... приво́дят) / *pfv.* привести́ (приведу́, приведёшь,... приведу́т; *past* привёл, привела́, привело́, привели́) (11/1)
  bring (something along) приноси́ть / *pfv.* принести́ (с собо́й) (10/2)
  What should I (we) bring? Что принести́? (7/3)
broker, stockbroker бро́кер [4/4]
brother брат (*pl.* бра́тья, *Gen. pl.* бра́тьев) (2/1v)
brown кори́чневый (9/2)
brush one's teeth чи́стить (чи́щу, чи́стишь,... чи́стят) / *pfv.* почи́стить зу́бы (9/2v)
bucket ведро́ (*pl.* вёдра, *Gen. pl.* вёдер) [9/4]
building дом (*pl.* дома́) (2/1)
bureau (*office*) бюро́ *neut. indecl.* (Epi/C)
bus авто́бус (3/4)
  bus stop авто́бусная остано́вка (5/3); остано́вка авто́буса (3/4)
  get on a bus сади́ться (сажу́сь, сади́шься,... садя́тся) / *pfv.* сесть (ся́ду, ся́дешь,... ся́дут) на авто́бус (11/2v)
business *noun* 1. би́знес [*pronounced* -нэ-] (5/3); фи́рма (4/4v); 2. де́ло (*pl.* дела́) [7/4]; *adj.* **business, businesslike** делово́й (10/2)
  on business по де́лу [7/4]
  What business is it of yours? Како́е твоё де́ло? (8/1)
business trip командиро́вка [7/2]
  on a business trip в командиро́вке (7/2)
businessman бизнесме́н [*pronounced* -нэ-] [7/4]
busy за́нятый (за́нят, занята́, за́нято, за́няты) (12/2)
but 1. (*joining and indicating a contrast*) а (1/1); 2. (*indicating a strong contrast*) но (3/4)
  (but) on the other hand зато́ (*often* но зато́) (4/4)
butter ма́сло (10/2v)
buy покупа́ть / *pfv.* купи́ть (куплю́, ку́пишь,... ку́пят) (7/2; *pfv. infin. only* 5/1)

by 1. во́зле (+ *Gen.*) (10/1); 2. ми́мо (+ *Gen.*) (13/2); 3. (*when expressing time*) к (ко) (+ *Dat.*) [10/2]: **by New Year's** к Но́вому го́ду
by all means обяза́тельно (6/4)
by prescription по реце́пту (12/4)
by the way *parenthetical* кста́ти (5/4); ме́жду про́чим (6/1)

C

cab, taxicab такси́ (4/4)
cab driver такси́ст (10/3)
cabbage капу́ста (10/2v)
cabinet шкаф (*Prep. sing.* в шкафу́, *pl.* шкафы́) (6/2)
café кафе́ *neut. indecl.* (3/4v)
cake торт (5/4)
calendar календа́рь *m.* (*Gen. sing.* календаря́) (1/4)
call 1. (*on the phone*) звони́ть (звоню́, звони́шь,... звоня́т) / *pfv.* позвони́ть (+ *Dat.*) (7/1v): **This is... calling.** Э́то звони́т...; 2. (*name*) называ́ть / *pfv.* назва́ть (назову́, назовёшь,... назову́т; *past* назва́л, назвала́, назва́ло, назва́ли) (8/4); 3. (*summon*) вызыва́ть / *pfv.* вы́звать (вы́зову, вы́зовешь,... вы́зовут) (12/2)
  call again, call back перезва́нивать / *pfv.* перезвони́ть (перезвоню́, перезвони́шь,... перезвоня́т) (+ *Dat.*) [7/2v]: **I'll call back.** Я перезвоню́.
  end up calling (some place) попада́ть / *pfv.* попа́сть (попаду́, попадёшь,... попаду́т; *past* попа́л, попа́ла, попа́ло, попа́ли) (куда́) (7/2)
can (be able) 1. мочь (могу́, мо́жешь,... мо́гут; *past* мог, могла́, могло́, могли́) (5/3v) / *pfv.* смочь (7/4) 2. (*know how [to do something]*) уме́ть (уме́ю, уме́ешь,... уме́ют) *impfv. only* (4/3)
  I (we, *etc.***) can hear everything.** Всё слы́шно. (4/2)
  one can, one may мо́жно (4/4)
  one cannot, may not нельзя́ (4/2)
Canada Кана́да (1/2)
Canadian Кана́дский [2/3]
cancel отменя́ть / *pfv.* отмени́ть (отменю́, отме́нишь,... отме́нят) [12/1]
candy (*piece of candy*) конфе́та (13/3v)
capable спосо́бный (Epi/A)
car маши́на (5/1)
  The car is at your service. Маши́на по́дана. [Epi/C]
card ка́рточка (*Gen. pl.* ка́рточек) (7/1)
careful осторо́жный (Epi/B)
  Careful!; Be careful! Осторо́жно! (9/1v)
carefully внима́тельно (11/2)
carnation гвозди́ка (11/4v)
carpet ков(ё)р (*Gen. sing.* ковра́) (3/2v)

carry *multidir.* носи́ть (ношу́, но́сишь,... но́сят) (13/2v), *unidir.* нести́ (несу́, несёшь,... несу́т; *past* нёс, несла́, несло́, несли́) (9/4) / *pfv.* понести́
cashier ка́сса (13/2)
cassette кассе́та (5/1)
cat ко́шка (*Gen. pl.* ко́шек) (2/4)
catch: catch a (bad) cold (си́льно) простужа́ться / *pfv.* простуди́ться (простужу́сь, просту́дишься,... просту́дятся) (12/1)
Caucasus, the Кавка́з [5/2]
caviar икра́ (10/2v)
ceiling потол(о́)к (*Gen. sing.* потолка́) (2/2v)
celebrate пра́здновать (пра́здную, пра́зднуешь,... пра́зднуют) / *pfv.* отпра́здновать (7/3)
celery сельдере́й [7/3v]
cellist виолончели́ст/виолончели́стка (*Gen. pl.* виолончели́сток) (3/3v)
cello виолонче́ль *f.* (3/3v)
center: Youth Center Двор(е́)ц (*Gen. sing.* Дворца́) молодёжи (4/2v)
center-forward (*hockey position*) центр-фо́рвард [14/1]
century век (*pl.* века́) (8/3)
certain, sure уве́рен (уве́рена, уве́рено, уве́рены) (6/4)
certainly абсолю́тно (10/4); обяза́тельно (6/4); безусло́вно [8/3]
chain necklace цепо́чка (*Gen. pl.* цепо́чек) [13/2v]
chair стул (*pl.* сту́лья, *Gen. pl.* сту́льев) (3/2)
  armchair (**easy chair**) кре́сло (*Gen. pl.* кре́сел) (3/2)
champagne *noun, declines like adj.* шампа́нское (10/2)
champion чемпио́н (14/4)
championship пе́рвенство [14/1]; (*championship game*) фина́л (14/1)
change 1. меня́ть / *pfv.* поменя́ть [7/2]; **2.** *intransitive* изменя́ться / *pfv.* измени́ться (изменю́сь, изме́нишься,... изме́нятся) (8/3)
  change (*trains, busses, etc.*) де́лать / *pfv.* сде́лать переса́дку (11/2v)
  change clothing переодева́ться / *pfv.* переоде́ться (переоде́нусь, переоде́нешься,... переоде́нутся) (14/1)
  change one's mind переду́мать *pfv.*; *impfv. not common* (11/3)
chardonnay шардонне́ [*pronounced* -нэ́] [14/2]
chat *verb* разгова́ривать / *no resultative pfv.* (6/4)
chauffeur, driver шофёр (11/2)
cheap (*inexpensive*) недорого́й (5/3)
  (**it's/that's**) **cheap** недо́рого (13/2)
cheaper деше́вле (*comparative of* дешёвый *and* дёшего) (8/3)
  a little cheaper подеше́вле (11/4v)

check *noun* **1.** (*in a café, restaurant, etc.*) счёт (*pl.* счета́) (5/4); **2.** (*in chess*) шах [3/1]; *verb* **1.** (*verify*) проверя́ть / *pfv.* прове́рить (прове́рю, прове́ришь,... прове́рят) (8/4); **2.** (*one's coat in a theater or restuarant*) сдава́ть (сдаю́, сдаёшь,... сдаю́т) / *pfv.* сдать (сдам, сдашь, сдаст, сдади́м, сдади́те, сдаду́т; *past* сдал, сдала́, сда́ло, сда́ли) (14/3)
checkmate мат [3/1]
cheese сыр (5/4v)
chef шеф-по́вар (*pl.* шеф-повара́) [7/3]
chemist хи́мик [4/4v]
Cherry Orchard, The (*a play by Anton Chekhov*) «Вишнёвый сад» [5/2v]
chess ша́хматы (3/1)
  play chess игра́ть в ша́хматы (3/1)
Chicago Чика́го (1/2)
chicken Kiev котле́ты по-ки́евски (14/2)
chief *noun* (*colloquial*) шеф [14/4]
children де́ти *pl.* (*sing.* ребён(о)к, *Gen. sing.* ребёнка, *Gen. pl.* дете́й, *Dat. pl.* де́тям, *Instr. pl.* детьми́) (2/1v); (*diminutive, affectionate*) дети́шки [10/4]
Chinese *adj.* кита́йский
  (**in**) **Chinese** по-кита́йски (4/3v)
chocolate *noun* шокола́д (5/3v); *adj.* шокола́дный [5/4]
choice вы́бор [8/3]
choose выбира́ть / *pfv.* вы́брать (вы́беру, вы́берешь,... вы́берут) (14/2)
Christmas Рождество́ (10/1)
chrysanthemum хризанте́ма [*pronounced* -тэ́-] [13/1v]
cigarette сигаре́та (5/3v)
cinematography кинематогра́фия [5/1v]
circle line кольцева́я ли́ния [9/1]
circus цирк [3/1]
city *noun* го́род (*pl.* города́) (1/2); *adj.* городско́й [7/2]
clarinet кларне́т [3/3v]
class 1. (*group of students in elementary or high school*) класс (6/1): **He** (**she**) **and I were in the same class in school.** Мы с ним (с ней) учи́лись в одно́м кла́ссе. (14/1); **2.** (*group of students in college*) гру́ппа (11/3)
classes (*at a university*) заня́тия *usu. pl.* (7/1); (*in elementary or high school*) уро́ки *usu.pl.* (4/3)
classical класси́ческий (3/3)
  classical music кла́ссика [4/2]
classmate однокла́ссник/однокла́ссница (5/1v)
clean *adj.* чи́стый (5/3)
  (**it's/that's**) **clean** чи́сто (9/1)
  cleaner (*comparative of* чи́стый) чи́ще (12/2)
cleanly чи́сто (9/1)

clear (someone) for work выпи́сывать / *pfv.* вы́писать (+ *Acc.*) на рабо́ту [12/4]
clinic; outpatient clinic поликли́ника (3/4v)
clock часы́ *pl.* (*Gen. pl.* часо́в) (2/3v)
    alarm clock буди́льник (4/1v)
close[1]**: close to, near** бли́зко от (+ *Gen.*) (5/3)
    (it's/that's) near, close бли́зко (2/4v)
close[2] закрыва́ть / *pfv.* закры́ть (закро́ю, закро́ешь,... закро́ют) [*pfv. only* 4/1]
    (the) doors are closing две́ри закрыва́ются (9/1v)
closed *adj. and past passive participle* закры́тый (закры́т, закры́та, закры́то, закры́ты) (11/2)
closet шкаф (*Prep. sing.* в шкафу́, *pl.* шкафы́) (6/2)
clothing: change clothing переодева́ться / *pfv.* переоде́ться (переоде́нусь, переоде́нешься,... переоде́нутся) (14/1)
club клуб (4/2v)
coat (*overcoat*) пальто́ *neut. indecl.* (14/3)
    coat-check (room) гардеро́б (14/3)
coffee ко́фе *m. indecl.* (1/2)
    black coffee чёрный ко́фе (5/4v)
    coffee set кофе́йный набо́р (13/2)
    coffee table кофе́йный сто́лик (2/3v)
    coffeepot кофе́йник (13/2)
coincidence совпаде́ние (13/4)
cold *adj.* холо́дный (6/4v)
    a cold (*illness*) просту́да (12/3)
    (it's) cold хо́лодно (10/1)
    catch a (bad) cold (си́льно) простужа́ться / *pfv.* простуди́ться (простужу́сь, простуди́шься,... просту́дятся) (12/1)
    cold remedy сре́дство от просту́ды (Epi/B)
colleague колле́га *m. and f.* [8/3]
    female colleague колле́га-же́нщина [13/1]
come 1. приходи́ть (пирхожу́, прихо́дишь,... прихо́дят) / *pfv.* прийти́ (приду́, придёшь,... приду́т; *past* пришёл, пришла́, пришло́, пришли́) (7/4); **2.** (*by vehicle*) приезжа́ть / *pfv.* прие́хать (прие́ду, прие́дешь,... прие́дут) (9/1); **3.** (*by plane*) прилета́ть [3/4] / *pfv.* прилете́ть (прилечу́, прилети́шь,... прилетя́т)
    Come here. Иди́(те) сюда́. [1/4]
    Come in. Заходи́(те)! (3/2); Войди́(те). (7/1); Проходи́(те). (12/3)
    come out (of) выходи́ть (выхожу́, выхо́дишь,... выхо́дят) / *pfv.* вы́йти (вы́йду, вы́йдешь,... вы́йдут; *past* вы́шел, вы́шла, вы́шло, вы́шли) (9/2v)
commercial (*advertisement*) рекла́ма (9/3v)
company 1. (*a group of people*) компа́ния [7/1]; **2.** (*business*) фи́рма (4/4v)

complete *adj.* це́лый (11/3)
    completely соверше́нно (8/2); совсе́м (14/3)
compliment комплиме́нт (13/1)
composer компози́тор (3/3)
composition (*writing*) сочине́ние (3/1v)
computer компью́тер [*pronounced* -тэ-] (8/3v)
    computer program компью́терная програ́мма (11/3v)
concern (*have to do with*) каса́ться / *pfv.* косну́ться (коснётся, косну́тся) (*3rd pers. only*) (+ *Gen.*) (8/1)
concert *noun* конце́рт (3/3); *adj.* конце́ртный [4/2v]
conference конфере́нция [7/1v]
congratulate поздравля́ть / *pfv.* поздра́вить (поздра́влю, поздра́вишь,... поздра́вят) (+ *Acc.* + с + *Instr.*) (10/2)
    Congratulate me! Мо́жешь меня́ поздра́вить! [7/2]
connection связь *f.* (8/4)
conservatory консервато́рия (3/3v)
constantly всё вре́мя (7/2); днём и но́чью [7/2]
continent контине́нт (1/2)
continue *intransitive* продолжа́ться / *pfv.* продолжи́ться (продо́лжится, продо́лжатся) (*3rd pers. only*) (Epi/C)
    Continue. Продолжа́й(те)! [1/4]
convenient удо́бный (7/1)
cook гото́вить (гото́влю, гото́вишь,... гото́вят) (6/4v) / *pfv.* пригото́вить (7/3)
    cook (fix) dinner гото́вить / *pfv.* пригото́вить обе́д (7/3)
copier копи́р (8/3v)
corner у́г(о)л (*Gen. sing.* угла́, *Prep. sing.* в углу́, на углу́) (11/2v)
correct: that's correct пра́вильно (11/2)
correspond (with), write letters (to) перепи́сываться *impfv. only* (с + *Instr.*) [8/3]
cosmetics косме́тика (13/3v)
cost сто́ить (сто́ит, сто́ят) *impfv. only* (*usu. 3rd pers.*) (6/2)
cottage котте́дж [*pronounced* -тэ-] [6/2v]
couch дива́н (2/3v)
cough *noun* ка́ш(е)ль *m.* (*Gen. sing.* ка́шля) (12/3); *verb* ка́шлять / *pfv. for one-time action* ка́шлянуть (ка́шляну, ка́шлянешь,... ка́шлянут) (12/3v)
    cough drops пасти́лки от ка́шля [5/3v]
could: Could you tell me...? Вы не ска́жете...? (8/4)
    How could you possibly do that? Ра́зве так мо́жно? (12/1)
count счита́ть / *pfv.* посчита́ть (11/2)
country (*nation*) страна́ (*pl.* стра́ны) (1/2)

couple па́ра (10/1)
courier курье́р (9/3v)
course 1. (*program of study*) курс (9/3v); **2.** (*part of a meal*) блю́до (14/2v)
court (*someone*) уха́живать (за + *Instr.*) *impfv. only* [14/1]
cousin (*male*) двою́родный брат (2/1v); (*female*) двою́родная сестра́ (2/1v)
crab (*meat*) кра́бы (*pl. in this meaning*) (14/2)
creatively оригина́льно (3/1)
credit card креди́тная ка́рточка (*Gen. pl.* ка́рточек) (8/3)
crêpe блин (*pl.* блины́) (10/2v)
cross one's path перебега́ть / *pfv.* перебежа́ть (перебегу́, перебежи́шь, перебежи́т, перебежи́м, перебежи́те, перебегу́т) доро́гу [9/4]
crosstown line радиа́льная ли́ния [9/1]
crosswalk перехо́д (8/4v)
crude гру́бый (6/4v)
cruise круи́з (8/2v)
cucumber огур(е́)ц (*Gen. sing.* огурца́) (10/2v)
cultured культу́рный (6/1)
cup ча́шка (*Gen. pl.* ча́шек) (13/4v); (*diminutive*) ча́шечка (*Gen. pl.* ча́шечек) [13/2]
cure выле́чивать / *pfv.* вы́лечить (вы́лечу, вы́лечишь, . . . вы́лечат) [12/1]
currency: foreign currency валю́та (6/3v)
cushion поду́шка (*Gen. pl.* поду́шек) (2/3v)
customary обы́чный (8/3)
customs тамо́жня [1/4]

D

dad па́па (2/2)
daisy маргари́тка (*Gen. pl.* маргари́ток) (13/1v)
dance танцева́ть (танцу́ю, танцу́ешь, . . . танцу́ют) / **1.** *pfv.* станцева́ть; **2.** *pfv.* (*to indicate limited duration*) потанцева́ть (14/2)
dangerous опа́сный (12/4)
  dangerously опа́сно (12/4): **And what if I'm seriously (dangerously) ill?** А е́сли я опа́сно бо́лен?
  (it's/that's) dangerous опа́сно (12/3)
dare: Don't (you) dare . . . Не смей . . . (+ *infin.*) [6/4]
dark тёмный (10/4v)
  dark blue си́ний (10/2)
date[1] (*social*) свида́ние (8/1)
  go on a date идти́ на свида́ние (8/1)
date[2] **1.** (*day of the month*) число́ (*pl.* чи́сла, *Gen. pl.* чи́сел) (11/2); **2.** (*time on the calendar*) да́та [5/4]:
  significant (round figure) date кру́глая да́та
  What's today's date? Како́е сего́дня число́? (6/3)

daughter дочь *f.* (*Gen., Dat., and Prep. sing.* до́чери, *Instr. sing.* до́черью, *pl.* до́чери, *Gen. pl.* дочере́й) (2/1); (*diminutive, affectionate*) до́ченька [3/1]
day 1. д(е)нь *m.* (*Gen.* дня) (1/4); **2.** (*day of the month*) число́ (*pl.* чи́сла, *Gen. pl.* чи́сел) (11/2)
  day and night; constantly днём и но́чью [7/2]
  Good day! До́брый день! (3/2)
  non-working day; day off нерабо́чий день (13/1)
  the day after tomorrow послеза́втра (12/4)
  What (day) is (it) today? Како́й сего́дня день? (1/4)
dear дорого́й (2/3)
December дека́брь *m.* (*Gen. sing.* декабря́) (1/4)
decide реша́ть / *pfv.* реши́ть (решу́, реши́шь, . . . реша́т) (11/4)
  deciding реша́ющий [14/3]
decorated наря́дный (10/4)
definitely обяза́тельно (6/4)
degree (*academic*) дипло́м (7/1)
delicious, tasty вку́сный (6/4v)
department (*academic*) ка́федра (4/3v); факульте́т (4/4)
  history department истори́ческий факульте́т (6/2)
  jounalism department факульте́т журнали́стики (4/4)
  What department are you in?; What are you majoring in? На како́м факульте́те вы у́читесь? [4/4]
dessert десе́рт (14/2v)
dial (*telephone*) набира́ть / *pfv.* набра́ть (наберу́, наберёшь, . . . наберу́т; *past* набра́л, набрла́, набра́ло, набра́ли) но́мер [7/2]
  You dialed the wrong number. Вы не туда́ попа́ли. (7/2)
dictionary слова́рь *m.* (*Gen. sing.* словаря́) (8/4)
die умира́ть / *pfv.* умере́ть (умру́, умрёшь, . . . умру́т; *past* у́мер, умерла́, у́мерло, у́мерли) (11/4)
diet дие́та [5/4v]
difference: What's the difference?; What difference does it make? Кака́я ра́зница? (3/2)
different (*various*) ра́зный (5/2)
difficult тру́дный (3/1)
  (it's/that's) difficult тру́дно (7/1); нелегко́ (3/1)
  Is it really a difficult topic? Ра́зве э́то тру́дная те́ма? (3/1)
dining room *noun, declines like adj.* столо́вая (2/2v)
dinner обе́д (7/3)
  have dinner обе́дать / *pfv.* пообе́дать (13/2)
  prepare (fix) dinner гото́вить (гото́влю, гото́вишь, . . . гото́вят) / *pfv.* пригото́вить обе́д (7/3)
dinosaur диноза́вр [8/3]
diploma дипло́м (7/1)

direction сторона́ (*Acc. sing.* сто́рону, *pl.* сто́роны) [9/4]
director дире́ктор (*pl.* директора́) (4/1)
directory assistance *noun, declines like adj.*
   спра́вочная (7/2)
discotheque дискоте́ка (8/1v)
discrimination дискримина́ция (5/3)
dish 1. (*for serving food*) таре́лка (*Gen. pl.* таре́лок)
   (13/4v); **2.** (*kind of food*) блю́до (14/2v)
dishes, dishware (*for serving food*) посу́да (13/2)
dispatcher диспе́тчер (Epi/B)
district (**of town**) райо́н (3/4)
disturb 1. меша́ть / *pfv.* помеша́ть (+ *Dat.*) (7/1);
   2. беспоко́ить (беспоко́ю, беспоко́ишь, . . .
   беспоко́ят) / *pfv.* побеспоко́ить (12/1)
do де́лать (3/1) / *pfv.* сде́лать (7/3)
   How are you doing? Как (у тебя́, у вас) дела́? (1/2)
   How could you possibly do that? Ра́зве так
      мо́жно? (12/1)
   What should (**can**) **we** (**I**) **do?** Что де́лать? (4/2v)
doctor до́ктор (*pl.* доктора́) (12/1v); врач (*Gen. sing.*
   врача́) (1/3)
dog соба́ка (2/1)
door дверь *f.* (*Prep. sing.* о две́ри *but* на двери́; *Gen. pl.*
   двере́й) (2/2v)
doorman швейца́р [14/2]
dormitory общежи́тие (5/1)
double двойно́й [14/4]
double bass контраба́с (3/3v)
doubt *noun* сомне́ние (12/4)
downstairs внизу́ (2/4)
downtown центр = центр го́рода (2/2)
drink *noun* напи́т(о)к (*Gen. sing.* напи́тка) (14/2v); *verb*
   пить (пью, пьёшь, . . . пьют) (5/4v) / *pfv.* вы́пить
   (вы́пью, вы́пьешь, . . . вы́пьют) (8/1)
drive 1. *multidir.* води́ть (вожу́, во́дишь, . . . во́дят)
   (маши́ну, такси́ . . .), *no unidir. nor pfv. in this*
   meaning (9/3); **2.** (*go by vehicle*) *multidir.* е́здить
   (е́зжу, е́здишь, . . . е́здят) (5/4), *unidir.* е́хать (е́ду,
   е́дешь, . . . е́дут) (3/3) / *pfv.* пое́хать (8/1)
driver води́тель *m.* (4/4v); шофёр (11/2)
   taxi driver води́тель такси́ (4/4v)
driving вожде́ние [9/3]
   driving school автошко́ла [9/3v]
drop by 1. заходи́ть (захожу́, захо́дишь, . . . захо́дят) /
   pfv. зайти́ (зайду́, зайдёшь, . . . зайду́т; *past* зашёл,
   зашла́, зашло́, зашли́) (14/2); **2.** (*vehicular*)
   заезжа́ть / *pfv.* зае́хать (зае́ду, зае́дешь, . . .
   зае́дут) (14/2)
drugstore апте́ка (3/3)
drummer уда́рник [3/3v]
drums *noun, declines like adj.* уда́рные [3/3v]

E

e-mail электро́нная по́чта (8/3)
each ка́ждый (5/3)
each other: (**to, about,** *etc.*) **each other** друг дру́га (друг
   дру́гу, друг о дру́ге, *etc.*) (6/1)
   Let's use «ты» with each other. Дава́й говори́ть друг
      дру́гу «ты»! (6/1)
ear у́хо (*pl.* у́ши, *Gen. pl.* уше́й) (12/1v)
earlier ра́ньше (*comparative of* ра́но) (8/3)
early *adv.* ра́но (9/2)
earphones нау́шники *pl.* (*sing.* нау́шник) (9/2)
earrings се́рьги *pl.* (*sing.* серьга́, *Gen. pl.* серёг) (13/2v)
easier ле́гче (*comparative of* лёгкий *and* легко́) (12/2)
easy лёгкий (12/2)
   (**it's/that's**) **not easy** нелегко́ (3/1)
easy chair кре́сло (*Gen. pl.* кре́сел) (3/2)
eat есть (ем, ешь, ест, еди́м, еди́те, едя́т; *past* ел, е́ла,
   е́ло, е́ли) (5/4v) / **1.** *pfv.* (*eat up*) съесть (10/3);
   2. *pfv.* (*have something to eat, have a snack*)
   пое́сть (10/2)
eau-de-cologne одеколо́н (13/3v)
economics *adj.* экономи́ческий (5/1v)
   Moscow Institute of Economics Моско́вский
      экономи́ческий институ́т [5/1v]
egg яйцо́ (*pl.* я́йца, *Gen. pl.* яи́ц) (7/3v)
   fried eggs яи́чница [*pronounced* -шн-] (5/4v)
   hard-boiled egg круто́е яйцо́ (7/3v)
eggplant caviar (*a vegetable dish*) баклажа́нная
   икра́ (10/2v)
eight во́семь (2/1)
eight hundred восемьсо́т (8/3)
eighteen восемна́дцать (6/1)
eighteenth восемна́дцатый (6/3)
eighth восьмо́й (6/3)
eightieth восьмидеся́тый (8/2)
eighty во́семьдесят (6/1)
either (*with a negated verb*) то́же (5/3): **I don't know**
      either. Я то́же не зна́ю.
   either . . . or и́ли . . . и́ли [9/4]
   (*negation +*) **either . . . or** ни . . . ни (11/2)
elderly пожило́й [6/4]
elders; one's elders *noun, declines like adj.*
   ста́ршие *pl.* (6/1)
electrician эле́ктрик (4/4)
electronics электро́ника (4/4)
   electronics store магази́н электро́ники (4/4)
elevator лифт (2/2v)
eleven оди́ннадцать (2/1)
eleventh оди́ннадцатый (6/3)
else ещё (4/3)
   (**or**) **else** а то (Epi/C)

Sure it's us, who else! Мы, кто же ещё! [4/3]
Who (what) else? Кто (что) ещё? (4/3)
embarrassing: How embarrassing! Какой стыд! [11/2]
empty пустой (пуст, пуста, пусто, пусты) [9/4]
end *noun* кон(е́)ц (*Gen. sing.* конца́) (8/3); *verb* 1. конча́ть / *pfv.* ко́нчить (ко́нчу, ко́нчишь, . . . ко́нчат) (7/2); 2. *intransitive* конча́ться / *pfv.* ко́нчиться (ко́нчится, ко́нчатся) (*usu. 3rd pers.*) (12/2)
  end up calling (some place) попада́ть / *pfv.* попа́сть (попаду́, попадёшь, . . . попаду́т; *past* попа́л, попа́ла, попа́ло, попа́ли) (куда́) (7/2)
engage in занима́ться / *no resultative pfv.* (+ *Instr.*) (9/3)
engagingly интере́сно (3/1)
engineer инжене́р (4/4v)
English *adj.* англи́йский (7/1)
  (in) English по-англи́йски (4/3v)
  speak English (Russian, *etc.***)** говори́ть по-англи́йски (по-ру́сски, *etc.*) (4/3v)
enough доста́точно (14/1)
  (there's) not enough не хвата́ет (+ *Gen.*) (*3rd pers. only*) (12/4)
entirely совсе́м (14/3)
entrance 1. вход (9/1); 2. (*to a building*) подъе́зд (2/4); 3. *noun, declines like adj.* (*entry hall in a home*) пере́дняя [5/2]
entry: No entry. Вход воспреща́ется (воспрещён). [9/1]
envelope конве́рт (6/3v)
epidemic эпиде́мия (12/1)
especially осо́бенно (13/1)
Eugene Onegin (*a novel in verse by A. S. Pushkin*) «Евге́ний Оне́гин» [7/4]
Europe Евро́па (1/2)
even *particle* да́же (3/2)
evening ве́чер (*pl.* вечера́) (7/1)
  Good evening! До́брый ве́чер! (7/1)
  in the evening ве́чером (3/3v)
ever когда́-нибудь (9/4)
every ка́ждый (5/3)
everybody, everyone *pronoun* все *pl. only* (4/2)
  Everyone (please come) to the table! Прошу́ всех к столу́! (10/2); Скоре́е за стол! [10/3]
everything *pronoun* всё (4/2)
  Everything is in order; Everything's fine. Всё в поря́дке. (6/2)
  everything we need; everything one needs всё, что ну́жно (6/4)
  I (we, *etc.***) can hear everything.** Всё слы́шно. (4/2)
everywhere везде́ (5/1)

exactly 1. и́менно [3/1]; 2. то́чно (9/2); 3. (*with clock time*) ро́вно (7/3): **exactly at seven o'clock; at 7:00 on the dot** ро́вно в семь часо́в
examination экза́мен (7/3)
  history exam экза́мен по исто́рии (7/3)
  prepare for an exam гото́виться (гото́влюсь, гото́вишься, . . . гото́вятся) / *pfv.* подгото́виться к экза́мену (7/3)
excellent отли́чный (3/2)
  Excellent! Отли́чно! (5/4)
excessively сли́шком (4/2)
exchange обме́н (6/3v)
  on an exchange program по обме́ну (11/4)
excursion экску́рсия (8/2v)
excuse: medical excuse from work больни́чный лист [12/4]
Excuse me! Извини́(те). (1/2); Прости́(те)! (7/2)
exercise (*academic*) упражне́ние (1/3)
exhibition вы́ставка (*Gen. pl.* вы́ставок) [5/2]
exit *noun* вы́ход (9/1); *verb* выходи́ть (выхожу́, выхо́дишь, . . . выхо́дят) / *pfv.* вы́йти (вы́йду, вы́йдешь, . . . вы́йдут; *past* вы́шел, вы́шла, вы́шло, вы́шли) (9/1v, 9/2v)
expect: We'll be expecting you! Ждём! [7/3]
expensive дорого́й (5/3)
  more expensive доро́же (*comparative of* дорого́й) (12/2)
experience о́пыт (4/4)
explain объясня́ть / *pfv.* объясни́ть (объясню́, объясни́шь, . . . объясня́т) (7/2)
extra ли́шний (10/2)
eye глаз (*pl.* глаза́) (12/1v)

F

factory заво́д (4/4v)
fall[1] (*autumn*) о́сень *f.* (13/1); *adj.* осе́нний (13/1)
  in (the) fall *adv.* о́сенью (7/1)
fall[2] *verb* па́дать / *pfv.* упа́сть (упаду́, упадёшь, . . . упаду́т; *past* упа́л, упа́ла, упа́ло, упа́ли) [9/4]
  fall ill заболе́ть[1] (заболе́ю, заболе́ешь, . . . заболе́ют) *pfv.* (*may function as pfv. of* боле́ть[1]) (12/1)
familiar знако́мый (10/4)
family семья́ (*pl.* се́мьи, *Gen. pl.* семе́й, *Dat. pl.* се́мьям) (2/1v)
famous знамени́тый (14/1)
far (away) далеко́ (2/2)
  far (not far) from далеко́ (недалеко́) от (+ *Gen.*) (5/3)
fast *adj.* бы́стрый (9/1); *adv.* бы́стро (4/3)
fat то́лстый (11/2)

father от(е́)ц (*Gen. sing.* отца́) (2/1v)
fault: That's my fault. (Э́то) я винова́т (винова́та). (11/2)
favorite люби́мый (3/3)
fax *noun* факс (8/3v)
fear боя́ться (бою́сь, бои́шься, . . . боя́тся) / *no resultative pfv.* (+ *Gen.*) (9/4)
    I fear not. Бою́сь, что нет. (10/4)
February февра́ль *m.* (*Gen. sing.* февраля́) (1/4)
feel (some way) чу́вствовать (чу́вствую, чу́вствуешь, . . . чу́вствуют) [*pronounced* чу́ст-] себя́ / *no resultative pfv.* (10/4)
    feel at home чу́вствовать себя́ как до́ма (10/4)
    feel sorry (for) сочу́вствовать *impfv. only* (+ *Dat.*) [11/4]
fellow па́р(е)нь *m.* (*Gen. sing.* па́рня, *Gen. pl.* парне́й) (5/4)
few ма́ло (+ *Gen.*) (8/3)
    a few не́сколько (+ *Gen.*) (13/1)
fewer (*comparative of* ма́ло) ме́ньше (9/2)
    fewer and fewer всё ме́ньше и ме́ньше (9/2)
fifteen пятна́дцать (6/1)
fifteenth пятна́дцатый (6/3)
fifth пя́тый (6/3)
fiftieth пятидеся́тый (8/2)
fifty пятьдеся́т (6/1)
figure: good round figure (*significant date*) кру́глая да́та [5/4]
film фильм (10/4)
    movie (film) star кинозвезда́ (*pl.* кинозвёзды) (5/1v)
final *adj.* фина́льный (9/4)
final, finale (*final game; championship*) фина́л (14/1)
finally наконе́ц (7/4)
financial фина́нсовый [5/1v]
find находи́ть (нахожу́, нахо́дишь, . . . нахо́дят) / *pfv.* найти́ (найду́, найдёшь, . . . найду́т; *past* нашёл, нашла́, нашло́, нашли́) (7/4)
    find out узнава́ть (узнаю́, узнаёшь, . . . узнаю́т) / *pfv.* узна́ть (11/4)
fine: Everything's fine. Всё в поря́дке. (6/2)
    Fine, thanks. (*in response to* Как дела́?) Хорошо́, спаси́бо. (1/2)
finger па́л(е)ц (*pl.* па́льцы) (12/1v)
finish зака́нчивать / *pfv.* зако́нчить (зако́нчу, зако́нчишь, . . . зако́нчат) (7/1); конча́ть / *pfv.* ко́нчить (ко́нчу, ко́нчишь, . . . ко́нчат) (7/2)
firm (*business enterprise*) фи́рма (4/4v)
first пе́рвый (2/4)
    at first пе́рвое вре́мя [11/4]; снача́ла [11/4]; внача́ле [11/3]
    by first name по и́мени (8/4)

first name и́мя *neut.* (*Gen., Dat., and Prep. sing.* и́мени, *Instr. sing.* и́менем, *pl.* имена́, *Gen. pl.* имён) (1/2)
    for the first time впервы́е (14/4); в пе́рвый раз (14/2)
    In the first place . . . ; To begin with . . . ; First of all . . . *parenthetical* Во-пе́рвых . . . (10/1); Пре́жде всего́ . . . (5/4)
fish ры́ба (7/3)
five пять (2/1)
    a "five" (*top grade in Russian schools, equivalent to a grade of "A"*) пятёрка (4/3)
five hundred пятьсо́т (5/3)
fix (*repair*) чини́ть (чиню́, чи́нишь, . . . чи́нят) (4/4) / *pfv.* почини́ть (8/1)
    fix dinner гото́вить (гото́влю, гото́вишь, . . . гото́вят) / *pfv.* пригото́вить обе́д (7/3)
floor 1. пол (*Prep. sing.* на полу́; *pl.* полы́) (2/2v);
    2. (*level in a building*) эта́ж (*Gen. sing.* этажа́, *Gen. pl.* этаже́й) (2/2)
flower цвет(о́)к (*Gen. sing.* цветка́, *pl.* цветы́, *Gen. pl.* цвето́в) (3/2v)
flu грипп (12/1)
flute фле́йта (3/3v)
flutist флейти́ст/флейти́стка (*Gen. pl.* флейти́сток) (3/3v)
food (*kind of food; dish*) блю́до (14/2v)
foot нога́ (*Acc. sing.* но́гу, *pl.* но́ги, *Gen. pl.* ног, *Dat. pl.* нога́м) (12/1v)
    on foot пешко́м (9/4)
for 1. (*for the benefit or use of*) для (+ *Gen.*) (6/4): **There's no room for a table here.** Тут нет ме́ста для стола́.; **2.** (*to denote how long the result of an action is in effect*) на (+ *Acc.*) (7/4): **He has come to Moscow for a year.** Он прие́хал в Москву́ на год.; **3.** (*giving one thing in exchange for something else*) за (+ *Acc.*): **the firm pays for the tickets** за биле́ты пла́тит фи́рма (8/2); **4.** (*on the occasion of*) к (ко) (+ *Dat.*) (13/1): **a gift for the 8th of March** пода́рок к 8 [восьмо́му] Ма́рта; **5.** (*for the sake of*) ра́ди (+ *Gen.*) (11/1): **for Belka's sake** ра́ди Бе́лки; **6.** (*to get*) за (+ *Instr.*) (10/1): **He went back for his cigarettes.** Он верну́лся за сигаре́тами.; **7.** (*leave for*) в, на, (+ *Acc.*) *or* к (+ *Dat.*) (8/1): **She left for Europe this morning.** Она́ пое́хала сего́дня у́тром в Евро́пу.
    a ticket for биле́т на (+ *Acc.*) (14/1)
    for 7 p.m. на семь ве́чера (14/2)
    for a long time до́лго (8/4); давно́ (11/2)
    for a year на год (*also* на́ год) [7/4]

for free беспла́тно (5/3)
for now, for the time being пока́ [5/4]
for sure то́чно (9/2)
for the first time впервы́е (14/4); в пе́рвый раз (14/2)
look for иска́ть (ищу́, и́щешь,...и́щут) / *pfv. not introduced* [5/4]
forbidden: it is forbidden нельзя́ (4/2)
foreign иностра́нный (9/1)
    foreign currency валю́та (6/3v)
foreigner иностра́н(е)ц/иностра́нка (*Gen. pl.* иностра́нок) (9/1)
forest лес (*Prep. sing.* в лесу́, *pl.* леса́) (10/4)
forget забыва́ть / *pfv.* забы́ть (забу́ду, забу́дешь,...забу́дут) (9/1)
fork ви́лка (*Gen. pl.* ви́лок) (9/4)
formal официа́льный (13/1)
formally официа́льно (10/2)
    to address (someone) formally говори́ть (+ *Dat.*) «вы» (6/1)
fortieth сороково́й (8/2)
fortunate счастли́вый (сча́стлив, сча́стлива, сча́стливы) (8/3)
forty со́рок (6/1)
forward вперёд (10/4)
four четы́ре (2/1)
four hundred четы́реста (8/3)
fourteen четы́рнадцать (6/1)
fourteenth четы́рнадцатый (6/3)
fourth четвёртый (2/4)
frankfurters соси́ски (10/2v)
frankly speaking *parenthetical* открове́нно говоря́ (12/1)
free свобо́дный (свобо́ден, свобо́дна, свобо́дно, свобо́дны) (8/4)
    become free (available) освобожда́ться / *pfv.* освободи́ться (освобожу́сь, освободи́шься,...освободя́тся) [Epi/A]
    free (of charge); for free беспла́тно (5/3)
freeze замерза́ть / *pfv.* замёрзнуть (замёрзну, замёрзнешь,...замёрзнут; *past* замёрз, замёрзла, замёрзло, замёрзли) [10/1]
French францу́зский (10/2)
    (in) French по-францу́зски (4/3v)
Friday пя́тница (1/4)
fried eggs яи́чница [*pronounced* -шн-] (5/4v)
friend друг (*pl.* друзья́, *Gen. pl.* друзе́й) (5/3)/подру́га (5/4)
friendship дру́жба (10/3v)
from 1. от (+ *Gen.*) (5/1); **2.** из (+ *Gen.*) (8/3); **3.** с (со) (+ *Gen.*) (12/4)
    far (not far) from далеко́ (недалеко́) от (+ *Gen.*) (5/3)

from there отту́да (3/4v)
from where отку́да (9/1)
fruit фру́кты *usu. pl.* (*Gen. pl.* фру́ктов) (5/4v)
full по́лный [9/4]
fun: It was a lot of fun.; We had a lot of fun. Бы́ло о́чень ве́село. (7/4)
    make fun of, poke fun at смея́ться (смею́сь, смеёшься,...смею́тся) / *pfv.* посмея́ться над (+ *Instr.*) (11/4)
funeral по́хороны (*Gen.* похоро́н, *Dat.* похорона́м) *pl.* (11/4)
furniture ме́бель *f.* (3/2)
future *noun, declines like adj.* бу́дущее [8/2]; *adj.* бу́дущий [5/1v]

G

gallery галере́я [9/1]
    Tretyakov Gallery (*a major Moscow art museum*) Третьяко́вская галере́я [9/1]
game игра́ (14/4v)
    soccer game футбо́льный матч (8/1v)
garage 1. гара́ж (*Gen. sing.* гаража́) (5/1); **2.** (*automotive shop*) автосе́рвис (4/4)
garden сад (*Prep. sing.* в саду́) [5/2]
gentleman мужчи́на (6/3); джентльме́н [10/1]
geography геогра́фия (1/2)
German *adj.* неме́цкий
    (in) German по-неме́цки (4/3v)
Germany Герма́ния [5/2v]
get 1. (*obtain*) достава́ть (достаю́, достаёшь,...достаю́т) / *pfv.* доста́ть (доста́ну, доста́нешь,...доста́нут) (14/1); **2.** брать (беру́, берёшь,...беру́т; *past* брал, брала́, бра́ло, бра́ли) / *pfv.* взять (возьму́, возьмёшь,...возьму́т; *past* взял, взяла́, взя́ло, взя́ли) (8/4); **3.** (*receive*) получа́ть (5/3) / *pfv.* получи́ть (получу́, полу́чишь,...полу́чат) (8/1)
    get a doctor вызыва́ть / *pfv.* вы́звать (вы́зову, вы́зовешь,...вы́зовут) врача́ (12/2)
    get acquainted (with) знако́миться (знако́млюсь, знако́мишься,...знако́мятся) / *pfv.* познако́миться (с + *Instr.*) (8/2)
    get (buy) a garage покупа́ть / купи́ть (куплю́, ку́пишь,...ку́пят) гара́ж [5/1]
    get in line станови́ться (становлю́сь, стано́вишься,...стано́вятся) / *pfv.* стать (ста́ну, ста́нешь,...ста́нут) в о́чередь [13/2]
    get lost заблужда́ться / *pfv.* заблуди́ться (заблужу́сь, заблу́дишься,...заблу́дятся) (8/4)
    get married (to) 1. (*of a woman*) выходи́ть (выхожу́, выхо́дишь,...выхо́дят) / *pfv.* вы́йти (вы́йду,

вы́йдешь, … вы́йдут; *past* вы́шла, вы́шли) за́муж (за + *Acc.*) (8/2); **2.** (*of a man*) жени́ться (женю́сь, же́нишься, … же́нятся) *impfv. and pfv.* (на + *Prep.*) (8/2); **3.** (*of a couple; used in pl. only*) жени́ться (же́нимся, же́нитесь, же́нятся) / *pfv.* пожени́ться (8/2)

get on (**a bus**) сади́ться (сажу́сь, сади́шься, … садя́тся) / *pfv.* сесть (ся́ду, ся́дешь, … ся́дут; *past* сел, се́ла, се́ло, се́ли) на (автобус) (11/2v)

get ready for an exam гото́виться (гото́влюсь, гото́вишься, … гото́вятся) / *pfv.* подгото́виться к экза́мену (7/3)

get sick заболе́ть¹ (заболе́ю, заболе́ешь, … заболе́ют) *pfv.* (*may function as pfv. of* боле́ть¹) (12/1)

get to (**into**) (*some place or event*) попада́ть / *pfv.* попа́сть (попаду́, попадёшь, … попаду́т; *past* попа́л, попа́ла, попа́ло, попа́ли) (куда́) (7/2)

get together (**with**) встреча́ться / *pfv.* встре́титься (встре́чусь, встре́тишься, … встре́тятся) (с + *Instr.*) (Epi/A)

get up встава́ть (встаю́, встаёшь, … встаю́т) / *pfv.* встать (вста́ну, вста́нешь, … вста́нут) (9/2v)

get used to привыка́ть / *pfv.* привы́кнуть (привы́кну, привы́кнешь, … привы́кнут; *past* привы́к, привы́кла, привы́кло, привы́кли) (к + *Dat.*) (11/4)

Get well soon! Скоре́е выздора́вливай(те)! (12/4)

Got it? Понима́ешь? (6/1)

Let's get acquainted! Дава́йте познако́мимся. (2/3)

What can I get you? (*in a restaurant*) Что бу́дете зака́зывать? (5/4)

Would you get (**Mom**)? Позови́ (ма́му). (7/2)

You got the wrong number. (*on the telephone*) Вы не туда́ попа́ли. (7/2)

gift пода́р(о)к (*Gen. sing.* пода́рка) (6/4)

girl 1. (*young woman*) де́вушка (*Gen. pl.* де́вушек) (5/3); **2.** (*little girl*) де́вочка (*Gen. pl.* де́вочек) (2/2); **3.** (*colloquial*) девчо́нка (*Gen. pl.* девчо́нок) [13/3]

give 1. дава́ть (даю́, даёшь, … даю́т) (5/3) / *pfv.* дать (дам, дашь, даст, дади́м, дади́те, даду́т; *past* дал, дала́, да́ло, да́ли) (+ *Dat.* + *Acc.*) (7/2); **2.** (*as a present*) дари́ть (дарю́, да́ришь, … да́рят) / *pfv.* подари́ть (+ *Dat.* + *Acc.*) (7/4); **3.** (*give back*) отдава́ть (отдаю́, отдаёшь, … отдаю́т) (5/3) / *pfv.* отда́ть (отда́м, отда́шь, отда́ст, отдади́м, отдади́те, отдаду́т; *past* о́тдал, отдала́, о́тдало, о́тдали) (8/1)

give a ride (**to**) довози́ть (довожу́, дово́зишь, … дово́зят) (до + *Gen.*) / *pfv.* довезти́ (довезу́, довезёшь, … довезу́т; *past* довёз, довезла́, довезло́, довезли́) (до + *Gen.*) (Epi/C)

give lectures чита́ть ле́кции [7/4]

give orders, boss (**people**) **around** кома́ндовать (кома́ндую, кома́ндуешь, … кома́ндуют) / *pfv. not introduced* [6/1]

give up one's seat уступа́ть / *pfv.* уступи́ть (уступлю́, усту́пишь, … усту́пят) ме́сто [10/1]

glad рад (ра́да, ра́до, ра́ды) (6/4)

gladly; with pleasure с удово́льствием (7/2)

glass (*for wine*) бока́л (10/2)

raise a glass (**to**) поднима́ть / *pfv.* подня́ть (подниму́, подни́мешь, … подни́мут; *past* по́днял, подняла́, по́дняло, по́дняли) бока́л (за + *Acc.*) [10/2]

gloves перча́тки *pl.* (*sing.* перча́тка, *Gen. pl.* перча́ток) (13/2v)

go 1. *multidir.* ходи́ть (хожу́, хо́дишь, … хо́дят) (5/2), *unidir.* идти́ (иду́, идёшь, … иду́т; *past* шёл, шла, шло, шли) (3/3) / *pfv.* пойти́ (пойду́, пойдёшь, … пойду́т; *past* пошёл, пошла́, пошло́, пошли́) (8/1); **2.** (*vehicular*) *multidir.* е́здить (е́зжу, е́здишь, … е́здят) (5/4), *unidir.* е́хать (е́ду, е́дешь, … е́дут) (3/3) / *pfv.* пое́хать (8/1)

be planning to go somewhere собира́ться / *pfv.* собра́ться (соберу́сь, соберёшься, … соберу́тся) (куда́) (*impfv.* 5/4)

Go … (*vehicular command form*) Поезжа́й(те) … (Epi/C)

go abroad *multidir.* е́здить, *unidir.* е́хать / *pfv.* пое́хать за грани́цу (11/4)

go away 1. уходи́ть / *pfv.* уйти́ (8/1); **2.** (*vehicular*) уезжа́ть / *pfv.* уе́хать (9/2); **3.** (*of a pain or cough, etc.*) проходи́ть / *pfv.* пройти́ (*3rd pers. only in this meaning*)

go back возвраща́ться / *pfv.* верну́ться (верну́сь, вернёшься, … верну́тся) (9/2)

go for a walk гуля́ть (3/1) / *may function as pfv. to indicate limited duration* погуля́ть (8/1)

go on (*continue*) продолжа́ться / *pfv.* продолжи́ться (продо́лжится, продо́лжатся) (*3rd pers. only*) (Epi/C)

go on a date идти́ на свида́ние (8/1)

go out (**of**) выходи́ть (выхожу́, выхо́дишь, … выхо́дят) / *pfv.* вы́йти (вы́йду, вы́йдешь, … вы́йдут; *past* вы́шел, вы́шла, вы́шло, вы́шли) (из + *Gen.*) (9/1v, 9/2v)

go over (**to**) подходи́ть (подхожу́, подхо́дишь, … подхо́дят) / *pfv.* подойти́ (подойду́,

подойдёшь, . . . подойду́т; *past* подошёл, подошла́, подошло́, подошли́) (к + *Dat.*) (13/2)
go past, pass by проходи́ть (прохожу́, прохо́дишь, . . . прохо́дят) / *pfv.* пройти́ (пройду́, пройдёшь, . . . пройду́т; *past* прошёл, прошла́, прошло́, прошли́) (ми́мо + *Gen.*) (13/2); (*vehicular*) проезжа́ть / *pfv.* прое́хать (прое́ду, прое́дешь, . . . прое́дут)
go running, jog *multidir.* бе́гать, *unidir.* бежа́ть (бегу́, бежи́шь, бежи́т, бежи́м, бежи́те, бегу́т) (8/4) / *pfv.* побежа́ть (9/3)
go shopping ходи́ть по магази́нам (13/2)
Go to the board. Иди́(те) к доске́. [1/4]
Let's go! Пошли́! (4/3); Пое́хали! (14/4); Вперёд! [10/4]
goal: score a (hockey) goal забра́сывать / *pfv.* забро́сить (забро́шу, забро́сишь, . . . забро́сят) ша́йбу [14/3]
gold, golden *adj.* золото́й (11/4)
good 1. хоро́ший (2/2); **2.** до́брый (13/1)
be a good lecturer хорошо́ чита́ть ле́кции [7/4]
Good afternoon!; Good day! До́брый день! (3/2)
Good evening! До́брый ве́чер! (7/1)
Good heavens! Бо́же мой! (4/3)
Good job!; Well done! Молоде́ц! (4/3)
Good luck! Жела́ю тебе́ (вам) уда́чи. (9/3); Счастли́во! (Epi/B)
Good morning! До́брое у́тро! (7/2)
good luck уда́ча (9/3)
Good-bye! До свида́ния! (1/2)
good-looking краси́вый (2/4)
Have a good time! Жела́ю (Жела́ем) хорошо́ провести́ вре́мя! (9/4)
Have a good trip! Счастли́вого пути́! (Epi/B)
have good luck; be lucky везти́ (везёт; *past* везло́) / *pfv.* повезти́ (+ *Dat.*) (*impersonal*) [7/2]
(it's/that's) good хорошо́ (1/2)
It's/That's not a good idea. (12/3) (*in response to a suggestion*) Лу́чше не на́до. (12/3)
(one is) good with one's hands золоты́е ру́ки (у + *Gen.*) (4/3)
pretty good неплохо́й (4/4)
say good-bye (to someone) проща́ться / *pfv.* попроща́ться (с + *Instr.*) (10/2)
Something smells good. Что́-то вку́сно па́хнет. (10/3)
That's pretty good! У тебя́ непло́хо получа́ется! (6/1)
goodness: My goodness! Бо́же мой! (4/3)
goose гусь *m.* (*Gen. pl.* гусе́й) [10/2v]
Got it? Понима́ешь? (6/1)
gourmet гурма́н [10/2]

grade (in school) класс (6/1)
   in sixth grade в шесто́м кла́ссе (6/1)
   What grade are you in? Ты в како́м кла́ссе? (6/1)
gradually постепе́нно (13/1)
graduate student аспира́нт/аспира́нтка (*Gen. pl.* аспира́нток) (1/3)
gram грамм (*Gen. pl.* грамм *also* гра́ммов) (7/3v)
granddaughter вну́чка (*Gen. pl.* вну́чек) (2/1)
grandfather де́душка (*Gen. pl.* де́душек) (2/1v)
   Grandfather Frost Дед Моро́з (10/1v)
grandmother ба́бушка (*Gen. pl.* ба́бушек) (2/1v)
grandson внук (2/1)
Granted, . . . *parenthetical* Пра́вда, . . . (6/4)
gray се́рый (9/2)
Great!; That's great! Замеча́тельно! (6/3); Это здо́рово! (2/2)
green зелёный (9/2)
greet (someone) здоро́ваться / *pfv.* поздоро́ваться [9/4]
   extend greetings (to) поздравля́ть / *pfv.* поздра́вить (поздра́влю, поздра́вишь, . . . поздра́вят) (+ *Acc.* + с + *Instr.*) (10/2)
greeting card поздрави́тельная откры́тка (13/1)
groceries проду́кты *pl.* (*Gen. pl.* проду́ктов) (3/4)
grocery store универса́м (3/4v)
group 1. (*gathering of people*) компа́ния [7/1]; **2.** (*class or section in college*) гру́ппа (11/3); **3.** (*performing group*) гру́ппа (4/2v)
   What a great group (of people)! Отли́чная компа́ния! (7/1)
grow; grow up расти́ (расту́, растёшь, . . . расту́т; *past* рос, росла́, росло́, росли́) (6/3) / *pfv.* вы́расти (вы́расту, вы́растешь, . . . вы́растут; *past* вы́рос, вы́росла, вы́росло, вы́росли) (8/1)
grown-ups; adults *noun, declines like adj.* взро́слые (10/4)
guess уга́дывать / *pfv.* угада́ть [9/2]; дога́дываться / *pfv.* догада́ться [9/3]
guest гость *m.* (*Gen. sing.* го́стя, *Gen. pl.* госте́й)/го́стья (4/2)
guide гид [5/2]
guitar гита́ра (3/3v)
   play the guitar (piano, *etc.*) игра́ть на гита́ре (роя́ле, *etc.*) (4/3)
guitarist гитари́ст/гитари́стка (*Gen. pl.* гитари́сток) (3/3v)
guy; fellow па́р(е)нь *m.* (*Gen. sing.* па́рня, *Gen. pl.* парне́й) (5/4)
guys (*colloquial*) ребя́та *pl.* (*Gen. pl.* ребя́т) (10/3)
gym, gymnasium спортза́л (3/4v)
gymnastics гимна́стика (9/3)

H

hair во́лосы *pl.* (12/1v)
half полови́на; (*as prefix*) пол- (11/1v)
  half (an) hour полчаса́ (7/2)
  half past five; 5:30 полшесто́го = полови́на шесто́го (11/1v)
hall (*performance hall, auditorium*) зал (4/2v)
hallway *noun, declines like adj.* (*entryway in a home*) пере́дняя (5/2)
ham ветчина́ (5/4v)
hand рука́ (*Acc. sing.* ру́ку, *pl.* ру́ки) (12/1v)
  but on the other hand (но) зато́ (4/4)
  (one is) good with one's hands золоты́е ру́ки (y + *Gen.*) (4/3)
handsome краси́вый (2/4)
hang ве́шать / *pfv.* пове́сить (пове́шу, пове́сишь, ... пове́сят) [7/2]
  Hang up an announcement. Пове́сь(те) объявле́ние. (6/2)
  hang up the phone ве́шать / *pfv.* пове́сить тру́бку (11/2)
Hanukkah Ха́нука (10/1)
happen случа́ться / *pfv.* случи́ться (случи́тся, случа́тся) (*3rd pers. only*) [7/2]
  Do you happen to know ...? Вы не зна́ете ...? (3/4)
  What happened? Что случи́лось? (7/2)
happiness сча́стье (10/3v)
happy счастли́вый (сча́стлив, сча́стлива, сча́стливы) (8/3)
  Happy New Year 1. С Но́вым го́дом! (10/3); **2.** (*said before the new year*) С наступа́ющим (Но́вым го́дом)! (10/2)
hard *adj.* тру́дный (3/1); *adv.* тру́дно (7/1); нелегко́ (3/1)
  (it's/that's) hard тру́дно (7/1); нелегко́ (3/1)
  hard-boiled egg круто́е яйцо́ (7/3v)
hat (*with a brim*) шля́па (13/2v)
hate ненави́деть (ненави́жу, ненави́дишь, ... ненави́дят) / *pfv. not introduced* (12/4)
have 1. y (+ *Gen.*) (+ есть) (4/1v): **I, you,** *etc.* **have a dog:** У меня́ (у тебя́, *etc.*) есть соба́ка.; **2.** име́ть (име́ю, име́ешь, ... име́ют) / *pfv. not introduced* (8/1):
  have the right име́ть пра́во
  as luck would have it как назло́ [8/4]
  Have a good time! Жела́ю (Жела́ем) хорошо́ провести́ вре́мя! (9/4)
  Have a good trip! Счастли́вого пути́! (Ері/В)
  have an accent говори́ть с акце́нтом (9/1)
  have breakfast за́втракать / *pfv.* поза́втракать (9/2v)
  have dinner обе́дать / *pfv.* пообе́дать (13/2)
  have good luck; be lucky везти́ (везёт; *past* везло́) / *pfv.* повезти́ (+ *Dat.*) (*impersonal*) [7/2]
  have lunch за́втракать / *pfv.* поза́втракать (9/2v); обе́дать / *pfv.* пообе́дать (13/2)
  have someone do something пусть (12/4): **When Vova goes to the store have him buy you cough medicine.** Когда́ Во́ва пойдёт в апте́ку, пусть он ку́пит вам лека́рство от ка́шля.
  have time (to) успева́ть / *pfv.* успе́ть (успе́ю, успе́ешь, ... успе́ют) (14/1)
  have to на́до (+ *Dat.* + *infin.*) (3/1); до́лжен (должна́, должно́, должны́) (+ *infin.*) (5/4); ну́жно + *Infin.*) (*impersonal*) [9/2]
  I (he, she, *etc.***) had to (will have to) ...** Мне (ему́, ей, *etc.*) пришло́сь (придётся) ... (14/4)
  I (you, *etc.***) have no ...; I (you,** *etc.***) don't have ...** У меня́, (у тебя́, *etc.*) нет... (+ *Gen.*) (4/1): **I don't have a dog.** У меня́ нет соба́ки.
  I have a request (a favor to ask) of you. У меня́ к вам про́сьба. (8/4)
  We had a lot of fun. Бы́ло о́чень ве́село. (7/4)
he он (1/3)
head голова́ (*Acc. sing.* го́лову, *pl.* го́ловы, *Gen. pl.* голо́в, *Dat. pl.* голова́м) (12/1v)
health здоро́вье (10/3v)
hear слы́шать (слы́шу, слы́шишь, ... слы́шат) (6/4) / *pfv.* услы́шать (8/1)
  I (we, *etc.***) can hear everything.** Всё слы́шно. (4/2)
  I don't want to hear a thing about it! Я ничего́ не хочу́ слы́шать! (7/2)
heating отопле́ние [4/2]
heavy тяжёлый (6/3)
heavy-set то́лстый (11/2)
hello (*on the phone*) алло́ [*pronounced* -лье́] (7/2)
  Hi!; Hello there! (*informal*) Приве́т! (1/1)
  Hello! Здра́вствуй(те)! (1/2)
help *noun* по́мощь *f.* [6/2]; *verb* помога́ть (7/4) / *pfv.* помо́чь (помогу́, помо́жешь, ... помо́гут; *past* помо́г, помогла́, помогло́, помогли́) (7/4; *pfv. infin. only* 5/3) (+ *Dat.*)
  Help! Помоги́(те)! (4/3)
her 1. *personal pronoun* её (*Acc.* 5/2 *and Gen.* 4/1 *of* она́; *after prepositions* неё); ей (*Dat.* 6/1, *Prep.* 7/3, *and Instr.* 9/1 *of* она́; *after prepositions* ней); **2.** *possessive* её (1/4); **3.** (*when possessor is also the subject*) свой (своя́, своё, свой) (8/4)
here 1. здесь (1/3), тут (2/4); **2.** (*direction*) сюда́ (7/2)
  almost here на носу́ [10/2]
  Come here. Иди́(те) сюда́. [1/4]

Here (is/are) ... Вот ... (1/4)
  Here you are! Пожалуйста. (1/2)
heroine героиня [7/4]
hers *possessive* её (1/4)
herself 1. *emphatic pronoun* (она) сама (10/2); **2.** *reflexive pronoun* себя (*Acc. and Gen.*; *Dat. and Prep.* себе; *Instr.* собой) (10/2)
Hi! (*informal*) Привет! (1/1)
high высокий (11/1)
higher выше (*comparative of* высокий) (12/2)
highway шоссе [*pronounced* -сэ] (6/2v)
him *personal pronoun* его (*Gen.* 4/1 *and Acc.* 5/2 *of* он; *after prepositions* него); ему (*Dat.* 6/1 *of* он; *after prepositions* нему); нём (*Prep.* 7/3 *of* он); им (*Instr.* 9/1 *of* он; *after prepositions* ним)
himself 1. *emphatic pronoun* (он) сам (10/2); **2.** *reflexive pronoun* себя (*Acc. and Gen.*; *Dat. and Prep.* себе; *Instr.* собой) (10/2)
his 1. *possessive* его (1/4); **2.** (*when possessor is also the subject*) свой (своя, своё, свои) (8/4)
historian историк (4/3)
historical исторический (6/2)
history история (5/2)
  history department исторический факультет (6/2)
  history exam экзамен по истории (7/3)
hockey хоккей (8/2)
  hockey player хоккеист (14/1)
  hockey puck шайба [14/3]
  score a (hockey) goal забрасывать / *pfv.* забросить (заброшу, забросишь, ... забросят) шайбу [14/3]
holiday праздник [*pronounced* -зн-] (10/4)
  holidays (*from school*) каникулы *pl.* (*Gen. pl.* каникул) (12/2)
home 1. *noun* дом (*pl.* дома) (2/1); **2.** *adj.* домашний (10/2); **3.** *adv.* (*at home*) дома (1/3); **4.** *adv.* (*direction*) домой (3/4v)
homework (assignment) (*in grade school*) урок (*usu. pl.* уроки) (4/3); (*in college*) домашнее задание (3/3)
honey мёд (12/4v)
hope надеяться *impfv. only* (10/1)
horoscope гороскоп [9/4v]
horrible ужасный (4/1)
  It's/That's horrible! Это ужасно! (2/3); Какой ужас! (2/2)
horror ужас (4/1)
hors d'oeuvres закуски *pl.* (*sing.* закуска, *Gen. pl.* закусок) (13/4)
host хозяин (*pl.* хозяева) (6/2)
hostess хозяйка (*Gen. pl.* хозяек) (6/2)
hot (*of an object, liquid, etc.*) горячий (12/3)
  (**it's**) **hot** (*of one's surroundings, the weather, etc.*) жарко (9/1)
  It's/That's really hot! Очень горячо! (12/3)
hour час (*Gen. sing.* часа *but* два, три, четыре часа; *Prep. sing.* в ... часу; *pl.* часы) (7/1)
house дом (*pl.* дома) (2/1)
  specialty of the house (*menu item*) фирменное блюдо (14/2v)
  House of Books Дом книги (8/4)
housewarming новоселье (6/4)
how как (1/1)
  How about ... ? Как насчёт ... ? (+ *Gen.*) (6/4)
  How are things (with you)? Как (у тебя, у вас) дела? (1/2)
  How are you?; How are you doing? Как (вы) поживаете? (7/1); Как (ваше) здоровье? (6/3)
  How awful! Какой ужас! (2/2)
  How do you (happen to) know? Откуда вы знаете (ты знаешь)? (6/2)
  How embarrassing! Какой стыд! [11/2]
  How humiliating! Какой позор! [11/2]
  How much does that cost? Сколько это стоит? (6/2)
  How much is (are) ... ?; What is the price of ... ? (*colloquial*) Почём ... ? (11/4v)
  How much is it?; How much do I owe? Сколько с меня? (11/4v)
  how much; how many сколько (+ *Gen.*) (6/1)
  How old is he (she)? Сколько ему (ей) лет? (6/1)
  know how (to do something) уметь (умею, умеешь, ... умеют) (+ *infin.*) *impfv. only* (4/3)
hundred (one hundred) сто (6/1)
Hurrah! Ура! [4/3]
hurry спешить (спешу, спешишь, ... спешат) / *pfv.* поспешить (8/4)
  Hurry up! Скорее! (12/2)
hurt *verb intransitive* болеть² (болит, болят) / *may function as pfv.* заболеть² (*3rd pers. only*) (12/4)
husband муж (*pl.* мужья, *Gen. pl.* мужей) (2/1v)
  the Kruglovs, husband and wife муж и жена Кругловы (2/1)

I

I я (1/3)
ice cream *noun, declines like adj.* мороженое (1/2)
idea идея (6/2)
  It's/That's not a good idea. (*in response to a suggestion*) Лучше не надо. (12/3)
identical одинаковый (13/4)

if 1. éсли (3/2); **2.** *conjunction* (*whether*) ли (7/4): **He asked me if I liked literature.** Он спросил меня, люблю ли я литературу.
ill больной (болен, больна, больно, больны) (12/4)
    be ill болеть[1] (болею, болеешь, ... болеют) / *may function as pfv.* заболеть[1] (12/1)
    fall ill заболеть[1] (заболею, заболеешь, ... заболеют) *pfv.* (*may function as pfv. of* болеть[1]) (12/1)
illness болезнь *f.* (12/4)
imagine представлять / *pfv.* представить (представлю, представишь, ... представят) (себе) [14/1]
    I can imagine (that) ... Представляю, ... (14/1)
    Just imagine, ... Представь(те) себе, ... (10/4)
immediately сразу (9/3); немедленно (12/1); срочно (14/1)
imported импортный (3/2)
impossible: (it's/that's) impossible невозможно (4/1)
in 1. (*location*) в (+ *Prep.*) (3/1): **in Moscow** в Москве; **2.** (*with time units of a month or more*) в (+ *Prep.*) (8/2): **in January** в январе; **3.** (*within a certain amount of time*) за (11/3): **You learned the language so well in one year?** Вы так хорошо выучили язык за один год?; **4.** (*indicates time from the present or from the indicated moment*) через (+ *Acc.*) (6/4): **in a minute** через минуту
    Come in! Заходи(те)! (3/2); Войди(те)! (7/1)
    (in) English (Russian, *etc.***)** по-английски (по-русски, *etc.*) (4/3v)
    in fact, in truth *parenthetical* вернее (6/4)
    in front of перед (передо) (+ *Instr.*) (9/1)
    In general ... И вообще... (3/1)
    in my opinion *parenthetical* по-моему (3/1)
    in no way никак (13/3)
    in second year (of college) на втором курсе (6/1)
    in the afternoon днём (7/1)
    in the evening вечером (3/3v)
    in (the) fall осенью (7/1)
    In the first (second, third) place ... Во-первых ... (Во-вторых ... ; В-третьих ...) (10/1)
    in the morning утром (3/3v)
    in (the) sixth grade в шестом классе (6/1)
    in (the) spring весной (7/1)
    in (the) summer летом (7/1)
    in (the) winter зимой (7/1)
    in the (military) service в армии (6/2)
    just in case на всякий случай (8/4)
incident случай (11/4)
incidentally кстати (5/4); между прочим (6/1)
incredibly: We were incredibly lucky. Нам необыкновенно повезло. (6/4)

indeed действительно (5/3)
India Индия [11/3]
inexpensive недорогой (5/3)
    (it's/that's) inexpensive недорого (13/2)
informally: address (someone) informally говорить (+ *Dat.*) «ты» (6/1)
information *noun, declines like adj.* (*directory assistance*) справочная (7/2)
initials инициалы (*usu. pl.*) [6/3]
inquire спрашивать (6/4) / *pfv.* спросить (спрошу, спросишь, ... спросят) (7/4) (+ *Acc. or* о + *Prep.*)
institute институт (5/1v)
    Moscow Institute of Economics Московский экономический институт [5/1v]
instructor преподаватель/преподавательница (4/3v)
instrument инструмент [3/3v]
intend (to do something) собираться (5/4) / *pfv.* собраться (соберусь, соберёшься, ... соберутся; *past* собрался, собралась, собралось, собрались) (8/1)
interest интересовать (интересует, интересуют) / *pfv. not introduced* (*usu. 3rd pers.*) (8/2)
    be interested (in) интересоваться (интересуюсь, интересуешься, ... интересуются) / *pfv. not introduced* (+ *Instr.*) (14/1)
interesting интересный (3/1)
    (it's/that's) interesting интересно (3/1)
interestingly интересно (3/1)
intermission антракт (14/3)
Internet Интернет [*pronounced* -тэ-] (8/3)
    on the Internet в Интернете (8/3)
    over (via) the Internet по Интернету [8/3]
interview *noun* интервью [*pronounced* -тэ-] *neut. indecl.* (14/1)
    interview (someone); do an interview (with someone) брать (беру, берёшь, ... берут; *past* брал, брала, брало, брали) / *pfv.* взять (возьму, возьмёшь, ... возьмут; *past* взял, взяла, взяло, взяли) интервью (у + *Gen.*) (14/1)
into в (+ *Acc.*) (3/3)
introduce (someone to) знакомить (знакомлю, знакомишь, ... знакомят) / *pfv.* познакомить (+ *Acc.* + с + *Instr.*) (11/1)
    Allow me to introduce ... Познакомьтесь, это ... (2/3)
    Let's introduce ourselves. Давайте познакомимся. (2/3)
invitation приглашение (7/2v)
invite приглашать / *pfv.* пригласить (приглашу, пригласишь, ... пригласят) (7/1)

invite (someone) over приглашáть / *pfv.* пригласи́ть в гóсти (+ *Acc.*) (11/1)
iris и́рис (13/1v)
is: Is/Are there ... here? Тут есть ...? [3/4]
　　... isn't that so? ... прáвда? (6/4); ... так? [4/3]; ... не так ли? (Epi/A)
island óстров (*pl.* островá) (8/2v)
it он *m. and neut.*, онá *f.* (1/3)
　　Gen. (4/1) *and Acc.* (5/2) егó *m. and neut.*, её *f.* (*after prepositions* негó *m. and neut.*, неё *f.*)
　　Dat. емý *m. and neut.*, ей *f.* (6/1) (*after prepositions* немý *m. and neut.*, ней *f.*)
　　Prep. нём *m. and neut.*, ней *f.* (7/3)
　　Instr. им *m. and neut.*, ей *f.* (9/1) (*after prepositions* ним *m. and neut.*, ней *f.*)
　　it turns (turned) out that окáзывается (оказáлось), что (9/2)
　　it's raining идёт дождь (8/2)
　　it's snowing идёт снег (8/2)
Italian *adj.* итальянский
　　(in) Italian по-италья́нски (4/3v)
its 1. *possessive* егó *m. and neut.*, её *f.*; **2.** (*when possessor is also the subject*) свой (своя́, своё, свои́)
itself 1. *emphatic pronoun* сам (самá, самó) (10/2); **2.** *reflexive pronoun* себя́ (*Acc. and Gen.*; *Dat. and Prep.* себé; *Instr.* собóй) (10/2)

J

jack-of-all-trades мáстер на все рýки [4/3]
jacket (*casual*) кýртка (*Gen. pl.* кýрток) (1/3)
　　man's suit jacket пиджáк (*Gen. sing.* пиджакá) (1/3)
　　woman's suit jacket жакéт (1/3)
jam варéнье [6/4]
January янвáрь *m.* (*Gen. sing.* января́) (1/4)
Japanese *adj.* япóнский
　　(in) Japanese по-япóнски (4/3v)
jazz джаз (4/2v)
jeans джи́нсы *pl.* (*Gen. pl.* джи́нсов) (1/3)
job рабóта (3/1v)
　　Good job! Молодéц! (4/3)
jog *multidir.* бéгать (9/3), *unidir.* бежáть (бегý, бежи́шь, бежи́т, бежи́м, бежи́те, бегýт) (8/4) / *pfv.* побежáть (8/4)
joke шýтка (*Gen. pl.* шýток) (5/3)
journal журнáл (1/2)
journalism журнали́стика [4/4]
　　journalism department факультéт журнали́стики [4/4]
journalist журнали́ст/журнали́стка (*Gen. pl.* журнали́сток) (2/4)

joy рáдость *f.* [10/4]
juice сок (1/2)
　　orange juice апельси́новый сок (12/4v)
July ию́ль *m.* (1/4)
June ию́нь *m.* (1/4)
just (*simply*) прóсто (9/3)
　　just (recently) тóлько что (14/1); недáвно (6/3)
　　just as такóй же [10/2]
　　just as ... as так же ... как (9/3)
　　just in case на вся́кий слýчай (8/4)

K

keep (doing something) всё врéмя (7/2): **They keep calling us.** Нам всё врéмя звоня́т.
kerchief плат(ó)к (*Gen. sing.* платкá) (13/2v)
keyboard клавиатýра [8/3v]
kilogram килогрáмм (*Gen. pl.* килогрáмм *also* килогрáммов) (7/3v); кило́ *neut. indecl.* (11/4v)
kind[1] *noun* вид (9/1)
　　kind of sport вид спóрта (9/3)
　　some kind of какóй-то (7/2); какóй-нибудь (9/4); кóе-какóй [12/1]
　　the same kind of ... такóй (такáя, такóе, таки́е) же ... (13/4)
　　what kind of какóй (3/1)
kind[2] *adj.* дóбрый (13/1)
kindergarten дéтский сад (*Prep.* в дéтском садý) (10/1)
kiosk киóск (5/3v)
kitchen кýхня (*Gen. pl.* кýхонь) (2/2v)
knapsack рюкзáк (*Gen. sing.* рюкзакá) (1/4)
knife нож (*Gen. sing.* ножá) (9/4)
know 1. знать / *no resultative pfv.* (3/1); **2.** (*know how*) умéть (умéю, умéешь, ... умéют) *impfv. only* (4/3)
　　Do you (happen to) know ...? Вы не знáете ...? (3/4)
　　everyone knows все знáют ... [3/1]
　　How do you (happen to) know ...? Откýда вы знáете (ты знáешь) ...? (6/2)
　　you know; why; after all *particle* (*used for emphasis; often omitted in translation*) ведь (8/3)
Kostroma Костромá; *adj.* костромскóй [Epi/C]
Kremlin, the Кремль *m.* (*Gen. sing.* Кремля́) (9/1)
kvas (*a slightly alcoholic cold drink prepared from sugar, yeast, water and rye bread*) квас [10/4v]

L

laboratory лаборатóрия (4/4v)
Lady with a Lap Dog, The (*a short story by Anton Chekhov*) «Дáма с собáчкой» [5/2v]

lamp лáмпа (3/2v)
landing (*of a staircase*) площáдка (*Gen. pl.* площáдок) [6/4]
landlady хозя́йка (*Gen. pl.* хозя́ек) (6/2)
landlord хозя́ин (*pl.* хозя́ева, *Gen. pl.* хозя́ев) (6/2)
language язы́к (*Gen. sing.* языкá) (4/3v)
large большóй (2/2)
    not large небольшóй (3/4)
larger (*used predicatively*) бóльше (*comparative of* большóй) (9/2)
laser *adj.* лáзерный [8/3v]
last 1. (*in a series*) послéдний (10/2): (**for**) **the last time** в послéдний раз (14/1); **2.** (*preceding the present one*) прóшлый (5/2): **last year** в прóшлом годý
    at last наконéц (7/4)
    last name фами́лия (1/2)
late пóздно (14/4)
    be late опáздывать (5/4v) / *pfv.* опоздáть (опоздáю, опоздáешь, . . . опоздáют) (7/2)
    Better late than never. Лýчше пóзлно, чем никогдá. (14/4)
    later (**on**) потóм (4/3)
    a minute later чéрез минýту (6/4)
laugh (**at**) смея́ться (смеюсь, смеёшься, . . . смею́тся) / *pfv.* посмея́ться (над + *Instr.*) (11/4)
law *adj.* юриди́ческий (5/1v)
    law school юриди́ческий институ́т (5/1v)
lawyer юри́ст (4/4v)
learn 1. ([*try to*] *memorize*) учи́ть (учý, ýчишь, . . . ýчат) / *pfv.* вы́учить (вы́учу, вы́учишь, . . . вы́учат) (7/1); **2.** (*learn* [*how*] *to do something*) учи́ться (учýсь, ýчишься, . . . ýчатся) / *pfv.* научи́ться (+ *infin.*) (9/3)
    Live and learn! Век живи́, век учи́сь! (14/3)
least: at least по крáйней мéре (10/4); хотя́ бы (13/1)
leave 1. уходи́ть (ухожý, ухóдишь, . . . ухóдят) / *pfv.* уйти́ (уйдý, уйдёшь, . . . уйдýт; *past* ушёл, ушлá, ушлó, ушли́) (8/1); **2.** (*vehicular*) уезжáть / *pfv.* уéхать (уéду, уéдешь, . . . уéдут) (9/2); выезжáть / *pfv.* вы́ехать (вы́еду, вы́едешь, . . . вы́едут) [9/2]
lecture лéкция (11/4)
    lecture well, be a good lecturer хорошó читáть лéкции [7/4]
    give lectures читáть лéкции [7/4]
left[1] *adj.* лéвый (14/1v)
    on the left слéва (2/2); налéво (3/4)
    to the left налéво (3/4)
left[2] (*remain*) оставáться (остаюсь, остаёшься, . . . остаются) / *pfv.* остáться (остáнусь, остáнешься, . . . остáнутся) (8/4)
    There's only five minutes left. Остáлось тóлько пять минýт. (14/4)

leg ногá (*Acc. sing.* нóгу, *pl.* нóги, *Gen. pl.* ног, *Dat. pl.* ногáм) (12/1v)
lemon лимóн (12/2)
less (*comparative of* мáло) мéньше (9/2)
    less and less всё мéньше и мéньше (9/2)
lesson урóк (4/3)
let . . . (*have someone do something*) пусть (12/4): **When Vova goes to the store let him buy you cough medicine.** Когдá Вóва пойдёт в аптéку, пусть он кýпит вам лекáрство от кáшля.
    Let me pass. Разреши́(те) пройти́. (9/1v)
let in пускáть / *pfv.* пусти́ть (пущý, пýстишь, . . . пýстят) [14/3]: **They won't let us into the performance hall.** Нас не пýстят в зал.
let's . . . *particle* давáй(те) (8/3)
    Let me . . . (**Let's . . .**) Давáй(те) я (мы) . . . (10/3)
    Let's go! Пошли́! (4/3); Пойдём(те)! [9/1]; Поéхали! (14/4); Вперёд! [10/4]
    Let's introduce ourselves.; Let's get acquainted. Давáйте познакóмимся. (2/3)
    Let's use «ты» with each other. Давáй говори́ть друг дрýгу «ты»! (6/1)
letter 1. (*of the alphabet*) бýква (1/2); **2.** (*correspondence*) письмó (*pl.* пи́сьма, *Gen. pl.* пи́сем) (1/3)
library библиотéка (3/4v)
lie врать (вру, врёшь, . . . врут; *past* врал, врал́а, врáло, врáли) / *pfv.* соврáть (10/1)
life жизнь *f.* (5/2v)
light *noun* (*lamp*) лáмпа (3/2v); *adj.* **1.** (*weight*) лёгкий (12/2); **2.** (*wine, beer, etc.*) лёгкий (14/2); **3.** (*color or shade*) свéтлый (3/2)
    light blue голубóй (9/2)
lighter лéгче (*comparative of* лёгкий *and* легкó) (12/2)
likable симпати́чный (3/2)
like[1] **1.** люби́ть (люблю́, лю́бишь, . . . лю́бят) / *pfv. not introduced* (4/2v); **2.** нрáвиться (нрáвится, нрáвятся) (+ *Dat.*) (6/2) / *pfv.* понрáвиться (*usu. 3rd pers.*) (7/4): **We like the room.** Нам нрáвится кóмната.
    I'd like you to meet . . . Познакóмьтесь, э́то . . . (2/3)
    They (**will**) **like it.** Им (бýдет) прия́тно. (13/1)
like[2] (*look like*) похóж (похóжа, похóже, похóжи) на (+ *Acc.*) (6/2): **She looks like her mother.** Онá похóжа на мать.
like[3] как (5/4)
    like this; like that так (5/3)
likely: most likely *parenthetical* навéрно (навéрное) (6/3); скорéе всегó (10/1)
line 1. ли́ния (9/1); **2.** óчередь *f.* (*Gen. pl.* очередéй) (13/2)
    circle line кольцевáя ли́ния [9/1]

crosstown line радиа́льная ли́ния [9/1]
get in line станови́ться (становлю́сь, стано́вишься,... стано́вятся) / *pfv.* стать (ста́ну, ста́нешь,... ста́нут) в о́чередь [13/2]
stand in line стоя́ть (стою́, стои́шь,... стоя́т) / *no resultative pfv.* в о́череди (13/2)
without waiting in line без о́череди [14/3]
list спи́с(о)к (*Gen. sing.* спи́ска) (13/1)
listen (to) слу́шать (3/3) / *pfv.* послу́шать (7/2)
literary литерату́рный [7/4]
literature литерату́ра (7/4)
little 1. *adj.* (*small*) ма́ленький (2/2); **2.** (*a small amount*) ма́ло (+ *Gen.*) (3/3)
a little немно́го (+ *Gen.*) (4/3)
little girl де́вочка (*Gen. pl.* де́вочек) (2/2)
live *verb* жить (живу́, живёшь,... живу́т; *past* жил, жила́, жи́ло, жи́ли) / *no resultative pfv.* (3/1)
Live and learn! Век живи́, век учи́сь! (14/3)
living room *noun, declines like adj.* гости́ная (5/2)
lobby (*of a theater*) фойе́ *neut. indecl.* (14/3v)
located: be located 1. находи́ться (нахожу́сь, нахо́дишься,... нахо́дятся) *impfv. only* (11/3v); **2.** (*standing in an upright position*) стоя́ть (стою́, стои́шь,... стоя́т) / *no resultative pfv.* (6/4)
long 1. (*distance*) дли́нный (13/1); **2.** (*duration*) до́лго (8/4); давно́ (11/2); **3.** (*long ago*) давно́ (11/2)
not ... very long (*with present tense verbs*) неда́вно (6/3): **I haven't been working at the post office long.** Я на по́чте рабо́таю неда́вно.
not long ago (*with past tense verbs*) неда́вно (6/3)
look (at) смотре́ть (смотрю́, смо́тришь,... смо́трят) (4/2; *impfv. infin. only* 3/4) / *pfv.* посмотре́ть (8/1)
Look! Смотри́(те)! (3/4)
look for иска́ть (ищу́, и́щешь,... и́щут) / *pfv. not introduced* [5/4]
look like похо́ж (похо́жа, похо́же, похо́жи) на (+ *Acc.*) (6/2): **She looks like her mother.** Она́ похо́жа на мать.
Los Angeles Лос-А́нджелес (1/2)
lose 1. (*misplace*) теря́ть / *pfv.* потеря́ть (12/4); **2.** (*of a game, etc.*) прои́грывать / *pfv.* проигра́ть (9/4)
lost: get lost заблужда́ться / *pfv.* заблуди́ться (заблужу́сь, заблу́дишься,... заблу́дятся) (8/4)
loudly гро́мко (4/2)
He plays so loud! Как гро́мко он игра́ет! (2/3)
love *noun* люб(о́)вь *f.* (*Gen.* любви́, *Instr.* любо́вью) (5/2v); *verb* люби́ть (люблю́, лю́бишь,... лю́бят) / *pfv. not introduced* (4/2v)
Lots of love ... (*usu. at the end of a letter to a close relative, sweetheart, or friend*) Кре́пко целу́ю ... [7/4]

lower *verb* опуска́ть / *pfv.* опусти́ть (опущу́, опу́стишь,... опу́стят) [12/3]
luck уда́ча (9/3)
as luck would have it как назло́ [8/4]
bad luck неуда́ча (9/4)
Best of luck! Жела́ю успе́ха! (13/3)
Good luck! Жела́ю тебе́ (вам) уда́чи. (9/3); Счастли́во! (Epi/B)
have good luck везти́ (везёт; *past* везло́) / *pfv.* повезти́ (+ *Dat.*) (*impersonal*) [7/2]
That's tough luck for her! Не повезло́ ей! [7/2]
lucky *adj.* счастли́вый (сча́стлив, сча́стлива, сча́стливы) (8/3); *verb* (*be lucky*) везти́ (везёт; *past* везло́) / *pfv.* повезти́ (+ *Dat.*) (*impersonal*) [7/2]:
You were lucky. Вам (тебе́) повезло́!
Lucky for you; You're lucky. Тебе́ хорошо́. (10/1)
We were incredibly lucky; We really lucked out. Нам необыкнове́нно повезло́. (6/4)
lunch обе́д (7/3)
have lunch за́втракать / *pfv.* поза́втракать (9/2v); обе́дать / *pfv.* пообе́дать (13/2)

M

machine: answering machine автоотве́тчик (8/3v)
washing machine стира́льная маши́на (4/1v)
magazine журна́л (1/2)
mail по́чта (6/3)
mail carrier почтальо́н (4/4v)
main thing, the *noun, declines like adj.* гла́вное (6/3)
maître d' метрдоте́ль [*pronounced* -тэ-] *m.* [14/2]
major: What are you majoring in? На како́м факульте́те вы у́читесь? [4/4]
make де́лать (3/1) / *pfv.* сде́лать (7/3)
make a blunder попада́ть / *pfv.* попа́сть (попаду́, попадёшь,... попаду́т; *past* попа́л, попа́ла, попа́ло, попа́ли) впроса́к [11/3]
make a transfer (*trains, busses, etc.*) де́лать / *pfv.* сде́лать переса́дку (11/2v)
make fun of смея́ться (смею́сь, смеёшься,... смею́тся) / *pfv.* посмея́ться над (+ *Instr.*) (11/4)
makeup косме́тика (13/3v)
male мужско́й [8/1]
man 1. мужчи́на (6/3); **2.** челове́к (*pl.* лю́ди, *Gen. pl.* люде́й, *but* пять, шесть, *etc.* челове́к) (5/2)
man on duty *noun, declines like adj.* дежу́рный (11/4)
young man молодо́й челове́к (*pl.* молоды́е лю́ди) (5/4)
Man in a Case, The (*a short story by Anton Chekhov*) «Челове́к в футля́ре» [5/2v]

manage (**to**) успевáть / *pfv.*успéть (успéю, успéешь, . . . успéют) (14/1)
manager (*of a building*) дирéктор (*pl.* директорá) (4/1)
manner: in this manner так (5/3)
many 1. мнóго (+ *Gen. pl.*) (8/3); **2.** *indef. pron., declines like adj.*(*many people*) мнóгие *pl.* (7/3)
   how many скóлько (+ *Gen.*) (6/1)
map кáрта (3/4); схéма (9/1)
March март (1/4)
   the 8th of March 8 [*pronounced* восьмóе] Мáрта (13/1)
market рын(о)к (*Gen.* рынка) (11/4)
married 1. (*of a woman*) зáмужем: **She's married.** Онá зáмужем.; **2.** (*of a man*) женáт: **He's married.** Он женáт.; **3.** (*of a couple*) женáты: **They're married.** Они женáты. (8/2)
marry 1. (*of a woman*) выходить (выхожу, выхóдишь, . . . выхóдят) / *pfv.* выйти (выйду, выйдешь, . . . выйдут; *past* вышла, вышли) зáмуж (за + *Acc.*); **2.** (*of a man*) жениться (женюсь, жéнишься, . . . жéнятся) *impfv. and pfv.* (на + *Prep.*); **3.** (*of a couple; used in pl. only*) жениться (жéнимся, жéнитесь, жéнятся) / *pfv.* пожениться (8/2)
marvelous замечáтельный (3/3)
   (**it's/that's**) **marvelous** Замечáтельно! (6/3)
mask мáска [10/2]
match (*competition*) матч (9/4)
mate (*in chess*) мат [3/1]
matter, business дéло (*pl.* делá) (8/2)
   (**that's**) **another** (**a different**) **matter** другóе дéло (14/3)
   What's the matter? В чём дéло? (10/1)
   What's the matter with you? Что с вáми (тобóй)? (12/3)
May май (1/4)
may (**one may**) мóжно (4/4)
   May I ask you a question? Мóжно задáть вам вопрóс? (4/4)
   May I speak with . . . (*on the telephone*) Попроси(те) к телефóну . . . (7/2); Мóжно попросить . . . ? (7/3)
   (**one**) **may not** (*forbidden*) нельзя (4/2)
maybe *parenthetical* мóжет быть (4/2)
mayonnaise майонéз [7/3v]
me меня (*Gen.* 4/1 *and Acc.* 5/2 *of* я); мне (*Dat.* 6/1 *and Prep.* 7/3 *of* я), мной (*Instr.* 9/1 *of* я)
mean знáчить (знáчу, знáчишь, . . . знáчат) / *no resultative pfv.* (10/2)
   by all means обязáтельно (6/4)
   What do you mean! Ну что ты (вы)! (5/1)
   What do you mean by that? Что ты хóчешь этим сказáть? (13/2)

What do you mean, . . . ? (*informal*) Как . . . ? (+ *the word or phrase to which the speaker is reacting*) (8/1)
What does . . . mean? Что знáчит . . . ? (10/2)
means срéдство (12/1)
measure *verb* мéрить (мéрю, мéришь, . . . мéрят) / *may function as pfv.* измéрить (12/1)
meat мясо (7/3)
   meat loaf мяснóй рулéт [7/3]
mechanic: auto mechanic автомехáник (4/4)
medical медицинский (6/2)
   emergency medical service скóрая пóмощь (6/2)
   medical excuse from work больничный лист [12/4]
   medical school медицинский институт [6/2]
   write out a medical excuse from work выписывать / *pfv.* выписать (выпишу, выпишешь, . . . выпишут) больничный лист [12/4]
medicine (**for something**) лекáрство (от + *Gen.*) (12/1)
   take medicine принимáть / *pfv.* принять (приму, примешь, . . . примут; *past* принял, принялá, приняло, приняли) лекáрство (12/3v)
meet 1. встречáть (9/4) / *pfv.* встрéтить (встрéчу, встрéтишь, . . . встрéтят) (10/3); **2.** (*get together*) встречáться / *pfv.* встрéтиться (встрéчусь, встрéтишься, . . . встрéтятся) (с + *Instr.*) (Epi/A)
   It's/It was very nice to meet you. Óчень приятно познакóмиться. (4/4)
   I'd like you to meet . . . Познакóмьтесь, это . . . (2/3)
   Pleased to meet you. Óчень рад. (2/3)
meeting собрáние (7/1v)
melody мелóдия (10/4)
memorize учить (учу, учишь, . . . учат) / *pfv.* выучить (выучу, выучишь, . . . выучат) (7/1)
men's мужскóй (8/1)
menu меню *neut. indecl.* (1/2)
method мéтод (12/3)
metro (*informal*) метрó *neut. indecl.* (2/4v) = (*formal*) метрополитéн [*pronounced* -тэ-] [9/1]
microwave oven микроволнóвая печь (4/1v)
middle-aged пожилóй [6/4]
milk молокó (3/4)
millionaire миллионéр (4/4v)
mimosa мимóза [13/1v]
mind: change one's mind передýмать *pfv.*; *impfv. not common* (11/3)
   Do you mind? Вы не возражáете (Ты не возражáешь)? (7/1)
   I wouldn't mind. Я бы не возражáл (возражáла). (14/1)
   if you don't mind my asking éсли не секрéт (8/1)
   Would you mind . . . ; If you don't mind . . . Будь добр (добрá) . . . (Будьте добры . . .) (11/1)

mine 1. мой (моя́, моё, мои́) (1/4); **2.** (*when possessor is also the subject*) свой (своя́, своё, свои́)
mineral water минера́льная вода́ (5/4)
ministry министе́рство [7/1v]
minuses: pluses and minuses плю́сы и ми́нусы [2/4v]
minute мину́та (6/4)
    a minute later, in a minute через мину́ту (6/4)
    Just a minute!; Wait one minute! Одну́ мину́ту! (7/2)
mistake оши́бка (*Gen. pl.* оши́бок) (8/4)
mister (Mr.) (*used as title in addressing male foreigners*) господи́н [14/2]
mixer (*kitchen appliance*) ми́ксер [4/1v]
modem моде́м [*pronounced* -дэ́-] (8/3)
modern совреме́нный (10/4)
mom ма́ма (2/2); (*affectionate*) ма́мочка [7/4]
moment: at that moment тут (6/4)
Monday понеде́льник (1/4)
money де́ньги *pl.* (*Gen. pl.* де́нег, *Dat. pl.* деньга́м) (8/3)
monitor монито́р [8/3v]
month ме́сяц (1/4)
mood настрое́ние [5/3]
more бо́льше (*comparative of* большо́й *and* мно́го) (9/2); (*used to form comparatives*) бо́лее [9/4]
    one more ещё оди́н (одна́, одно́) (5/4)
moreover *parenthetical* кро́ме того́ (3/1)
morning у́тро (*Gen. sing.* у́тра *but* утра́ *after* с, до *and the time of day*) (5/3)
    Good morning! До́брое у́тро! (7/2)
    in the morning у́тром (3/3v)
Moscow Москва́ (1/2); моско́вский (4/2v)
    Moscow Institute of Economics Моско́вский экономи́ческий институ́т [5/1v]
    Moscow style по-моско́вски (5/3)
    resident of Moscow (Muscovite) москви́ч (*Gen. sing.* москвича́)/москви́чка (*Gen. pl.* москви́чек) [5/2]
most: the most . . . (*used to form superlatives*) са́мый (9/1): **the most important thing** са́мое гла́вное
    most likely *parenthetical* наве́рно (наве́рное) (6/3); скоре́е всего́ (10/1)
    most of all бо́льше всего́ [11/4]
mother мать *f.* (*Gen., Dat., and Prep. sing.* ма́тери, *Instr. sing.* ма́терью, *pl.* ма́тери, *Gen. pl.* матере́й)(2/1v); ма́ма (2/2); (*affectionate*) ма́мочка [7/4]
mouse мышь *f.* [8/3v]
mouth р(о)т (*Gen. sing.* рта, *Prep. sing.* во рту) (12/1v)
move (*change residence*) переезжа́ть / *pfv.* перее́хать (перее́ду, перее́дешь, . . . перее́дут) [7/4]
movie фильм (10/4)
    movie star кинозвезда́ (*pl.* кинозвёзды) (5/1v)
    (the) movies кино́ *neut. indecl.* (8/1v)

Mr. (*used as title in addressing male foreigners*) господи́н [14/2]
    Mr. and Mrs. Kruglov муж и жена́ Кругло́вы (2/2)
much 1. мно́го (+ *Gen.*) (3/1v); **2.** гора́здо (+ *comparative*); намно́го (+ *comparative*) (9/2)
    how much ско́лько (+ *Gen.*) (6/1)
    How much does that cost? Ско́лько э́то сто́ит? (6/2)
mud грязь *f.* (*Prep. sing.* в грязи́) [5/3]
municipal городско́й [7/2]
Muscovite; resident of Moscow москви́ч (*Gen. sing.* москвича́)/москви́чка (*Gen. pl.* москви́чек) [5/2]
museum музе́й (4/2v)
mushroom гриб (*Gen. sing.* гриба́) (10/2v)
music му́зыка (3/3)
musician музыка́нт (1/3)
must на́до (+ *Dat.* + *infin.*) (3/1); до́лжен (должна́, должно́, должны́) (+ *infin.*) (5/4); ну́жно (+ *Infin.*) (*impersonal*) [9/2]
mustard горчи́ца [7/3v]
mustard plaster горчи́чник [*pronounced* -чиш-] (12/3)
my 1. мой (моя́, моё, мои́) (1/4); **2.** (*when possessor is also the subject*) свой (своя́, своё, свои́)
    My goodness! Бо́же мой! (4/3)
    My name is . . . Меня́ зову́т . . . (1/1)
myself 1. *emphatic pronoun* (я) сам (сама́) (10/2); **2.** *reflexive pronoun* себя́ (*Acc. and Gen.; Dat. and Prep.* себе́; *Instr.* собо́й) (10/2)
mystery (*novel*) детекти́в [3/2]

N

name 1. (*first name*) и́мя *neut.* (*Gen., Dat., and Prep. sing.* и́мени, *Instr. sing.* и́менем, *pl.* имена́, *Gen. pl.* имён) (1/2); **2.** (*last name*) фами́лия (1/2); **3.** назва́ние (5/2); **4.** *verb* называ́ть / *pfv.* назва́ть (назову́, назовёшь, . . . назову́т; *past* назва́л, назвала́, назва́ло, назва́ли) (8/4)
    by first name по и́мени (8/4)
    My (his, her) name is . . . Меня́ (его́, её) зову́т . . . (1/1)
    What is your (his, her) name? Как тебя́/вас (его́, её) зову́т? (1/1)
    What are your name and patronymic? Как ва́ше и́мя и о́тчество? (1/2)
napkin салфе́тка (*Gen. pl.* салфе́ток) (13/4v)
native *adj.* родно́й [4/3v]
native speaker носи́тель (*m.*) языка́ (11/3v)
near во́зле (+ *Gen.*) (10/1); о́коло (+ *Gen.*) (8/3); у (+ *Gen.*) (6/3)
    (it's/that's) near, close бли́зко (2/4v)
    near (to) бли́зко от (+ *Gen.*)

nearby (right nearby); next door рядом (3/4)
nearly чуть не (10/3)
necklace: chain necklace цепо́чка (*Gen. pl.* цепо́чек) [13/2v]
need: needed, necessary ну́жен (нужна́, ну́жно, нужны́) (+ *Dat.*) (6/4)
 everything we need; everything one needs; everything that's needed всё, что ну́жно (6/4)
 What (does one need) . . . for? Заче́м . . . ? (4/1)
neighbor сосе́д (*pl.* сосе́ди, *Gen. pl.* сосе́дей)/сосе́дка (*Gen. pl.* сосе́док) (2/2)
neighborhood микрорайо́н (3/4)
neither . . . nor ни . . . ни (11/2)
nervous: be nervous волнова́ться (волну́юсь, волну́ешься, . . . волну́ются) / *pfv. not introduced* (13/2)
never никогда́ (4/4)
nevertheless всё-таки (9/2)
new но́вый (2/1)
 What's new? Что но́вого? (7/2v)
 New Year's *noun* Но́вый год (10/3); *adj.* нового́дний (10/1)
 by New Year's к (ко) (+ *Dat.*) [10/2]: к Но́вому году́
 celebrate New Year's Eve встреча́ть / *pfv.* встре́тить (встре́чу, встре́тишь, . . . встре́тят) Но́вый год (10/3)
 Happy New Year! С Но́вым го́дом! (10/3); (*said before the new year*) С наступа́ющим (Но́вым го́дом)! (10/2)
 New Year's tree ёлка (*Gen. pl.* ёлок) (10/1v); (*diminutive*) ёлочка (*Gen. pl.* ёлочек) [10/4]
New York Нью-Йо́рк (1/2)
news но́вость *f.* (*pl.* но́вости, *Gen. pl.* новосте́й) (7/4)
newspaper *noun* газе́та (1/2); *adj.* газе́тный [8/4]
next сле́дующий (9/1v)
 And what (comes) next? А как да́льше? (10/4)
 next door ря́дом (3/4)
 next to во́зле (+ *Gen.*) (10/1)
nice прия́тный (7/4); симпати́чный (3/2); хоро́ший (2/2)
 Nice to meet you. О́чень прия́тно. (1/2)
 (it's/that's) nice прия́тно (13/1)
 (It's/It was) very nice to meet you. О́чень прия́тно познако́миться. (4/4)
night ночь *f.* (*Gen. sing.* ноче́й) (8/2)
 at night но́чью (7/1)
 day and night днём и но́чью [7/2]
 night table ту́мбочка (*Gen. pl.* ту́мбочек) [3/2v]
nightmare кошма́р (4/1)
nine де́вять (2/1)
nine hundred девятьсо́т (8/3)

nineteen девятна́дцать (6/1)
nineteenth девятна́дцатый (6/3)
ninetieth девяно́стый (8/2)
ninety девяно́сто (6/1)
ninth девя́тый (6/3)
no 1. (*used at the beginning of a negative response*) нет (1/3); **2.** нет . . . (+ *Gen.* + у + *Gen.*) (4/1): **I (you,** *etc.*) **have no time.** У меня́, (у тебя́, *etc.*) нет вре́мени.
 no . . . at all никако́й (4/4)
 No entry. Нет вхо́да. [9/1]
 no longer уже́ не [9/3]
 no one, nobody никто́ (*Nom.* 4/3); никого́ (*Gen.* 4/1 *and Acc.* 5/2); никому́ (*Dat.* 6/1); ни (о) ком (*Prep.* 7/3); нике́м (*Instr.* 9/1)
 No space available. Мест нет. (14/2)
nobody: There's nobody there (here). Никого́ нет. [4/3]
noise шум [6/4]
non-working day; day off нерабо́чий д(е)нь (13/1)
normal норма́льный (12/1)
 (it's/that's) pretty normal норма́льно (10/3); *adj.* норма́льный (12/1)
North America Се́верная Аме́рика (1/2)
nose нос (*Prep. sing.* на носу́, *pl.* носы́) (12/1v)
 runny nose на́сморк (12/3)
not 1. не (1/1); **2.** нет . . . . (+ *Gen.* + у + *Gen.*) (4/1): **I (you,** *etc.*) **don't have a dog.** У меня́ (тебя́, *etc.*) нет соба́ки.
 I fear not. Бою́сь, что нет. (10/4)
 (It's/That's) not a good idea. (*in response to a suggestion*) Лу́чше не на́до. (12/3)
 (it's/that's) not bad непло́хо (1/2)
 (it's/that's) not easy нелегко́ (3/1)
 not (a) bad неплохо́й (4/4)
 not a single ни оди́н (ни одного́, *etc.*) (14/1)
 not any никако́й (4/4)
 not at all совсе́м не (7/2v); совсе́м нет (8/4)
 not anymore, no longer уже́ не [9/3]
 not . . . anywhere никуда́ (11/1)
 not far from недалеко́ от (+ *Gen.*) (5/3)
 not large небольшо́й (3/4)
 not long ago (*with past tense verbs*) неда́вно (6/3)
 Not too bad. (*response to* Как дела́?) Ничего́. (1/2)
 not . . . (very) long (*with present tense verbs*) неда́вно (6/3): **I haven't been working at the post office long.** Я на по́чте рабо́таю неда́вно.
 not yet ещё не (нет) . . . (4/4); Нет ещё. (Ещё нет.) (6/3)
 . . . or not? . . . и́ли нет? (7/4)
 that's not accepted (done) here У нас э́то не при́нято. [7/3]
 Well, not really . . . Да нет, . . . (6/4v)

note запи́ска (*Gen. pl.* запи́сок) (12/2)
notebook записна́я кни́жка (6/3)
nothing ничего́ (5/1)
notice, note *noun* объявле́ние (5/1); *verb* замеча́ть / *pfv.* заме́тить (заме́чу, заме́тишь, . . . заме́тят) (13/1)
November ноя́брь *m.* (*Gen. sing.* ноября́) (1/4)
now тепе́рь (3/3); сейча́с (3/4)
   for now пока́ [5/4]
   Now that's a . . . !; Look at that! Вот э́то да! (10/1)
   right now, at once неме́дленно [7/2]
   until now; even now до сих пор (*also* до́ сих пор) (11/4)
nowhere 1. (*location*) нигде́ (5/3); **2.** (*direction*) никуда́ (11/1)
number 1. число́ (*pl.* чи́сла, *Gen. pl.* чи́сел) (11/2); **2.** но́мер (*pl.* номера́) (2/1)
   phone number но́мер телефо́на (2/1)
   You got the wrong number. Вы не туда́ попа́ли. (7/2)
nurse медсестра́ = медици́нская сестра́ [7/1]
nursing school медици́нское учи́лище [7/1]

O

oatmeal (*colloquial*) овся́нка (5/4v)
object *verb* возража́ть / *pfv.* возрази́ть (возражу́, возрази́шь, . . . возразя́т) [7/1]
   I wouldn't object. (1) Я бы не возража́л (возража́ла). (14/1)
observe замеча́ть / *pfv.* заме́тить (заме́чу, заме́тишь, . . . заме́тят) (13/1)
obtain достава́ть (достаю́, достаёшь, . . . достаю́т) / *pfv.* доста́ть (доста́ну, доста́нешь, . . . доста́нут) (14/1)
occasion раз (*Gen. pl.* раз) (9/3)
occupied: be occupied (with) занима́ться (+ *Instr.*) / *no resultative pfv.* (9/3)
occur случа́ться / *pfv.* случи́ться (случи́тся, случа́тся) (*3rd pers. only*) [7/2]
ocean океа́н (1/2)
o'clock час (*Gen. sing.* часа́ *but* два, три, четы́ре часа́; *Prep. sing.* в . . . часу́; *pl.* часы́) (7/1)
   It's . . . o'clock. (Сейча́с . . .) (+ *time*) (7/3)
   at one o'clock в час (7/1v)
   at two (three, four) o'clock в два (три, четы́ре) часа́ (7/1v)
   at five (six, seven, *etc.*) **o'clock** в пять (шесть, семь, *etc.*) часо́в (7/1v)
   at seven o'clock sharp; at seven on the dot ро́вно в семь часо́в (7/3)
October октя́брь *m.* (*Gen. sing.* октября́) (1/4)
of 1. (*to denote relation, possession, etc. coveyed by the Gen. case*) (4/2): **the center of Moscow** центр Москвы́; **2.** о (об, обо) (+ *Prep.*) (4/3); **3.** (*made of*) из (+ *Gen.*) (14/2): **crab salad** сала́т из кра́бов
   of course *parenthetical* коне́чно [*pronounced* -éш-] (3/2)
off: day off нерабо́чий д(е)нь (*Gen. sing.* дня) (13/1)
offend обижа́ть / *pfv.* оби́деть (оби́жу, оби́дишь, . . . оби́дят) [7/3]
offer предлага́ть / *pfv.* предложи́ть (предложу́, предло́жишь, . . . предло́жат) (7/1)
office о́фис (6/2v); бюро́ *neut. indecl.* (Ep/C)
official официа́льный (13/1)
officially официа́льно (10/2)
often ча́сто (5/1)
Okay. Ла́дно. (7/1)
   Everything's in order; everything's okay. Всё в поря́дке. (6/2)
   Is that okay? (**Do you mind?**) Вы не возража́ете (Ты не возража́ешь)? (7/1)
   It's (**that's**) **OK.** (*in response to an apology*) Ничего́! (2/3)
   Okay; all right; not too bad (*in response to* Как дела́?) Ничего́. (1/2)
   That's okay.; That's convenient. Это удо́бно. (7/1)
old ста́рый (2/4v)
   He (**she**) **is two** (**five**) **years old.** Ему́ (ей) два го́да (пять лет). (6/1v)
   How old is he (**she**)? Ско́лько ему́ (ей) лет? (6/1)
older ста́рше (12/2)
omen приме́та [9/4]
on 1. (*location*) на (+ *Prep.*) (3/2v): **on the shelf** на по́лке; **2.** (*on a day of the week*) в (+ *Acc.*) (7/1): **on Saturday** в суббо́ту; **3.** по (+ *Dat.*) [7/4]: **on business** по де́лу
   but on the other hand (но) зато́ (4/4)
   It's on me. Я угоща́ю. (5/4)
   on a business trip в командиро́вке (7/2)
   on business по де́лу [7/4]
   on foot пешко́м (9/4)
   on television (**radio**) по телеви́зору (ра́дио) (8/4)
   On the contrary . . . Да нет . . . (6/4v)
   on the left сле́ва (2/2); нале́во (3/4)
   on the right спра́ва (2/2); напра́во (3/4)
   on the way по доро́ге (8/3)
one *numeral* оди́н (одна́, одно́) (2/1)
   at one o'clock в час (7/1v)
   one another друг дру́га (друг дру́гу, друг о дру́ге, *etc.*) (6/1)
   one hundred сто (6/1)
   one more ещё оди́н (одна́, одно́) (5/4)
   one of оди́н (одна́, одно́) из (+ *Gen.*) (9/3)

one (*thing*) одно́ (13/1)
one's; one's (**my, your,** *etc.*) **own** со́бственный [6/2]; (*when possessor is also the subject*) свой (своя́, своё, свой) (8/4)
oneself (**myself, yourself,** *etc.*) **1.** *emphatic pronoun* сам (сама́, само́, са́ми) (10/2); **2.** *reflexive pronoun* себя́ (*Acc. and Gen.*; *Dat. and Prep.* себе́; *Instr.* собо́й) (10/2)
onion(**s**) лук (7/3v)
only 1. то́лько (4/2); **2.** (*the only one*) еди́нственный (10/4); **3.** оди́н (одна́, одно́, одни́) (13/2); **4.** (*a total of*) всего́ (10/1)
open *verb* открыва́ть (5/4) / *pfv.* откры́ть (откро́ю, откро́ешь, . . . откро́ют) (8/1); *adj. and past passive participle* откры́тый (откры́т, откры́та, откры́то, откры́ты) (11/2)
   Open your book to page . . . Откро́й(те) кни́гу на страни́це . . . [1/4]
opera о́пера (4/2v)
opinion: in my opinion по-мо́ему (3/1)
or и́ли (2/3)
   either . . . or и́ли . . . и́ли [9/4]
   (*negation +*) **either . . . or** ни . . . ни (11/2)
   or else; otherwise а то (Epi/C)
   or rather *parenthetical* верне́е [6/4]
orange (*color*) ора́нжевый (9/2)
   orange juice апельси́новый сок (12/4v)
orchestra орке́стр (14/2)
   orchestra (**seats in a theater**) парте́р [*pronounced* -тэ́-] (14/1v)
   rear orchestra seats (**in a theater**) амфитеа́тр (14/3v)
order *verb* зака́зывать / *pfv.* заказа́ть (закажу́, зака́жешь, . . . зака́жут) (14/2)
   Are you ready to order? (*in a restaurant*) Что бу́дете зака́зывать? (5/4)
   Everything's in order; everything's okay. Всё в поря́дке. (6/2)
   give orders, boss (**people**) **around** кома́ндовать (кома́ндую, кома́ндуешь, . . . кома́ндуют) / *pfv. not introduced* [6/1]
ordinary обы́чный (8/3)
organize организова́ть (организу́ю, организу́ешь, . . . организу́ют) *impfv. and pfv.* (8/2)
origin происхожде́ние [13/1]
original оригина́льный (13/4)
other друго́й (5/2)
   (**but**) **on the other hand** зато́ (*often* но зато́) (4/4)
otherwise а то (Epi/C)
our; ours 1. наш (на́ша, на́ше, на́ши) (1/4); **2.** (*when possessor is also the subject*) свой (своя́, своё, свой)

ourselves 1. *emphatic pronoun* (мы) са́ми (10/2); **2.** *reflexive pronoun* себя́ (*Acc. and Gen.*; *Dat. and Prep.* себе́; *Instr.* собо́й) (10/2)
outpatient clinic поликли́ника (3/4v)
over над (+ *Instr.*) [9/1]
   over there вон (2/2)
overcoat пальто́ *neut. indecl.* (14/3)
overture увертю́ра (14/3)
own: one's (**my, your,** *etc.*) **own** со́бственный [6/2]; (*when possessor is also the subject*) свой (своя́, своё, свой) (8/4)

P

p.m. (*noon to evening*) дня; (*evening to midnight*) ве́чера (7/3)
   at 3:00 p.m. в три часа́ дня (7/3)
   at 7:00 p.m. в семь часо́в ве́чера (7/3)
package (*mailed parcel containing printed matter*) бандеро́ль *f.* (6/3)
painting карти́на (3/2v)
pair па́ра (10/1)
pants брю́ки *pl.* (*Gen.* брюк) (1/3)
paper бума́га [5/3]
   newspaper газе́та (1/2); *adj.* газе́тный [8/4]
   sheet of paper лист [12/4]
   term paper *noun, declines like adj.* курсова́я = курсова́я рабо́та (3/1)
   toilet paper туале́тная бума́га [5/3]
Pardon me. Извини́(те). (1/2); Прости́(те)! (7/2)
   Beg your pardon? Что-что? (3/1)
parents роди́тели *pl.* (*Gen. pl.* роди́телей) (2/1v)
park паркова́ть (парку́ю, парку́ешь, . . . парку́ют) / *pfv. not introduced* (5/1)
pass: metro (**bus, trolley, tram**) **pass** *noun, declines like adj.* проездно́й = проездно́й биле́т (5/3v)
pass (**on**); **hand** (**something to someone**) передава́ть (передаю́, передаёшь, . . . передаю́т) / *pfv.* переда́ть (переда́м, переда́шь, переда́ст, передади́м, передади́те, паредаду́т; *past* пе́редал, передала́, пе́редало, пе́редали) (10/3)
pass, go away (*of pain, cough, etc.*) проходи́ть (прохо́дит, прохо́дят) / *pfv.* пройти́ (пройдёт, пройду́т; *past* прошёл, прошла́, прошло́, прошли́) (*usu. 3rd pers. in this meaning*) (12/3)
pass by, go past проходи́ть (прохожу́, прохо́дишь, . . . прохо́дят) / *pfv.* пройти́ (пройду́, пройдёшь, . . . пройду́т; *past* прошёл, прошла́, прошло́, прошли́) (ми́мо + *Gen.*) (13/2); (*vehicular*) проезжа́ть / *pfv.* прое́хать (прое́ду, прое́дешь, . . . прое́дут)

passerby *noun, declines like adj.* прохо́жий [8/4]
passport па́спорт (*pl.* паспорта́) (1/4)
past *adv. and prep.* ми́мо (+ *Gen.*) (13/2)
pastry *noun, declines like adj.* пиро́жное (5/4): **almond pastry** минда́льное пиро́жное
pâté паште́т [10/2v]
path: cross one's path перебега́ть / *pfv.* перебежа́ть (перебегу́, перебежи́шь, перебежи́т, перебежи́м, перебежи́те, перебегу́т) доро́гу [9/4]
patronymic о́тчество (1/2)
   What are your name and patronymic? Как ва́ше и́мя и о́тчество? (1/2)
pay *noun* (*wage*) за́работ(о)к (*Gen. sing.* за́работка) (7/1)
   pay (**for**) плати́ть (плачу́, пла́тишь, ... пла́тят) (5/3) / *pfv.* заплати́ть (за + *Acc.*) (8/1)
   pay phone телефо́н-автома́т (8/4)
peace мир (10/3v)
pedestrian пешехо́д (8/4v)
   pedestrian crossing, crosswalk перехо́д (8/4v)
pelmeni (*noodle dumplings*) пельме́ни (10/2v)
pen ру́чка (*Gen. pl.* ру́чек) (1/3)
pencil каранда́ш (*Gen. sing.* карандаша́) (1/3)
pension; pension payment пе́нсия (6/3)
people 1. лю́ди *pl.* (*sing.* челове́к, *Gen. pl.* люде́й *but* пять, шесть, *etc.* челове́к; *Dat. pl.* лю́дям, *Instr. pl.* людьми́) (5/4); **2.** (*a people*) наро́д (9/4)
   many people мно́гие *pl.* (7/3)
   What a great group (**of people**)**!** Отли́чная компа́ния! (7/1)
   young people молодёжь *f.* (9/4)
per в (+ *Acc.*) (9/3): **twice a** (**per**) **week** два ра́за в неде́лю
percent проце́нт (13/3)
performance спекта́кль *m.* (14/1)
   performance hall, auditorium зал (4/2v)
perfume духи́ *pl.* (*Gen. pl.* духо́в) (13/3v)
perhaps *parenthetical* мо́жет быть (4/2)
period (*of time*) пери́од (14/3)
permit *verb* разреша́ть / *pfv.* разреши́ть (разрешу́, разреши́шь, ... разреша́т) (+ *Dat.*) [8/4]
person челове́к (*pl.* лю́ди, *Gen. pl.* люде́й, *but* пять, шесть, *etc.*, челове́к) (5/2)
pharmacy апте́ка (3/3)
phone *noun* телефо́н (3/1); *verb* звони́ть (звоню́, звони́шь, ... звоня́т) / *pfv.* позвони́ть (+ *Dat.*) (7/1v)
   hang up the phone ве́шать / *pfv.* пове́сить (пове́шу, пове́сишь, ... пове́сят) тру́бку (11/2)
   pay phone телефо́н-автома́т (8/4)
   phone handset (**receiver**) тру́бка (*Gen. pl.* тру́бок) [7/2]
   phone number но́мер телефо́на (2/1)
   Pick up the phone. Возьми́(те) тру́бку. (7/2)
photograph фотогра́фия (6/1v)

physician до́ктор (*pl.* доктора́) (12/1v); врач (*Gen. sing.* врача́) (1/3)
pianist пиани́ст/пиани́стка (*Gen. pl.* пиани́сток) (2/1)
piano (*grand piano*) роя́ль *m.* (2/3v)
   play (**the**) **piano** игра́ть на роя́ле (4/3)
pick up 1. заходи́ть (захожу́, захо́дишь, ... захо́дят) / *pfv.* зайти́ (зайду́, зайдёшь, ... зайду́т; *past* зашёл, зашла́, зашло́, зашли́) (за + *Instr.*) (14/2); **2.** (*vehicular*) заезжа́ть / *pfv.* зае́хать (зае́ду, зае́дешь, ... зае́дут) (за + *Instr.*) (14/1)
   Pick up the phone. Возьми́(те) тру́бку. (7/2)
pickle солёный огур(е́)ц (*pl.* огурцы́) (10/2v)
pickled солёный (10/2v)
picture карти́на (3/2v)
piece (*item, unit*) шту́ка (11/4v)
pill табле́тка (*Gen. pl.* табле́ток) [12/4]
pillow поду́шка (*Gen. pl.* поду́шек) (2/3v)
pink ро́зовый (9/2)
pirozhok (*small filled pastry*) пирож(о́)к (*Gen. sing.* пирожка́) (1/2)
pity: it's/that's a pity жаль (6/2)
pizza пи́цца [7/3]
place *noun* ме́сто (*pl.* места́) (5/1); *verb* (*place in a standing position*) ста́вить (ста́влю, ста́вишь, ... ста́вят) / *pfv.* поста́вить (9/1)
   In the first (**second, third**) **place ...** Во-пе́рвых ... (Во-вторы́х ... ; Во-тре́тьих ...) (10/1)
plan (**to do something**) собира́ться (5/4) / *pfv.* собра́ться (соберу́сь, соберёшься, ... соберу́тся; *past* собра́лся, собрала́сь, собрало́сь, собрали́сь) (8/1)
plant (*factory*) заво́д (4/4v)
plate (*dinnerware*) таре́лка (*Gen. pl.* таре́лок) (13/4v)
play (*drama*) пье́са (5/2v); *verb* игра́ть / **1.** *pfv.* сыгра́ть; **2.** *pfv.* (*to indicate limited duration*) поигра́ть (3/1)
   He plays so loud! Как гро́мко он игра́ет! (2/3)
   play (*an instrument*) игра́ть на (+ *Prep.*) (4/3)
   play (*a game or sport*) игра́ть в (+ *Acc.*) (3/1)
   play sports занима́ться спо́ртом *impfv. only* (9/3)
pleasant прия́тный (7/4)
   (**it's/that's**) **pleasant** прия́тно (13/1)
please пожа́луйста (1/2)
please *adv.* пожа́луйста (1/2); *verb* (*be pleasing*) нра́виться (нра́вится, нра́вятся) (6/2) / *pfv.* понра́виться (+ Dat.) (*usu. 3rd pers.*) (7/4): **We like the room.** Нам нра́вится ко́мната.
pleased рад (ра́да, ра́до, ра́ды) (6/4)
   Pleased to meet you. О́чень прия́тно. (1/2)
pleasure: with pleasure с удово́льствием (7/2)
plot (*of land*) уча́ст(о)к (*Gen. sing.* уча́стка) [6/2v]
pluses and minuses плю́сы и ми́нусы [2/4v]
point: at this (**that**) **point** (**moment**) тут (6/4)

polite вежливый (6/4v)
poodle пудель *m.* (6/1v)
poor бедный (8/1)
popular популярный (9/4)
Portuguese *adj.* португальский
   (**in**) **Portuguese** по-португальски (4/3v)
positively абсолютно (10/4); обязательно (6/4); безусловно (8/3)
post office почта (3/4v)
postcard открытка (*Gen. pl.* открыток) (5/3v)
potato (**potatoes**) (*colloquial*) картошка (7/3v)
   potato salad картофельный салат [7/3v]
pound фунт [7/3v]
pour наливать / *pfv.* налить (налью, нальёшь, . . . нальют) (10/3)
practice *noun* практика (4/4)
   private practice частная практика (4/4v)
precisely именно [3/1]
prefer предпочитать [3/4] / *pfv.* предпочесть (предпочту, предпочтёшь, . . . предпочтут; *past* предпочёл, предпочла, предпочло, предпочли) [8/1]
prelude прелюд [6/1]
preparatory подготовительный (11/3)
prepare готовить (готовлю, готовишь, . . . готовят) (6/4v.) / *pfv.* приготовить (7/3)
   prepare for an exam готовиться (готовлюсь, готовишься, . . . готовятся) / *pfv.* подготовиться к экзамену (7/3)
prescription рецепт (12/4)
   write out a prescription выписывать / *pfv.* выписать (выпишу, выпишешь, . . . выпишут) рецепт [12/4]
present *noun* подар(о)к (*Gen. sing.* подарка) (6/4)
pretty красивый (2/4)
   (**it's/that's**) **pretty** красиво (13/2)
   pretty good неплохой (4/4)
   pretty well неплохо (1/2)
   That's pretty good! У тебя неплохо получается! [6/1]
price цена (*Acc. sing.* цену, *pl.* цены) (8/3)
   at the price of по (+ *Acc.*) (11/4v): **at the price of 20 rubles** по двадцать рублей
   What is the price of . . . ? (*colloquial*) Почём . . . ? (11/4v)
printed matter parcel (*mailed*) бандероль *f.* (6/3)
printer принтер [*pronounced* -тэ-] (8/3v)
private practice частная практика [4/4v]
probably *parenthetical* наверно (наверное) (6/3)
problem проблема (4/1)
profession профессия (3/1)
professor профессор (*pl.* профессора) (2/1)

program программа (11/3)
   computer program компьютерная [*pronounced* -тэ-] программа (11/3v)
   program (*printed program*) программка (14/3)
promise обещать *impfv. and pfv.* (10/2)
propose предлагать / *pfv.* предложить (предложу, предложишь, . . . предложат) (7/1)
proud: be proud (**of**) гордиться (горжусь, гордишься, . . . гордятся) / *no resultative pfv.* (+ *Instr.*) [9/1]
public transportation городской транспорт (9/1)
puck шайба [14/3]
purple лиловый (9/2)
put 1. (*place flat or lying down*) класть (кладу, кладёшь, . . . кладут; *past* клал, клала, клало, клали) / *pfv.* положить (положу, положишь, . . . положат) (10/3); **2.** (*place in a standing position*) ставить (ставлю, ставишь, . . . ставят) / *pfv.* поставить (9/1)
   Put up a sign. Повесь(те) объявление. [6/2]

Q

quarrel *noun* ссора (9/4); *verb* ссориться (ссорюсь, ссоришься, . . . ссорятся) / *pfv.* поссориться [8/1]
quarter четверть *f.* (*Gen. pl.* четвертей) (11/1v)
   (**at**) **a quarter to six** без четверти шесть (11/1v)
   (**a**) **quarter past five** четверть шестого (11/1v)
quarterfinals четвертьфинал (14/4v)
quartet квартет [3/3v]
question вопрос (4/4)
   ask (**someone**) **a question** задавать (задаю, задаёшь, . . . задают) / *pfv.* задать (задам, задашь, задаст, зададим, зададите, зададут; *past* задал, задала, задало, задали) вопрос (+ *Dat.*) (8/1)
   May I ask you a question? Можно задать вам вопрос? (4/4)
quick быстрый [9/1]
quickly быстро (4/3); (*as quickly as possible*) скорее (*comparative of* скоро) (12/2)
quietly тихо (4/2)
quite совсем (14/3)
   quite well неплохо; совсем неплохо (1/2)
quiz *noun, declines like adj.* контрольная = контрольная работа (4/2)

R

radio радио *neut. indecl.* (5/1)
   on the radio по радио (8/4)
railroad station вокзал (8/4v)
rain дождь *m.* (*Gen. sing.* дождя) (8/2)
   it's raining идёт дождь (8/2)

raise поднима́ть / *pfv.* подня́ть (подниму́, подни́мешь, . . . подни́мут; *past* по́днял, подняла́, по́дняло, по́дняли) [10/2]
rarely ре́дко (5/4)
rather; or rather *parenthetical* верне́е [6/4]
reach (*some place, e.g., by phone*) попада́ть / *pfv.* попа́сть (попаду́, попадёшь, . . . попаду́т; *past* попа́л, попа́ла, попа́ло, попа́ли) (куда́) (7/2)
read чита́ть (3/1) / *pfv.* прочита́ть (7/1); *may function as pfv. to indicate limited duration* почита́ть [14/1]
ready гото́в (гото́ва, гото́во, гото́вы) (8/1)
    get ready for an exam гото́виться (гото́влюсь, гото́вишься, . . . гото́вятся) / *pfv.* подгото́виться к экза́мену (7/3)
real; true настоя́щий (4/4)
    a real . . . (*with noun or noun phrase*) тако́й . . . (5/3)
really действи́тельно (5/3)
    Is it really a difficult topic? Ра́зве э́то тру́дная те́ма? (3/1)
    Really?; Is that so? Пра́вда? (6/4); Неуже́ли? (9/2); ра́зве (3/1)
recall вспомина́ть / *pfv.* вспо́мнить (вспо́мню, вспо́мнишь, . . . вспо́мнят) (11/4)
receive 1. получа́ть (5/3) / *pfv.* получи́ть (получу́, полу́чишь, . . . полу́чат) (8/1); **2.** принима́ть (6/3v) / *pfv.* приня́ть (приму́, при́мешь, . . . при́мут; *past* при́нял, приняла́, при́няло, при́няли) (8/1)
receiver (*telephone*) тру́бка (*Gen. pl.* тру́бок) [7/2]
recently неда́вно (6/3)
recognize узнава́ть (узнаю́, узнаёшь, . . . узнаю́т) / *pfv.* узна́ть (8/1)
recommend рекомендова́ть (рекоменду́ю, рекоменду́ешь, . . . рекоменду́ют) *pfv. and impfv.* (14/2)
recording: automated recording автома́т [9/1]
red кра́сный (9/2)
    Red Square Кра́сная пло́щадь (9/1)
refrigerator холоди́льник (4/1v)
refuse *verb* отка́зываться / *pfv.* отказа́ться (откажу́сь, отка́жешься, . . . отка́жутся) (от + *Gen.*) [10/4]
registration office регистрату́ра [12/4]
relate (*tell, narrate*) расска́зывать / *pfv.* рассказа́ть (расскажу́, расска́жешь, . . . расска́жут) (7/3)
remain остава́ться (остаю́сь, остаёшься, . . . остаю́тся) / *pfv.* оста́ться (оста́нусь, оста́нешься, . . . оста́нутся) (8/4)
remedy (**for**) сре́дство (от + *Gen.*) (12/1)
    cold remedy сре́дство от просту́ды (Epi/B)
remember по́мнить (по́мню, по́мнишь, . . . по́мнят) / *pfv. not introduced* (5/2)

I'll remember that. (*in response to receiving some information*) Бу́ду знать. (10/2)
rent (*from someone*) снима́ть (6/4) / *pfv.* снять (сниму́, сни́мешь, . . . сни́мут; *past* снял, сняла́, сня́ло, сня́ли) (7/4)
    be for rent сдава́ться (сдаётся, сдаю́тся) / *no pfv. in this meaning* (*usu. 3rd pers.*) [5/4]
    rent (*to someone*) сдава́ть (сдаю́, сдаёшь, . . . сдаю́т) (6/2v) / *pfv.* сдать (сдам, сдашь, сдаст, сдади́м, сдади́те, сдаду́т; *past* сдал, сдала́, сда́ло, сда́ли) (+ *Dat.* + *Acc.*) (8/1)
repair чини́ть (чиню́, чи́нишь, . . . чи́нят) (4/4) / *pfv.* почини́ть (8/1)
Repeat Повтори́(те)! [1/4]
request *verb* проси́ть (прошу́, про́сишь, . . . про́сят) / *pfv.* попроси́ть (+ *Acc.* or y + *Gen.*) (8/1)
    I have a request of you. У меня́ к вам про́сьба. (8/4)
resemble похо́ж (похо́жа, похо́же, похо́жи) на (+ *Acc.*) (6/2): **She resembles her mother.** Она́ похо́жа на мать.
reserve зака́зывать / *pfv.* заказа́ть (закажу́, зака́жешь, . . . зака́жут) (14/2)
    We have a table reserved. У нас зака́зан сто́лик. (14/2)
resort куро́рт [8/2v]
rest отдыха́ть / *pfv.* отдохну́ть (отдохну́, отдохнёшь, . . . отдохну́т) (8/1)
restaurant рестора́н (4/4v)
restroom туале́т (2/2v)
return 1. (*come back*) приходи́ть (прихожу́, прихо́дишь, . . . прихо́дят) / *pfv.* прийти́ (приду́, придёшь, . . . приду́т; *past* пришёл, пришла́, пришло́, пришли́) (7/4); **2.** (*come back by vehicle*) приезжа́ть / *pfv.* прие́хать (прие́ду, прие́дешь, . . . прие́дут) (9/1); **3.** (*come back; go back*) возвраща́ться / *pfv.* верну́ться (верну́сь, вернёшься, . . . верну́тся) (9/2); **4.** (*give back*) отдава́ть (отдаю́, отдаёшь, . . . отдаю́т) / *pfv.* отда́ть (отда́м, отда́шь, отда́ст, отдади́м, отдади́те, отдаду́т; *past* о́тдал, отдала́, о́тдало, о́тдали) (8/1)
revolutionary революцио́нный [13/1]
ribbon ле́нта [11/4]
rich бога́тый (12/2)
richer бога́че (*comparative of* бога́тый) (12/2)
ride *multidir.* е́здить (е́зжу, е́здишь, . . . е́здят) (5/4), *unidir.* е́хать (е́ду, е́дешь, . . . е́дут) (3/3) / *pfv.* пое́хать (8/1)
    give a ride (**to**) довози́ть (довожу́, дово́зишь, . . . дово́зят) / *pfv.* довезти́ (довезу́, довезёшь, . . . довезу́т; *past* довёз, довезла́, довезло́, довезли́) (до + *Gen.*) (Epi/C)

English-Russian Glossary 493

right (*correct*) прав (права́, пра́во, пра́вы) (9/3)
  All right. OK. Ла́дно. (7/1)
  All right; not too bad; okay. (*response to* Как дела́?) Ничего́. (1/2)
  have the right име́ть (име́ю, име́ешь, . . . име́ют) пра́во (8/1)
  I'll be right back. Я сейча́с. (Epi/B)
  I'll be right there! Сейча́с! (2/4)
  . . . isn't that right? . . . не так ли? (Epi/A)
  not the right (**one**) не тот (та, то, те) [11/2]
  on the right спра́ва (2/2); напра́во (3/4)
  right (*right-hand*) пра́вый (14/1)
  Right!; That's right! Действи́тельно! (6/1); Ве́рно! (7/1); Пра́вильно! (6/1)
  right away сейча́с (3/1); сра́зу (9/3); неме́дленно (12/1); сро́чно (14/1)
  right nearby ря́дом (3/4)
  (**that's**) **right** пра́вильно (11/2)
ring кольцо́ (*pl.* ко́льца, *Gen. pl.* коле́ц) (13/2v)
rink: skating rink като́к (*Gen. sing.* катка́) [12/2]
risk *noun* риск [9/3]; *verb* (*risk something; take a risk*) рискова́ть (риску́ю, риску́ешь, . . . риску́ют) / *pfv.* рискну́ть (рискну́, рискнёшь, . . . рискну́т) [9/4]
river река́ (*Acc. sing.* реку́ or ре́ку; *pl.* ре́ки) (1/2)
road доро́га (8/4)
rock (*music*) рок (3/3)
room 1. (*a room*) ко́мната (2/2); **2.** (*place, space*) ме́сто (*pl.* места́) (5/1)
rose ро́за (11/4)
round figure (*significant date*) кру́глая да́та [5/4]
row ряд (*Gen. sing.* ря́да *but* два, три, четы́ре ряда́, *Prep. sing.* в ряду́, *pl.* ряды́) (14/1v)
rubber *adj.* рези́новый (5/3)
ruble рубль *m.* (*Gen. sing.* рубля́) (5/3)
rude гру́бый (6/4v)
rug ков(ё)р (*Gen. sing.* ковра́) (3/2v)
rugby shirt футбо́лка (*Gen. pl.* футбо́лок) (1/3)
run *multidir.* бе́гать (9/3), *unidir.* бежа́ть (бегу́, бежи́шь, бежи́т, бежи́м, бежи́те, бегу́т) (8/4) / *pfv.* побежа́ть (8/4)
  run away убега́ть / *pfv.* убежа́ть [10/2]
runny nose на́сморк (12/3)
Russia Росси́я (1/2)
Russian *noun, declines like adj.* (*a Russian*) ру́сский/ру́сская (2/2); *adj.* ру́сский (2/2)
  (**in**) **Russian** по-ру́сски (4/3v)
  Russian-American ру́сско-америка́нский [8/2]
  speak Russian (**English,** *etc.*) говори́ть по-ру́сски (по-англи́йски, *etc.*) (4/3v)
  What's the Russian for . . . ? Как по-ру́сски . . . ? (1/4)

S

sad гру́стный (13/3)
Saint Basil's Cathedral (*usu.* St. Basil's Cathedral) собо́р Васи́лия Блаже́нного [9/1]
Saint Petersburg (*usu.* St. Petersburg) Санкт-Петербу́рг (1/2)
sake: for the sake of ра́ди (+ *Gen.*) (11/1)
salad сала́т [7/3v]
  crab salad сала́т из кра́бов (14/2)
  potato salad карто́фельный сала́т [7/3v]
  salad with beets винегре́т (10/2v)
salary зарабо́т(о)к (*Gen. sing.* зарабо́тка) (7/1)
salesclerk продав(е́)ц (*Gen. sing.* продавца́)/продавщи́ца (8/3)
salt соль *f.* [7/3v]
salted солёный (10/2v)
same, the same одина́ковый (13/4); оди́н (одна́, одно́, одни́) (14/1): **He** (**she**) **and I were in the same class in school.** Мы с ним (с ней) учи́лись в одно́м кла́ссе.
  all the same всё равно́ (EpiA); всё-таки (9/2)
  the same (**kind of . . .**) тако́й (така́я, тако́е, таки́е) же . . . (13/4)
  the same thing одно́ и то же (10/2); то же са́мое (14/2)
  The same to you! (*in response to* Жела́ю вам/тебе́ . . .) И вам (тебе́) та́кже. (9/4)
sandwich бутербро́д (1/2)
Saturday суббо́та (1/4)
saucer блю́дце (*Gen. pl.* блю́дец) (13/2)
sauerkraut ки́слая капу́ста (10/2v)
sausage колбаса́ (3/4)
saxophone саксофо́н (3/3v)
saxophonist саксофони́ст (3/3v)
say говори́ть (говорю́, говори́шь, . . . говоря́т) (4/2) / *pfv.* сказа́ть (скажу́, ска́жешь, . . . ска́жут) (7/4)
  Don't say a word (**about it**). Ни сло́ва. (5/4)
  say good-bye (**to someone**) проща́ться / *pfv.* попроща́ться (с + *Instr.*) (10/2)
  What are you trying to say? Что ты хо́чешь э́тим сказа́ть? (13/2)
school шко́ла (4/3)
  driving school автошко́ла [9/3v]
  law school юриди́ческий институ́т [5/1]
  medical school медици́нский институ́т [6/2]
  nursing school медици́нское учи́лище [7/1]
  specialized (**vocational**) **school** учи́лище [7/1]
schoolboy шко́льник (2/1)
schoolgirl шко́льница (2/1)
score счёт (*Gen.* счета́) (14/4v)

score a (hockey) goal забра́сывать / *pfv.* забро́сить (забро́шу, забро́сишь, . . . забро́сят) ша́йбу [14/3]
Scottish; Scots шотла́ндский [10/4]
screen экра́н [8/3]
season сезо́н [9/4]
seat ме́сто (*pl.* места́) (14/1v)
   orchestra seats (in a theater) парте́р [*pronounced* -тэ́-] (14/1v)
   rear orchestra seats (in a theater) амфитеа́тр (14/3v)
   take a seat сади́ться (сажу́сь, сади́шься, . . . садя́тся) / *pfv.* сесть (ся́ду, ся́дешь, . . . ся́дут; *past* сел, се́ла, се́ло, се́ли) (10/4)
Seattle Сиэ́тл (1/2)
second второ́й (2/4)
   In the second place . . . ; Secondly, . . . Во-вторы́х . . . (10/1)
secret секре́т (8/1)
section (*group, class of students in college*) гру́ппа (11/3)
   rear orchestra section (seats in a theater) амфитеа́тр (14/3v)
   section (of town) райо́н (3/4)
see ви́деть (ви́жу, ви́дишь, . . . ви́дят) (4/2) / *pfv.* уви́деть (7/4)
   as you (can) see как ви́дишь (как ви́дите) (3/2)
   I see (I understand). Поня́тно. (7/1)
   see out the old year провожа́ть / *pfv.* проводи́ть (провожу́, прово́дишь, . . . прово́дят) ста́рый год (10/2)
   See you later! Пока́! (1/2)
   We'll see.; Let's see. Посмо́трим. (9/2)
   You see!; See! Вот ви́дишь (ви́дите)! (4/2)
seem каза́ться (кажу́сь, ка́жешься, . . . ка́жутся) / *pfv.* показа́ться (+ *Instr.*) [13/1]
   it seemed to me (him, her) . . . мне (ему́, ей) показа́лось . . . (10/1)
   it seems *parenthetical* ка́жется (2/4)
select выбира́ть / *pfv.* вы́брать (вы́беру, вы́берешь, . . . вы́берут) (14/2)
self: oneself (myself, yourself, *etc.*) 1. *emphatic pronoun* сам (сама́, само́, са́ми) (10/2); 2. *reflexive pronoun* себя́ (*Acc. and Gen.*; *Dat. and Prep.* себе́; *Instr.* собо́й) (10/2)
sell продава́ть (прода́ю, продаёшь, . . . продаю́т) (5/3) / *pfv.* прода́ть (прода́м, прода́шь, прода́ст, продади́м, продади́те, продаду́т; *past* про́дал, продала́, про́дало, про́дали) (+ *Dat.* + *Acc.*) (8/1)
semifinals полуфина́л (14/4v)
seminar семина́р (11/4)
send 1. (*focus on mailed item and recipient*) присыла́ть / *pfv.* присла́ть (пришлю́, пришлёшь, . . . пришлю́т) (8/4); 2. (*focus on mailed item and act of sending*) посыла́ть / *pfv.* посла́ть (пошлю́, пошлёшь, . . . пошлю́т) (13/1)
sense of humor чу́вство ю́мора (12/4)
September сентя́брь *m.* (*Gen. sing.* сентября́) (1/4)
series ряд (*Gen. sing.* ря́да *but* два, три, четы́ре ряда́, *Prep. sing.* в ряду́, *pl.* ряды́) (14/1v)
service: ambulance service; emergency medical service ско́рая по́мощь (6/2)
   in the (military) service в а́рмии (6/2)
   tea service ча́йный серви́з (13/2)
   The car is at your service. Маши́на по́дана. [Epi/C]
serving по́рция (14/2)
set: coffee set кофе́йный набо́р (13/2)
   set out (set off) (for) 1. пойти́ (пойду́, пойдёшь, . . . пойду́т; *past* пошёл, пошла́, пошло́, пошли́) *pfv. only* 2. (*vehicular*) пое́хать (пое́ду, пое́дешь, . . . пое́дут) *pfv. only* (8/1) (куда́)
   Set the table. Накрыва́й(те) на стол. (13/4)
settled: It's settled, then! Договори́лись! (7/2)
seven семь (2/1)
seven hundred семьсо́т (8/3)
seventeen семна́дцать (6/1)
seventeenth семна́дцатый (6/3)
seventh седьмо́й (6/3)
seventieth семидеся́тый (8/2)
seventy се́мьдесят (6/1)
several не́сколько (+ *Gen.*) (13/1)
Shame on you! Как тебе́ (вам) не сты́дно! (10/1)
shampoo шампу́нь *m.* (5/3v)
sharp: at seven o'clock sharp ро́вно в семь часо́в (7/3)
she она́ (1/3)
shelf по́лка (*Gen. pl.* по́лок) (3/2v)
   bookshelf кни́жная по́лка (2/3v)
shirt руба́шка (*Gen. pl.* руба́шек) (1/3)
   T-shirt; rugby shirt футбо́лка (*Gen. pl.* футбо́лок) (1/3)
shoes ту́фли *pl.* (*sing.* ту́фля, *Gen. pl.* ту́фель) (1/3)
shop *noun* магази́н (2/4v); *verb* (*go shopping*) ходи́ть (хожу́, хо́дишь, . . . хо́дят) по магази́нам (13/2)
shorts трусы́ *pl.* (*Gen. pl.* трусо́в) (9/2)
should до́лжен (должна́, должно́, должны́) (+ *infin.*) (5/4)
   What should (can) we do? Что де́лать? (4/2v)
   What should I bring? Что принести́? (7/3)
shoulder плечо́ (*pl.* пле́чи) (12/1v)
shout крича́ть (кричу́, кричи́шь, . . . крича́т) / *pfv. for one-time action* кри́кнуть (кри́кну, кри́кнешь, . . . кри́кнут) [7/2]
show 1. спекта́кль *m.* (14/1); 2. (*of a film*) сеа́нс (12/2v); 3. *verb* пока́зывать / *pfv.* показа́ть (покажу́, пока́жешь, . . . пока́жут) (+ *Dat.* + *Acc.*) (8/3)

shower душ (4/1)
showing (*of a film*) сеа́нс (12/2v)
shut *verb* закрыва́ть / *pfv.* закры́ть (закро́ю, закро́ешь, . . . закро́ют) [4/1]; *adj. and past passive participle* закры́тый (закры́т, закры́та, закры́то, закры́ты) (11/2)
sick больно́й (бо́лен, больна́, больно́, больны́) (12/4)
  be sick боле́ть¹ (боле́ю, боле́ешь, . . . боле́ют) / *may function as pfv.* заболе́ть¹ (12/1)
sickness боле́знь *f.* (12/4)
sight: What a sight you are! Что за вид! (14/4)
sign 1. (*informational*) табли́чка (*Gen. pl.* табли́чек) (11/2); **2.** (*announcement*) объявле́ние [6/2]; **3.** (*commercial advertisement*) рекла́ма [11/3]; **4.** (*symbol*) знак [9/4v]: **signs of the zodiac** зна́ки зодиа́ка; **5.** (*omen*) приме́та [9/4]
  Put up a sign. Пове́сьте объявле́ние. [6/2]
similar (**to**) похо́ж (похо́жа, похо́же, похо́жи) (на + *Acc.*) (6/2)
simple просто́й (12/2)
simpler про́ще (*comparative of* просто́й *and* про́сто) (12/2)
simply про́сто (9/3)
since *conjunction* раз [9/2]
sing петь (пою́, поёшь, . . . пою́т) / *pfv.* спеть (10/4)
single: not a single ни оди́н (ни одного́, *etc.*) (14/1)
sister сестра́ (*pl.* сёстры, *Gen. pl.* сестёр, *Dat. pl.* сёстрам) (2/1)
sit; be sitting сиде́ть (сижу́, сиди́шь, . . . сидя́т) / *no resultative pfv.* (10/4)
  sit down; take a seat сади́ться (сажу́сь, сади́шься, . . . садя́тся) / *pfv.* сесть (ся́ду, ся́дешь, . . . ся́дут; *past* сел, се́ла, се́ло, се́ли) (10/4)
  sit down before a trip присе́сть (прися́ду, прися́дешь, . . . прися́дут; *past* присе́л, присе́ла, присе́ло, присе́ли) на доро́гу *pfv.*; *impfv. not introduced* [Epi/B]
six шесть (2/1)
six hundred шестьсо́т (8/3)
sixteen шестна́дцать (6/1)
sixteenth шестна́дцатый (6/3)
sixth шесто́й (6/3)
sixtieth шестидеся́тый (8/2)
sixty шестьдеся́т (6/1)
size разме́р (5/3)
skating rink кат(о́)к (*Gen. sing.* катка́) [12/2]
skirt ю́бка (*Gen. pl.* ю́бок) (1/3)
sky не́бо [9/4]
sleep спать (сплю, спишь, . . . спят; *past* спал, спала́, спа́ло, спа́ли) / *no resultative pfv.* (4/2)
slender стро́йный [10/4]

slowly ме́дленно (8/4)
small ма́ленький (2/2)
  (**It's a**) **small world!** Мир те́сен! (14/2)
smaller (*comparative of* ма́ленький) ме́ньше (9/2)
smell (**good, bad,** *etc.*) па́хнуть (па́хнет, па́хнут; *past* пах *and* па́хнул, па́хла, па́хло, па́хли) (+ *adv.*) *impfv. and pfv.* (*usu. 3rd pers.*) [10/3]: **Something smells good.** Что́-то вку́сно па́хнет. (10/3)
smile улыба́ться / *pfv.* улыбну́ться (улыбну́сь, улыбнёшься, . . . улыбну́тся) [7/4]
snack bar буфе́т (1/2)
snacks заку́ски *pl.* (*sing.* заку́ска, *Gen. pl.* заку́сок)
sneakers кроссо́вки *pl.* (*sing.* кроссо́вка, *Gen. pl.* кроссо́вок) (1/3)
sneeze чиха́ть / *pfv. for one-time action* чихну́ть (чихну́, чихнёшь, . . . чихну́т) (12/3v)
snow снег (*Prep.* в снегу́) (8/2)
  Snow Maiden Снегу́рочка (10/1v)
so 1. *intensifier* (*with verbs, adverbs and short-form adjectives*) так (5/1); (*with adjectives*) тако́й (5/3); **2.** *particle* так (2/3); **3.** *parenthetical* Зна́чит, . . . (3/4); **4.** (*and so*) ита́к (5/4); **5.** (*therefore*) поэ́тому (3/1)
  . . . isn't that so? . . . так? [4/3]; . . . пра́вда? (6/4); . . . не так ли? (Epi/A)
  So? А что? [8/1]
  so, then *particle* так (2/3)
  So this is (**these are**) . . . Так э́то . . . (3/2)
soap мы́ло (5/3v)
soccer футбо́л (7/2v)
  soccer game футбо́льный матч (8/1v)
socks носки́ *usu. pl.* (*sing.* нос(о́)к, *Gen. sing.* носка́) (12/3)
soda: baking soda со́да (12/4)
sofa дива́н (2/3v)
softly ти́хо (4/2)
solidarity солида́рность *f.* [8/1]
soloist соли́ст/соли́стка (*Gen. pl.* соли́сток) [4/2v]
some не́сколько (+ *Gen.*) (13/1); не́который [9/4]
  some; some kind of како́й-то (7/2); како́й-нибудь (9/4); ко́е-како́й [12/1]
someone; somebody кто́-то (10/2); кто́-нибудь (9/4)
someone else's чужо́й [6/3]
something что́-то (10/3); что́-нибудь (9/3)
sometime когда́-нибудь (9/4)
sometimes иногда́ (8/4)
son сын (*pl.* сыновья́, *Gen. pl.* сынове́й) (2/1)
song пе́сня (*Gen. pl.* пе́сен) (7/4)
soon ско́ро (9/2)
  Get well soon! Скоре́е выздора́вливай(те)! (12/4)
sorry: I'm sorry to bother you. Извини́те, что беспоко́ю вас (Извини́те, что я вас беспоко́ю). (7/2v)

feel sorry (for) сочу́вствовать (сочу́вствую, сочу́вствуешь, ... сочу́вствуют) [*pronounced* -чуст-] *impfv. only* (+ *Dat.*) [11/4]
sort *noun* (*type, kind*) вид (9/1)
sound звук (1/2)
sour cream смета́на [10/2v]
South America Ю́жная Аме́рика (1/2)
space (*room*) ме́сто (*pl.* места́) (5/1)
Spanish *adj.* испа́нский
  (in) Spanish по-испа́нски (4/3v)
spare ли́шний (10/2)
speak 1. говори́ть (говорю́, говори́шь, ... говоря́т) (4/2) / *may function as pfv. to indicate limited duration* поговори́ть; **2.** (*chat*) разгова́ривать / *no pfv. in this meaning* (6/4)
  frankly speaking *parenthetical* открове́нно говоря́ (12/1)
  May I speak to . . . . (*on the telephone*) Мо́жно попроси́ть . . . ? (7/3); Попроси́(те) к телефо́ну . . . (7/2)
  native speaker носи́тель (*m.*) языка́ (11/3v)
  speak English (Russian, *etc.***)** говори́ть по-англи́йски (по-ру́сски, *etc.*) (4/3v)
  Speaking of . . . Кста́ти о (+ *Prep.*) . . . [10/2]
  This is . . . speaking. Э́то говори́т . . . (7/2)
specialty of the house фи́рменное блю́до (14/2v)
speech речь (*e.g.,* ру́сская речь) *f.* (*no pl. in this meaning*) [11/3]
spider пау́к (*Gen. sing.* паука́) [9/4]
spill рассыпа́ть / *pfv.* рассы́пать (рассы́плю, рассы́плешь, рассы́пет, рассы́пем, рассы́пете, рассы́пят) [9/4]
spoon ло́жка (*Gen. pl.* ло́жек) (9/4)
sports спорт (9/3)
  (kind of) sport вид спо́рта (9/3)
  play sports занима́ться спо́ртом *impfv. only* (9/3)
spring весна́ (13/1)
  spring *adj.* весе́нний (13/1)
square: (city) square пло́щадь *f.* (*Gen. pl.* площаде́й) (5/2)
  Red Square Кра́сная пло́щадь (9/1)
St. Basil's Cathedral собо́р Васи́лия Блаже́нного [9/1]
St. Petersburg Санкт-Петербу́рг (1/2)
stadium стадио́н (1/3v)
stairs; staircase ле́стница [*pronounced* -сн-] [2/2v]
stamp ма́рка (*Gen. pl.* ма́рок) (6/3v)
stand *noun* (*booth where things are sold*) кио́ск (5/3v); *verb* **1.** (*be in an upright position; be located somewhere*) стоя́ть (стою́, стои́шь, . . . стоя́т) / *no resultative pfv.* (6/4); **2.** (*place in a standing position*) ста́вить (ста́влю, ста́вишь, . . . ста́вят) / *pfv.* поста́вить (9/1)
stand (be standing) in line стоя́ть в о́череди / *no resultative pfv.* (13/2)
stand (get) in line станови́ться (становлю́сь, стано́вишься, . . . стано́вятся) / *pfv.* стать (ста́ну, ста́нешь, . . . ста́нут) в о́чередь [13/2]
  taxi stand стоя́нка такси́ (11/2)
star: movie (film) star кинозвезда́ (*pl.* кинозвёзды) (5/1v)
start *noun* нача́ло (8/3); *verb* **1.** начина́ть / *pfv.* нача́ть (начну́, начнёшь, . . . начну́т; *past* на́чал, начала́, на́чало, на́чали) (+ *Acc. or* + *infin.*) (7/2); **2.** *intransitive* начина́ться / *pfv.* нача́ться (начнётся, начну́тся) (*3rd pers. only*) (12/2v)
station *noun* (*railroad station*) вокза́л (8/4v); (*metro station*) ста́нция (9/1v)
stay остава́ться (остаю́сь, остаёшься, . . . остаю́тся) / *pfv.* оста́ться (оста́нусь, оста́нешься, . . . оста́нутся) (8/4)
still ещё (6/1); всё [13/2]
  still (all the same) всё равно́ (EpiA); всё-таки (9/2)
stock exchange би́ржа (4/4)
stockbroker бро́кер (4/4)
stomach живо́т (*Gen. sing.* живота́) (12/1v)
stop *noun* (*of a bus, train, etc.*) остано́вка (*Gen. pl.* остано́вок) [3/4]; *verb* **1.** остана́вливать / *pfv.* останови́ть (остановлю́, остано́вишь, . . . остано́вят) [8/4]; **2.** *intransitive* остана́вливаться / *pfv.* останови́ться (остановлю́сь, остано́вишься, . . . остано́вятся) (8/4)
stop by 1. заходи́ть (захожу́, захо́дишь, . . . захо́дят) / *pfv.* зайти́ (зайду́, зайдёшь, . . . зайду́т; *past* зашёл, зашла́, зашло́, зашли́) (14/2); **2.** (*vehicular*) заезжа́ть / *pfv.* зае́хать (зае́ду, зае́дешь, . . . зае́дут) (14/2)
store магази́н (2/4v)
  drugstore апте́ка (3/3)
  grocery store универса́м (3/4v)
  electronics store магази́н электро́ники (4/4)
story 1. (*level in a building*) эта́ж (*Gen. sing.* этажа́, *Gen. pl.* этаже́й) (2/2); **2.** (*account*) исто́рия (11/3)
  (short) story расска́з (5/2v)
stout то́лстый (11/2)
strange: It's/That's strange. Стра́нно. (7/2)
street у́лица (2/1)
streetcar трамва́й (8/4v)
strict стро́гий (6/1v)
student студе́нт/студе́нтка (*Gen. pl.* студе́нток) (1/3)
  be a student, go to school учи́ться (учу́сь, у́чишься, . . . у́чатся) (4/3) / *no pfv. in this meaning*

graduate student аспира́нт/аспира́нтка (*Gen. pl.* аспира́нток) (1/3)
   I'm a second-year student. Я на второ́м ку́рсе. (6/1)
study *noun* (*discipline*) изуче́ние (11/3v); *verb* **1.** (*learn, try to memorize something*) учи́ть (учу́, у́чишь, . . . у́чат) / *pfv.* вы́учить (вы́учу, вы́учишь, . . . вы́учат) (7/1); **2.** (*learn to do something*) учи́ться (учу́сь, у́чишься, . . . у́чатся) / *pfv.* научи́ться (+ *infin.*) (9/3); **3.** (*do homework, prepare for classes*) занима́ться / *no resultative pfv.* (7/1); **4.** (*make a study of something*) изуча́ть / *pfv. not introduced* (7/3); **5.** (*prepare for an examination*) гото́виться (гото́влюсь, гото́вишься, . . . гото́вятся) / *pfv.* подгото́виться к экза́мену (7/3)
   Where do you study (**Where do you go to school**)? Где вы у́читесь? (4/3)
subject *noun* (*topic*) те́ма (3/1)
suburban train электри́чка [9/1]
subway (*informal*) метро́ *neut. indecl.* (2/4v) = (*formal*) метрополите́н [*pronounced* -тэ́-] [9/1]
success успе́х (13/3); уда́ча (9/3)
   Hope you're successful! Жела́ю успе́ха! (13/3)
such a; so; a real (*intensifier with nouns and noun phrases*) тако́й (5/3)
suddenly вдруг (6/4)
sugar bowl са́харница [13/4v]
suggest 1. (*propose*) предлага́ть / *pfv.* предложи́ть (предложу́, предло́жишь, . . . предло́жат) (7/1); **2.** (*give advice*) сове́товать (сове́тую, сове́туешь, . . . сове́туют) / *pfv.* посове́товать (13/4); **3.** (*recommend*) рекомендова́ть (рекоменду́ю, рекоменду́ешь, . . . рекоменду́ют) *pfv. and impfv.* (14/2)
suit костю́м (1/3)
suit jacket 1. (*man's*) пиджа́к (*Gen. sing.* пиджака́) (1/3); **2.** (*woman's*) жаке́т (1/3)
suitcase чемода́н (1/4)
summer ле́то (13/1); *adj.* ле́тний (13/1)
   in (**the**) **summer** *adv.* ле́том (7/1)
Sunday воскресе́нье (1/4)
supermarket универса́м (3/4v)
superstition суеве́рие [9/4]
superstitious суеве́рный (суеве́рен, суеве́рна, суеве́рно, суеве́рны) (9/4)
sure уве́рен (уве́рена, уве́рены) (6/4)
   100 percent (**sure**) на все сто проце́нтов (13/3)
   for sure то́чно (9/2)
   To be sure, . . . *parenthetical* Пра́вда, . . . (6/4)
surely; after all *particle* (*used for emphasis*) ведь (7/1); же (4/3)

surprise *noun* сюрпри́з (5/4)
   be surprised (**at**) удивля́ться / *pfv.* удиви́ться (удивлю́сь, удиви́шься, . . . удивя́тся) (+ *Dat.*) [8/4]
   surprise (**someone**) де́лать / *pfv.* сде́лать (+ *Dat.*) сюрпри́з (Ep*i*/C)
sweater (*high-necked*) сви́тер (*pl.* сви́теры *or* свитера́) (1/3); (*v-necked*) пуло́вер (1/3)
Swedish шве́дский [11/1]
swim *multidir.* пла́вать; *unidir. and pfv. not introduced* (9/3)
swimming пла́вание (9/3)
symbol си́мвол [13/1]
sympathize (**with**) сочу́вствовать (сочу́вствую, сочу́вствуешь, . . . сочу́вствуют) [*pronounced* -чу́ст-] *impfv. only* (+ *Dat.*) [11/4]
symposium симпо́зиум [8/3]
system систе́ма [7/1]

T

table стол (*Gen. sing.* стола́) (3/2v); (*in a restaurant*) сто́лик (14/2)
   at the table за столо́м (9/4)
   coffee table кофе́йный сто́лик [2/3v]
   Everyone please come to the table! Прошу́ всех к столу́! (10/2); Скоре́е за стол! [10/3]
   night table ту́мбочка (*Gen. pl.* ту́мбочек) [3/2v]
   Set the table. Накрыва́й(те) на стол. (13/4)
   We have a table reserved. У нас зака́зан сто́лик. (14/2)
tablecloth ска́терть *f.* [13/4v]
take брать (беру́, берёшь, . . . беру́т; *past* брал, брала́, бра́ло, бра́ли) / *pfv.* взять (возьму́, возьмёшь, . . . возьму́т; *past* взял, взяла́, взя́ло, взя́ли) (8/4)
   it takes (*to indicate time needed to complete something*) за (+ *Acc.*) (11/3)
   take (**something somewhere**) относи́ть (отношу́, отно́сишь, . . . отно́сят) / *pfv.* отнести́ (отнесу́, отнесёшь, . . . отнесу́т; *past* отнёс, отнесла́, отнесло́, отнесли́) [12/2]
   take (**time**) занима́ть / *pfv.* заня́ть (займу́, займёшь, . . . займу́т; *past* за́нял, заняла́, за́няло, за́няли) (+ *amount of time in Acc.*) (11/1)
   take (**to**); **give a ride** (**to**) довози́ть (довожу́, дово́зишь, . . . дово́зят) / *pfv.* довезти́ (довезу́, довезёшь, . . . довезу́т; *past* довёз, довезла́, довезло́, довезли́) (до + *Gen.*) (Ep*i*/C)
   take a shower принима́ть / *pfv.* приня́ть (приму́, при́мешь, . . . при́мут; *past* при́нял, приняла́, при́няло, при́няли) душ (9/2v)

take a walk гуля́ть (3/1v) / *may function as pfv. to indicate limited duration* погуля́ть (8/1)
Take care! Счастли́во!; Всего́ хоро́шего! (Epi/B)
take chances (a chance) рискова́ть (риску́ю, риску́ешь,... риску́ют) / *pfv.* рискну́ть (рискну́, рискнёшь,... рискну́т) (9/4)
take medicine принима́ть / *pfv.* приня́ть (приму́, при́мешь,... при́мут; *past* при́нял, приняла́, при́няло, при́няли) лека́рство (12/3v)
take off, remove снима́ть / *pfv.* снять (сниму́, сни́мешь,... сни́мут) (12/3)
take someone's temperature ме́рить (ме́рю, ме́ришь,... ме́рят) / *may function as pfv.* изме́рить (+ *Dat.*) температу́ру (12/1)
take turns по о́череди (7/3)
talented спосо́бный (Epi/A)
talk 1. говори́ть (говорю́, говори́шь,... говоря́т) (4/2) / *may function as pfv. to indicate limited duration* поговори́ть; **2.** (*chat*) разгова́ривать / *no resultative pfv.* (6/4)
 What are you talking about? Ну что ты (вы)! (5/1)
tall высо́кий (11/1)
taller вы́ше (*comparative of* высо́кий) (12/2)
tape recorder; tape player магнитофо́н (2/3v)
taste *verb* про́бовать (про́бую, про́буешь,... про́буют) / *pfv.* попро́бовать (10/3)
tasty вку́сный (6/4v)
 bad-tasting, unpalatable невку́сный (6/4v)
 (it's/that's) tasty вку́сно [10/2]
taxi такси́ *neut. indecl.* (4/4)
 taxi driver води́тель (*m.*) такси́ (4/4v)
 taxi stand стоя́нка такси́ (11/2)
tea чай (1/2)
 tea service (*set of serving pieces*) ча́йный серви́з (13/2)
teach 1. преподава́ть (преподаю́, преподаёшь,... преподаю́т) / *pfv. not introduced* (+ *Acc.*) (4/3v); **2.** (*teach someone to do something*) учи́ть (учу́, у́чишь,... у́чат) / *pfv.* научи́ть (+ *Acc.* + *infin.*) (9/3)
teacher преподава́тель/преподава́тельница (4/3v); учи́тель (*pl.* учителя́)/учи́тельница (6/1v)
teapot ча́йник (13/4v)
telegram телегра́мма (6/3v)
telephone телефо́н (3/1)
 Ask... to come to the phone. Попроси́(те) к телефо́ну... (7/2)
 pay telephone телефо́н-автома́т (8/4)
 telephone number но́мер телефо́на (2/1)
 telephone handset (receiver) тру́бка (*Gen. pl.* тру́бок) [7/2]

television; TV set телеви́зор (3/2v)
 on television по телеви́зору (8/4)
 television broadcast; telecast телепереда́ча (11/3)
 television company телекомпа́ния (Epi/C)
 television studio телесту́дия [14/4v]
tell 1. говори́ть (говорю́, говори́шь,... говоря́т) / *pfv.* сказа́ть (скажу́, ска́жешь,... ска́жут) (4/2); **2.** (*relate, narrate*) расска́зывать / *pfv.* рассказа́ть (расскажу́, расска́жешь,... расска́жут) (7/3)
 Could you tell me...? Вы не ска́жете...? (8/4)
 Please tell me... Скажи́(те), пожа́луйста... (5/3v)
 Tell (us) about... Расскажи́(те) о (об)... (4/3)
temperature температу́ра (12/1)
 Did you take your temperature? Вы температу́ру ме́рили? (12/1)
ten де́сять (2/1)
 ten (of something) деся́т(о)к (*Gen. sing.* деся́тка) (11/4v)
tennis те́ннис [*pronounced* тэ-] (3/4)
 tennis player тенниси́ст/тенниси́стка [*pronounced* тэ-] (*Gen. pl.* тенниси́сток) [3/4]
 tennis racket те́ннисная [*pronounced* тэ-] раке́тка (*Gen. pl.* раке́ток) (13/3v)
tenth деся́тый (6/3)
term paper *noun, declines like adj.* курсова́я = курсова́я рабо́та (3/1)
terrible ужа́сный (4/1)
 It's/That's terrible! Э́то ужа́сно! (2/3); Како́й у́жас! (2/2)
test 1. *noun, declines like adj.* (*quiz or mid-term*) контро́льная = контро́льная рабо́та (4/2); **2.** (*major examination*) экза́мен (7/3)
 prepare for a test гото́виться (гото́влюсь, гото́вишься,... гото́вятся) / *pfv.* подгото́виться к экза́мену (7/3)
text текст (10/4)
than чем (8/3): **Your apartment is better than ours.** Ва́ша кварти́ра лу́чше, чем на́ша.
thank благодари́ть (благодарю́, благодари́шь,... благодаря́т) / *pfv.* поблагодари́ть (10/2)
 Thank you; Thanks. Спаси́бо. (1/2)
 Thanks for the invitation. Спаси́бо за приглаше́ние. (7/2v)
that 1. *demonstrative* (*that one, in contrast to* э́тот) тот (та, то, те) (5/4); э́тот (э́та, э́то, э́ти) (5/4); **2.** (*that is...*) э́то... (1/1): **That is my brother.** Э́то мой брат.; **3.** *conjunction* что (3/4); **4.** *relative pronoun* кото́рый (5/4)
 about that об э́том (7/3)
 like that так (5/3)
 That can't be! Не мо́жет быть! (7/2)

that is *parenthetical* то есть (*often abbreviated* т.е.) (4/1)
that which то, что [8/1]
That's all right (**okay**). (*in response to an apology*) Ничего. (2/3)
That's right (**correct**)! Правильно! [6/1]; Верно! (7/1)
That's strange. Странно. (7/2)
That's wonderful! Это прекрасно! (4/1)
that's why; therefore; so поэтому (3/1)
theater театр (1/3)
their; theirs 1. *possessive* их (1/4); **2.** (*when possessor is also the subject*) свой (своя, своё, свой) (8/4)
them их (*Gen.* 4/1 *and Acc.* 5/2 *of* они; *after prepositions* них); им (*Dat. of* они 6/1; *after prepositions* ним); них (*Prep. of* они 7/3); ими (*Instr. of* они 9/1; *after prepositions* ними)
theme тема (3/1)
themselves 1. *emphatic pronoun* (они) сами (10/2); **2.** *reflexive pronoun* себя (*Acc. and Gen.*; *Dat. and Prep.* себе; *Instr.* собой) (10/2)
then 1. (*at that time*) тогда (7/4); **2.** (*subsequently*) потом (4/3); **3.** (*so then*) Значит, . . . (3/4); **4.** *particle* так (2/3)
  but then (но) зато (4/4)
there 1. (*location*) там (1/4); (*direction*) туда (3/4); **2.** (*over there*) вон (2/2)
  from there оттуда (3/4v)
  I'll be right there! Сейчас! (2/4)
  Is/Are there . . . here? Тут есть . . . ? [3/4]
  there is (**are**) есть (*3rd pers. sing. present of* быть) (4/1v)
  there is (**are**) **no . . . ; there isn't** (**aren't**) нет (+ *Gen.*) (4/1): **There's no elevator there.** Там нет лифта.
  There's nobody there (**here**). Никого нет. [4/3]
therefore поэтому (3/1)
These are . . . Это . . . (1/1)
they они (1/3)
thing вещь *f.* (*Gen. pl.* вещей) (9/1)
  How are things (**with you**)? Как (у тебя, у вас) дела? (1/2)
  I don't want to hear a thing about it! Я ничего не хочу слышать! (7/2)
  the main thing *noun, declines like adj.* главное (6/3)
  the same thing одно и то же (10/2); то же самое (14/2)
  thing, doohicky штука (11/4v)
think (**about**) **1.** думать / *pfv.* подумать (о + *Prep.*) (8/1); **2.** считать / *pfv. not introduced* (10/1)
  I don't think so. Не думаю. (9/4)
third третий (2/4)
  In the third place . . . Во-третьих, . . . (10/1)
thirteen тринадцать (6/1)

thirteenth тринадцатый (6/3)
thirtieth тридцатый (6/3)
thirty тридцать (6/1)
this этот (эта, это, эти) (5/4)
  about this (**that**) об этом (7/3)
  like this так (5/3)
  This is . . . Это . . . (1/1)
  This is . . . calling. Это звонит . . . (7/2v)
  This is . . . speaking. Это говорит . . . (7/2)
  this way (*direction*) сюда (7/2)
Those are . . . Это . . . (1/1)
thought мысль *f.* [5/4]
thousand тысяча (8/3)
three три (2/1)
three hundred триста (8/3)
threshold порог [9/4]
thriller триллер [3/1v]
throat горло (12/1v)
throw out (*discard*) выбрасывать / *pfv.* выбросить (выброшу, выбросишь, . . . выбросят) [6/4]
Thursday четверг (*Gen. sing.* четверга) (1/4)
thus так (5/3)
ticket билет (1/4); (*diminutive*) билетик [14/4]
  (**entry**) **ticket** входной билет (14/1v)
  ticket for билет на (+ *Acc.*) (14/1)
tie (*necktie*) галстук (1/3)
till до (+ *Gen.*) (7/1)
time 1. время *neut.* (*Gen., Dat., and Prep. sing.* времени; *Instr. sing.* временем; *pl.* времена; *Gen. pl.* времён) (7/1); **2.** (*occasion*) раз (*Gen. pl.* раз) (9/3)
  a long time ago давно (11/2)
  all the time, constantly всё время (7/2)
  At what time? В котором часу? (7/2)
  for a long time долго (8/4)
  for the first time в первый раз (14/2)
  for the last time в последний раз (14/1)
  for the time being пока [5/4]
  Have a good time! Желаю (Желаем) хорошо провести время! (9/4)
  have time (**to**) успевать / *pfv.* успеть (успею, успеешь, . . . успеют) (14/1)
  It's that time of year. Время такое. [9/2]
  it's time (**to do something**) пора (+ *infin*) (13/2)
  it's time (**to go somewhere**) пора в (куда) (7/2)
  What time is it? Который час? (7/3)
tiresome скучный (6/1)
to 1. (*to an event, an open place, etc.*) на (+ *Acc.*) (3/3): **She's going to a concert.** Она идёт на концерт.; (*to other destinations*) в (+ *Acc.*) (3/3): **I'm going to the pharmacy.** Я иду в аптеку.; **2.** (*to a person's home, office, etc.*) к (+ *Dat.*) (7/4): **I'm going to**

the doctor. Я иду́ к врачу́.; 3. (*in a toast*) за (+ *Acc.*) (10/3v)
to the left (right) нале́во (напра́во) (3/4)
toaster то́стер [*pronounced* -тэ-] (4/1v)
today сего́дня (1/4)
    What's today's date? Како́е сего́дня число́? (6/3)
toe па́л(е)ц (*Gen. sing.* па́льца) (12/1v)
together вме́сте (7/3)
toilet paper туале́тная бума́га (5/3)
tokens (sale of tokens) прода́жа жето́нов (9/1)
tomato помидо́р (10/2v)
tomcat кот (*Gen. sing.* кота́) (2/4)
tomorrow за́втра (1/4)
    the day after tomorrow послеза́втра (12/4)
too 1. (*also*) то́же (2/1); та́кже [9/4]; **2.** и (1/3); **3.** (*excessively*) сли́шком (4/2)
    (that's) too bad жаль (6/2)
tool инструме́нт [4/3]
tooth зуб (9/2v)
toothbrush зубна́я щётка (5/3v)
toothpaste зубна́я па́ста (5/3v)
top, lid кры́шка (*Gen. pl.* кры́шек) [12/3]
topic те́ма (3/1)
    Is it really a difficult topic? Ра́зве э́то тру́дная те́ма? (3/1)
tough: That's tough luck for her! Не повезло́ ей! [7/2]
tourist тури́ст/тури́стка (*Gen. pl.* тури́сток) (9/1)
town го́род (*pl.* города́) (1/2); *adj.* городско́й [7/2]
tradition тради́ция (10/2)
traffic light светофо́р [8/4v]
train по́езд (*pl.* поезда́) (9/4)
    suburban train электри́чка [9/1]
    train station вокза́л (8/4v)
transfer (*of trains, buses, etc.*) переса́дка (*Gen. pl.* переса́док) [9/1]
    make a transfer де́лать / *pfv.* сде́лать переса́дку (11/2v)
translation перево́д (10/4)
transportation тра́нспорт (8/4)
    public transportation городско́й тра́нспорт (9/1)
travel through (along) проезжа́ть / *pfv.* прое́хать (прое́ду, прое́дешь, . . . прое́дут) (11/2v)
treat (*medically*) **1.** лечи́ть (лечу́, ле́чишь, . . . ле́чат) / **1.** *pfv. may function as pfv. to indicate limited duration* полечи́ть; **2.** *pfv.* (*cure*) вы́лечить (вы́лечу, вы́лечишь, . . . вы́лечат) (12/1); **2.** (*cure*) выле́чивать / *pfv.* вы́лечить (вы́лечу, вы́лечишь, . . . вы́лечат) [12/1]
    It's my treat. (*when offering to pay for another or others at a restaurant*) Я угоща́ю. (5/4)
tree: New Year's tree ёлка (*Gen. pl.* ёлок) (10/1v); (*diminutive*) ёлочка (*Gen. pl.* ёлочек) [10/4]

Tretyakov Gallery (*a major Moscow art museum*) Третьяко́вская галере́я [9/1]
trip пое́здка (*Gen. pl.* пое́здок) (11/4)
    business trip командиро́вка [7/2]
    Have a good trip! Счастли́вого пути́! (Epi/B)
    on a business trip в командиро́вке (7/2)
    sit down before a trip присе́сть (прися́ду, прися́дешь, . . . прися́дут; *past* присе́л, присе́ла, присе́ло, присе́ли) на доро́гу *pfv.*; *impfv. not introduced* [Epi/B]
    trip abroad пое́здка за грани́цу (11/4)
trolleybus (**electric bus**) тролле́йбус (8/4v)
trombone тромбо́н [3/3v]
trouble: It's no trouble. Никако́го беспоко́йства. (12/1)
trousers брю́ки *pl.* (*Gen. pl.* брюк) (1/3)
truck грузови́к (*Gen. sing.* грузовика́) (8/4v)
true настоя́щий (4/4)
    Is that true? Пра́вда? (6/4); Неуже́ли? (9/2)
    That's true! Ве́рно! (7/1)
    True, . . . *parenthetical* Пра́вда, . . . (6/4)
trumpet труба́ (3/3v)
truth пра́вда (10/1)
try 1. стара́ться / *pfv.* постара́ться (13/1); **2.** пыта́ться / *pfv.* попыта́ться (11/3); **3.** про́бовать (про́бую, про́буешь, . . . про́буют) / *pfv.* попро́бовать (10/3)
    What are you trying to say? Что ты хо́чешь э́тим сказа́ть? (13/2)
T-shirt футбо́лка (*Gen. pl.* футбо́лок) (1/3)
Tuesday вто́рник (1/4)
    on Tuesday во вто́рник (7/1)
tulip тюльпа́н (11/4v)
tune мело́дия (10/4)
turn о́чередь *f.* (*Gen. pl.* очереде́й) (10/1)
    . . . and look how it turned out! . . . и тако́й фина́л! [14/1]
    it turns (turned) out that . . . ока́зывается (оказа́лось), что . . . (9/3)
    take turns по о́череди (7/3)
    turn down отка́зываться / *pfv.* отказа́ться (откажу́сь, отка́жешься, . . . отка́жутся) (от + *Gen.*) [10/4]
    turn out получа́ться / *pfv.* получи́ться (полу́чится, полу́чатся) (*3rd pers. only*) (11/2)
twelfth двена́дцатый (6/3)
twelve двена́дцать (2/1)
twentieth двадца́тый (6/3)
twenty два́дцать (6/1)
two два *m. and neut.*; две *f.* (2/1)
    two hundred две́сти (8/3)
    two tablets each по две табле́тки [12/4]
    two thousand две ты́сячи (8/3)
    two-room apartment двухко́мнатная кварти́ра (6/2v)

type (**kind, sort**) вид (9/1)
typewriter пи́шущая маши́нка [8/3v]
typical типи́чный (12/4)

U

umbrella зо́нтик (зонт) (13/2v)
unbelievable: It's/that's unbelievable! Это невероя́тно! (14/1); Не мо́жет быть! (7/2)
uncle дя́дя *m.* (*Gen. pl.* дя́дей) (2/1v)
uncomfortable: I feel uncomfortable bothering you. Мне нело́вко вас беспоко́ить. [12/1]
under под (+ *Instr.*) [9/1]
underground подзе́мный [9/1]
understand понима́ть (3/1) / *pfv.* поня́ть (пойму́, поймёшь, . . . пойму́т; *past* по́нял, поняла́, по́няло, по́няли) (7/3)
    I understand.; I see. Поня́тно. (7/1)
    They can't understand us! Им нас не поня́ть! [11/4]
unfortunately *parenthetical* к сожале́нию (5/4)
unite соединя́ть / *pfv.* соедини́ть (соединю́, соедини́шь, . . . соединя́т) [9/1]
university университе́т (3/4v)
unknown неизве́стный [9/4]
unpalatable невку́сный [6/4v]
unpleasant неприя́тный [9/1]; несимпати́чный (4/2)
until до (+ *Gen.*) (7/1)
    until now до сих пор (*also* до́ сих пор) (11/4)
unusual: (**it's/that's**) **not unusual** норма́льно (10/3)
unusually необыкнове́нно [6/4]
up to до (+ *Gen.*) (7/1)
us нас (*Gen.* 4/1, *Acc.* 5/2 *and Prep.* 7/3 *of* мы); нам (*Dat.* 6/1 *of* мы); на́ми (*Instr.* 9/1 *of* мы)
USA (**United States of America**) США (Соединённые Шта́ты Аме́рики) (1/2)
use (*make use of*) по́льзоваться (по́льзуюсь, по́льзуешься, . . . по́льзуются) / *pfv.* воспо́льзоваться (+ *Instr.*) (13/3)
    Let's use «ты» with each other. Дава́й говори́ть друг дру́гу «ты»! (6/1)
used: get used to привыка́ть / *pfv.* привы́кнуть (привы́кну, привы́кнешь, . . . привы́кнут; *past* привы́к, привы́кла, привы́кло, привы́кли) (к + *Dat.*) [11/4]
usher (**female**) билетёрша [14/3]
usual обы́чный [8/3]
usually обы́чно (4/4)

V

vacation (*from school*) кани́кулы *pl.* (*Gen. pl.* кани́кул) (12/2)

vacuum cleaner пылесо́с (4/1v)
vampire вампи́р [8/4]
various ра́зный (5/2)
vase ва́за (3/2v)
vegetables о́вощи *pl.* (*Gen. pl.* овоще́й) (7/3)
very о́чень (1/2)
veterinary ветерина́рный [2/4]
victory побе́да (14/4)
Vietnam Вьетна́м [11/3]
    a Vietnamese вьетна́м(е)ц/вьетна́мка (*Gen. pl.* вьетна́мок) [11/3]
vinegar у́ксус [7/3v]
vinegret (*salad with beets*) винегре́т (10/2v)
viola альт [3/3v]
violet (*flower*) фиа́лка (*Gen. pl.* фиа́лок) [13/1v]; *adj.* (*color*) фиоле́товый (13/3)
violin скри́пка (*Gen. pl.* скри́пок) (3/3v)
violinist скрипа́ч/скрипа́чка (*Gen. pl.* скрипа́чек) (3/3v)
violist альти́ст/альти́стка (*Gen. pl.* альти́сток) [3/3v]
visa ви́за (1/4)
visit: invite (*someone*) **for a visit** приглаша́ть / *pfv.* пригласи́ть (приглашу́, пригласи́шь, . . . приглася́т) в го́сти (+ *Acc.*) (11/1)
vitamin витами́н (12/4v)
vodka во́дка (10/4v)

W

wait (**for**) ждать (жду, ждёшь, . . . ждут; *past* ждал, ждала́, жда́ло, жда́ли) (5/3) / *pfv.* подожда́ть (подожду́, подождёшь, . . . подожду́т; *past* подожда́л, подождала́, подожда́ло, подожда́ли) (14/4)
    Wait a moment. Подожди́(те). (10/1)
    without waiting in line без о́череди [14/3]
waiter официа́нт/официа́нтка (*Gen. pl.* официа́нток) (4/4v)
walk *multidir.* ходи́ть (хожу́, хо́дишь, . . . хо́дят) (5/2), *unidir.* идти́ (иду́, идёшь, . . . иду́т; *past* шёл, шла, шло, шли) (3/3) / *pfv. not common in this meaning*
    go for a walk; take a walk гуля́ть (3/1v) / *may function as pfv. to indicate limited duration* погуля́ть (8/1)
    walk up (**over**) **to** подходи́ть (подхожу́, подхо́дишь, . . . подхо́дят) / *pfv.* подойти́ (подойду́, подойдёшь, . . . подойду́т; *past* подошёл, подошла́, подошло́, подошли́) (к + *Dat.*) (13/2)
walking encyclopedia ходя́чая энциклопе́дия [5/2]
wall стена́ (*Acc. sing.* сте́ну, *pl.* сте́ны, *Dat. pl.* стена́м) (2/2v)
want хоте́ть (хочу́, хо́чешь, хо́чет, хоти́м, хоти́те, хотя́т) (5/1) / *pfv.* захоте́ть (5/1); хоте́ться (хо́чется) (+ *Dat.* + *infin.*) (*impersonal*) (10/3)

wardrobe (*closet*) шкаф (*Prep. sing.* в шкафу́, *pl.* шкафы́) (6/2)
warm тёплый (6/4v)
washing machine стира́льная маши́на (4/1v)
Washington Вашингто́н (1/2)
watch (*timepiece*) часы́ *pl.* (*Gen. pl.* часо́в) (2/3v); *verb* смотре́ть (смотрю́, смо́тришь, ... смо́трят) (4/2; *impfv. infin. only* 3/4) / *pfv.* посмотре́ть (8/1)
water вода́ (*Acc. sing.* во́ду) (4/1)
   mineral water минера́льная вода́ (5/4)
way доро́га (8/4)
   by the way кста́ти (5/4); ме́жду про́чим (6/1)
   in no way никáк (13/3)
   on the way; along the way по доро́ге (8/3)
   this way 1. (*in this manner*) так (5/3); 2. (*indicates direction*) сюда́ (7/2)
we мы (1/3)
   We'll be expecting you! Ждём! [7/3]
   We'll see. Посмо́трим. (9/2)
wear (*habitually*) *multidir.* носи́ть (ношу́, но́сишь, ... но́сят); *no unidir. nor pfv. in this meaning* (13/2v)
weather пого́да (9/2)
   weather forecast прогно́з пого́ды [9/2]
wedding сва́дьба (*Gen. pl.* сва́деб) (8/3)
Wednesday среда́ (*Acc. sing.* сре́ду) (1/4)
week неде́ля (1/4)
weekdays бу́дни *pl.* (*Gen. pl.* будне́й) [9/3v]
   on weekdays по бу́дням [9/3v]
weekly publication еженеде́льник [9/3v]
welcome: You're welcome! Пожа́луйста! (1/2)
well 1. хорошо́ (1/2); 2. ну (2/2); что ж (3/1)
   All's well that ends well. Всё хорошо́, что хорошо́ конча́ется. (Epi/C)
   Get well soon! Скоре́е выздора́вливай(те)! (12/4)
   quite (**rather**) **well** (совсе́м) непло́хо [7/3]
   Well done! Молоде́ц! (4/3)
   Well, not really ... Да нет, ... (6/4v)
   well-known изве́стный (изве́стен, изве́стна, изве́стно, изве́стны) (11/3)
what 1. *interrogative and relative* что (*Nom.* 1/3 *and Acc.* 5/2); чего́ (*Gen.* 4/1 *of* что); чему́ (*Dat.* 6/1 *of* что); (о) чём (*Prep.* 7/3 *of* что); чем (*Instr.* 9/1 *of* что); 2. (*what kind* [*sort*] *of*) како́й (3/1)
   At what time? В кото́ром часу́? (7/2)
   What a great group (**of people**)**!** Отли́чная компа́ния! (7/1)
   What a sight you are! Что за вид! (14/4)
   What are you talking about! Ну что ты! (5/1)
   What business is it of yours? Како́е твоё де́ло? (8/1)

What can I get you?; What'll you have? (*in a restaurant*) Что бу́дете зака́зывать? (5/4)
What (**day**) **is** (**it**) **today?** Како́й сего́дня день? (1/4)
What do you mean, ... ? Как ... (+ *the word or phrase to which the speaker is reacting*) (*informal*) (8/1)
What do you mean? Ну что ты! (5/1)
What do you think?; What's your opinion? Как вы счита́ете? (8/3)
What else? Что ещё? (4/4)
What grade are you in? Ты в како́м кла́ссе? (6/1)
What happened? Что случи́лось? (7/2)
What is your name? Как тебя́ (вас) зову́т? (1/1)
What kind of ... ? Како́й ... ? (3/1)
What should (**can**) **we** (**I**) **do?** Что де́лать? (4/2v)
What sort of ... is that (**are those**)**?** Что э́то за ... ? (+ *Acc.*) (7/1)
What time is it? Кото́рый час? (7/3)
What year are you in? (*in college*) На како́м ты (вы) ку́рсе? (6/1)
What (**does one need**) **... for?** Заче́м ... ? (4/1)
What a ... Како́й ... (2/2)
What are your name and patronymic? Как ва́ше и́мя и о́тчество? (1/2)
What is ... ? Что тако́е ... ? [3/1]
What's new? Что но́вого? (7/2v)
What's showing at the movies? Что идёт в кино́? (8/2)
What's the matter (**with you**)**?** Что с ва́ми (тобо́й)? (12/3)
What's the problem?; What's the matter? В чём де́ло? (10/1)
What's the Russian for ... ? Как по-ру́сски ... ? (1/4)
What's this/that? Что э́то? (1/3)
What's today's date?; What's the date today? Како́е сего́дня число́? (6/3)
What's the difference?; What difference does it make? Кака́я ра́зница? [3/2]
when когда́ (4/4)
where (*location*) где (1/3); (*direction*) куда́ (3/3)
   from where отку́да (9/1)
   nowhere; not ... anywhere (*location*) нигде́ (5/3); (*direction*) никуда́ (11/1)
whether *conjunction* ли (7/4)
which 1. како́й (3/1); 2. кото́рый (5/4)
while пока́ (9/2)
white бе́лый (9/2)
who; whom 1. кто (1/1); кого́ (*Gen.* 4/1 *and Acc.* 5/2 *of* кто); кому́ (*Dat.* 6/1 *of* кто); (о) ком (*Prep.* 7/3 *of* кто); кем (*Instr.* 9/1 *of* кто); 2. кото́рый (5/4)
Who else? Кто ещё? (4/3)
Who's this/that? Кто э́то? (1/1)

whole *adj.* це́лый (11/3); весь (вся, всё, все) (10/1)
whose чей (чья, чьё, чьи) (2/2)
why 1. почему́ (2/3); заче́м (4/1); **2.** *particle (used for emphasis)* ведь (3/1)
  that's why поэ́тому (3/1)
  Why do you always . . . ? Почему́ ты вот всегда́ . . . ? [8/1]
  Why do you ask? А что? [8/1]
wife жена́ (*pl.* жёны, *Gen.* pl. жён) (2/1v)
  the Kruglovs, husband and wife муж и жена́ Кругло́вы (2/1)
win выи́грывать / *pfv.* вы́играть (14/4v)
window окно́ (*pl.* о́кна, *Gen. pl.* о́кон) (2/2v)
wine вино́ (*pl.* ви́на) (7/3)
wineglass бока́л (10/2)
winter зима́ (*Acc. sing.* зи́му, *pl.* зи́мы) (13/1); *adj.* зи́мний (13/1)
  in (the) winter *adv.* зимо́й (7/1)
wish (someone something) жела́ть / *pfv. not introduced* (+ *Dat.* + *Gen.*) (9/4)
  wish (someone) a happy (holiday) поздравля́ть / *pfv.* поздра́вить (поздра́влю, поздра́вишь, . . . поздра́вят) (+ *Acc.* + с + *Instr.*) (10/2)
with с (со) (+ *Instr.*) (9/1)
without без (+ *Gen.*) (8/3)
  without delay сра́зу (9/3); неме́дленно (12/1); сро́чно (14/1)
  without waiting in line без о́череди (14/3)
woman же́нщина (4/2); (*rather rude*) тётка (*Gen. pl.* тёток) [11/2]
  young woman де́вушка (*Gen. pl.* де́вушек) (5/3)
  woman on duty *noun, declines like adj.* дежу́рная (11/4)
Women's Day Же́нский д(е)нь (*Gen. sing.* дня) (13/1)
wonder: I wonder where (when, etc.) . . . ? Интере́сно, где (когда́, *etc.*) . . . ? (13/2)
wonderful замеча́тельный (3/3); прекра́сный (7/1); чуде́сный (10/4)
  (it's/that's) wonderful прекра́сно (8/3)
  It's/That's wonderful! Замеча́тельно! (6/3); Прекра́сно! (4/1)
wonderfully прекра́сно (8/3)
word сло́во (*pl.* слова́, *Gen. pl.* слов, *Dat. pl.* слова́м) (1/2)
work *noun* рабо́та (3/1v); *verb* рабо́тать / *no resultative pfv.* (3/1v)
  clear (someone) for work выпи́сывать / *pfv.* вы́писать (+ *Acc.*) на рабо́ту [12/4]
  I haven't been working at the post office long. Я на по́чте рабо́таю неда́вно. [6/3]

medical excuse from work больни́чный лист [12/4]
  write out a medical excuse from work выпи́сывать / *pfv.* вы́писать (вы́пишу, вы́пишешь, . . . вы́пишут) больни́чный лист [12/4]
world мир (*pl.* миры́) (9/1)
  in the world на све́те [14/1]
  (It's a) small world! Мир те́сен! (14/2)
worry 1. волнова́ться (волну́юсь, волну́ешься, . . . волну́ются) / *pfv. not introduced* (13/2); **2.** беспоко́иться (беспоко́юсь, беспоко́ишься, . . . беспоко́ятся) / *pfv.* побеспоко́иться (12/1)
  Don't worry. Не волну́йся (Не волну́йтесь)! (6/3); Не беспоко́йся (Не беспоко́йтесь). (12/3)
worse ху́же (*comparative of* плохо́й, пло́хо) (9/2)
wreath вен(о́)к (*Gen. sing.* венка́) (11/4)
write писа́ть (пишу́, пи́шешь, . . . пи́шут) (3/1v) / *pfv.* написа́ть (7/1)
  Write. Пиши́(те)! [1/4]
  Write it down. Напиши́(те)! [6/2]
  write letters (to); correspond (with) перепи́сываться *impfv. only* (с + *Instr.*) [8/3]
  write out выпи́сывать / *pfv.* вы́писать (вы́пишу, вы́пишешь, . . . вы́пишут) [12/4]
wrong не тот (та, то, те) [11/2]
  You dialed the wrong number. Вы не туда́ попа́ли. (7/2)

Y

Yaroslavl Яросла́вль; *adj.* Яросла́вский [Epi/C]
year год (*Prep. sing.* в году́, *pl.* го́ды, *Gen. pl.* лет) (1/4)
  for a year на́ год [7/4]
  He (she) is two (five) years old. Ему́ (ей) два го́да (пять лет). (6/1v)
  in second year (of college) на второ́м ку́рсе (6/1)
  It's that time of year. Вре́мя тако́е. [9/2]
  last year в про́шлом году́ (5/2)
  see out the old year провожа́ть / *pfv.* проводи́ть (провожу́, прово́дишь, . . . прово́дят) ста́рый год (10/2)
  What year (of college) are you in? На како́м ты (вы) ку́рсе? (6/1)
yellow жёлтый (9/2)
yes да (1/3)
yesterday вчера́ (4/3)
yet ещё (6/3)
  not yet; not . . . yet ещё не . . . (4/4)
  Not yet. Нет ещё. (Ещё нет.) (6/3)
you 1. *informal sing.* ты (1/2); тебя́ (*Gen.* 4/1 *and Acc.* 5/2 *of* ты); тебе́ (*Dat.* 6/1 *and Prep.* 7/3 *of* ты); тобо́й

(*Instr.* 9/1 *of* ты); **2.** *formal or pl.* вы (1/3); вас (*Gen.* 4/1, *Acc.* 5/2, *and Prep.* 7/3 *of* вы); ва́ми (*Instr.* 9/1 *of* вы)
young молодо́й (5/4)
    young man молодо́й челове́к (*pl.* молоды́е лю́ди) (5/4)
    young people молодёжь *f.* (9/4)
    young woman де́вушка (*Gen. pl.* де́вушек) (5/3)
younger моло́же (*comparative of* молодо́й) (12/2)
your; yours 1. *possessive* твой (твоя́, твоё, твои́) (1/4) (*informal sing.*); ваш (ва́ша, ва́ше, ва́ши) (*formal or pl.*) (1/4); **2.** (*when possessor is also the subject*) свой (своя́, своё, свои́) (8/4)

You're welcome! Пожа́луйста! (1/2)
yourself (**yourselves**) **1.** *emphatic pronoun* (ты) сам (сама́), (вы) са́ми (10/2); **2.** *reflexive pronoun* себя́ (*Acc. and Gen.*; *Dat. and Prep.* себе́; *Instr.* собо́й) (10/2)
Youth Center Двор(е́)ц (*Gen. sing.* Дворца́) молодёжи [4/2v]

Z

zero ноль (*also* нуль) *m.* (*Gen.* ноля́ *and* нуля́) (2/1)
zodiac зодиа́к [9/4v]
zoo зоопа́рк (8/1v)

INDEX

Note: Boldface Roman numeral **I:** and **II:** denote Books 1 and 2, respectively, followed by page numbers. The *n* notation indicates a footnote; the page number precedes the *n* and the note number follows. Terms indexed in Russian follow the English alphabetically.

A

abbreviations
    in addresses, **I:**253–254
    in names of institutions (**им.**), **I:**137*n*2
    for *number* (**№**), **I:**118*n*9
    г. and **гг.**, **II:**231
    и т.д., **II:**108*n*7
    им., **I:**137*n*2; **II:**28
able (**мочь**), **I:**203
    past tense of, **I:**324–325
accent. *see* stress
absence or lack
    future tense (**не бу́дет** + Genitive case), **I:**267
    past tense (**не́ было** + Genitive case), **I:**267
    present tense (**нет** + Genitive case), **I:**131–132
Accusative case
    adjectives in, **I:**215, 277
    of adjective-like modifiers (**э́тот, тот, оди́н, весь**), **II:**172–173
    days of the week in, **I:**285
    expressions requiring
        duration, **II:**186, 217, 218, 336
        motion (destination), **II:**176, 253–254
        time, **II:**106–107, 186, 216, 217–218
        биле́т на, **II:**359
        похо́ж на, **I:**270
        спаси́бо за, **I:**301
    of neuter nouns, **II:**35
    nouns in, **I:**95–96, 124, 191–192
        animate masculine, **I:**191
    personal pronouns in, **I:**190, 222–223, 277
    plural forms, **II:**53
    possessive pronouns in, **I:**215, 277
    Prepositional case compared with, **I:**105
    prepositions requiring, **I:**105, 114, 122, 285
        в (destination), **II:**2, 9, 186, 275, 336, 338
        в (motion into), **II:**337
        в (time expression), **II:**217, 292, 335, 338
        за (duration), **II:**216, 337

        за (in exchange for), **II:**127, 140, 186, 336
        за (thanks for), **II:**186
        за (toasts), **II:**158, 160
        за (in **вы́йти за́муж за**), **II:**23–24, 140
        за (in **за грани́цу**), **II:**233
        на + destination, **II:**2, 9, 186, 237, 275, 336, 338
        на (motion into/onto), **II:**326, 337, 338
        на (period of time), **II:**186, 218, 237, 336
        че́рез, 83*n*4, **II:**106, 337
    of reflexive pronoun **себя́**, **II:**150
    uses of, **I:**172
    verbs of motion with, **I:**105, 194–195, 218
    verbs requiring
        ве́рить + **в**, **II:**124
        выходи́ть/вы́йти за́муж + **за**, **II:**23–24, 140
        игра́ть в, **I:**114, 151*n*7; **II:**105
        отвеча́ть/отве́тить + **на**, **II:**57
        спра́шивать/спроси́ть, **II:**5
action
    habitual, ongoing, repeated (imperfective aspect), **I:**286, 287, 289, 301
    obligatory, **I:**269, 270
    one-time completed (perfective aspect), **I:**286, 288, 292, 303–304, 306
    past, continuing into present, **I:**284*n*2
    prohibited, **I:**163
ache/hurt vs. *(be) sick* (**боле́ть** vs. **боле́ть**), **II:**247
addressing envelopes, **I:**253–254
adjective-like modifiers (**э́тот, тот, оди́н, весь**), declined forms of, **II:**171–173
adjective-type surnames, declension of, **II:**382
adjectives
    Accusative case of, **I:**215, 277
    Accusative plural of, **II:**53
    adverbs formed from, **I:**97–98
    after **что́-нибудь**, **II:**362
    comparative forms of, **II:**90, 153, 258. *see also* comparatives
    Dative case of, **I:**233, 277

    Dative plural of, **II:**122, 131
    dictionary form (Nominative case) of, **I:**36*n*9, 53
    in exclamations (with **како́й**), **I:**70–71
    gender of, **I:**53, 79
        masculine nouns ending in **-а/-я** and, **I:**236*n*5
    Genitive case of, **I:**204, 277
    Genitive plural of, **II:**52
    hard, endings of, **II:**152
    Instrumental case of, **II:**76, 131
    intensifiers with, **I:**56, 202
    of nationality, as nouns, **I:**50, 63
    Nominative case of, **I:**36*n*9, 53
    as nouns, **II:**302–303
    with nouns of foreign origin, **II:**78*n*2
    plurals of, **I:**53, 79
    position in sentence, **I:**55, 84
    as predicates, **II:**207
        comparatives of, **II:**90, 153
    Prepositional case of, **I:**179, 277
    Prepositional plural of, **II:**92, 131
    short-form, **I:**270; **II:**207
    soft, **II:**151–152, 295
    spelling rules for, **I:**53, 54
    superlative (**са́мый**), **II:**79
    in vocabulary lists, **I:**78, 121, 170, 223, 274, 333; **II:**60, 128, 183, 235, 281, 334, 389
    весь as, **II:**348
    како́й-нибудь, **II:**121
    како́й-то, **II:**162
    мно́гие as, **I:**312
    оди́н as, **II:**383
    э́тот and **тот**, **I:**213–214
adverbs
    comparatives of, **II:**90, 153
    formation and usage, **I:**97–98
    for frequency, **II:**6–7
    intensifiers with, **I:**202
    of language (**по-ру́сски**), **I:**156
    parts of day and seasons expressed with, **I:**290
    of physical proximity, **I:**205

505

adverbs (continued)
  position in sentence, II:6
  with prefix по- (по-ру́сски; по-мо́ему), II:56
  in vocabulary lists, I:36, 78, 121, 170–171, 223, 275, 335; II:63, 130, 184, 236, 283, 334, 390
  где, куда́, когда́, как combined with -нибудь, II:121
  уже́ and ещё, negation with, II:151
advertisements
  airline, II:66
  catering, II:187
  inflation and, II:36
  job/education, II:98, 213
  theater, II:28, 251
  travel, II:16
advice, asking for, II:317
(be) afraid (боя́ться), II:124
after (че́рез + Accusative case), II:83n4, 106, 337
age expressions, I:235–236
  approximate, II:194
  Dative case with, II:65, 306
  in past and future, II:174
ago (наза́д), II:106
agreement
  of adjectives, I:53, 79
    masculine nouns ending in -а/-я and, I:236n5
  of demonstrative pronouns э́тот and тот as, I:213–214
  of intensifier тако́й, I:202
  of interrogative pronoun чей, I:52
  of ordinal numerals, I:256
  of possessive pronouns, I:27, 79
  of relative pronoun кото́рый, I:217
agreement, expressing, II:111
all
  весь, II:348
    declined forms of, II:171–172, 173
  все/всё
    special uses of, II:347–348
    with успе́ть, II:350
almost (чуть не), II:166
along (с собо́й), II:149, 150
alphabet
  Greek, influence on Russian alphabet, I:4n1
  history of Russian/Cyrillic, I:72
  individual letters presented, I:3–4, 8, 18
also (то́же), I:62
always (всегда́), II:6–7
and, in joining and contrasting (и vs. а), I:32
and (и), uses of, II:120
animate nouns, Accusative plural of, II:53
animate nouns, masculine, Accusative case of, I:191
answer (отвеча́ть/отве́тить)
  + Dative case, II:57, 65, 143, 306
  на + Accusative case, II:57
answers, rhetorical devices in, II:57–58
antonyms, I:207
any (любо́й), II:259
anyone/anything (кто́-нибудь/что́-нибудь), II:121, 161–162
apologizing, with извини́те, I:74
apposition, II:346n3

approximate time and quantity, II:194
Arbat, II:50n1, 66–67
Archangelsk, II:395
area, measures of, II:228
arrive (приходи́ть/прийти́), II:19
  past tense of, imperfective vs. perfective aspect in, II:94
articles
  absence in Russian, I:18
  cases used as substitution for, I:329
ask
  задава́ть/зада́ть вопро́с, II:5, 154
  проси́ть/попроси́ть, II:52, 186, 204
  спра́шивать/спроси́ть, II:5, 52
aspect, I:286–287
  biaspectual verbs, II:23, 26, 124, 165
  choice of, II:385
  frequency expressed with, II:178
  and imperatives, I:286, 287, 289, 301; II:264–265
  imperfective and perfective counterparts, I:292
  imperfective/perfective verb pairs, II:12, 61–62, 165
  in past tense, II:94–95
  perfective, I:286, 288, 292, 303–304, 306
  retained in reported speech, I:328
  and tense, I:306
  with verbs of beginning and finishing, I:299
  with пусть, II:274
  see also imperfective aspect; perfective aspect
assertions, softening (Мо́жет быть, я не пра́в(а)), II:111
assimilation
  of consonants ("Vodka Effect"), I:73
  of prepositions, I:87, 285
at, Russian equivalents of, II:335
auxiliary verbs
  быть used with imperfective future, I:301
  omission of do, I:107

B

backward buildup, principle of, I:31
Barto, Agnija, II:132
be (быть)
  as auxiliary verb, in imperfective future, I:301
  future tense of (бу́дет)
    age expressions with, II:174
    Dative constructions with, II:141–142
    expressing need with (ну́жен бу́дет), II:142, 206
  future tense of, I:245–246
  implied, in noun phrases, I:55, 84
  Instrumental case with, II:102, 110, 284
  past tense of, I:154
  past tense of (был/бы́ло)
    age expressions with, II:174
    Dative constructions with, II:141–142
    expressing need with (ну́жен был), II:142, 206
    expressing obligation with (до́лжен был), II:205

е́сли бы +, II:351
э́то +, II:295
в + Prepositional case (for clothing), II:93
present tense forms not normally expressed, I:19
  in Не мо́жет быть!, I:330
become (станови́ться/стать)
  Instrumental case with, II:102, 110, 284
  lack of reflexive vs. transitive contrast in, II:267
begin (начина́ть/нача́ть), transitive and reflexive forms of, II:259, 267
behind (за + Instrumental case), II:78, 127, 140, 233, 284
believe (ве́рить/пове́рить)
  Dative case required by, II:12, 65, 143
  in something (в + Accusative), II:124
Believe it or not (Предста́вьте себе́), II:180
better/worse (лу́чше/ху́же), II:90
  idiomatic use of (лу́чше + infinitive), II:221
Bitter! (Го́рько!), II:22
bother (меша́ть/помеша́ть), II:65, 143
bring something (приноси́ть/принести́ vs. приводи́ть/привести́), II:198
buffer consonants, I:153
buffer vowels, I:88
  in enumeration (во-пе́рвых . . . ; во-вторы́х), II:143
  before мной, II:78
Bulgakov, Mikhail, I:198

C

calendar dates, I:258
call
  звони́ть/позвони́ть, Dative case required by, II:65, 143, 306
  называ́ть/назва́ть, perfective aspect of, conjugation of, II:57
can/cannot (мо́жно/нельзя́), бы́ло and бу́дет with, II:142
capitalization
  of days of the week, I:30
  of languages, I:156
  of months, I:30
  of nationalities, I:63, 156
  of personal pronoun I (я), I:19
  of personal pronoun you (Вы), I:189n3
cardinal numerals, I:44, 70, 78, 236, 274–275; II:63–64
  Genitive case following, I:255
  with clock time, II:196
  with metric system, II:227–228
(be) careful (Смотри́(те)), II:265
causality, из-за used to express, II:386
class (academic), Russian equivalents of, II:229
classroom directions, I:34
clause links
  где, кто, что, почему́, как, I:115–116
  и, а, но, I:32, 115
  из-за того́, что, II:386
  кото́рый, I:217; II:137–138
clauses
  question clauses using ли, I:328–329
  relative, I:217

Index

subordinate, I:115–116
subordinate, comma with, II:138n2
 when/if (**когда́/е́сли**), II:276
clock time, I:314; II:189, 195–196, 217, 335
close (**закры́ть**)
 participial form of, II:207
 transitive and reflexive forms of, II:267
cognates, I:33, 74, 150
 computer terms, II:31–32
 false friends (**ло́жные друзья́**), I:184
 nondeclining, II:78n2, 208
 nouns ending in **-ость**, II:7
 nouns ending in **-ция/-сия**, I:247
 verbs ending in **-овать**, I:182
combining forms, of motion verbs, II:8, 86–87
comma, with subordinate clauses, I:217; II:138n2
commands, I:247
 aspect in, II:264, 265
 negated, II:265
 negative, imperfective verbs in, II:190n2
 see also imperatives
comparatives
 of adverbs, II:153
 better/worse (**лу́чше/ху́же**), II:90
  idiomatic use of (**лу́чше** + infinitive), II:221
 with *even* (**ещё**), II:91, 153
 intensifying with *much/far* (**гора́здо/намно́го**), II:91
 with *more* (**бо́лее**), II:91
 more/less (**бо́льше/ме́ньше**), II:90
 of predicate adjectives, II:90, 153
 with prefix **по-**, II:226
 vocabulary lists, II:63, 130, 258, 281
 with **всего́/всех**, II:347, 348
comparisons
 with **чем**, II:91
 without **чем**, II:257
compliments, responding to, I:162
conditional-hypothetical mood, II:315, 351
conditional-real mood, II:315
conjugation
 consonant shifts in, I:338
 description of, I:43
 of irregular verbs, II:186
 stress patterns in, I:88–89, 141
 of **быть**, I:159, 246
 -ешь verb type, I:123–124, 337
  basic (**чита́ть**), I:84–85
  compared with **-ишь** verb type, I:140
  жить variation, I:85
  -овать subgroup, I:182
  писа́ть variation, I:88–89
 of **живёт, живу́т**, I:43
 -ишь verb type, I:337
  basic (**говори́ть**), I:139–140
  ходи́ть and **е́здить**, I:218
 of **мочь**, I:203
 of **хоте́ть**, I:185; II:186
conjunctions
 and (**и**), uses of, II:120
 joining and contrasting (**и, а, но**), I:32, 115
 neither ... nor ... (**ни ... ни ...**), Genitive case with, II:255

subordinate clauses introduced by **где, кто, что, почему́, как**, I:115–116
 vocabulary, I:122
consonants
 assimilation of ("Vodka Effect"), I:73
 buffer, **о (об)** + Prepositional case, I:153
 final devoicing of ("Stroganoff Effect"), I:73
 hushers (**ж, ч, ш, щ**)
  plurals of nouns ending in, I:25
  spelling rules for, I:53–54
 individual letters presented, I:3–4, 8, 18
 nouns ending in, gender of, I:23
 softening (palatization) of, I:8, 29–30
 velars (**г, к, х**)
  plurals of nouns ending in, I:25
  spelling rules for, I:53
 verb conjugation and shifts in, I:338
 voiced-voiceless pairs of, I:72
contrary-to-fact statements, II:315
contrasting
 а used for, I:32
 но used for, I:115
 similar items (**э́тот, тот**), I:214
 in vocabulary learning, I:207
conversation
 addressing adults/teachers, I:14–15, 230–231
 agreeing and disagreeing, II:111
 asking for directions, II:50, 59, 83
 asking for suggestions/advice, II:317
 at the airport, I:28
 apologizing with **извини́те**, I:74
 asking for further details (**что э́то за ... ?**), I:293
 asking for permission (with **мо́жно**), I:163
 discussing summer plans, II:397
 enumeration with **во-пе́рвых...; во-вторы́х**, II:143
 expressing age, I:235–236
 expressing disagreement (**Ну что ты/вы!**), I:186
 expressing doubt
  with **ка́жется**, I:207
  with **ра́зве** and **неуже́ли**, II:96
  Не мо́жет быть!, I:330
 expressing frequency (**Как ча́сто?**), II:107
 expressing interest, II:349
 expressing need, with **ну́жен**, I:268
 expressing obligation in the past, II:205
 expressing opinions
  with **э́то**, I:98
  with **по-мо́ему**, I:107–108
 expressing ownership, I:26–27
 expressing prohibition, with **нельзя́**, I:163
 expressing regret (**к сожале́нию** and **жаль, что ...**), I:248
 expressing thanks, I:11, 301
 follow-up questions/statements
  а used to introduce, I:32
  ра́зве used in, I:90
 getting acquainted, I:2, 6, 10–15, 60, 65, 66
 giving and receiving, I:11
 giving directions, II:201, 211
 giving explanations, with **из-за**, II:386
 giving personal information, I:45, 86

holiday greetings, II:137, 155, 320, 332
inclusive imperative *Let's ...* (**Дава́й(те)**), II:33–34
 omission of (**Пойдёмте!**), II:80
inquiring about health, II:248, 249
introducing a question with **Что, ...**, I:157
invitations, I:295, 308, 321
joining and contrasting (**и, а, но**), I:32, 115
making appointments, I:301
making inquiries, II:5, 52
making invitations, II:127
making requests, II:52, 204
ordering a cab, II:401, 406
phone dialogues, I:21, 296, 297–298, 307, 321
planning to do something/go somewhere (**собира́ться**), I:220
polite inquiry with **Вы не зна́ете ... ?**, I:117–118
requests, I:11
responding to compliments, I:162
restaurant, II:355–356, 360
rhetorical devices in questions and answers, II:57–58
saying *good-bye*, I:16
shopping, II:224
softening of assertions (**Мо́жет быть, я не пра́в(а)**), II:111
volunteering with **Дава́й я/мы**, II:178
see also idioms and expressions; vocabulary
correspondence
 addressing envelopes, II:65
 Internet, II:50
Could you tell me ... ? (**Вы не ска́жете ... ?**), II:58
counting, Genitive case with, II:39, 40
culture in Russia
 academic grading system, I:149n6, 151
 addressing adults/superiors, I:14–15, 230–231
 asking about people's age, I:235
 Archangelsk, II:395
 business, II:99–100
 calendar styles, II:291
 chess, I:89
 currency, II:36–37
 dating, II:3–4
 dining out, II:354, 357, 358
 February 23 holiday, II:290
 gender relations, I:312
 health care, II:265, 273
 higher education, I:165, 183
 history of Cyrillic alphabet, I:72
 housing construction, I:129
 letter writing, I:253–254, 327
 literature, I:192, 198, 324
 mail/post office, I:113
 March 8 holiday, II:288–289, 290
 markets, II:227
 marriage customs, II:22
 modesty as virtue, I:162
 Moscow landmarks, II:71–72, 120
 music, I:142
 new apartment buildings (**новостро́йки**), II:192

culture in Russia (continued)
    New Year's celebration, II:137, 161
    nicknames, use of, I:69
    parking problems, I:182
    phone numbers, I:206, 260
    place names, changes in, I:194
    poems, II:215
    proverbs, II:43, 81
    public transportation, II:74, 81, 204
    quiz shows, II:80*n*3
    serving tea with jam, I:266*n*12
    shopping, II:33, 227, 314
    sitting down before departure, II:399
    Slavic language groups, I:155
    space program, II:232
    sport, II:345
    street names, II:119
    student-teacher relationships, II:50, 51, 59
    superstitions and customs, II:116–117, 118
    temperature readings, II:245
    theater, II:368
    train stations, names of, II:404
    visiting Russian homes, I:311; II:325
currency, Russian (**рубль/копейка**), II:36–37
Cyrillic alphabet, history of, I:72

D

dash, uses of, I:18*n*3, 41*n*3, 213
dates
    calendar, I:258
    specific, expressing, II:292–293
    writing, II:291
Dative case, I:232
    adjectives in, I:233, 277
    of adjective-like modifiers (**этот, тот, один, весь**), II:172–173
    expressions requiring
        age, I:235
        age expressions, II:65, 306
        asking for suggestions/advice, II:317
        impersonal expressions (**мне/ему/ей**), II:306
        indirect object, II:65, 306, 336, 338
        motion/destination (**к +**), II:176
        wishes, II:124, 160
        (**не**) **надо**, I:269
        нужен, I:268
        пора в/на, I:306
    nouns in, I:233
    personal pronouns in, I:233, 277
    plural forms, II:122, 131
    possessive pronouns in, I:233, 277
    with predicate forms, II:141–142
    prepositions requiring, II:306
        к (destination), II:9, 65, 176, 186, 275, 306, 336, 338
        к (on the occasion of), II:336
        по, II:56, 65, 305, 306, 338
    verbs requiring, II:65, 143, 306
        motion verbs with **по**, II:305
        везёт/повезёт, II:125
        верить/поверить, II:12, 65, 124, 143
        задавать/задать вопрос, II:5
        желать/пожелать, II:124, 160
        звонить/позвонить, I:319; II:65, 143, 306

мешать/помешать, I:319; II:65, 143
нравиться, I:243
отвечать/ответить, II:57, 65, 143, 306
помогать/помочь, I:319; II:65, 143, 306
хочется, II:163
    of reflexive pronoun **себя**, II:150
    uses of, II:65, 306
day, parts of, I:290
    Instrumental case with, II:284, 292, 337
day, times of (a.m./p.m.), I:314
days of the week, I:30, 36
    + month, I:258
    в + to express *on*, I:285; II:292–293
declension, description of, I:86
demonstrative pronouns
    это
        + past tense of **быть**, II:295
        in negated sentences, II:255
    этот/тот
        declined forms of, II:171–172
        negation with (**не тот**), II:210
demonstrative pronoun **это**
    as connector in speech, I:312
    contrasting of similar items with (**этот** vs. **тот**), I:214
    distinguishing things with (**это** vs. **этот**), I:213–214
    in expression of opinion, I:98
    Prepositional case of pronouns and, I:313
    in questions, I:20, 22
    in statements, I:6, 22, 57
    in Так **это . . . ?**, I:100
destination
    arriving at (**приходить/прийти**), II:19
    vs. location (**куда?** vs. **где?**), I:105, 124–125; II:175–177, 198, 253–254
        in **за границу** vs. **за границей**, II:233
        in **стать в очередь** vs. **стоять в очереди**, II:308
    prepositions used to express (**в, на, к**), I:105, 124–125; II:2, 9, 186, 275, 336, 338
    setting off for (**пойти** and **поехать**), II:8–9
    unidirectional verbs used with (**идти** and **ехать**), II:373
    with **успеть**, II:350
    пора в/на, I:306
dialogues
    dash (—) used to represent, I:18*n*3
    phone, I:21, 296, 297–298, 307, 321
    practicing, I:46
dictionary form
    of adjectives, I:36*n*9, 53
    of nouns, I:23, 36*n*9, 124
    of pronouns, I:36*n*9
    of verbs, I:36*n*9
die (**умирать/умереть**), II:232
diminutives, II:358
direct objects, I:95
    in Accusative case, I:95
    in Genitive case (negation), I:131
    in negated sentences, II:255
    verbs taking, I:216
directional prefixes, with motion verbs, II:86–87, 391

directions
    asking for, II:50, 59, 83
    giving, II:201, 211
disagreement, expressing, II:111
displeasure, expressing with **Как?**, II:13
distance, measures of, II:228
do, omission as auxiliary verb, I:107
do (**заниматься**)
    Instrumental case required by, II:104, 110, 284
    as single-infinitive verb, II:124
double negatives, I:163
doubt
    adding with **кажется**, I:207
    expressing with **разве** and **неужели**, II:96
    Не может быть! used to express, I:330
drink vs. *sing* (**пить** vs. **петь**), II:165
duration, expressing
    with Accusative quantity phrase, II:186, 217, 218, 336
    with **за** + Accusative quantity phrase, II:216, 337
    with **на** + Accusative quantity phrase, II:186, 218, 237, 336

E

eat (**есть/поесть/съесть**), II:164, 186
emphasis
    intensifiers **так, такой,** and **очень**, I:56, 202
    particle **ведь** used for, I:83*n*1
    particle **же** used for, I:171
emphatic pronoun **сам**, II:163–164
endings
    adjectival, of **который**, I:217
    of adjectives (Nominative case), I:53
        in Accusative case, I:215, 277
        Accusative plural, II:53
        in Dative case, I:233, 277
        Dative plural, II:122
        in Genitive case, I:204, 277
        Genitive plural, II:52
        Instrumental case, II:76
        predicate, in comparative form (-ее), II:153
        in Prepositional case, I:179, 277
        Prepositional plural, II:92
        soft adjectives (-ний), II:151–152
    of adverbs, I:97–98
    indicating function in sentence, II:327
    of names, male vs. female, I:8–9, 10
    of nouns (Nominative case), I:23
        in Accusative case, I:96, 191–192, 225
        Accusative plural, II:53
        in Dative case, I:233
        Dative plural, II:122
        gender identification in, I:23
        in Genitive case, I:132, 225
        Genitive plural, I:39–40
        Instrumental case, II:76, 77
        number identification in, I:25–26, 51
        in Prepositional case, I:86–87, 225
        Prepositional plural, II:92
        -мя, II:35
        -ость, II:7, 76, 76*n*1
        -тель, II:103
    "PDI," II:131
    of personal pronouns

gender identification in, **I**:23
number identification in, **I**:25–26, 51
of possessive pronouns (Nominative case), **I**:27
in Accusative case, **I**:215, 277
Accusative plural, **II**:53
in Dative case, **I**:233, 277
Dative plural, **II**:122
in Genitive case, **I**:204, 277
Genitive plural, **II**:52
Instrumental case, **I**:76
in Prepositional case, **I**:179, 277
Prepositional plural, **II**:92
soft sign ь, and pronunciation of consonants, **I**:29
of surnames, **II**:346, 382
of verbs
imperative forms, **I**:247; **II**:193
in past tense, **I**:154
reflexive (учи́ться), **I**:164, 193
-казать, **II**:45
-нуть, **II**:232
-ться vs. -тся, **II**:109*n*8
-ешь and -ишь verbs compared, **I**:140
zero, in Genitive plural, **II**:40, 41
(*be*) *enough/sufficient* (хвата́ть/хвати́ть), **II**:277
enumeration, with во-пе́рвых...; во-вторы́х, **II**:143
envelopes, addressing, **I**:253–254; **II**:65
etc. (и т.д.), **II**:108*n*7
even (ещё), **II**:91, 153
every (ка́ждый), **II**:107
everybody (все), plural verbs with, **I**:138*n*3
everything (всё), **II**:347
exclamations
with како́й, **I**:70–71
Не мо́жет быть!, **I**:330
Ну что ты/вы!, **I**:186
with так, тако́й, **I**:202
with э́то, **I**:98
explanations, giving with из-за, **II**:386
expressive reactions, **I**:98
extended meanings of у-phrases (у нас, у вас), **I**:145

F

false friends (ло́жные друзья́), **I**:184
family, friends, and neighbors, Genitive plural of, **II**:41
family name (фами́лия), **I**:9
fear/(be) afraid (боя́ться), **II**:124
feminine nouns
ending in -ость, **II**:7
endings of (Nominative case), **I**:23, 25–26, 54, 79
in Accusative case, **I**:96, 225; **II**:53
in Dative case, **I**:233; **II**:122
in Genitive case, **I**:132, 225; **II**:39–40
in Prepositional case, **I**:87, 225; **II**:92
of foreign origin, **II**:208
fill vowel, in Genitive plural nouns, **II**:41
final devoicing ("Stroganoff Effect"), **I**:73
finish (конча́ть/ко́нчить), reflexive forms of, **II**:259
first of all (пре́жде всего́), **II**:347

first name (и́мя), **I**:8, 9
gender of word, **I**:75*n*7
fleeting vowel, in Genitive plural nouns, **II**:41
follow-up questions/statements
а used to introduce, **I**:32
ра́зве used in, **I**:90
foods
partitive Genitive with, **II**:256
vocabulary, **II**:146, 169, 182, 224, 257, 354
for, Russian equivalents of, **II**:127, 140, 185–186, 336
for the first time (в пе́рвый раз), **II**:376
foreign origin
names of, **II**:220
nouns of, 78*n*2, **II**:208
frequency, expressing
with verb aspect, **II**:178
with в + Accusative, **II**:217
with всегда́, ча́сто, иногда́, ре́дко, никогда́, **II**:6–7
with ка́ждый and раз, **II**:107
from, Russian equivalents of, **II**:274–275, 336
future tense
absence or lack in (не бу́дет + Genitive), **I**:267
age expressions in, **II**:174
imperfective aspect in, **I**:287, 301, 306
of быть, **I**:245–246
perfective aspect in, **I**:303–304, 306
present tense used to represent, with motion verbs, **II**:12, 373
of *be* (бу́дет)
age expressions with, **II**:174
Dative constructions with, **II**:141–142
expressing need with (ну́жен бу́дет), **II**:206
with *Let him/her/them* (Пусть), **II**:274
with *Let me/us* (Дава́й(те) я/мы), **II**:178
with *when/if* clause, **II**:276

G

gender
of adjectives, **I**:53, 79
feminizing suffix -ка and, **II**:369
in names, male and female endings, **I**:8–9, 10
of nouns, **I**:23
adjectives suggesting, **I**:75*n*7
ending in soft sign ь, **I**:23
of nouns ending in -тель, **II**:103
of personal pronouns, **I**:23
of possessive pronouns, **I**:27, 79
see also agreement
see also feminine nouns; masculine nouns; neuter nouns
generic *you* (ты), **II**:80, 81
Genitive case
absence or lack (нет +), **I**:131–132
adjectives in, **I**:204, 277
of adjective-like modifiers (э́тот, тот, оди́н, весь), **II**:172–173
after cardinal numerals, **I**:255
after numerals, **II**:39, 40, 217
expressions requiring
clock time, conversational forms of, **II**:195

comparatives (пре́жде всего́/бо́льше всего́), **II**:347, 348
comparisons without чем, **II**:257
dates, **II**:292–293
direct objects in negated sentences, **II**:255
location (у +), **II**:176
many/few (мно́го/ма́ло), **II**:42–43, 52, 337
motion from, **II**:274–275
negation (нет/не́ту), **II**:42, 190*n*3
one out of several (оди́н из), **II**:290
possession, **II**:337
price expressions, **II**:37
quantity words (ско́лько/не́сколько/мно́го/ма́ло), **II**:41, 42–43
relation between two things, **II**:337
time expressions, **II**:107
wishes with жела́ть, **II**:124, 125, 160
months in, **I**:257, 258
in negation, **I**:131, 267
noun linkage in, **I**:144
nouns in, **I**:131–132
partitive, **II**:256
parts of the day in, **I**:314
personal pronouns in, **I**:130, 170, 277
plural forms
of adjectives and possessives, **II**:52, 53
idioms and expressions in, **II**:43
of nouns, **II**:39–40
variations in, **II**:41–42
possessive pronouns in, **I**:204, 277
prepositions requiring
для, **II**:127, 186, 336
из (made of), **II**:337
из (motion from), **II**:275, 336
из (place of origin), **II**:75, 89, 274
из-за (causality), **II**:386
от (motion from), **II**:275, 336
от (with бли́зко, etc.), **I**:205
с (motion from), **II**:274–275, 336
у (*to have*), **I**:130, 142–143, 145
у (location), **II**:9, 52, 53, 176, 275
of reflexive pronoun себя́, **II**:150
uses of, **I**:172
verbs requiring
боя́ться, **II**:124
жела́ть, **II**:124, 125, 160
хвата́ть/хвати́ть, **II**:277
geographic locations, **I**:7, 36, 87
getting acquainted, **I**:2, 6, 10–11, 60, 65, 66
give (дава́ть/дать)
conjugation of, **II**:186
verbs built on, **II**:154
giving and receiving, **I**:11
go
prefixed vs. nonprefixed forms of, **II**:391
unidirectional vs. multidirectional forms of, **II**:370, 375
е́здить
habitual and round-trip travel, **I**:218; **II**:209
past tense of, **II**:375
vs. е́хать, **II**:370, 375
vs. ходи́ть, **I**:218; **II**:370, 375
е́хать
imperative of (поезжа́йте), **II**:193

go (*continued*)
    inclusive imperative of (**Пойдёмте!**), II:80
    past tense of, II:375
    perfective form of (**поехать**), II:8–9, 375
    present tense used to express future action, II:12
    vs. **ездить**, II:370, 375
    with **за** + Instrumental, II:140
    vs. **идти**, I:104–105; II:50n2, 118
идти
    idiomatic uses of, II:27
    past tense of, II:375
    perfective form of (**пойти**), II:8–9
    present tense used to express future action, II:12
    vs. **ехать**, I:104–105; II:50n2, 118
    vs. **ходить**, II:370, 375
ходить
    habitual and round-trip travel, I:194–195, 218; II:209
    past tense of, II:375
    vs. **ездить**, I:218; II:370; 375
    vs. **идти**, II:370, 375
good-bye, saying, I:16
go out (**выходить/выйти**)
    vs. *leave* (**уходить/уйти**), II:95
    stress in, II:80
good (**хорошо**), comparative of (**лучше**), II:90, 221
good luck, wishing
    colloquial expression, II:114n9
    with **повезёт**, II:125
    with **удача**, II:125
    with **успех**, II:335
greetings
    casual, I:2, 6, 12–13
    formal, I:10–11, 14–15
greetings, holiday, II:137, 155, 320, 332

H

hard adjectives, endings of, II:152
hard-series vowels (**а, э, о, у, ы**), I:29
hard sign **ъ**, I:18
have
    expressing possession with **у**-phrases (**у + есть**), I:130, 142–143
    expressing possession with **у**-phrases without **есть**, I:133, 142–143
    questions and answers with **есть**, intonation in, I:131
    questions and answers without **есть**, intonation in, I:134
help (**помогать/помочь**), Dative case required by, II:65, 143, 306
here, there (**у нас, у вас**), I:145
holidays
    February II:23, 290
    greetings for, II:137, 155, 320, 332
    March II:8, 288–289, 290
    New Year, II:137, 161
    vocabulary, II:134, 182–183
hope (**надеяться**), II:165, 331
hours, in time expressions, I:300, 314
how? (**как?**)
    combined with **-нибудь**, II:121
    idiomatic use of, II:13
    responses to, in Instrumental case, II:246
How are you? (**Как дела? Как у вас дела?**), I:13, 14
    variations on, I:252n6, 282
How many . . . ? (**Сколько . . . ?**), Genitive plural after, II:41
How much . . . ? (**Сколько стоит . . . ?**), II:37
hushers (**ж, ч, ш, щ**)
    nouns ending in, Genitive plural of, II:40
    plurals of nouns ending in, I:25
    spelling rules for, I:53–54

I

I (**я**)
    capitalization of, I:19
    omission of, I:19
I wonder . . . (**Интересно, . . . ?**), II:308
idioms and expressions, I:36–37, 78, 122, 171, 224, 276; II:64, 130, 184–185, 237, 283, 335, 390–391, 407
    in Genitive plural, II:43
    holiday greetings, II:137, 155
    joint action (**мы с**), II:104
    proverbs, II:81
    subjectless **они** forms, II:179
    with reflexive pronoun **себя**, II:149, 151
    wishes, II:114n9, 125, 399
    больше всего, II:348
    Будьте добры, II:192
    with **бы**, II:351
    в первый раз, II:376
    ведь, II:45
    Горько!, II:22
    действительно, I:262
    друг другу, I:237
    жаль, что . . ., I:248
    зато, I:167
    with **идти**, II:27
    Интересно, . . . ?, II:308
    к сожалению, I:248
    Как?, II:13
    Как дела?, I:13
    кроме того, I:271
    кстати, I:271
    конечно, I:135
    Лучше, II:221
    любой, II:259
    между прочим, I:320
    Надеюсь, II:331
    Не может быть!, II:330
    не только . . . , но и . . ., I:196
    не тот, II:210
    Ну что ты/вы!, I:186
    один, II:318
    по-моему, I:107–108
    по очереди, I:320
    пора в/на, I:306
    Пошли!, I:157
    правда, I:330
    Представьте себе, II:180
    прежде всего, II:347
    приятно, II:296
    Скорее!, II:278
    Смотри(те), II:265
    Смотря . . ., II:58
    Так это . . . ?, I:100
    такой же, II:327
    у нас, у вас, I:145
    Хватит!, II:277
    что-нибудь, II:362
    Что с тобой?, с ней?, с ним?, II:269
    Что это за?, I:293
    чуть не, II:166
    я бы не возражал(а), II:351
If only (**если бы**), II:351
If . . . then . . . (**Если бы . . . я бы**), II:315
If you don't mind (**Будьте добры**), II:192
imagine (**представить себе**), imperative of, II:180
imperatives, II:193
    aspect and, II:264–265
    of *imagine* (**представить себе**), II:180
    imperfective, to extend invitation, II:190n1, 265
    with inclusive *Let's . . .* (**Давай(те)**), II:33–34
    omission of, II:80
    third-person (**пусть**), II:274
    verb forms, I:247
    with **чтобы** + past tense, II:204
    -ь type, II:192–193
imperfective aspect, I:286, 287, 289
    future tense, I:287, 301, 306
    imperatives in, II:190n1, 264, 265
    imperfect present vs. perfective future, I:304
    infinitives in
        with **Давай(те)**, II:33–34
        with **учиться/научиться**, II:109
    meaning of, II:216
    in negative commands, II:190n2
    in past tense, II:94–95
    past tense, I:287, 306
    perfective aspect compared with, I:292
    present tense, I:287, 306
    simultaneity indicated with, II:385
    use of, II:178
    verb pairs, II:12, 61–62, 165
    verbs without perfective counterparts, II:124
    with **пусть**, II:274
    with verbs of beginning and finishing, I:299
impersonal expressions, Dative case with, II:306
in, Russian equivalents of, II:337
In any case (**В любом случае**), II:259
inanimate nouns, Accusative plural of, II:53
inclusive imperative *Let's . . .* (**Давай(те)**), II:33–34
    omission of **давай(те)**, II:80
indefinite pronouns
    весь, II:348
        declined forms of, II:171–172, 173
    все/всё
        special uses of, II:347–348
        with **успеть**, II:350
    кто-нибудь/что-нибудь, II:121
    кто-то/что-то, II:161–162
    любой, II:259
    много/мало
        Genitive with, II:42–43, 52, 337
        people after (**людей**), II:41
    один
        declined forms of, II:171–172, 383
        meaning *certain*, II:318
        out of several (**один из** + Genitive plural), II:290

referring to something indefinite
    (одно́), II:291
  special uses of, II:383
indirect objects, I:232
indirect speech, I:327–328
indirect object, in Dative case, II:65, 306, 336, 338
infinitives
  imperfective, after начина́ть/нача́ть and конча́ть/ко́нчить, I:299
  imperfective vs. perfective, I:292, 304
  in asking for suggestions/advice, II:317
  perfective, I:287, 292, 304
  single, verbs with, II:124
  with Дава́й(те), II:33–34
  with лу́чше, II:221
  with ну́жно бы́ло/бу́дет, II:206
  with учи́ться/научи́ться, II:109
  with успе́ть, II:350
  with хо́чется, II:163
  мо́жно and нельзя́ used with, I:163
  (не) на́до used with, I:269
  нра́виться used with, I:243
infixes, in aspectual verb pairs, II:165
information
  asking for, with Скажи́те, пожа́луйста, II:57–58
  new, position in sentence, II:328
infrequently (ре́дко), II:6–7
inquiries, making
  about health, II:248, 249
  with задава́ть/зада́ть вопро́с, II:5, 154
  with Скажи́те, пожа́луйста, II:57–58
  with спра́шивать/спроси́ть, II:5, 52
Instrumental case, II:75–77, 284
  of adjective-like modifiers (э́тот, тот, оди́н, весь), II:172–173
  expressions requiring
    being and becoming, II:102, 110, 284
    joint action (мы с), II:104, 338
    location (за +), II:176
    means and instruments, II:245–246, 338
    means of transportation (идти́ пешко́м), II:118
    times of day and seasons, II:284, 292, 337
  personal pronouns in, II:76
  plural forms of, II:76, 131
  possessive pronouns in, II:76
  prepositions requiring, II:284
    за, II:78, 127, 140, 176, 233, 284, 336
    ме́жду, пе́ред, над, под, II:78, 284, 337
    с, II:75, 76, 246, 284, 338
      to express joint action (мы с), II:104, 338
  of reflexive pronoun себя́, II:150
  verbs requiring, II:110
    быть and стать, II:102, 110, 284
    горди́ться, II:110, 284
    заезжа́ть/зае́хать за, II:361
    занима́ться, II:104, 110, 284
    интересова́ться, II:110, 349
    па́хнуть, II:284
    по́льзоваться, II:317
intensifiers
  even (ещё), II:91

much/far (гора́здо/намно́го), II:91
большо́е, in thanks, I:301
о́чень, I:56, 202
так, тако́й, I:202
interest, expressing, II:349
(be) interested in (интересова́ться)
  Instrumental case after, II:110, 349
  word order with, II:26
  vs. интересова́ть, II:349
Internet correspondence, II:50
interrogatives
  combined with -нибудь, II:121, 161–162
  combined with -то, II:161–162
  где?
    vs. куда́?, II:175–177, 198, 253–254
      in за грани́цей vs. за грани́цу, II:233
      in стоя́ть в о́череди vs. стать в о́чередь, II:308
  как?
    idiomatic use of (What do you mean, . . . ?), II:13
    responses to, in Instrumental case, II:246
  куда́?, placement verbs with, II:326
  отку́да?, II:336
  почему́? vs. заче́м?, II:301
interrogative pronoun чей, I:52
interruption, perfective aspect used to describe, II:385
into, Russian equivalents of, II:337
intonation
  in exclamations, with како́й, I:71
  in questions
    with есть, I:131
    without есть, showing possession, I:134
    with or (и́ли), I:114
    who, what, when, where, why, I:19
    yes/no, I:20
intonation, to signal new information, II:328
intransitive verbs, I:216n8
introductions
  casual, I:2, 6
  formal, I:10–11, 60, 65, 66
introductory phrases
  Бу́дьте добры́, II:192
  В любо́м слу́чае, II:259
  Ведь, II:45
  Интере́сно, . . . ?, II:308
  Как?, II:13
  Лу́чше, II:221
  Наде́юсь, II:331
  Предста́вьте себе́, II:180
  Смотри́(те), II:265
  Смотря́ . . . , II:58
invitations, I:295, 308, 321; II:127, 190, 198, 199
  imperfective imperatives used for, II:190n1, 264, 265
  location vs. destination in, II:198
irregular verbs, conjugations of, II:57, 186, 232
It depends (Смотря́ . . .), II:58
It's better (Лу́чше + infinitive), II:221

J

joint action, expressing with мы с + Instrumental case, II:104

K

kill vowel, in Genitive plural nouns, II:41
know vs. know how (знать vs. уме́ть), I:166
know/know how (знать/уме́ть), as single-infinitive verbs, II:124
Kostikov, Vyacheslav, II:339

L

languages
  capitalization of, I:156
  Slavic, I:155
  speaking (говори́ть по-ру́сски), I:156
last name (фами́лия), I:9
learn (учи́ться/научи́ться), II:109
  vs. teach (учи́ть/научи́ть), II:108
leave (уходи́ть/уйти́), II:19
  vs. go out (выходи́ть/вы́йти), II:95
length, measures of, II:228
Let him/her/them (Пусть + third person verb), II:274
Let me/us . . . (Дава́й я/мы), II:178
Let's . . . (Дава́й(те)), II:33–34
  omission of, II:80
Let's go! (Пойдёмте!), II:80
letter writing, I:327
  addressing envelopes, I:253–254
like (нра́виться), I:243
  Dative case required by, II:65
  vs. love (люби́ть), I:244
linking phrases
  besides (кро́ме того́), I:271
  but then again (зато́), I:167
  first of all (пре́жде всего́), I:271
  not only . . . , but also . . . , (не то́лько . . . , но и . . .), I:196
  by the way (кста́ти), I:271
  see also conjunctions
location
  vs. destination (где? vs. куда́?), I:86, 105, 124–125, 180n2; II:175–177, 198, 253–254
    in за грани́цей vs. за грани́цу, II:233
    in стоя́ть в о́череди vs. стать в о́чередь, II:308
  here, at home (здесь, до́ма), I:21
  here, there (у нас, у вас), I:145
  near/far from (бли́зко от/далеко́ от), I:205
  prepositions denoting
    в, на, у, I:86, 105, 180n2; II:9, 275, 335, 337, 338
    ме́жду, за, пе́ред, над, под, II:78, 284
  questions about (where?), I:21, 105, 111
  with state names, I:180n2
  у + Genitive to express, I:145, 259
Look (Смотри́(те)), II:265
love (люби́ть), vs. like (нра́виться), I:244

M

manage, have time (успе́ть), II:350
many (мно́гие), I:312
many/few (мно́го/ма́ло)
  Genitive with, II:42–43, 52, 337
  people after (люде́й), II:41
marriage
  customs, II:22
  verbs expressing, II:23–24, 124
  vocabulary, II:22

512 Index

masculine nouns
   endings of (Nominative case), I:23, 25–26, 54, 79
      in Accusative case, I:96, 191, 225; II:53
      animate, in Accusative case, I:191; II:53
      in Dative case, I:233; II:122
         end-stressed, I: 181
         with feminine endings, I:236n5
      in Genitive case, I:132, 225; II:39–40
      in Prepositional case, I:87, 181, 225; II:92
      -ец, plural forms of, I:63, 77n8, 79
   of foreign origin, II:208
   partitive Genitive with, II:256
   unusual forms, I:62, 63
   zero-ending, Genitive plural of, II:41
me (мной), buffer vowel before, II:78
metric system, II:227–228
miscommunication, II:202–203
   reducing, II:203
modifiers
   adjective-like (этот, тот, один, весь), declined forms of, II:171–173
   with что-нибудь, II:362
   see also adjectives
mnemonics, I:76
money (деньги), Genitive plural of, II:41
months, I:30, 35
   days and dates with, I:258
   in Genitive case, I:257
   time expressions containing, II:18, 292, 293
mood
   conditional-hypothetical, II:315, 351
   conditional-real, II:315
more (более), II:91
more/less (больше/меньше), II:90
   with всего/всех, II:348
Moscow
   landmarks in, II:71–72, 120
   train stations in, names of, II:404
most of all (больше всего), II:348
motion
   in general, describing, II:209
   prepositions expressing, II:274–275
   see also destination
motion verbs
   directional prefixes in, II:86–87, 391
   inclusive imperative Пойдёмте!, II:80
   multidirectional, II:209, 370–371
      vs. unidirectional, II:370, 392, 375
   past tense of, II:94, 95, 375
   perfective forms of, II:8–9, 375, 392
   with по + Dative, II:305
   with prefix за-, II:361
   present tense used to express future action, II:12
   unidirectional, II:373
      vs. multidirectional, II:370, 392, 375
   ездить, I:218, II:209
   ездить vs. ходить, I:218, II:209
   ходить, I:194–195, 218; II:209
   идти/пойти and ехать/поехать, II:8–9
      unidirectional vs. multidirectional meaning of, II:370, 375
   идти vs. ехать, I:104–105, II:50n2, 118
   приходить/прийти and уходить/уйти, II:19

Mr., Mrs., Ms., Miss, no Russian equivalents of, I:11
much/far (гораздо/намного), II:91
multiple meanings, words with, I:64
must (должен + infinitive), past tense of, II:205
must/must not (надо/не надо), I:269, 270
   Dative case required by, II:65
   было and будет with, II:142
myself
   сам, II:163–164
   себя, II:149–151

N

names, I:8–9
   asking for, I:6, 15, 43n4
   family (фамилия), I:9
      with adjectival endings, II:303
      declension of, II:346, 382
   first (имя), I:8, 9
      declension of, II:220
      diminutive forms of, II:358
   nicknames, I:69
   patronymic (отчество), I:9
nationalities
   capitalization of, I:63, 156
   plurals of nouns denoting, I:63
near/far from (близко от/далеко от), I:205
need
   Dative case required by, I:268; II:65
   expressing with нужен, I:268
   expressing with нужно, II:206
   in past and future (было and будет), II:142, 206
negation
   absence or lack, future tense (не будет + Genitive), I:267
   absence or lack, past tense (не было + Genitive), I:267
   absence or lack, present tense (нет + Genitive), I:131–132
   and direct objects, II:255
   and imperatives, II:265
   double negatives, I:163
   in questions (Вы не знаете . . . ?), I:117–118
   with prefix не-, I:56
   with не (*not*), I:18
   with не тот, II:210
   with нет + Genitive, II:42
   with нету + Genitive, II:190n3
   with ни . . . ни . . ., II:255
   with никогда, II:6
   with ничего не + успеть, II:350
   with уже не and ещё не, II:151
neuter nouns
   endings of (Nominative case), I:23, 25n4, 51, 79
      in Accusative case, I:96, 225; II:53
      in Dative case, I:233; II:122
      in Genitive case, I:132, 225; II:39–40
      in Prepositional case, I:87, 225; II:92
      stress shifts in, I:51
      -мя, I:75n7
negative commands, imperfective verbs in, II:190n2
neither . . . nor . . . (ни . . . ни . . .), Genitive case with, II:255

nested case constructions, II:107, 218–219
neuter nouns
   adjectives as nouns, II:302
   ending in -мя, II:35
   of foreign origin, II:208
never (никогда), negative verb required by, II:6
new information, position in sentence, II:328
nicknames, I:69
no longer vs. *not yet* (уже не vs. ещё не), II:151
Nominative case
   dictionary form of adjectives, I:36n9, 53
   dictionary form of nouns, I:23, 36n9, 124
   dictionary form of pronouns, I:36n9
   subjects in, I:95
   uses of, I:23, 172
not only . . . , but also . . . (не только . . . , но и . . .), I:196
noun phrases, I:55, 84, 222
noun phrases, nested, II:107, 218–219
noun-type surnames, declension of, II:382
nouns
   abstract, Genitive case used to express, I:329
   in Accusative case, I:95–96, 124, 191–192, 225
   Accusative plural of, II:53
   adjectives as, II:302–303
   adjective's position in relation to, I:55, 84
   adjectives used as, I:50
   concrete, Accusative case used to express, I:329
   count vs. noncount, II:42
   in Dative case, I:233
   Dative plural of, II:122
   dictionary form of (Nominative case), I:23, 36n9, 124, 225
   diminutives, II:358
   ending in -мя, II:35
   ending in -ость, II:7
      Instrumental case forms of, II:76, 76n1
   ending in -тель, II:103
   ending in -ция/-сия, I:247
   fleeting vowel (-ец), I:63, 79
   of foreign origin, II:78n2, 208
   gender of, I:23
      adjectives suggesting, I:75n7
      soft sign (-ь) ending and, I:23
   in Genitive case, I:131–132, 225
      to express quantity, I:255
   Genitive plural of, II:39–40
      variations in, II:41–42
   Instrumental case of, II:76
      irregular forms, II:77
   intensifier такой with, I:202
   linkage in Genitive case, I:144
   Nominative case of, I:23, 36n9, 124, 225
   "people," declensional details of, II:123
   plurals of, I:79–80
      masculine and feminine, I:25–26, 54, 79
      neuter, I:25n4, 51, 80
      spelling rules, I:53, 54
   in Prepositional case, I:86–87, 225
   Prepositional plural of, II:92
   proper, declension of, II:346
   shifting stress in masculine nouns, I:181
   with suffix -ист, II:369

in vocabulary lists, I:35–36, 77, 120–121, 169–170, 222, 274, 332–333; II:60, 128, 182–183, 235, 281, 333–334, 389, 407
мно́гие as, I:312
number. *see* plurals
numerals
   in age expressions, I:235–236; II:174
   in approximate time and quantity expressions, II:194
   cardinal, I:44, 70, 78, 236, 274–275; II:63–64
      Genitive case following, I:255
      with clock time, II:196
      with metric system, II:227–228
   in enumeration (во-пе́рвых . . . ; во-вторы́х), II:143
   in expressions of frequency (with раз/ра́за), II:107
   Genitive case after, II:39, 40, 217
   hundreds and thousands, II:35
   ordinal, I:70, 256, 275; II:64
      with clock time, II:195
      with four-digit years, II:230–231
      to indicate year, II:25
   people after (челове́к), II:41
   in price expressions, II:37
   spelling and pronunciation of, I:237
   in temperature readings, II:245
   in time expressions, I:300, 314; II:106–107, 195–196, 216, 217, 359
   тре́тий, spelling of forms, I:256

O

objects
   direct, I:95
      in Accusative case, I:95
      in Genitive case (negation), I:131
      in negated sentences, II:255
      verbs taking, I:216
   indirect, in Dative case, I:232; II:65, 306, 336, 338
obligation, expressing
   with до́лжен + infinitive, II:205
   with на́до/не на́до
      Dative case required by, II:65
      бы́ло and бу́дет with, II:142
opinions, expressing
   with э́то, I:98
   with по-мо́ему, I:107–108
of, Russian equivalents of, II:337
often (ча́сто), II:6–7
Okudzhava, Bulat, II:66
on, Russian equivalents of, II:338
one (оди́н)
   declined forms of, II:171–172, 383
   implying *a certain*, II:318
   out of several (оди́н из + Genitive plural), II:290
   referring to something indefinite (одно́), II:291
   special uses of, II:383
one's own (свой), II:55
oneself (себя́), II:149–150
   in Предста́вьте себе́, II:180
only (всего́), II:348
onto, Russian equivalents of, II:338
open (откры́ть), participial form of, II:207

or (и́ли), questions with, I:329
   intonation in, I:114
ordinal numerals, I:70, 256, 275; II:64
   for clock time, II:195
   with four-digit years, II:230–231
   to indicate year, II:25
organize (организова́ть), II:26
ownership, expressing, I:26–27. *see also* possession

P

palatization, I:8, 29–30
   soft-series vowels (а, е, ё, ю, и) and, I:29–30
   soft sign ь and, I:29
parenthetical phrases
   коне́чно, I:135
   кста́ти, I:271
   ме́жду про́чим, I:320
   по-мо́ему, I:107, 108
participles, II:207
particles
   бы, II:315, 335, 351
   ведь used for emphasis, I:83n1, 335
   да́же, I:122
   же used for emphasis, I:171, 232
   ли, in *whether (or not)* questions, I:328–329
   -нибудь, II:121
   -то, II:161–162
   see also prefixes; suffixes
Partitive Genitive case, II:256
parts of the day, I:290, 314
passive voice, reflexive verb forms and, II:268
past tense I:153–154
   absence or lack in (не́ было + Genitive), I:267
   age expressions in, II:174
   imperfective aspect in, I:287, 306
   imperfective vs. perfective aspect in, II:94–95
   in indirect requests, with что́бы, II:204
   perfective aspect in, I:287, 306
   of *be* (был/бы́ло)
      age expressions with, II:174
      Dative constructions with, II:141–142
      to express need (ну́жен был), II:142, 206
      to express obligation (до́лжен был), II:205
      е́сли бы +, II:351
      э́то +, II:295
   of motion verbs, II:94, 95, 375
   with particle бы, II:351
   of reflexive verbs, I:193
   of быть, I:154
   of мочь/помо́чь, I:324–325
   of -ти verbs, I:325–326
patronymic (о́тчество), I:9
"PDI" endings, II:131
people
   nouns for, II:128
      declensional details of, II:123
   quantity of, expressing with челове́к and люде́й, II:41
perfective aspect, I:286, 288

   and imperatives, II:264, 265
   future tense, I:303–304, 306
   imperfective aspect compared with, I:292
   imperfective present vs. perfective future, I:304
   interruption indicated with, II:385
   meaning of, II:216
   of motion verbs, II:8–9, 375, 392
   nonpast forms of, future meaning of, II:5
   past forms of, II:94–95
   past tense, I:287, 306
   prefixes used to form, II:95
   for sequences of actions, II:330
   use of, II:178
   verb pairs, list of, II:12, 61–62, 165
   of verbs ending in -казать, declension of, II:45
   of verbs with prefix вы-, stress in, II:80
   verbs without, II:124
   of назва́ть, II:57
   of оста́ться, II:381
   of пойти́ and пое́хать, II:8–9, 375, 392
   of присла́ть, II:57
   with пусть, II:274
   of успе́ть, II:350
permission, expressions with мо́жно, I:163
personal pronouns, I:19
   Accusative case of, I:190, 277
   Dative case of, I:233, 277
   Genitive case of, I:130, 170, 277
   I (я)
      capitalization of, I:19
      omission of, I:19
   instrumental case of, II:76
   plural, все with, II:347
   Prepositional case of, I:313
   use of н- in third person, I:130, 190, 277
   you
      capitalization of (Вы), I:189n3
      formal vs. informal (ты vs. вы), I:14–15, 230–231
   мной, buffer vowel before, II:78
   мы, to express joint action (мы с), II:103
   они́, implied, II:179
   ты (generic *you*), II:80, 81
phone dialogues, I:21, 296, 297–298, 307, 321
phone numbers, I:206, 260, 297
pick up, stop by (заезжа́ть/зае́хать and заходи́ть/зайти́), II:361
planning (собира́ться), I:220
placement, verbs of, II:326
play
   musical instrument (игра́ть на + Prepositional), I:150; II:237
   sports
      занима́ться + Instrumental, II:104, 105
      игра́ть в + Accusative, I:114, 151n7; II:105
Plisetskaya, Maya Mikhailovna, II:393
plurals, Nominative
   of adjectives, I:53, 79
   of nouns, I:79
      ending in -ец, I:63, 79
      ending in soft sign -ь, I:54, 79
      masculine, unusual forms of, I:62, 63
      masculine and feminine, I:25–26, 54, 79

plurals (*continued*)
  neuter, **I:**25*n*4, 51, 80
  spelling rules, **I:**53, 54
  of pronouns
    gender not reflected in, **I:**23
    possessive, **I:**27, 79
plural forms of other cases
  Accusative, **II:**53
  Dative, **II:**122, 131
  Genitive
    of adjectives and possessives, **II:**52, 53
    idioms and expressions in, **II:**43
    of nouns, **II:**39–40
    variations in, **II:**41–42
  Instrumental, **II:**76, 131
    irregular forms, **II:**77
  Prepositional, **II:**92, 131
possession
  expressing with **y**-phrases + **есть**, **I:**130, 142–143
  expressing with **y**-phrases without **есть**, **I:**133, 142–143
  Genitive case used to express (noun linkage), **I:**144
  questions and answer with **есть**, intonation in, **I:**131
  questions and answers without **есть**, intonation in, **I:**134
  questions with **чей**, **I:**52
possessives (Nominative case), **I:**27, 36, 79
  Accusative case of, **I:**215, 277
  Accusative plural of, **II:**53
  Dative case of, **I:**233, 277
  Dative plural of, **II:**122
  gender of, **I:**27, 79
  Genitive case of, **I:**204, 277
  Genitive plural of, **II:**52
  Instrumental case of, **II:**76
  Prepositional case of, **I:**179, 277
  Prepositional plural of, **II:**92
  reflexive (**свой**), **II:**55
predicate Nominative, **I:**23
predicates
  adjectives as
    comparatives of, **II:**90, 153
    short-form, **II:**207
  Dative case with, **II:**141–142
prefixes
  in aspectual verb pairs, **II:**165
  in perfective verbs, **I:**286, 292
  directional, with motion verbs, **II:**86–87, 391
  perfectization with, **II:**95
  in word formation, **II:**329
  вы-, **I:**286*n*3; **II:**87, 95
  за-, with motion verbs, **II:**361
  на-, **II:**95
  не-, **I:**56
  по-
    with adverbs (**по-ру́сски; по-мо́ему**), **II:**56
    comparatives with, **II:**226
    with motion verbs (**пойти́/пое́хать**), **II:**8–9, 375, 392
    perfectization with, **II:**95
  при-, **II:**87, 391

с-, **II:**95
y-, **II:**87, 391
Prepositional case, **I:**86
  Accusative case compared with, **I:**105
  adjectives in, **I:**179, 277
  of adjective-like modifiers (**э́тот, тот, оди́н, весь**), **II:**172–173
  expressions requiring
    clock time, **II:**195
    location, **II:**9, 176, 275
  nouns in, **I:**86–87
    masculine nouns ending in -**ý**, **I:**181
  personal pronouns in, **I:**313, 333
  plural forms of, **II:**92, 131
  possessive pronouns in, **I:**179, 277
  prepositions requiring
    в and **на**, **I:**86, 87, 122
    в + clock time, **II:**195
    в + clothing item, **II:**92, 93
    в + location, **II:**9, 275, 335, 337
    в + month, **II:**18, 292, 337
    в + year, **II:**25, 231, 292, 337
    на + location, **II:**9, 237, 275, 335, 338
    на + means of transportation, **II:**118, 237
    на + week, **II:**292
    о, **I:**153; **II:**92
  of reflexive pronoun **себя**, **II:**150
  uses of, **I:**172
  verb phrases requiring, **игра́ть на**, **I:**150
prepositions
  assimilation of, **I:**87, 285
  at, Russian equivalents of, **II:**335
  buffer consonants with, **I:**153
  buffer vowels with, **I:**88
  for, Russian equivalents of, **II:**127, 140, 185–186, 336
  from, Russian equivalents of, **II:**274–275, 336
  in/into, Russian equivalents of, **II:**337
  of, Russian equivalents of, **II:**337
  on/onto, Russian equivalents of, **II:**338
  to, Russian equivalents of, **II:**338
  with
    rendering with Instrumental case, **II:**245–246, 338
    Russian equivalents of, **II:**338
  в
    + Accusative case (day of week), **I:**285
    + Accusative case (destination), **I:**105, 122; **II:**2, 9, 186, 275, 336, 338
    + Accusative case (motion into), **II:**337
    + Accusative case (placement), **II:**326
    + Accusative case (sports), **II:**114, 151*n*7
    + Accusative case (time expressions), **I:**300; **II:**217, 292, 335, 338
    + Prepositional case (clothing), **II:** 92, 93
    + Prepositional case (location), **I:**86, 87, 105, 122; **II:**9, 275, 335, 337
    + Prepositional case (time expressions), **II:**18, 25, 195, 231, 292, 337
  in enumeration (**во-пе́рвых . . . ; во-вторы́х**), **II:**143
  uses of, **I:**151
  пора́ +, **I:**306
  для + Genitive case, **II:**127, 186, 336
  за, **II:**140

  + Accusative case (duration), **II:**216, 337
  + Accusative case (in exchange for), **II:**127, 140, 186, 336
  + Accusative case (thanks for), **II:**186
  + Accusative case (toasts), **II:**158, 160
  + Accusative case (in **вы́ти за́муж за**), **II:**140
  + Accusative case (in **за грани́цу**), **II:**233
  + Instrumental case (going to get something), **II:**140, 186, 336
  + Instrumental case (location), **II:**78, 127, 140, 233, 284
из
  + Genitive case (made of), **II:**337
  + Genitive case (motion from), **II:**275, 336
  + Genitive case (place of origin), **II:**75, 89, 274
из-за, **II:**386
к
  + Dative case (destination), **II:**9, 65, 186, 275, 306, 336, 338
  + Dative case (on the occasion of), **II:**336
  + reflexive pronoun **себя́ (к себе́)**, **II:**151
  with **кото́рый** clause, **II:**138
ме́жду + Instrumental case, **II:**78, 284
на, **II:**237, 359
  + Accusative case (destination), **II:**2, 9, 186, 237, 275, 336, 338
  + Accusative case (duration), **II:**186, 218, 237, 336
  + Accusative case (motion into/onto), **II:**337, 338
  + Accusative case (placement), **II:**326
  + Accusative case (**биле́т на**), **II:**359
  + Accusative case (with **отвеча́ть/отве́тить**), **II:**57
  + Prepositional case (location), **I:**86, 87, 105, 122; **II:**9, 237, 275, 335, 338
  + Prepositional case (means of transportation), **II:**118, 237
  + Prepositional case (time expressions), **II:**292
  uses of, **I:**151
пора́ +, **I:**306
над + Instrumental case, **II:**78
о (об, обо) + Prepositional case, **I:**153, 313; **II:**92
от
  + Genitive case (with **бли́зко**, etc.), **I:**205
  + Genitive case (motion from), **II:**274–275, 336
  + reflexive pronoun **себя́ (от себя́)**, **II:**151
пе́ред + Instrumental case, **II:**78, 284, 337
по, **II:**56
  + Dative case, **II:**56, 65, 305, 306, 338
  motion verbs used with, **II:**305
под + Instrumental case, **II:**78
с
  + Genitive case (motion from), **II:**274–275, 336

+ Instrumental case, II:75, 76, 246,
284, 338
to express joint action (мы с),
II:104, 338
+ reflexive pronoun себя (с собой),
II:149
in greetings (С Новым годом!),
II:155
у
+ есть, I:130, 133
+ Genitive case, I:130, 133, 142–143,
259; II:9, 35, 52, 53, 275
in phrases у нас, у вас, I:145, 259
через + Accusative case, II:83n4,
106, 337
present tense, I:84
absence of *do* auxiliary, I:107
imperfective aspect in, I:287, 306
for past action continuing into present,
I:284n2
used to express future action, with motion
verbs, II:12, 373
verb *to be* not normally expressed in,
I:55, 84
see also conjugation
prices, expressing in Russian, II:37
prohibition, expressing with нельзя, I:163
promise (обещать), II:165
pronouns
demonstrative pronoun это
as connector in speech, I:312
contrasting of similar items with этот,
тот, I:214
declined forms of этот/тот, II:171–172
the wrong one (не тот), II:210
distinguishing things with (это vs.
этот), I:213–214
in expression of opinion, I:98
+ past tense of быть, II:295
in negated sentences, II:255
in questions, I:20, 22
in statements, I:6, 22, 57
in Так это . . . ?, I:100
dictionary form of, I:36n9
emphatic pronoun сам, II:163–164
gender of, I:23
indefinite
весь, II:348
declined forms of, II:171–172, 173
все/всё
special uses of, II:347–348
with успеть, II:350
кто-нибудь/что-нибудь, II:121
кто-то/что-то, II:161–162
любой, II:259
много/мало
Genitive with, II:42–43, 52, 337
people after (людей), II:41
один
declined forms of, II:171–172, 383
implying *a certain*, II:318
out of several (один из + Genitive
plural), II:290
referring to something indefinite
(одно), II:291
special uses of, II:383
interrogative pronoun чей, I:52

interrogative pronouns кто/что
combined with -нибудь, II:121
combined with -то, II:161–162
personal
plural, все with, II:347
мной, buffer vowel before, II:78
мы, to express joint action
(мы с), II:103
они, implied, II:179
ты (generic *you*), II:80, 81
personal (Nominative case), I:19, 36
Accusative case of, I:190, 222–223, 277
capitalization of *I* (я), I:19
Dative case of, I:233, 277
formal vs. informal *you* (ты/вы),
I:14–15, 189n3, 230–231
Genitive case of, I:130, 170, 277
Instrumental case of, II:76
omission of *I* (я), I:19
Prepositional case of, I:313, 333
use of н- in third person, I:130, 190, 277
possessives (Nominative case), I:27, 36
absence of н- in third person, I:277
Accusative case of, I:215, 277; II:53
Dative case of, I:233, 277; II:122
gender of, I:27, 79
Genitive case of, I:204, 277; II:52
Instrumental case of, II:76
plurals of, I:27, 79
Prepositional case of, I:179, 277; II:92
reflexive pronoun себя, II:149–150
in Представьте себе, II:180
relative pronoun который, I:217;
II:137–138
in vocabulary lists, I:36, 78, 170, 222–223,
274, 333; II:128
pronunciation
of consonants
assimilation ("Vodka Effect"), I:73
final devoicing ("Stroganoff
Effect"), I:73
softening/palatization, I:8, 29–30
voiced-voiceless pairs, I:72
of individual letters, I:3–4, 8, 18
of plural possessive pronouns (мой,
твой), I:27
of prepositions
assimilation of, I:87, 285
buffer consonants added, I:153
buffer vowels added, I:88
of soft sign ь, I:29
in numerals I:50–100, 237
of vowels
soft-series (а, е, ё, ю, и), I:29–30
stressed vs. unstressed е and я,
I:3, 4, 30
stressed vs. unstressed о and а, I:3, 13
of алло, I:298n5
of г in его, I:4
of ё, I:85n3
pronunciation, of -ться vs. -тся endings,
II:109n8
proper nouns
in quotation marks, declension of, II:346
see also names
(*be*) *proud of* (гордиться), Instrumental case
required by, II:110, 284

proverbs (пословицы), II:81
pull (к себе), II:151
punctuation
use of commas, I:217
use of dashes, I:18n3, 41n3, 213
push (от себя), II:151
Pushkin, A. S., I:324; II:215
put (ставить/поставить; класть/положить;
вешать/повесить), II:326

Q

quantity, approximate, II:194
quantity, expressing, I:255, 312
quantity words (сколько/несколько/
много/мало)
Genitive with, II:41, 42–43
people after (человек vs. людей), II:41
question words/phrases
after *It depends* (Смотря . . .), II:58
combined with -нибудь, II:121
combined with -то, II:162
see also interrogatives
questions
about what?/about whom? (о чём?/о
ком?), I:153
asking and answering, I:18
asking for information, with Скажите,
пожалуйста, II:57–58
asking for suggestions/advice, II:317
with *excuse me* (извините), I:74
expressing doubt, with разве and
неужели, II:96
follow-up
а used to introduce, I:32
разве used in, I:90
with есть, for possession, I:131
without есть, for possession, I:133
How are you? (Как дела?), I:13, 14,
252n6, 282
How many . . . ? (Сколько . . . ?), Genitive
plural after, II:41
How much . . . ? (Сколько стоит . . . ?),
II:37
with *I wonder . . .* (Интересно, . . . ?), II:308
with interrogative Как? (*What do you
mean, . . . ?*), II:13
intonation in, I:19–20, 114, 131, 134
introducing with Что, . . . , I:157
not (не) used to soften (Вы не знаете . . . ?),
I:117–118
about opinion (Как по-твоему?),
I:107–108
with *or* (или), I:328
intonation in, I:114
rhetorical devices in, II:57–58
with *So* (Так это . . . ?), I:100
What is that? (Что это?), I:22
What is your name? (Как тебя зовут?),
I:6, 15, 43n4
What time is it? (Который час?), I:314
when? (когда?), adverbs used to answer,
I:290
where? (где? and куда?), I:21, 105, 111
Where are you from? (Откуда вы?), II:75
whether (or not)
using или нет, I:328
using ли, I:328–329

R

questions (*continued*)
  whose? (**чей?**), I:s52
  WH-type (*who, what, when, where, why*)
    intonation in, I:19
    word order in, I:86
  word order in, I:43, 86
  yes/no, intonation in, I:20
quickly (**скорее**), II:278
quotation marks, proper nouns in, declension of, II:346
quotes, I:327–328

R

reactions, expressive, I:98
recipient, indicating with Dative case, II:306
recognize (**узнавать/узнать**), nonpast forms of, imperfective vs. perfective, II:12
reflexive possessive **свой**, I:55
reflexive pronoun **себя**, II:149–151
  in **Представьте себе**, II:180
reflexive verbs
  conjugation of, I:164
  passive voice via, II:268
  past tense forms, I:193
  vs. transitive verbs, II:266–267
  интересоваться, II:26, 110, 349
  начинаться/начаться and **кончаться/кончиться**, II:259
regret, expressing with **к сожалению** and **жаль, что . . .** , I:248
relative pronoun **который**, I:217; II:137–138
remain (**остаться**), II:381
reported speech, I:327–328
  tense in, II:5
requests, making, I:11
  indirect, with **чтобы** + past tense, II:204
  with **просить/попросить**, II:52, 186, 204
reVERBerations. *see* verbs
rhetorical devices, in questions and answers, II:57–58
right/wrong (**прав/не прав**), II:111
roots, in word formation, II:329
run (**бежать**), conjugation of, II:57, 186
run away (**убегать/убежать**), II:165

S

(the) same (**такой же**), II:327
Savchenko, Elena, II:66
seasons, I:290, 322
  adjectives describing, II:152
  Instrumental case with, II:284, 337
  time expressions containing, II:292
  vocabulary, II:295
send (**присылать/прислать**), perfective aspect of, conjugation of, II:57
sequential actions, expressing, II:330
several (**несколько**)
  Genitive with, II:42–43
  people after (**человек**), II:41
short-form adjectives, I:270
show (**показывать/показать**), declension of, II:45
(*be*) *sick/fall ill* (**болеть/заболеть**), II:243–244
  vs. *ache/hurt* (**болеть**), II:247

simultaneity, imperfective aspect used to describe, II:385
sing vs. *drink* (**петь** vs. **пить**), II:165
sit (**сидеть/садиться/сесть**)
  lack of reflexive vs. transitive contrast in, II:267
  location vs. motion expressed with, II:175, 176–177
  variation in forms of, II:232
smell (**пахнуть**), II:284
So, in questions (**Так это . . . ?**), I:100
soft adjectives, II:151–152, 295
soft sign **ь**, I:8
  following consonants, I:29
  imperatives ending in, II:192–193
  in numerals, I:237
  nouns ending in
    gender of, I:23
    Genitive plural of, II:40
    Instrumental case of, II:76
    plurals of, I:54, 79
softening, of consonants, I:8, 29–30
soft-series vowels (**а, е, ё, ю, и**), I:29–30
  nouns ending in, plurals of, I:54
someone/something
  кто-нибудь/что-нибудь, II:121
  кто-то/что-то, II:161–162
sometimes (**иногда**), II:6–7
speaking a language (**говорить по-русски**), I:156
spelling rules, I:53–54
  adjectival endings and, I:277
  palatization of consonants and, I:29–30
  «**вижу**» rule, I:141
  «**книги**» rule, I:53, 277
  «**рояли**» rule, I:54
  «**хорошее**» rule, I:54, 277
sports
  playing
    заниматься + Instrumental, II:104, 105
    играть в + Accusative, II:105
  plural of, II:105
  in Russian culture, II:345
  vocabulary, II:105, 106, 379
statements, word order in, II:327–328
stems, I:53
  aspect and verb stems, I:287
  verbs with changes in, I:140–141, 337
stems, verb
  changes in aspectual pairs, II:165
  stress on, and imperative forms, II:193
stop by, pick up (**заходить/зайти** and **заезжать/заехать**), II:361
Strauss, Robert, II:339
stress
  on final -**а**, in plurals, I:62, 79
  on prefix **вы́-**, I:286n3
  in printed Russian, I:3
  pronunciation of **е** and **я**, I:3, 4, 30
  pronunciation of **о** and **а**, I:3, 13
  shift in
    pluralization of nouns and, I:80
    verb conjugation and, I:88–89, 141
  shifting
    Genitive plural nouns and, II:40, 41
    in pronoun **сам**, II:164

to signal new information, II:328
  and spelling rules, I:54
  in verbs, I:89
    nonpast forms of **узнавать/узнать**, II:12
    with prefix **вы-**, perfective aspect of, II:80
    stem vs. end, and imperative forms, II:193
"Stroganoff Effect," I:73
study
  готовиться/подготовиться, I:318
  заниматься, I:284, 316–317; II:104, 110
  учить vs. **заниматься**, I:284, 316–317
study tips, I:5, 31, 34, 169, 207, 232; II:127
subjects, case of, I:95
subject, implied, in **приятно** expressions, II:296
subordinate clauses, with **где, кто, что, почему, как**, I:115–116
  comma with, II:138n2
suffixes
  in diminutives, II:358
  feminizing (**-ка**), II:369
  productive (**-ист**), II:369
  and word formation, II:329
suffixes, -**ся/-сь** in reflexive verbs, I:164
  see also endings
suggestions
  asking for, II:317
  with *Let's . . .* (**Давай(те)**), II:33–34
  omission of, II:80
superlatives (**самый**), II:79
Surely (**Надеюсь**), II:331
surnames
  adjectival, II:303
  declension of, II:346, 382
surprise, expressing with **Как?**, II:13
syllables
  stressed, in *yes/no* questions, I:20
  stressed vs. unstressed, vowel pronunciation in, I:3, 4, 13, 30
  -**ен**-, inserted before case endings of neuter nouns ending in -**мя**, II:35
  -**ну**-, lost in past forms of verbs ending in -**нуть**, II:232

T

take (**брать/взять**), conjugation of, II:57
teach (**учить/научить**), II:109
  vs. *learn* (**учиться/научиться**), II:108
temperatures, expressing, II:245
tense
  and aspect, I:306
  present, used to express future action, II:12, 373
  retained in reported speech, I:328; II:5
  see also future tense; past tense ; present tense
than (**чем**)
  comparisons with, II:91
  comparisons without, II:257
Thanks, that's enough! (**Спасибо, хватит!**), II:277
That's right/That's not right (**Это верно/Это неверно**), II:111

Index 517

they (они́), implied, II:179
this/that
    э́то
        + past tense of быть, II:295
        in negated sentences, II:255
    э́тот/тот
        declined forms of, II:171–172
        the wrong one (не тот), II:210
this vs. that (э́тот, тот), I:213–214
this is/that is (э́то)
    in distinguishing things (э́то vs. э́тот), I:213–214
    in expression of opinion, I:98
    in questions, I:20, 22
    in statements, I:6, 22, 57
    in Так э́то . . . ?, I:100
time expressions
    Accusative, II:106–107, 186, 216, 217–218, 237
    after and ago in (че́рез and наза́д), II:106–107
    approximate, II:194
    clock time, I:300, 314; II:189, 195–196, 217
    days of the week, I:30, 36
        + month, I:258
    в + to express on, I:285; II:292, 293, 338
    duration
        with Accusative quantity phrase, II:186, 217, 218, 336
        with за + Accusative quantity phrase, II:216, 337
        with на + Accusative quantity phrase, II:186, 218, 237, 336
    Instrumental, II:284
    month in, II:18, 292, 293
    parts of the day in, I:290, 314; II:284, 292, 337
    Prepositional, II:337
    scheduling in the future (на + time/date), II:359
    specific dates, II:292–293
    specific vs. general, II:18
    week in, II:292, 293
    year in, II:25, 231, 292, 293
times (раз/ра́за), II:107
titles, declension of, II:346
titles, no Russian equivalents of Mr., Mrs., Miss, Ms., I:11
to, Russian equivalents of, II:338
toasts, making, II:158, 160
transitive verbs, I:216; II:266–267
transportation
    expressing means of (на + Prepositional), II:118, 237
    public, II:74, 81, 204
    by train, II:400, 404
    vocabulary, II:48, 60, 74, 81, 128, 201, 204, 235
treat (лечи́ть/лечи́ться), II:266
try (про́бовать vs. пыта́ться), II:221

U

uncertainty, adding with ка́жется, I:207
use (по́льзоваться), II:317
(get) used to (привыка́ть/привы́кнуть), II:232

V

velars (г, к, х)
    plurals of nouns ending in, I:25
    spelling rules for, I:53
verbal phrases, with жела́ть, II:124
verbs
    aspect of, I:286–287, 306
    aspectual pairs, II:12, 61–62, 165
    auxiliary, absence of, I:107
    biaspectual, II:23, 26, 124, 165
    command forms of, I:247
    dictionary forms of, I:36n9
    directional, II:86–87
    ending in -казать, perfective aspect of, II:45
    ending in -нуть, II:232
    ending in -ться vs. -тся, II:109n8
    examples presented
        able (мочь), I:203
            past tense of, I:324–325
        answer (отвеча́ть/отве́тить), II:57, 65, 143, 306
        arrive (приходи́ть/прийти́), II:19, 94
        ask (спра́шивать/спроси́ть and задава́ть/зада́ть вопро́с), II:5, 52, 154
        ask for (проси́ть/попроси́ть), II:52, 186, 204
        be and become (быть and стать), II:102, 110. see also be
        begin (начина́ть/нача́ть), I:299; II:259, 267
        believe (ве́рить/пове́рить), II:12, 65, 124, 143
        bother (меша́ть/помеша́ть), II:65, 143
        bring (приноси́ть/принести́ vs. приводи́ть/привести́), II:198
        call (звони́ть/позвони́ть), II:65, 143, 306
        close (закрыва́ть/закры́ть), II:207, 267
        die (умира́ть/умере́ть), II:232
        do (занима́ться), II:104, 110, 124, 284
        drink vs. sing (пить vs. петь), II:165
        eat (есть/пое́сть/съесть), II:164, 186
        (be) enough/sufficient (хвата́ть/хвати́ть), II:277
        fear/(be) afraid (боя́ться), II:124
        finish (конча́ть/ко́нчить), I:299; II:259
        give (дава́ть/дать), II:154, 186
        go
            е́здить, I:218
            е́здить vs. ходи́ть, I:218; II:209
            идти́ vs. е́хать, I:104–105
            идти́/пойти́ and е́хать/пое́хать, II:8–9, 12, 50n2, 118
            ходи́ть, I:194–195, 218
            see also go
        go out (выходи́ть/вы́йти), II:80, 95
        help (помога́ть/помо́чь), II:65, 143, 306
        hope (наде́яться), II:165, 331
        imagine (предста́вить себе́), II:180
        (be) interested in (интересова́ть/интересова́ться), II:26, 110, 349
        know vs. know how (знать vs. уме́ть), I:166; II:124
        leave (уходи́ть/уйти́), II:19, 95
        like (нра́виться), I:243; II:65
            vs. love (люби́ть), I:244
        manage (успе́ть), II:350
        (get) married (выходи́ть/вы́йти за́муж, жени́ться, and жени́ться/пожени́ться), II:23–24, 124
        organize (организова́ть), II:26
        play
            musical instrument (игра́ть на + Prepositional), I:150
            sport (игра́ть в + Accusative), I:114, 151n7
        promise (обеща́ть), II:165
        (be) proud of (горди́ться), II:110, 284
        put (ста́вить/поста́вить; класть/положи́ть; ве́шать/пове́сить) II:326
        recognize (узнава́ть/узна́ть), II:12
        remain (оста́ться), II:381
        run (бежа́ть), II:57, 186
        run away (убега́ть/убежа́ть), II:165
        send (присыла́ть/присла́ть), II:57
        (be) sick/fall ill (боле́ть/заболе́ть), II:243–244
            vs. ache/hurt (боле́ть), II:247
        sit (сиде́ть/сади́ться/сесть), II:175, 176–177, 232, 267
        smell (па́хнуть), II:284
        speak a language (говори́ть по-ру́сски), I:156
        stop by, pick up (заходи́ть/зайти́ and заезжа́ть/зае́хать), II:361
        study
            гото́виться/подгото́виться, I:318
            учи́ть vs. занима́ться, I:284, 316–317
        take (брать/взять), II:57
        teach/learn (научи́ть/научи́ться), II:108–109
        treat (лечи́ть/лечи́ться), II:266
        try (про́бовать vs. пыта́ться), II:221
        use (по́льзоваться), II:317
        (get) used to (привыка́ть/привы́кнуть), II:232
        wait for (ждать), II:186
            cases used with, II:329
        want (хоте́ть), I:184–185; II:163, 186, 351
        wish (жела́ть), II:124, 125, 160
        живёт, живу́т, conjugation of, I:43
        зову́т unchanged in Как тебя́ зову́т?, I:6, 15, 43n4
    future tense of, I:245–246, 301, 303–304
    intensifiers with, I:202
    irregular, conjugations of, II:57, 186, 232
    of motion; see also motion verbs and go
        е́здить, I:218
        идти́ vs. е́хать, I:104–105
        ходи́ть, I:194–195, 218
    "non-Accusative," I:319
    nouns derived from, ending in -тель, II:103
    past tense, imperfective vs. perfective aspect in, II:94–95

verbs (*continued*)
    past tense of, **I:**153–154, 193
    of placement, **II:**326
    with prefix **вы-**, perfective aspect of, **II:**80
    present tense of, **I:**84
    reflexive
        conjugation of, **I:**164
        past tense forms, **I:**193
        vs. transitive verbs, 266–267
    with root **-давать**, **II:**154
    single-infinitive, **II:**124
    spelling rule for (**вижу** rule), **I:**141
    stem-changing, **I:**140–141, 337
    stress patterns, **I:**89
        conjugation and shifts in, **I:**88, 89
    subjectless, in **они** form, **II:**179
    transitive forms of, **II:**266–267
    transitive vs. intransitive, **I:**216*n*8
    in vocabulary lists, **I:**36, 78, 121, 170, 223, 275, 333–335; **II:**61–62, 129–130, 183–184, 235–236, 282, 334, 389–390, 407
    -ешь verb conjugation, **I:**123–124
        basic (**читать**) type, **I:**84–85
        compared with **-ишь** verb conjugation, **I:**140
        жить variation, **I:**85
        -овать subgroup, 182
        писать variation, **I:**88–89
    -ишь verb conjugation
        basic (**говорить**) type, **I:**139–140
        ходить and **ездить**, **I:**218
    -ти, past tense of, **I:**325–326
visiting
    expressions for, **II:**198
    Russian homes, **II:**325
vocabulary
    academics, **I:**35, 77, 121, 147, 151, 165, 170, 183, 222, 274; **II:**229, 235
    activities, **I:**82, 137
    advertising, **II:**98
    animals, **II:**55
    appliances and gadgets, **I:**169–170
    arts and entertainment, **I:**170, 222
    astrology, **II:**115, 118
    business, **II:**101, 128
    classroom directions, **I:**34
    clothing, **I:**17, 35; **II:**93
    cognates, **I:**33, 74, 150, 182, 184, 247
    colors, **I:**93, 128, 288
    computers and technology, **II:**31–32, 60, 101
    daily routine, **II:**84
    days and months, **I:**30, 35–36, 257, 258
    entertainment, **II:**2
    family members, **I:**40, 77
    flowers, **II:**224, 235, 287
    food, **I:**35, 121, 210, 222, 309, 332
    food and drink, **II:**146, 169, 182, 224, 257, 354
    furniture, **I:**59, 77, 93, 120–121, 127
    geographic locations, **I:**7, 36, 87
    gifts, **II:**299, 311, 333
    health and illness, **II:**243–244, 247, 248, 262, 271, 273, 281
    holidays and celebrations, **II:**134, 182–183
    house and apartment, **I:**41, 48, 77, 169, 274; **II:**128

    mail and post office, **I:**113, 251, 252, 274
    marriage and wedding, **II:**22, 23–24, 124
    means and instruments, **II:**245–246
    medical terminology, **II:**277
    medicine and personal hygiene, **I:**222
    metro, **II:**69, 70–71, 73
    multiple meanings, **I:**64
    music, **I:**102, 121, 150
    neighborhood, **I:**120
    nouns ending in **-ость**, **II:**7
    nouns ending in **-тель**, **II:**103
    nouns with suffix **-ист**, **II:**369
    numerals, **I:**44, 78, 236, 237, 256; **II:**25, 35
    office equipment, **II:**30, 60, 101
    parts of body, **II:**241, 281
    parts of the day, **I:**290, 314
    people, **I:**222
    "people" words, **II:**123, 128, 183
    pets, **I:**67, 68, 77
    place settings (table), **II:**321, 333
    professions and occupations, **I:**35, 77, 160, 166, 169
    relaxation and leisure, **II:**60, 128
    restaurant, **II:**354, 357, 358, 360, 389
    seasons, **I:**290, 322; **II:**295, 334
    shopping, **I:**112*n*8, 200; **II:**224, 235, 299
    short-form adjectives, **I:**270
    sports, **I:**114–115, 121; **II:**105, 106, 379
    theater, **II:**341, 365, 389
    time, **I:**35, 332
    tips for learning, **I:**31, 34, 76, 207, 232
    transportation, **II:**48, 60, 74, 81, 128, 201, 204, 235
    travel, **I:**35, 218, 222; **II:**16
    word formation, **II:**329
    see also conversation; idioms and expressions
"Vodka Effect," **I:**73
voice, passive, reflexive verb forms and, **II:**268
volume, measures of, **II:**227
volunteering, with **Давай я/мы**, **II:**178
vowels
    buffer
        in enumeration (**во-первых . . . ; во-вторых**), **II:**143
        before **мной**, **II:**78
        with single-letter prepositions, **I:**88, 153
    fill, in Genitive plural nouns, **II:**41
    fleeting (**-ец**), nouns ending in, **I:**63, 79
    hard-series (**а, э, о, у, ы**), **I:**29
    hard-series, in adjectival endings, **II:**152
    hard sign **ъ** preceding, **I:**18
    individual letters presented, **I:**3–4
    kill (fleeting), in Genitive plural nouns, **II:**41
    nouns ending in, gender of, **I:**23
    pronunciation in stressed vs. unstressed syllables, **I:**13, 30
    soft-series (**я, е, ё, ю, и**), **I:**29–30
        nouns ending in, plurals of, **I:**54
    soft-series, in adjectival endings, **II:**152

W

wait for (**ждать**), **II:**186
    cases used with, **I:**329
want (**хотеть**), **I:**184–185

    conjugation of, **II:**186
    polite wishes with (**хотел бы**), **II:**351
    softening of (**хочется**), **II:**163
warnings, aspect in, **II:**265
we (**мы**), to express joint action (**мы с**), **II:**104
wear clothing (**быть в** + Prepositional case), **II:**93
week
    day of, expressing, **II:**292, 293, 338
    indicating events happening during, **II:**292
weight, measures of, **II:**227
What is that? (**Что это?**), **I:**22
What is your name? (**Как тебя зовут?**), **I:**6, 15, 43*n*4
What do you mean, . . . ? (**Как?**), **II:**13
What time is it? (**Который час?**), **I:**314
when? (**когда?**), adverbs used to answer, **I:**290
when? (**когда?**), combined with **-нибудь**, **II:**121
when/if (**когда/если**) clause, future activity in, **II:**276
where?
    где?
        combined with **-нибудь**, **II:**121
        vs. **куда?**, **II:**175–177, 198, 253–254
            in **за границей** vs. **за границу**, **II:**233
            in **стоять в очереди** vs. **стать в очеред**, **II:**308
    где?, possible responses to, **I:**21
    откуда?, **II:**336
    куда?, placement verbs with, **II:**326
    куда?, to express destination, **I:**105, 111
Where are you from? (**Откуда вы?**), **II:**75
whether (if) questions
    using **или нет**, **I:**328
    using **ли**, **I:**328–329
who/which/that (**который**), **I:**217; **II:**137–138
whose? (**чей?**), **I:**52
WH-questions (*who, what, when, where, why*)
    intonation in, **I:**19
    word order in, **I:**86
Why? (**почему** vs. **зачем**), **II:**301
wishes
    get well, **II:**248
    good luck, **II:**114*n*9, 125
    idioms and expressions, **II:**125, 399
    with **всего**, **II:**347
    with **Если бы**, **II:**351
    with **желать**, **II:**124, 125, 160
    with **хотел бы**, **II:**351
    with **чтобы**, **II:**204
with
    rendering with Instrumental case, **II:**245–246, 338
    Russian equivalents of, **II:**338
word formation, **II:**329
word order
    adjectives and, **I:**55, 84
    with adverbs, **II:**6
    in approximate time and quantity expressions, **II:**194
    vs. case forms, for indication of subject and object, **I:**95
    in Dative constructions with **было** and **будет**, **II:**141–142

in expression of approximate age, I:236
in *If . . . then . . .* statements (**Éсли бы . . . я бы**), II:315
in statements, II:327–328
with **интересу́ет**, II:26
in questions and answers, I:43
short-form adjectives in predicative position, I:270
in WH-questions (*who, what, when, where, why*), I:86
with **нра́виться**, I:243
with **то́же**, I:62

would like to (**хоте́л бы**), II:351
written Russian, dates in, II:291
wrong one (**не тот**), II:210

Y

year (**год**)
    abbreviated forms of, II:231
    in age expressions, II:174, 194
    Genitive plural of, II:41
    in time expressions, II:25, 186, 292, 293
years
    expressing with **в** + Prepositional case, II:25, 231, 292
    four-digit, ordinal numerals with, II:230–231
Yeltsin, Boris, II:339
yes/no questions, intonation in, I:20
you
    capitalization of formal (**Вы**), I:189*n*3
    generic *you* (**ты**), II:80, 81
    informal vs. formal (**ты** vs. **вы**), I:14–15, 230–231

Z

zero ending, in Genitive plural, II:40, 41

ABOUT THE AUTHORS

Sophia Lubensky is Professor of Russian at the Department of Languages, Literatures, and Cultures at the University at Albany/State University of New York, where she teaches language, translation, and stylistics. She received her Ph.D. in linguistics from the University of Leningrad (now St. Petersburg), and holds M.A.s in Classics and English as well. She has published articles on linguistics, lexicography, and language teaching, and has reviewed numerous linguistic and literary publications, including a wide scope of monolingual and bilingual dictionaries. In addition to teaching and researching, Lubensky has worked as a translator, interpreter, and editor in the United States and Russia. In 1995 Lubensky culminated fourteen years of research in bilingual lexicography with the publication of her *Russian-English Dictionary of Idioms* (Random House). In 1997 the Russian edition of the dictionary was published in Moscow (Jazyki Russkoj Kul'tury).

Gerard L. Ervin is Associate Professor (emeritus) of Slavic Languages at the Ohio State University, where he founded the Foreign Language Center. He has taught French and Spanish at the secondary school level and Russian, foreign-language methods, and English as a second language at the college level. A past president of the American Council on the Teaching of Foreign Languages (ACTFL), Ervin has also taught at the U.S. Air Force Academy and the University of Arizona. In addition to authoring or coauthoring a variety of instructional materials for several languages, Ervin has written and lectured widely on language teaching, is Executive Director of the American Association of Teachers of Slavic and East European Languages (AATSEEL), and is cofounder of the Foreign Language Education Forum on CompuServe.

Larry McLellan teaches Russian and coordinates the Russian language program at the University of California, Santa Barbara, where he received the University Council/ American Federation of Teachers Award for Excellence in Teaching in 1998. He has also taught at the University of California, Berkeley, where he received an M.A. and is a Ph.D. candidate in Slavic Linguistics. He has previously worked as a developmental editor of Russian textbook materials, as a leader for student and tourist groups in Russia, and as a program assistant at the Kennan Institute for Advanced Russian Studies in Washington, D.C.

Donald K. Jarvis is Professor of Russian and director of the Faculty Center at Brigham Young University. He has also served there as dean of General Education and chair of the Department of Asian and Slavic Languages. He is the author of *Junior Faculty Development: A Handbook* (Modern Language Association 1991) and other publications dealing with language teaching and faculty development, including *Teaching, Learning, Acquiring Russian,* edited with Sophia Lubensky (Slavica 1984). A past president of the American Council of Teachers of Russian and the American Association of Teachers of Slavic and East European Languages, Jarvis consults for a range of universities, professional organizations, and government agencies.

Grateful acknowledgment is made for use of the following:

Photos:

Page 1 © Sovfoto/Tass; *4* © Jay Dickman; *11* © Jay Dickman; *22* © Russian Orthodox Church; *44* © Jay Dickman; *46* © Amanda Merullo/Stock Boston; *51* © Jeff Greenberg/ Peter Arnold, Inc.; *67* © Sovfoto/Tass; *68* © Sovfoto/Tass; *71* © Superstock; *72 (top)* © Ellen Rooney/International Stock; *72 (bottom left)* © Helga Lade/Peter Arnold, Inc.; *72 (bottom right)* © Steve Vidler/Superstock; *77* © Dean Conger/Corbis; *79* © Sovfoto/Novosti; *82* © Jay Dickman; *113* © Amanda Merullo/Stock Boston; *119* © Sovfoto/Tass; *120* © Steve Vidler/Superstock; *133* © Sovfoto/Tass; *136* © Sovfoto/Tass; *152* © David J. Cross; *153* © Sovfoto/Tass; *161* © Sovfoto/Tass; *163* IFA/Peter Arnold, Inc.; *175* © J. Wright/Bruce Coleman Inc.; *188*/Novosti; *204* © David J. Cross; *215 (bottom)* © Sovfoto; *223* © Amanda Merullo/Stock Boston; *226* © Sovfoto/H. Halberstadt; *227* © Thomas Lipton/Super Stock; *230* © Sovfoto/Eastfoto/ Tass; *232* © Sovfoto/Eastfoto; *240* © Sovfoto/Tass; *243, 257* © Bohdan Hrynewych/Stock Boston; *264* © Steve Benbow/Stock Boston; *266* © Sovfoto/Tass; *286* © Sovfoto/Tass; *307* © AFP/Corbis; *309* © Jeff Greenberg/ International Stock Photo; *340* © Dave Bartruff/Stock Boston; *345* © Sovfoto/Tass; *352* © Sovfoto/Novosti/V. Rodionov; *357* © David J. Cross; *368* © Kurt Scholz/Super Stock; *393* © Sovfoto/Novosti; *394* © Wolfgang Kaehler/Corbis; *397* © Dean Conger/Corbis; *400 (bottom)* © Sovfoto/Tass; *404* © Sovfoto/Tass.

Realia:

Page 20 Reprinted with permission of Mikhail Larichev; *27* Argumenty I fakty; *38* Reprinted with permission of Cosmopolitan (Russian edition); *73 (top)* © Dorling Kindersley; *94* Photo by R. Mukhametzhanov/Kommersant; *111* Cartoon by Anatoli Andreev published in Zerkalo nedeli; *125* © Irina Iskrinskaya/Licensed by VAGA, New York, NY; *137* © Irina Iskrinskaya/Licensed by VAGA, New York, NY; *150* Cartoon by Aleksandr Zudin reprinted with permission of Novoe vremia; *155* Pravda Publishers, Krasnyi proletarii; *169* Stolichnaya; *195* Itogi; *213* The British Council; *228 (top)* Geo (Russian edition), Gruner + Jahr; *228 (bottom)* Reprinted with permission of Salon-Press; *239* Rovesnik; *246* Cool; *251* Razguliai; *324* © Ministerstvo svyazi SSSR; *341* © Dorling Kindersley *392* 7 Dnei.

Literary excerpts:

Page 66 From Kto idet by Elena Savchenko from *Russkii iazyk za rubezhom*, #4, 1993; *67* Song of the Arbat by Bulat Okydzhava (Frankfurt: Possev Verlag); *132* Adapted from Trudni pereulok by Agnilia Barto from *Sobranie sochinenii* (Moscow: Khudozhestvennaia literature, 1983); *187* Itogi; *285* L. Panteleev, *Collected Works in four Volumes*, Volume 4 (St. Petersburg: Children's Literature Press, 1970); *339* From *Roman c prezidentom* by Viacheslav Kostikov, 1997. Reprinted with permission of Vagrius, Moscow; *392* From *Davayte pochitaem!* By I. S. Gusev and N. L. Chulkin; *393* From *Ya, Maya Plisetskaya* by Maya Plisetskaya (Moscow: Novosti, 1994).